高等学校应急管理专业系列教材

应急项目管理

戚安邦 姜卉 等著

高等教育出版社·北京

内容简介

本书是根据《突发事件应对法》的相关法律规定，以及我国在公共卫生事件、自然灾害事件、事故灾难事件和社会安全事件应对方面的各种案例研究结果撰写而成的。本书讲述的是应对这四类突发事件的应急项目管理学的基本原理、核心内容和主导方法。

本书的主要特色有四个方面：1. 是将现代项目管理的原理和方法用于开展应急管理的首次尝试和最新研究成果；2. 按照培训和培养应急管理人员的要求，在符合读者学习与认知规律的基础上撰写；3. 针对突发事件应对工作所具有的无预警信息项目风险管理的独特性撰写；4. 兼顾了适合教师开展教学和读者自学使用的特点。

全书共分 16 章，包含了应急项目管理的基本原理和方法（第一、二章）、应急项目的目标管理和资源管理（第三、四章）、应急项目的专项管理（第五、六、七、八章）、应急项目全过程各个阶段的管理（第九、十、十一、十二章）以及不同类别突发事件的应急项目管理（第十三、十四、十五、十六章）。使用本书开展教学的老师可按自己偏好安排各章讲述顺序。

本书既可供各管理学科的本科生作为教材，也可作公共管理硕士（MPA）、工商管理硕士（MBA）和工程管理硕士（MEM）等专业学位研究生的教材，还可以供各类应急管理人员用于自学和培训。

图书在版编目（CIP）数据

应急项目管理／戚安邦等著．--北京：高等教育出版社，2021.11

ISBN 978-7-04-057235-3

Ⅰ．①应…　Ⅱ．①戚…　Ⅲ．①危机管理-教材　Ⅳ．①C934

中国版本图书馆 CIP 数据核字（2021）第 213504 号

Yingji Xiangmu Guanli

策划编辑　杨世杰　　责任编辑　杨世杰　　封面设计　张志奇　　版式设计　王艳红
插图绘制　于　博　　责任校对　王　雨　　责任印制　存　怡

出版发行　高等教育出版社
社　　址　北京市西城区德外大街 4 号
邮政编码　100120
印　　刷　三河市潮河印业有限公司
开　　本　787mm×1092mm　1/16
印　　张　24
字　　数　590 千字
购书热线　010-58581118
咨询电话　400-810-0598

网　　址　http://www.hep.edu.cn
　　　　　http://www.hep.com.cn
网上订购　http://www.hepmall.com.cn
　　　　　http://www.hepmall.com
　　　　　http://www.hepmall.cn
版　　次　2021 年 11 月第 1 版
印　　次　2021 年 11 月第 1 次印刷
定　　价　49.90 元

物 料 号　57235-00

前　言

我国最早出台的应急管理条例是为应对2003年的“非典”事件而出台的《突发公共卫生事件应急条例》。自此之后，我国出台了一系列各种突发事件的应急条例。直至2007年，《突发事件应对法》出台，标志着我国的应急管理走上了法制化的道路。作者自2003年参加国家自然科学基金应对“非典”的应急课题后，开始研究突发事件应急管理的原理和方法。经过多年的研究积累发现，突发事件应急管理是一种应对突发事件的项目管理，是一种针对突发事件所带来的严重社会灾害的管理，是一种努力避免和消减突发事件风险损失的项目风险管理。但是现有的应急管理教科书多数并没有按照项目管理的原理和方法阐述清楚应急管理在这方面的独特性和应有的管理原理和方法，所以应该撰写一本全新的《应急项目管理》。我们于2019年在西安召开的全国项目管理大会期间开始了本书的策划和研讨，随后就分工开始了本书的研究和撰写。

在本书的研究和撰写期间，新冠肺炎疫情这一突发公共卫生事件发生了，这为我们研究和撰写本书提供了很好的研究对象和例证。作者们的最新研究成果表明，我国按照《突发事件应对法》对新冠肺炎疫情的成功应对，充分证明按照应急项目管理的原理和方法开展对突发公共卫生事件的应对管理是成功应对新冠肺炎疫情的关键所在。实际上，《突发事件应对法》中关于突发事件应对全过程中，对预防与应急准备阶段、监测与预警阶段、应急处置与救援阶段和事后恢复与重建阶段的划分和内容要求，就是在按照现代项目管理的方法去管理突发事件。反观美国和欧洲等地区，使用日常运营管理或行政管理的方法去开展新冠肺炎疫情这一突发公共卫生事件的应对，是其应对失败的根本原因。

另外，有关文献研究的结果表明，现有国内外学者的著作和教科书中尚没有将现代项目管理的原理和方法应用到突发事件应急管理方面的成果。之所以使用“应急项目管理”作为本书的书名（而不是“应急管理”），最根本的目的有两个。其一是想论证和阐明突发事件的应对过程是一种独特的项目，所以必须使用现代项目管理的原理和方法。其二是想论证和阐明应急项目管理的本质是一种针对无预警信息项目风险的管理原理和方法，努力预防、消减这种项目风险的损失并恢复生活、生产是应急项目管理成功的关键所在。

本书由南开大学戚安邦老师撰写第一章、第三章和第四章；中国科学院大学姜卉老师撰写第九章、第十章、第十一章和第十三章；南开大学的翟磊老师撰写第二章和第十六章；河北工业大学刘广平老师撰写第十五章；石家庄铁道大学项志芬老师撰写第五章；天津商业大学郑丽霞老师撰写第八章；云南大学尤荻老师撰写第十四章；杭州电子科技大学杨伟老师和西北大学张洁老师撰写第六章；南开大学杨玉武老师撰写第十二章；清华大学张辉老师撰写第七章。全书的设计、组织和安排由南开大学戚安邦老师完成，而全书的统稿和规范等方面的工作由中国科学院大学姜卉老师完成。赵保军先生参加了本书的整体策划和应急项目案例资料的收集、整理工作。虽然本书作者们在撰写过程中反复推敲、深入研究，但由于这是在一个全新项目管理领域的首次尝试，所以存在的问题和错误在所难免，恳请读者提出宝贵意见和建议。

戚安邦

2021年5月于南开大学园

目　　录

第四篇　应急项目全过程各个阶段的管理

第五篇　不同类别突发事件的应急项目管理

第一篇
应急项目管理的基本原理和方法

第一章 绪 论

我国《突发事件应对法》(简称《应急法》)第2条规定:“突发事件的预防与应急准备、监测与预警、应急处置与救援、事后恢复与重建等应对活动,适用本法。”这清楚地表明任何“突发事件”的应急工作都是具有四个具体阶段的现代项目,所以必须使用应急项目管理的原理和方法去运作管理各种突发事件从预防到恢复的全过程。

第一节 应急项目的基本概念、特性和分类

一、应急项目的基本概念

中文的“项目”和英文“Project”都是指一种具有一次性、独特性、不确定性等特点的人类活动,而突发事件就具有一次性、独特性、不确定性和风险性等特点,所以应对突发事件都属于现代项目的范畴,因此对突发事件的应急管理需要使用应急项目管理的原理和方法。

(一) 现代项目的定义

本书作者对于项目的定义为:项目是一个组织为实现自己既定目标,在一定时间、人员和其他资源的约束条件下,所开展的一种具有独特性、一次性、过程性和不确定性的工作。所以,项目是人类社会中一类特有的经济与社会活动,是为创造特定产品或服务的既定目标所开展的一次性活动,而且具体项目各有其独特性并由此导致了项目都具有某种不确定性和风险性。因此,凡是具有上述这些特性的人类社会活动都属于项目的范畴。建大楼属于工程建设项目,开发新产品属于研发项目,组织变革属于管理创新项目。

在现有关于现代项目的定义中,(美国)项目管理协会(Project Management Institute,PMI)给出的定义在国际上获得广泛认可。他们认为:“项目是为提供某种独特产品、服务或成果所做的临时性努力。”[1] 人们认为项目最重要的特性是“项目的临时性”,也叫做“项目的时限性”,即任何项目有明确的起点和终点。这表明项目是一种有始有终的事情,而不是那种周而复始、不断重复的事情。

同时,国际标准化组织(International Standard Organization,ISO)关于现代项目的定义认为:“项目是由一系列具有独特性、有开始和结束日期、相互协调和控制的活动组成的过程,并通过这些活动和过程去实现项目的目标。”[2] 这个定义突出了项目的过程性,指出了项目是由一系列活动所构成的过程。从上述对于现代项目的定义可以看出,突发事件应急活动也属于项目的范畴。因为突发事件具有一次性、独特性、过程性、不确定性和风险性的特性。所以,突发事件的应急管理应该使用应急项目管理的原理和方法。

（二）应急项目的定义

《应急法》第1条规定："为了预防和减少突发事件的发生，控制、减轻和消除突发事件引起的严重社会危害，规范突发事件应对活动，保护人民生命财产安全，维护国家安全、公共安全、环境安全和社会秩序，制定本法。"这一规定中的"突发事件应对活动"就是本书所定义的突发事件应急项目，这是一种"为了预防和减少突发事件的发生，控制、减轻和消除突发事件引起的严重社会危害"而开展的应急项目管理。但是突发事件应急项目是一种十分独特的现代项目，因为突发事件具有"突发"的特性。

因此，本书作者对于应急项目的定义是：应急项目是政府或单位为预防和减少突发事件的发生，并在突发事件发生后努力控制、减轻和消除突发事件引起的严重社会危害，在一定时间、人员和其他资源的约束条件下，所开展的一种针对突发事件的具有独特性、一次性、过程性、不确定性、风险性和突发性的管理和业务工作。很显然，运作应急项目的目的就是保护人民生命财产安全，维护国家安全、公共安全、环境安全和社会秩序。因此，应急项目就是一种政府主导和组织开展的应对各种突发事件的独特项目。

如前所述，文献研究结果显示，至今尚未有人发表或出版应急项目管理的文献，但实际上"突发事件应对活动"就是一种典型的现代项目。其最突出的项目特性就是突发事件所具有的"突发"特性，这是由出乎人们意料而且缺乏关于事件的信息和认识所导致的。"措手不及"就是突发事件应对活动的独特之处，这种"措手不及"的根本原因是人们在突发事件发生之前没有获得必要的"预警信息"。按照信息科学的理论，许多突发事件都具有"无预警信息风险"的特征，这是应急项目与其他各类项目最大的不同之处。

二、应急项目的特性

为了认识应急项目，人们还需要知道应急项目所具有的各种特性。应急项目具有如下特性，针对这些特性去开展应急项目管理才能成功。

（一）目的性

这是指任何应急项目是为国家实现"保护人民生命财产安全，维护国家安全、公共安全、环境安全和社会秩序"这一根本目的服务的。所以任何应急项目都必须根据这一目标去开展计划、决策、方案设计与实施。应急项目是具有公益性质的项目，这与企业投资建设项目或其他项目是根本不同的。

这就要求应急项目管理必须以这一目标为导向去开展，即所有应急项目活动和产出物都必须是为实现应急项目的目标服务的。所以，人们必须按照"充分且必要"的原则去计划和安排好应急项目的产出物和工作，即为实现上述应急项目目标的活动和产出物一个都不能少(充分)，而不是为实现上述应急项目目标的活动和产出物一个也不能多(必要)。

（二）独特性

这是指每个应急项目都具有自己的独特之处，因为每个突发事件都是不同的。每个具体应急项目的目标和产出物，以及应急项目的具体活动或工作都是不同的。每个应急项目都会在某些方面是独特的，没有任何两个应急项目的目标、环境、产出物和工作是完全相同的。例如，都是公共卫生突发事件的应急项目，2003年SARS和2020年新冠肺炎就不同。

虽然应急项目具有很多共性，但是每个应急项目的独特性是应急项目管理所需关注的根本特性。人们若想正确应对一个突发事件(做好一个应急项目),最重要的是充分认识每个具体应急项目的独特性,然后针对应急项目的独特性开展管理才能成功。例如,即使人们有2003年SARS的应急管理经验,2020年应对新冠肺炎疫情也不能照搬应对SARS的方案和做法,因为这两个公共卫生突发事件在很多方面具有不同的独特之处。

(三)一次性

一次性是指每个应急项目都是有始有终的。虽然有些小型突发事件的应急项目持续时间短,有些大型突发事件的应急项目持续时间长,但是每个应急项目都有自己的起点和终点。例如,2003年的SARS应急项目在当年5月份出台《突发公共卫生事件应急条例》不久就到了应急项目的终点。

这种应急项目的一次性使其成功的机会也是一次性的,所以对于应急项目的管理要比日常运营管理严格和困难很多。应急项目的一次性使其管理具有"不成功,便成仁"的特性,即应急项目管理不会给人们第二次尝试的机会。日常运营管理则不同,因为管理对象是周而复始、不断重复的活动,所以日常运营管理有一定的容错率(如产品质量都有废品率)。

(四)制约性

这是指每个应急项目都会受到其所处客观环境与条件,以及应急项目所需各种资源供应等方面的制约。其中,应急项目所需资源的制约主要包括:人力资源、信息资源、物质资源等各种资源制约。应急项目所处环境与条件方面的制约包括项目所处宏观环境和微观环境的制约,其中的宏观环境涉及国家(甚至国际)环境与条件的制约,而微观环境主要是突发事件所在地的环境与条件的制约。

这些制约共同构成了一个具体应急项目实施与管理的环境与条件,这种应急项目的环境与条件是决定一个应急项目成败的关键所在,这是人们在应急项目管理中必须关注的事情。"巧妇难为无米之炊"指的就是这些资源和环境制约的窘况。

(五)政府性

《应急法》第4条规定:"国家建立统一领导、综合协调、分类管理、分级负责、属地管理为主的应急管理体制。"这表明应急项目实施和管理的主体是政府,这也是应急项目的一个重要特性。这表明在应急项目管理中需要由政府统一领导(即使是企事业单位的事故应急项目也是如此),政府为实现应急项目实施和管理的目标可以综合协调各种社会组织去实现应急项目消减社会危害这一根本目标。

这是应急项目管理最主要的特性之一,这要求采用类似于战时管理体制去应对各种突发事件。《应急法》规定的"统一领导、综合协调、分类管理、分级负责、属地管理"这五个方面的管理体制和机制就是开展应急项目管理的最重要的管理准则。其中,"分类管理"是指分别针对"自然灾害事件、事故灾难事件、公共卫生事件和社会安全事件"四类突发事件分别进行管理;"分级负责、属地管理"是指突发事件所在地政府负责开展应急项目管理。

(六)风险性

这是由于突发事件的不确定性所导致的一种应急项目的特性,由突发事件所处条件和环境的发展变化和人们认识能力所限而造成。突发事件不确定性所导致的可能出现的各种风险损失或收益是应急项目风险性的表现,这使得应急项目管理和决策必须进行应急项目变更管理,这就是我们所说的"计划赶不上变化"的根源和应对方法。

从信息科学角度出发，任何事物的不确定性及其导致的风险性，都是由于人们缺乏具体事物信息（即信息缺口）而导致的结果。突发事件自身及其所处环境与条件都会发生一定的变化，如果不利的情况发生，则有可能遭受“意想不到”的风险损失（社会危害）。这是应急项目最重要的特性，也是应急项目管理不同于日常运营管理的关键所在。

（七）突发性

《应急法》第3条第1款规定：“本法所称突发事件，是指突然发生，造成或者可能造成严重社会危害，需要采取应急处置措施予以应对的自然灾害、事故灾难、公共卫生事件和社会安全事件。”由此可知，“突然发生”的“突发事件”的紧急应对是应急项目起始的原因。按照项目风险管理理论，项目风险可分成有预警信息风险和无预警信息风险两大类，其中无预警信息风险是指在项目风险事件发生之前没有预警信号，很多应急项目具有这方面的特性。

突发事件导致的应急项目具有突发性，这会使人们在开展应急项目之初出现一种茫然不知所措的情况。因为人们只有掌握足够的事物信息才能制定正确的决策和开展科学的管理，当人们缺乏信息（如缺乏预警信息）时很难制定正确的决策和开展科学的管理。因此，应急项目的计划、组织、实施、管理和控制都有缺乏信息的困境，所以应急项目需要使用复杂性管理和具有容错性的探索式管理等方法去逐步获得项目管理所需信息。

（八）危害性

《应急法》第3条第1款规定：“本法所称突发事件，是指突然发生，造成或者可能造成严重社会危害，需要采取应急处置措施予以应对的自然灾害、事故灾难、公共卫生事件和社会安全事件。”很显然，社会危害性也是应急项目的根本特性之一，只有造成或有可能造成严重社会危害的突发事件的应急处置和管理才属于应急项目及其管理的范畴。

按照风险管理原理，任何事物的风险都会有两种可能：其一是带来风险损失或风险危害；其二是带来风险收益或风险机遇。应急项目不包括那些造成或可能造成社会风险收益的突发事件的应对，不属于抓住风险收益或机遇的突发事件的管理。所以，应急项目及其管理的根本目标是消灾和减灾（消减社会危害），以及恢复和重建等方面的具体内容。

（九）过程性

这是指应急项目是由一系列的应急项目阶段、应急项目工作包或应急项目具体活动所构成的一个完整的过程，这种过程的具体模型和详细内容请见第二章。在应急项目全过程中，人们通过不断的计划、组织、实施、控制和决策，最终形成应急项目的产出物和实现应急项目的目标，因此应急项目必须使用基于活动的管理（Activity Based Management，ABM）方法。

应急项目的过程性使得人们首先必须将应急项目划分成一系列的项目阶段，然后将应急项目的每个阶段进一步划分成应急项目工作包，更进一步将应急项目工作包划分成一系列的项目具体活动，然后管理好这些项目具体活动所构成的应急项目全过程。

（十）其他特性

除了上述特性以外，应急项目还有其他一些特性。这包括应急项目的复杂性、后果的不可挽回性、组织的临时性与开放性等。这些都是上述应急项目的特性所衍生出来的关联特性，它们与上述应急项目特性相互关联、相互影响、共同作用而决定了应急项目及其管理的独特性，人们只有针对具体应急项目的特性去开展管理才能获得应急项目的成功。

实际上，正是由于应急项目的独特性引发了应急项目的不确定性和风险性，正是由于应急项目的一次性直接导致了应急项目后果的不可挽回性和组织的临时性与开放性。其中,组织的临时性是指一旦应急项目结束,应急项目人员就需要遣散;组织的开放性是指应急项目组织中的人有先来、有后到,且有人先走、有人后离开。

三、应急项目的主要分类

为了认识应急项目,还需要根据应急项目所具有的特性对其进行必要的分类。根据上述有关应急项目特性的讨论可知,应急项目主要具有如下四种分类。

(一) 按照应对突发事件性质分类

根据《应急法》第 3 条的规定,突发事件有自然灾害事件、事故灾难事件、公共卫生事件和社会安全事件。这明确了四类应急项目应对的突发事件范畴和性质。四类应急项目的具体说明如下。

1. 自然灾害应急项目

这是指人们所赖以生存的生态环境因发生自然灾害时,人们为应对自然灾害造成或可能造成的严重社会危害而开展的应急项目。这种应急项目的管理由自然灾害发生属地政府直接进行领导和组织应急项目的实施。

2. 事故灾难应急项目

这是指在人们的生产和社会活动中由于人为因素(非自然因素)导致出现严重社会危害而开展的应急项目。这种应急项目由事故所在地政府统一领导,相关企业或组织负有这类应急项目实施和管理的分类责任。①

3. 公共卫生应急项目

这是指由于全国或某个地方的公共卫生出现危害人们生命和健康的突发事件而导致出现或可能出现严重社会危害而开展的应急项目。这种应急项目由事件所在地政府统一领导,国家和地方公共卫生管理部门承担这类应急项目实施和管理责任。

4. 社会安全应急项目

这是指在人们的社会活动中由于某种因素(包括国际因素)而导致出现严重社会危害所需开展的应急项目。这种应急项目由社会安全事件的所在地政府负责应急项目的实施和管理。②

(二) 按照社会危害程度分类

根据《应急法》第 3 条的规定,按照社会危害程度、影响范围等因素,自然灾害、事故灾难、公共卫生事件分为特别重大、重大、较大和一般四级。这一分类给出了对三类应急项目(不包括社会安全事件)按照"社会危害程度、影响范围等因素"的分类。另外,还有不分级别的应急项目。具体说明如下。

1. 特别重大应急项目

根据《应急法》第 8 条规定,国务院在总理领导下研究、决定和部署特别重大突发事件的应对工作;根据实际需要,设立国家突发事件应急指挥机构,负责突发事件应对工作;必要时,国务

---

① 《应急法》第 22 条规定了企事业单位在安全管理方面的法律责任,而第 23 条规定了特殊企事业单位制定具体应急预案和防止发生突发事件的法律责任,而第 24 条规定了公共和其他人员密集场所经营单位或者管理单位在这方面所承担的法律责任。

② 《应急法》第 21 条规定:县级人民政府及其有关部门、乡级人民政府、街道办事处、居民委员会、村民委员会应当及时调解处理可能引发社会安全事件的矛盾纠纷。

院可以派出工作组指导有关工作。

2. 重大应急项目

根据《应急法》第5条的规定，对于重大突发事件的应急项目由国家政府主管部门负责应对和管理（这是设立应急管理部的原因之一）。另据《应急法》第40条的规定，县级以上地方各级人民政府认为可能发生重大或者特别重大突发事件的，应当立即向上级人民政府报告，所以他们只承担重大应急项目的信息收集和报告责任。

3. 较大应急项目

按《应急法》第9条的规定，国务院和县级以上地方各级人民政府是突发事件应对工作的行政领导机关。所以，较大应急项目由县级以上人民政府负责实施和管理。按照《应急法》第8条的规定，县级以上地方各级人民政府设立突发事件应急指挥机构，统一领导、协调本级人民政府各有关部门和下级人民政府开展突发事件应对工作。

4. 一般应急项目

按照《应急法》第8条的规定，县级以上地方各级人民政府设立突发事件应急指挥机构，统一领导、协调本级人民政府各有关部门和下级人民政府开展突发事件应对工作。由此可知，一般应急项目是由县级政府为主体去开展的，因为县级以上政府协调的下级政府就是县一级政府了。

5. 不分级别的应急项目

《应急法》第3条只规定了对于自然灾害、事故灾难、公共卫生事件按照社会危害程度和影响范围等因素进行四级分类，但没有包括社会安全突发事件的相关级别的分类。因此，《应急法》第21条规定了各级人民政府（直到居民委员会）应当及时调解处理可能引发社会安全事件的矛盾纠纷。

（三）按照预警信息分类

根据风险管理理论，项目风险分成有预警信息风险和无预警信息风险两类。所以，突发事件应急项目也因此划分成两大类。

1. 有预警信息的应急项目

这种应急项目的风险性是相对可以预知和预测的，所以我国《应急法》规定：国家建立健全突发事件预警制度，可预警的自然灾害、事故灾难和公共卫生事件的预警级别，按照突发事件发生的紧急程度、发展势态和可能造成的危害程度分为一级、二级、三级和四级，分别用红色、橙色、黄色和蓝色标示，一级为最高级别。

2. 无预警信息的应急项目

这种应急项目的风险性是难以预测和预警的，由于人们对于这些突发事件的信息掌握得很少，且在突发事件发生之前没有预警信号。如美国发生的“9·11”恐怖袭击突发事件就属于这类，虽然美国政府获得了某些相关信息，但是并没有达到能够给出预警的程度，最后导致的后果是灾难性的。

（四）按照项目复杂性分类

应急项目各种特性导致应急项目具有复杂性。根据复杂性理论可以将应急项目分成五种，以便人们可以使用相应的复杂性管理方法对应急项目进行管理。

1. 结构复杂性的应急项目

这是由于应急项目的范围、时间、成本、质量、所需资源和项目风险（环境与条件变化影响）

等要素的不确定性，以及这些要素之间的相互联系和相互影响关系而导致的应急项目结构复杂性。大型或超大型的应急项目，即上面讨论的重大和特别重大的应急项目多会具有这种结构复杂性。

2. 技术复杂性的应急项目

这是由于应急项目及其项目产出物的应对技术十分复杂而且人们并没有全面掌握相关的应急技术，因为这种应急项目使用了某些或某种人们未知的技术而导致了这种应急项目的复杂性。通常，公共卫生突发事件的应急项目会具有技术复杂性，如 2020 年新冠肺炎疫情的应急项目就面临着诊治方面的技术复杂性问题。

3. 方向复杂性应急项目

这种应急项目的复杂性主要由于人们对项目目标和方案有多种不同的理解，导致人们因应急项目的目标和方案无法达成共识而迷失了努力方向。方向复杂性多是由于应急项目所涉及利益相关者之间的分歧或矛盾造成的，这包括应急项目的决策者、实施者、受益者以及各个方面相关者之间的分歧和矛盾。

4. 渐进复杂性的应急项目

这是随着应急项目实施而发现由于应急项目所处环境的发展变化而使应急项目变得越来越复杂，所以这种复杂性源于应急项目的环境与条件的变化，如应急项目受到不可预测的环境影响使项目难以继续按照既定方向和方案实施。这会使最初貌似简单的应急项目，随着时间推移而逐渐变得复杂和困难。

5. 综合复杂性的应急项目

这是指至少具有上述四种复杂性中的两种的一类应急项目，由于多种复杂性共存使得这种应急项目的管理十分困难。实际上，多数应急项目都是综合复杂性的项目，它们都具有结构复杂性和方向复杂性的问题，所以应急项目的管理多需要使用综合复杂性管理的方法。

第二节　应急项目管理的概念、内容和特性

现代管理按其对象进行分类可分成日常运营管理和现代项目管理两大类。这种分类的核心标志是两种不同的管理对象，现代项目管理针对的是具有一次性、独特性、风险性和复杂性等特性的事情，而日常运营管理针对的是周而复始不断重复的事情。突发事件的应急项目具有现代项目的各种特性，所以需要使用现代项目管理的原理和方法。本节将讨论应急项目管理的概念和特性，以说明突发事件应急项目应使用的应急项目管理的原理和方法。

一、现代管理和现代项目管理的概念、内容和特性

在讨论应急项目管理的方法之前，首先需要讨论关于现代管理和现代项目管理的概念。

（一）现代管理的概念和模型

此处使用“现代管理”是为区别于传统的日常运营管理。下面是根据作者多年研究而给出的本书关于现代管理的定义。

1. 现代管理的定义

现代管理是人们使用正确方法，去做正确事情所需开展的各种管理活动。虽然此定义十分

简单,但它给出了现代管理的两个核心要素。其一是找到在既定时间人们应该去做的正确事情。其二是在做这个正确事情的过程中必须使用正确方法。此处的“事情”就是指“项目”,因为世界上任何独特的事情都具有项目的特性。所以,现代管理主要分成两个领域:其一是找出正确事情的项目论证与评估;其二是做好正确事情的项目管理与控制。实际上,日常运营管理只是在项目投入日常运营以后所开展的管理。作者认为现代管理学主要是两大领域:项目管理学和项目评估学。

2. 现代管理学的模型

现代管理学的定义可由图 1-1 中的模型给出示意。由图中可以看出,现代管理首先分成上下两部分。上部是管理原理,这又分成“管”和“理”两部分。下部是管理应用,这又分成“日常运营管理”和“项目管理”两部分。具体分述如下。

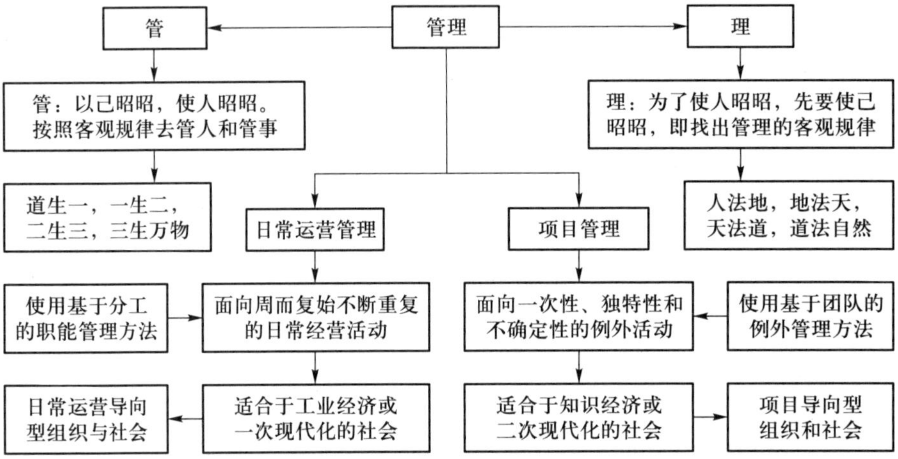

图 1-1　现代管理学模型示意

(1)“理”的原理。管理的关键在于“理”字,中国话说“有理走遍天下”就是这个道理,只有弄清楚道理才能做好事情。“理”的关键在于按照“人法地,地法天,天法道,道法自然”的原理,去做好一个项目的评估,其微观环境的评估和宏观环境的评估,以及各种环境发展变化的评估。

(2)“管”的原理。管理的成果是通过“使人昭昭”的“管”字实现的。人们在“理”清楚事物的客观规律以后,就必须按照“道生一,一生二,二生三,三生万物”的原理,即按照权变理论管理好人们并由他们做好既定的事情(项目)。这是指按照“因人、因事、因时、因地”的原则去选择管理项目所涉及人和事的方法,由此才能取得项目及其管理的成功。

(3) 日常运营管理。这是图 1-1 左下部的内容,即“面向周而复始不断重复的日常经营活动”的管理,这是一种结构性、程序性和重复性的管理。这种管理需要“使用基于分工的职能管理方法”,因为对于不断重复的事情通过分工可以提高效率。这种管理主要应用于传统工业经济或一次现代化的社会,主要使用直线职能制(又叫科层制)的日常运营导向型的组织和社会。这实际上是在项目成功而投入日常运营后的管理,是项目后果使用中的管理。

(4) 项目管理。如图 1-1 右下部的内容,这是“面向一次性、独特性和不确定性的例外活动”的管理应用,是一种非结构性和非程序性的管理。所以,它需要“使用基于团队的例外管理方法”,因为对于一次性的项目只有群策群力才是提高效率和效益的办法。这种管理主要应用于现代知识经济或二次现代化的社会，而且需要采用项目导向型的组织和社会作为支撑。对于应急管理而言，需要使用应急项目管理的方法。

（5）日常运营管理和项目管理的关系。世上任何事情都是“先有项目后有运营”，因为只有项目完成以后其成果才投入运营，所以日常运营管理实际上是项目全生命周期管理的一个阶段。显然，人们只有做好“恋爱结婚的项目”后才有家庭运营管理；企业只有做好创新和创业项目后才有创新和创业成果投入运营和管理；全社会只有做好改革项目后才有对于改革成果的运营管理。所以都是先有“项目管理”后有“日常运营管理”，日常运营管理是项目的后续管理。

（二）现代项目管理的概念

传统的项目管理局限于对工程建设项目的管理，而现代项目管理已成为一种独特而广泛使用的管理学科。关于现代项目管理的概念或定义，最经典的是 PMI（项目管理协会）和 ISO（国际标准化组织）给出的定义。

1. PMI 的定义

现代项目管理就是将知识、技能、工具与技术应用于项目活动，以满足项目的要求。项目管理通过合理运用与整合 47 个项目过程的管理而得以实现。根据其逻辑关系可以将这 47 个项目过程归类成五大过程组，即启动、规划、执行（或叫实施）、监控（或叫控制）和收尾。为此，PMI 提出了自己的现代项目管理知识体系（PMBOK），具体有项目集成、范围、时间、成本、质量、人力、沟通、风险、采购和相关者管理 10 个方面。

2. ISO 的定义

现代项目管理就是应用相关的方法、工具、技术和能力去管理项目的活动。现代项目管理包括集成项目生命周期的各个阶段所开展的管理。这是贯穿于项目全过程的管理，而项目全过程需要按照系统观点去划分成一系列可执行的项目阶段。项目生命周期的每个阶段都必须有自己的可交付物，且这些可交付物要在项目过程中按规定进行评估，以满足项目发起人和其他相关利益主体的要求。[2]ISO 给出的现代项目管理过程有：启动、规划、实施、控制、收尾五大子过程，以及项目集成、范围、时间、成本、质量、风险、沟通、资源、采购和相关者管理 10 个专项管理。

3. 本书的定义

本书作者给出的现代项目管理定义为：现代项目管理是运用各种相关的知识、技能、方法与工具，为满足或超越项目有关各方对项目的要求与期望，由项目起始、计划、组织、控制和结束的具体管理活动，对于项目全过程以及项目所涉及的各方面或专项的全面管理。不同的项目会有不同的项目过程需要开展管理，但是主要的项目管理专项包括项目范围、时间、成本、质量、组织（包括项目相关者的管理）、沟通、人力资源、采购、风险和集成管理。[3]

由此可知，现代项目管理的客体是项目，其管理主体需要运用管理和专业的知识、技能、方法和工具对项目时间、质量、成本、范围、风险、采购、沟通、组织和集成等专项开展管理。其中，知识是指人们对以前成功经验的总结和对客观规律的认识，方法是指人们按照这些客观规律去分析问题和解决问题的程序和做法，工具则是指人们在分析和解决具体问题中使用的手段，技能就是指人们掌握和运用知识、方法和工具的能力。

（三）现代项目管理的目标和任务

1. 现代项目管理的目标

人们开展现代项目管理的根本目标是“满足或超越项目有关各方对项目的需求与期望”，最好是能够达到使得项目各方“大喜过望”或“喜出望外”的结果。实际上,每个项目的相关者都有自己的要求和期望,而且他们各自的要求和期望都不同。因此,项目管理的根本目标是努力使这些不同的要求和期望能很好地得以实现,最终使项目成果最大限度地满足和超越项目全体相关者的要求和期望。这既是现代项目管理的关键和难点所在,也是项目管理的作用和职能之所在。

2. 现代项目管理的根本任务

现代项目管理的根本任务有两个:一是对于项目所有相关者的要求和期望的管理;二是对于为实现项目相关者的期望和要求所开展的各项工作的管理。第一方面的管理涉及限制和满足项目相关者要求和期望两方面的管理,第二方面的管理涉及对于为实现项目相关者期望和要求所开展的各项工作及其产出物的管理。人们对于项目的要求和期望既有明确说明的(各方达成共识后使用项目文件明确规定),也有隐含的(没有项目文件明确说明,但是国家法律法规和标准规定的),二者都属于项目管理任务的范畴。

(四)现代项目管理的特性

现代项目管理的理论认为,项目管理的特性有如下五个。

1. 普遍性

现代项目作为一种一次性、独特性和不确定性的活动而普遍存在于人类社会之中,实际上人类现有各种物质和文化成果当初都是通过项目的方式创建的。人们开展日常运营所使用的设施与条件等都是靠项目活动建设或开发而成的,因此这种项目本身的普遍性使得现代项目管理也具有了普遍性。实际上,不管是企业、政府、社团还是个人,只要有一个新的想法并付诸行动的时候就是项目,从而就需要去开展项目管理了。

2. 独特性

这是指现代项目管理既不同于一般的企业日常生产运营管理,也不同于常规的政府行政管理,而是一种完全独特的管理活动。现代项目管理既有其独特的管理对象(项目)和内容(项目范围、质量、时间和成本等),又有项目管理独特的原理和方法。由于每个具体项目的管理都会有自己独特的要求、内容、方法和工具,所以现代项目管理就具有了独特性,即每个项目都会有一些独特的管理方法。

3. 集成性

现代项目管理的集成性是指项目全部要素的集成管理、项目全过程的集成管理和项目全团队的集成管理等。这是一种按照项目各方面合理配置关系,由项目组织共同合作的全面集成管理。项目不能按照“单打一”的方法去孤立地开展项目各专项或专业的管理,因为从来没有项目单纯因为某个要素管理不善而失败,都是因为项目集成管理出问题而导致项目失败。

4. 创新性

这一特性有两层含义:一是指现代项目管理对象本身的独特性要求现代项目管理活动和方法必须具有创新性;二是指任何项目的管理都必须针对具体项目的独特性去开展具有创新性的管理。即使那些在社会现实生活中归于同类的具体项目(如工业或民用建设项目),由于地点、时间、业主、客户、环境与条件等各种独特性因素,使得每个项目仍然需要开展各种管理创新才能实现有效的管理。

5. 过程性

这是指现代项目管理是由一系列的管理子过程所构成的一种管理过程,这一管理过程包括起始、计划、组织、控制和终结五个子过程。这种过程性不但要求人们在项目管理中分阶段对不同性质的项目工作进行管理,而且要根据项目环境与条件的发展变化去不断地调整和改进项目的管理。实际上,现代项目管理的过程就是一个学习和变更的过程,因为现代项目管理全过程需要不断获得信息和做出决策进行变更。

另外,现代项目管理还有许多其他特性,如现代项目管理的预测性、变更性、团队性等。人们必须很好地认识这些项目管理特性,因为只有掌握这些特性才能做好现代项目管理。

二、应急项目管理的概念、目标和特性

应急项目是一种独特的现代项目,所以应急项目管理有自己的概念、目标和特性。

(一) 应急项目管理的概念

应急项目是为应对突发事件导致的严重社会危害所开展的一种应对项目,所以这种项目管理的根本目的是应对突发事件并消减其造成或者可能造成的严重社会危害。因此,应急项目管理的概念是:运用各种相关的知识、技能、方法与工具,为消减突发事件所造成或者可能造成的严重社会危害,所开展的对于应急项目的起始、计划、组织、控制与结束的管理活动。这涉及应急项目全过程的管理和应急项目各专项的全面管理,以及应对自然灾害事件、事故灾难事件、公共卫生事件和社会安全事件的应急项目管理。

(二) 应急项目管理的目标

应急项目管理的目标就是预防和减少突发事件的发生以及消减突发事件造成或者可能造成的严重社会危害,所以应急项目管理有两方面的目标。

1. “禁于未发之前”的目标

这个目标是为了预防和减少突发事件的发生,是一种为预防突发事件发生的应急项目管理的目标。很显然,对于有预警信息突发事件的应急项目管理,最高目标就是通过预警、预防和积极应对等活动,努力预防和减少突发事件发生。这不同于通过应急项目管理去消减突发事件造成和可能造成的危害后果,而是预防和减少出现突发事件本身。由于突发事件的突然性,人们很难完全预防和减少它们,但是通过应急项目管理可以预防和减少某些有预警信息突发事件的发生。人们很难预防和减少无预警信息突发事件,而只能设法实现下面第二个应急项目管理的目标。

2. “救人或救火”的目标

这是消减突发事件造成或可能造成的严重社会危害的目标,是一种“救人或救火”的应急项目管理目标。对于无预警信息突发事件的应急项目管理,最高目标是通过正确应对而消减突发事件所引发的严重危害社会的后果。因为这种突发事件没有风险征兆或触发信号,人们很难进行预防和减少其发生,所以人们只能退而求其次地去设法“救人或救火”。实际上,这种突发事件一旦突然发生就会导致某种有危害的后果。此时,应急项目管理最重要的目标就是努力消减这些有危害的后果。例如,2008 年的汶川地震就属于此列,所以该应急项目管理的最高目标是“抗震救灾”和“灾后重建”。

(三) 应急项目管理的特性

充分认识应急项目管理的特性是开展应急项目管理的前提条件。应急项目管理的主要特性包括如下七个方面。

1. 突发应对性

应急项目管理是为应对突发事件所开展的一种项目管理，这不同于投资项目或研发项目等一般项目的管理，这种项目因为突发性而难以十分完善地进行预先计划和安排。人们虽然可以根据突发事件预测制定应急预案，但仍没办法做出准确无误和切实可行的应急项目实施方案。我国《应急法》规定，国家建立健全突发事件预警制度，而且规定按照突发事件发生的紧急程度、发展势态和可能造成的危害程度分类管理。但对那些无预警信息突发事件，人们多数只能仓促迎战。根据项目风险管理理论，人们可以识别出项目风险可能会有的几种结果，并分别制定出针对每种结果的项目方案，但是很多突发事件的发展结果会与风险识别和度量的结果大相径庭。这就使得应急项目管理具有突发应对性的这一重要特性。

2. 风险性

应急项目管理的最根本特性是风险性，因为应急项目管理最主要的工作就是应对突发事件的各种风险。项目风险的根本原因是人们缺乏项目信息，而人们对于项目信息的拥有情况有三种：第一种是人们拥有完备信息的情况，即人们知道项目会有唯一的确切结果；第二种是人们拥有部分信息的情况，即人们知道项目可能出现几种结果，且知道每种结果的发生概率；第三种是人们拥有很少信息的情况，即人们不清楚项目会有几种情况和结果，也不知道每种情况和结果的发生概率。第二种和第三种属于风险性项目管理的范畴，所以需要做好应急项目风险的识别、度量、监测和应对等方面的管理，从而争取得到最好的应急项目管理结果。

3. 复杂性

按照复杂项目管理理论，应急项目具有一种或多种复杂性。应急项目管理是高风险和具有突发应对性的项目管理，所以这种应急项目的管理具有很高的复杂性，有些应急项目甚至有全部四个方面的复杂性（结构复杂性、技术复杂性、方向复杂性和渐进复杂性）。通常，在特别重大应急项目管理的开始阶段会碰到结构复杂性问题（突发事件应对项目刚开始时人们不清楚突发事件的应对需要开展哪些工作和会得到何种结果），在项目实施阶段会碰到技术复杂性问题（即不知道需要采取何种技术手段去解决问题），而在项目后期还会遇到方向复杂性问题（突发事件及其环境的发展变化使得人们失去了方向）和渐进复杂性问题（应急项目变得越来越复杂了）。因此应急项目管理必须开展复杂性管理，需要使用复杂性地图等复杂性管理方法去开展应急项目管理。

4. 集成性

这是指突发事件应急项目具有多阶段、多要素和众多相关者，所有这些应急项目阶段、要素和利益相关者都需要按照他们之间应有的合理配置关系去开展管理。所以，应急项目管理必须设法找出这些项目阶段、要素和利益相关者之间的合理配置关系，并使用应急项目集成管理去实现应急项目管理的最终目标。这就是管理的集成性。包括应急项目全过程的集成管理、应急项目全要素的集成管理以及应急项目全团队（项目全体相关者）的集成管理，以解决应急项目管理中“顾头不顾尾”“单打一”和“利益侵害”等方面的问题。实际上，应急项目管理失败的根本原因多是应急项目集成管理不善。

5. 跟踪决策性

由于上述应急项目管理的特性，使得应急项目管理需要按照尝试、探索和跟踪决策的方法去开展，所以应急项目管理具有跟踪决策性。这是因为应急项目管理经常会使人们在决策时处于一种束手无策或不知所措的状态，所以人们在应急项目决策的时候必须靠不断探索的方法，通过跟踪决策去管理好应急项目。这要求人们在应急项目实施和管理过程中不断获得新的信息，并据此不断地变更或修正应急项目此前的决策。由于多数突发事件是没有前人经验可以借鉴的，人们只能靠“吃一堑，长一智”的摸索过程去找出具体应急项目的方案和管理方法。这就导致了应急项目只能按照与时俱进的跟踪决策去做好应急项目的管理。表 1-1 给出了 2020 年中国应对新冠肺炎疫情的八版诊疗方案，可以充分说明应对公共卫生突发事件的跟踪决策密度和跟踪决策的重要性。

表 1-1　2020 年中国应对新冠肺炎疫情的诊疗方案跟踪决策情况

决策方案	决策时间点	决策的内容
1	2020-01-16	国家卫健委印发《新型冠状病毒感染的肺炎诊疗方案(试行)》
2	2020-01-18	国家卫健委印发《新型冠状病毒感染的肺炎诊疗方案(试行第二版)》
3	2020-01-22	国家卫健委印发《新型冠状病毒感染的肺炎诊疗方案(试行第三版)》
4	2020-01-27	国家卫健委印发《新型冠状病毒感染的肺炎诊疗方案(试行第四版)》
5	2020-02-05	国家卫健委印发《新型冠状病毒感染的肺炎诊疗方案(试行第五版)》
6	2020-02-19	国家卫健委印发《新型冠状病毒感染的肺炎诊疗方案(试行第六版)》
7	2020-03-03	国家卫健委印发《新型冠状病毒感染的肺炎诊疗方案(试行第七版)》
8	2020-08-18	国家卫健委印发《新型冠状病毒感染的肺炎诊疗方案(试行第八版)》

由表 1-1 可以看出，人们无法在突发事件发生后的第一时间制定出十分完善的应急项目计划和方案，因为此时人们没有足够的信息和时间去做出“满意”的应急项目计划和方案。人们只能随着应急项目的展开而不断去优化和改进应急项目的决策方案和管理方法，从而修正此前的应急项目决策，并作出更科学的应急项目跟踪决策。

6. 强制命令性

突发事件发生后需要在尽短时间内应对突发事件的各种危害，所以必须采用统一指挥和强制命令等管理手段，因此应急项目不像企业投资项目那样按部就班地进行，而必须使用行政命令和强制手段。所以《应急法》规定：“根据实际需要设立突发事件应急指挥机构以负责突发事件应对工作，采取统一领导、组织、协调、指挥突发事件应对工作。”这说明应急项目管理具有强制命令的特性，因为只有按照令行禁止的模式迅速应对突发事件，才有可能消减突发事件带来的严重社会危害。所以，应对突发事件没有过多的解释和说服时间，只能使用“先强制命令，过后再做说明或补偿”的方法开展应急项目管理。

7. 专家主导性

项目管埋的授权是一种工作授权(不是职务授权)，这是专门为完成具体项目所做出的一种授权。领导应急项目组织去开展突发事件的应对需要相关专业技术知识和经验，所以很多时候应急项目管理的权力会授予具有专长的专家们，或者在应急项目管理团队中设专家委员会或专家组。不管是自然灾害事件、事故安全事件、公共卫生事件还是社会安全事件，都需要把突发事件的某些管理权限授予相关领域的专家。我国在很多应急项目中采取专家组或专家委员会的做法，就是应急项目管理的专家主导性决定的。

综上所述，应急项目管理具有十分独特的特性，所以需要使用完全不同的管理原理和方法，这既是本书的立意也是本书的功用之所在。

第三节　应急项目管理的法律责任和规定

应急项目管理具有强制命令性，所以在应急项目管理中必须按照国家法律法规和应急指挥系统的规定去开展管理。我国《应急法》给出了这方面法律责任的规定。

一、应急项目管理的法律规定

根据《应急法》第六章关于“法律责任”的规定，具体如下。

（一）政府及其部门的责任规定

根据《应急法》的规定，“各级人民政府有关部门违反本法规定，不履行法定职责的，由其上级行政机关或者监察机关责令改正；有下列情形之一的，根据情节对直接负责的主管人员和其他直接责任人员依法给予处分。”由此可见，应急项目管理的第一责任人是“地方各级人民政府和政府有关部门”。这就是应急项目具有“政府主导性”和“强制命令性”的法律依据，违反的政府及其部门就必须承担相应的法律责任。

（二）有关单位的法律责任规定

根据《应急法》的规定，有关单位有不履行应急管理责任的，由所在地履行统一领导职责的人民政府责令停产停业，暂扣或者吊销许可证或者营业执照，并处 5 万元以上 20 万元以下的罚款；构成违反治安管理行为的，由公安机关依法给予处罚。由此可见，不管是企业、事业单位还是政府行政单位，都必须严格履行自己在应急项目中的法律责任，否则就必须接受相应的法律处罚。这也是应急项目管理具有强制命令性的表现，凡不听从应急统一指挥和不履行应急项目责任的有关单位必须承担法律责任。

（三）有关个人（包括法人和自然人）的法律责任规定

我国《应急法》规定：“违反本法规定，编造并传播有关突发事件事态发展或者应急处置工作的虚假信息，或者明知是有关突发事件事态发展或者应急处置工作的虚假信息而进行传播的，责令改正，给予警告；造成严重后果的，依法暂停其业务活动或者吊销其执业许可证；负有直接责任的人员是国家工作人员的，还应当对其依法给予处分；构成违反治安管理行为的，由公安机关依法给予处罚。”由此可知，社会自然人和法人在应急项目中都负有自己的法律责任，一旦违法，就必须承担相应的法律责任。

（四）政府、单位和个人的其他工作责任规定

除了《应急法》第六章的“法律责任”规定以外，《应急法》的其他章节也给出了政府、单位和个人的其他责任的规定。例如，《应急法》规定：“县级以上人民政府应当建立健全突发事件应急管理培训制度，对人民政府及其有关部门负有处置突发事件职责的工作人员定期进行培训。”《应急法》还规定：“各级各类学校应当把应急知识教育纳入教学内容，对学生进行应急知识教育，培养学生的安全意识和自救与互救能力。教育主管部门应当对学校开展应急知识教育进行指导和监督。”可见，《应急法》的核心就是规定了政府、单位和个人在应急项目中应尽的义务和责任。

二、应急项目管理的法律责任处罚

如果政府或政府部门、相关单位和个人未能够履行法律责任，他们就必须承担法律后果，接受法律处罚。有关《应急法》第六章关于“法律责任”的规定，具体如下。

（一）政府及其部门的法律责任处罚规定

《应急法》规定了各级人民政府有关部门违反本法规定，不履行法定职责且不改正的，根据情节对直接负责的主管人员和其他直接责任人员依法给予处分。

（二）相关单位的法律责任处罚规定

根据《应急法》的规定，有关单位如有违法行为，由所在地履行统一领导职责的人民政府责令停产停业，暂扣或者吊销许可证或者营业执照并处罚款；构成违反治安管理行为的，由公安机关依法给予处罚。

（三）有关个人（包括法人和自然人）的法律责任处罚规定

根据《应急法》的规定，单位或者个人违反本法规定，先要责令改正，给予警告；造成严重后果的，依法暂停其业务活动或者吊销其执业许可证；负有直接责任的国家工作人员，还应当对其依法给予处分；构成违反治安管理行为的，由公安机关依法给予处罚。

（四）其他相关责任的法律规定

《应急法》就是调整人们在突发事件应急管理中处理各种关系的法律规定，所以应急项目管理必须依照《应急法》开展，这包括《应急法》中规定的各项法律责任和工作责任。当然，这方面的关系调解方法多是靠法律进行调解的办法和政府履行行政管理的办法。

综上所述，应急项目管理是一种依法开展的项目管理，这是应急项目管理与其他类型项目管理的最大区别之所在。

本章小结

本章首先全面讨论了应急项目的概念、特性和分类。其中，从概念上说，应急项目是政府或单位为实现预防和减少突发事件的发生，并在突发事件发生后努力控制、减轻和消除突发事件引起的严重社会危害这一根本目标，在一定时间、人员和其他资源的约束条件下，所开展的一种针对突发事件的独特性、一次性、过程性、不确定性、风险性和突发性的管理和业务工作。应急项目的特性主要包括目的性、独特性、一次性、制约性、突发性、危害性、过程性、负责性和政府主导性等。应急项目的分类方法主要有按照应对突发事件性质分类、按照社会危害程度分类、按照预警信息分类和按照项目复杂性分类等。其次，本章讨论了应急项目管理的概念、内容和特性，这包括对现代项目管理的概念、内容和特性的讨论，以及对应急项目管理的概念、目标和特性三个方面的深入讨论，结论是现代应急项目管理属于现代项目管理的范畴并具有现代项目管理的各种特性和要求。最后，本章讨论了应急项目管理的法律责任和规定，这包括应急项目管理的法律规定和应急项目管理的法律责任处罚规定，结论是应急项目的实施和管理都必须依法开展，违反《应急法》的任何法人和自然人都必须承担相应的法律责任。

复习思考题

1. 应急项目与一般项目有哪些方面的不同？
2. 应急项目管理与一般项目管理有哪些方面的不同？
3. 有预警信息和无预警信息的应急项目管理有哪些不同？
4. 应急项目管理过程中，公民如未尽到自己的法律义务会承担哪些责任？
5. 应急项目管理过程中，法人单位如未尽到自己的法律义务会承担哪些责任？

即测即评

参考文献

1. (美)项目管理协会. 项目管理知识体系指南. 5 版. 许江林，等，译. 北京：电子工业出版社，2013.
2. ISO. International Standard: ISO 21500 Guidance on Project Management. Switzerland, 2012.
3. 戚安邦. 项目管理学. 3 版. 北京：科学出版社，2019.
4. 戚安邦. 项目评估学. 2 版. 北京：科学出版社，2019.
5. 戚安邦. 项目全面集成管理原理与方法. 天津：南开大学出版社，2017.
6. 戚安邦. 浮现中的中国现代项目导向型社会与组织. 北京：电子工业出版社，2009.
7. 戚安邦. 项目成本管理. 2 版. 北京：中国电力出版社，2016.
8. 戚安邦. 项目风险管理. 天津：南开大学出版社，2010.

第二章　应急项目过程和应急项目管理过程

突发事件从发生发展到应对、恢复与重建，虽然每个阶段具有不同的特征，但从基于过程的角度可以对这些特征进行归纳梳理，并运用项目管理的相关理论，对突发事件的应急项目管理过程进行分析，从而使管理者做到心中有数，急而不乱。那么，突发事件应急项目管理究竟由哪些阶段构成？突发事件应急项目的过程划分、应急项目管理的过程划分和应急项目全过程划分有哪些区别？进一步的工作和活动分解应如何开展？本章将对上述核心问题进行详细探讨。

第一节　应急项目的过程模型

应急管理体系构成的重要划分维度即为过程维度，从过程维度进行梳理有助于寻找和发现短板、漏洞和弱项所在，从而更好地推进应急管理体系和能力的现代化。

一、典型的应急管理阶段划分

突发事件应急管理作为一类特殊的项目，其阶段划分与一般项目有所区别，主要体现在项目生命周期的前后延伸上，突发事件应急项目管理工作的起始应早于突发事件发生，体现"上医治未病"的思想；突发事件应急项目管理工作的结束将延伸至突发事件所造成的影响得到有效恢复与重建为止。典型的应急管理阶段划分包括如下几种。

（一）CEDR 模型

CEDR 模型按照突发事件发生发展及所造成的危害程度等，将应急管理分为四个项目阶段。第一个是危机管理（Crisis Management，CM）阶段，第二个阶段是应急管理（Emergency Management，EM）阶段，第三个阶段是灾害管理（Disaster Management，DM）阶段，第四个阶段是恢复管理（Recovery Management，RM）阶段。

（二）PPRR 模型

PPRR 理论是危机管理应用比较广的理论，即由危机前预防（Prevention）、危机前准备（Preparation）、危机爆发期反应（Response）和危机结束期恢复（Recovery）四个阶段组成的危机管理通用模式。

预防阶段包括两个环节：首先是分析危机的环境，对管理范围内的政治、社会、经济、自然等条件进行评估；其次，找出可能导致危机的关键因素，并尽可能提早加以解决。准备阶段一方面要制定应急预案；另一方面要建立危机预警机制，从而对可能的突发事件进行早期研判，及时采取措施，以免将"轻症"拖成"重症"。反应阶段以突发事件发生为起始点，其工作首先是采取及时有效措施遏制危机；其次是要防止和避免次生或二次灾害的发生；最后应当加强媒体管理，做到信息真实、公开，防止谣言流传。恢复阶段不仅要对突发事件造成的“硬件”环境进行修复，更重要的是对突发事件带来的社会经济秩序、心理健康等进行恢复与调适。

（三）MPRR 模型

由于并非所有突发事件都可以预防，有些突发事件的发生具有高度不确定性和突发性特点，甚至超出人类的认知范围，因此美国联邦安全管理委员会对 PPRR 模型进行了修正，将预防阶段改为缓和阶段（Mitigation），与其他三个阶段构成了 MPRR 模式。

（四）4R 模型

4R 理论由美国危机管理专家、危机管理大师罗伯特·希斯（Robert Heath）在《危机管理》一书中提出，他将危机应对分为缩减（Reduction）、预备（Readiness）、反应（Response）、恢复（Recovery）四个阶段[1]。其中，缩减阶段的主要工作强调从环境、结构、系统和人员几个方面去着手，降低危机的发生概率及冲击力，其内涵与缓和具有较强的相似性。预备阶段的工作内容主要是预警和监视，且预警和监视系统在危机管理中是一个整体，对每个细节的不良变化都会有所反应，并发出信号给其他系统或者负责人。

（五）六阶段模型

诺曼·R. 奥古斯丁（Norman R. Augustine）将危机管理过程划分成六个不同的阶段，因此也被称为奥古斯丁危机管理六阶段模型。第一个阶段是危机避免，这一阶段事实上就是危机预防；第二个阶段是危机管理准备，通过制定行动计划与通信计划、实战演习、关系建立等，防范危机突然袭击；第三个阶段是危机确认，必须根据已有的一些信号来判断和论证危机是否已经发生，并尽快找出危机的源头，为解决危机提供思路；第四个阶段是危机控制，尽可能地将危机的扩散度和所带来的损失控制到最小的范围内；第五个阶段是危机解决，应根据危机发生的原因，迅速而又有针对性地采取对抗性措施；第六个阶段是从危机中获益，这个阶段主要是对前五个阶段的工作进行总结，吸取经验教训，甚至发现新的机遇。

（六）“6+1”模型

我国学者在借鉴国内外学者研究成果的基础之上，结合我国新冠肺炎疫情应对过程中，党中央提出的“补短板”的要求，将应急管理的阶段进行了细化，提出了“6+1”模型，具体包括准备、预防、减缓、响应、恢复、学习 6 项分阶段机制和监测 1 项跨阶段机制[2]。其中，监测机制跨越多个关键阶段乃至应急管理的全过程，不宜单独作为一个阶段。监测是对信息技术革命的适应，主要面向大数据时代。

二、应急项目的四阶段过程模型

《应急法》规定：“突发事件的预防与应急准备、监测与预警、应急处置与救援、事后恢复与重建等应对活动，适用本法。”因此，我国的突发事件应急项目可以划分为四个阶段①，如图 2-1 所示。

---

① 本部分内容总体依据《应急法》编写。

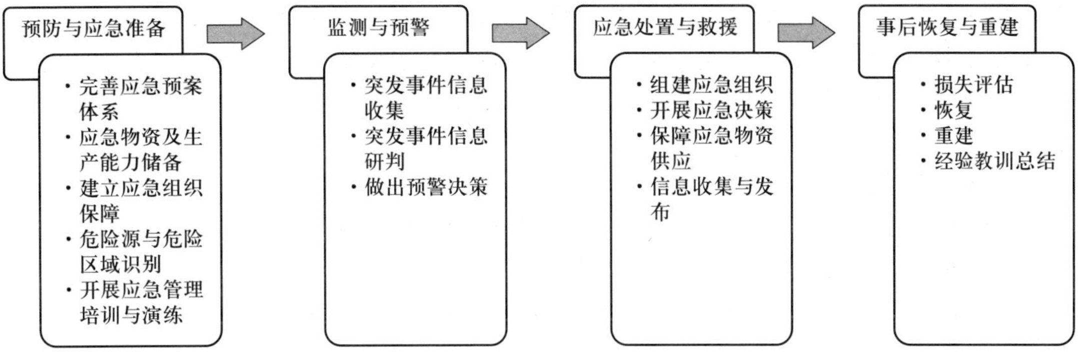

图 2-1　突发事件应急项目的阶段划分

（一）预防与应急准备

《应急法》明确规定“突发事件应对工作实行预防为主、预防与应急相结合的原则”，即强调“上医治未病”，由此可见预防与应急准备阶段的突出重要地位。预防与应急准备阶段的主要工作可以归纳为五个方面：

1. 完善应急预案体系

国务院制定国家突发事件总体应急预案，组织制定国家突发事件专项应急预案；国务院有关部门根据各自的职责和国务院相关应急预案，制定国家突发事件部门应急预案。

地方各级人民政府和县级以上地方各级人民政府有关部门根据有关法律、法规、规章、上级人民政府及其有关部门的应急预案以及本地区的实际情况，制定相应的突发事件应急预案。

应急预案应当根据本法和其他有关法律、法规的规定，针对突发事件的性质、特点和可能造成的社会危害，具体规定突发事件应急管理工作的组织指挥体系与职责和突发事件的预防与预警机制、处置程序、应急保障措施以及事后恢复与重建措施等内容。

2. 储备应急物资及生产能力

国家建立健全应急物资储备保障制度，完善重要应急物资的监管、生产、储备、调拨和紧急配送体系。

设区的市级以上人民政府和突发事件易发、多发地区的县级人民政府应当建立应急救援物资、生活必需品和应急处置装备的储备制度。

县级以上地方各级人民政府应当根据本地区的实际情况，与有关企业签订协议，保障应急救援物资、生活必需品和应急处置装备的生产、供给。

3. 建立应急组织保障

县级以上人民政府应当整合应急资源，建立或者确定综合性应急救援队伍。人民政府有关部门可以根据实际需要设立专业应急救援队伍。

县级以上人民政府及其有关部门可以建立由成年志愿者组成的应急救援队伍。单位应当建立由本单位职工组成的专职或者兼职应急救援队伍。

县级以上人民政府应当加强专业应急救援队伍与非专业应急救援队伍的合作，联合培训、联合演练，提高合成应急、协同应急的能力。

4. 识别危险源与危险区域

县级人民政府应当对本行政区域内容易引发自然灾害、事故灾难和公共卫生事件的危险源、危险区域进行调查、登记、风险评估,定期进行检查、监控,并责令有关单位采取安全防范措施。

省级和设区的市级人民政府应当对本行政区域内容易引发特别重大、重大突发事件的危险源、危险区域进行调查、登记、风险评估,组织进行检查、监控,并责令有关单位采取安全防范措施。

5. 开展应急管理培训与演练

县级以上人民政府应当建立健全突发事件应急管理培训制度,对人民政府及其有关部门负有处置突发事件职责的工作人员定期进行培训。

各级各类学校应当把应急知识教育纳入教学内容,对学生进行应急知识教育,培养学生的安全意识和自救与互救能力。

县级人民政府及其有关部门、乡级人民政府、街道办事处应当组织开展应急知识的宣传普及活动和必要的应急演练。

居民委员会、村民委员会、企业事业单位应当根据所在地人民政府的要求,结合各自的实际情况,开展有关突发事件应急知识的宣传普及活动和必要的应急演练。

(二)监测与预警

这个阶段的工作总体具有常态化特征,在当前大数据等技术迅猛发展的情况下,监测与预警工作应更多借助技术支持,对于信息完备程度相对较高的突发事件,例如洪涝灾害、水质污染等实现自动或者半自动监测与预警。这一阶段包含的具体工作内容有如下三个方面。

1. 收集突发事件信息

根据《应急法》的规定,国务院建立全国统一的突发事件信息系统。县级以上地方各级人民政府应当建立或者确定本地区统一的突发事件信息系统,汇集、储存、分析、传输有关突发事件的信息,并与上级人民政府及其有关部门、下级人民政府及其有关部门、专业机构和监测网点的突发事件信息系统实现互联互通,加强跨部门、跨地区的信息交流与情报合作。同时还规定国家应建立健全突发事件监测制度。县级以上人民政府及其有关部门应当根据自然灾害、事故灾难和公共卫生事件的种类和特点,建立健全基础信息数据库,完善监测网络,划分监测区域,确定监测点,明确监测项目,提供必要的设备、设施,配备专职或者兼职人员,对可能发生的突发事件进行监测。

2. 研判突发事件信息

县级以上地方各级人民政府应当及时汇总分析突发事件隐患和预警信息,必要时组织相关部门、专业技术人员、专家学者进行会商,对发生突发事件的可能性及其可能造成的影响进行评估;认为可能发生重大或者特别重大突发事件的,应当立即向上级人民政府报告,并向上级人民政府有关部门、当地驻军和可能受到危害的毗邻或者相关地区的人民政府通报。

3. 做出预警决策

国家建立健全突发事件预警制度。可以预警的自然灾害、事故灾难和公共卫生事件的预警级别,按照突发事件发生的紧急程度、发展势态和可能造成的危害程度分为一级、二级、三级和四级,分别用红色、橙色、黄色和蓝色标示,一级为最高级别。不同预警级别对应不同的措施,可根据应急预案进行操作。

(三)应急处置与救援

由于突发事件具体发生时,其形态、载体、强度、范围等千差万别,因此这个阶段的不确定性总体较强，需要应急组织根据实际情况做出适当的决策。根据工作内容的性质可以对其共性进行如下归纳。

1. 组建应急组织

突发事件发生后，履行统一领导职责或者组织处置突发事件的人民政府应当针对其性质、特点和危害程度，立即组织有关部门，调动应急救援队伍和社会力量，依照《应急法》的规定和有关法律、法规、规章的规定采取应急处置措施。突发事件发生地的居民委员会、村民委员会，受到自然灾害危害或者发生事故灾难、公共卫生事件的单位，突发事件发生地的其他单位和突发事件发生地的公民应依法参与突发事件应对工作。

2. 开展应急决策

《应急法》中对于四种类型突发事件发生后的应急处置措施进行了归纳，履行统一领导职责的人民政府可以据此采取一项或者多项应急处置措施。如果突发事件严重影响国民经济正常运行，国务院或者国务院授权的有关主管部门可以采取保障、控制等必要的应急措施，保障人民群众的基本生活需要，最大限度地减轻突发事件的影响。

3. 保障应急物资供应

履行统一领导职责或者组织处置突发事件的人民政府，必要时可以向单位和个人征用应急救援所需设备、设施、场地、交通工具和其他物资，请求其他地方人民政府提供人力、物力、财力或者技术支援，要求生产、供应生活必需品和应急救援物资的企业组织生产、保障供给，要求提供医疗、交通等公共服务的组织提供相应的服务。

4. 收集与发布信息

履行统一领导职责或者组织处置突发事件的人民政府，应当按照有关规定统一、准确、及时发布有关突发事件事态发展和应急处置工作的信息。任何单位和个人不得编造、传播有关突发事件事态发展或者应急处置工作的虚假信息。

（四）事后恢复与重建

在很多情况下，恢复与重建工作同应急处置救援工作可能存在时间上的交叉，即在应急处置救援工作进行到一定程度，并未完全完成时，同步启动恢复与重建工作，最大限度地降低突发事件对社会经济造成的影响。该阶段的主要工作包括以下方面。

1. 损失评估

根据《应急法》的规定，突发事件应急处置工作结束后，履行统一领导职责的人民政府应当立即组织对突发事件造成的损失进行评估，组织受影响地区尽快恢复生活、生产、工作和社会秩序，制定恢复重建计划，并向上一级人民政府报告。

2. 恢复

受突发事件影响地区的人民政府应当及时组织和协调公安、交通、铁路、民航、邮电、建设等有关部门恢复社会治安秩序，尽快修复被损坏的交通、通信、供水、排水、供电、供气、供热等公共设施。

3. 重建

国务院根据受突发事件影响地区遭受损失的情况，制定扶持该地区有关行业发展的优惠政策。

受突发事件影响地区的人民政府应当根据本地区遭受损失的情况，制定救助、补偿、抚慰、抚恤、安置等善后工作计划并组织实施，妥善解决因处置突发事件引发的矛盾和纠纷。

公民参加应急救援工作或者协助维护社会秩序期间，其在本单位的工资待遇和福利不变；表现突出、成绩显著的，由县级以上人民政府给予表彰或者奖励。

县级以上人民政府对在应急救援工作中伤亡的人员依法给予抚恤。受突发事件影响地区的人民政府开展恢复重建工作需要上一级人民政府支持的，可以向上一级人民政府提出请求。上一级人民政府应当根据受影响地区遭受的损失和实际情况，提供资金、物资支持和技术指导，组织其他地区提供资金、物资和人力支援。

4. 总结经验教训

履行统一领导职责的人民政府应当及时查明突发事件的发生经过和原因，总结突发事件应急处置工作的经验教训，制定改进措施，并向上一级人民政府报告。

第二节　应急项目的全过程管理原理

项目的根本属性之一是它的过程性，应急项目是由一系列项目活动所构成的一个完整的过程，所以应急项目管理的根本方法是基于全过程管理的方法。

一、应急项目阶段与管理过程

应急项目全过程包含两类基本过程：一类是应急项目业务过程；另一类是应急项目管理过程。应急项目全过程中包含一个管理过程，每个应急项目阶段也包含一个完整的应急项目管理过程。应急项目管理过程指的是人们在开展应急项目过程中所实施的项目计划、决策、组织、协调、沟通、激励和控制等管理活动。

（一）应急项目阶段与管理过程的时间关系

结合应急项目的阶段划分，应急项目全过程管理的模型如图 2-2 所示。

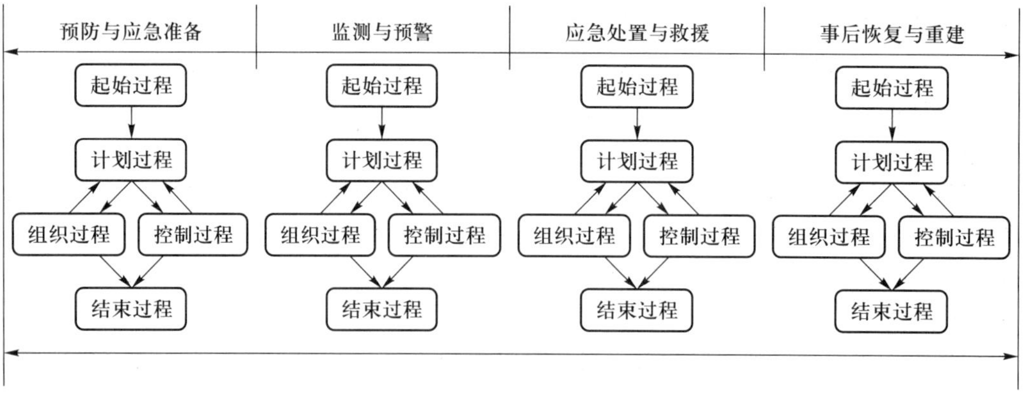

图 2-2　应急项目阶段划分与管理过程

应急项目管理的各个子过程之间是相互关联的，它们之间的关系主要是一种前后接续和信息传递的关系。这种应急项目管理子过程之间的接续和信息传递关系又分为单向输入与输出关联和双向输入与输出循环关联两类。其中，应急项目管理起始过程和计划过程之间是一种单向的信息输入与输出关联，即应急项目管理起始过程为计划过程提供应急项目决策的各种信息。

但是应急项目管理计划过程同组织过程和控制过程之间就是一种双向循环的信息输入与输出关联，它们之间形成了一种双向反馈关系。最重要的是，应急项目前一个阶段的结束过程必须为应急项目下一个阶段的起始过程提供信息支持，从而使得人们能够不断地根据新的信息去修订自己的决策，甚至在情况不利的时候做出不再“起始”应急项目下一个阶段的决策。这些应急项目管理的子过程共同构成了一个应急项目阶段的全过程管理模型和各个应急项目阶段管理过程的循环。

（二）应急项目管理各子过程之间的信息关系

应急项目管理子过程之间的信息关系首先是一种信息输入与输出关系，即前一项目管理子过程的信息输出就是下一个项目管理子过程的信息输入。应急项目中的信息关系主要体现在两个层面。

1. 各阶段中应急项目管理过程之间的信息输入与输出关系

以应急处置与救援阶段为例，起始过程的结果通常表现为应急预案的启动，在这一阶段所收集与分析的各种信息将成为计划过程的信息输入。根据已有信息以及计划过程收集到的新的信息，计划过程的产出物即为应急处置计划，包括时间计划、物资配置计划、人员组织计划、质量计划等。这些计划成为后续组织过程和控制过程的信息输入，应急项目团队将根据计划开展组织工作。组织过程中收集到的应急项目实时进展信息将反馈到计划过程，通过与计划过程的信息比较分析，可以发现实施过程中存在的各种偏差，从而作为控制过程的信息输入，对控制过程中的各种决策起到支撑作用。控制过程的结果又将反馈回计划过程，进一步调整计划，继续指导应急项目活动，直至应急处置与救援工作结束。

2. 各阶段之间的信息输入与输出关系

预防与应急准备阶段所收集与整理的各种信息，包括应急预案、应急演练工作总结等，将为开展监测与预警工作提供依据和支撑。监测与预警阶段所得出的结论将直接成为应急处置与救援阶段是否启动的依据。而应急处置与救援阶段的所有信息将成为事后恢复与重建工作的基础，决定恢复与重建工作的方向和具体措施。

应急项目管理过程中各个管理子过程在时间上并不完全是一种前后接续的关系，并不是一定要等一个应急项目管理子过程完结以后另一个应急项目管理子过程才能开始，这些应急项目管理的子过程在应急项目的管理中会有不同程度的时间交叉和重叠。图 2-3 描述了一个应急项目管理中各子过程之间在时间上的交叉和重叠关系。

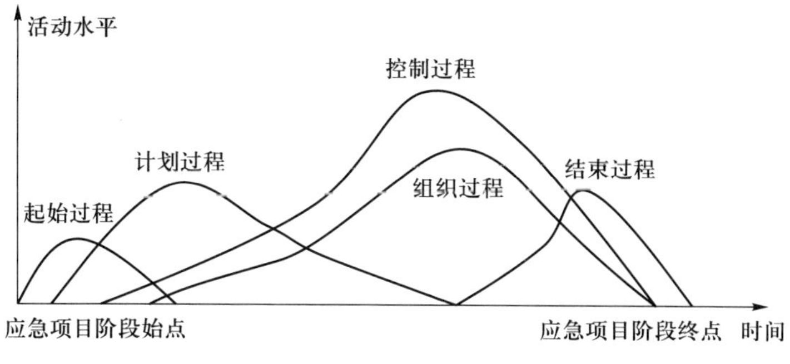

图 2-3　应急项目管理中各子过程时间关系示意图

由图 2-3 可以看出，在一个应急项目管理过程中起始过程是最先开始的，但在起始过程尚未完全结束之前计划过程就已经开始了。同样，应急项目管理的控制过程是在计划过程开始之后开始的，当时它先于组织过程开始。这主要是因为应急项目管理的控制过程中有很大一部分工作属于事前控制工作，但是它与组织过程是同时结束的。另外，由图 2-3 还可以看出，应急项目管理的结束过程是在组织过程尚未完结之前就已开始，这意味着结束过程中的许多文档准备工作可以提前开始，当组织过程完成以后所开展的结束性管理工作主要是一些移交性的工作。

二、应急项目管理的过程与内容

应急项目的管理过程是由一系列管理子过程构成的，而每个管理子过程又是由一系列应急项目管理的具体活动构成的。这种应急项目管理的过程及其五种不同的应急项目管理子过程的示意如图 2-4 所示。

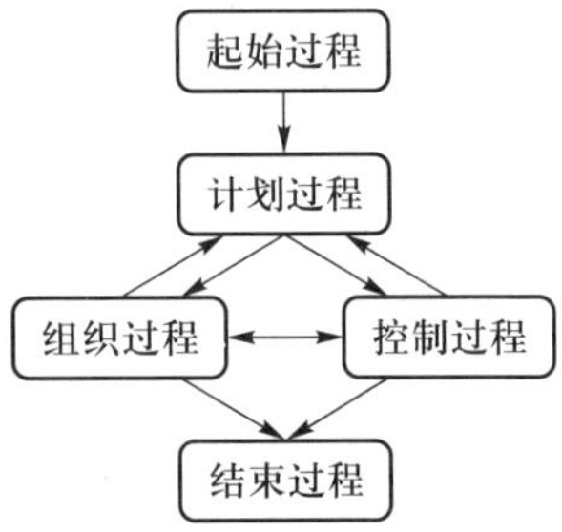

图 2-4　应急项目管理过程示意

注：图中箭头代表了应急项目信息和文件内容的流向。

（一）应急项目管理的起始过程

在应急项目管理过程中首要的管理子过程是一个应急项目或应急项目阶段的起始过程，这是由一系列决策活动所构成的项目管理子过程。其中所包含的应急项目管理活动有：决策一个应急项目或应急项目阶段的起始与否或决策一个应急项目或应急项目阶段是否继续进行下去，以及定义一个应急项目或应急项目阶段的工作与活动等。只有当这一应急项目管理的子过程做出了项目或项目阶段的起始决策以后，后续的应急项目业务过程和应急项目管理子过程才能够继续开展。例如在突发事件的应急与准备阶段，包含了一系列的相关决策工作：制定哪些应急预案，何时启动应急预案建设，如何进行应急预案演练等。

（二）应急项目管理的计划过程

当应急项目管理过程中的起始过程决定了人们要起始或继续一个应急项目或应急项目阶段时，应急项目管理过程就进入了计划过程。这一管理的子过程所包含的管理活动有：拟订和编制应急项目或应急项目阶段的目标、任务、工作方案及资源供应、成本预算等各项计划活动，以及根据应急项目或应急项目阶段的风险拟订应急项目应急措施等计划活动。因为这是由一系列应急项目计划管理活动所构成的应急项目管理子过程，所以只有其完成后才能开展后续的应急项目和应急项目管理子过程。以学校的火灾应急演练为例，需要对演练的时间、地点、参与主体、演练方式、信息收集、演练效果评价等进行详细计划，充分考虑演练的效果、演练本身的风险及应对措施，以及演练过程中的信息收集和组织间配合等，制定详细的演练计划，方可进一步实施。

（三）应急项目管理的组织过程

在应急项目计划过程制定出了应急项目或应急项目阶段的计划以后，人们就可以开展应急项目组织管理的子过程了。应急项目管理中的组织过程包含的管理活动有：组织和协调人力资源及其他资源，组织和协调各项应急项目任务与工作，激励应急项目团队去完成既定的应急项目工作计划并最终生成合格的应急项目产出物等。这是由一系列应急项目组织管理活动构成的应急项目管理子过程，同时它又需要为应急项目管理的计划过程和控制过程提供各种反馈信息。仍以学校的火灾应急演练为例，为达到演练的效果并减少演练过程中可能发生的风险，应提前向师生及参与演练的各个部门宣传普及相关知识，邀请消防、医疗等部门参与到应急演练中来。

（四）应急项目管理的控制过程

在应急项目或应急项目阶段的实施过程中人们必须开展应急项目管理的控制过程，这是一种使项目的组织和实施工作处于受控状态的管理子过程。应急项目管理的控制过程所包含的管理活动有：制定应急项目控制标准、监督和度量应急项目实际情况、分析应急项目工作的差异与问题、提出并采取纠偏措施等工作。这是由一系列管理控制性的活动所构成的应急项目管理子过程，同时它也要为应急项目管理的计划过程和组织过程提供各种反馈信息。由于应急项目具有独特性的特点，因此在实施的过程中有很大概率会出现偏差，例如在火灾应急演练中，可能由于起火点模拟、天气、组织配合等产生各种各样的问题，应急项目管理团队需要及时收集信息，并采取控制措施。

（五）应急项目管理的结束过程

应急项目管理过程中的第五个子过程是应急项目或应急项目阶段的结束过程。它包括的管理活动主要有：制定应急项目或应急项目阶段的终结和移交与接收条件，完成应急项目或应急项目阶段成果的管理终结和相关合同的终结与产出物的移交，从而使应急项目或应急项目阶段得以顺利结束。这是由一系列应急项目文档化工作和验收性与移交性工作所构成的项目管理子过程，同时它还需要为应急项目下一个阶段的起始过程提供信息支持。

第三节　应急项目的全生命周期管理

项目全生命周期的概念最早是由英国皇家特许测量师协会（Royal Institute of Charted Surveyors，RICS）给出的。其定义是："项目全生命周期是包括整个项目的建造、使用和最终清理的全过程。项目全生命周期一般可划分成项目建造阶段、运营阶段和清理阶段。"由这个定义可以看出，项目全生命周期包括一般意义上的项目生命周期和项目产出物的生命周期两个部分。这个概念拓展了项目管理覆盖的时间范围，不仅关注项目实施本身，同时也关注到了项目和运营之间的关系，以及项目和外部环境之间的关系，是从更广义的视角对项目管理活动的科学性和可持续性进行的考量。

一、应急项目全生命周期管理的独特性

提出应急项目全生命周期理论的基本出发点是将应急项目与其所处的外部环境进行协同分析，其中外部环境既包括历史及现在环境，也包括对未来环境的预测。一般项目的全生命周期包括项目期、运营期和清除期，即项目从起始到其使命作用结束的全过程。这种把项目管理视线拉长的做法能有效避免项目管理者基于自身"一亩三分地"的思想而产生的短视行为，同时从项目成果运营过程的分析中，寻找与外部环境之间的接口关系，从而基于运营期需求调整项目管理的各种决策。

与一般项目相比，突发事件应急项目的全生命周期具有其独特性，尤其体现在与外部环境之间的关系方面。

（一）应急项目管理的目的是恢复经济社会发展的常态化

突发事件发生导致经济社会运行从常态化转变为非常态，对经济、政治、文化、社会、生态的

一个或多个方面造成影响。突发事件管理的目的就是应对这些影响，使经济社会发展恢复到常态化的方式上。恢复后的常态化发展的基本目标是恢复原状，即恢复到突发事件发生前的水平，而更高一级的目标是达到比突发事件发生前更好的新常态水平。

（二）应急项目与常态化经济社会运行具有时空同一性

在突发事件发生后，虽然常态化的经济社会运行受到一定程度的影响，但并不会绝对停滞，而是处于持续运行状态，与应急项目的各项活动同步开展，因此具有时间上的同一性。然而，全社会资源总量是固定的，因此在应急项目管理活动开展的过程中，全社会的资源配置将体现出向应急项目的倾斜，即“集中力量办大事”。随着应急项目实施，逐渐减少对资源的需求，并且通过一系列事后恢复重建措施的实施，经济社会运行将逐步恢复甚至达到更高的水平。

在空间上，应急项目与经济社会运行也体现出同一性特征，这就涉及区域承载力的问题。以新冠肺炎疫情应对为例，由于湖北地区防疫压力较大，对医护人员、医疗卫生设备设施、人民正常生活物资的需求均超出了当地的承载水平，在这种情况下，就需要开展跨地区的资源配置，使疫情对经济社会发展的不利影响降到最低，并且能够以更快的速度得以恢复。

（三）应急项目的目的是恢复常态化经济社会运行秩序

一般项目的目的是产生某种产出物，通过产出物的持续运营对经济社会运行形成较长远的影响。例如三峡工程的建设，对周边地区乃至全国的发展带来了长远的影响；某种疫苗的开发项目将通过疫苗的批量生产与注射，对人们的身体健康乃至全社会的卫生与健康水平带来积极影响。但应急项目的目的则是恢复常态化的经济社会运行秩序，减少甚至消除突发事件带来的负面影响，发挥突发事件的积极作用，将突发事件所带来的不确定性降到最低。从某种意义上讲，应急项目的成果具有隐性化的特征，即并非以创造“增量”项目产出物为目标，而是以“恢复”为目标。

二、应急项目与常态化经济社会活动之间的关系

突发事件应急项目与经济社会常态化运行活动之间的关系如图 2-5 所示。其中突发事件预防与应急准备、监测与预警阶段，经济社会始终处于常态化运行阶段，突发事件的发生打破了经济社会常态化运行的秩序，在事后恢复与重建的过程中，强调与经济社会常态化运行活动之间的有效衔接，通过恢复重建逐步使社会经济活动回到常态化运行轨道。

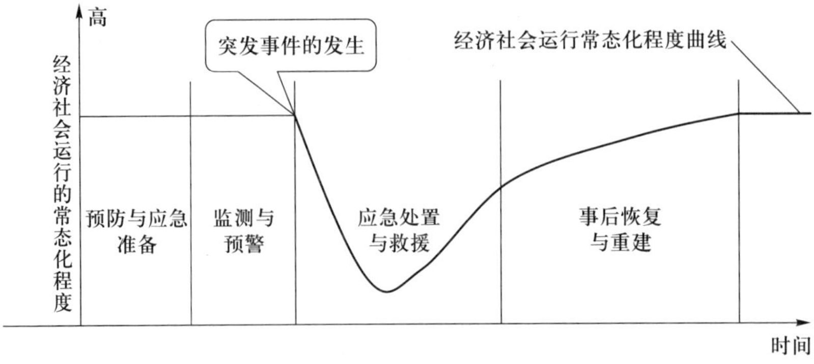

图 2-5　应急项目与经济社会常态化运行之间的关系

（一）常态化嵌入

常态化嵌入，指的是应急管理活动与经济社会的常态化运行活动相互嵌入，总体以相对平稳的方式发展的关系。主要体现在预防与应急准备、监测与预警阶段。在这两个阶段，突发事件并未真正发生，因此经济社会总体处于常态化运行阶段。但从应急项目全生命周期管理的视角出发，居安思危是应急项目管理在这一时期的阶段性目标体现。要对未来突发事件发生的概率及影响程度等进行分析，基于对未来可能情景的预测，以较小的资源投入，完成应急预案体系建设、开展应急演练、建设突发事件监测预警体系等工作，从而实现“上医治未病”的目标。

由于上述活动总体上对全社会的资源占用水平较低，并不会影响整个经济社会的运行，且能够减少甚至消除未来突发事件对经济社会发展带来的巨大影响，因此受到了各个国家的重视。其工作往往直接纳入各级政府的职责范围，以常态化方式开展，很多国家都成立了专门机构，例如美国的联邦紧急事务管理局（Federal Emergency Management Agency，FEMA）、俄罗斯的紧急事务和消除自然灾害后果部、日本的内阁府应急管理监、法国的民事防务和公共安全局、韩国的防灾本部等。相较于突发事件发生的时段而言，在没有突发事件发生的大部分时间里，常态化的预防、应急准备、监测、预警工作构成了上述部门的主要工作职责。

我国于 2018 年成立了中华人民共和国应急管理部，其主要职责为：组织编制国家应急总体预案和规划，指导各地区各部门应对突发事件工作，推动应急预案体系建设和预案演练。建立灾情报告系统并统一发布灾情，统筹应急力量建设和物资储备并在救灾时统一调度，组织灾害救助体系建设，指导安全生产类、自然灾害类应急救援，承担国家应对特别重大灾害指挥部工作。指导火灾、水旱灾害、地质灾害等防治。负责安全生产综合监督管理和工矿商贸行业安全生产监督管理等。公安消防部队、武警森林部队转制后，与安全生产等应急救援队伍一并作为综合性常备应急骨干力量，由应急管理部管理，实行专门管理和政策保障，采取符合其自身特点的职务职级序列和管理办法，提高职业荣誉感，保持有生力量和战斗力。应急管理部要处理好防灾和救灾的关系，明确与相关部门和地方各自职责分工，建立协调配合机制。[①] 从上述职责内容可以看出，其大部分职责具有常态化管理特点。

（二）非常态应对

非常态指的是突发事件发生之后，应急项目管理主体通过调动多元主体力量对突发事件进行应对的过程。从“应急项目全生命周期管理”的视角分析，这一阶段的管理工作不能只考虑应急项目自身，而应当从全社会的整体角度，着眼于未来的可持续发展，对应急项目进行分析和开展各项决策活动。从全生命周期管理的角度分析，应急项目管理在这一时期的主要特点包括以下三个方面。

1. 正常经济社会秩序受到不同程度影响

无论是哪一种类型的突发事件，也无论其强度、持续时间如何，其必然会对正常的经济社会秩序造成一定程度的影响，使经济社会运行的常态化程度下降，如图 2-5 所示。而应急项目管理的目的就是提丌经济社会运行的常态化水平，而非“头疼医头，脚疼医脚”。

2. 全社会资源配置向应急项目倾斜

在全社会所拥有的资源总量固定的情况下，应急项目实施所需的各类资源必然减少经济社

① 中华人民共和国应急管理部官网，2020-05-24。

会常态化运行状态下的资源配置总量。以新冠肺炎疫情应对为例,2020年2月7日,在国务院联防联控机制新闻发布会上,国家卫健委宣布建立16个省支援武汉以外地市的对口支援关系,以"一省包一市"的方式,全力支持湖北省加强对患者的救治工作,累计4.2万名医务人员驰援湖北,是新中国成立以来规模最大的一次医疗支援行动。[6] 但医务人员驰援湖北在短期内一定程度上影响了各地医疗人员的配备水平。由于突发事件应对具有时间上的紧迫性和短时间内高强度工作的特征,因此在资源配置方面通常享有更高的优先级别。这样就会进一步影响经济社会运行的常态化程度,因此应急项目管理过程中的各项决策必须考虑如何最大程度减少因应急项目所带来的对于经济社会运行的影响。

3. 应急项目管理的目的是实现未来经济社会的更好发展

应急项目管理的短期目标是减少甚至消除突发事件带来的负面影响,长期目标则是实现未来经济社会的更好发展。因此应当着眼于长期目标,对应急项目管理的各项决策以及各类活动进行调整和安排,尤其是在事后恢复与重建阶段,应当从经济社会可持续发展的角度开展计划与设计工作。以汶川地震的灾后重建工作为例,通过"规划引导、制度完善、政策扶持和能力提升"四大举措引导受灾人口迁移流动,形成灾区合理的人口分布格局,以实现灾区可持续发展目标。

(三)持续改进

在应急项目结束之后,经济社会将恢复到常态化运行状态,如图2-5所示。应急项目管理也随之进入下一个项目的预防与应急准备、监测与预警阶段。从全生命周期管理的视角分析,应急项目管理与经济社会运行产生互动关系,在每一次互动过后,应对应急管理工作进行后评价,从而"吃一堑,长一智",进一步优化应急项目管理过程,这样就形成了一个良性循环,实现了应急项目管理水平的持续改进。我国于SARS过后,启动应急管理体系建设,审议通过《突发公共卫生事件应急条例》等就是持续改进的典型例证。

综上,对应急项目从全生命周期角度开展研究和分析是十分必要的,可以使应急项目管理者跳出应急项目本身,从全社会的大格局、可持续发展的长远视域分析并实现对突发事件更有效的管理和整合国家突发事件应对能力与水平的提升。

第四节 应急项目的工作分解结构

在项目工作范围计划中所给出的项目工作范围描述文件之一被称为项目工作分解结构(Work Breakdown Structure, WBS)。这一文件不但对应急项目工作范围进行了全面的描述,而且对应急项目工作之间的结构和层次关系进行了全面而详细的描述。

一、应急项目工作分解的主要依据

制定或生成应急项目工作分解结构所需的主要依据有如下两个方面。第一,应急项目的各种既定文件。其中包括:应急项目目标、政府应急项目的工作要求、相关政策文件、应急预案、类似应急项目的历史信息等。第二,各种已知的应急项目信息。包括最新的应急项目环境与条件信息和项目组织的相关信息,应急项目的原因调查与进展信息,突发事件发展的预测信息,区域应急项目所需物资及生产能力的储备信息、可调动的社会力量信息等。

二、应急项目工作分解的方法

应急项目全过程中包含若干子项目，例如应急预案编制子项目、应急演练子项目、预测预警体系建设子项目、突发事件应对子项目、恢复重建子项目等。在实际操作过程中，既需要对应急项目总体进行工作分解，也需要对各个子项目进行工作分解，从而有效指导具体工作的开展。不论是应急项目总体还是各子项目的工作分解，其所使用的方法总体上是一致的。

（一）应急项目工作分解的层次方法

在应急项目工作分解结构编制的过程中，人们需要根据应急项目具体情况和要求去分解和确定应急项目工作分解结构（WBS）。这种编制应急项目工作分解结构的方法是一种层次分解的方法，具体过程和做法如图 2-6 所示。

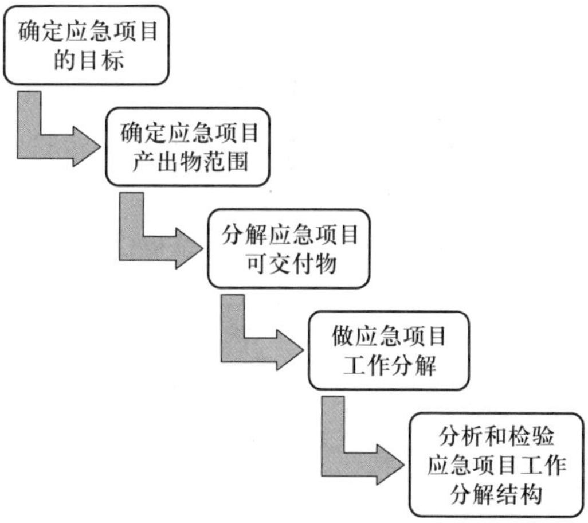

图 2-6　应急项目工作分解层次方法的模型示意

由图 2-6 可知，应急项目工作分解结构的层次方法包括如下具体分解步骤和做法：

1. 确定应急项目的目标

根据《应急法》的规定，应急项目的总体目标为：为了预防和减少突发事件的发生，控制、减轻和消除突发事件引起的严重社会危害，规范突发事件应对活动，保护人民生命财产安全，维护国家安全、公共安全、环境安全和社会秩序。结合各国应急项目管理的实践，以人为本是应急项目管理的首要原则，要把保障公众的生命安全和身体健康、最大限度地预防和减少突发事件造成的人员伤亡作为首要任务。具体到不同的子项目上，其目标设定应结合子项目的特点分析确定。

2. 确定应急项目产出物范围

项目产出物是指项目为社会生产提供的物质产品、科技文化成果和各种各样的服务。结合应急项目的特点，其产出物既可以是有形的物质产品，例如应急系统设备设施建设；也可能是文字材料，例如应急预案；还可能是各类服务，例如应急救援等。应急项目产出物的范围确定应依据应急项目的目标设定，遵循充分、必要的原则，对其进行分解得出。

3. 分解应急项目可交付物

这一步骤的主要内容是根据应急项目产出物的要求去分解给出应急项目实施过程中所生成的应急项目可交付物，即生成应急项目产出物的各组成部分和生成应急项目产出物过程所需的各种管理工作成果。这一步骤中的做法也是一种充分、必要分析的做法，即凡是为生成应急项目产出物所需的项目可交付物一样也不能少，而凡不是为生成应急项目产出物的项目可交付物一样也不能有。因为只有这样才能保证应急项目最终生成既定的应急项目产出物，才能够保证在应急项目实施过程中不出现损失和冗余。

4. 做应急项目工作分解

这一步骤的主要内容是根据应急项目可交付物去分解得到一个应急项目工作分解结构文件。在这一步骤中仍然要遵循充分、必要分析的原则，对生成应急项目可交付物的过程进行分析,识别出必须完成的各项工作,并形成应急项目工作分解结构图。

5. 分析和检验应急项目工作分解结构

在这一步骤中,人们必须认真分析和检验应急项目工作分解结构文件的正确性。人们需要通过回答下列问题来检验应急项目工作分解文件的正确性。其一是:分解给出的应急项目产出物是充分、必要的吗?其二是:分解给出的应急项目可交付物是充分、必要的吗?其三是:分解给出的应急项目工作包都是充分、必要的吗?其四是:分解得到的应急项目工作包内容界定清楚了吗?在这些问题中有任何一个问题的答案是“否”,就必须重新修订或识别与分解应急项目工作分解结构。

对于应急项目而言,采用工作分解层次方法面临的最大困难就是时间紧迫和信息不充分,尤其是对于突发事件应急处置与救援子项目而言。因此,可以采取渐进的方法,逐步完善工作分解结构。

(二)应急项目工作分解模板法或平台法

除了上述应急项目工作分解的层次方法外,对于有一定经验积累的应急项目,其工作分解可以使用应急项目工作分解模板法或平台法。这是指人们借助应急项目所属专业技术领域中的标准化或通用化的应急项目工作分解结构模板或人们制定的应急项目工作分解平台,根据应急项目具体要求通过增删而得到应急项目工作分解结构的方法。这种方法包括如下三个具体步骤:

1. 确定应急项目工作分解模板或平台

对于一般性应急项目,可以选择通用的应急工作分解模板或平台,从应急项目全过程对项目工作进行分解,其通用 WBS 模板如图 2-7 所示。

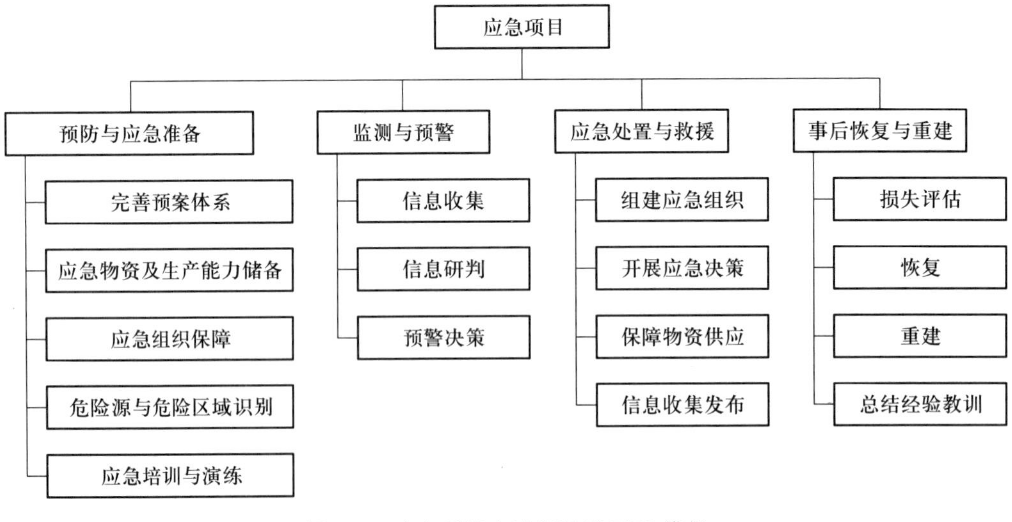

图 2-7 应急项目全过程通用 WBS 模板

依据某一类型突发事件的应急预案,或者历史应急项目的工作分解结构作为模板或平台,可以专门设计和定制一个应急项目某一阶段的工作分解模板。通常这种应急项目工作分解模板的详尽程度要能满足具体应急项目工作分解的需要。以突发公共卫生事件应对为例,基于湖北省新冠肺炎疫情防控工作的经验,可以梳理出该类应急项目在应急处置与救援阶段的工作分解模板,如图 2-8 所示。

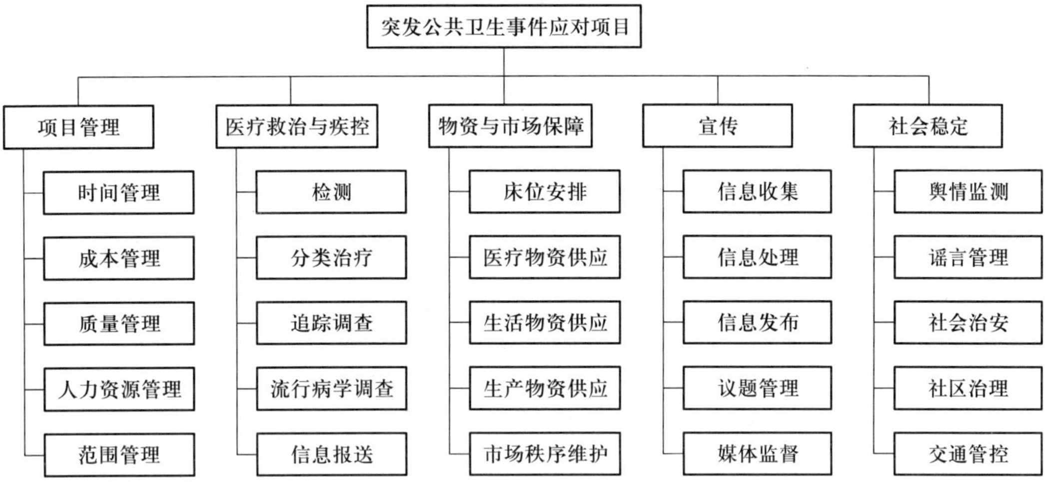

图 2-8 突发公共卫生事件项目工作分解模板的示意

2. 根据具体应急项目要求增减工作

在选定应急项目工作分解结构模板或平台以后,人们就需要根据具体应急项目的情况、要求和条件等,通过增加和删除一些项目工作包而给出新的应急项目工作分解结构。虽然具体应急项目会有自己的独特和具体要求,但是多数同属一个专业应用领域的应急项目都会有相应的模板或平台,至少会有类似的历史应急项目的工作分解结构作为模板或平台使用。这一步骤的主要工作是按照前面讲述的应急项目工作分解充分、必要的分析方法,去增删应急项目工作分解结构模板或平台中的应急项目工作而形成新的应急项目工作分解结构文件。

3. 分析和检验应急项目工作分解结构

由于这同前面在应急项目工作分解的层次方法中所讨论的内容一样,在此不再赘述。

三、应急项目工作分解结构的产出物

应急项目工作分解结构的核心内容是对应急项目所需开展工作范围的描述,它使用层次性和结构性的工程语言清楚地给出整个应急项目必须完成哪些工作和这些应急项目工作之间的结构关系。应急项目工作分解结构由应急项目目标、应急项目产出物和应急项目工作包三个层次的内容构成,其中应急项目工作包是对应急项目工作范围的全面描述。根据上述方法的阐述,应急项目工作分解结构的产出物包括如下三方面:

(一) 应急项目工作分解结构图

应急项目工作分解结构中的首要内容是由应急项目工作分解结构图所给出的项目目标、应急项目产出物、应急项目工作包以及三者之间的相互关系。在这一文件中,每个应急项目产出物和应急项目工作包都有自己独特的标志(控制账号编码),它们按照层次结构形成了应急项目工作分解结构的标志系统,这种标志系统是下一步开展应急项目工作配置和集成管理的依据。

（二）应急项目工作分解结构字典

应急项目工作分解结构字典（Work Breakdown Structure Dictionary，WBSD）是对应急项目工作分解结构图中各部分的分条详细文字说明，是将应急项目工作分解结构中各个部分逐个单列词条进行说明的文件。这包括对应急项目目标、应急项目产出物和应急项目工作包的描述以及它们之间关系的描述。

（三）应急项目集成计划的更新

这是根据上述应急项目工作分解的信息，人们对已有应急项目集成计划所进行的必要修订或更新的结果。由于应急项目集成计划必须集成应急项目范围计划的内容，所以在人们有了应急项目工作分解结构的信息后就需要对应急项目集成计划进行必要的更新。这包括依据应急项目集成计划要求对应急项目范围计划与应急项目其他专项计划的配置关系所进行的更新（应急项目范围与应急项目成本、时间和质量等方面的全面集成的更新）。

第五节　应急项目的活动分解

在应急项目工作分解的基础上，为了更好地完成各项工作内容，可以对应急项目的活动清单进行分解。具体工作内容包括应急项目活动的识别、分解、界定、确认和文档化管理等具体工作，借此人们可以分析和确定为实现应急项目目标和生成应急项目产出物所必须开展的全部应急项目活动。

应急项目活动分解（ALB）是指依据应急项目目标而对应急项目所需开展的具体活动进行的分析和界定，由此分解和给出应急项目成功所必需的各项具体应急项目活动的管理工作。应急项目活动分解就是在应急项目工作包分解的基础上，进一步分解出应急项目每个工作包中所包括的各项具体活动，所以应急项目活动分解所用的方法与应急项目工作包分解（WBS）中使用的方法基本是一致的。

在应急项目活动分解中最重要的是如何科学地理解和区分应急项目工作包、应急项目具体活动和应急项目活动步骤（或叫应急项目活动工步）。区分它们三者的关键在于：每个应急项目工作包能生成既定的应急项目产出物，而每个应急项目活动能生成应急项目产出物中所包含的某个应急项目可交付物，但每个应急项目活动步骤都不能独立生成应急项目可交付物。其关系可参见第三章图 3-2。

一、应急项目活动清单分解的主要依据

项目活动分解的主要依据是项目工作分解的结果，即项目工作分解结构及其字典、详细的项目范围说明书、项目各种约束条件和假设前提条件的信息及其他方面的信息。

（一）应急项目工作分解结构及其字典

应急项目活动分解最基本和最主要的依据是本章第四节所讲述的应急项目工作分解结构和应急项目工作分解结构字典。这两者既是应急项目活动分解的出发点，也是应急项目活动分解的主要依据。因为应急项目工作分解结构及其字典给出了应急项目工作包的分解结果和详细说明，而应急项目活动分解就是对应急项目工作分解结构中所包含的应急项目活动做进一步分解和界定，最终给出应急项目的活动清单。

（二）应急预案与相关法律政策文件

应急项目活动清单分解的过程既是对应急项目工作分解结构的细化，也是对其进行检验的过程。因此在应急项目活动分解时，仍需要以《应急法》以及不同类型突发事件的应急预案和政策文件等为依据，从而在识别具体活动的过程中，做到“不缺项、不漏项”。

（三）应急项目约束条件

应急项目约束条件是指在应急项目活动分解的时候人们已经认清的应急项目未来所要面临各种确定性的约束条件和因素。每个应急项目都有自己的内部和外部约束条件，这些应急项目内部和外部约束条件必须作为应急项目活动分解的依据，否则应急项目活动分解和界定就会无法实施和实现。应急项目面临的一般性约束条件包括以下四个方面：一是时间上的约束。通常应急项目具有强烈的时间约束，例如灾难发生之后的黄金 72 小时等。二是组织方面的约束，即突发事件应对的人力资源约束等。应急项目的实施具有强烈的属地管理特征，虽然可以通过人员调配进行补充，但应急项目在很大程度上受到当地人力资源供给的约束。三是物资供应的约束。在新冠肺炎疫情应对过程中，尤其是初期阶段，口罩、防护服等医疗物资的供给一度成为瓶颈。四是信息方面的约束。信息的充分与可靠是科学决策的前提，而突发事件发生后，尤其是在当前网络社会、自媒体时代，最大的问题不是信息不足，而是在海量信息中进行甄别和分析。

（四）应急项目的假设前提条件

应急项目的假设前提条件是指在开展应急项目活动分解时，由于尚有一些不确定性的项目约束条件或情况，人们为了做好应急项目活动分解就必须做出某种人为的假设。这种人为假设的应急项目前提条件是应急项目活动分解的基础，因此人们必须根据自己的分析、判断和经验人为确定应急项目的假设前提条件。仍以新冠肺炎疫情应对项目为例，各个国家不同领域的专家团队几乎在同一时期启动了相同的研究项目，即对疫情未来的发展进行预测，科学的预测和分析将对应急项目的活动分解提供判断依据。

（五）其他方面的信息

各种应急项目相关的信息也都是应急项目活动分解的依据，特别是应急项目所处环境因素和应急项目实施组织的知识和信息等都是应急项目活动分解的依据，包括应急项目实施组织在应急项目活动计划安排方面的政策、程序、指南和信息等都会直接影响应急项目活动分解。同时，各种历史类似应急项目的信息和经验教训等也都是应急项目活动分解的依据，这既包括在应急项目前期工作中收集和积累的各种信息，也包括应急项目实施组织或其他组织过去完成的类似应急项目的历史信息等。

二、应急项目活动清单分解的方法

（一）应急项目活动分解法

应急项目活动分解法是根据应急项目工作分解结构，对每个工作包进一步向下分解给出其中的各项活动，从而得到应急项目活动清单的方法。这种方法与应急项目工作分解方法相似，只是将应急项目工作包作更细一步的分解，给出应急项目活动即可。这种方法有利于人们全面完整地界定出应急项目所有活动，从而使整个应急项目工作分解和应急项目活动分解具有很好的一致性。应急项目活动分解法如图 2-9 所示。

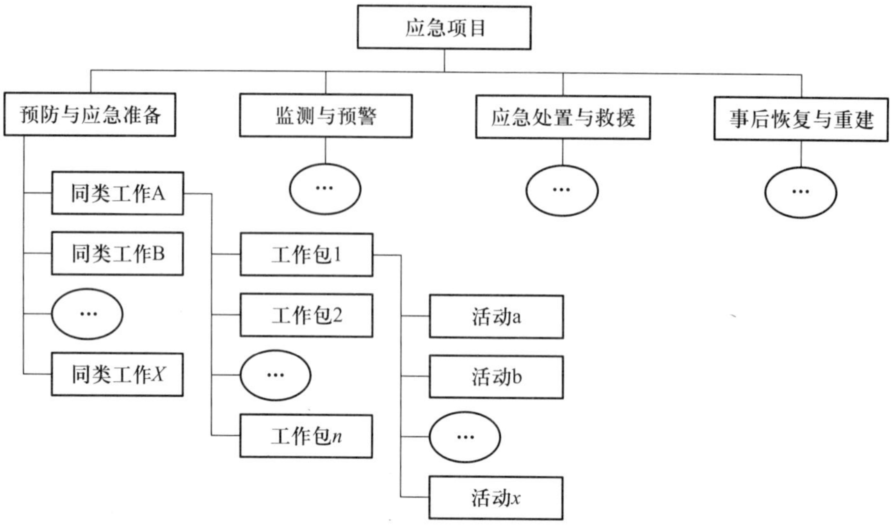

图 2-9 应急项目阶段、项目工作与项目活动分解的示意

对于应急项目而言,时间紧、约束严、信息缺口大是大部分应急项目的共同特征,因此在项目活动分解的具体操作过程中,往往使用专家判断法等主观性较强的方法。为了避免专家个人知识结构、性格特征等造成的判断偏差,可以采用头脑风暴、德尔菲等方法,广泛收集专家意见,从而在时间和质量之间尽可能寻求平衡点。

(二) 应急项目活动分解平台法

应急项目活动分解平台法也叫应急项目活动分解原型法或模板法,它以历史类似应急项目的活动清单或标准的应急项目活动清单作为新应急项目活动分解的平台,然后根据新应急项目的约束条件与假设前提条件和要求,通过在应急项目活动分解平台上增减项目活动的方法,去分解和给出应急项目全部活动的清单。

这种方法的优点是简便易行且具有较高的结构化水平,但是有时因使用的应急项目活动分解平台中存在某些缺陷会对新应急项目活动分解结果带来不良影响。另外,由于每一次应急项目发生时均具有较强烈的独特性特点,因此使用应急项目活动分解平台法容易使应急项目团队陷入思维定式或者经验主义,从而影响应急活动的科学开展。例如,同样是公共卫生突发事件,2013 年的 SARS 疫情与 2019 年的新冠肺炎疫情在潜伏期、波及范围、影响程度、治疗方案等方面均存在较大差异,因此在使用应急项目活动分解平台法时,应特别注意分析当前所开展的应急项目与模板之间的差异性,如果差异较大,则不建议使用该方法,而应当使用应急项目活动分解法。

三、应急项目活动清单分解的产出物

应急项目活动分解的结果是给出一系列文件和信息。这方面的主要信息和文件如下:

(一) 应急项目活动清单

应急项目活动分解所给出的最主要文件是应急项目活动清单。这是一份开列出应急项目全部活动的列表文件，这一文件给出的应急项目活动必须详细、具体和具有可操作性。应急项目活动清单同样必须满足充分、必要的基本原则，即它要包含应急项目所需的全部必要活动，但是不能包含任何不必要的应急项目活动。另外，在应急项目活动清单文件中还应包括对应急项目工作范围的描述（应急项目工作包及其相互关系等方面的说明），以便使应急项目团队成员能清楚地了解应急项目活动的来龙去脉，从而能够更好地开展应急项目活动。同时，应急项目活动清单文件应该包括有关应急项目活动属性或特性的说明和描述，如应急项目活动的特性、应急项目活动的控制代码、应急项目活动的名称、应急项目活动的责任人、具体应急项目活动的先行和后继活动、应急项目活动的资源需求，以及应急项目活动的强制性日历时间和应急项目活动的各种制约条件等。

（二）应急项目活动清单的支持细节

这是用于说明应急项目活动清单具体细节的文件，它既包括对于应急项目假设前提条件和应急项目约束条件的说明，也包括对于应急项目活动清单的各种解释与说明等。应急项目活动清单的相关支持细节通常需单独成文，作为应急项目活动清单附件。具体包括应急项目活动之间的逻辑关系说明、应急项目活动提前与滞后时间的要求（必要时）、应急项目活动的强制性日期要求、各种制约因素和假设前提条件等。

（三）其他应急项目活动分解的结果

除了上述应急项目活动清单及其支持细节的描述以外，应急项目活动分解的结果还有其他内容。其中，应急项目里程碑清单就是这一工作的结果之一，可以对应急项目进行阶段性检验。同样，更新的应急项目工作分解结构也是应急项目活动分解的结果之一，它是人们根据在应急项目活动分解与界定过程中所发现的错误和遗漏而对其进行必要的更正后得到的新的应急项目工作分解结构。同时，还包括在进行应急项目活动分解的过程中所形成的经验教训总结类文件，可用于指导未来开展同类工作。

本章小结

本章主要使用的是“分解”的思路，对突发事件应对项目进行了两个维度的分解。其一是时间维度的分解，包括突发事件应对项目的全过程分解、管理过程分解和全生命周期分解。其中应急项目的全过程可以分为四个阶段，即预防与应急准备、监测与预警、应急处置与救援、事后恢复与重建；应急项目管理过程包括计划、决策、组织、协调、沟通、激励和控制等管理活动；应急项目全生命周期是将突发事件应急项目与常态化的社会经济运行相结合，将应急项目管理的时间线进一步向前和向后延伸，从而从更宏观和可持续发展的角度对应急项目管理问题进行思考。其二是工作和活动维度的分解，包括工作分解结构（WBS）和应急项目活动分解（ALB）。其中工作分解结构是从目标逐层分解为产出物范围、可交付物、工作分解的过程，不但对应急项目工作范围进行了全面的描述，而且对应急项目工作之间的结构和层次关系进行了全面而详细的描述。应急项目活动分解是指依据应急项目目标而对应急项目所需开展的具体活动进行的分析和界定，由此分解和给出应急项目成功所必需的各项具体应急项目活动的管理工作，从而对应急工作进行更加具体和有针对性的指导。

复习思考题

1.《应急法》将突发事件应对分为哪几个阶段？
2. 预防与应急准备阶段的主要工作内容有哪些？
3. 应急项目管理过程由哪些具体活动构成，其作用各自是什么？
4. 应急项目全生命周期管理的独特性主要体现在哪些方面？
5. 简述应急项目工作分解结构编制的方法。
6. 应急项目活动清单分解的主要依据有哪些？

即测即评

参考文献

1. 罗伯特·希斯. 危机管理. 王成，等，译. 北京：中信出版社，2001.
2. 张海波. 应急管理的全过程均衡：一个新议题. 中国行政管理，2020(3).
3. 程显煜. 汶川大地震灾后重建研究. 成都：四川人民出版社，2008.
4. 戚安邦. 项目管理学. 3 版. 北京：科学出版社，2019.
5.（美）项目管理协会. 项目管理知识体系指南. 5 版. 许江林，等，译. 北京：电子工业出版社，2013.
6. 央视网. 国家卫生健康委：各省从接到指令到派出援鄂医疗队不到 24 小时，2020-05-24.

第二篇

应急项目的目标管理和资源管理

第三章 应急项目的目标四要素管理

任何项目都具有四个目标要素，即范围、时间、质量和成本。应急项目也同样，应急项目这四个目标要素相互之间的配置关系如图 3-1 所示。

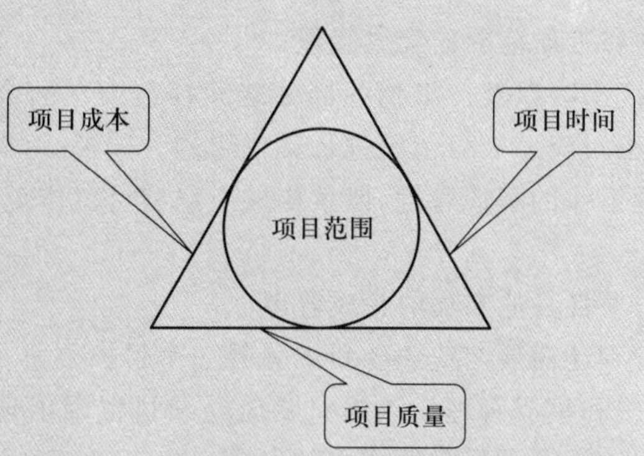

图 3-1 项目目标四要素的配置关系示意图

由图 3-1 可知，应急项目目标四要素之间的配置关系是：应急项目范围是自变量，而项目时间、成本和质量三个目标要素是因变量。因此，应急项目范围在图中使用内接圆来描述，而其他三个应急项目目标要素使用外接三角形描述。这表明如果应急项目范围扩大或缩小，则应急项目时间、质量和成本就会随之扩大或缩小。因此，应急项目目标四要素必须按这种配置关系去集成管理，否则就会导致项目及其管理的失败。

第一节 应急项目的范围要素管理

这一应急项目要素管理的根本目标是确定和控制为实现应急项目目标所需的应急项目产出物的范围和应急项目的工作范围。由于应急项目是应对突发事件的项目，所以应急项目的范围从突发事件应急预案就开始制定，然后随应急项目开展而逐步确定，因此应急项目范围计划、管理和控制都具有跟踪决策的独特性。

一、应急项目范围管理的概念和内涵

应急项目范围管理是一个独特的应急项目专项管理或领域，其概念和内涵分述如下。

中文“范围”兼具“范——模样”和“围——大小”两方面，所以应急项目范围管理就是关于应急项目产出物和项目工作的“模样”与“大小”两方面的确定和控制管理工作。

(一) 应急项目范围的定义

应急项目范围包括两方面:一是为确保应急项目实现目标而必须生成的应急项目产出物范围;二是为生成应急项目产出物而必须开展的项目工作范围。其中,应急项目产出物范围是根据应急项目目标确定的,而应急项目工作范围是根据生产应急项目产出物的需要确定的,二者共同构成了应急项目范围。

(二) 应急项目范围管理的定义

这是指对一个应急项目所涉及的项目产出物范围和项目工作范围的分析、决策、计划、控制等方面的管理工作。其中包括应急项目产出物范围和工作范围的确定与计划,也包括应急项目产出物和项目工作范围的控制。应急项目范围管理与一般项目范围管理的最大不同,就是应急项目的范围是需要不断变更的。

(三) 应急项目产出物和工作范围的集成管理

由于应急项目目标和产出物以及产出物各部分之间存在内在的合理配置关系,所以人们需要根据这种合理配置关系去对应急项目范围进行集成管理。这包括对于生成应急项目产出物的业务工作、辅助工作和管理工作的集成管理,以及构成应急项目工作范围的项目工作包和项目具体活动的集成管理。

(四) 应急项目范围与项目其他专项的集成管理

同时,应急项目范围管理还需要与应急项目的另外三个目标要素,以及应急项目三个资源要素和风险要素实现合理配置和集成管理。因为只要应急项目范围出现扩大和缩小,那么就会使得应急项目成本、时间、质量、资源和风险等方面都发生变化,这种变化必须从全面集成的角度去开展集成变更管理。

二、应急项目范围管理的流程和内容

应急项目范围管理的流程和内容主要包括几个方面工作,具体如图 3-2 所示。

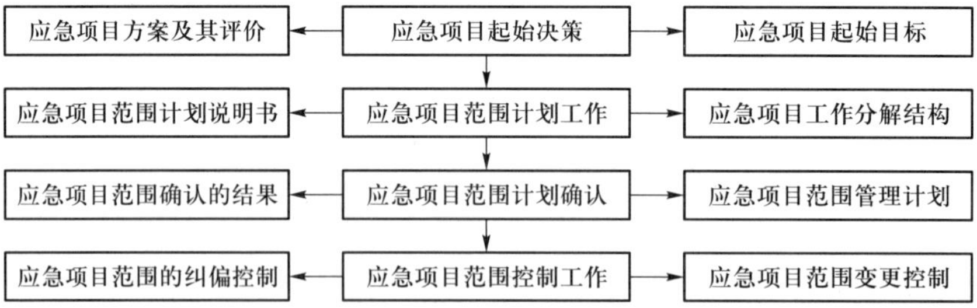

图 3-2 应急项目范围管理主要内容的示意

由图 3-2 可见,应急项目范围管理的主要内容有如下四个方面。

(一) 应急项目起始决策

这是应急项目管理的起点,因为人们只有先做出应急项目起始决策才能开始应急项目后续的实施和管理。应急项目起始决策的主要内容包括:发现突发事件及其社会危害,选定需要使用应急项目的应急预案,做出应急预案可行性的评估,最终做出起始应急项目以及如何开展应急项目的决策。

（二）应急项目范围计划工作

这是指根据应急项目起始决策给出的项目初始范围计划，以及应急项目的目标和要求等，去制定应急项目范围计划方案和项目工作分解结构的管理工作。其主要内容包括制定和给出应急项目范围计划和应急项目工作分解结构（Work Breakdown Structure，WBS）两项工作，最终给出应急项目范围计划与工作分解结构和行动方案及其详细说明。

（三）应急项目范围计划确认

这是指根据对制定出的应急项目范围计划方案和应急项目集成管理的方案，由突发事件应对的统一领导机构最终确认应急项目产出物范围计划和项目工作分解结构的工作。由此确认的应急项目范围计划与应急项目产出物和项目工作就是正式的项目范围计划安排，以便开展后续的应急项目产出物范围和项目工作范围的控制工作。

（四）应急项目范围控制工作

这是根据应急项目范围计划的规定和要求，针对在应急项目实施过程中受自身和客观环境影响而出现问题时，对应急项目范围进行纠偏或变更方面的管理工作。当应急项目范围的实际情况与计划偏离不大并且可以纠正的时候，需要采取应急项目范围纠偏的控制工作，反之则需要开展应急项目范围变更的控制工作。

三、应急项目的起始决策和初始项目范围计划

这是最主要的应急项目范围管理工作，人们可据此去制定应急项目范围管理的文件。

（一）应急项目起始决策

应急项目起始决策是应急项目范围管理的首要工作。其概念和内涵如下。

1. 应急项目起始决策的概念

这是指人们为“预防和减少突发事件的发生，控制、减轻和消除突发事件引起的严重社会危害”所做出的启动和开始一个应急项目的决策。其具体工作包括：识别和确定应急项目是否需要开展，选择和确定出应急项目所用的应急预案，并给出应对突发事件的应急项目起始决策的具体结果。这是应急预案总的核心内容。

2. 应急项目起始决策的目标

应急项目起始决策必须是根据应急项目目标做出的方案抉择，所以这种决策必须依据应急项目的目标去制定。按照《应急法》的规定，应急项目的主要目标包括：预防和减少突发事件的发生，控制、减轻和消除突发事件引起的严重社会危害，保护人民生命财产安全，维护国家安全、公共安全、环境安全和社会秩序。

（二）应急项目起始决策的内容

应急项目起始决策首先是“起始”一个应急项目的决定，其次是选择使用哪个应急预案去开展应急项目实施。关于应急项目起始决策的内容分述如下。

1. 应急预案的制定

根据《应急法》的规定，国家各级政府和有关部门都应制定相应的突发事件应急预案，应急预案中应当规定突发事件应急管理工作的组织指挥体系与职责和突发事件的预防与预警机制、处置程序、应急保障措施以及事后恢复与重建措施等内容。所以，应急项目起始决策在很大程度上是对应急预案具体方案的选择决定。因为任何突发事件都会有几种可能的结果，每种结果都

应该有其相对应的应急预案，而应急项目起始决策就是根据突发事件风险评估结果去选择并进一步完善相应应急预案的工作。

2. 应急项目的风险评估

《应急法》规定：地方各级人民政府应当及时汇总分析突发事件隐患和预警信息，必要时组织相关部门、专业技术人员、专家学者进行会商，对发生突发事件的可能性及其可能造成的影响进行评估。这种应急项目风险评估涉及四个方面：其一是突发事件隐患的评估，即对于突发事件各种可能后果情况的评估；其二是突发事件预警信息评估，即确认突发事件预警征兆出现与否以及突发事件发展方向和结果的预测；其三是突发事件发生可能性的评估，即对于突发事件各种可能后果的发生概率（$P=?$）的确定；其四是突发事件可能造成影响后果严重程度的评估，以确定采用哪种应急预案去应对。

3. 应急项目起始决策的制定

这是对是否启动应急项目的决策，其核心是根据上述突发事件风险评估结果，去选定应急预案中哪个具体方案去启动应急项目。根据《应急法》关于应急预案选定的规定，有关人民政府及其部门采取的应对突发事件的措施，应当与突发事件可能造成的社会危害的性质、程度和范围相适应；有多种措施可供选择的，应当选择有利于最大限度地保护公民、法人和其他组织权益的措施。很显然，应急预案中应该包括多种具体方案，而应急项目起始决策应该选定"有利于最大限度地保护公民、法人和其他组织权益的措施"，这就是本书所说的"应急预案中的最适合的具体项目方案"。

4. 应急项目跟踪决策的计划安排

根据《应急法》的规定，应急预案制定机关应当根据实际需要和情势变化，适时修订应急预案。这表明，在应急项目起始决策中还必须改进应急项目预案并制定出有关应急项目跟踪决策和项目方案变更的机制、程序、方法和行动方案。因为在应急项目起始决策的时候人们无法获得足够的信息，而随着应急项目实施人们获得了更多的信息后，必须修订和变更应急项目的决策而形成跟踪决策的结果。按照信息科学的理论，任何事物的信息都有滞后性，所以人们需要不断地修正和变更决策。

（三）应急项目起始决策的程序

应急项目起始决策的程序涉及多个步骤和工作，最主要的包括以下五方面。

1. 调查研究和收集应急项目信息

第一步是进行调查研究和收集突发事件的相关信息，这既包括与应急项目相关的历史信息，也包括对于应急项目未来的预测信息，特别是所要应对突发事件的应急预案方面的信息等。所有应急项目起始决策支持信息都属于对第一步调研和收集范畴，因为只有获得足够的信息才能够做出正确的应急项目起始决策。

2. 分析和确定应急项目的目标

应急项目起始决策第二步的任务是确定应急项目要达到的目标和主要指标，以便人们能够根据应急项目目标去制定应急项目起始决策和开展后续管理工作。这需要从《应急法》给出的根本目标出发，通过分析和提炼给出具体应急项目目标，然后根据既定目标去进一步确定应急项目的考核指标及其指标体系。

3. 分析和确定应急项目产出物范围

这个决策过程的第三步是人们需要根据应急项目目标、充分和必要原则去分析和确定应急项目产出物范围。其中,“充分”是指为实现应急项目目标服务的所有应急项目产出物一项也不能少,“必要”是指任何不是为实现应急项目目标服务的应急项目产出物一项也不能多。

4. 选择或确定应急项目的工作范围

这个过程的第四步是确定给出应急项目的工作范围,这既可以通过选用突发事件应急预案中的具体方案来实现,也可以通过根据上述步骤获得的信息、目标和项目产出物,使用工作分解结构(WBS)的方法去确定出一个应急项目的工作范围,从而给出应急项目的阶段划分、工作包和活动清单的内容。

5. 给出应急项目起始决策及其计划方案

这个过程的最后一步,是给出应急项目起始决策的决定并做好上述应急项目信息、目标、产出物范围、工作范围以及这些工作的计划安排。实际上,这就是一个应急项目的初始行动的计划安排,所以也可以称作应急项目初始计划和方案,在后续实施中会有变更后的应急项目计划和方案。

(四) 应急项目初始范围计划

应急项目起始决策确定的是为应对突发事件所开展的应急项目究竟需要做些什么,以及何时和如何做好这些事情的一种应急项目初始范围计划。由于应急项目的起始决策只能依据人们已有的有限信息去制定项目范围决策,所以此时制定出的应急项目范围被称为应急项目初始范围计划,它给出了应急项目范围计划的“第一版”。

应急项目初始范围计划的概念是指在应急项目起始决策中做出的应急项目范围界定,它只描述了应急项目目标、项目产出物和项目工作的特征、边界、验收标准与控制方法等最初的内容。这是应急项目管理者编制的“第一版”应急项目范围计划文件,它需要随突发事件及其环境和条件发展变化而不断地进行跟踪决策和修订,所以在应急项目起始决策确定的项目范围就被称为应急项目初始范围计划,其所应该包括的内容有如下四个方面。第一项是应急项目目标与特性的说明,以确定应急项目范围的依据。第二项是应急项目产出物的要求与特性的说明,是根据应急项目目标确定的。第三项是应急项目工作范围的规定,包括为生成项目产出物所需开展全部工作分解结构、里程碑、工作包和活动清单等内容。第四项是应急项目的约束条件和假设前提条件,以给出应急项目实际约束情况和制定计划所假定的约束情况。

四、应急项目范围计划的内容和方法

应急项目范围计划是根据应急项目目标和应急项目初始范围计划安排所做出的一种应急项目计划,这种计划给出了应急项目产出物和工作的范围。

(一) 应急项目范围计划的内容

应急项目范围计划是在应急项目初始范围的基础上,对于应急项目范围的全面计划和安排。其基本内容是关于应急项目产出物范围和应急项目工作范围的计划安排。

1. 应急项目产出物的范围计划

这是对应急项目产出物范围的计划和安排,这是按照目标导向和充分必要原则制定的。所以在该计划中的任何应急项目产出物都是为实现应急项目目标服务的,凡是为实现应急项目目标服务的项目产出物一项不能少(充分原则),不是为实现应急项目目标服务的项目产出物一项也不能多(必要原则)。

2. 应急项目工作范围计划

这是对应急项目工作范围的计划安排，这是按照产出物导向和充分必要原则制定的。所以在该计划中所有应急项目工作都必须是为生成应急项目产出物服务的，为生成应急项目产出物所需的应急项目工作一项不能少（充分原则），不是为生成应急项目产出物所需的工作一项不能多（必要原则）。

（二）应急项目范围计划的方法

应急项目范围计划最根本的方法是应急项目工作分解结构方法，这种方法涉及四个层次的分解工作（图 3-3 中虚线框）。其一是应急项目目标层的分解；其二是应急项目产出物的分解；其三是应急项目工作包的分解；其四是项目具体活动的分解，如图 3-3 的示意。

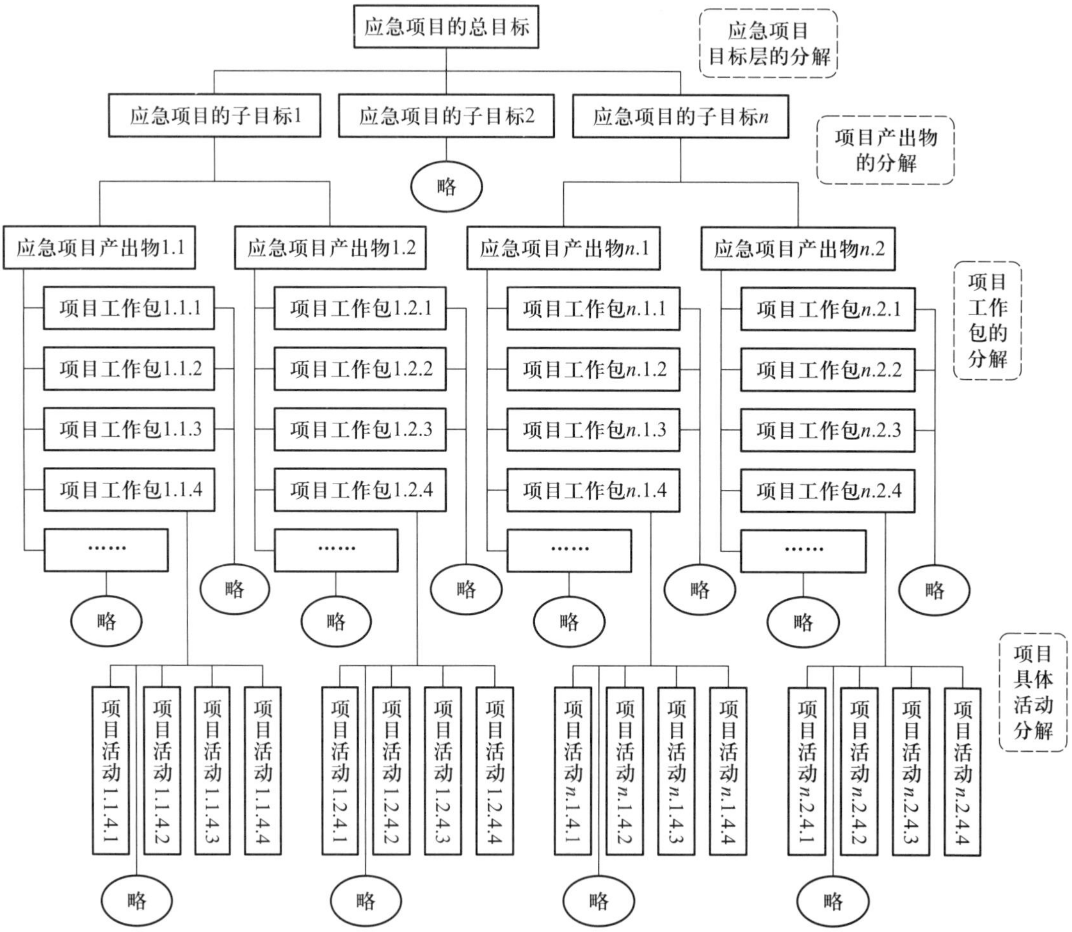

图 3-3　应急项目工作分解结构方法示意

由图 3-3 可知，这种方法是一种结构化的层次分解方法。人们需要按照层次分解的方法去分解得到：应急项目子目标（总目标是预先确定的）、项目产出物、项目工作包和具体活动。这需要自上而下进行分解，即首先分解得到应急项目子目标（$1\sim n$），然后分解得到应急项目产出物（$1.1\sim n.m$），再分解给出应急项目的工作包（$1.1.1\sim n.m.L$），再向下一层分解得到应急项目的具体活动（$1.1.1.1\sim n.m.L.s$），最终得到应急项目的活动清单。

（三）应急项目范围计划的结果

应急项目范围计划最终结果有两个：应急项目范围计划书及其详细说明书。

1. 应急项目范围计划书

这是应急项目范围计划的主文件，其中的核心内容包括应急项目目标和应急项目子目标的规定：应急项目产出物的安排、应急项目工作包的安排、应急项目具体活动的安排、应急项目的限制条件和假定前提条件，以及应急项目各要素合理配置关系与集成管理的要求（项目目标要素、资源要素和风险要素的集成管理要求）。

2. 应急项目范围详细说明书

这是对应急项目范围计划书的说明文件，其详细地说明图 3-2 给出的应急项目工作分解结构（WBS）中的各条目，其核心内容就是一份应急项目工作分解结构字典。这也是人们日后制定应急项目各专项计划的依据或基础，如应急项目组织分解结构（OBS）、资源分解结构（RBS）、风险分解结构（RBS）等。

五、应急项目范围管理计划

这种计划是人们根据应急项目范围计划和应急项目范围管理要求，所做的对于应急项目范围管理工作的计划和安排。其主要内容是有关应急项目范围管理方面的工作内容、方法和要求等规定，以及应急项目范围发生变动时如何开展应急项目管理的计划和安排。

（一）应急项目范围管理计划的概念

该计划不同于应急项目范围计划，它是如何开展应急项目范围管理的计划和安排。

1. 应急项目范围管理计划的定义

这种计划是一种计划、确认、管理和控制应急项目范围的文件，它给出了应急项目范围修订、审批和控制等方面的计划安排。例如，国务院 2013 年发布的《突发事件应急预案管理办法》中规定：面临风险发生重大变化和在突发事件实际应对和应急演练中发现问题需要作出重大调整的七种情形都应当及时修订应急预案。[①] 这就是应急项目范围管理计划的核心内容，是应急项目范围管理计划的具体安排。

2. 应急项目范围管理计划的编制依据

这种计划的编制依据有两个方面：其一是应急项目范围计划工作给出的应急项目范围计划及其详细说明书。其二是应急项目范围管理的其他有关信息，如应急项目实施组织的信息、应急项目环境和条件发展变化信息、应急项目资源约束和各种风险的信息等。在国家《突发事件应急预案管理办法》中规定的修订应急预案的七种情形都属于这种计划编制依据的范畴，如其中的第一种情形：有关法律、行政法规、规章、标准、上位预案中的有关规定发生变化的情况。这就是这种计划编制的依据。

（二）应急项目范围管理计划的编制方法

这种计划有如下三种主要编制方法。

1. 专家法

这是借助专家们的经验去制定应急项目范围管理计划的方法。这是使用专家经验和判断去

---

① 该办法于 2013 年 10 月 25 日印发并即日起实行。

弥补在制定应急项目范围管理计划时的信息不完备问题的方法。

2. 系统分解法

这是一种借助系统分解去发现应急项目范围管理各种需要，从而制定出应急项目范围管理计划的方法。

3. 假设前提条件分析法

这是根据应急项目范围计划中的假设前提条件，通过分析找出实际情况与假设前提条件的不同，从而制定应急项目范围管理计划的方法。

六、应急项目范围控制

在应急项目实施过程中，项目自身及其各种条件和环境都会发生变化，这种变化会导致应急项目范围发生变动而需要进行必要的控制和变更。

（一）应急项目范围控制的内容

应急项目范围发生变化会使得应急项目时间、成本、质量、资源和风险等各方面都发生相应改变，所以应急项目管理控制的首要任务是对应急项目范围进行控制。

1. 应急项目范围的纠偏

这是在人们按照既定应急项目范围的实施过程中，当出现幅度不大的应急项目范围偏差时而开展的应急项目范围控制工作。

2. 应急项目范围的变更

这是当应急项目范围出现较大幅度偏差时所开展的应急项目范围控制工作。这是人们根据应急项目及其环境与条件的变化去制定跟踪决策的工作。

（二）应急项目范围控制的方法

应急项目范围控制的方法有很多种。一般应急项目范围控制的方法主要有如下三个。

1. 应急项目范围偏差分析控制方法

这一方法通过分析应急项目范围是否发生偏差，分析已发生的应急项目范围变动的引发原因，度量已发生的应急项目范围变动幅度并确定需要纠偏还是变更，然后根据偏差的情况制定并实施相应的措施。

2. 应急项目范围变更的系统控制方法

这种方法是根据应急项目范围管理计划中规定的应急项目范围变更控制的程序和方法、应急项目范围控制的责任和授权、应急项目范围变更的文档管理，以及应急项目范围变更的审批程序等去系统地控制应急项目范围变更。

3. 应急项目范围变更的配置管理方法

这是一种按照应急项目各方面所需合理配置关系去开展应急项目范围变更的控制方法，这些合理配置关系是由应急项目集成计划和集成管理计划确定的，这种方法能实现应急项目范围与其他方面的合理集成控制。

第二节　应急项目的时间要素管理

中国人说“寸金难买寸光阴”，由此可见时间是最稀缺的资源。特别在应急项目管理中时间管理更是十分重要,因为应对突发事件的这种“救人救火”的项目,实际上是一种与时间赛跑的项目,在很多应急项目中赢得时间是应急项目成功的前提。

一、应急项目时间管理的概念

应急项目时间管理需要开展“时期”和“时点”两方面的管理,其中应急项目工期管理是对时期指标的管理,而其进度管理是对时点指标的管理。相关概念讨论如下。

(一) 应急项目时间管理的定义

这是由应急项目活动分解、活动排序、活动所需资源估算、活动工期估算、应急项目进度计划编制和应急项目进度控制等应急项目时间管理工作所构成的一个应急项目专项管理工作或知识领域。这是为按时完成应急项目而开展的一种应急项目管理工作。

(二) 应急项目时间管理的内涵

从内涵上说,这种管理应确保应急项目的时点指标和时期指标均能够得以实现,所以这两个方面的管理构成了应急项目时间管理的内涵。同时,应急项目时间管理还包括应急项目活动所需资源的估算等,因为这是应急项目时间管理目标实现的保障。

(三) 应急项目时间管理的内容

应急项目时间管理包括的六项管理工作,如图 3-4 所示。

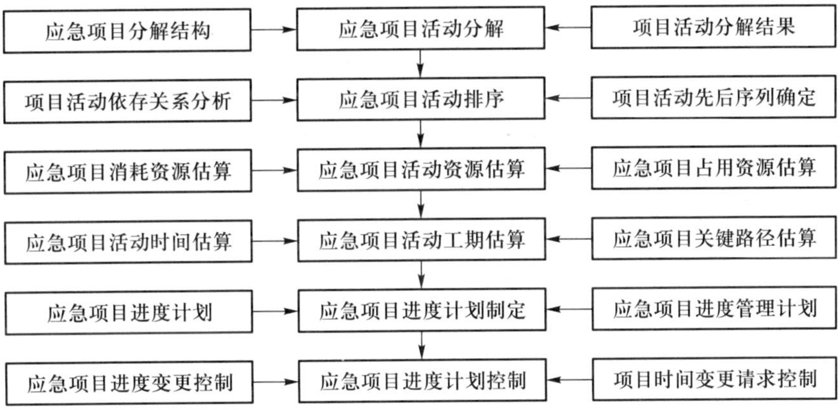

图 3-4　应急项目时间管理主要内容和程序示意

二、应急项目活动分解

这是前述的 WBS 中最下层的分解工作。这是确定应急项目全部活动的管理工作。

(一) 应急项目活动分解的概念

这是指根据应急项目目标、产出物和工作包去分解得到应急项目具体活动的管理工作,由此分解得到应急项目的活动清单。该清单中每个应急项目活动都是为生成一个应急项目可交付物一系列步骤或工序的整体。其中,应急项目可交付物可以是有形产品,也可以是无形的救援活动。图 3-5 给出了应急项目工作包、项目活动、项目活动步骤之间的关系,它表明每个应急项目工作包可以分解出至少一个项目活动,而每个项目活动中包含多个步骤。

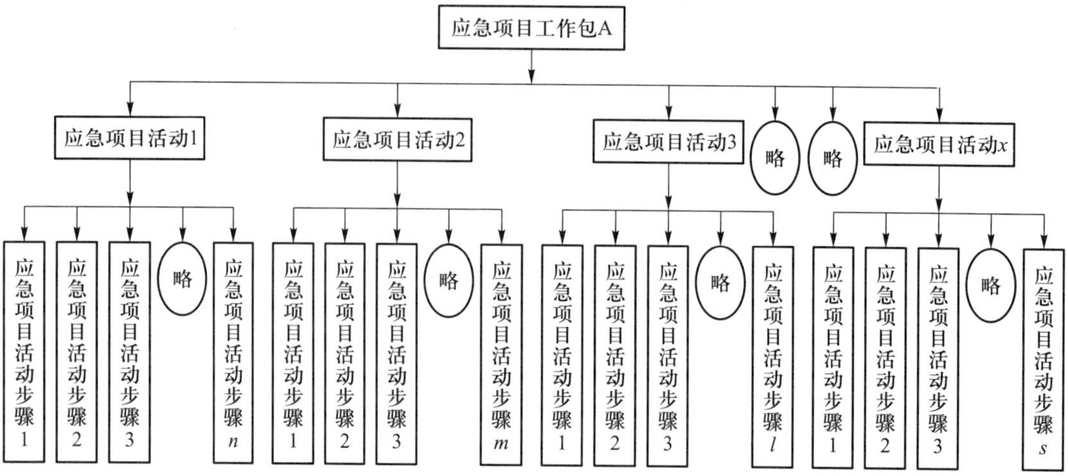

图 3-5　应急项目工作包、活动和活动步骤关系示意

（二）应急项目活动分解的方法

最基本的方法有两种，具体分述如下。

1. 应急项目活动系统分解法

这是根据应急项目 PBS（Project Breakdown Structure）和 WBS，以及应急项目工作包中包含的可交付情况，进一步分解给出应急项目活动的方法。这种系统分解法可以保持应急项目分解的一致性，即从应急项目目标分解得到项目阶段、产出物、工作包，然后根据应急项目产出物和工作包进一步分解得到应急项目可交付物和活动。

2. 应急项目活动分解平台法

这也叫原型法或模板法，它是使用类似的已完成应急项目活动清单或标准应急项目活动清单作为原始平台，然后根据所要开展的应急项目的情况，使用在这种原始平台上增减活动的方法去获得应急项目全部活动。这种方法的优点是简便易行且具有较高的结构化水平，但是类似的已完成应急项目活动分解平台较难得到。

（三）应急项目活动分解的结果

其结果是给出了系列文件和信息。这方面主要信息和文件如下。

1. 应急项目活动清单

这是应急项目活动分解得到的主文件，是一份开列出应急项目全部活动的文件。该清单必须包含应急项目所必需的全部活动，但是其中不能有任何应急项目不必要的活动。同时，该文件还应该包括应急项目活动属性或特性的简单说明和描述，如应急项目活动名称、责任人、先后依存关系、控制代码以及资源需求等。

2. 应急项目活动清单的支持细节

这是用于说明应急项目活动清单具体细节的文件，既包括对应急项目假设前提条件和约束条件的说明，也包括对应急项目活动清单的各种解释与说明等。具体内容包括：应急项目活动之间关系的说明、提前与滞后时间的要求、强制性日期要求、各种制约因素和假设前提条件等。

三、应急项目活动排序

一旦人们得到应急项目活动清单后，就可以开展应急项目活动排序工作了。

（一）应急项目活动排序的概念

这是指根据应急项目各项活动的相互关联与依赖关系，合理安排与确定应急项目各项活动先后顺序的工作。因为要制定科学合理的应急项目进度计划，人们首先必须科学合理地安排好应急项目各项活动的先后顺序，并据此确定应急项目的关键路径以及进度计划。

（二）应急项目活动排序的方法

这可以使用网络图方法或文字描述等方法。这方面的主要方法分述如下。

1. 应急项目活动间依存关系分析方法

这是分析和给出应急项目各活动间相互依存关系的方法，又包括如下三种具体的技术。

（1）应急项目活动之间必然依存关系的分析技术。这种“必然依存关系”是指应急项目活动之间客观存在且不可违背的优先序列关系，人们需要使用应急项目所属专业技术领域客观规律和要求去分析和给出这种活动关系，然后据此进行应急项目活动排序和进度计划安排。

（2）应急项目活动之间人为依存关系的分析技术。这种“人为依存关系”指由应急项目管理人员人为优化和规定的一种依存关系，此时人们可以根据自己的主观意志去调整和安排应急项目活动间的关系，但是这种人为安排需要符合优化和优选的要求和结果。

（3）应急项目活动的外部依存关系分析技术。这种“外部依存关系”是指在应急项目活动排序中需要考虑的外部环境和其他组织要求所导致的一种依存关系。这是那些应急项目活动都需要依赖于外部组织去完成而导致的一种需要考虑被动因素的活动间关系。

应急项目活动的排序需要首先分析和给出应急项目各个活动的客观依存关系和外部依存关系，据此才能给出应急项目活动先后顺序的安排和项目进度计划。

2. 顺序图法

这种方法使用节点表示应急项目活动，使用节点之间的箭线表示项目活动之间的关系，对应急项目活动的描述或命名则直接写在节点内。在这种顺序图中有四种顺序关系：其一是“结束/开始”关系，即只有前面的项目活动结束后才能开始紧后的项目活动；其二是“结束/结束”关系，即只有两个项目活动都结束后才能够开展后面的活动；其三是“开始/开始”关系，即两个项目活动必须同时开始；其四是“开始/结束”关系，即某活动必须在另一个活动结束之前开始。这种方法使用连接节点的箭线表示应急项目活动之间的顺序关系，如“结束/开始”关系的箭线始于应急项目紧前活动，而箭头指向应急项目紧后活动。图 3-6 给出了其示意。

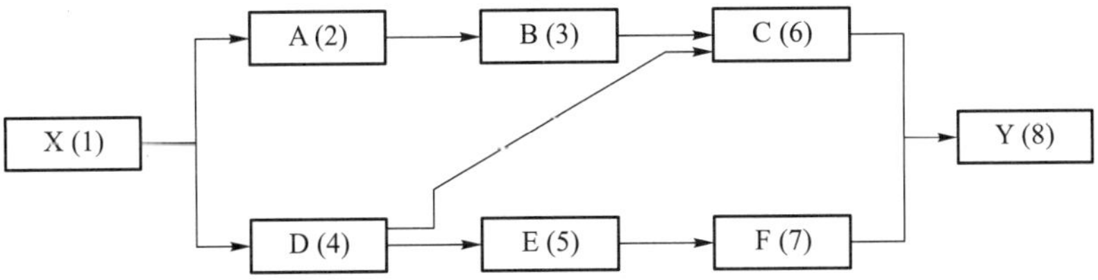

图 3-6　使用顺序图法编制的应急项目活动网络图示意

由图 3-6 可知，这个应急项目有 8 项具体活动，在 X（1）活动结束后，即可开始 A（2）和

D(4)活动,而A(2)活动完成后即可开展B(3)活动,虽然D(4)活动完成后即可开展E(5)活动,但是只有B(3)和D(4)活动都完成后才可以开始C(6)活动,而E(5)活动完成后即可开始F(7)活动,最终只有等C(6)和F(7)活动都结束后才能开展Y(8)活动。

由此可知,这种顺序图明确地给出了三方面的信息:一是哪些应急项目活动必须完成后才能开展后续活动;二是哪些应急项目活动可以同时开始;三是哪些应急项目活动必须在某些应急项目活动完成后才能开始。

(三)应急项目活动排序的结果

应急项目活动排序的结果是生成一系列应急项目活动排序的文件。这些文件有如下两种。

1. 应急项目网络图

这是对应急项目活动之间逻辑关系的描述文件,是应急项目活动排序工作最主要的结果。这种图中包括应急项目所有活动且每个活动带有编号和命名。另外,也可以添加有关应急项目活动进度和资源等的信息,如应急具体项目活动的浮动时间、提前和滞后时间要求等信息。

2. 各方面计划的更新结果

在应急项目活动排序过程中人们会发现已有的应急项目活动分解和清单中存在的问题或遗漏,此时人们就必须对它们进行更新,从而获得全新的应急项目活动清单及其细节的说明文件,以及应急项目集成计划和范围计划及其说明书等。另外,人们还需要更新应急项目所处环境与条件因素和应急项目实施组织所获信息等。

四、应急项目活动所需资源估算

任何应急项目活动都需要占用或消耗资源,所以在应急项目活动工期估算和进度计划安排之前,人们首先必须进行应急项目活动所需资源的估算,以便后续在应急项目活动所需资源的前提条件下去确定出应急项目活动工期的估算。

(一)应急项目活动所需资源估算的概念

这是根据应急项目活动分解和排序所获的信息,为满足应急项目活动工期估算的需要,由人们对应急项目具体活动所需资源做出的估计和测算。这包括分析和识别应急项目活动的资源需求,确定应急项目所需投入资源的种类、数量和投入时间,最终给出应急项目活动所需资源估算结果的一种应急项目时间管理工作。

(二)应急项目活动所需资源估算的方法

开展应急项目活动所需资源估算使用的方法有如下三种。

1. 专家法

这是指由相关方面专家们使用专家座谈法或德尔菲法去估算应急项目活动所需资源的方法。专家座谈法是指召开专家小组座谈会去估算所需资源的方法,德尔菲法是指通过组织专家们独立进行应急项目问卷调查给出估算的方法。

2. 工料测量法

这是指使用统一制定的应急项目工料用量计算规则去估算应急项目活动所需资源的方法,这种方法使用由国家、地方、行业权威部门制定的统一工料测量方法和规则去估算应急项目活动所需资源。

3. 资料统计法

这是指使用历史类似应急项目的统计数据资料,估算应急项目活动资源的方法。但是这种方法需要有详细的历史类似应急项目的数据并且要求它们与新应急项目具有可比性,而两个突发事件(即使都是公共卫生突发事件)很少会有真正的可比性。

(三) 应急项目活动所需资源估算的结果

应急项目活动所需资源估算工作的主要结果包括以下三个方面的文件。

1. 应急项目活动所需资源及其细节说明

这是对于应急项目活动所需资源的具体和详细说明,其内容包括应急项目活动所需资源估算的依据,估算确定的资源种类、数量以及资源需用的时间等信息。这是后续应急项目时间和成本管理的前提和依据。

2. 更新后的应急项目活动清单及其细节说明

这是指在人们估算应急项目活动所需资源过程中发现因为资源供给条件的限制,或其他各种制约原因而不得不对应急项目活动清单及其细节说明进行必要的更新的文件。

3. 应急项目活动所需资源的供给要求

这是按照应急项目活动所需资源种类、质量、数量和供给时间所给出的应急项目活动所需资源供给的说明文件。其中,应急项目活动所需资源的供给时间必须使用日历时间给出的应急项目每项活动所需资源的供应时间点。

五、应急项目活动工期估算

这种估算必须以应急项目活动所需资源估算结果为依据,通过分析和估计而给出每项应急项目活动的工作时间长短,然后据此去开展应急项目进度计划工作。

(一) 应急项目活动工期估算的概念

这是对应急项目活动所需时间长度的估计,包括对应急项目每项活动工期的估算和对整个应急项目工期的估算。这种估算需要考虑应急项目活动的作业时间、作业中所必要的休息时间、客观条件导致的延误时间、为应急项目活动所投入的资源情况以及应急项目活动时间的各种提前和滞后要求等。

(二) 应急项目活动工期估算的方法

应急项目活动工期估算会随着相关依据和信息不断完备而逐步精确,所以应急项目活动工期估算有各种不同精度的具体方法。主要方法包括下述六种。

1. 专家法

这是借助专家们的经验和专长对应急项目活动工期进行估算的方法。由于应急项目受许多因素影响,所以需要依赖专家们的经验去做应急项目活动工期估算。

2. 类比法

这是借助历史上类似应急项目活动实际工期数据,通过类比估算出新应急项目活动工期的方法。这种方法的结果比较粗略,仅用于应急项目活动工期初步估算。

3. 定量分析法

这是使用定量分析去估算应急项目活动工期的方法。这种应急项目活动工期估算方法的精度较高,但是所需的定额或标准数据较难获得。

4. 三点估算法

这是对不确定性应急项目活动工期的估算方法。最典型的项目计划评审技术(PERT)的三点估算法，其期望值公式如式 3-1 所示。

$$t_e=\frac{t_0+4(t_m)+t_p}{6} \tag{3-1}$$

式中：t_0——乐观时间；

t_m——最可能时间；

t_p——悲观时间；

t_e——期望值。

5. 模拟仿真法

这是以一定的假设前提条件和数据为前提，运用计算机或人工模拟仿真的办法去进行应急项目活动工期估算的方法。这种方法的精度相对较高。

6. 浮动时间的估算

在应急项目活动工期估算中，人们需要留有一定的浮动时间作为应对各种应急项目风险的手段和时间缓冲器。这种浮动时间需根据风险情况确定。

（三）应急项目活动工期估算的结果

应急项目活动工期估算的结果包括如下三个方面。

1. 估算出的应急项目活动工期

这包括对具体应急项目活动工期的估算，而且应该包括对应急项目活动工期可能变化范围的估计。

2. 应急项目工期估算的支持细节

这是有关应急项目工期估算的依据与支持细节的说明文件，包括估算中所使用的约束条件、假设前提条件以及应急项目活动所需资源等。

3. 更新后的应急项目活动清单及其细节

这是关于在应急项目活动估算过程中对所发现已有应急项目活动清单存在的问题或遗漏的修订和更新方面的说明。

六、应急项目进度计划制定

实际上，应急项目时间管理的核心内容是两件事情：一是应急项目进度计划制定；二是应急项目进度计划控制。

（一）应急项目进度计划制定的概念

这是指计划和安排应急项目及其活动的起始和结束时间的管理工作。这是一项需要反复推敲的应急项目时间计划安排的工作。包括：首先是对应急项目所需资源估算和工期估算的确认；其次是给出应急项目及其活动的起止时间；然后制定出具体的应急项目活动实施方案与措施；最终获批后成为正式的应急项目进度计划。

（二）应急项目进度计划制定的方法

应急项目进度计划编制所使用的方法主要有如下四种。

1. 关键路径法

这是通过找出应急项目工作的路径，计算所有路径上的应急项目活动的最早开始和结束时间、最晚开始和结束时间以及浮动时间，然后找到关键路径（最长的路径）去安排和编制应急项目进度计划的方法。有关关键路径法的具体技术方法说明如下。

（1）确定应急项目的最早和最迟开始时间与结束时间。为确定所有应急项目活动进度计划安排的基准，人们必须确定整个应急项目的开始时间和完工时间。这两个应急项目时间的间隔规定了应急项目所需的时间周期，整个应急项目的最早和最迟开始和结束时间是应急项目进度计划的关键，这甚至需要在应急项目合同或说明书中予以明确规定。

（2）确定应急项目活动的最早和最迟的开始时间与结束时间（时点）。其中，每个应急项目活动的最早开始时间是根据应急项目的最早开始时间加上该活动全部紧前活动时间得到的，然后再加上该活动所需时间就可以得到该活动的最早结束时间。每个活动的最迟完工时间是用应急项目的完工时间减去该活动全部紧后活动的时间，再加上该活动所需时间就得到该活动最迟结束时间。

（3）分析给出应急项目的关键路径。关键路径法的核心是确定出应急项目的关键路径，即通过计算和确定应急项目每项活动的最早开始与最晚结束时间而找出应急项目关键路径。然后是通过资源的科学配置去调整和优化应急项目的关键路径，具体讨论如后。

由图 3-7 可以看出，图中有三条路径（开始—A—B—C—结束，开始—D—C—结束，开始—D—E—F—结束），图中每项活动后的数字表示该活动所需工作天数。其中“开始—D—E—F—结束”路径时长 20 天，是关键路径。

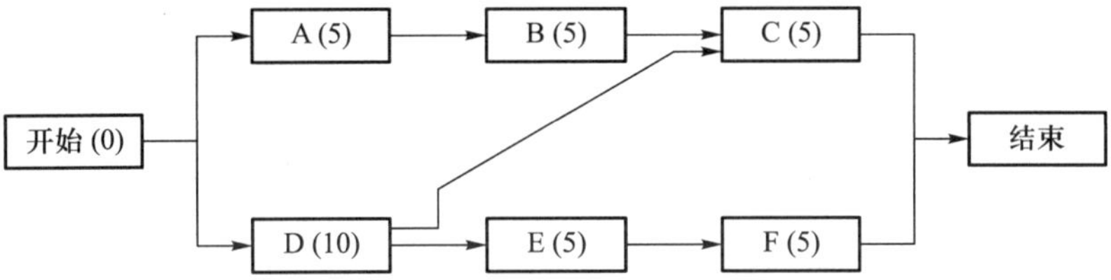

图 3-7　应急项目关键路径确定方法示意

由图 3-8 中可以看出，如果将应急项目活动 C 中配置的资源向应急项目活动 D 上作必要的调配（假设二者所用资源相同），从而使得活动 C 的时间延长至 7 天，而活动 D 所用时间缩短为 8 天，这样“开始—D—E—F—结束”这一关键路径的时间缩短为 18 天，而“开始—A—B—C—结束”的路径变为 17 天。整个应急项目节省两天时间，且两条路径相对平衡了。

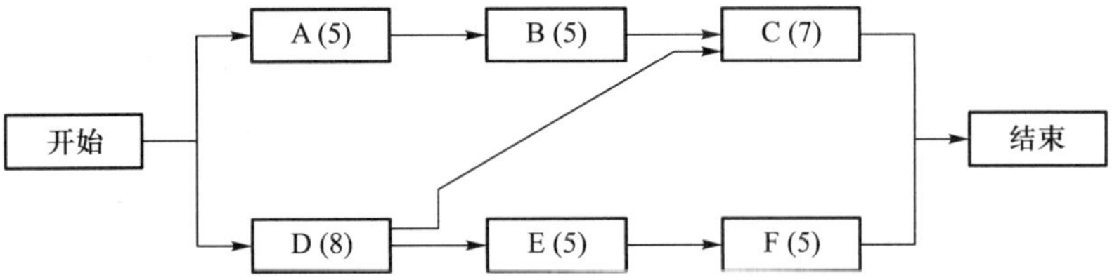

图 3-8　优化后应急项目关键路径方案一示意

由图 3-9 可知，人们也可以将活动 C 中配置的资源，向活动 F（或 E）上作必要的调整（假设二者可共用资源），这样活动 C 所用时间为 7 天，而活动 F 所用时间为 3 天，从而“开始—D—E—F—结束”的路径时长为 18 天，而“开始—A—B—C—结束”路径时长为 17 天。这样应急项目可以省 2 天时间,并且实现两条路径工期的平衡。这就是合理配置资源的效果。

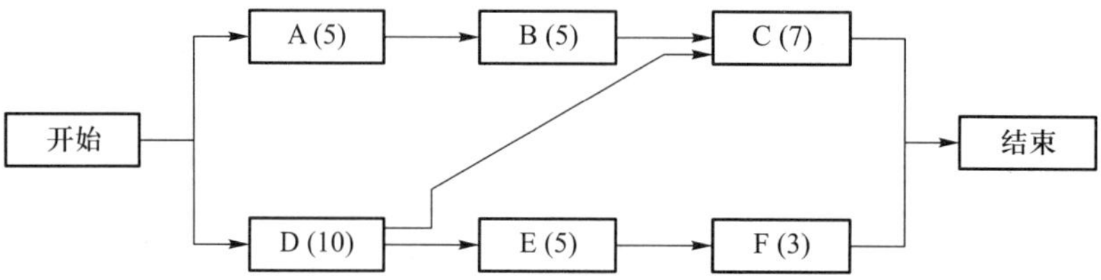

图 3-9　优化后应急项目关键路径方案二示意

2. 情境分析法

这是根据给定的一些假设前提条件与参数,然后运用各种不同情境的分析,最终制定出应急项目进度计划的方法。这种方法使用"假如某种情境发生的话应该如何办"之类的问题作为分析的对象,然后使用应急项目进度逻辑网络计算等方法求出不同情境的应急项目进度安排。

3. 资源水平法

由于现实中多数应急项目实施都有资源约束和限制,因此人们有时需要使用资源水平法去编制应急项目的进度计划。这种方法的基本指导思想是将稀缺资源优先分配给到关键路径的项目活动,这种方法的计划结果更为经济和实用。这种方法又被叫作基于资源的应急项目进度计划方法。在许多情况下,这种方法可与关键路径法配套使用。

4. 关键链法

这种方法首先找出在应急项目进度计划网络中的关键链,即具有资源约束和资源共享等问题的应急项目活动(链条)。然后,进一步考虑应急项目所需资源的可得性和资源驱动的应急项目关键链分析结果,并考虑应急项目活动之间的逻辑依存关系和资源限制因素分析给出应急项目关键路径。

(三) 应急项目进度计划制定的结果

应急项目进度计划制定的结果是给出了一系列应急项目进度计划文件。

1. 应急项目进度计划书

这包括应急项目整体和每项活动的计划开始时间与结束时间等信息,以及相应的应急项目进度计划的网络图。这通常可用应急项目进度计划网络图、箭线图、甘特图以及应急项目里程碑图表等。

2. 应急项目进度计划书的支持细节

其内容有:应急项目进度计划书的细节说明,已识别的假设前提条件和约束条件说明,具体计划实施措施说明等,以及应急项目的资源要求、应急项目进度计划的备选方案、应急项目进度计划的应急时间储备等。

3. 应急项目进度管理计划书

这是有关如何变更应急项目进度计划和如何开展应急项目工期控制的计划安排文件。这是整个应急项目进度计划的一个组成部分,并且应该按照应急项目进度计划的编制和修订对其进行更新。

4. 其他文件的更新结果

这包括在应急项目进度计划制定中所做出的修订和更新结果。具体包括:应急项目资源需求估算和计划、集成计划、范围计划、工作分解结构、活动清单等。

七、应急项目进度计划控制

应急项目进度计划控制是应急项目管理控制的一个组成部分，也是应急项目变更总体控制的一个组成部分。所以，这是十分重要的应急项目集成管理的内容之一。

（一）应急项目进度计划控制的概念

这是指对应急项目进度计划的实施及其变更所进行的管理和控制。其主要内容：一是对应急项目进度计划偏差的纠正；二是对应急项目进度计划的变更。前者是对应急项目进度计划的维护，后者是对应急项目进度计划的改进。

（二）应急项目进度计划控制的方法

这方面的最关键方法是对应急项目活动进度计划及其实施环境中的不确定性因素开展控制的方法，因为确定性的应急项目时间是不需要控制的（因为其结果是确定而无法改变的）。应急项目进度计划控制最常用的方法有如下四种。

1. 应急项目进度计划实施情况度量方法

这是测定和评估应急项目进度计划实现情况，确定应急项目进度计划完成程度的方法。

2. 应急项目进度计划偏差分析方法

这是分析和研究应急项目进度的实际和计划之间偏差的方法，以便给出应急项目进度偏差信息供人们做出纠偏或变更的决策。

3. 应急项目进度计划纠偏的方法

这是当发现应急项目进度计划的偏差及其原因是在可以纠正的范围内的时候，人们所采用的一种应急项目进度计划控制的技术和方法。

4. 应急项目进度计划变更的方法

这是针对应急项目进度计划的偏差或原因导致无法采取纠偏措施的时候，人们所采用的重新制定应急项目进度计划的方法。

（三）应急项目进度计划控制的结果

应急项目进度计划控制的结果主要包括如下四个方面。

1. 应急项目进度计划的全面更新

这是在开展应急项目进度计划变更后所获的应急项目进度计划控制的结果，是对原有应急项目进度计划的全面修订和更正。

2. 控制中所采取的纠偏措施

这是实行应急项目进度计划偏差措施，从而获得应急项目进度计划控制的结果，是对应急项目进度计划的维护或修补。

3. 应急项目学习到的经验教训

这是在应急项目进度计划控制中所获得的各种经验教训的结果，是一种“吃一堑，长一智”的借助经验和教训进行学习的结果。

4. 应急项目控制工作的改进

这是在学习和借鉴应急项目进度计划控制的经验和教训，从而改善和提高应急项目进度计划能力的结果，是在学习的基础上行为上的提升。

综上所述可知,应急项目时间管理是十分重要的应急项目专项管理。因为突发事件必须在很短时间内进行正确的应对,所以这种应急项目最需要抢时间,即争分夺秒地去救人于水火,否则会导致"机不可失,时不再来"的严重后果。

第三节　应急项目的质量要素管理

这是指为确保应急项目产出物的质量而开展的一种应急项目管理活动,其根本目的是保障应急项目的结果和产出物能够达到应急项目质量计划的要求。由于应急项目产出物质量是由项目工作质量形成的,所以这种管理的内容包括项目工作和产出物两方面质量的管理。

一、应急项目质量管理的概念和内容

这方面的概念涉及质量管理、项目质量管理和应急项目质量管理三方面的概念,而这方面的内容包括应急项目质量计划、保障和控制三方面的内容。

(一) 质量的基本概念

ISO 对质量的定义是"质量是反映实体(产品、过程或活动等)满足明确和隐含的需要的能力和特性总和"。由此可见,质量有两方面含义。其一是"承载质量属性的是实体",而实体包括产品(提供特定功能的商品或服务)、过程(创造实体的阶段和步骤)和活动(在生成产品或服务中开展的具体工作)。其二是"质量是指实体能够满足用户需求的能力和特性的总和",即质量高低取决于实体所具有的能力(或功能)特性总和。本书作者认为,据此可将质量用式 3-2 予以精确描述。

$$V=\frac{F}{C} \tag{3-2}$$

式中:V 是质量所体现出的价值;

C 是获得质量所花费的成本;

F 是质量所包含的功能特性。

所以,广义的质量指的是人们花费一定成本而能获得的自己所需功能的价值大小。质量最终表现为产品或服务的功能所能够满足人们明确或隐含需求的情况。此处的功能包括:内在的功能和特性(如衣服用于遮羞、御寒和防护身体等)、外在功能和特性(如衣服能把人打扮漂亮并显示地位)、经济功能和特性(物美价廉)、商业功能和特性(包括售后服务等)和环保功能与特性(如衣料使用可降解材料)等多种功能或特性。

(二) 质量管理的基本概念

ISO 认为,"质量管理是确定质量方针、目标和职责并在质量体系中通过诸如质量策划、质量控制和质量改进使质量得以实现的全部管理活动"[7]。这是从质量管理活动所涉及的内容和方法的角度进行定义的,质量管理的内容涵盖从质量方针的制定到用户对质量的最终体验。本书作者认为:质量管理是一项贯穿在组织活动中的涉及质量保障、质量控制和质量提高的管理工作,其目的是保障和提升组织的产品或服务的功能特性。任何产品或服务质量取决于生产这些产品或服务的工作质量,只有好的工作质量才会有好的产品或服务质量。

（三）项目质量管理的概念

项目质量在定义上主要表现在如下两方面。

1. 项目质量的双重性

这是指项目质量既包括项目产出物的质量，又包括项目工作质量，并且项目产出物质量是由项目工作质量决定的。

2. 项目质量的过程性和一次性

这是指项目的质量是由项目全过程的活动所形成的，而项目的一次性使得项目质量的形成多数时间只有一次机会。

（四）应急项目质量管理的概念

这是为了保障应急项目产出物或结果能够达到质量要求而开展的一种项目专项管理工作，这种管理需要使用全面质量管理的思想和方法，即以应急项目工作质量为中心，以全员参与为基础的一种全员性、全过程性和全要素性的集成管理。这主要体现在如下三方面。

1. 应急项目工作质量是应急项目产出物的质量保障

这是应急项目质量管理中一个最独特的管理理念和方法，即应急项目质量管理的重心在于应急项目工作质量的管理。

2. 应急项目质量管理是项目团队全体成员共同的责任

这要求应急项目的所有参与者积极参与、共同努力和相互配合去开展应急项目产出物和工作质量的管理。

3. 应急项目质量管理关键在于对工作质量的不断改进

这包括在应急项目全过程中不断开展应急项目工作质量的监控和改进循环，持续去改进和提高应急项目工作质量。

（五）应急项目质量管理的内容

应急项目质量管理的基本内容包括：应急项目质量方针的确定、质量目标和质量责任的制定、质量体系的建设以及为此所开展的应急项目质量计划、质量控制和质量保障等一系列质量管理工作。这可由图 3-10 给出示意。

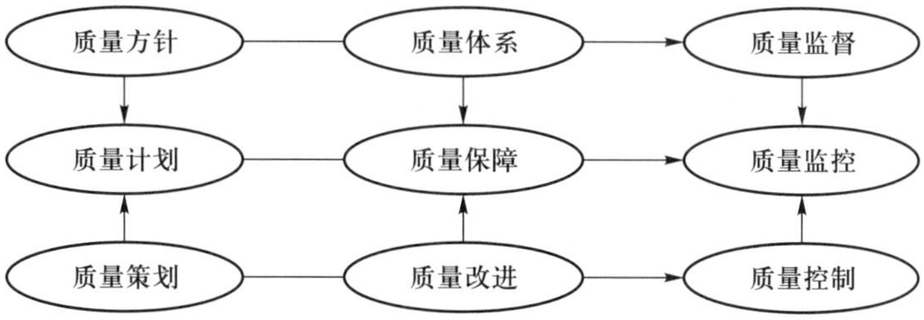

图 3-10　应急项目质量管理的主要工作内容示意

由图 3-10 可以看出，应急项目质量管理的工作涉及从应急项目质量计划到应急项目质量监控的全过程。这些应急项目管理工作的具体内容将分别详细讨论。

二、应急项目质量计划

这方面计划包括应急项目产出物质量计划、工作质量计划和质量管理计划三个方面的计划工作,以及应急项目产出物和工作质量标准确定和改进方法等方面的管理工作。应急项目质量计划会随着应急项目逐步开展而不断明确、变更和完善。有关细节讨论如下。

(一) 应急项目质量计划的概念

这种计划是在突发事件应急预案中就开始制定的应急项目专项计划之一,但是应急项目质量计划需要在项目实施过程中不断进行完善,而且这种计划必须与其他的应急项目专项计划进行合理配置和集成。这始于应急项目质量的计划安排,终于应急项目质量计划的必要变更和改进。应急项目质量计划概念的内涵包括如下三个方面。

1. 应急项目产出物质量计划的概念

这包括应急项目产出的产品或服务所应该达到的质量目标和具体质量指标,即它们的质量水平高低的具体规定和描述。

2. 应急项目工作质量计划的概念

这是人们如何做好应急项目各项工作的计划和安排,包括应急项目各项工作的质量目标和具体指标,以及如何去核查它们的方法和清单等。

3. 应急项目质量管理计划的概念

这是关于人们应该开展哪些应急项目质量管理工作以及如何开展这些工作的计划和安排,最重要的是变更和提升应急项目质量的管理安排。

(二) 应急项目质量计划的方法

不同的应急项目会选择不同的应急项目质量计划方法,而且应急项目产出物质量计划、项目工作质量计划和质量管理计划都会各有不同的方法。

1. 应急项目产出物质量计划的编制方法

这方面最常用的有如下两种方法。

(1) 应急项目产出物的质量标杆法。这是指利用历史上类似的应急项目实际产出物质量计划和结果,作为新应急项目产出物质量的参照体系和比照目标(标杆),从而制定出新应急项目产出物质量计划的方法。这种方法以标杆项目的实际质量情况、质量方针、质量标准与规范、质量改进的记录等为参考,结合新应急项目特点去制定其产出物质量计划。

(2) 应急项目产出物的质量实验设计法。这种方法适用于首次开展的应急项目产出物质量计划编制,因为此时没有质量标杆可以参照。所以,人们需要采用实验方法去识别和确定应急项目产出物应有的质量,然后据此去编制应急项目产出物质量计划。因此,这种方法要求在应急预案编制中开展各种实验活动以获得应急项目产出物应有的质量指标和计划。所以《应急法》规定:国家鼓励、扶持的这方面的新技术研究与开发。

2. 应急项目工作质量计划的方法

这方面计划的最常用编制方法有如下三种。

(1) 应急项目工作质量核检清单法。这种方法首先需要根据应急项目工作内容、工作流程和工作方法去制定工作质量的核检清单,并将其作为应急项目工作质量的计划。然后,使用这些核检清单去分析、记录和控制人们的工作质量,并使用核检后的应急项目工作质量清单去验证应急项目的工作质量。

(2) 应急项目工作流程图法。这是使用系统工程的流程图法去开展应急项目工作质量的计划。这种方法需要绘制应急项目工作流程图,并据此去编制应急项目工作质量计划。这类的工作流程图有应急项目系统流程图和应急项目工作流程图等。这种方法不但可用于计划和安排应急项目工作质量,而且可用于控制应急项目的工作质量。

(3) 应急项目工作质量的实验设计法。这种方法与上述应急项目产出物的质量实验设计法的原理是相同的,即通过实验去分析、识别和确定形成应急项目工作质量的计划和安排。这种方法虽然需要开展科学实验,但是根据实验结果制定的应急项目工作质量计划是相对科学和可靠的,但是比较费时费力。

3. 应急项目质量管理计划的方法

这方面的计划方法主要有如下三种。

(1) 应急项目质量管理图表法。这是使用现有各种质量管理方面的图表去编制应急项目质量管理计划的方法,包括用于分析应急项目质量影响因素和编制应急项目工作质量计划的各种图表,如帕累托图、鱼骨图、X-R 图和质量控制图等。这些都属于应急项目质量管理计划编制所使用的图表法之列。

(2) 应急项目质量体系计划法。这种方法用于编制应急项目质量体系(质量保障体系)的组织结构、责任划分、工作程序、资源配置和质量保障体系所需的内容、措施与方法等。这种方法最终给出应急项目质量保障体系和质量保障方法的计划安排,以及开展这方面计划的执行方法和相关规定等内容。

(3) 应急项目质量变更管理计划方法。这是预先针对可能出现的各种应急项目质量的变更情况,设计给出应对这些应急项目产出和工作质量变更的计划方案,以供应急项目质量变更时作为应急项目质量管理计划去使用。实际上,应急项目质量管理最关键的计划安排就是这种变更管理的计划和安排。

(三) 应急项目质量计划的结果

应急项目质量计划的结果是生成下列应急项目质量计划文件。

1. 应急项目产出物质量计划书

这是关于应急项目生成的产品或服务的质量计划,是开展应急项目质量管理和控制的基线。

2. 应急项目工作质量计划书

这是应急项目工作质量的计划文件,是用于开展应急项目工作质量管理方面的计划和安排。

3. 应急项目质量管理计划书

这是为实现应急项目产出物和工作质量计划而对应急项目质量管理和质量计划变更工作所做的计划与安排文件。

三、应急项目质量保障

这是一种事前性和预防性的应急项目质量管理工作,是在执行应急项目质量计划过程中所开展的一系列项目质量评估、质量核查与质量改进等方面的工作。

(一) 应急项目质量保障的内容

应急项目质量保障工作的主要内容有如下六个方面。

1. 清晰明确的应急项目产出物质量和工作质量的要求

应急项目质量保障工作的首要任务是给出清晰明确的应急项目产出物质量和工作质量的要求。

2. 科学可行的应急项目产出物质量和工作质量标准

这是根据历史经验和各种现有质量标准,以及借助实验而设计出的一套适合于具体应急项目产出物质量和工作质量的标准。

3. 建设与完善应急项目质量(保障)体系

这包括应急项目质量体系的组织结构、工作程序、管理过程和所需资源等,以便组织和建设好应急项目质量保障体系。

4. 配备合格和充足的应急项目质量管理资源

这包括应急项目质量管理所需的人力资源、物力资源、信息资源和财力资源等,以满足开展应急项目质量保障活动的需要。

5. 有计划地开展应急项目质量改进活动

这包括针对应急项目实际质量问题而开展的考核、评价和改进等方面的工作,核心是对应急项目工作方法的持续改进和完善。

6. 积极主动地开展应急项目质量变更工作

这是积极主动地开展应急项目质量计划和方案的变更及其管理工作,以便借此去提高应急项目产出物质量和项目工作质量。

(二)应急项目的质量保障体系

应急项目质量保障工作的根本任务是建立一套能够保障应急项目产出物质量和工作质量的系统或体系。根据国家《应急法》的规定,我国应急项目保障体系主要包括如下五个方面。

1. 组织体制的保障

《应急法》规定,国家建立统一领导、综合协调、分类管理、分级负责、属地管理为主的应急管理体制。这是开展应急项目管理的体制保障,也是应急项目质量保障体制。从国家领导到属地管理,全面给出了应急项目管理体制的安排。

2. 管理机制的保障

《应急法》规定,突发事件应对工作实行预防为主、预防与应急相结合的原则。这种“预防为主,预防与应急相结合”的原则就是应急项目管理的机制保障,同时也是建设应急项目质量保障体系中的机制保障。

3. 社会参与的保障

《应急法》规定,国家建立有效的社会动员机制,增强全民的公共安全和防范风险的意识,提高全社会的避险救助能力。这也是应急项目质量管理的保障体系构成部分,因为这是实现预防、减少突发事件发生,消减其社会危害的保障之一。

4. 人力方面的保障

《应急法》规定,中国人民解放军、中国人民武装警察部队和民兵组织依照本法和其他有关法律、行政法规、军事法规的规定以及国务院、中央军事委员会的命令,参加突发事件的应急救援和处置工作。这是类似战时体制的人力保障。

5. 其他资源方面的保障

《应急法》规定,自然灾害、事故灾难或者公共卫生事件发生后,政府可以启用本级人民政府设置的财政预备费和储备的应急救援物资,必要时调拨其他急需物资、设备、设施、工具。这使得应急项目质量管理具有了物质资源的保障。

（三）应急项目质量保障的方法

从某种意义上讲，应急项目质量保障工作属于事前性的应急项目质量管理工作，所以多数需要使用预防性和事前改进性的方法和技术。其主要的方法和技术有如下三个方面。

1. 应急项目质量保障计划的方法

“凡事预则立，不预则废”，所以应急项目质量管理需要使用这种方法。这种方法可以使人们在计划和安排中预先认识到质量保障的问题并制定出相应的应对措施和计划安排，从而规避因应急项目质量管理出问题带来的各种损失。

2. 应急项目质量方案审计的方法

这是一种结构化应急项目质量保障的方法，其目的是借此找出应急项目产出物和工作质量方案中的问题和改进机会，从而开展应急项目质量改善与提高工作。这种审计可以是自我审计或第三方审计，可以定期或不定期地进行。

3. 应急项目质量改进与提高的方法

这包括对于应急项目产出物质量和工作质量两方面的改进和提高的方法。这需要设计应急项目产出物质量和工作质量的改进方法和行动方案。具体可由应急项目全团队成员提出质量改进建议，然后开展保障和提高质量的工作。

（四）应急项目质量保障的结果

根本结果是应急项目质量获得了保障、提高和改善。这包括应急项目工作质量提高带来的应急项目工作效率和效果的提高，及应急项目产出物质量的提高所带来的应对突发事件灾害的改善结果。这方面具体成果主要包括如下三个方面。

1. 兼顾质量保障和提高的应急项目全面优化变更方案和结果

这是应急项目质量保障的最重要结果。人们通过开展应急项目保障工作去引导应急项目变更方案的全面优化，从而使得应急项目质量得到提高，最终实现消减突发事件社会危害的目的。

2. 成功实施的各种应急项目质量保障和改进措施

在应急项目质量保障工作中人们会发现应急项目实施方法中的问题或不足，然后通过采取各种应急项目质量保证和改进措施使应急项目质量得到相应的提高，从而消减突发事件的某些社会危害的后果。

3. 获得信息以修订相关应急项目质量保障的方案或应急预案

人们在开展应急项目质量保障工作中会发现既有应急项目质量标准、质量保障方法、应急项目各方面计划和实施方案等方面存在的问题和不足，所以需要去搜集信息，并根据这些信息对应急项目文件和资料进行更新，从而为未来应急项目的开展提供了相应的信息和经验等方面的保障。

四、应急项目质量控制

这是一项针对应急项目质量管理的事中控制工作，是在应急项目实施过程中对于应急项目产出物质量和应急项目工作质量的全面控制工作。

（一）应急项目质量控制的概念

应急项目质量控制是指对于应急项目产出物质量和工作质量的监督和管理工作。这两方面的质量控制各有自己独特的技术和方法。

1. 应急项目产出物质量控制的概念

应急项目产出物质量控制的主要内容包括应急项目产出物质量控制标准的制定、质量实施情况的监督和度量、质量监督结果与质量标准的对比分析、质量差异与问题的确认、质量问题的原因分析、质量纠偏措施的制定和采取,以及消除应急项目产出物质量差异与问题的一系列活动。具体包括:

(1) 应急项目产出物质量的检验工作。在应急项目产出物质量的实现过程中,对应急项目产出物质量进行检验是这种质量控制的重要管理工作,从而可发现问题和开展控制。

(2) 应急项目产出物质量问题的原因分析。这是应急项目产出物质量控制中第二重要的工作。包括对于这种质量问题产生的特殊原因和系统原因两个方面的分析工作。

(3) 应急项目产出物质量改进工作。这是应急项目产出物质量控制的核心工作。包括应急项目产出物质量的纠偏工作(回到正轨)和质量的提高工作(变得更好)。

2. 应急项目工作质量控制的概念

这种应急项目工作质量控制是以应急项目产出物质量的实现和提高为导向的。其主要内容包括应急项目工作质量控制标准的制定、工作质量核检清单的制定、工作质量的监督和度量、工作质量偏差分析和问题确认、工作质量问题原因分析和纠偏措施及改进与提高措施等。这方面的全新概念有如下两个方面。

(1) 应急项目产出物质量取决于应急项目的工作质量。应急项目工作质量控制的目的是为实现应急项目产出物质量提供保障,因为应急项目产出物质量是由工作质量决定的。

(2) 先控制好应急项目工作质量才能控制应急项目产出物质量。应急项目质量管理必须确立先有好的应急项目工作质量才有好的应急项目产出物质量的根本理念和管理准则。

(二) 应急项目质量控制的方法

应急项目质量控制的方法主要有如下几种。

1. 控制图法

这是用于应急项目产出物和工作这两方面质量控制的一种图示方法。在控制图中给出应急项目质量控制的标准(或界限)、实际结果及其过程的图示描述,以确认应急项目质量的结果是否处于受控状态。具体由图 3-11 给出示意。

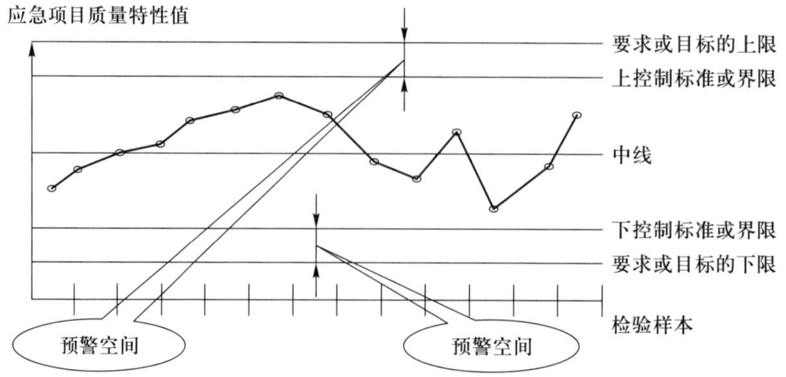

图 3-11 应急项目质量控制图法示意

由图 3-11 可知,应急项目质量的控制标准包括两个:一是人为设定的应急项目质量控制标准或界限的上下限;二是在这种控制进程中对于系统误差的统计标准。其中,后者是指当应急项目质量检验中连续有七点的数据出现朝同一方向变化走势时,或出现连续有七个点的数据在中线同一侧时,就可认定应急项目质量出现系统性问题而必须采取纠偏措施。所以,控制图法使用统计质量管理的方法,利用统计数据去开展应急项目质量控制。

2. 应急项目产出物质量检验法

这是指通过测量、检查和测试等手段去发现应急项目产出物实际质量与质量要求是否一致的一种控制方法。这种方法又可分为自检、互检和专检的方法。因为应急项目的一次性,所以在应急项目管理中需要使用这种方法去做好应急项目产出物质量的控制,以免造成应急项目产出物质量报废而无可挽回的严重后果。

3. 应急项目工作质量核检和审计法

这是指通过核查和检验的方法去保证应急项目工作质量,并通过再次核查和检验(审计)的手段去获得应急项目工作质量的方法。其中的核检法可分为自检和他检两种方法;审计法则属于专检的方法。这种方法使用核检清单作为工具,以保证每次核查或审计都有结果记录,并都由授权人员进行评定和验收。

4. 应急项目工作质量纠偏和补救的方法

当应急项目质量出现误差或问题的时候,人们需要采取各种必要的纠偏措施或补救措施和方法以恢复项目工作质量。这是一种事中控制方法。这包括应急项目质量纠偏、应急项目质量返工、应急项目质量补救、应急项目质量变更,以及降低应急项目质量等具体措施和方法。

5. 其他分析图表法

这既包括因果图和直方图等应急项目质量问题原因分析的图表方法,也包括系统图和流程图等应急项目工作质量的流程分析图表方法。其中,因果图用于找出导致应急项目质量问题的各个原因,以便采取纠偏措施。还有其他的图表方法(如帕累托图方法),有兴趣者可参阅相关资料。

(三)应急项目质量控制的流程

应急项目质量控制过程中所包括的各环节和具体过程如图 3-12 所示。

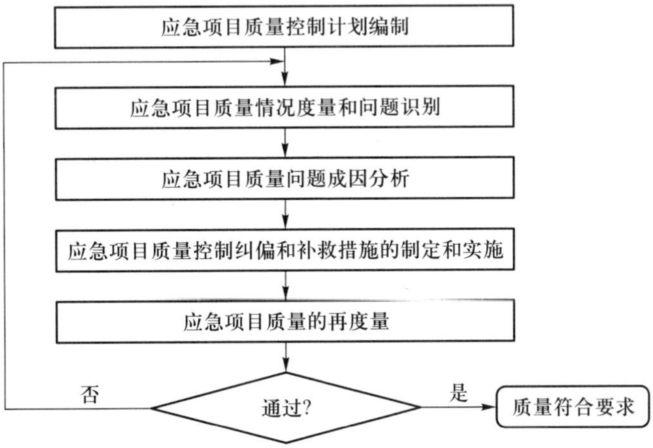

图 3-12　应急项目质量控制流程图的示意

由图 3-12 可知，应急项目质量控制流程图中包括多个环节，这些环节形成了应急项目质量控制的一种开环控制。这个过程必须能保证最终的应急项目产出物质量达标，否则会导致整个应急项目质量不达标而使得整个应急项目失败。

（四）应急项目质量控制的结果

应急项目质量控制的结果是应急项目产出物和工作质量获得全面控制，并由此获得应急项目产出物和工作质量达标（不达标就算结果失控）。这主要包括如下结果。

1. 应急项目产出物质量控制的结果

这是关于应急项目产出物质量控制达标程度的度量。这一度量结果最终表现为应急项目产出物的质量是否达标，具体结果如下。

（1）应急项目产出物质量达标。这是指应急项目产出物的质量达到原定标准或要求，人们结束并认可了应急项目产出物质量达标的结果。

（2）应急项目产出物质量修复结果的认可。这种结果是指应急项目产出物存在质量问题，但在开展必要的质量恢复工作后最终的应急项目产出物质量获得了认可。

（3）应急项目产出物质量要求调整或降低。在应急项目质量控制过程中若出现应急项目产出物质量无法修复，人们只能去调整和降低对应急项目产出物的质量要求。

2. 应急项目工作质量控制的结果

应急项目工作质量控制的结果首先是工作质量的认可，然后就是生成的应急项目工作控制的文件。这方面的文件主要包括如下两方面。

（1）核检结果清单。这是指人们开展应急项目工作质量核检所形成的记录有应急项目工作质量控制过程和结果的文件。这是应急项目工作质量控制的结果和参考信息。

（2）应急项目工作质量的经验教训。这是在应急项目工作质量控制过程中产生的有关经验和教训的记录文件。这可用于指导以后类似应急项目工作质量控制。

第四节　应急项目的成本要素管理

这是应急项目四大目标要素管理之一，其主要内容是应急项目成本确定和控制。这包括基于活动的应急项目成本估算与预算的方法和基于活动的应急项目成本控制的方法。

一、应急项目成本及其管理的内涵

应急项目成本管理的实质是在确保应急项目实现消减突发事件严重社会危害的前提下，通过这种管理去实现应急项目成本的最小化和应急项目价值的最大化的管理工作。实际上，应急项目管理的根本目的就是以最小成本去获得最大价值，即尽可能地消减突发事件的社会危害。

（一）应急项目成本的内涵

应急项目成本是指在为实现应急项目目标而开展的各种活动中消耗的资源所形成费用。所以，应急项目成本管理就是在满足应急项目范围、时间和质量目标要求的前提下，使得应急项目成本越小而价值越大的管理。对于应急项目成本的内涵，可以使用式 3-3 给出。

$$V=\frac{F}{C} \quad \text{或} \quad \text{价值}=\frac{\text{功能}}{\text{成本}} \tag{3-3}$$

由式3-3可以看出，应急项目价值V涉及两个要素，即应急项目价值V是通过投入应急项目成本C而获得的应急项目的功能F所体现的。所以，应急项目成本是为了实现应急项目价值所做出的一种垫付，即为了获得应急项目功能而付出的某种意义上的应急项目投资。因此，应急项目成本管理以应急项目价值为导向，努力实现应急项目价值最大化。

（二）应急项目成本管理内涵

由式3-3可知，应急项目成本管理的根本目标是以较小投入去实现最大的价值，为此所开展的各种管理活动都属于应急项目成本管理的范畴。应急项目成本管理具体内涵涉及应急项目成本估算、预算和控制等方面的管理活动。同时，应急项目成本管理涉及对于应急项目成本、功能和价值三方面的管理，以实现应急项目价值最大化为导向的管理。

（三）应急项目成本管理的途径

作者研究的结果显示，应急项目的成本是由于人们开展应急项目活动而占用和消耗资源形成的，而应急项目活动又是为了实现应急项目既定功能所开展的。因此，应急项目成本管理包括应急项目成本、功能和价值三方面的多种管理途径。式3-4给出了描述。

$$V\uparrow=\frac{{}^{3}\uparrow\overset{\rightarrow 2}{F}\uparrow^{1}}{{}^{3}\uparrow\overset{\rightarrow 1}{C}\downarrow^{2}}\qquad(3-4)$$

由式3-4可知，当应急项目成本C保持不变而应急项目功能F上升时（公式中标有脚注1的情况），或当F不变而C下降时（公式中标有脚注2的情况），以及C上升的同时F大大上升时（公式中标有脚注3的情况），应急项目价值V都能获得相应提升。所以，应急项目成本管理是努力降低应急项目成本C和提升应急项目功能F从而获得更大的应急项目价值V的一种价值管理。因此，在突发事件应急预案中需要开展这种价值工程性质的应急项目成本、功能、价值的分析工作，以便很好地安排应急项目的费用预算和筹资。

二、应急项目成本管理的内容

应急项目成本管理的核心内容包括应急项目成本的计划与确定和应急项目成本的控制。应急项目成本管理的具体内容可以用图3-13给出示意。

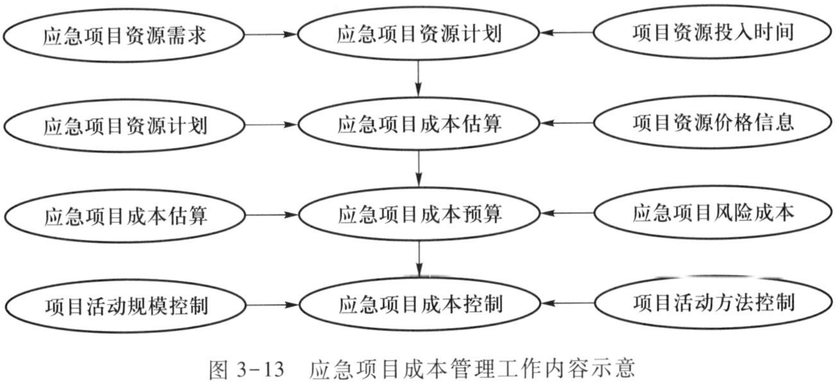

图3-13　应急项目成本管理工作内容示意

由图3-13可知，应急项目成本管理的具体内容包括下述四个方面。

（一）应急项目资源计划

应急项目成本是为创造应急项目价值而开展的项目活动占用和消耗资源所形成的，所以人们首先需要制定应急项目资源计划。这是根据应急项目活动清单而提出的应急项目所需消耗和占用资源的数量、质量和投入时间等方面的计划安排，其主要的工作是确定应急项目所需人、机、料、费等资源的数量和质量，从而为应急项目成本估算和预算提供依据。

（二）应急项目成本估算

这是指根据应急项目资源计划以及各种资源的市场价格信息（包括价格指数等预计的应急项目所需资源价格发展变化方面的信息），估计和确定应急项目各项活动的成本和应急项目全部成本的一项管理工作。这种估算会随着应急项目信息的增加而不断精确。这种估算的根本目的是确定项目所需人、机、料、费等所构成的应急项目成本的数额。

（三）应急项目成本预算

这是根据应急项目成本估算制定应急项目成本预算，以及应急项目成本计划书和应急项目成本管理计划的工作。按照国家规定，我国的任何项目成本预算应该包括收入和支出两方面的预算，以便人们能够合理地确定应急项目成本（支出）预算，以作为科学开展应急项目成本（支出）控制的基线。所以，突发事件应急预案都应该给出应急项目成本预算。

（四）应急项目成本控制

这是指在应急项目实施过程中依据应急项目成本预算对应急项目实际成本开展控制的工作。其内容包括：度量应急项目实际的成本发生情况，分析应急项目实际成本与项目预算之间的差异，根据差异及其成因去采取应急项目成本管理的纠偏措施或开展应急项目成本变更，以及根据应急项目成本变更去修订应急项目预算等方面的控制工作。

三、应急项目成本管理的方法论

应急项目成本管理涉及一系列的管理方法，这些管理方法形成了一套方法论体系。这种应急项目成本管理方法论体系，可由图 3-14 中的模型给出示意。

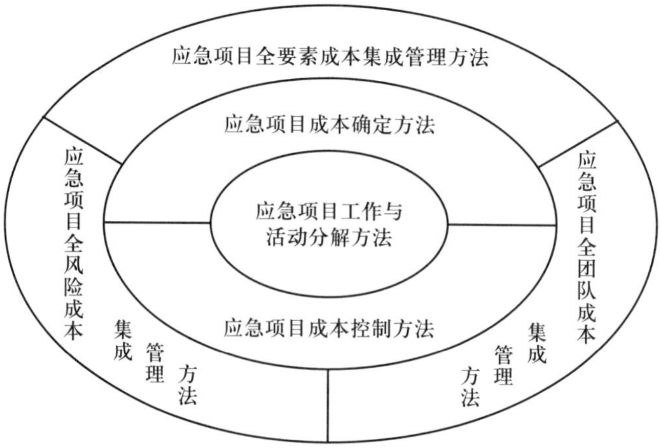

图 3-14　应急项目成本管理方法论模型示意

由图 3-14 可以看出，这套方法论体系涉及如下的内容和概念。

（一）应急项目工作与活动分解方法是核心

这是图 3-12 中的核心部分，因为应急项目工作与活动分解得到的应急项目活动清单是应急项目成本核算的基础。应急项目成本管理要使用基于活动的成本核算方法（Activity Based Costing, ABC）去确定应急项目成本，要使用基于活动的管理方法（Activity Based Management, ABM）去控制应急项目的成本。这二者都需要应急项目工作与活动分解方法，所以这种方法就成了该方法论的核心和基础。

（二）应急项目成本确定与控制方法是主导

图 3-12 的模型中间是应急项目成本确定和控制两种方法，这是该方法论的主导，并且它们与应急项目工作与活动分解方法构成了应急项目成本管理的基本方法体系。由于二者分别使用基于活动的成本核算方法（ABC）和基于活动的成本管理方法（ABM），所以应急项目成本管理的基本方法是一种基于活动的成本管理方法。

（三）应急项目成本集成管理方法是关键

图 3-14 模型的外围是应急项目全要素成本集成管理、全风险成本集成管理和全团队成本集成管理三种方法，这是该方法论中的集成管理方法。其中，应急项目全要素成本集成管理方法是将应急项目成本要素与其他目标三要素、资源三要素和风险要素集成管理的方法；应急项目全风险成本集成管理方法是对应急项目确定性成本、风险性成本和完全不确定性成本集成管理的方法；应急项目全团队成本集成管理方法是对应急项目全体相关者的成本集成管理的方法。

四、应急项目资源计划

这是应急项目成本管理的首要工作。其成果是生成一份应急项目资源计划书。该计划书是人们开展应急项目成本估算和预算的基础和依据。

（一）应急项目资源计划的概念

应急项目资源计划是根据应急项目资源需求和应急项目风险等情况，通过基于活动的分解、计划和安排的方法，从而得到应急项目所需资源计划的工作和结果。这一计划工作的实质是根据应急项目活动工期估算中分析、假定和确定的应急项目资源需求，以及在应急项目风险识别中找出的应急项目风险情况，进而去确定出应急项目资源的计划与安排。

（二）应急项目资源计划的主要工作

这包括四方面：其一是应急项目资源需求分析；其二是应急项目资源供给分析；其三是应急项目所需资源储备确定；其四是应急项目资源计划书编制。这种计划需要根据突发事件的各种可能后果去制定多种不同的计划方案，因为应急项目的应急预案会有多种不同方案，应急预案还会有不同的资源储备和获得的备选方案。例如，国家《应急法》规定：为应对突发事件人民政府可以征用单位和个人财产。征用是应急项目资源的一种供给方案。

（三）应急项目资源计划的构成细节

应急项目资源计划的具体内容是给出应急项目所需资源的种类、数量、质量和资源的投入时间。其中，所需资源的种类是指应急项目各项活动所需的人力资源、信息资源和物质资源，所需资源的数量是指所需不同种类资源的数量，所需资源的质量是指所需各类资源的品质要求，而所需资源的投入时间是指安排应急项目资源何时投入使用。

（四）应急项目资源计划的方法

最根本的是基于活动的资源需求确定方法，这种方法要求人们根据既定的应急项目活动清单,然后再根据每项活动所使用的方法,从而做出应急项目资源的计划和安排。这种方法需要科学分析和确定应急项目所需资源的质量和数量以及时间,最终给出应急项目资源的精确计算和合理时间安排。这可以参考历史上类似应急项目的实际统计资料,使用具有统计意义的应急项目所需资源数据为依据,去制定应急项目资源计划。

(五)应急项目资源计划编制的主要依据

编制应急项目资源计划的依据主要有三个:一是应急项目所需资源的数量和质量方面的依据,主要包括应急项目范围计划文件和应急项目活动方法的信息等;二是应急项目所需资源投入时间方面的依据,主要包括应急项目进度计划文件以及具体活动的时间安排信息等;三是应急项目所需资源供给方面的依据,主要包括应急项目活动所需资源的储备情况、市场供应情况,供应商或承包商情况,以及应急项目所处环境与条件信息等。

(六)应急项目资源计划的结果

这包括两方面:一是应急项目资源计划书,这是对应急项目所需资源的计划安排文件,包括应急项目所需资源种类、数量、质量和资源的投入时间。这涉及对应急项目所需人力资源、物质资源和信息资源的全面计划,以及应急项目所需资源的不确定性和风险性的说明等。二是应急项目资源计划的细节说明文件,包括应急项目资源计划的依据、编制方法、假设条件等,以及应急项目资源计划假设条件的说明和可能发生的应急项目范围变化等。

五、应急项目成本估算

这是应急项目成本管理的第二项工作,即通过分析和估算给出应急项目成本的工作。这是根据应急项目资源计划和各种资源的价格信息,估算应急项目成本。

(一)应急项目成本估算精度的分类

人们根据应急项目成本估算精度而划分出两种不同的估算成本:一是应急项目初步成本估算;二是应急项目详细成本估算。因为在应急项目初步估算阶段(制定应急预案阶段),人们对应急项目的许多细节尚不清楚,所以只能根据应急项目 WBS 得到的项目工作包情况去粗略地估计应急项目的成本。随后,人们就可以根据由应急项目活动分解得到的应急项目活动清单进行更详细的应急项目成本估算了。具体示意见图 3-15。

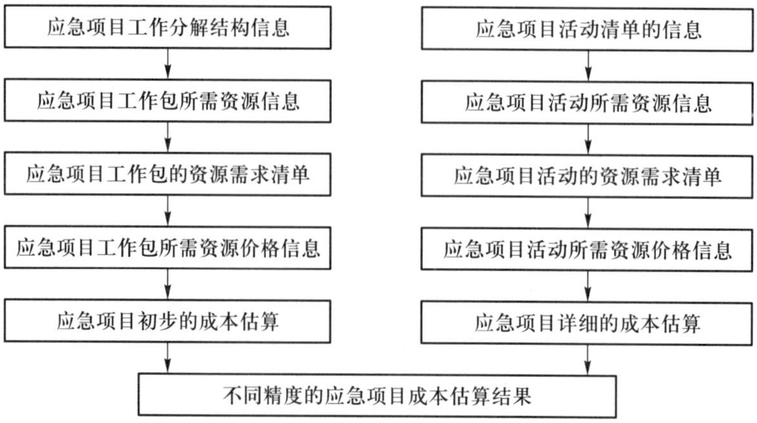

图 3-15 应急项目成本估算的依据和精度示意

由图 3-15 可知，应急项目成本估算可以是基于应急项目工作包的初步成本估算，也可以是基于应急项目活动清单的详细成本估算。按照应急项目 WBS 给出的估算信息相对比较粗略，而根据应急项目活动清单的估算精度较高。

（二）应急项目成本估算的主要工作

这主要包括三方面：一是根据应急项目资源计划去获得各种资源的市场价格信息；二是制定和划分好应急项目资源成本估算的具体科目；三是估计和确定应急项目所需各种资源的成本数额。同时，应急项目成本估算应包括应急预案中不同方案的成本估算，以便人们可以根据突发事件可能出现的后果选用不同应急项目成本方案。按照《应急法》的规定，应当选择有利于最大限度地保护人们权益的措施，这就是最终的应急项目实施方案。

（三）应急项目成本估算的方法

应急项目成本估算的方法主要有：类比估算法、参数估计法、精确计算法和统计资料法等。这又分成初步估算所使用的自上而下的成本估算方法和详细估算所使用的自下而上的成本估算方法。

1. 自上而下的成本估算方法

这类方法的估算结果比较粗略，所以主要用于应急项目的初步成本估算。

（1）类比估算法。这是在应急项目成本估算精确度要求不高情况下，通过比照已完成的历史上类似应急项目的实际成本数据，去估算新应急项目成本的方法。

（2）参数估计法。这是利用应急项目特性参数建立相应的数学模型来估算应急项目成本的方法。这种方法需要使用应急项目成本参数估算公式去做估算，其关键在于参数的确定。

2. 自下而上的成本估算方法

这类方法的精度相对较高，所以主要用于应急项目的详细成本估算。具体讨论如下。

（1）精确计算法。这种方法是根据应急项目活动所需资源情况，然后逐个估算应急项目每项活动的成本，最后向上滚动加总得到应急项目总成本的方法。

（2）统计资料法。这是根据历史上类似应急项目的真实统计资料进行应急项目成本估算的方法，这种方法需要具有统计意义的类似应急项目活动、资源和成本方面的资料。

（四）应急项目成本估算的结果

应急项目成本估算的结果主要包括如下几个方面。

1. 应急项目成本估算书

这是对应急项目所需成本的估计文件，是应急项目成本预算的依据和应急项目成本管理的基础或出发点。其主要内容如下。

（1）突发事件预防和准备的成本。包括编制应急预案的成本，以及开展突发事件预防和准备方面的各项成本。

（2）突发事件的监测与预警成本。这主要是在监测突发事件中收集各种信息的成本和预警工作的成本，以及启动应急预案和组织队伍与准备应急救援物资等成本。

（3）应急处置与救援的成本。这也被称为应急项目的实施成本。其主要内容是组织营救、疏散、撤离和救治受害人员的成本，抢修公共设施等实施成本。

（4）事后恢复与重建的成本。这是在突发事件应急处置工作结束后，恢复社会治安秩序和公共设施，开展恢复重建工作的成本（这种成本多需单独核算）。

在上述应急项目成本估算中,前三部分是应急项目全过程的成本估算,全部四个部分则是应急项目全生命周期的成本估算。按照《应急法》的规定,国务院和县级以上地方各级人民政府应当采取财政措施,保障突发事件应对工作所需经费。这表明,前三项应急项目工作是由政府财政出资的。按照《应急法》的规定,应急措施首先动用的是履行统一领导职责的人民政府设置的财政预备费和储备的应急救援物资,必要时调拨其他急需物资、设备、设施、工具。所以恢复与重建的应急项目成本是另做预算的,当然也多属于政府财政预算的范畴。

2. 应急项目成本估算的支持细节文件

这是对于应急项目成本估算文件的依据和细节的说明文件,是应急项目成本估算书的附件。其内容主要包括应急项目范围的描述、应急项目成本估算的基础和依据文件、应急项目成本估算的各种假设条件说明、应急项目成本估算可能出现的变动范围的说明等。

3. 应急项目成本管理计划

这是关于如何管理和控制应急项目成本,以及如何开展应急项目成本变更的文件。由于应急项目全过程中可能发生各种风险而导致应急项目成本管理失控,因此就需要计划安排好应急项目成本变动和变更的管理工作,而应急项目成本管理计划就是这种管理与控制工作的计划、安排和规定。

六、应急项目成本预算

应急项目成本估算完成以后,还需在此基础上进行应急项目成本预算,即制定应急项目成本预算的计划工作。

(一) 应急项目成本预算的概念

应急项目成本预算是制定应急项目成本控制基线和依据的工作,即人们根据应急项目成本估算所开展的应急项目成本的计划工作。从另一角度讲,应急项目成本预算是人们制定的应急项目成本计划书,它是人们开展应急项目成本管理的既定目标和实施应急项目成本控制的基线和依据。这一概念的主要内涵如下。

1. 这是以应急项目成本估算为基础的计划安排

这是人们依据应急项目成本估算,并根据应急项目风险情况增加了不可预见费之后形成的应急项目成本计划。

2. 这是应急项目成本管理和控制的基线与目标

应急项目成本管理的目标就是努力保证不突破应急项目预算,所以这种预算是应急项目成本控制的基线和目标。

3. 这包括应急项目各方面的成本或花费

应急项目成本预算中包括项目总预算、项目各阶段预算和项目各项活动的预算,还包括应急项目所需资源的成本和不可预见费。

(二) 应急项目成本预算的内容

应急项目成本预算的主要工作是给出应急项目在何时需要花费多少成本的计划和安排。在应急项目成本预算中,人们必须很好地完成如下工作。

1. 确定应急项目具体活动的成本预算

人们首先要根据应急项目要开展的各项活动及其所需的资源情况,以及各项活动的不确定性与风险情况，根据应急项目各项活动的成本估算确定应急项目各项活动的成本预算。

2. 确定应急项目各项活动预算的投入时间

人们需要根据应急项目进度计划安排和应急项目具体活动的时点和时期要求，进一步确定应急项目各项具体活动成本预算的投入时间，从而给出应急项目各项具体活动成本预算投入的时间安排。

3. 确定应急项目各个阶段的成本预算

这是根据应急项目工作分解结构和项目阶段的划分情况，通过累计一个应急项目阶段中各项具体活动的成本，获得一个应急项目阶段的成本，再加上应急项目该阶段的系统风险预备费，从而得到应急项目阶段的成本预算。

4. 确定应急项目预算中的不可预见费

在确定应急项目各项活动和各个阶段的成本预算后，人们根据整个应急项目系统风险情况，制定出应急项目的不可预见费。这种不可预见费也被称作应急项目成本管理储备或应急项目成本计划的裕量。

5. 确定整个应急项目成本总预算

人们根据应急项目各阶段和各项活动的成本预算信息，再加上根据应急项目整体系统风险情况确定的不可预见费之后，就能够给出应急项目的总预算了。这是整个应急项目成本控制的基线。

6. 给出应急项目成本总预算的“S”曲线

根据上述应急项目阶段和活动的成本预算及其投入时间的计划，再加上应急项目进度计划和应急项目风险储备等数据，使用应急项目成本和应急项目进度的两维坐标图，即可绘出应急项目各个时点所需资金的“S”曲线图。

（三）应急项目成本预算的方法

应急项目成本预算方法有多种。最主要的应急项目成本预算方法有如下三种。

1. 基于活动的应急项目成本预算方法

这是最基本的应急项目成本预算的方法。这种方法根据“应急项目目标—产出物—工作包—具体活动”的逐层分解信息和各项活动的成本估算结果，进一步考虑应急项目各项活动的风险，最终得到应急项目活动的成本预算，然后加总得到应急项目阶段的预算和整个项目总预算的方法。

2. 政府财政预算的方法

由于应急项目是由人民政府统一领导所开展的应对突发事件带来的社会危害的项目，所以应急项目是使用政府预算的项目。我国各级政府的预算又有《预算法》和《预算法实施条例》的法律管辖，所以必须按照政府财政预算的方法编制。

3. 分步决策的应急项目预算方法

由于很多突发事件是缺少预警信息和首次发生的，所以人们在这种应急项目的初期阶段，既没有历史上类似项目的资料和经验可以借鉴去编制预算，也不清楚整个突发事件未来的发展变化和最终结果，所以只能采取一种“边实施，边决策，边预算”的方法，即通过不断补充应急项目成本预算以最终形成项目总预算的方法。

（四）应急项目成本预算的结果

应急项目成本预算工作的主要结果包括如下三个方面。

1. 应急项目成本预算书

这是应急项目成本预算工作最主要的结果。其中的核心内容包括应急项目整体成本总预算、应急项目各阶段成本预算、应急项目各项活动成本预算和应急项目系统性不可预见费的计划安排等。

2. 相关的支持细节说明

这是关于应急项目成本预算的支持细节的说明文件，包括应急项目成本预算各方面情况和条件的说明以及依据和理由的陈述等。另外还有应急项目成本预算所依据的项目目标计划和资源计划的说明，预算各方面细节的说明等。

3. 应急项目成本预算的管理计划

这是关于应急项目成本预算管理的计划安排和相关规定文件。这种计划文件中规定了应急项目成本预算管理与控制的要求、规则与方法等，包括有关应急项目成本预算的变更或追加的管理方法和规定等。

七、应急项目成本控制

有了应急项目成本预算，人们就可以据此去开展应急项目成本控制工作了。有关应急项目成本控制的知识和工作主要包括如下几个方面。

（一）应急项目成本控制的概念

这种控制是在应急项目实施过程中通过开展监督和管理，从而使应急项目实际成本处于受控状态，以实现应急项目成本被控制在预算范围之内的管理工作。这种控制工作涉及对各种应急项目成本的发展变化影响因素的控制、对应急项目实施过程中的各项活动成本的控制，以及在应急项目实际成本突破预算后所需的项目成本变更的控制。

（二）应急项目成本控制的内容

应急项目成本控制的具体内容包括：监视应急项目实际成本的发展变化，找出应急项目实际成本中出现的偏差，积极采取各种纠偏措施以控制应急项目实际成本不超过预算，确保应急项目实际发生的成本及其变更都有据可查，防止不正当或未授权的应急项目成本变更和不合理的费用被列入应急项目实际成本，以及管理好应急项目不可预见费等工作。

（三）应急项目成本控制的理论

这方面的理论主要有两个观点：其一是应急项目成本控制的关键在于对应急项目不确定性成本的控制；其二是应急项目成本的控制必须从消减应急项目的无效和低效活动与改进应急项目活动方法入手。这两方面的观点分述如下。

1. 应急项目不确定性成本的控制

应急项目成本中的确定性部分是必然发生且不会变化的，但是应急项目的不确定性成本则是不断发展变化的，所以抓住了应急项目的不确定性成本的控制才是重点。应急项目不确定性成本的根源有以下三个因素。

（1）应急项目活动本身的不确定性。这是指在应急项目过程中某些项目活动可能发生或不发生，这种应急项目活动的不确定性会直接转化成应急项目成本的不确定性。这是造成应急项目成本不确定性的主要原因。这方面控制主要靠项目不可预见费的合理使用。

(2) 应急项目活动规模的不确定性。这是指在应急项目实施中某些应急项目活动规模具有不确定性,由此会造成应急项目活动所需资源和应急项目成本的不确定性。这是导致应急项目成本不确定性的根源之一,所以它也是应急项目成本控制的对象。

(3) 应急项目活动耗资和占用资源价格的不确定性。这是指在应急项目过程中有些应急项目活动消耗和占用资源的价格会发生异常波动和变化。这同样会直接造成应急项目成本的发展变化,所以它也是应急项目成本不确定性的主要根源之一。

2. 应急项目活动及其方法的改进

应急项目成本控制理论的另一个主要观点是必须通过改进活动方法去努力提高应急项目活动的绩效,从而消减应急项目的成本。因为应急项目成本就是人们开展应急项目活动而消耗或占用资源造成的,消减无效的应急项目活动和改进应急项目低效活动的方法,才是应急项目成本控制的根本出路。

(四) 应急项目成本控制的方法

应急项目成本控制的方法主要有如下三种。

1. 系统性应急项目变更控制的方法

这是一种通过建立和使用应急项目变更控制系统,去实现对应急项目成本进行有效控制的方法。包括从提出应急项目变更请求到批准,一直到最终修订应急项目成本预算的全过程控制方法;在应急项目计划和实施阶段努力避免各种应急项目的变更,从而避免应急项目变更带来的成本变动的方法;通过建立严格应急项目变更控制系统从而使应急项目变更为实现成本的最小化和价值最大化服务。

2. 积极开展应急项目成本纠偏的方法

这是一种通过及时统计应急项目实际成本完成情况,积极发现应急项目成本出现的偏差,设法找出出现偏差的原因和影响因素,然后采取纠偏措施去控制应急项目预算的方法。这种方法多使用社会统计学中综合指数编制与分析的方法综合或集成考核应急项目各方面的绩效和差异,从而能够更好地对应急项目成本及其影响因素进行控制,最终实现降低应急项目成本和增加应急项目价值的目标。

3. 应急项目成本预测和追加计划法

由于突发事件存在很高的不确定性,所以追加应急项目预算是经常发生的,因此必须有一套相应的应急项目成本管理与控制的方法。其中,预测法是指根据已知应急项目及其环境与条件的信息,及时不断地对应急项目未来成本状况做出预测的方法;追加计划法是通过新增预算的办法对应急项目成本进行控制的方法,即在出现意外情况时人们可使用应付紧急情况的追加应急项目预算的方法。

(五) 应急项目成本控制的结果

应急项目成本控制的直接结果是节约了应急项目成本和提高了应急项目经济效益。这种控制的间接结果是生成了如下应急项目成本控制文件。

1. 应急项目成本预算文件的更新

这是对应急项目原有成本预算的修订和更新的结果,是应急项目后续阶段成本控制的主要依据以及历史数据的记录。

2. 应急项目活动方法改进文件

这是有关应急项目活动方法改进方面的信息和应急项目活动方法改进所带来的应急项目成本降低方面的信息。

3. 应吸取的经验教训文件

这是从应急项目成本控制中发生的各种失误或错误所应该吸取的各种经验与教训的汇总文件,可用于后续应急项目成本控制和应急项目工作控制。

本章小结

本章全面讨论了应急项目的目标四要素管理,即应急项目范围、时间、质量和成本的管理,以及如何做好应急项目这四个目标要素的集成管理的原理和方法。首先,本章讨论了应急项目范围要素管理的内容,主要包括应急项目范围管理的概念、内涵、流程和内容,以及应急项目的起始决策和初始项目范围与应急项目范围计划的内容和方法,并讨论了应急项目范围管理计划和应急项目范围控制,其中最主要的结论是应急项目范围管理是应急项目这四个目标要素的自变量,它的任何变化都会导致其他目标要素发生相应的变化。其次,本章讨论了应急项目时间要素管理的概念和原理,以及应急项目活动分解、应急项目活动排序、应急项目活动所需资源估算、应急项目活动工期估算、应急项目进度计划制定和应急项目进度计划控制的原理和方法,最重要的结论是应急项目时间管理是关乎人民生命财产损失大小的关键因素和管理对象。再次,本章讨论了应急项目的质量要素管理的概念、内容和原理,以及应急项目质量计划、应急项目质量保障和应急项目质量控制的原理和方法,最重要的结论是应急质量管理的核心是应急项目工作质量管理,只有应急项目工作质量管理好了才会有应急项目产出物的高质量。最后,本章讨论了应急项目的成本要素管理的概念、原理和内涵,以及应急项目成本管理的内容和方法,这包括应急项目资源计划、应急项目成本估算、应急项目成本预算、应急项目成本控制的原理和方法,最主要的结论是应急项目成本管理的根本目的是降低人民生命和财产的损失,而不是减少这种项目实施和管理方面的成本。

复习思考题

1. 项目范围管理最需要关注的是哪个环节或方面的管理工作?
2. 项目时间管理最需要关注的是哪个环节或方面的管理工作?
3. 项目质量管理最需要关注的是哪个环节或方面的管理工作?
4. 项目成本管理最需要关注的是哪个环节或方面的管理工作?
5. 项目四目标要素集成管理最需要关注的是哪个环节或方面的管理工作?

即测即评

参考文献

1. 戚安邦.项目管理学.3版.北京:科学出版社,2019.

2. 戚安邦.项目评估学.2版.北京:科学出版社,2019.

3. 戚安邦.项目全面集成管理原理与方法.天津:南开大学出版社,2017.

4. 戚安邦.浮现中的中国现代项目导向型社会与组织.北京:电子工业出版社,2009.

5. 戚安邦.项目成本管理.2版.北京:中国电力出版社,2016.

6. 戚安邦.项目风险管理.天津:南开大学出版社,2010.

7. ISO. International Standard:ISO 21500 Guidance on Project Management. Switzerland,2012.

8. (美)项目管理协会.项目管理知识体系指南.5版.许江林,等,译.北京:电子工业出版社,2013.

第四章 应急项目的资源三要素管理

任何项目除了具有目标四要素的管理以外，还有资源三要素的管理。应急项目也同理，应急项目的目标四要素和资源三要素相互之间的合理配置关系如图 4-1 所示。

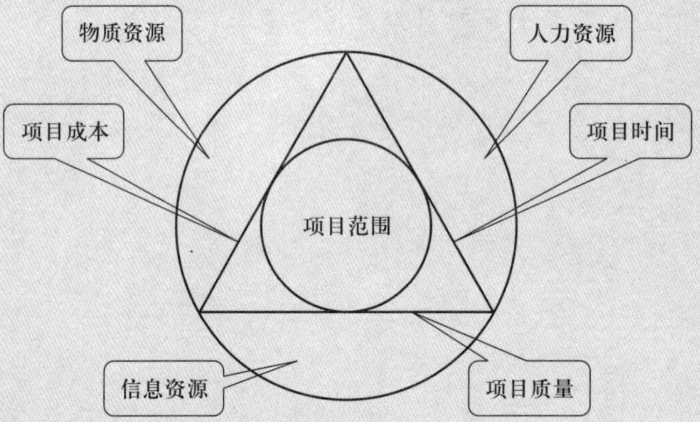

图 4-1 应急项目目标四要素和资源三要素的配置关系示意

由图 4-1 可知，应急项目目标四要素和资源三要素之间的合理配置关系是：应急项目目标四要素构成了应急项目的目标函数，而资源三要素构成了应急项目的约束条件。所以图 4-1 中使用外接圆描述应急项目资源三要素，以说明它们是对其内接三角形和中心圆的应急项目目标四要素的约束。实际上应急项目如果没有资源三要素的保障，人们就无法实现其目标四要素。这种应急项目目标和资源要素合理配置还可以用下面的目标规划公式予以描述。

应急项目的目标函数： $Y=f(S,T,C,Q)$ (4-1)

应急项目的约束条件： R_1,R_2,R_3,R (4-2)

式中：S 代表应急项目范围要素；

T 代表应急项目时间要素；

C 代表应急项目成本要素；

Q 代表应急项目质量要素；

R_1 代表应急项目信息资源要素；

R_2 代表应急项目人力资源要素；

R_3 代表应急项目物质资源要素；

R 代表应急项目风险要素。

由式4-1可知,应急项目目标四要素共同构成的目标函数给出了它们四者必须实现的合理配置关系。由式4-2中可知,应急项目有四个约束条件,包括应急项目资源三要素加上风险要素。所以,应急项目这八个要素必须实现客观要求的合理配置关系。

第一节　应急项目所需信息资源的管理

在应急项目的资源三要素管理中,首要的是信息资源的管理,因为应急项目的决策和项目风险的大小都取决于应急项目所需信息资源的完备情况。

一、应急项目信息资源管理的概念和内涵

应急项目所需资源中首要的是信息资源。从概念上说,应急项目所需的信息资源包括两个概念:其一是信息的概念;其二是应急项目信息资源管理的概念。

(一) 信息的概念

按照信息科学的观点,信息是经过加工后,对人们的决策有支持作用的数据。所以信息是由数据加工而成的,是按照为决策提供支持的角度去加工处理的。这种加工处理涉及五方面的工作:一是“去粗取精”,即去掉无用数据而获得有用数据;二是“去伪存真”,即去掉虚假数据和找出真实数据;三是“由此及彼”,即根据现有情况(此)去推断未来的可能情况(彼);四是“由表及里”,即通过事物的表面现象而看到其本质;五是“归纳和演绎”,即根据数据描述的事实去归纳事物的客观规律并推演出未来的信息。由此信息具有如下特性。

(1) 不完备性。这是指人们在制定决策的时候,没人能够获得事物的完备信息。这是人们对事物的认识能力有限和信息不足造成的,所以人们的决策需要进一步借助决策者及决策支持者的判断、经验和直觉等。

(2) 滞后性。由于信息是由数据加工得来的,而数据是在事物发生后得到(数据是对已发生事物的描述),这个过程需要时间,这就使得信息具有了滞后性。即使现代信息系统可以缩短这个过程,但也没法完全克服这种信息滞后性。

(3) 理解差异性。各种信息都有相应的表述,而由于人们各自的知识、经验和立场等情况不同,所以人们对同一条信息的理解会有所不同。再加上在信息交换和沟通中有某些客观和人为的障碍,使得人们对任何信息都会有不同的理解和解读。

(二) 应急项目信息资源管理的概念

由于应急项目是为应对突发事件而开展的,而突发事件是在人们具有很少信息情况下所突然发生的事件。这就导致了应急项目信息资源的不完备性尤为突出,即人们缺乏关于突发事件的相关信息。通常,对于事物所拥有的信息会有如下三种状态。

1. 拥有完备性信息的状态

此时,人们知道一个事物的所有信息,该事物只有一种结果且其肯定发生($P=1$)。这种情况只有在日常运营管理的某些情况下才会产生,这就是所谓的完全确定性事件。

2. 拥有不完备性信息的状态

此时,人们只知道事物在不同条件下会发生的各种后果以及每种后果的发生概率($P<1$),但

不知道究竟哪种后果会确切发生。这就是所谓的风险性事件,即事件的结果可能是这样也可能是那样。

3. 几乎没有相关信息的状态

此时,人们不知道事物会有多少种后果以及每种后果的发生概率($P=?$),这是最难进行决策的情况。绝大多数突发事件属于这种信息状态(甚至没有任何预警信息),这是突发事件应急项目管理的根本困难所在。

在应急项目的全过程中会出现上述这三种情况,但只有少数应急项目活动的信息是完备的,绝大多数应急项目活动的信息是不完备的,还有一些应急项目活动的信息是十分有限的。

(三)应急项目信息资源管理的内容

应急项目信息资源管理的内容包括应急项目信息资源需求确定、应急项目沟通计划制定、应急项目沟通计划实施,具体内容由图 4-2 给出示意。

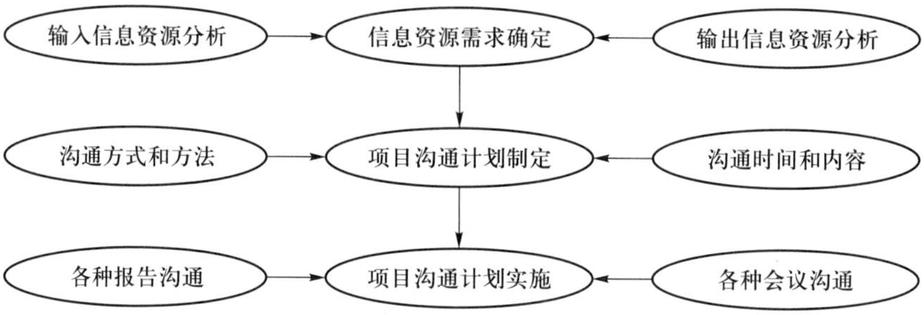

图 4-2　应急项目信息资源管理工作内容示意

由图 4-2 可知,应急项目信息资源管理的具体内容包括下述三个方面。

1. 信息资源需求确定

为了给应急项目决策提供支持,人们就需要根据应急项目决策的要求,去确定应急项目对于信息资源的需求。这通常涉及"上情下达和下情上达"(项目相关各级之间的沟通)、"左情右达和右情左达"(项目各专业间的沟通)以及"内情外达和外情内达"(项目内外信息沟通)三个方面。所以需由此入手,确定应急项目的信息资源需求,包括信息资源的数量、质量、来源和沟通方式等。

2. 沟通计划制定

这是指根据应急项目信息资源需求情况,去计划安排好应急项目沟通工作的内容和方式方法。这包括两方面的计划:一是应急项目所需的各种报告和公告等沟通计划,这涉及报告和公告的频率、格式和方法等;二是应急项目会议沟通计划,这涉及会议时间、内容、方式(虚拟或当面)和方法等。这种计划必须能够保障应急项目信息资源实现上述的应急项目"上下、左右、内外"的分享和应用。

3. 沟通计划实施

这是为获得应急项目所需信息资源,根据应急项目沟通计划去开展的各种应急项目报告、公告和会议等沟通工作。其中最主要的工作包括应急项目信息收集和加工处理计划的实施、应急项目信息储存和使用计划的实施、应急项目信息汇总处理和文档化计划的实施、应急项目信息发布计划的实施，以及应急项目沟通活动计划的实施等。同时，需要对这些计划实施开展必要的管理控制和信息反馈等方面工作。

（四）应急项目信息资源管理的做法

在应急项目管理中，最大难题是信息资源的短缺问题。这方面的做法具体如下。

1. 努力提高人们对应急项目的认识能力

任何应急项目及其活动都是独特的，而人的认识能力和经验是有限的，这导致人们对应对突发事件的应急项目认识具有很大的局限性。从信息科学角度上说，正是这种人们认识深度和广度的局限性，与应急项目环境与条件发展变化的无限性的矛盾，造成了信息不完备性。所以在应急项目信息资源管理中要努力提高人们的认识能力，拓展人们对应急项目认识的深度和广度。所以《应急法》规定：人民政府应当建立健全突发事件应急管理培训制度，对工作人员定期进行培训。

2. 积极消减应急项目所需信息资源的滞后性

按照信息科学的原理，通过努力消减应急项目信息的滞后性就可以提高信息的时效性。这包括：在突发事件发生前后尽早尽多地收集相关数据，尽快处理数据以生成对应急项目决策有支持作用的信息。因此《应急法》规定：国务院建立全国统一的突发事件信息系统，各级人民政府应当建立或者确定本地区统一的突发事件信息系统，汇集、储存、分析、传输有关突发事件的信息。这就是为消减应急项目所需信息资源滞后性，法律所规定的应急项目所需信息的管理工作。

3. 不断评估突发事件的发展变化

造成应急项目信息资源缺乏的另一个原因是突发事件不断发展变化，即"树欲静而风不止"。按照风险管理理论，应急项目活动具有开放性（几乎没有信息）、半开放性（较少信息）和半封闭性（较多信息）等类别，所以应急项目需要不断分析和评估突发事件的发展变化。《应急法》规定：各级人民政府应当及时汇总分析突发事件隐患和预警信息，必要时组织相关部门、专业技术人员、专家学者进行会商，对发生突发事件的可能性及其可能造成的影响进行评估。

4. 努力管理好应急项目的沟通过程和方法

这方面主要任务包括：努力消除应急项目相关者滥用自己的信息优势地位的情况（这是委托代理机制导致的问题）和提高应急项目信息沟通的有效性这两方面的工作。所以《应急法》规定：获悉突发事件信息的公民、法人或者其他组织，应当立即向所在地人民政府、有关主管部门或者指定的专业机构报告。更进一步规定：有关单位和人员报送、报告突发事件信息，应当做到及时、客观、真实，不得迟报、谎报、瞒报、漏报，否则将承担法律责任和受到相关法律的制裁。

二、应急项目信息需求确定

这始于应急项目决策的信息需求分析，终于应急项目所需信息资源内容、格式与来源的确定。

（一）应急项目信息需求确定的概念

应急项目信息需求是指在应急项目管理过程中所需要信息资源的情况。由于这些信息资源都是为开展和实施应急项目管理和决策服务的，所以应急项目信息需求确定需要从应急项目管理和决策的分析入手，具体见图 4-3 的应急项目决策的信息输入输出模型。

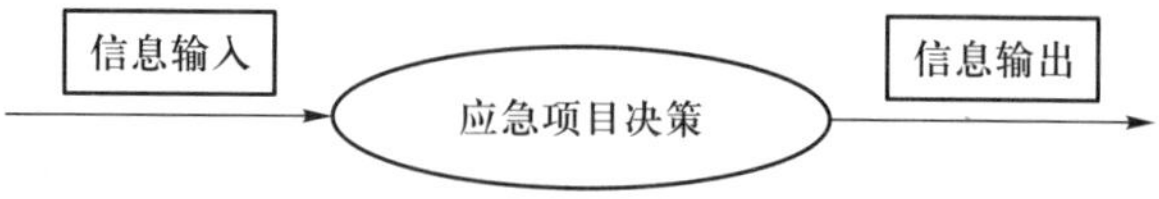

图 4-3　应急项目决策的信息输入输出模型

从图 4-3 可以看出，应急项目管理决策即“信息输入和输出”。其中，信息输入是为制定应急项目决策提供支持的，而信息输出是为实施应急项目决策提供支持的。

1. 应急项目决策

这包括应急项目的起始决策和跟踪决策，即人们判断是否应开展一个应急项目的决策和在应急项目实施过程中所开展的后续决策。从管理学角度出发，应急项目决策还可以分成管理决策和技术决策（也叫工作决策）两种。所有的应急项目决策都需要以信息资源作为支持，同时实施应急项目决策也需要相应的信息资源作为支持。

2. 应急项目决策的信息输入

这是制定应急项目决策所需输入的各种信息资源，包括突发事件的信息、应急项目的信息、项目实施者的信息、项目环境与条件的信息、历史类似的应急项目信息，以及应急项目发展变化的预测信息等。

3. 应急项目决策的信息输出

这是人们制定出应急项目决策之后所需输出的信息，包括应急项目决策的结果信息、决策实施任务方面的信息、决策的实施方式和方法等方面的信息。这种信息输出是提供给应急项目决策实施者的，以便他们去实施决策。

（二）应急项目信息需求确定的工作过程

从图 4-4 可以看出，应急项目信息需求的确定过程涉及如下四个方面的工作。

1. 应急项目所需各种决策的分析

在应急项目全过程中需要制定各种决策，所以就需要对这些决策提供支持的相关信息。因此，人们要确定应急项目信息资源需求，首先需要分析和确定应急项目需要制定哪些决策，这是整个过程的第一个步骤和工作。

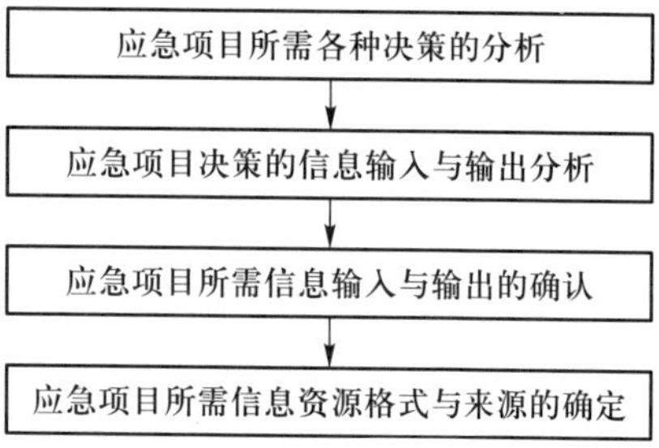

图 4-4　应急项目信息需求确定工作内容的示意

2. 应急项目决策的信息输入与输出分析

人们需要按照图 4-3 给出的模型，去分析和给出应急项目决策的信息输入和信息输出。其中的信息输入是为确定应急项目决策提供支持的，而信息输出是为实施应急项目决策提供支持的。

3. 应急项目所需信息输入与输出的确认

人们需要对上述分析给出的应急项目信息输入和输出进行必要的评估和确认，以便形成正式的应急项目信息资源需求文件。这种确认后的应急项目信息需求文件是整个项目信息资源管理的依据和目标。

4. 应急项目所需信息资源格式与来源的确定

人们还需要确定应急项目所需信息资源的传递格式和信息来源。这包括应急项目所需信息输入的供给时间、信息输出的发送时间，以及它们的发送格式、渠道、编码和信息来源（供应者）等。

（三）应急项目信息需求确定的方法

应急项目信息需求确定的方法主要是“上情下达和下情上达”“左情右达和右情左达”与“内情外达和外情内达”三种应急项目沟通渠道与目标的分析方法。具体分述如下。

1. “上情下达和下情上达”的分析方法

这是指应急项目决策者与决策实施者间的信息需求分析方法。其中，“上情下达”是指应急项目决策者的信息输出，而“下情上达”是指应急项目决策实施中的情况反馈。这方面的分析可以确定“上下”信息需求情况。

2. “左情右达和右情左达”的分析方法

这是指应急项目不同专业人员和工作人员之间信息需求的分析方法。其中，“左情右达”是指技术决策者获得的信息输入，“右情左达”是指技术决策实施者给出的信息输出。这方面的分析可以确定应急项目技术决策的信息资源需求。

3. “内情外达和外情内达”的分析方法

这是指应急项目组织内外沟通的信息需求的分析方法。其中，“内情外达”是指应急项目组织对外信息公告，“外情内达”是指应急项目组织从社会获得的信息输入。这方面分析可确定出应急项目组织内外沟通的信息资源。

应急项目必须依法开展内外沟通信息，这方面需求必须依法确定。《应急法》规定了信息报告责任和要求、信息公告责任和要求、备案和终结报告责任和要求，以及通报情况的责任和要求等。

（四）应急项目信息需求确定的结果

这方面的结果是给出一份应急项目信息资源需求清单和一份相关的详细说明。

1. 应急项目信息资源需求清单

这种清单实际上就是一种应急项目信息输入和输出的需要和计划安排。它根据应急项目决策对信息的需要而给出：何时需要何种信息资源，信息资源的供应者、接收者，信息资源质量要求和所需经费的安排等。

2. 应急项目信息资源需求清单的详细说明

这是对于上述应急项目信息资源需求清单的补充说明，通常是按照字典那样分列条目说明清单中需要进一步解释的事情。例如，对于应急项目信息输出（报告、公告和通告等）的接收者的规定和说明、对于应急项目信息输入及其供应者的规定和说明等，这些都需要做具体的解释和说明。

三、应急项目沟通计划的制定

应急项目沟通是获得所需信息资源的根本途径。

（一）应急项目沟通计划的概念

应急项目沟通是指在项目全过程中所开展的各种沟通工作，而应急项目沟通计划是指对于在项目全过程中所开展各种沟通的计划安排。对于这两个方面的概念分述如下。

1. 应急项目沟通的概念

这是指在应急项目全过程中人们为了获得和分享信息而开展的一种活动或工作，其根本目的是获得信息输入和发送信息输出以满足应急项目决策与实施的需要。这种应急项目沟通具有如下几方面的特性。

（1）及时性。因为应急项目的决策和实施需要具有时效性的信息作为支持，所以应急项目沟通必须做到及时有效。否则应急项目沟通所输入或输出的信息就会成为“马后炮”,从而失去对于应急项目决策及其实施提供支持的根本作用。

(2) 命令性。因为应急项目决策和实施多缺少说服和解释的时间,所以应急项目沟通具有更多的强制性和命令性。特别是应急项目沟通中“上情下达”的沟通,更需要根据已经做出的应急项目决策去按照强制性和命令性的方法进行沟通。

(3) 跨组织特性。因为应急项目沟通需要在应急项目主管政府、应急项目组织、社会大众以及应急项目相关者之间开展,所以应急项目沟通具有跨越多个组织的特性。这就要求对于应急项目的信息输入和输出做出十分明确的内容与格式等方面的规定。

(4) 语言的工程性。因为应急项目沟通的时效性,所以在应急项目沟通中多数需要使用具有更为准确含义的工程语言去开展,即尽可能避免使用模糊的自然语言(母语或外语),而更多地使用报表、报告、流程图等工程性的编码和语言去开展沟通。

2. 应急项目沟通计划的概念

这种计划是为了获得和分享信息而对应急项目沟通活动的全面计划和安排,以便人们根据这种计划去做好应急项目的沟通,并实现对于应急项目决策及其实施的支持。应急项目沟通计划具有自己的要求和特性。具体分述如下。

(1) 安排的科学性。因为应急项目决策及其实施具有很高的时效性要求,所以应急项目沟通计划安排必须具有足够的科学性。因此应急项目沟通计划中需要使用科学性、工程性和命令性的沟通方法,并且根据这种计划去对应急项目沟通开展管理。

(2) 实施的艺术性。由于应急项目沟通是一种应急项目组织和相关者之间的沟通工作安排,而任何人与人之间的沟通都需要有一定的艺术性,“话不投机半句多”就是这方面的表现,所以在这种计划及其实施时都要考虑使用艺术性的方法。

(二) 应急项目沟通计划的内容

应急项目沟通计划的内容包括如下六个方面。

1. 应急项目信息收集和加工的计划安排

这是根据应急项目决策及其实施的需求而确定的针对有关信息收集与加工处理的任务、方式与方法的计划安排。这方面计划中应包括:应急项目所需信息的结构、信息收集、分类和加工处理的方法、程序与步骤等。

2. 应急项目信息储存和使用的计划安排

这是专门针对应急项目所需信息的存储和使用内容与方法方面的安排。在这方面计划中应包括:信息存储的格式、内容和方法等方面的规定,信息使用的权限和保密等方面的规定,以及信息传递中的规定和要求等。

3. 应急项目信息汇总和归档的计划安排

这是针对需要采用何种格式去汇总和存储应急项目沟通所产生的不同类型信息的安排,以及采用何种文档化管理的办法对发布和使用的应急项目信息进行管理和保存的程序和方法的安排。

4. 应急项目信息发布方面的计划安排

这是针对应急项目信息输出方面有关各种信息输出的流向,信息发布的对象,信息发布的权限,信息发布方式、格式的安排。这是根据《应急法》制定的应急项目信息发布的内容、责任和权限的安排。

5. 关于应急项目沟通活动的时间和行动方案安排

这是应急项目沟通计划最主要的内容。例如,有关应急项目会议的时间和方案,有关应急项目决策的发布时间和方案,有关应急项目绩效考核情况的报告编制、报告时间与行动方案等。

6. 应急项目沟通活动的成本预算计划安排

这是针对开展应急项目沟通活动所需的资源和资金成本预算的计划和安排。开展应急项目沟通活动而耗费的资源和形成的成本都应该在应急项目沟通计划中给出相应的应急项目成本预算。

(三) 应急项目沟通计划的制定方法

由于应急项目沟通计划涉及项目全过程的沟通工作、沟通方法、沟通渠道和沟通预算的计划与安排,各自需要使用不同的计划方法,另外应急项目沟通计划也需要根据突发事件变化情况做必要的变更与修订,所以应急项目沟通计划有如下的方法。

1. 应急项目输入信息的沟通计划方法

这是计划和安排应急项目所需从外部获得和输入信息资源的计划制定方法。其主要方法是根据应急项目信息资源需求清单及其详细说明去分析确定出信息资源的来源和供应者、信息输入的时效、格式要求、质量规定、具体沟通活动安排等一系列的计划内容。

2. 应急项目输出信息的沟通计划方法

这是计划和安排应急项目向外部发布和输出信息资源的计划方法。其主要方法是根据应急项目信息资源需求清单及其详细说明,分析确定出输出信息资源的内容和要求、时效和格式要求、质量规定,以及输出信息的沟通活动计划安排等一系列的计划内容。

3. 应急项目沟通成本预算的计划方法

这是计划和安排上述应急项目输入和输出信息的沟通计划在何时需要花费多少经费或成本的计划方法。这种计划方法与此前讨论的应急项目成本预算方法类似。其困难在于如何考虑专家经验成本较高的问题和参与沟通的人力资源成本可能重复的问题。

4. 应急项目沟通计划的变更方法

这是关于突发事件变化而导致的应急项目整体计划发生变更后,人们如何去修订、改变和重新制定应急项目沟通计划的具体方法。这是一种类似于应急项目成本管理计划或时间管理计划的方法,即对应急项目沟通计划变更行为做出计划安排的方法。这是一种根据假设前提条件与实际情况的差异来制定计划的方法。

(四) 应急项目沟通计划的结果

应急项目沟通计划工作的最终结果是给出一份应急项目沟通计划书以及一份对于该计划书的说明文件。具体讨论如下。

1. 应急项目沟通计划书

这是一种应急项目沟通工作的计划安排。它根据应急项目所需输入与输出的信息资源,对各种沟通活动及其经费的计划和安排。这种计划中给出了应急项目获得各种信息和发布各种信息所需开展的沟通工作计划。

2. 应急项目沟通计划书的说明文件

这是对应急项目沟通计划书中具体细节的进一步解释和说明。包括对于应急项目各种报告和报表以及公告的规定和说明、对应急项目各种会议的规定和说明,以及对应急项目沟通计划变更的各种规定和要求等内容。

四、应急项目沟通计划的实施

这是人们根据应急项目沟通计划,去组织、开展和管理应急项目沟通的工作,是实现应急项目所需信息输入和输出的工作。

(一) 应急项目沟通计划实施的概念

这涉及两方面的概念:一是应急项目沟通计划实施工作的概念;二是应急项目沟通计划管理工作的概念。前者是根据应急项目沟通计划去开展各种应急项目沟通工作,从而获得应急项目所需信息资源。后者是对应急项目沟通过程和效果的管理和控制,是为确保应急项目信息的输入和输出而开展的监督保障工作。

(二) 应急项目沟通计划实施的内容

应急项目沟通计划实施的管理工作内容涉及对应急项目各种沟通工作的组织和控制两个方面,其中的组织工作是指组织开展应急项目沟通计划实施工作,而控制是指监督和保障应急项目沟通计划实施工作。应急项目沟通计划实施的业务工作内容涉及应急项目所需信息资源的加工处理、传递和使用等一系列工作。另外,还有应急项目沟通工作的文档化管理,即对于应急项目各种沟通工作的文件和档案方面的可跟踪式管理。

(三) 应急项目沟通计划实施的方法

这方面方法涉及如下四种,它们分别用于应急项目沟通计划实施的不同工作中。

1. 应急项目信息收集的方法

这方面主要方法包括:相关人员报告法、原始数据记录法、应急项目实况写真法和应急项目例外报告法等。根据应急项目所需信息资源不同,要使用不同的信息收集方法,所以人们需要选用能够获得应急项目所需信息资源的有效方法。

2. 应急项目信息加工的方法

这方面主要方法包括:数据与信息整理、数据与信息汇总、数据与信息分类、数据与信息筛选、数据与信息的综合分析等。其中最为重要的方法是去粗取精、去伪存真、由此及彼、由表及里、归纳演绎和各种统计分析的方法。

3. 应急项目信息传递的方法

这方面主要方法包括口头传递的方法、书面传递的方法、网络传递的方法以及其他信息传递方法。具体的传递方法有应急项目会议、书面文件、信息系统和数据库、电子邮件和社交网络、公共广播系统等。

4. 应急项目沟通的文档化管理方法

这是对各种应急项目沟通所产生的文件和档案,按照既定要求进行全面管理的方法。具体包括文档分类、生成、存储、归档和使用与更新等。多需使用应急项目管理信息系统等专门的文档化管理系统。

(四) 应急项目沟通计划实施的结果

应急项目沟通计划实施的结果是获得和分享应急项目所需各种信息,这些获得和分享的应急项目信息主要是以记录和报告的形式存在的。

1. 应急项目记录

这既是应急项目信息收集和加工处理的结果,也是应急项目信息传递和分享的内容。包括各种应急项目业务和管理活动的原始记录、会议记录、通信记录、备忘录和管理文件等。通常,应急项目记录是生成应急项目报告的原始数据与资料,而应急项目报告则是对应急项目记录的一种使用和汇总。

2. 应急项目报告

这是有关应急项目实际情况或特殊问题的说明文件,是应急项目沟通计划实施中最为重要的信息传递和沟通结果。主要有应急项目实情报告、绩效报告、汇总报告、预测报告等。根据用途进行分类的应急项目报告有汇报性报告(汇报实情的报告)、申请性报告(请求指示和资源的报告)和敲定性报告(各种方案报告)。

第二节　应急项目所需人力资源的管理

应急项目资源三要素中首要的是信息资源,但是这些信息资源是依靠应急项目人力资源进行加工、处理和使用的,所以人力资源是应急项目资源三要素管理的重心所在。

一、应急项目人力资源管理的概念和内容

应急项目所需人力资源管理的相关概念和内涵分述如下。

(一) 应急项目人力资源管理的概念

1. 人力资源的概念

经济学和管理学中把能够投入生产过程中用于创造财富的东西统称为资源,并且认为各种资源的最大特性是它的稀缺性和使用价值。所以只有稀缺且有使用价值的东西才能够称为资源,而人力资源是经济和管理最为看重的一种资源,因为人力资源不但能够创造价值,而且同样具有稀缺性。

2. 人力资源的特性

人力资源的特性主要有四个方面。一是主观能动性,表现在人力资源具有的自我学习、自我激励和主观能动性等方面。二是智能性,即人力资源能运用自己的智慧去开展体力和脑力劳动(包括信息处理)。三是再生性,即人力资源可在使用、继承和发扬中再生而且能够不断进化和提升。四是社会价值性,指人力资源需要通过社会化的配置才能够充分体现和发挥它的价值。

3. 人力资源管理

人力资源管理与原有的人事劳动管理有很大不同,人力资源管理注重对于人力资源的配置、开发、使用、激励和管理,以及人力资源的评价、需求预测和规划等,并且人力资源管理是按照系统管理方法去管理组织的人力资源。

4. 应急项目人力资源的特性

应急项目人力资源的特性主要有四个。一是团队性,即应急项目人力资源强调团队精神与合作;二是临时性,应急项目组织在完成项目后即告解散;三是开放性,即在应急项目全过程中应急项目组织成员有进有出;其四是目的性,即应急项目组织成员都必须是为完成应急项目任务而挑选的(来之能战的)。

5. 应急项目人力资源的管理

这是应急项目资源三要素管理之一,是对于应急项目所需各种人力资源的全面管理工作。包

括应急项目人力资源规划、应急项目人员的获得与配备、应急项目组织的建设与开发和应急项目组织的管理与控制等一系列的内容。

（二）应急项目人力资源管理的内容

应急项目人力资源管理工作的核心内容可以用图 4–5 加以说明。

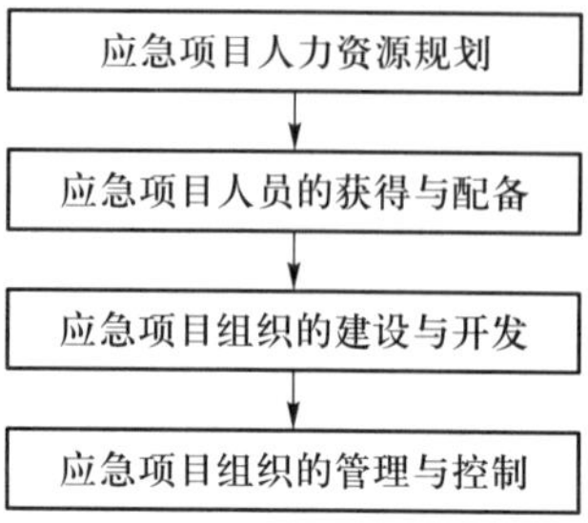

图 4–5　应急项目人力资源管理内容示意

由图 4–5 可知，应急项目人力资源管理的基本内容包括如下几个方面。

1. 应急项目人力资源规划

这是对于应急项目人力资源的计划和安排，是按照应急项目目标和任务的分析与预测所给出的应急项目人力资源在数量上、质量上的明确要求、具体安排和打算的工作。包括三项具体工作：一是应急项目组织设计，即设计给出应急项目组织分解结构（OBS）。二是应急项目工作岗位确定，即通过分析研究来确定应急项目组织中的工作岗位责任和报告关系。三是应急项目组织的结构设计，即做好应急项目组织中的指挥机构、业务小组和专家小组等安排。《应急法》规定由政府主要负责人、解放军和武警等有关负责人组成应急指挥机构去应对突发事件就是这方面设计的要求和安排。

2. 应急项目人员的获得与配备

这可通过政府组织、社会动员、军队调动、紧急征调等方式获得，然后根据所获应急项目人力资源的技能、素质、经验、知识等进行工作安排和人员配备。所以应急项目人员获得有两种方式：一是政府组织和征调，即从政府部门获得应急项目所需的人员；二是社会动员，这是由政府出面动员社会力量参加应急项目工作。所以国家《应急法》规定：突发事件发生后，人民政府应当针对其性质、特点和危害程度，立即组织有关部门，调动应急救援队伍和社会力量去采取应急处置措施；突发事件发生地的公民应当服从人民政府的指挥和安排，积极参加应急救援工作，协助维护社会秩序。

3. 应急项目组织的建设与开发

这是在获得了应急项目人力资源以后所开展的应急项目组织的建设与开发工作，以便提升应急项目组织及其成员的能力。这方面的具体工作包括应急项目组织建设、人员培训、人员激励等。其中，应急项目人员培训是为提高开发人员的能力服务的，而应急项目人员激励是为提高士气和主观能动性服务的。这些都需要针对具体应急项目、应急项目组织、应急项目组织成员的构成和工作环境等去开展应有的建设与开发工作。

4. 应急项目组织的管理与控制

这是在应急项目实施过程中对应急项目组织中的冲突和问题所开展的管理与控制工作，其目的是通过管理与控制去不断总结经验教训并解决应急项目组织中存在的各种问题和冲突。这方面的工作包括应急项目组织中的冲突制止、解决和根源消除等。由于应急项目人力资源具有开放性、能动性、社会性等其他项目资源所不具备的特殊属性，因此必须通过管理与控制去保证发挥应急项目组织成员的主观能动性，以实现应急项目组织既定的任务和工作。同时，应急项目人力资源的管理具有一定的行政管理性质，行政命令是应急项目人力资源管理的方法之一。

（三）应急项目人力资源管理的特性

应急项目人力资源管理是一种政府领导的应对突发事件的人力资源管理，具有如下四个方面的特殊性。

1. 行政性

应急项目人力资源获得要求“快捷有效”，以便在突发事件发生后立即开展应对，所以需要使用政府调动和征召的方法获得人力资源（常规招聘不可行）。这是一种“招之能来，来之能战”的类似战时人力资源的获得方式，并且应急项目人力资源的管理具有很强的行政管理的特色。

2. 高效性

由于应急项目组织是一种临时性的组织，所以在应急项目人力资源管理中十分强调高效和快捷，以便充分发挥应急项目人力资源管理的作用。因此不管是应急项目人员的事中培训与组织和激励，还是应急项目组织的建设与开发，都需要采用高效快捷的方法在尽可能短的时间里完成。

3. 团队性

因为应急项目是以团队的方式完成的，因此应急项目人力资源管理是以应急项目导向型组织为组织形式开展的。应急项目人力资源管理中的组织规划设计和人员配备与开发都必须充分考虑应急项目组织建设和开发的需要，在确定应急项目人力资源的激励和管理与控制等方面都需要为应急项目组织建设和开发服务。

4. 开放性

由于应急项目的过程性和变动性等原因，应急项目所需人力资源也是不断变化的，在不同的应急项目阶段中需要不同的专业技术人员或救援力量，所以应急项目人力资源管理具有很高的开放性，即应急项目组织会根据应急项目任务变化而有新的人力资源进入，而已完成任务的人员会退出应急项目组织。

二、应急项目人力资源规划

这包括分析、确定以及安排应急项目的组织角色和职责，确定和安排应急项目组织成员之间的报告关系及制定应急项目人员配备计划等一系列工作。

（一）应急项目人力资源规划的内容

这一工作的具体内容有：找出应急项目人力资源规划的依据，识别出应急项目人力资源的需求，设计应急项目组织中的岗位和工作，设计应急项目组织及其成员的报告关系与沟通要求，确定培训和演练需求以及制定激励和奖惩计划等。具体分述如下。

1. 找出应急项目人力资源规划的依据

这方面的主要依据有四类：一是应急项目的任务，这在应急预案中有相应的规定和安排；二是应急项目所处的环境，包括应急项目所处微观和宏观环境等；三是应急项目发展变化的预测信息，尤其是关于应急项目人力资源需求变化的预测信息；四是应急项目的限制因素和假设前提条件，尤其是指限制和制约应急项目人力资源规划、获得和配备等因素。

2. 识别出应急项目人力资源的需求

这是根据上述这些依据、分析和确定出应急项目所需人力资源的种类、数量、质量和投入时间等方面的工作。其中，应急项目所需人力资源的种类是指应急项目需要的管理和专业技术人员的种类，而数量和质量则是指应急项目所需人力资源的多少与专业技能和能力水平的要求，而最重要的是投入时间的确定，即那些专门或管理人员需要何时投入应急项目工作之中。

3. 设计应急项目组织中的岗位和工作

这是通过分析和研究来确定应急项目组织中各种业务和管理职务的角色、任务、职责的工作，其结果是形成了有关应急项目不同岗位的工作描述和职责要求说明文件。这需要将应急项目组织中每个岗位的工作进行分析和设计，以给出每个岗位的任务和岗位间的相互关系，从而确定各岗位所需的技术、知识、能力与责任等。其根本目的是确定应急项目组织中所需工作岗位及其要求，以组建好应急项目组织。

4. 设计应急项目组织及其成员的报告关系与沟通要求

这是设计和安排应急项目组织中的“上下”“左右”和“内外”的信息传递和沟通工作。《应急法》等法律法规给出了突发事件应对所需要开展的信息收集工作、信息报告工作（第 37 条）、信息公告工作（第 40 条和第 44 条）和信息交流与情报合作（第 39 条），以及这些信息报告和公告等工作的责任、方法、任务和报告关系等方面的设计和规定，还有相关要求的说明和规定。

5. 确定培训和演练需求以及制定激励和奖惩计划

这包括确定应急项目组织的各类人员的培训计划、演练要求、激励措施和奖惩制度等方面的工作。《应急法》规定，军队、武警和民兵都应有计划地组织开展应急救援的专门训练（第 28 条），各级政府应组织开展应急知识的宣传普及活动和必要的应急演练（第 29 条），人民政府应建立健全突发事件应急管理培训制度并对负有职责的人员定期进行培训（第 25 条），要加强专业应急救援队伍与非专业应急救援队伍的联合培训和联合演练（第 26 条）。

（二）应急项目人力资源规划的方法

现有一系列的应急项目人力资源规划与组织设计的方法，最主要的有如下两种。

1. 应急项目组织分解方法

这种方法是以应急项目 PBS 和 WBS 以及项目活动清单为依据，通过分析而获得一份应急项目组织分解结构（OBS），从而给出应急项目的组织所需人力资源规划的方法。这是一种结构化的应急项目组织分析与人力资源规划方法，其最下面一层是应急项目所需各种人力资源，其上是应急项目组织中各个项目小组，再上一层是应急项目组织的团队分解，最上面一层是应急项目组织的指挥系统。

2. 原型法或平台法

这是指利用以前完成同类应急项目的组织结构和人力资源规划的结果作原型或平台，然后根据具体应急项目的需要通过进行一定的增删和改进，从而获得新的应急项目所需组织设计和人力资源规划结果的方法。这种方法简单有效，而且可以节省很多的人力资源规划与组织设计工作。特别需要指出的是，应急项目是一种依法由政府组织开展的特殊项目，所以这种项目的人力资源规划是按照法律规定的原型去开展人力资源规划的。

（三）应急项目人力资源规划的结果

这方面的结果包括如下三个方面。

1. 应急项目组织结构图表

通常这是由一份应急项目 OBS 图和一系列的相关说明和描述构成的文件。它全面描述了一个应急项目组织或团队中的权力传递安排、层级关系和信息沟通关系等。

2. 应急项目组织角色和责任的安排

这包括两方面内容：其一是应急项目相关者角色和责任的分派；其二是应急项目组织成员之间的角色和责任的分派。这种应急项目组织角色和责任的安排可使用责任分配矩阵来加以描述。这种矩阵的格式如表 4-1 所示。

表 4-1 应急项目角色和责任的分派结果矩阵示意

项目任务	张山	李思	王武	赵柳	钱奇	刘霸	贺就	隋石
应急项目决策	N	A	N	N	N	A	M	N
应急项目评估	N	A	N	N	N	A	M	N
应急项目设计	A	N	M	N	N	N	M	E
应急项目计划	A	N	M	N	N	N	M	E
应急项目实施	N	N	M	E	E	N	M	N
应急项目交付	N	N	N	N	N	A	M	A

注:N 代表与其无关,A 代表承担分析与评价责任,M 代表承担计划、组织、领导与控制的管理责任,E 代表承担实施的业务或技术责任。

3. 应急项目组织的人员配备规划书

应急项目组织的人员配备规划书规定了在应急项目组织中究竟何时需要配备哪些人员,以及这些人员何时进入和退出应急项目组织或团队。其主要内容有人力资源的获得计划与时间安排、遣散时间与安排、人员培训和奖惩计划等。

不同的应急项目因其所处环境和情况不同,其组织和人力资源规划就会不同,会有不同的组织结构以及岗位和权力分配与安排,以便保证能够更好地实现应急项目的目标。

三、应急项目人力资源的获得与配备

这是指通过各种途径获得应急项目所需人力资源并配备好和组成应急项目组织的管理工作。其中,“获得”的目标是确保应急项目组织能够适时拥有所需的人力资源,而“配备”是指应急项目组织成员每人具有合适的工作和相互实现合理配置。

(一) 应急项目人力资源的获得

应急项目人力资源获得途径和方法主要有三种:一是政府调配;二是社会动员;三是单位组织。

1. 政府调配

根据《应急法》的规定,突发事件发生后,人民政府应当针对其性质、特点和危害程度,立即组织有关部门,调动应急救援队伍和社会力量,采取应急处置措施。由此可见,政府有权直接组织和调配应对突发事件所需的人力资源。《应急法》规定:人民政府有关部门可以根据实际需要设立专业应急救援队伍,所以应急救援队伍也是由政府组织和建立的。这一途径是获得应急项目人力资源的主要方法。这是政府使用行政命令的方法去调动人力资源,没有讨价还价的余地,是国家《应急法》赋予政府的权力。

2. 社会动员

根据《应急法》的规定,国家建立有效的社会动员机制,公民、法人和其他组织有义务参与突发事件应对工作,政府要组织公民参加应急救援和处置工作,要求具有特定专长的人员提供服务,突发事件发生地的公民应当服从人民政府或所属单位的指挥和安排,积极参加应急救援工作。由此可知,我国公民需要服从政府的社会动员参加应急项目的工作,这是公民义务。因此公民必须响应政府的社会动员,或者以志愿者身份去参与应急项目实施。这一途径获得应急项目人力资源的方法也有一定的强制性，但是更多的是依靠公民的响应和志愿参与，所以公民有一定选择的余地。

3. 单位组织

根据《应急法》的规定，对于那些可能出现事故灾难性突发事件和涉及各种突发事件应对工作的单位，应当建立由本单位职工组成的专职或者兼职应急救援队伍。这种单位组织也是应急项目获得人力资源的一个主要渠道和来源，这种途径主要是针对单位职工开展的。另外，《应急法》规定：新闻媒体应当无偿开展突发事件预防与应急、自救与互救知识的公益宣传，这也属于使用单位组织获得应急项目人力资源的途径。这一途径获得应急项目人力资源的方法是一种单位法人动用经济或组织手段的方法，虽然没有行政命令的强制性，但单位所属人员也有义务遵从雇佣关系和法律规定去参加应急项目工作。

（二）应急项目人力资源的配备

应急项目人力资源的合理配备不但是实现应急项目目标的保障，也是充分发挥人才优势与提高应急项目组织的合作与配合的关键所在。

1. 应急项目组织团队成员配备的原则

这方面必须遵循以下三个基本原则：

（1）应急项目人力资源配备必须以实现应急项目目标为中心。即应急项目一切人力资源的配备都必须为实现应急项目目标而服务，而且只需要为实现应急项目目标服务。

（2）应急项目人力资源配备必须以精简、高效、节约为宗旨。即应急项目人力资源配备既不能多也不能少，而且需要提倡兼职，核心是努力达到精简、高效和节约的要求。

（3）应急项目人力资源配备必须考虑具体应急项目的独特性。这是指要根据具体应急项目的情况、环境和条件等各方面的独特性，合理配置具体应急项目所需人力资源。

2. 应急项目人力资源配备的方法

这方面的方法有如下两个：

（1）突发事件应急预案的人力资源管理方法。这是指在突发事件预防和准备阶段所使用的人力资源的配备方法，是一种按照国家《应急法》和国务院应急预案管理办法去开展应急项目人力资源配备的方法。《应急法》规定：应急预案应当具体规定突发事件应急管理工作的组织指挥体系与职责。国务院应急预案管理办法规定：总体应急预案主要规定突发事件应对的基本原则、组织体系、运行机制，以及应急保障的总体安排等，明确相关各方的职责和任务。由此可见，应急项目人力资源获得和配备都应该在应急预案编制过程中做出安排。

（2）应急项目人力资源的综合平衡方法。由于突发事件发生后会出现各种意外情况，这些意外情况所需的人力资源无法都在应急预案中做出安排，所以人们还需要根据实际的突发事件的各种意外情况去使用综合平衡方法做好实际应急项目的人力资源获得与配备。对此，《应急法》规定：突发事件发生后，人民政府应当针对其性质、特点和危害程度，调动应急救援队伍和社会力量去采取应急处置措施，以及组织公民参加应急救援和处置工作，要求具有特定专长的人员提供服务。这些都是根据应急项目实际情况的人力资源配备方法。

（三）应急项目人力资源合理配置的模型

图 4-6 给出了应急项目人力资源合理配备的模型。

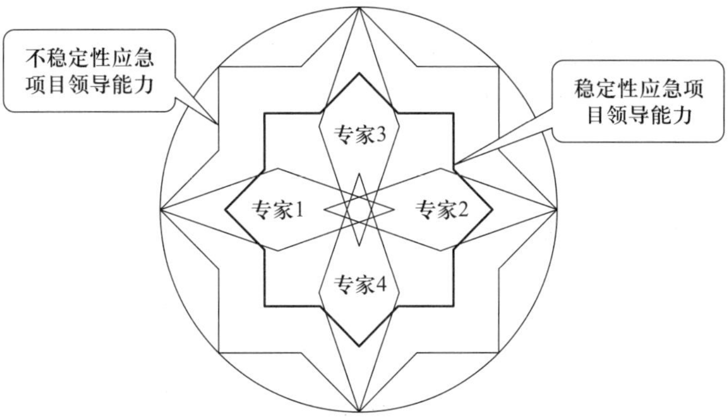

图 4-6　应急项目组织人力资源合理配置的模型

由图 4-6 可以看出,在应急项目人力资源合理配备中,核心是应急项目专家之间相互依赖而共同构成应急项目专业团队,这类应急项目人力资源各自负责应急项目管理或实施的某个专业方面(图中菱形是不同专家的描述)。例如,在对抗新冠肺炎疫情中有传染病方面的专家、有疾控方面的专家和治疗方面的专家等。同时,应急项目领导必须依赖这些应急项目专家的专长权,从而形成适配的相互依赖关系,最终实现应急项目人力资源合理配置(如果项目团队负责人能力超强反倒会出现不稳定的项目团队组织结果,所谓恃才傲物者破坏团队建设)。

四、应急项目人力资源的开发与激励

当应急项目人力资源配备完成之后,就进入应急项目人力资源的开发与激励阶段。这方面工作有两大项:一是应急项目人力资源开发;二是应急项目人力资源激励。前者可使应急项目人力资源拥有应对突发事件所需要的技能与知识,后者可提高应急项目人力资源的积极性和工作效率。有关这两方面的基本原理可以使用下面的公式描述。

$$P = A \times M \tag{4-3}$$

式中:P——应急项目的绩效;

A——应急项目人力资源能力;

M——应急项目人力资源激励。

由式 4-3 可知,应急项目的绩效取决于应急项目人力资源所具有的能力和对人力资源的激励。其中,能力可通过培训或演练得以提高,激励可使用各种激励措施而实现。

(一) 应急项目人力资源开发的目标

应急项目人力资源开发的目标包括以下五个方面。

1. 对应急项目目标的清晰理解

在应急项目人力资源开发中首先要使每个人对所要实现的应急项目目标有清晰明确的理解,要使他们对应急项目的要求和结果以及由此带来的益处有共同的认识和期望。

2. 清楚自己的角色和职责

有效的应急项目人力资源开发需要实现应急项目人力资源清楚他们各自的职责和角色的目标,他们应相互尊重与合作,共同去承担好应急项目责任和完成应急项目任务。

3. 要为实现应急项目目标努力

应急项目人力资源开发的更高目标是所有人员真心希望为实现应急项目目标而付出自己的努力，他们应该乐于为应急项目的成功付出必要的时间和努力，并做出贡献。

4. 高度合作与互助

应急项目人力资源开发的另一个重要目标是使得应急项目组织所有成员能够进行开放、坦诚而及时的沟通，他们应能相互提供和接受各种建议和意见，应积极地与其他成员相互协调与合作。

5. 人人都具有应有的能力

应急项目人力资源开发最根本的目标是培养和提高应急项目人力资源每个人的能力，使得他们能够胜任自己所担负的责任和角色，甚至具有能力去帮助应急项目组织的其他人完成应急项目的任务。

（二）应急项目人力资源开发中的培训与演练

这方面工作的首要任务是对应急项目人力资源进行应对突发事件的各种专业培训。包括两种不同形式的培训。一是在突发事件发生之前所开展的各种事前教育、培训和演练；二是在突发事件发生之后所开展的各种事中培训。这两种不同的培训目的只有一个，即针对性地开发应急项目人力资源应对突发事件的能力。

1. 应急项目人力资源的事前培训与演练

这是对应急项目人力资源最主要的培训，开展这种培训与演练是政府应急项目管理的法律职责。

（1）国家《应急法》的规定。《应急法》规定了人民政府应当建立健全突发事件应急管理培训制度，对负有处置突发事件职责的工作人员定期进行培训；应当加强专业应急救援队伍与非专业应急救援队伍的合作，联合培训、联合演练，提高合成应急、协同应急的能力，各级人民政府应当组织开展应急知识的宣传普及活动和必要的应急演练，并且规定了军队、武警和民兵组织应当有计划地组织开展应急救援的专门训练，以及各级各类学校应当把应急知识教育纳入教学内容，对学生进行应急知识教育，培养学生的安全意识和自救与互救能力等。

（2）国务院应急预案管理办法规定。该办法规定：应急预案的规划、编制、审批、发布、备案、演练、修订、培训、宣传教育等工作，适用该办法。应急预案编制单位应当通过编发培训材料、举办培训班、开展工作研讨等方式，对与应急预案实施密切相关的管理人员和专业救援人员等组织开展应急预案培训。各级政府及其有关部门应将应急预案培训作为应急管理培训的重要内容，纳入领导干部培训、公务员培训、应急管理干部日常培训内容。应急预案编制单位应当建立应急演练制度，根据实际情况采取实战演练、桌面推演等方式，组织开展人员广泛参与、处置联动性强、形式多样、节约高效的应急演练。应急演练组织单位应当组织演练评估，对完善预案、应急准备、应急机制、应急措施等方面提出意见和建议等。

综上所述，应急项目的培训和演练是突发事件预防和准备阶段十分重要的工作，因为只有这样才能使得应急项目人力资源具有足够的能力。这种事前的培训和演练具有针对性强、内容具体、易于组织、见效较快等特点，所以在应急项目人力资源培训中广泛采用。

2. 应急项目人力资源的事中培训和学习

这种培训是在突发事件发生后的应急项目实施过程中，人们以应急项目工作实际环境与条件和工作需要为出发点，按照“边工作，边总结，边学习”的“三边”方式开展的培训工作。这是针对应急项目实施过程中遇到新的情况和问题所开展的知识和能力方面的培训，因为应急项目具有复杂性，而不管是应急项目的哪种复杂性，都要求人们按照摸索或探索的模式去学习和掌握相应的技能，所以应急项目人力资源必须开展这种事中培训。实际上，应急项目的全过程就是一个不断学习和提高的过程，就是一个“吃一堑，长一智”而不断提升应对能力的过程。因此，这种应急项目事中培训是贯穿整个项目全过程的一种十分重要的在岗培训，是一种应急项目人力资源自我学习和自我适应应急项目发展变化而获得项目所需新能力的培训。

由此可知，应急项目的人力资源开发与其他项目的人力资源开发最大的不同在于事中培训。多数企业投资项目并不需要这种事中培训，但应急项目没有办法只靠事前培训使其人力资源具备完全应对突发事件的能力，因此需要借助这种事中培训去培养其人力资源应对变化的能力。

（三）应急项目人力资源激励的定义、作用、原则和方法

1. 应急项目人力资源激励的含义

这是指通过采用各种满足人们真实需要的措施和手段，去激发应急项目人力资源的积极性和创造性，从而高效地实现应急项目人力资源目标的工作。这是使用某种刺激手段去转变人们的心理动力，激活人的行为动机并产生强大的主观能动性，以便人们能够为实现应急项目目标而更积极地工作。

2. 应急项目人力资源激励的作用

这种激励措施的作用有三方面：一是可以提高应急项目人力资源的工作效率，使他们的潜能得到最大限度的发挥。二是借助激励措施去提高应急项目人力资源的能力，从而可以提高应急项目人力资源的工作效率。三是使用激励措施去改变应急项目人力资源的行为，从而使得人们能够用正确的行为去做好项目。

3. 应急项目人力资源激励的原则

这方面原则有三项：一是目标激励原则，即要激励应急项目人力资源为实现应急项目目标而努力；二是公平激励原则，即在激励中须对应急项目人力资源一视同仁；三是按需激励原则，即使用能够满足人们真实需要的激励措施。最关键的是对应急项目人力资源的具体情况有针对性地采取激励措施。

4. 应急项目人力资源激励的方法

在开展应急项目人力资源激励时，通常采用的激励方法有以下四种。

（1）物质激励与荣誉激励相结合的方法。这是应急项目人力资源最基本也是采用最多的激励方法。其中，物质激励包括奖金和实物等，而荣誉激励是组织给予的表彰和荣誉。这种方法能够满足人们的自尊需要并激发人们奋力进取。

（2）参与激励与制度激励相结合的方法。参与激励是指应急项目人力资源了解项目真实情况并使他们在不同层次和深度上参与项目决策，从而激发主人翁的精神。制度激励是一种约束或惩罚类的激励，是人们在执行应急项目规章制度过程中获得奖惩的双向激励。

（3）目标激励与环境激励相结合的方法。目标激励是由应急项目目标所提供的一种激励，因为这些目标会使人们感受到自己工作的意义，从而激励项目人力资源努力工作。良好的工作和生活环境可满足员工的保健需求，所以具有很强的激励作用。

（4）榜样激励与感情激励相结合的方法。榜样激励是通过树立供大家模仿和学习的标杆的一种激励方法，从而引导应急项目人力资源的行为统一到为实现应急项目目标做贡献的方向。感情激励是利用和加强与人们的沟通，及对人们的尊重和关心而实现激励的作用。

总之，应急项目人力资源管理与其他的人力资源管理是不同的，因为应对突发事件的项目对人力资源的要求是“招之即来，来之能战，战之能胜”，这是类似于战时体制下的人力资源管理的最高要求。所以，应急项目人力资源管理必须使用上述独特的机制和方法。

第三节　应急项目所需物资的管理

应急项目资源三要素管理中的物资管理也是应急项目管理的一项重要工作，因为应急项目如果没有物资做保障是无法实施和实现其目标的。

一、应急项目所需物资管理的概念和内容

（一）应急项目所需物资的相关概念

应急项目所需物资是包括应急救援物资、设备、设施、场所、报警装置、交通工具以及应急所需生活必需品等资源的总称，实际上除去应急项目信息和人力资源外，其他所有应急项目所需的东西都属于应急项目所需物资的范畴。这方面的相关概念分述如下。

1. 应急资源保障专项预案

国务院《突发事件应急预案管理办法》规定：专项应急预案是政府为应对某类突发事件，或者针对像应急资源保障等重要专项工作而预先制定的工作方案。所以应急资源保障专项预案就是为保障应急项目所需资源而制定的一种专项预案。

2. 应急资源调查

国务院《突发事件应急预案管理办法》规定：编制应急预案应当在开展风险评估和应急资源调查的基础上进行，而全面调查本地区、本单位第一时间可调拨的应急队伍、装备、物资、场所等应急资源状况和合作区域内可请求援助的应急资源状况，必要时对本地居民应急资源情况进行调查，为制定应急响应措施提供依据。由此可见，应急项目所需的物资以及人力资源都是需要提前准备或储备的。

3. 应急物资储备制度

国家《应急法》规定：国家建立健全应急物资储备保障制度，完善重要应急物资的监管、生产、储备、调拨和紧急配送体系。相关人民政府应当建立应急救援物资、生活必需品和应急处置装备的储备制度。这种国家应急物资储备制度包括应急物资的储备和紧急配送能力的储备，以便实现预先储备的应急物资能够在突发事件发生的时候紧急配送到应急救援的使用现场。

4. 应急物资的政府协议采购

《应急法》规定：各级人民政府应当根据本地区的实际情况，与有关企业签订协议，保障应急救援物资、生活必需品和应急处置装备的生产、供给。由此可见，应急项目所需物资主要是按照政府采购的模式来获得的，这与一般项目所需物资的市场采购是有很大不同的。

5. 应急物资的社会捐赠

《应急法》规定：国家鼓励公民、法人和其他组织为人民政府应对突发事件工作提供物资、资金、技术支持和捐赠。这是应急项目获得物资的另一种方法，这种方法多数用在自然灾害、事故

灾难和公共卫生突发事件的应急项目中,这是对于政府采购方法的一种辅助和补充。

6. 应急物资的政府征用

《应急法》规定:履行统一领导职责或者组织处置突发事件的人民政府,必要时可以向单位和个人征用应急救援所需设备、设施、场地、交通工具和其他物资。《应急法》还规定:财产被征用或者征用后毁损、丢失的,应当给予补偿。这是一种先征用后补偿的应急项目物资获得的方法。

7. 应急项目所需物资的特性

为应对突发事件而开展的应急项目所需物资的特性主要有三个基本特性:一是储备性,即应急项目所需物资应该提前储备,因为突发事件发生后需要立即使用物资;二是专业性,应急项目所需物资必须是针对突发事件而准备的;三是强制性,应急项目所需物资的征用和调拨都是带有强制性的。

8. 应急项目所需物资管理的独特性

应急项目所需物资的管理也具有三方面的独特性:一是时效性,即应急项目所需物资管理要求准时到位而不得延误;二是法定性,即应急项目所需物资的生产、储备和供应依法进行;三是强制性,即应急项目所需物资的征用具有强迫命令的性质,物资提供者必须先提供后返还或由政府给予经济补偿。

(二)应急项目所需物资管理的内容

应急项目所需物资管理工作的核心内容可以用图 4-7 加以说明。

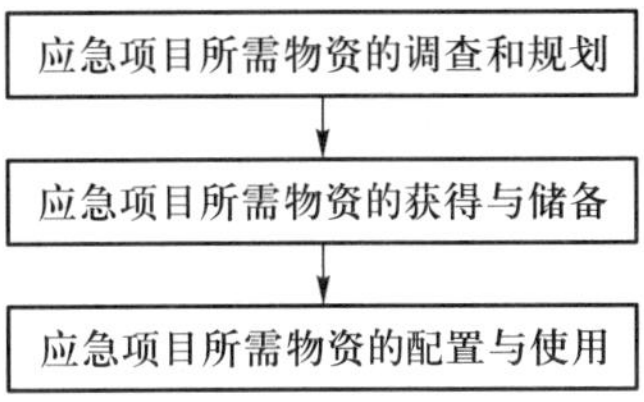

图 4-7 应急项目所需物资管理内容示意

由图 4-7 可知,应急项目所需物资管理的基本内容包括如下几个方面。

1. 应急项目所需物资的调查和规划

这包括突发事件风险评估、应急项目所需物资的调查和应急项目所需物资的规划方法三项内容。

(1) 突发事件风险评估。国务院应急预案管理办法规定,突发事件应急预案应当在开展风险评估和应急资源调查的基础上进行。因为只有通过突发事件风险评估才能发现突发事件可能产生哪几种直接后果以及次生、衍生后果及其危害程度,从而才能制定应对各种可能风险后果的措施。根据这些应对措施才能确定应急项目所需物资,所以这种风险评估是制定应急项目所需物资需求规划的根本依据和首要任务。

(2) 应急项目所需物资的调查。这是为从供给角度搞清楚应急项目所需物资的分布情况和供给能力的调查工作,也是制定应急项目所需物资规划的必要工作。国务院应急预案管理办法规定:应急资源调查涉及全面调查本地区、本单位第一时间可调拨的应急队伍、装备、物资、场所等应急资源状况和合作区域内可请求援助的应急资源状况,必要时对本地居民应急资源情况进行调查。从这种调查的结果可知:本地区或本单位能够在第一时间提供的物资,合作区域内可请求援助的应急物资,以及存在的应急项目物资短缺或制约情况。

(3) 应急项目所需物资的规划方法。由于突发事件的各种风险后果都会有相对应的应对措施,所以应急项目所需物资需要针对每一种具体应对措施制定出相应的物资计划和安排。上述突发事件风险评估给出了制定风险应对措施的依据,据此人们可以制定出应急项目所需物资的需求计划。然后人们还必须考虑应急项目所需物资的供给情况，即根据上述应急物资调查的结果使用三种不同的规划方法。这包括“自给自足”的方法、“内外合作”的方法和按照“资源制约”修订突发事件风险应对措施的规划方法。

2. 应急项目所需物资的获得与储备

如前所述，应急项目所需物资的获得有三种基本形式而需要进行不同的管理，获得物资以后的物资储备也需要进行管理。

(1) 应急项目所需物资的政府协议采购。《应急法》规定人民政府应当根据本地区的实际情况，与有关企业签订协议，保障应急救援物资、生活必需品和应急处置装备的生产、供给。所以这方面的管理主要涉及四个方面：一是协议方式；二是保障要求；三是应急物资的构成；四是生产、供给两个方面的责任。

(2) 应急项目所需物资的社会捐赠。《应急法》规定：鼓励公民、法人和其他组织为人民政府应对突发事件工作提供物资、资金、技术支持和捐赠。这方面的管理也涉及四个方面的内容：一是应急物资捐赠的管理；二是应急资金捐赠的管理；三是应急技术支持的管理；四是应急捐赠或技术支持的组织与实施。

(3) 应急项目所需物资的政府征用。《应急法》规定：人民政府为应对突发事件可以征用单位和个人的财产，即在必要时可以向单位和个人征用应急救援所需设备、设施、场地、交通工具和其他物资。这就涉及三个方面的管理：一是征用行为的管理；二是征用物资的返还管理；三是财产被征用后损毁或灭失而需要给予补偿方面的管理。

(4) 应急项目所需物资的储备。《应急法》规定：国家建立健全应急物资储备保障制度，完善重要应急物资的监管、生产、储备、调拨和紧急配送体系，相应人民政府应当建立应急救援物资、生活必需品和应急处置装备的储备制度。所以，应急项目所需物资是按照储备模式做保障的要求管理的。这涉及应急物资生产、储备、监管、调拨和配送全过程的管理。

3. 应急项目所需物资的配置与使用

这是在突发事件发生后人们所开展的应急项目所需物资的管理工作，包括资源的合理配置和资源的科学使用两方面的管理。

(1) 应急项目所需物资的合理配置。这是指在应急项目实施过程中，应急项目管理者根据所获取突发事件的信息，去合理配置应急项目的人力和物资，从而在“人尽其才”的基础上实现“物尽其用”的管理工作。这种合理配置涉及在合适时间将合适(包括数量和质量)的应急物资配送给正确的应急人员等方面的管理内容。

(2) 应急项目所需物资的科学使用。这是指当应急项目实施者在获得所需物资后，采用正确的技术方法科学使用应急物资的管理。包括对于应急设备、场地、设施、工具和其他应急救援、应急处置与生活必需品等应急物资的科学使用方面的管理。特别是在应急物资有限的情况下，如何充分挖掘应急物资的使用效率是这方面管理的核心。

二、应急项目所需物资的调查和规划

制定这种规划首先需要开展突发事件风险评估和应急物资的调查。这两项管理工作的具体概念、内容、方法和结果分述如下。

(一) 突发事件风险评估

突发事件本质在于是“突然发生”,所以不确定性高和风险性高是突发事件的根本特性。因此人们要开展应急项目所需物资的规划,必须开展突发事件的风险评估。

1. 突发事件风险评估的概念

这是指对突发事件的不确定性和风险性的识别与度量的管理工作,即识别和给出某类突发事件会有多少种可能的后果(只有一种后果就是确定性事件了),并度量给出每种可能后果发生的可能性大小和具体危害程度大小。这是对突发事件风险性的客观描述,以便人们针对突发事件的每种可能后果去制定应对措施方案,并根据这些不同风险后果的应对方案所需资源去做出应急项目所需物资的规划。根据项目风险管理理论,应急项目就是应对突发事件风险的项目,所以必须开展突发事件风险评估。

2. 突发事件风险评估的内容

这种风险评估的内容涉及六个方面。

(1) 识别突发事件风险的几种可能后果。在这种风险评估中,人们首先要识别出某个具体种类的突发事件可能有哪几种后果。《应急法》规定:按照社会危害程度、影响范围等因素,自然灾害、事故灾难、公共卫生事件分为特别重大、重大、较大和一般四级。由此可见,突发事件的后果会有不同情况和严重程度,所以首先必须对此予以识别。

(2) 度量突发事件每种可能后果的发生概率。这种风险评估的第二件事情,即分析、度量和给出突发事件每种可能后果发生概率(每种后果发生的可能性 P 的大小)。因为发生概率较大的突发事件后果,是人们应该最为重视和首先设法应对的;发生概率很小的突发事件后果,人们可以采取暂时容忍的应对措施(以便视情况发展再修订其应对策略)。

(3) 度量突发事件每种可能后果的危害程度。《应急法》划分突发事件为四个级别是这项工作的根本依据,所以这项工作的内容包括:度量给出突发事件每种可能后果的危害(危害生命、财产、健康等)和每种可能后果危害程度大小(特别重大、重大、较大和一般)。这也是人们决定突发事件应对方案和物资需求的依据,因为危害严重的事件需要更认真的应对。

(4) 识别和度量突发事件的次生或衍生后果。这是指对突发事件风险所引发或触发的间接后果或关联风险影响的识别和度量。按照项目风险管理理论,这是对突发事件风险的多米诺骨牌效应的识别和度量。显然,有多米诺骨牌效应的突发事件的风险后果是必须重视和认真应对的,因为它会带来次生或衍生后果以及更多的危害。

(5) 识别和度量每种可能后果的时间进程。这是指对突发事件风险后果何时发生以及如何发展变化的识别和度量,也是制定突发事件应对措施和方案以及规划应急项目所需物资的重要依据。例如,中国古老历法一次次验证:瘟疫始于大雪,发于冬至,生于小寒,长于大寒,盛于立春,弱于雨水,衰于惊蛰,千百年来发生在中国的瘟疫始终符合这个规律的。

(6) 识别突发事件每种后果出现的征兆。这是突发事件风险评估十分重要的一项工作,因为人们只有知道了风险的征兆才能采取有针对性的应对措施。这就像诸葛亮派兵应敌会给将士几个锦囊并且告诉将士何种情况(征兆)出现时打开哪个锦囊一样,人们只有知道风险征兆才能应对风险。否则,突发事件就是无预警信息风险事件而难以事先做好准备。

3. 突发事件风险评估的方法

这类方法有很多种,可分为突发事件风险识别方法和突发事件风险度量方法两大类(这将在后续应急项目风险管理的章节中详细讨论)。

(1) 突发事件风险识别的方法。这方面的方法有很多种,但使用最多的突发事件风险识别方法有三种。其一是假设条件分析法,即在应急项目计划和决策过程中人们针对不确定性情况进行必要的人为假设,然后分析识别出这些假设前提条件和实际情况不一致时会产生的风险及其后果。其二是系统分解法,是将应急项目分解成一系列简单和容易认识的子项目或子系统,从而分析和识别出应急项目各子系统或子系统的风险及其后果的方法。其三是头脑风暴法,是一种运用专家经验和判断去识别应急项目风险的方法。

(2) 突发事件风险度量的方法。这方面的方法主要有四种。其一是先验性地度量突发事件风险后果发生概率大小及其危害情况的度量方法,即根据有限的历史项目资料使用统计方法度量突发事件风险后果的发生概率及其危害程度的方法。其二是模拟仿真法,是用人工或计算机进行模拟仿真去度量突发事件风险的方法。这种方法可以模拟和度量突发事件各种可能风险后果的发生概率、危害程度、关联影响和时间进程。其三是专家经验法,是利用各方面专家的经验对突发事件各种风险后果进行度量的方法。其四是敏感性分析法。这种方法借助变动项目风险影响因素的方法去度量给出突发事件的风险后果严重程度。

4. 突发事件风险评估的结果

这方面的结果主要是两个。其一是识别出的突发事件各种风险后果,这需要使用突发事件风险清单给出。这种清单包括三方面的内容。一是识别出的突发事件有哪些风险及其后果。二是这些风险及其后果的危害对象。三是这些风险及其后果发生的征兆。其二是突发事件各种风险后果的度量结果,这需要使用突发事件风险度量结果报告给出。这种报告包括四方面的内容。一是度量给出的突发事件的各种风险后果的发生概率。二是这些风险后果的危害程度。三是这些风险后果的关联影响大小(它们的次生或衍生后果严重程度)。四是这些风险后果的发生时间和发展进程。

(二) 应急项目所需物资的调查

这是从供给角度弄清应急项目所需物资分布情况和供给能力的调查工作。应对自然灾害或公共卫生突发事件和企事业单位应对事故灾难等应急项目都需要开展这种调查。

1. 应急资源调查的概念

按照国务院应急预案管理办法的规定,这种应急资源调查的目的是为制定应急响应措施提供依据。但是实际上这种调查还具有建立健全应急资源信息库、加强应急资源储备管理和促进应急预案质量和应急能力提升等方面的作用。所以,这种应急资源调查具有搞清现状、发现制约,以便填平补齐的作用。

2. 应急资源调查的内容

这种调查的内容主要有三个。其一是本地区或本单位第一时间可调拨的应急队伍、装备、物资、场所等应急资源状况,以发现本地区或本单位是否有能力自给自足或具备充足的应急资源。其二是合作区域内可请求援助的应急资源状况,这是弄清楚在不能够自给自足的情况下有哪些可以借用或外取的应急资源。其三是对本地居民应急资源情况进行调查,以便必要时进行征用或调拨。

3. 应急资源调查的程序

这种调查需要按以下程序组织开展。

(1) 制定调查方案。这需要依据突发事件风险评估结果以及应急预案和历史调查资料,去分析和确定出应急资源调查目标、范围、方式、计划并设计调查表和明确人员与任务。

（2）安排部署调查。通过印发通知、组织培训、召开会议等形式，安排部署应急资源调查任务，使调查人员了解调查内容和时间安排，掌握调查技术路线和调查技术重点。

（3）信息采集审核。调查人员按照既定调查方案和部署，采取填表调查、问卷调查、实地调查等相结合的方式收集有关应急资源信息，并查验数据的完备性、真实性、有效性。

（4）编写调查报告。应急资源调查报告一般包括调查概要、调查过程及数据核实、调查结果与结论，并附以应急资源信息清单、分布图、调配流程及调查方案等必要的文件。

（5）建立信息档案。这是汇总整理调查成果，建立包括应急资源清单、调查报告、管理制度在内的调查信息档案，以便实现应急资源调查信息的结构化、数据化、信息化。

（6）调查数据更新。调查主体应当加强对应急资源信息的动态管理，及时更新应急资源信息。通常在评估修订应急预案时，应对应急资源情况一并进行更新。

4. 应急资源调查的方法

应急资源调查最主要的方法包括如下四种。

（1）问卷调查法。这种方法是通过发放问卷的方式去开展调查，一般问卷设计包括开放性问题（论述）和封闭性（是非、排序、打分等）问题两种。这种方法简单省力，但是具有一定的主观性，即会受到被调查者偏好的影响。应急资源调查表的填写也属于这种方法。

（2）访谈调查法。这是与被调查者当面对话的方式开展调查的方法，这又分为结构化访谈（与每个人的访谈内容和问题都是一样的）和非结构化访谈（与每个人的访谈内容和问题都是不一样的）两种方法。这种方法简单并能够获得反馈，但需要调查者具有很高的沟通能力。

（3）实地调查法。这种方法就是调查者亲临现场开展观察或清单等工作的调查方法，对于应急救援设备和场地等的调查需要使用实地清点的方法，而对于调查应急救援队伍能力则需要采用现场（演练）观察的方法。这种方法的最大优点是客观真实和数据可靠。

（4）远程调查法。这是在人们无法观察或亲临现场的情况下使用的一种调查方法。这种方法多数需要借用遥感、遥测、航拍等技术手段去开展。这种方法特别适用于对应急救援场地和环境等资源情况的调查，但是这种调查需要必要的技术手段支持。

5. 应急资源调查的结果

这包括生成一份应急资源调查报告，以及更新应急资源数据库信息两个方面。通常，政府的应急资源调查报告包含四个方面的内容（企事业单位的应急资源调查结果还需把用于应急的产品、原料、辅料纳入调查范围）：一是调查概要，即简介调查背景，描述调查主体、调查对象、调查信息的基准时间和调查的起止时间等信息；二是调查过程及数据核实，即按时间次序说明不同调查阶段的主要活动和介绍数据核实等质量控制措施和手段；三是调查结果与结论，即分析给出应急资源匹配情况并提出完善应急资源储备的建议；四是调查报告的附件，包括应急资源清单、应急资源分布图以及调查通知和调查方案等文件。

（三）应急项目所需物资的规划

这是从供需平衡的角度去做好应急项目所需物资的计划安排，人们需要在突发事件风险评估和应急资源调查的基础上，做好应急项目所需物资的规划。

1. 应急项目所需物资规划的概念

这是根据突发事件风险评估和应急资源调查的结果，针对突发事件每一种可能出现的情况相对应的风险应对措施,及计划应急项目所需物资的工作。从应急项目资源要素管理角度,这是应急项目所需物质资源要素的规划。这包括:何时需要何种物资的计划和安排,以及为获得这些应急项目所需物资所应开展工作(包括订货、运输、仓储等)的规划和安排。所以从概念上说,这涉及两方面的规划工作:一是应急项目所需物资的规划;二是应急项目所需物资的获得工作计划(获得工作说明书)。

2. 应急项目所需物资规划的内容

这方面内容主要包括有两种,这两种规划的目的都是按时、按量、按质地获得应急项目所需物资。

(1) 应急项目所需物资的规划。为满足应急项目各阶段和各项活动对于物资的需要,人们根据突发事件风险评估和应急资源调查的结果,编制出详细可行的应急项目所需物资的计划安排工作。这需要按照需求平衡的原理和方法,编制给出应急项目何时为何事(哪个项目活动)需要何种物资的全面规划和安排。所以,这种规划是一种基于活动的应急项目所需物资的规划,因此它的另一个最重要的依据就是在第三章中给出的应急项目活动所需资源估算和应急项目资源计划文件。所以,这种规划是对应急项目实际需要和应急项目所处环境物资供应能力两方面全面综合平衡的结果(包括改变项目活动方法去解决资源制约等)。

(2) 应急项目所需物资获得工作的规划。这是为保证应急项目能够按时、按质、按量获得各种物资所制定的应急项目所需物资获得工作的计划安排,即有关应急项目所需物资的协议、生产、储存和配送等工作的计划安排。因为应急项目所需物资资源既有政府储备的,也有企事业单位协议生产的,还有政府临时征用的,所以人们需要对这些应急项目所需物资获得的途径所涉及的各项工作做好计划和安排,这就是应急项目所需物资获得工作的规划。这种规划需要给出应急项目所需物资获得工作的内容、程序和时间进度等方面的计划安排,以及这些获得工作的方法和细节等方面的规定。

3. 应急项目所需物资及其获得工作规划的方法

应急项目所需物资规划及其获得工作的规划二者需要使用不同的方法。

(1) 应急项目所需物资的规划方法。这方面有两种具体技术方法。其一是基于活动的应急项目所需物资需求的确定方法。这种方法要求人们根据既定的应急项目活动清单,然后根据应急项目每项活动的方法和程序,从而做出应急项目对于物资的需求计划和安排。所以这种方法是从需求角度分析和计算给出应急项目所需物资的质量和数量以及为应对风险所需的计划裕量,从而给出的应急项目所需物资的规划结果。其二是需求和供给综合平衡的规划方法(储备、自给、订货或调拨等)。这是针对应急资源调查结果所发现的物资供给制约,然后设法调整应急项目方案或改变应急项目活动方法去适应应急项目所需物资供给制约,最终综合平衡给出应急项目所需物资的需求规划的方法。通常,人们需要综合使用这两种方法去开展应急项目所需物资规划才能够获得正确的规划结果。

(2) 应急项目物资获得工作规划方法。这是指根据应急项目所需物资需求规划以及各种应急项目所需物资的获得途径与方法等信息,使用类似于项目工作进度计划的方法制定出关于应急项目所需物资获得工作的具体作业计划安排。其主要方法是管理学中的倒排计划法,即根据应急项目实施中何时需要何种物资的需求时点,然后通过使用储备、协议生产或外地调配等获得这些应急项目所需物资涉及的程序、步骤、环节和方法去从终点倒推,给出应急项目所需物资获得工作进度的计划安排。这种方法有的时候也需要使用正排计划法做再次的验证和补充,因此应急项目所需物资获得工作规划方法多数需要两大步骤:一是使用倒排计划法做初始计划和安排;二是使用正排计划法验证和批准计划。

4. 应急项目所需物资规划的结果

应急项目所需物资规划最主要的结果包括如下四个方面。

(1) 自给、协议生产或征调的决策。应急项目所需物资规划的首要结果是决定从何种来源获得项目所需物资,包括自给自足、协议生产、政府调拨和临时征用四种基本获得模式(捐赠属于辅助模式)。这是决定应急项目需要做好哪些资源的自我储备,需要从外部协议采购哪些物资,以及需要从其他地区调配哪些物资的一种决策和安排。在制定这方面决策中,最根本的考虑因素是如何能满足应急项目需要和消减突发事件的危害。

(2) 应急项目所需物资规划书。这是应急项目所需物资的计划安排,即有关应急项目何时、何地需要使用何种物资的计划安排文件。这种文件全面规定了应急项目实施过程中何时、何地需要何种物资,也是应急项目所需物资管理计划书和应急项目所需物资获得作业计划书的依据和基础,所以这是应急项目所需物资规划的主文件。

(3) 应急项目所需物资管理计划书。这是关于人们所需开展的应急项目所需物资管理工作的计划和安排,包括从应急项目所需物资储备、协议、获得、配置和管理与控制等各方面管理工作的计划安排。其中还应该给出像应急项目所需物资的评价标准等方面的规定,包括选定协议生产的供应商的评定方法和标准等。

(4) 应急项目所需物资获得工作计划。包括三方面工作的计划安排。一是对自给自足应急资源的获得工作计划安排,主要是按照应急物资储备保障制度开展工作的计划和安排。二是需要协议生产的应急物资的获得工作计划安排,涉及由谁协议生产、生产什么、何时生产、如何生产、生产多少、价格多少以及协议履行等工作的计划安排。三是政府调拨工作的计划与安排,这是政府根据《应急法》规定的权限去开展共享资源工作的计划安排。四是按照《应急法》的规定政府征用应急救援设备和物资的工作计划与安排,这也是政府根据《应急法》规定的权限去开展征用的计划安排。

三、应急项目所需物资的获得和储备

(一) 应急项目所需物资获得和储备的概念

这涉及应急项目所需物资的获得和储备两方面的概念。

1. 应急项目所需物资获得的概念

这是指为保障应急项目实施,人们为获得应急项目所需物资而预先开展的各项获得工作,包括获得物资的采购、生产、配送和监管等工作。所以这是一种安排获得应急项目所需物资全过程工作的计划,包括使用各种不同方式去获得应急项目所需物资的工作,如自给、协议生产、调拨、征用和捐赠等。

2. 应急项目所需物资储备的概念

这是在人们获得了应急项目所需物资以后,为快速应对突发事件所开展的应急项目物资的管理模式。这是一种类似于战时储备制的资源管理模式,因为没有人能够准确预测突发事件何时发生,所以人们必须按照“凡事预则立,不预则废”的原则,事先储备好应对突发事件的各种物资。这就是为什么国家《应急法》规定“国家建立健全应急物资储备保障制度”的根本原因所在。

（二）应急项目所需物资的获得和储备的内容

每种应急项目所需物资的获得模式都有其自己的获得工作内容，每种应急物资的储备都需要按照国家或政府的应急物资储备保障制度去开展。这两方面的内容具体分述如下。

1. 应急项目所需物资获得的内容

不论获得应急项目所需物资的模式如何，这部分管理的主要内容涉及五个方面：其一是确定需要获得何种物资；其二是确定如何获得这些物资；其三是确定何时获得这些物资；其四是确定获得多少这种物资；其五是确定以何种代价去获得这些物资。这五方面问题的答案就是应急项目所需物资获得工作的内容。

（1）自给的获得模式。这是应急项目所需物资最主要的获得模式。国家规定要开展应急资源调查和建立应急物资储备保障制度，就是为开展应急项目服务的。由于这属于政府或企事业单位自身拥有的资源，所以其获得工作主要是何时、如何和获得多少这种资源。

（2）协议生产的获得模式。这是由政府或企事业单位与他人签署协议，进而获得应急项目所需物资的模式。其获得工作的内容涉及公开招标、邀请招标、协议谈判、协议签约和履约与监管等内容，所以这方面的应急资源获得工作相对比较复杂。

（3）政府调拨的获得模式。这是由政府从其他地区调拨应急资源的方式，在突发事件发生后出现本地应急物资储备无法满足需要时，通过政府逐级申请调拨和支援获得应急项目所需物资。其获得工作包括提出调拨申请、审批调拨申请、调出应急物资和处理调拨经费等一系列的应急物资获得工作。

（4）政府征用的获得模式。这涉及政府对市民或对单位征用两种不同的方式。这是应急项目所需物资获得的一种补充模式。征用的模式发生在应急所需物资的储备和政府调拨都无法实现或来不及的情况，此时政府在应对突发事件时只能依法征用公民、法人和其他组织物资。这涉及征用法律手续的办理、征用物资的归还或按征用时价值依法补偿等获得工作。

（5）自愿捐赠的获得模式。这是一种自愿和无偿提供物资（或购买物资的资金）的模式。包括受赠人获得募捐资格后应当向社会公布其名称、地址、联系人、联系电话、银行账号等，而捐赠人只能捐赠其有权处分的合法财产。

2. 应急项目所需物资储备的内容

这方面管理的主要内容涉及以下四个方面。

（1）哪些应急物资需要储备。按照国家最新要求，一定要建立应急物资储备机制。[①] 加强实物、信息、生产能力和技术等储备，对于无法快速生产采购的物资，加强实物储备并建立轮换使用机制。因此，应急物资储备的管理内容涉及应急物资的实物储备和生产能力储备（以及信息和技术）等方面的内容，其中实物储备主要是针对无法快速生产的应急物资。

（2）如何储备应急物资。这有两种形式：一是实物储备；二是能力储备。实物储备又可以分为政府储备（政府储备库）和社会储备（储备单位代储）两种方式。其中，社会储备是根据应急物资储备计划，向社会储备单位拨付储备资金，由社会储备单位完成储备物资的生产、采购、储存以

---

① 习近平总书记的重要讲话，见《求是》杂志 2020 年第 5 期。

及调用等各项管理任务。实物储备进一步又分为保值轮储与报损核销两种管理方式。保值轮储是由储备单位根据有效期和质量管理要求进行自主轮换，而报损核销储备是对不宜进行市场轮转销售的物资，根据有效使用期限申请报损核销后及时轮换更新。能力储备则是通过向储备单位拨付一定的储备资金，购置生产原材料，保障基本生产能力，以便紧急状态下由储备单位按照相关指令组织生产加工和供应应急物资的模式。

（3）如何调用应急物资储备。应急物资储备是按照有偿使用、分级和分类原则组织调用的。其中，分级调用原则是指应急储备物资根据突发事件危害程度而分为国家级、省市级、地市级等多个级别分级调用。当某个地市应急储备物资不能满足需要时，可申请省市级应急储备物资支援，更进一步可申请中央应急物资储备或其他省市应急物资储备支援。应急储备物资的调用审批程序包括：由需求方提出书面申请，上级主管按照应急预案中调用审批手续进行审批并签发调用文件，据此向政府或社会储备单位调出应急储备物资。

（4）应急储备物资的资金管理。应急物资储备实行的是有偿调用原则，所以人们还必须做好应急储备物资的资金管理。应急物资储备资金是政府预算中的专项资金，这包括储备物资的采购、仓储、养护、检测、运输、销毁等费用，必须确保储备物资的资金专款专用。其中，在社会储备模式中资金拨付社会储备单位后，社会储备单位应设立专账专户管理，确保资金的安全有效使用。对保值轮储品种由储备单位自行进行轮转销售，确保应急储备物资的资金保值与使用；对核销报损品种则由储备单位按照有效使用期限进行统计汇总后由政府部门落实轮换采购资金。应急储备物资调用后储备单位应尽快与接收单位进行有偿结算。

（三）应急项目所需物资的获得和储备的方法

应急项目所需物资的获得方法涉及四种不同模式，每种模式都有自己具体的获得方法，而应急项目所需物资的储备方法主要是政府储备和社会储备两种模式所涉及的方法。

1. 应急项目所需物资的获得方法

在应急项目所需物资的获得模式中最基本的是协议生产的获得模式，即由政府（或企事业单位）与供应商签署协议获得应急所需物资的模式。这方面的方法涉及政府采购所需的公开招标、邀请招标、直接发包、协议谈判、协议签约和履约与监管等一系列的管理方法，前三种管理方法具体分述如下。

（1）政府采购的公开招标方法。按照国家政府采购法和招投标法等法律规定，所有使用国有资金（包括财政资金和国有企事业单位的资金）采购达到既定规模就都需要使用公开招投标的方法去确定供应商。这需要政府公开发布招投标公告，然后审查投标人的资格和出售招标书，并通过开标、评标、授标和合同谈判等一系列的程序最终签订政府采购合同。

（2）政府邀请招标的方法。这是在无法实施公开招投标情况下所使用的一种方法。这种方法的核心是政府使用自己所青睐的供应商名录去邀请3家及以上的供应商进行招投标，然后同样需要通过开标、评标、授标和合同谈判等一系列的程序最终签订政府采购合同。这种方法省时省力和高效快捷，所邀请供应商的信誉、能力、技术等都是有保障的。

（3）政府直接发包的方法。这是在政府采购无法使用公开和邀请招标情况下采取的一种获得方法。这种方法的使用条件有三个：一是没有时间进行公开或邀请招投标；二是供应商不足三家；三是涉及保密等情况。所以这是一种政府直接找供应商，通过采购协议谈判而确定由供应商生产和供应政府所需应急物资的方法。

2. 应急项目所需物资的储备方法

应急物资储备最基本的方法是针对实物储备和能力储备两种模式，及保值轮储与报损核销两种方式所采用的储备方法。

（1）实物储备模式的方法。这种由政府或供应商进行储备的模式，涉及政府储备和社会储备两种形式和与此相应的两种不同管理方法。其一是政府和供应商签订采购协议由供应商生产和供应，而由政府应急物资储备库进行储备的方法；其二是由政府通过协议或合同去委托供应商完成生产、储存以及调用等各项任务的管理方法。政府储备库的管理方法是一种行政管理的方法，而社会储备模式是由供应商作为储备单位在获得拨付的储备资金后，由社会储备单位完成从生产到储备一直到调用的应急物资全过程管理的方法。

（2）能力储备模式的方法。这种储备模式是对应急物资的生产能力和技术能力的储备，最根本的做法是通过向储备单位拨付储备资金去购置生产设备和原材料等以形成和保障应急储备物资的生产和技术能力，在突发事件出现的紧急状态下由这些储备单位按照政府相关指令组织生产加工和应急供应。这涉及四方面的管理：一是评估和确定开展能力储备的储备单位，即评估储备单位的应急生产能力和技术能力；二是确定应急生产的启动和实施，即在紧急情况下由政府主管部门向储备单位下达应急物资生产指令；三是应急物资供应方面的管理，即调拨出库手续和运送到现场的管理；四是储备资金结算方面的管理。

（3）保值轮储方式的方法。保值轮储应急物资需要开展保值轮换储备物资的工作，即在商业流通中卖出达到一定期限的应急储备物资，进而购买更新保质期的同类应急物资进行储备。这种方式的管理方法是由储备单位（包括政府储备库和社会储备单位）根据应急物资的有效期和质量管理要求，制定计划并进行定期的储品轮换，按照“先进先出”的原则在商业流通中销售先进来的应急储备物资，以便实现这些应急物资的商业价值。与此同时，储备单位必须尽快补足应急物资储备的总量，确保实际库存量不得低于储备计划的要求。

（4）报损核销方式的方法。对于那些无法进行商业保值轮储的应急物资，人们只能使用报损核销的管理方法。这种方法管理的多数是一些应急设备、设施或装备以及各种不宜或无法进行市场销售保值的应急物资。其管理方法主要是由储备单位根据有效使用期限申请报损或核销，然后按照储备任务要求及时轮换更新这类应急储备物资。其中，报损是针对能修复的应急物资的管理方法，而核销是对于需要报废的应急物资管理方法。一般应急救援设备使用这种管理方法，而应急救援物资和应急生活必需品多使用保值储备的管理方法。

（四）应急项目所需物资的获得和储备的结果

很显然，这方面分类和工作的最终结果有三个方面。

1. 建设和形成应急物资储备体系

这包括中央和地方应急物资储备库和社会储备单位的应急物资储备体系，从而实现应急物资的供应做到“预测准确—布局合理—储备节约—调配高效”的结果。这涉及建立和完善应急物资储备网络、制定应急物资储备规划、合理确定储备品种和规模、建立健全应急物资采购和储备以及供货制度与机制等。

2. 制定和完善应急物资储备管理制度

这包括制定应急物资质量技术标准、政府和社会储备库建设和管理标准，建立健全应急物资应急保障机制，建立健全应急物资紧急调拨和运输制度，按照实物储备和能力储备相结合的原则,建立应急物资生产厂家名录,健全应急采购和供货管理机制和制度,以实现应急物资从储备到调用的全过程管理。

3. 建立和健全应急物资调用程序和方法的管理制度

按照统筹规划、分级负责、分类储备、统一调配、资源共享的原则,建立和健全应急物资调用的管理制度。包括应急物资的有偿调用管理方法、全天候应急值守和应急调用制度、分级分类原则组织调用管理办法、应急调用物资的审批办法等一系列的管理方法和规章制度。

四、应急项目所需物资的配置和使用

这是在应急项目实施过程中所开展的应急项目所需物资的合理配置和科学使用两个方面的管理。

(一)应急项目所需物资的配置与使用的概念

这涉及两个方面的具体概念:一是应急项目所需物资合理配置的概念;二是应急项目所需物资科学使用的概念。

1. 应急项目所需物资合理配置的概念

这是指在应急项目实施过程中,应急项目管理者如何根据所获信息资源,去合理配置应急项目所需物资的工作。按照相关法律法规,应急物资需要按照"分级分类、统一调配、资源共享和高效快捷"的原则开展合理配置。其中"分级"是指按照突发事件等级而采用不同等级的应急物资配置方案,"分类"是指应急储备物资是按照不同用途的种类开展各自的合理配置,而"统一调配与资源共享"是指中央和地方的应急储备物资可以根据情况进行调配和资源共享,最关键的是"高效快捷",即能够在紧急情况下迅速将所需应急物资配送给并投入应急项目实施活动中予以使用。

2. 应急项目所需物资科学使用的概念

这是指在应急项目实施者获得了所需应急物资以后,能够使用科学、正确的方法去使用所获得的应急项目物资,包括对于应急救援设备的使用和操作、应急救援物资的科学使用和操作,以及应急场地和设施及其他应急救援与生活必需品等物资的科学、正确和有效的使用。尤其是在应急项目物资有限的情况下,如何通过科学使用充分挖掘应急救援设备和物资的使用效率和效果,就属于这方面的工作。从概念上说,只有科学使用才有可能充分发挥应急项目所需物资的使用效率,如按照"单队列多窗口"的运筹学理论组织发放救援物资就属于科学使用应急物资概念的范畴。

(二)应急项目所需物资的配置与使用的内容

这同样涉及两个方面的内容:一是应急项目所需物资合理配置的内容;二是应急项目所需物资科学使用的内容。

1. 应急项目所需物资合理配置的内容

这方面的内容涉及分级和分类配置、统一调配和资源共享,以及合理配置与高效快捷几个方面的具体内容。

(1) 分级配置。应急储备物资要根据《应急法》规定的突发事件社会危害程度、影响范围等因素分为特别重大、重大、较大和一般四级。应急物资的分级配置就是根据突发事件危害程度划分等级的，如《北京市医药物资储备管理办法》[①]明文规定："北京市发生一般和较大规模突发公共卫生事件、自然灾害、事故灾难和社会安全事件需动用医药储备物资的，原则上由北京市医药储备物资予以供应"，"北京市发生重大和特别重大规模突发公共卫生事件、自然灾害、事故灾难和社会安全事件，调用北京市医药储备物资不能满足需要时，申请中央医药储备或其他省市医药储备支援。"

（2）分类配置。这涉及不同种类的应急物资的分类配置，像应急救援设备与各种救援物资就必须分类进行储备并分别进行配置。例如，《北京市医药物资储备管理办法》就是对医药物资储备的管理办法。该办法进一步规定：要根据突发事件和一般临床急救两种应急状态，分别制定和采用不同的储备物资调用程序。其中，在启动突发事件应急机制状态下是按照突发事件危害程度由不同级别的主管领导审批调用的；在发生一般临床急救状态下对救治必需的药品，由市药监局在各品种储备数量的30%范围内批准调用。

（3）统一调配和资源共享。应急项目所需物资的统一调配和资源共享原则包括：合理规划和统一安排政府应急物资储备库（点）和社会储备的体系，以便能够按照"就近与高效"的原则尽快为应急项目调配所需物资。突发事件必须按照统一调配的原则去配置应急项目所需物资，即由应急项目的统一指挥机构去开展对于应急项目所需物资的合理配置方面的工作。关于资源共享涉及异地调配和使用中央储备物资的配置工作，如《北京市医药物资储备管理办法》就规定北京市发生重大和特别规模突发事件，北京市医药储备物资不能满足应急需要时，市药监局向中央医药物资储备主管部门申请支援。

（4）合理配置与高效快捷。应急项目所需物资的合理配置最主要的是能否及时满足应急项目实施的需要，而高效快捷则是在此基础上的更高要求。实际上，任何应急项目所需物资都客观存在自己的合理配置关系，包括时间、数量、质量和位置等要素的合理配置。例如，地震灾害的应急救援何时在何地需要何种救援设备、救援材料和工具以及救援人员，人们根据不同的地质条件和周边环境等各种因素找出其相应的合理配置关系，从而可以实现应急项目所需物资的合理配置。高效快捷涉及应急物资的调用、运输和分配等相关的物流工作，实际上即使人们知道了应急物资的合理配置关系，但没有可行的物流手段还是会延误应急物资配置和使用的效率和效果。

2. 应急项目所需物资科学使用的内容

这涉及应急救援设备的科学使用和应急救援物资的科学使用两方面内容，即应急救援设备按照规程进行操作和应急救援物资按照科学方法使用两方面。实现科学使用的主要途径和手段是对应急物资使用人员开展相关的各种培训和演练。《应急法》除了规定政府应当建立健全突发事件应急管理培训制度和工作人员定期进行培训以外，还规定政府应当整合应急资源（人机整合是核心），建立综合性应急救援队伍；应当加强专业应急救援队伍与非专业应急救援队伍的合作，联合培训、联合演练，提高合成应急、协同应急的能力。所有这些培训和演练在很大程度上是为应急项目所需物资的科学使用而开展的，由此可见应急项目所需资源的科学使用是十分重要的。

（三）应急项目所需物资的配置与使用的方法

这涉及应急项目所需物资、人力和信息资源三要素与应急项目的范围、时间、质量和成本目标四要素之间的全面合理配置。这些应急项目目标与资源要素的合理配置关系模型以及具体方

---

① 北京市医药物资储备管理办法（2011年修订），京卫药监字〔2012〕2号，2012年1月13日。

法，具体如下。

1. 应急项目目标四要素和资源三要素的合理配置关系模型

由图 4-8 中可以看出，应急项目目标四要素的合理配置关系是使用实线内切圆（应急项目范围）和三角形（应急项目时间、质量和成本）所做几何描述的关系（详见第三章），它们被放在图 4-8 的中央，代表应急项目资源要素的外接圆紧紧包围着它们，以表示应急项目所需资源三要素对应急项目四个目标要素的约束。资源要素的外接圆被中间的三角形分割的三个区域，分别表示应急项目所需的物质资源、人力资源和信息资源。它们三个属于同一个外接圆，这表示它们之间也必须符合合理配置关系。这就是应急项目目标四要素与资源三要素的合理配置关系的几何描述，要实现这种合理配置关系则需要使用两两分步集成的方法。

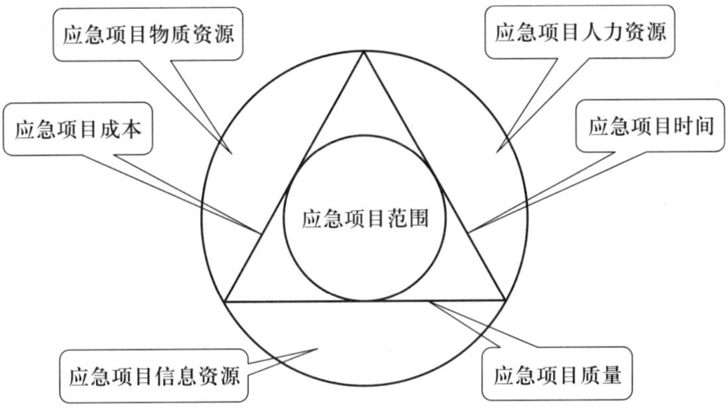

图 4-8　应急项目目标四要素和资源三要素合理配置关系的模型

2. 应急项目目标四要素和资源三要素的集成方法与过程

图 4-9 给出了如何确定应急项目目标四要素与资源三要素合理配置关系的集成方法的步骤和做法。

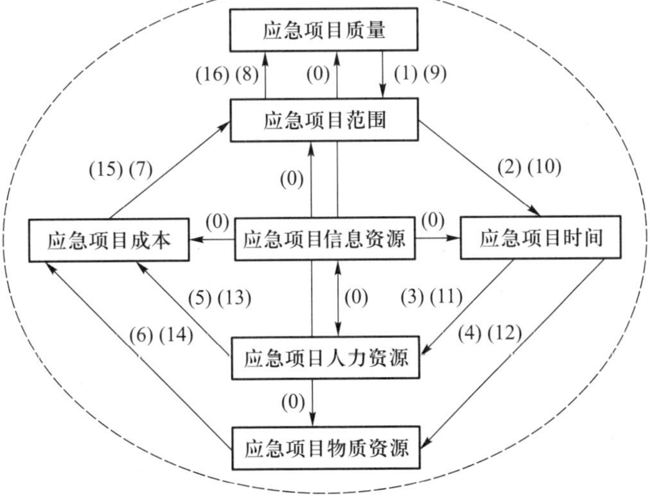

图 4-9　应急项目目标和资源七要素集成方法的过程和步骤

(1) 获得足够的应急项目管理和决策所需信息资源。由于任何应急项目的管理和决策都需要信息资源做支持,所以在图 4-9 中应急项目信息资源被标示为带有“(0)”标志的箭线。这表明信息资源是确定应急项目管理与决策的先决条件和基础资源,总是先有应急项目信息资源,然后才有应急项目各目标要素的集成(所以它们之间都有标示“(0)”的箭线)。

(2) 开展应急项目信息资源与相关人力资源的集成。这是根据应急项目实施和管理中的信息资源的加工、处理和使用的需求,合理配置应急项目所需的相关人力资源(二者间是双向集成的,且是首先需要集成,所以是双向箭头并被标注有“(0)”的标志)。因为任何应急项目信息资源都是由“劳心”的人力资源生成的,所以这两者必须实现合理配置。

(3) 确定出应急项目目标中的质量要素的要求。这是根据人们所获突发事件和应急项目的各种信息,确定应急项目质量目标或质量要求的步骤。根据国家《应急法》规定的应急目标是:控制、减轻和消除突发事件引起的严重社会危害。据此,人们首先需要确定具体应急项目的质量目标或质量要求,即消灾、减灾和恢复等方面的具体要求。

(4) 开展应急项目质量与应急项目范围要素的集成。这是根据上一步确定的应急项目质量目标或要求,然后分析确定应急项目产出物范围和工作范围的集成工作步骤(所以图中标志是“(1)”)。这方面最重要的集成工作是根据应急项目质量目标和要求去分解和给出应急项目从产出物到工作包再到项目活动的全面分解结构。

(5) 开展应急项目范围与应急项目时间要素的集成。这是根据应急项目范围要素去分析和确定应急项目时间要素的集成步骤,即根据应急项目的工作范围规定去确定出需要多少时间并计划和安排好项目时间的管理工作。所以,这两个要素的集成工作的箭线被标上了“(2)”。因为应急项目所需时间都是根据需要完成的工作决定的。

(6) 开展应急项目时间与应急项目所需人力资源的集成。这是指图 4-9 中标注有“(3)”的箭线所表示的合理配置工作,即为按时完成应急项目任务而确定出所需的人力资源的工作。此处确定的人力资源与此前确定的加工处理信息的劳心者,共同构成了应急项目所需的人力资源的数量和种类,这样就实现了应急项目管理和工作与所需人力资源的合理配置。

(7) 开展应急项目时间与应急项目所需物质资源的集成。这是指图 4-9 中标注有“(4)”的箭线所表示的集成工作,即为按时完成应急项目任务而确定出所需的物力资源的步骤。此处确定的应急项目物力资源的数量和种类是根据在既定时间里完成应急项目实施工作与活动的需要而确定的,由此就实现了应急项目时间与物质资源的合理配置。

(8) 开展应急项目所需三种资源与应急项目成本的集成。这是指图 4-9 中标注有“(5)”和“(6)”的箭线的集成步骤。其中,标识“(5)”的箭线是指应急项目所需人力资源与应急项目成本的合理配置,这也包括借助应急项目组织外部人力资源去获得应急项目信息资源所需支付的成本,而标志有“(6)”的箭线是指应急项目所需物质资源与应急项目成本的合理配置。

(9) 开展应急项目成本与应急项目范围和质量的集成。这是指图 4-9 中标注有“(7)”和“(8)”的箭线的集成步骤。当实际应急项目缺乏资金去购置应急项目所需各种资源的时候,人们就必须设法缩小应急项目的工作范围或降低应急项目的质量要求。由于最初的集成始于应急项目质量,所以一旦出现这种情况就必须开展应急项目七要素合理配置的第二循环。

(10) 开展应急项目七要素的合理配置的二次集成工作。这是由于应急项目质量目标要素受到应急项目成本要素或资源要素的制约而不得不做出调整或变更后,人们必须按照调整或变更后的应急项目质量目标要素的规定和要求对其他应急项目要素开展再次的集成，即开展图 4-9 中从步骤(9)到步骤(16)的应急项目七要素二次集成的工作。

综上所述，应急项目七要素合理配置需要采用这种两两分步集成的方法，必要时甚至需要开展二次集成工作，最终实现应急项目七要素的全面集成。

3. 应急项目所需物资科学使用的方法

这涉及两种具体方法。具体分述如下。

(1) 第一种方法。这是指在突发事件应急预案中设计、计划和安排好应急项目所需物资的使用程序、步骤、做法和技术，然后借助培训和演练使得应急项目人力资源掌握科学使用应急项目救援设备、救援物资和其他应急项目物资的正确方法，从而实现在应急项目实施过程中项目实施者能够正确使用它们。

(2) 第二种方法。这是变更预先设计和计划安排的应急项目实施中所使用的救援设备、装备、物资、工具的方法，以适应突发事件已经发展变化的实际情况。因为此前制定的突发事件应急预案中的方法已经不符合发展变化后的实际情况，所以必须进行变更去适应新的情况。

(四) 应急项目所需物资的配置与使用的结果

这方面的结果涉及两个方面：一是应急项目实施的高效快捷和突发事件社会危害的最大消减；二是应急项目所需物资的节约和成本的消减。

1. 应急项目实施的高效快捷和突发事件社会危害的最大消减

合理配置和科学使用会使得应急项目物资实现物尽其用，从而有如下两方面结果。

(1) 应急项目实施的高效快捷。由于应急项目所需物资能够及时按质和按量地进行配置，所得的根本结果就是应急项目实施的高效快捷。因为消除了停工待料或人机失配等方面的问题，结果就是应急项目实施的效率提高，从而可以高效快捷地完成应急项目的各项任务和工作。显然，高效快捷是应急项目实施的最高要求，这可以使人们尽快摆脱困境。

(2) 突发事件社会危害的最大消减。实现应急项目物资合理配置和应急项目实施的高效快捷，由此带来的直接结果就是大大消减突发事件导致的社会危害。按照项目风险理论，当突发事件进入风险后果阶段的时候，每分每秒的拖延都会导致风险后果扩大和升级，而这种风险后果的扩大和升级导致的是社会危害加重甚至翻倍。

2. 应急项目所需物资的节约和成本的消减

从应急项目物资和成本管理(而不是消减社会危害)的角度去看应急项目所需物资合理配置和科学使用的结果，这两方面的结果分述如下。

(1) 应急项目所需物资的节约。由于应急项目所需物资的合理配置和科学使用，使得应急项目所需物资能够做到物尽其用，其直接结果就是可以节约应急项目各种物资。在很多情况下，突发事件应对所需的物资多是社会紧缺物资或进口物资，即使政府的资金充足也较难获得，甚至客观上就存在这类物资的资源约束，所以借助合理配置和科学使用应急项目所需物资，可以产生消减这种资源约束的直接效果。

(2) 应急项目所需成本的消减。由于应急项目所需物资的节约而导致的最终结果就是应急项目成本的消减，从而实现“少花钱多办事”的结果。其中“少花钱”是指借助应急项目所需物资的合理配置与科学使用而实现消减应急项目成本或代价的结果，“多办事”则是指借助应急项目所需物资的合理配置与科学使用实现消减突发事件社会危害并尽快恢复社会秩序和生活的社会效益。

综上所述,应急项目所需三种资源要素都需要实现两个层次的合理配置和全面集成:其一是应急项目资源三要素之间的合理配置与集成;其二是应急项目资源三要素与目标四要素的全面集成。由此才能够实现对于应急项目所需资源要素的科学而有效的管理。

本章小结

本章全面讨论了应急项目的资源三要素管理的基本原理和方法,主要包括应急项目所需信息资源、人力资源和物质资源三种不同资源的需求确定、资源获得、资源配备和控制等方面的内容。首先,本章讨论了应急项目所需信息资源的管理原理和方法,包括应急项目信息资源管理的概念、内涵和基本原理,以及应急项目信息需求确定、应急项目沟通计划的制定和应急项目沟通计划的实施原理和方法,这方面最重要的结论是应急项目的风险是由于缺乏信息资源所造成的,所以努力收集、加工、传递和使用信息资源是应急项目管理最为重要的内容。其次,本章讨论了应急项目所需人力资源管理的概念、内容与原理,以及应急项目人力资源规划、应急项目人力资源的获得与配备、应急项目人力资源的培训和激励等原理和方法,最重要的结论是项目人力资源如此重要的原因是他们能够收集、加工、使用项目信息并借此做出正确的项目管理决策和管控。最后,本章讨论了应急项目所需物资的管理概念、内容和原理,以及应急项目所需物资的调查和规划、获得和储备配置和使用的原理与方法,最重要的结论是只有通过合理配置项目所需各种物质资源,才可能实现既定的项目目标。

复习思考题

1. 你认为应急项目的资源三要素管理中哪种项目所需资源要素的管理最重要?
2. 你认为应急项目的资源三要素管理中哪种项目所需资源要素的管理最困难?
3. 在应急项目信息资源管理中哪种项目所需信息资源管理工作最重要?
4. 在应急项目人力资源管理中哪种项目所需人力资源管理工作最重要?
5. 在应急项目物质资源管理中哪种项目所需物质资源管理工作最重要?

即测即评

参考文献

1. 戚安邦.项目管理学.3版.北京:科学出版社,2019.
2. 戚安邦.项目评估学.2版.北京:科学出版社,2019.

3. 戚安邦. 项目全面集成管理原理与方法. 天津:南开大学出版社,2017.
4. 戚安邦. 浮现中的中国现代项目导向型社会与组织. 北京:电子工业出版社,2009.
5. 戚安邦. 项目成本管理. 2 版. 北京:中国电力出版社,2016.
6. 戚安邦. 项目风险管理. 天津:南开大学出版社,2010.
7. ISO. International Standard:ISO 21500 Guidance on Project Management. Switzerland,2012.
8. (美)项目管理协会. 项目管理知识体系指南. 5 版. 许江林,等,译. 北京:电子工业出版社,2013.

第三篇
应急项目的专项管理

第五章　应急项目风险管理

2020 年发生的新冠肺炎疫情是百年来全球发生的最严重的传染病疫情，是新中国成立以来我国遭遇的传播速度最快、感染范围最广、防控难度最大的重大突发公共卫生事件。然而，我国用 1 个多月的时间初步遏制疫情蔓延势头，用 2 个月左右的时间将本土每日新增病例控制在个位数以内，用 3 个月左右的时间取得武汉保卫战、湖北保卫战的决定性胜利，进而又接连打了几场局部地区聚集性疫情歼灭战，夺取了全国抗疫斗争重大战略成果。[4] 这得益于我国对于新冠肺炎疫情风险的充分认识和疫情防控的有效应对。《应急法》第 5 条规定：突发事件应对工作实行预防为主、预防与应急相结合的原则。国家建立重大突发事件风险评估体系，对可能发生的突发事件进行综合性评估，减少重大突发事件的发生，最大限度地减轻重大突发事件的影响。这条规定对突发事件风险管理提出了建立重大突发事件风险评估体系，对可能发生的突发事件进行综合性评估。这就需要对突发事件的风险进行识别，在识别的基础上进行风险评估，制定相应的应对措施，并在实施过程中进行风险监控。本章将基于我国颁布的《应急法》等相关法规性文件，阐述应急项目风险特性、应急项目风险识别、风险度量、风险应对和风险监控的基本原理和基本方法。

第一节　应急项目风险特性

应急项目的主要特性之一是风险性，这是由于突发事件的不确定性所导致的一种应急项目的特性，也是由于突发事件所处条件、环境的发展变化和人们认识能力所限而造成的。应急项目风险就是由于突发事件的不确定性以及人们认识能力有限和信息的不完备所造成的。应急项目风险大多数是无预警信息的风险。应急项目的主要特点是突发事件的社会损失特性，即应急项目所要应对的突发事件风险最终结果是给社会带来风险损失（社会危害），这也是应急项目风险与一般项目风险的最大区别：一般项目风险既可能带来损失和危害也可能带来收益或机会。根据应急项目的定义和对应急项目特性的分析，结合应急项目案例，可以看出应急项目风险具有以下特性。

一、不确定性

不确定性是造成风险的根本原因，更是应急项目风险的显著特征。因为应急项目本身就是一种突发事件，其发生具有很强的不确定性。从信息科学角度出发，任何事物的不确定性及其导致的风险性，都是由于人们缺乏具体事物信息（或叫信息缺口）而产生的结果。对于应急项目，人们掌握的信息不充分、不完备甚至完全未知，这是导致应急项目不确定性程度高的主要原因。

例如，在新冠肺炎疫情中，最初人们对新冠病毒的了解非常少。

二、复杂性

应急项目风险的一个主要来源是突发事件本身的复杂性。应急项目的复杂性导致了风险。

首先，突发事件本身的发展演变、公众反应是复杂多变的，是诸如应对策略、媒体宣传、公众心理预期等多种因素综合作用的结果，具有复杂性，这种复杂性导致了应急项目风险的复杂性。其次是突发事件后果的复杂性。每一类突发事件都有多种应对方案可以选择，不同应对方案的结果是不同的，给社会、经济、国家等方面带来的影响也是不同的。这种突发事件后果的复杂性也带来了应急项目风险的复杂性；风险事件的影响不仅仅是概率和严重程度的函数，还需要考虑社会公众对风险严重程度的承受力。由于突发事件的无预警性和信息不完备，社会公众对未知危险的心理感受和非理性的恐惧也是复杂多样的，公众对风险承受力的复杂多样是应急项目复杂性的一个来源。此外，应急项目风险复杂性还体现在风险来源的复杂性上，不同类型应急项目风险来源不同。

三、动态性

突发事件发展变化的动态性是应急项目风险的主要原因。随着时间的推移，突发事件在不断变化，对突发事件的应对也在不断变化，应急项目的工作内容也在变化，相应的风险也在发展变化。随着时间的推移，突发事件自身及其所处环境与条件都会发生一定的变化，人们对突发事件的认知也在发生变化。例如，在新冠肺炎疫情中，随着时间的推移，病毒也在发生变异，但是同时人们对病毒的认识也逐渐深入。这些都表明了突发事件的动态性，体现了应急项目风险的动态性。其次，动态性还表现在突发事件风险程度的变化上。例如，对于公共卫生类应急项目，在最初阶段，由于信息不充分、不完备、认知不足和资源不足，风险较大；随着项目进展，信息逐渐增加和认知增加，同时对病毒的应对方案也越来越完备，风险程度也在变小，变得可控。

四、突变性

应急项目风险的突变性来源于突发事件本身存在发生突变的可能性。由于突发事件的特殊性，在环境因素积累到一定程度时，突发事件可能发生急剧变化，这种变化可能给应急项目带来更大的风险，也可能使应急项目风险变小。如 2003 年的 SARS 病毒，到夏天突然离奇消失了。

此外，应急项目风险还具有相对可预测性等特点。

第二节　应急项目风险与不确定性识别

一、应急项目风险与不确定性识别的概念和内容

（一）应急项目风险与不确定性识别的概念

应急项目风险与不确定性识别是识别突发事件本身的风险和不确定性以及应对突发事件所开展的项目管理过程中的风险事件和不确定性，从而识别项目整体的风险和不确定性。应急项目风险与不确定性识别包括识别突发事件发生可能性的大小、影响范围和强度以及可能发生的

突发事件的级别，还包括识别应急项目管理过程中究竟有什么风险、这些风险有什么特性、识别和确认应急项目风险是什么原因造成的以及应急项目整体的风险和不确定性。例如，公共卫生应急项目是否存在经济风险，突发事件本身有哪些风险和不确定性，应急项目有哪些风险和不确定性，这些风险是突发事件本身带来的（人员死亡）还是外部因素导致的（如美国在新冠肺炎疫情期间对我国的观点）等，这些都属于风险识别的范畴。

PMBOK 中指出：每个项目都会有影响项目达成目标的单个风险，以及由单个风险和不确定性的其他来源联合导致的整体项目风险。[5] 因此在应急项目风险与不确定性识别的过程中，要全面识别突发事件本身的风险与不确定性以及应急项目实施过程中整体的风险和不确定性。

（二）应急项目风险与不确定性识别的内容

应急项目风险与不确定性识别是项目风险管理的首要工作。它的主要内容包括如下四个方面：

1. 识别并确定应急项目有哪些潜在的风险事件和其他不确定性

这是应急项目风险与不确定性识别的第一项工作内容。识别和确定突发事件本身的风险事件和不确定性，并分析应急项目管理过程中可能遇到哪些风险与不确定性，是进一步分析这些风险与不确定性的性质和后果的前提。在应急项目风险与不确定性识别工作中，首先要全面分析突发事件发展变化的各种可能性和对经济、社会等各方面的影响，然后识别出应急项目管理过程中潜在的各种风险和不确定性，并整理汇总成应急项目风险与不确定性清单。

2. 识别引起应急项目风险与不确定性的主要影响因素

这是应急项目风险与不确定性识别的第二项工作内容。识别应急项目风险与不确定性的主要影响因素，有助于把握风险与不确定性的发展变化规律，并对应急项目风险与不确定性进行正确评估。识别应急项目风险与不确定性的主要影响因素需要全面分析突发事件的主要影响因素及其影响方式、影响方向、影响力等，然后运用各种方式（图表、文字或数学公式等）将应急项目风险与不确定性事件及其主要影响因素间的相互关系描述清楚。

3. 识别应急项目风险与不确定性可能的后果

在应急项目风险与不确定性识别中，人们首先要识别出某个具体种类的突发事件可能有哪几种直接的后果。《应急法》规定：按照社会危害程度、影响范围等因素，自然灾害、事故灾难、公共卫生事件分为特别重大、重大、较大和一般四级。由此可见，应急项目风险与不确定性的后果会有不同情况和严重程度，所以首先必须对此予以识别。

4. 识别应急项目风险与不确定性后果出现的征兆

这是应急项目风险与不确定性识别十分重要的一项工作，因为人们只有知道了风险与不确定性的征兆才能采取有针对性的应对措施。这就像诸葛亮派兵御敌会给将士几个锦囊并且告诉将士何种情况（征兆）出现时打开哪个锦囊一样，人们只有知道风险与不确定性征兆才能应对风险与不确定性。由于应急项目的特殊性，有些突发事件本身就是无预警信息的，其所面临的风险与不确定性也可能是无预警信息的，这就使得应急项目的风险与不确定性应对较一般项目风险应对要困难得多。

二、应急项目风险与不确定性识别方法

项目风险与不确定性识别的方法有很多，如专家分析法、应急预案制定法、情景分析法、头脑

风暴法、流程图法、系统分解法、检查表法等。结合应急项目及其风险特点，可以采用的风险识别方法有以下五种：

（一）专家分析法

专家分析法是根据专家的经验和主观分析来识别应急项目的风险和不确定性。如在抗击新冠肺炎疫情中，隔离、治疗方案等都是依据以钟南山等人为主的院士、专家团队的经验和分析确定的。德尔菲法、专家咨询法、头脑风暴法都属于此类方法。

以头脑风暴法为例，该方法是一种非结构化的方法，运用创造性思维、发散性思维和专家经验，通过会议等形式识别应急项目风险与不确定性。该方法应用时需要创造不受限制的氛围，引导各方面专家和分析人员畅所欲言，共同搜寻和分析应急项目存在的各种风险与不确定性。头脑风暴法使用时要求组织者善于提问和引导，并能够及时地调整应急项目风险与不确定性分析与识别的结果，促使与会者能够不断地分析和识别出应急项目的各种风险与不确定性及其影响因素。首先由组织者发布并介绍项目的背景情况，背景情况需要提前发给与会人员，便于事先思考；然后引导专家畅所欲言，大胆设想；最后由组织者整理专家意见，找出项目风险因素。一般在使用这种方法时，需要专家们回答的主要问题包括：在这个应急项目实施过程中会遇到哪些风险与不确定性，这些项目风险与不确定性的后果严重程度如何，这些项目风险与不确定性的主要成因是什么，应急项目风险与不确定性事件的征兆有哪些，应急项目风险与不确定性有哪些基本的特性等。[6]

鉴于应急项目可参考的经验很少，在应急项目风险与不确定性识别中，通过专家分析法，借助专家经验来识别风险与不确定性是一种比较好的方法。

这种方法简单，但是受专家主观因素影响较大，要求专家具有深厚的专业功底和较高的综合素质。

（二）应急预案制定法

应急预案制定法是在制定应急预案的过程中识别应急项目的风险和不确定性因素。我国有关应急预案的政策文件中提出了各类应急预案制定的要求，这些都为识别应急项目风险和不确定性提供了参考和依据。

如《国家突发公共事件总体应急预案》中，根据突发公共事件的发生过程、性质和机理，将突发公共事件主要分为自然灾害事件、事故灾害事件、公共卫生事件和社会安全事件四类，各类突发公共事件按照其性质、严重程度、可控性和影响范围等因素，一般分为四级：Ⅰ级（特别重大）、Ⅱ级（重大）、Ⅲ级（较大）和Ⅳ级（一般）。《生产安全事故应急预案管理办法》第 10 条前两款规定：编制应急预案前，编制单位应当进行事故风险辨识、评估和应急资源调查。事故风险辨识、评估，是指针对不同事故种类及特点，识别存在的危险危害因素，分析事故可能产生的直接后果以及次生、衍生后果，评估各种后果的危害程度和影响范围，提出防范和控制事故风险措施的过程。

（三）情景分析法

情景分析法又称脚本法或者前景描述法，是通过对应急项目未来的某个状态或某种情况（情景）的详细描绘与分析，从而识别出项目风险因素的一种项目风险识别方法。情景分析法是一种定性风险分析方法。在预警信息很少或无预警信息的一些应急项目风险识别中，这种方法能够识别各种项目风险、项目风险因素以及它们的影响程度。对应急项目未来情景（状态或情况）的描述可以使用图表、文字或数学公式等多种形式，也可借助计算机对涉及影响因素多、分析计算比较复杂的项目风险进行识别。

情景分析法的一般步骤如下:① 对应急项目情景进行尽可能明确、详细的描述,包括所涉及的时间范围、具体对象、区域等;② 找出影响应急项目未来发展趋势的关键因素,也就是影响情景变化的因素,这就需要大量的调研和分析工作;③ 分析情景变化造成的风险和风险后果。

情景分析法有助于识别应急项目的风险、分析和识别应急项目风险影响因素和风险后果、识别项目风险波及的范围和检验项目风险识别的结果。

(四) 流程图法

流程图法是使用系统流程图、工作流程图、因果关系图等一系列图形,对流程的每一阶段、每一环节逐一进行调查分析,从中识别风险因素及其风险后果的一种结构化程度较高的风险识别方法。项目流程图是指使用一些标准符号代表某些类型的动作,直观描述项目工作流程、项目各部分之间的相互关系。在应急项目风险与不确定性识别中,可以通过建立应急项目的系统流程图、实施作业流程图等各种不同详细程度的流程图和项目因果关系图,将对项目各项活动有影响的关键点清晰地表现出来,结合这些关键点的实际情况和相关资料,能够很好地解释应急项目可能发生的风险与不确定性及其原因或来源。

流程图法的应用需要首先绘制应急项目的流程图,然后对每一个环节进行详细分析,标示出关键活动及其影响因素,最后在资料分析的基础上,标示出潜在风险因素及其来源。如在自然灾害应急项目风险与不确定性识别中,通过绘制自然灾害应急处置流程,识别每个环节的风险。

流程图法能够清晰地标示出各种潜在的风险因素或风险事件,从而给决策者一个清晰的总体印象。

(五) 系统分解法

系统分解法是利用系统分解和系统分析的原理,将一个复杂的项目分解成一系列简单和容易识别的子系统或系统单元,从而识别项目各子系统、系统单元和整个项目中的各种风险因素的方法。

系统分解法可以按照不同的方法进行分解,如项目管理中的 WBS 方法、RBS 方法等,也可根据应急项目结构、风险与不确定性类别等分解。系统分解法有助于全面识别应急项目风险。

三、应急项目风险与不确定性识别程序

应急项目风险与不确定性识别是应急项目风险管理的首要工作。应急项目风险与不确定性识别的程序如图 5-1 所示。

从图 5-1 可以看出应急项目风险与不确定性识别的主要工作步骤、工作内容。

(一) 应急项目风险与不确定性识别的工作步骤

1. 突发事件信息系统的建立

我国《应急法》第 37 条规定:“国务院建立全国统一的突发事件信息系统。县级以上地方各级人民政府应当建立或者确定本地区统一的突发事件信息系统,汇集、储存、分析、传输有关突发事件的信息,并与上级人民政府及其有关部门、下级人民政府及其有关部门、专业机构和监测网点的突发事件信息系统实现互联互通,加强跨部门、跨地区的信息交流与情报合作。”利用突发事件信息系统,能够及时收集、处理和存储有关突发事件每个具体活动与过程的各种项目风险信息,为应急项目风险的识别、度量和管理与控制服务。

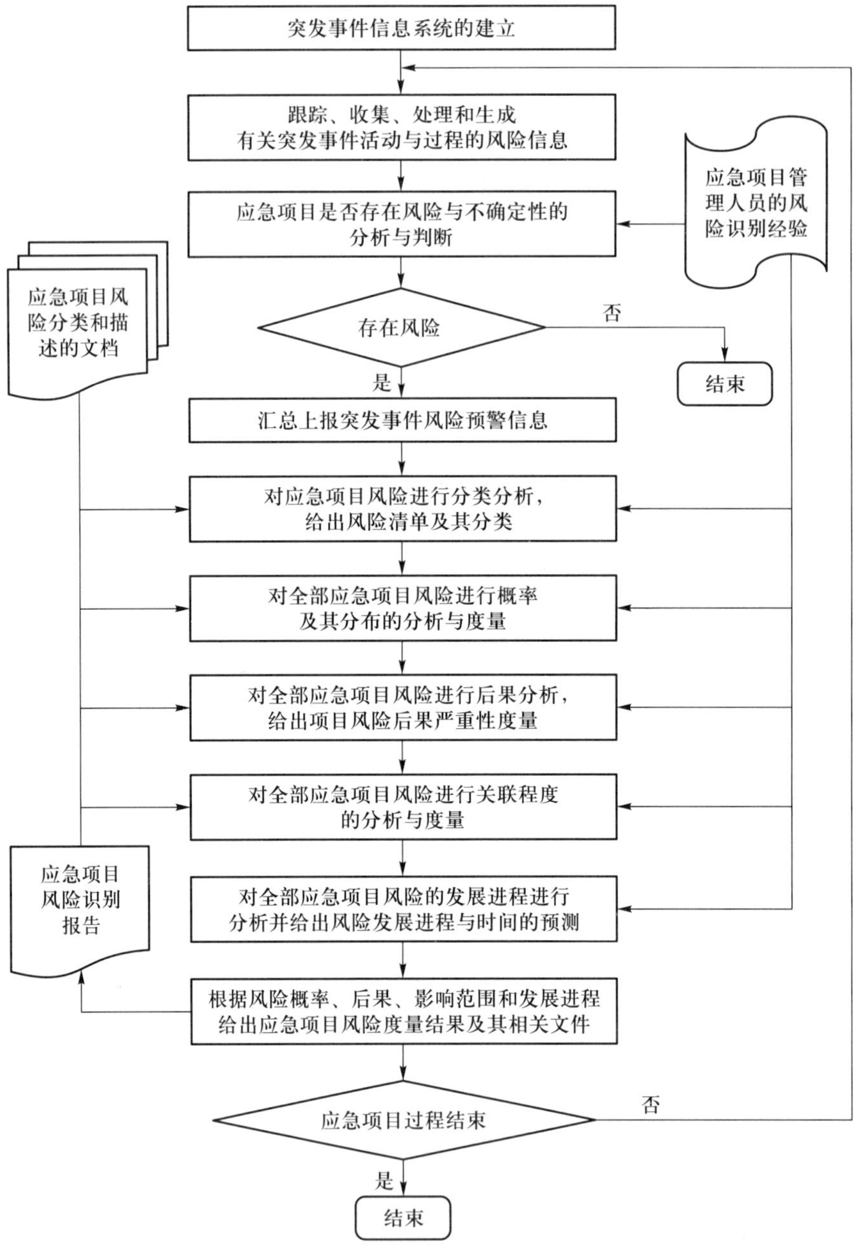

图 5-1　应急项目风险与不确定性识别(含风险度量)的程序[7]

2. 应急项目风险信息收集、处理和生成

这是使用突发事件信息系统去收集、处理和生成有关应急项目全过程和应急项目各种具体活动的项目风险信息的工作。这是一个不间断的应急项目信息收集与处理的工作，是为开展应急项目风险识别和度量活动提供动态信息的工作。

通过突发事件信息系统，及时收集、处理、生成、储存以往应急项目的风险信息和预警信息，为应急项目风险管理提供信息支持。

3. 应急项目风险的分析与判断

这是运用突发事件信息系统生成的信息，加上应急项目管理人员的经验所进行的一种对应急项目各种项目风险分析、识别和判断，并找出应急项目所面临各种项目风险的工作。在许多情况下，尤其是信息量很少的应急项目中，项目管理者的经验、判断甚至直觉，在识别和判断应急项目的各种风险过程中是必不可少的。

4. 汇总上报应急项目风险预警信息

《应急法》第 40 条规定："县级以上地方各级人民政府应当及时汇总分析突发事件隐患和预警信息，必要时组织相关部门、专业技术人员、专家学者进行会商，对发生突发事件的可能性及其可能造成的影响进行评估；认为可能发生重大或者特别重大突发事件的，应当立即向上级人民政府报告，并向上级人民政府有关部门、当地驻军和可能受到危害的毗邻或者相关地区的人民政府通报。"在应急项目风险分析与判断的基础上，汇总上报突发事件信息，并对突发事件发生的可能性和造成的影响进行评估。

5. 应急项目风险的分类

在识别出应急项目风险以后，就可以根据既定标准对应急项目风险进行必要的分类，以便更加全面和深入地认识应急项目风险的各种属性。在完成了应急项目风险分类工作以后，人们就可以给出项目风险的清单了，这种项目风险清单是应急项目风险管理的基础文件。如《国家突发公共事件总体应急预案》中将突发公共事件主要分自然灾害事件、事故灾难事件、公共卫生事件和社会安全事件四类。应急项目实施过程中，还需要根据不断发展变化的内外部环境，收集应急项目的信息，及时识别新的应急项目风险。

（二）应急项目风险与不确定性识别所需的资料

识别应急项目风险与不确定性的关键是找到足够的项目信息。可以作为应急项目风险与不确定性识别依据的主要信息包括如下三个方面：

1. 突发事件特性及其应对要求描述

突发事件特性及其应对要求是应急项目风险与不确定性识别的主要依据之一。因为应急项目管理的目的是实现预防和减少突发事件的发生，并在突发事件发生后努力控制、减轻和消除突发事件引起的严重社会危害，而应急项目风险与不确定性识别最重要的内容是识别突发事件对人民生命财产安全，维护国家安全、公共安全、环境安全和社会秩序可能带来的危害，所以应急项目风险与不确定性识别首先要根据突发事件的特性及其应对要求去识别可能产生的各种风险。

2. 应急项目的各种计划信息

这包括应急项目的集成计划和应急项目各种专项计划中所包含的全部信息和文件。这些信息有两方面的作用：一是作为应急项目风险与不确定性识别的依据；二是作为应急项目风险与不确定性识别的对象。例如，一个应急项目的进度（时间）计划信息可以是分析与识别项目风险与不确定性的一个重要依据。由于应急项目的时限性，应急项目必须在确定的时间完成。如果未能按照应急项目的进度计划实施，可能带来非常严重的后果和影响，也可能因为项目时间过于紧张而出现准备不足进而导致突发事件应对失误。

3. 历史应急项目的资料与信息

这是以前完成类似应急项目的实际发生情况（或风险）的历史资料，其对于识别新的应急项目风险与不确定性是一种非常重要的信息和依据。由于应急项目很多是突发性事件引起的，这种前车之鉴更是应急项目风险与不确定性识别的重要参考和依据。所以在风险与不确定性识别中要全面收集各种有用的历史应急项目信息，特别是各种历史项目的经验与教训。这些历史应急项目的资料中既有项目风险因素分析和各种风险事件发生过程的记录，也有项目风险带来的损失等方面的信息，这些对于项目风险与不确定性的识别是非常有用的。一般历史应急项目的资料包括：

(1) 历史应急项目的各种原始记录。这可以从实施历史应急项目的组织处得到，人们一般都会保留历史应急项目的各种原始记录，这些原始记录对于新的应急项目风险与不确定性识别非常有帮助。例如我国的突发事件信息系统。在一些专业性很强的领域中甚至某些项目管理组织的成员也保存项目原始记录，如自然灾害应急项目的技术人员会保留项目的相关技术数据。

(2) 商业性的历史应急项目数据库。在保险公司可能保留大量的历史项目信息和统计资料或数据库，它们就是借助这种资料来开展相关经营活动而盈利的，所以可以通过这类公司获得项目风险与不确定性识别所需的各种历史项目信息和资料。

(3) 历史应急项目团队成员的经验。项目应急团队成员中的许多人可能会保留一些参与历史项目的经验和数据，这是一种思想型的历史项目信息，这种信息是项目风险识别的重要依据。但是这种信息通常比较难以收集，多数需要通过与团队成员面谈的方式获得，而且这需要在应急项目团队成员有主观意愿的情况下才能实现。

(三) 应急项目风险与不确定性识别的结果

通常，应急项目风险与不确定性识别工作的结果主要包括以下三个方面：

1. 已识别出的各种应急项目风险与不确定性

识别出的各种应急项目风险与不确定性是项目风险与不确定性识别工作最重要的成果。通常人们将这种识别出的项目风险与不确定性开列出来，并称其为应急项目风险与不确定性清单。这个清单所包括的项目风险与不确定性都是可能影响项目最终结果的各种可能发生并造成损失的事件。应急项目风险与不确定性清单包括的信息有：项目风险与不确定性的性质和内容、项目风险与不确定性可能造成的损失、项目风险与不确定性发生的概率、项目风险与不确定性可能影响的范围、项目风险与不确定性发生的可能时间范围、项目风险与不确定性可能带来的关联风险等。

2. 潜在的突发事件风险原因和来源

潜在的突发事件风险原因和来源是引发项目风险与不确定性的根源，任何一个已识别出的应急项目风险与不确定性都有自己的风险来源或原因，它们必须通过项目风险与不确定性识别找出来。潜在的突发事件风险原因和来源是已识别项目风险与不确定性未来发生的起因和根源，人们只有识别出应急项目风险与不确定性并进一步识别出其潜在原因和根源才能够更好地认识应急项目风险与不确定性。因此，项目风险与不确定性的识别不但要识别和给出应急项目存在哪些风险，而且要识别和给出可能引发这些项目风险与不确定性的原因和来源，从而可以对应急项目风险与不确定性进行跟踪和控制。

3. 各种应急项目风险与不确定性的征兆

应急项目风险与不确定性的征兆是指那些指示应急项目风险与不确定性发展变化的现象或标志，所以它们又被称作项目风险与不确定性的触发器或项目风险发生的临界值。例如，在新冠肺炎疫情中,发现人传人,这是一个非常重要的征兆,需要采取相应的隔离措施,以防止风险加大。应急项目风险与不确定性的征兆较多,要全面识别和区分主要和次要的项目风险征兆,并且说明项目风险征兆和项目风险事件发生的时间和后果的关系,从而使应急项目风险征兆能够更好地为项目风险控制服务。

四、应急项目的主要风险

应急项目面临的环境不同,风险要素也不同。应急项目风险与不确定性一般有已知(Know)和未知(Unknown)两种分类,即已知有风险事件或不确定性,不知有风险事件或不确定性(完全不确定性风险)。在已知风险中,一般可将应急项目的风险要素分为可控风险要素和不可控风险要素两大类,也可根据风险性质将其分为社会风险、经济风险、技术风险、资源风险、管理风险、舆情风险、国际关系风险等。

(一)可控风险和不可控风险

1. 可控风险

可控风险来源于应急项目所处的内部环境,是应急项目管理团队可控的风险。

可控风险一般包括应急项目管理、技术、人员、方法等方面的风险。

2. 不可控风险

不可控风险来源于突发事件及其所处的外部环境,包括国际环境、极端天气等不可抗力风险。

(二)应急项目的主要风险

1. 社会风险

应急项目所面临的社会风险是由于突发事件本身可能带来的各种社会问题。包括可能出现的扰乱医疗秩序、防疫秩序、市场秩序、社会秩序等的事件。由于突发事件的特殊性,存在发生社会风险的可能性。

2. 经济风险

应急项目所面临的经济风险包括应急项目的事件本身对经济各环节带来损失的可能性。如在新冠肺炎疫情中,由于隔离措施,工厂停工、电影院等服务业停业,经济损失严重。2020 年 2 月 22 日,在二十国集团(G20)财长和央行行长会议期间,IMF 总裁奥尔吉耶娃表示受新冠肺炎疫情影响,IMF 将 2020 年全球经济增长预期从 2020 年 1 月份预测的 3.3%下调至 3.2%。

3. 管理风险

应急项目管理有其自身的特点,采用传统的运营管理模式不能适应应急项目管理的需要,需要采用项目管理的方法和技术来管理应急项目。应急项目团队的统筹规划能力、决策能力,以及项目人力资源管理等各项项目管理能力和经验都会对应急项目的成功产生影响。如在新冠肺炎疫情中,2020 年 1 月 27 日,以孙春兰副总理为组长的中央指导组,抵达疫情的"风暴眼"武汉,对新冠肺炎疫情一线防控工作等展开全面督战。这就是在新冠肺炎疫情中采用的项目管理模式。这种模式为应对湖北、武汉的疫情起到了重要的组织协调作用。

4. 技术风险

应急项目所面临的技术风险一方面取决于突发事件应对技术的成熟和可靠程度,另一方面取决于新技术的应用效果,这两方面的因素会影响应急项目目标的实现,形成应急项目技术风险。如在公共卫生应急项目中，治疗方案的成熟程度、可靠程度会影响治疗结果，同时疫苗研发的进展也会影响项目目标的实现。

5. 资源风险

应急项目所面临的资源风险包括人力资源、物资、资金等方面的因素。“巧妇难为无米之炊”就是资源和应急项目的关系的一种恰当描述。没有所需的相关专业人员、缺乏资金等，都将使应急项目管理团队一筹莫展。在新冠肺炎疫情中，湖北特别是武汉面临医护人员不足、防护用品短缺等风险，全国各地医疗队纷纷驰援武汉，国家卫健委也统筹调配各省对口支援湖北各地市。人力、物力、财力资源的支持为武汉疫情的防控奠定了物质基础。

6. 舆情风险

这是应急项目所特有的一种风险。借助互联网技术强大的影响力和扩散力，在突发事件发生后，可能出现网民观点与政府意见不一致的情况，此时，一条报道、一条微博就可能放大一些局部性的个案，在网络的传播扩散中可能不断异化，直至引起舆情风险，甚至可能从线上走到线下，形成更大范围的危机事件。在抗击新冠肺炎疫情中，就发生多起网民编造传播新冠病毒疫情谣言被行政拘留的案件。

7. 国际关系风险

这也是应急项目中非常重要的一类风险。如在自然灾害类应急项目中，对各国的援助可能有助于国家间关系的缓解。但在新冠肺炎疫情中，由于各国不同的准入政策，也引发了国家间关系的紧张，尤其是美国退出世卫组织等，更是给国际关系带来了影响。

此外，还可能有法律风险、政策风险等。

第三节　应急项目风险的度量

《应急法》第40条规定：“地方各级人民政府应当及时汇总分析突发事件隐患和预警信息，必要时组织相关部门、专业技术人员、专家学者进行会商，对发生突发事件的可能性及其可能造成的影响进行评估……”根据项目风险管理理论，应急项目就是应对突发事件风险的项目，风险度量就是对突发事件的可能性及其可能造成的影响进行度量，这是项目风险管理的重要环节，所以必须开展应急项目的风险度量。

一、应急项目风险度量的概念和内容

（一）应急项目风险度量的概念

PMBOK 第六版将项目风险度量分为定性风险分析和定量风险分析，并指出实施定性风险分析是通过评估单个项目风险发生的概率和影响以及其他特征，对风险进行优先级排序，从而为后续分析或行动提供基础的过程；实施定量风险分析是就已识别的单个项目风险和其他不确定性的来源对整体项目目标的综合影响进行定量分析的过程。因此应急项目风险度量分为两部分：定性风险分析和定量风险分析。通过分析，对单个项目风险和整体项目风险进行客观描述和度量，便于人们针对应急项目的每种可能后果去制定应对方案并进行风险控制。

（二）应急项目定性风险度量的内容

定性风险度量的内容涉及以下方面：

1. 度量单个应急项目风险发生的可能性

即分析、度量和给出应急项目风险每种可能后果的发生概率(每种后果发生的可能性 P 的大小)。因为发生概率大的后果,是人们应该最为重视和首先设法应对的;发生概率很小的后果,人们可以采取暂时容忍的应对措施(以便视情况发展再修订其应对策略)。

2. 度量单个应急项目风险后果的危害程度

即度量风险后果的严重程度,可能带来的损失的大小。即使一个项目风险发生的概率并不大,如果它发生的后果十分严重,也必须对它进行重点管理和控制,否则这种风险的发生会对整个项目造成十分严重的损失。《应急法》划分出突发事件四个级别是这项工作的根本依据,所以这项工作的内容包括:度量给出突发事件每种可能后果的危害(危害生命、财产、健康等)和每种可能后果危害程度大小(特别重大、重大、较大和一般)。这也是人们制定突发事件应对方案的重要依据,因为危害严重的需要更认真地应对。

3. 度量项目风险的影响范围

即分析和度量应急项目风险可能带来的次生或衍生后果。这是指对应急项目风险所引发的间接后果或关联风险影响的分析和度量。按照项目风险管理理论,这是对应急项目风险的多米诺骨牌效应的分析和度量。显然,有多米诺骨牌效应的应急项目风险后果影响面广,是必须重视和认真应对的,因为它带来的次生或衍生后果有着更多的危害。

4. 度量项目风险的时间进程

即分析和度量项目每种后果的时间进程。这是指对应急项目风险后果何时发生以及如何发展变化的分析和度量,也是制定应急项目应对措施和方案的重要依据。项目风险可能在项目的哪个阶段或什么时候发生,项目风险的管理和控制就必须根据这个发生时间进行安排。一般优先控制先发生的项目风险,后发生的项目风险可以延后采取措施,通过监视和观察风险的发展进程,再做进一步的风险管理和控制。

鉴于应急项目的特殊性,定性风险度量在突发事件应对中被广泛应用。

(三)应急项目定量风险度量的内容

对于应急项目定量风险度量,需要特别注意的是,并不是每一个应急项目都需要开展定量风险度量。是否可以开展定量风险度量取决于单个项目风险和其他不确定性来源的数据质量,以及与范围、进度和成本相关的项目基准。另外,由于定量风险度量通常需要专门的风险分析模型、工具和专业知识,花费的时间和成本也较高,因而只有大型或复杂的应急项目、具备相应专业知识的突发事件、风险应对时间允许才需要进行定量分析。

在实施定量风险分析过程中,主要针对被定性风险分析过程评估为对项目目标存在重大潜在影响的单个项目风险。

1. 应急项目整体风险的评估

这包括两方面内容:一是项目实现其目标的概率;二是项目的可能结果的数据。

2. 对应急项目进行详细的概率分析

采用一定的风险定量度量方法,确定对应急项目目标影响较大的单个项目风险或其他不确定性来源的清单,确定对项目结果的不确定性有最大影响的因素。

3. 定量确定单个项目风险的优先级排序

根据定量分析的结果,通过排序,确定对应急项目目标实现威胁最大的单个风险。

4. 定量分析风险的发展趋势

在项目实施过程中不断进行定量风险度量,并据此分析风险的发展趋势,为后续的风险应对提供建议和参考。

二、应急项目风险度量的方法

在项目风险度量中常用的方法有期望值方法、敏感性分析方法、模拟仿真法、专家法、风险矩阵分析法等。结合应急项目及其风险特点,在应急项目风险度量过程中可以使用的主要方法有如下七种:

(一) 专家判断法

专家判断法是适合应急项目风险定性度量的方法之一,尤其适用于信息量相对较少的应急项目。由于应急项目可供参考的历史信息相对有限,在项目风险度量中可以邀请各方面的专家,并要求他们运用自己的经验做出应急项目内部和外部各个风险的度量。这种应急项目风险的度量通常是比较准确可靠的,甚至有时比模拟仿真法确定的项目风险度量结果还要准确和可靠,因为这些项目专家的经验通常是一种比较可靠的思想型信息数据。另外,在应急项目风险度量中仅仅要求专家给出高、中、低三种项目风险概率的估计和多种项目风险损失严重程度估计的数据,这种估计所要求的精确程度并不高,所以使用专家判断法做项目风险的定性度量,其结果一般是足够准确和可靠的。例如,在新冠肺炎疫情中,专家组在确定有人传人现象后,提出了武汉封城的建议。

在定量风险度量中,经常采用专家判断法将单个项目风险和其他不确定性来源的信息转化成用于定量风险分析模型的数值输入。另外,专家判断法还可用于定量分析中建模工具的选择、建模技术的选择等方面。

(二) 矩阵分析法

在对应急项目风险进行度量的过程中,可以采用矩阵分析法来度量每项项目风险的重要性及其紧迫程度。项目风险矩阵给出了各种项目风险的概率和后果的组合,并规定哪些组合被评为高风险、中等风险或低风险,然后根据组织的偏好,人们可以使用描述性文字或使用数字表示这种项目风险矩阵分析的结果。使用这种方法需要注意项目风险既包含损失又包含机遇,因此在应急项目风险矩阵分析中,既要对可能给应急项目造成损失的风险因素的概率和后果进行度量,又要对可能给应急项目带来机遇的风险因素的概率和后果进行度量。

项目风险概率的估计和多种项目风险损失严重程度估计的数据,其结果一般是足够准确和可靠的。

(三) 事故模型法

事故模型是所有危险分析和风险评估技术的基础。这种方法用简化的方法表示出已经发生或可能在实际中发生的事故。不同类型、不同行业的事故模型各不相同,都有其独特之处。事故模型法不仅有助于预测和预防事故,更有助于估计偏差和可能导致事故的失效概率,并为定量风险评估提供输入数据。

常用的事故模型有能量与安全栅模型、事件序列模型、事故因果和序列模型、流行病学事故模型、系统事故模型和事故重构方法等。[2] 事故模型法常常与系统仿真等方法结合使用,借助计算机技术对模型进行分析。各种模型也有一些具体的方法,如故障树分析就属于事件序列模型,广泛应用于航空航天、核动力、化工制程、制药、石化业及其他高风险产业。

（四）期望值法

这种项目风险度量的方法首先要分析和估计应急项目风险发生概率的大小和应急项目发生风险所带来的损失或机遇的大小，然后将二者相乘即可求出应急项目风险的期望值，并使用期望值来度量应急项目风险的大小。在使用期望值度量应急项目风险大小时，一定要明确确定应急项目风险发生的概率分布情况和各种风险发生概率下的项目风险损失或机遇的大小，然后采用求期望值的方法得出某一项目风险的度量。应急项目中，在度量企业所面临风险时，可以应用这种方法。

（五）敏感性分析法

敏感性分析在项目财务评价中广泛应用，是一种分析可能的风险事件对项目影响的量化分析方法。敏感性分析法研究在项目生命周期中当项目某个因素发生变化时，项目的目标或相关项目收益指标等会相应发生怎样和多大的变化，从而分析出哪些项目因素的变化对项目目标和结果的影响最敏感（或最显著），帮助人们识别出哪些因素是敏感性因素，以便在项目实施过程中进行重点管理。这种方法也适合用来分析企业所面临的风险。

（六）模拟仿真法

模拟仿真法是使用计算机模拟仿真模型来分析、度量项目风险的方法。这种方法多数使用蒙特卡罗模拟或三角模拟等具体项目风险模拟技术方法来分析、确定项目风险发生的概率分布和项目损失与机遇的大小。这种方法可用来度量项目的各种能够量化的风险。它通过系统模拟仿真的方法给出项目风险事件发生时的各种条件和概率分布情况，然后使用计算机模拟仿真计算出项目风险概率分布和风险损失与机遇大小的模拟仿真结果，并由此得到项目风险度量的结果。随着计算机模拟技术不断发展，模拟仿真法的应用会更广泛。由于应急项目的独特性和一次性，在应急项目风险度量中，更适合采用模拟仿真法进行风险度量。在新冠肺炎疫情中，很多学者应用各种数学和计算机模型对疫情的传播发展趋势进行分析，就属于一种模拟仿真法。

（七）应急项目风险度量的综合评估方法

在应急项目风险度量的综合评估中，多采用定性与定量相结合的方法。因为应急项目风险的综合评估是一种复杂的行为，很难完全依靠量化的方法，而且量化分析结果给出的反映应急项目风险综合评估的数字没有实际的含义，对项目决策者也没有很好的指导意义。另一方面，仅使用定性的项目风险综合评估方法，有可能简单或人为地做出错误或有欺骗性的结果。此外，在项目风险综合评估中只考虑对主要项目风险的综合评估，对于组织能够容忍的项目风险，就没必要采用项目风险综合评估方法。

项目风险综合评估的主要步骤包括：第一步，将已经识别出的项目风险按照发生概率的大小、项目风险后果的严重程度、项目风险后果的影响范围、项目风险的时间进程等可定量指标按照大小进行单一指标的排序；第二步，将已识别风险按照项目风险的引发原因、项目风险有无预警信息、项目风险的关联程度等可定性指标按照大小进行单一指标的排序；第三步，确定各个项目风险定性和定量指标的重要程度并给出各自的权重；第四步，按照相加或相乘的定量分析方法求出项目风险综合评估初步的风险优先序列结果；第五步，按照定性分析的方法分析和调整给出的项目风险的优先序列排序并最终给出项目风险综合评估结果。

三、应急项目风险度量的程序

在应急项目风险管理中,项目风险识别之后要做的工作就是项目风险度量。图 5-1 的程序中列出了风险度量的程序。从图中可以看出,项目风险识别和项目风险度量所依据的信息是共享的。根据应急项目风险管理信息系统中的相关信息,以及应急项目风险识别的结果,应急项目风险度量的具体程序如下:

(一) 应急项目风险概率的分析与度量

这是指对已识别出的应急项目风险进行概率及其分布的分析,以便确定应急项目风险应对措施和应急项目风险监控的优先序列。这一分析需要借助于应急项目现有信息、历史数据和专家的经验等,这是应急项目风险度量的重要工作之一。

(二) 应急项目风险后果的分析与度量

这是指对应急项目全部项目风险可能造成的后果及其严重程度所作的全面分析与确定。人们不但要分析应急项目风险可能造成的后果,还要分析这些项目风险后果对应急项目造成的损失值的大小。应急项目风险后果损失值大小是确定应急项目风险监控优先序列的依据之一。

(三) 应急项目风险关联程度的分析与度量

这是指运用应急项目现有风险信息和历史项目信息与应急项目管理人员的经验,对已识别出的全部应急项目风险进行项目风险原因的分析与确认,由此找出各种引发应急项目风险的主要原因。需要特别注意的是,不同应急项目风险有不同的引发原因,所以必须针对具体应急项目风险进行深入的分析。在找出原因后,还要进行不同项目风险关联程度的分析,避免对应急项目产生多米诺骨牌式的影响。

(四) 应急项目风险时间进程的分析与度量

这是指对已识别的应急项目风险所进行的项目风险时间发展进程及其征兆的分析。这一分析主要是找出应急项目风险会在何时和何种情况下发生,以及引发应急项目风险的诱因何时会出现、诱因出现以后应急项目风险会如何发展等。

(五) 应急项目风险度量与控制优先序列的确定

在完成上述一系列应急项目风险分析工作之后就可以给出项目风险识别与度量的结论,并确定项目风险应对和控制的优先序列。这种优先序列安排的基本原则是后果严重、发生概率高和发生时间早的风险要优先应对和控制。

第四节　应急项目的风险应对原理与方法

一、应急项目风险应对措施的类型

经过项目风险识别和度量而确定出的应急项目风险可以分为两大类:一类是项目风险超出了应急项目团队或组织能够接受的水平;另一类是项目风险未超出应急项目团队或组织可接受的水平。这两类不同的风险,需要应急项目团队采取不同的风险应对措施,以减少项目风险带来的损失或提高项目风险所带来的收益。根据应急项目风险识别和度量的结果制定项目风险应对措施,应急团队所采取的应对项目风险所造成的损失或所带来的收益的措施,一般有消减、遏制、接受、容忍等。

（一）项目风险消减措施

这是突发事件风险的主要应对措施。这类项目风险应对措施是针对无预警信息且后果严重的项目风险的主要应对措施之一。对于这类风险，只能在风险发生后采取措施，以减少风险所带来的损失。例如，对于地震，人们至今无法预测，所以只能制定地震灾害应急方案，以便在地震发生后去积极消减地震的危害程度。

（二）项目风险遏制措施

这类项目风险应对措施从化解项目风险的发生去控制和消除项目风险的不利后果或扩大项目的有利后果。例如，《应急法》中的“预防与应急准备”“应急处置与救援”就是为了减轻项目风险后果。如在新冠肺炎疫情中，为应对由于生产中断带来的各种不利影响，可以通过有序复工、逐步开工等方法去解决，这也是一种项目风险遏制措施。

（三）项目风险接受措施

这是应对项目风险的另一种主要的措施，特别是对于几乎不可能消除的项目风险，或无法找到合理应对策略的风险，应急项目团队可以不为处理这些风险采取措施，而是制定风险发生时的应急处理预案，来主动应对风险。例如，储备各种灭火器材以对付火灾，购买救护设施和材料以应对人身事故等都属于项目风险接受措施。

（四）项目风险容忍措施

项目风险容忍措施是针对那些项目风险发生概率很小而且项目风险所能造成的后果较轻的项目风险事件所采取的一种项目风险应对措施。这是一种最为经常使用的项目风险应对措施，但是要注意不同组织的项目风险容忍度必须合理地确定。

需要注意的是，应急项目风险的应对方案应该与风险的重要性相匹配、能够经济有效地应对风险，并且在现有条件下是可行的。应急项目相关方对应对方案的认可程度也是成功应对项目风险的重要因素。如在新冠肺炎疫情中，我国采用了隔离的措施并得到了专家和民众的认可，取得了非常好的效果。

二、应急项目风险应对措施的制定依据和结果

（一）制定应急项目风险应对措施的依据

制定应急项目风险应对措施的依据主要包括以下四个方面：

1. 应急项目风险的特性

通常，应急项目风险应对措施必须是根据项目风险的特性制定的。例如，对于有预警信息的突发事件风险和没有预警信息的突发事件风险就必须采用不同的项目风险应对措施，对于应急项目进度风险和质量风险也必须采用完全不同的应对措施。

2. 应急项目团队的抗风险能力

应急项目团队的抗风险能力也是决定应急项目风险应对措施的主要依据之一。应急项目团队的抗风险能力是许多要素的综合表现，包括项目经理承受项目风险的能力、应急团队拥有的资源和资金等。

3. 应急项目团队选用的应对措施

一种具体的项目风险实际上存在几种既定的可供选用的应对措施，这也是制定应急项目风

险应对措施的另一个依据。对于一个具体的应急项目风险而言，确定出几种备选项目风险应对措施是十分重要的。

4. 应急项目的发展阶段

应急项目分为预防与应急准备、监测与预警、应急处置与救援、事后恢复与重建四个阶段，每个阶段面临的活动不同，相应的应对措施也不同。在预防与应急准备阶段，可以采取风险容忍措施、风险消减措施、风险接受措施等，制定应急预案和各种备选方案，准备应急物资等；在监测与预警阶段，主要是采取风险容忍措施和风险接受措施，及时发现风险的相关信息，并根据信息进一步完善应急预案和物资准备；在应急处置与救援阶段，主要采用风险消减措施和风险遏制措施，及时应对突发事件，同时根据实际情况采用风险接受措施实施各种应急预案；在事后恢复与重建阶段，主要采用风险遏制措施，避免次生灾害等后续不利因素发生。

（二）应急项目风险应对措施制定的结果

应急项目风险应对措施制定的结果包括以下主要内容：

1. 应急项目风险管理计划

应急项目风险管理计划是项目风险应对措施选用和项目风险监控工作的计划与安排，是应急项目风险管理的目标、任务、程序、责任、措施等一系列内容的全面说明书。一般包括：关于应急项目风险识别和项目风险度量结果的说明、关于应急项目风险监控责任分配的说明、关于如何更新项目风险识别和项目风险度量结果的说明、关于项目风险管理计划的实施说明以及项目储备资金如何分配和使用等方面的说明和计划与安排。应急项目风险管理计划根据应急项目的类型和紧迫程度，可以是正式或非正式的，可以是详细的或粗略的计划与安排。

2. 应急项目风险应对措施安排

应急项目风险应对措施安排是在事先假定应急项目风险事件发生的前提下所确定出的针对一些重大项目风险事件所准备实施的行动和措施计划。应急项目风险应对措施安排通常可以是应急项目风险管理计划的一个组成部分，也可以是独立的一个应急项目风险应对措施计划。应急项目风险应对措施安排会涉及各种不同项目风险的应对措施和不同的应对措施方案。

如新冠肺炎疫情中，根据疫情形势和研究进展，国家卫生健康委发布并及时修订《新型冠状病毒感染的肺炎防控方案》《公众科学戴口罩指引（修订版）》等方案。

3. 应急项目储备资金计划

应急项目储备资金是事先准备一笔资金，用于补偿差错、疏漏及其他不确定性事件的发生对项目成本估算精确性的影响。应急项目实施过程中，储备资金计划可以用来消减项目进度、质量和资源等方面的项目风险。应急项目储备资金在项目预算中必须单独列出，而且只有应急项目无预警项目风险出现时才能使用。为了使这项资金能够起到更加明确的消减项目风险的作用，通常将其分为项目管理储备资金、项目风险应急储备资金、项目进度储备资金等。另外，应急项目储备资金还可以分为项目实施储备资金和项目经济储备资金，前者用于补偿项目实施中的项目风险费用，后者用作应付通货膨胀和价格波动所需的费用。

4. 应急项目的技术后备措施

应急项目的技术后备措施是专门用于应付应急项目技术项目风险的，它是一系列预先准备好的项目技术措施方案。这些技术措施方案是针对不同应急项目风险而预先制定的技术应急方案，只有当应急项目风险情况出现并需要采取补救行动时，才需要使用这些技术后备措施。

第五节　应急项目的风险监控原理与方法

一、应急项目风险监控的内容

美国项目管理协会(PMI)的项目管理知识体系(PMBOK)中认为项目风险监控是监控风险应对计划的实施、跟踪已识别风险、识别和分析新风险,以及评估风险管理有效性的过程。[5] 应急项目风险监控根据应急项目风险管理计划和应急项目的发展变化开展对项目风险的监督和控制活动。由于项目风险的阶段性和渐进性,需要对项目风险进行持续监控。应急项目风险的监控过程是一个不断认识应急项目风险和不断修订应急项目风险监控决策与行为的过程。这一过程是一个通过人们的行为使应急项目风险从不可控而逐步向可控转化的过程。

应急项目风险监控的内容主要包括:监控应急项目风险的发展、辨识应急项目风险发生的征兆、采取各种应急项目风险防范措施、应对和处理已发生的应急项目风险事件、消除或缩小应急项目风险事件的后果、管理和使用项目不可预见费、实施应急项目风险管理计划和进一步开展应急项目风险的识别与度量等。

二、应急项目风险监控目标

应急项目风险监控目标主要有以下四种:

(一) 努力及早识别和度量应急项目风险

应急项目风险监控的首要目标是通过开展持续的应急项目风险识别和度量,预先发现应急项目所存在和面临的各种风险以及项目风险的各种特性,为风险应对和应急项目成功实施提供支持。这是开展应急项目风险监控的前提条件。

(二) 努力避免应急项目风险不利后果的发生

应急项目风险监控的第二个目标是在识别出应急项目风险以后,积极采取各种项目风险应对措施,努力避免项目风险不利后果,从而避免给应急项目造成不必要的损失。

(三) 积极消除和减少应急项目风险的不利后果

有些应急项目风险即便采取了应对措施,还可能因为各种原因而最终发生了,这种情况下应急项目风险监控目标就是积极采取行动,努力消减这些项目风险事件的消极后果,尽可能降低风险对应急项目的影响。

(四) 充分吸取项目风险管理经验与教训

由于应急项目的独特性和一次性,应急项目风险监控的目标是为以后的应急项目实施提供借鉴和参考。因此,对于各种已经发生并形成最终结果的应急项目风险,通过风险监控,从中吸取经验和教训,从而在今后避免类似项目风险事件。

三、应急项目风险监控的依据

应急项目风险监控的依据主要有以下两个方面:

(一) 应急项目风险管理计划

应急项目风险监控活动都是依据这一计划开展的。但是在发现新的应急项目风险后需要立即更新项目风险管理计划，所以项目风险监控工作都是依据不断更新的应急项目风险管理计划开展的。

（二）实际应急项目风险发展变化情况

在应急项目实施过程中，内外部环境在不断发展变化。有些应急项目风险最终变成现实而发生了，有些风险却没有发生，而有些新的风险因素又再出现。这些应急项目风险实际情况的发展变化也是应急项目风险监控工作的最重要依据之一。

四、应急项目风险监控的程序

应急项目风险监控是按照一定步骤和流程进行的。具体步骤与做法如下：

（一）建立应急项目风险事件控制体制和机制

应急项目风险监控首先需要制定整个项目风险监控的方针、程序和管理体制。这一工作具体包括应急项目风险责任制、应急项目风险报告制、应急项目风险监控决策制、应急项目风险监控的沟通程序等。

（二）确定要监控的具体应急项目风险

根据应急项目风险识别和度量中分析的项目风险后果严重程度、概率大小以及项目风险度量结果，结合应急项目风险监控资源情况，确定出对哪些项目风险进行监控、对哪些项目风险容忍并放弃对它们的监控。

（三）确定应急项目风险的监控责任

所有需要监控的项目风险都必须落实具体负责控制的人员，并要规定他们所负的具体责任。每项项目风险监控工作都要由专人负责而不能分担，而且要由合适人员去负责。

（四）确定应急项目风险监控的行动时间

根据对应急项目风险时间进程的分析结果，确定项目风险监控时间的计划和安排，规定出解决项目风险问题的时间限制等。应急项目的失败大多是因为错过应急风险监控时机造成的，所以应急项目风险监控时间计划很重要。

（五）制定各个具体应急项目风险的监控方案

根据在风险识别和度量阶段分析的应急项目风险的特性，找出能够监控项目风险的各种备选方案，然后对方案做必要的可行性分析和评价，最终选定要采用的项目风险监控方案并编制项目风险监控方案文件。

（六）实施各个具体项目风险监控方案

根据确定的应急项目风险监控方案，监控项目风险。同时根据项目风险的实际发展与变化，不断地修订项目风险监控方案与办法。对于某些具体的项目风险而言，项目风险监控方案的修订与实施几乎是同时进行的。

（七）跟踪各具体应急项目风险的监控结果

在应急项目风险的监控过程中，及时收集项目风险监控的结果信息并给予反馈，以指导应急项目风险监控工作。通过跟踪给出的应急项目风险监控信息，改进应急项目风险监控工作，直到项目风险监控完结为止。

（八）判断应急项目风险事件是否已经消除

如果认定某个应急项目风险事件已经消除，则该应急项目风险的监控工作完成；若判定某个应急项目风险仍未解除，就需要重新识别和度量该风险，然后按上述方法开展新一轮的项目风险监控工作。

（九）判断应急项目整体风险的情况

如果应急项目当前的整体项目风险级别已经处于可以接受的范围，则该项目的风险监控工作完成；若判断应急项目当前的整体风险级别仍处于不可接受范围，则需要重新识别和度量项目风险，并按照上述风险管理的原理和方法开展新一轮的项目风险监控工作。

应急项目风险管理是循环性的，只要突发事件尚未消除，应急项目管理团队尚未退出，应急项目风险管理就没有结束，就需要应急项目团队根据发展变化后的项目环境与条件去开展下个循环的项目风险管理。

本章小结

本章讨论了应急项目风险管理的原理和方法，主要内容包括应急项目风险特性、应急项目风险与不确定性识别、应急项目风险的度量、应急项目的风险应对原理与方法、应急项目的风险监控原理与方法。应急项目风险特性包括不确定性、复杂性、动态性和突变性。应急项目风险与不确定性识别讨论了识别应急项目风险与不确定性的概念和内容、识别方法、管理程序以及应急项目的主要风险。应急项目风险的度量讨论了应急项目风险度量的内容、方法和程序。应急项目的风险应对原理与方法分析了应急项目风险应对措施的类型和制定依据。应急项目的风险监控原理与方法讨论了应急项目风险监控的内容、目标、依据和程序。

复习思考题

1. 应急项目风险特性有哪些？
2. 应急项目风险识别方法有哪些？
3. 应急项目风险度量的内容包括哪些？
4. 应急项目风险应对措施的类型有哪些？
5. 应急项目风险监控的内容包括哪些？

即测即评

推荐阅读

戚安邦. 项目风险管理. 天津：南开大学出版社，2010.

参考文献

1. 冯迪凡. IMF和世行联合声明:随时准备帮助成员应对新冠带来经济挑战. (2020-03-03) [2020-11-19]. 证券时报网.

2. 马文·拉桑德. 风险评估理论、方法与应用. 刘一骝,译. 北京:清华大学出版社,2013.

3. 戚安邦. 项目风险管理. 天津:南开大学出版社,2010.

4. 习近平. 在全国抗击新冠肺炎疫情表彰大会上的讲话. (2020-09-08) [2020-11-19]. 新华网.

5. (美)项目管理协会. 项目管理知识体系指南. 5版. 许江林,等,译. 北京:电子工业出版社,2013.

6. 戚安邦. 项目管理学. 3版. 北京:科学出版社,2019.

7. 戚安邦. 项目论证与评估. 3版. 北京:机械工业出版社,2019.

第六章　应急项目的复杂性管理

应急项目是一个复杂性的项目，也是一个复杂性自适应系统，具有层次性、独特性、内在联系性、突发性、适应性等特点，需要从复杂性理论和系统思维出发开展应急项目的管理。[1]复杂性理论是基于复杂性问题的非线性行为，观察自然系统中的许多基本现象的研究而发展起来的科学理论。[2]系统性的观点可以帮助我们更好地理解事物的部分和整体之间的关系。应急项目的复杂性与系统性主要表现在外部环境和条件不断变化之中，表现在项目构成要素和构成系统相互联系的复杂性中，表现在项目的各个阶段和发展过程变化与共同演进的复杂性中，表现在复杂的利益相关者及其目标多样性中，表现在项目应对技术的复杂性中。

应急项目所处的环境具有不确定性和快速变化的特点，内部构成要素复杂多变，使得影响应急项目的因素数量和发展方向在不断变化。由于突发事件因果链太复杂或太长，对应急项目结果产生的原因或某个行动导致的可能结果难以预测，这对开展应急项目的管理产生巨大的挑战，从而需要对应急项目的复杂性进行深入的分析。

应急项目受到内外部环境中多种因素所具有的不确定性和模糊性以及复杂的作用关系和复杂的反馈机制，应急项目的复杂性表现出多重类别的特征，包括结构复杂性、技术复杂性、方向复杂性和渐进复杂性的特征。在应急项目复杂性特征分析基础上，必须针对复杂系统进行解构开展应急项目的过程管理。根据应急项目的不同阶段中复杂性特征的转变，快速收集信息，不断调整反馈，进行适应性的学习，在复杂系统变化过程中不断快速迭代，开展复杂性系统的迭代管理。进一步，由于应急项目的复杂性表现出不同类型的特征，需要根据不同类型的特征与过程，利用复杂性地图等管理工具与方法对复杂性特征变化进行分析，更好地开展应急项目的复杂性管理。

第一节　应急项目的复杂性特征

应急项目具有系统层级性，结构要素具有相关联性和衍生性，要素之间互相影响，快速演化，形成新的复杂性的层级和子系统，或者跃迁到新的复杂性系统，具有结构复杂性。应急项目的规模、扩展和演化速度也存在不可控制性，使得应急项目的演化方向具有复杂性。应急项目的独特性、突发性和快速演化，使得应对技术也具有相应的复杂性。随着突发事件持续时间延长，应急项目会受到新的环境因素的叠加影响，发生新的变化，超出预期和控制范围，具有渐进复杂性。应急项目类型不同，所表现出的复杂性不同，突发事件的应急项目的规模越大，影响面越大，则这四种类型的项目复杂性同时出现的可能性越大，复杂性程度也越高。

一、结构复杂性

结构复杂性与项目的规模有关，一些应急项目的发展和影响具有规模性，如自然灾害应急项目、事故灾害应急项目、公共卫生应急项目、社会安全应急项目等影响范围广，涉及因素复杂。结构复杂性是一个与项目元素数量、项目元素之间的关系以及项目元素模糊性有关的函数。主要表现在：初始条件的复杂性，一些要素初始阶段隐性程度高，难以识别，初始条件中要素变化方向不可预估；要素结构化变化的复杂性，系统性程度高，系统解构难度大；由于构成要素数量多，规模大，要素间关联程度高，系统要素组合多样性程度高。结构复杂性的管理挑战来源于项目的时间、成本、资源需求、组织和项目范围的不确定性。结构复杂性主要表现在以下三个方面：

（1）由于应急项目的突发性，项目应对准备时间较短，使得应急项目开展结构化解析的初始条件具有复杂性。由于应急项目初始条件隐性程度高，人们往往对项目初始阶段没有给予足够的重视，或者受到事件紧迫性等因素的影响，导致对项目影响范围、项目风险、项目控制目标、项目时间和项目成本等后续发展估计得不准确。例如，大规模新型冠状病毒传播应急项目可预见性较低，项目的早期阶段初始条件隐性程度高，初始条件具有高度复杂性，对后期发展变化很难给出较全面的条件。因此，针对应急项目的结构复杂性，早期阶段开展充分的风险识别，对初始条件进行系统化和结构化的解析，开展有效的项目预测分析对于后续项目的进展影响非常关键。

（2）应急项目结构化构成要素的定义复杂，同时系统结构性演化也具有复杂性。由于应急项目要素构成复杂，事件性质变化快，影响速度和范围变化快，难以全面识别系统要素及要素之间的相互作用关系。如新冠肺炎疫情的扩展和演化速度极快，要素风险程度和隐性程度高，规模性极大，要素的关联性极高，影响范围可能波及广泛，属于结构复杂性非常高的应急项目，或者称为大规模复杂应急项目。一些自然灾害事件，如森林火灾，往往受到一些外部环境因素突变的影响，会出现快速的变化，使得应急措施难以快速适应，造成严重的人员伤亡等后果。因此，应急项目在演进过程中，会有更多的新的要素构成的演变，涉及新的要素作用关系，使得项目的控制受到很大的挑战。

（3）应急项目结构具有系统性和全局性的特征，要素构成复杂并相互联系，给项目整体的管理带来挑战。应急项目的要素结构相互关系复杂，随着项目演变，项目结构在不断变化，同时，由于项目信息传播渠道复杂，系统有较强的信息时效性的挑战。在项目管理过程中会对项目的时间、成本、风险、范围和资源需求等的估计不准确，导致应急项目管理的结构复杂性。在开展应急项目管理过程中需要系统化的风险管理、资源调配、范围管理、时间和成本的统筹，全面系统的潜在问题和项目风险识别，系统化的资源调配，建立系统、全面的控制项目结构及要素变化的管理机制。

二、技术复杂性

应急项目所具备的独特性、新颖性、突发性等特点，使得项目无法完全依靠现有技术应对，需要探索适用于现有项目特点的独特技术，甚至是未知技术或从未试验过的技术应对。此类复杂性主要是由于没有完全明确的解决方案，无法从历史经验中找到完全可以依赖的范式。此外，由于此类应急项目的风险因素众多，项目存在较高的紧迫程度，技术解决方案的时效性和有效性同样重要。进一步，项目的结构中不同构成要素的技术解决方案与系统化的方案都存在潜在的挑战。如公共卫生应急项目需要快速寻找到有效的药物和治疗方案对病情进行控制，现有的药物与治疗方案需要经过进一步的实验和求证，需要根据项目的独特性进一步探索和寻求针对性的治疗方案。同时，在公共卫生应急项目的时间控制和资源调配等方面也面临着技术解决方案的挑战。技术复杂性主要表现为以下方面：

（1）应急项目表现出的独特性和新颖性使得目前专业技术和应对方案存在局限性与适应性的挑战，同时也面临着时效性的挑战。针对应急项目的技术问题，组织中会出现时效性与适应性的挑战与悖论，一方面需要成熟的技术方案快速解决以避免混乱的局势在组织内部蔓延，保证技术方案的时效性；另一方面面临现有应对技术与措施所存在的适应性问题，以及对于如何寻求更好的解决方案的时间需求。由于存在“技术专家综合征”，即人们只依靠现有的专业技术知识，而不去思考解决项目问题的其他技术方式或方案，忽视了那些超出传统项目界限和专业领域的新问题。技术时效性和适应性的冲突的存在使得应急项目的技术复杂性凸显。

（2）应急项目的技术复杂性体现在多种要素和多方面的技术解决方案的不确定性的汇集。伴随着项目进展，项目应对技术方案中的时间控制方案、资源配置方案等技术方案的不确定性和复杂性也在增加。一方面，需要针对项目本身的技术问题的分析，考虑到应急项目的变化，寻求创新性解决方案。由于开展技术创新的流程长，技术解决方案确定的周期也较长。例如，抗击新冠肺炎疫情项目，针对病毒的治疗方案在项目初期存在着不同的方案，需要根据病毒的特征及其变化开展跟踪分析，寻找有效治疗方案存在着不确定性的周期与风险。针对病毒的疫苗研发也需要较长的周期，因此技术解决方案具有较高的复杂度和较长的时间周期。另一方面，从应急项目管理方面来看，项目的时间和周期的控制、项目的资源配置方案、项目组织的技术方案等都面临着挑战。如针对新冠肺炎疫情的进展和蔓延周期也存在时间控制技术和方案制定的挑战，无法准确地进行疫情周期的判断和时间计划方案的确定。

三、方向复杂性

应急项目的方向复杂性特征主要是还没有达成共识的项目目标和达成共识的实现项目目标的路径，在项目中还存在对项目的目标及其路径等含义不清楚的界定或一些隐性的协议等。方向复杂性项目中主要的模糊性来源于项目问题的定义、对项目利益相关者需求和期望的理解，以及就项目一致方向与项目的目标系统所进行的谈判的一致性。

（1）对于应急项目未来目标和发展方向定义不明确。这种项目复杂性是由于人们对项目目标有多种潜在解释或理解，因此人们对项目目标的理解可能存在差异，实现项目目标理解一致性也需要花费较长时间。在应急项目的初期，即早期的决策定义阶段首先达成一致是非常重要的，由于项目利益相关者以及众多的项目决策参与者会对项目目标有着不同的看法，因此，需要有主导型的利益相关者综合平衡多方利益。应急项目具有政府主导性的特征，也意味着在一些应急项目管理中需要由中央政府统一领导，各级政府为实现统一日标共同协同。如此次新冠肺炎疫情应对中，国家将应对目标统一为“保障人民群众身体健康与生命安全，维护正常的社会秩序”，在中央政府统一领导下，各级政府围绕核心目标综合协调企业、医院、学校、科研院所等各种社会组织。项目利益相关者需要在统一目标明确前提下，充分理解项目目前的进展状况，在项目进展过程中，充分发挥利益相关者的能力，充分识别、监控或者找到解决办法的项目风险。项目的关键阶段往往就是项目最初的阶段，在此期间项目的目标需要被界定并征求项目关键利益相关者的意见,有效地、适时地开展项目规划。

(2) 应急项目的目标是在秩序和混乱之间维持一种平衡。应急项目方向复杂性程度高,使得项目处于混乱边缘,在初始阶段项目会更为接近混乱状态,随着信息逐渐完备并对其加以规范就会逐步接近规范状态。在项目发展过程中需要预期到项目发展方向的高不确定性,从而对项目进行相应的管理,在混沌中寻求秩序,而不是将方向复杂性予以根除。项目系统需要找到一种适合的规范,而不是强加于项目的规范。随着项目开展,项目的混乱性逐渐降低,规范性逐渐提高,最终会达成具有长期性的一致方向,进一步对项目进行详细计划与实施。在项目开展过程中为了使项目系统达到有序状态,要避免在没充分掌握信息之前进行项目决策,以避免过早形成某种特定秩序。

同时,在应急项目过程中,也要保证混乱方向不能走得太远,需要明确规范状态,使得所有项目参与者充分理解正在进行和已经发生的项目事件的结果。在项目找到了适合的规范后,项目的利益相关者需要一起开展项目实施工作,构建非标准的项目管理方式进行工作,如建立合作伙伴关系和联盟等形式。

(3) 在应急项目的发展过程中,由于系统要素的非线性变化,以及多重反馈效应叠加,使得复杂性项目的阶段转变方向难以预测。应急项目管理中需要从不同的视角出发对项目进行整体观察,从混乱状态中寻找出路;需要建立高水平的沟通目标,把方向和目标模糊性转化成一种能够为项目利益相关者一致接受的形式;需要能够识别详细项目规划中的启动点,并预防在项目关键利益相关者目标一致之前过早地详细计划项目的趋势。进一步,确定出项目潜在的方向复杂性,在项目持续期间的计划中留出足够时间来解决与应对项目的方向复杂性。需要明确在项目的最初阶段,以及在项目的后续阶段所表现出的不同方向的复杂性,为项目的目标不确定性和项目目标的分解提供足够的时间和空间。

四、渐进复杂性

当应急项目面临着重大的、超出项目控制范围的环境变化时,就会产生渐进复杂性。渐进复杂性来源于项目未来完全不确定性的问题、未来的一些不确定性的约束条件,以及与人们期望不一致导致的不确定性。当应急项目面临的外部环境不可控性程度较高时,会导致组织内部传统的应对策略,即组织现有模式、认知模式和行动惯例等受到挑战。这就需要在环境演变过程中逐渐应对复杂性,不断形成组织适应性。渐进复杂性主要体现在以下几个方面:

(1) 应急项目面临的环境条件比较混乱,环境变化会超出之前的预测范围。环境因素的快速变化和混沌性质,使得应急项目既定的解决方案会出现挑战,出现渐进复杂性。由于项目高度的混沌性质,控制和维持某种一致的形式可能产生问题。在应急项目应对过程中,严密的结构和僵化的计划会影响应急项目的成功,刚性结构意味着专业化与有限的选择能力。因此,在应急项目管理过程中,需要通过谋求多种选择,使项目能在更广泛的策略中寻找最佳方案。针对非常大型的项目,项目非常混乱,渐进复杂性程度更高,需要准备多种备选方案,使得项目实施具有适应性,从而根据变化的环境而采用新的形式。因此,应急项目管理渐进复杂性面临的主要挑战是如何保持尽可能多的开放和有活力的选择,灵活地预测项目生命周期中可能发生的外部环境变动产生的不同情境。进一步,当项目环境的模糊性和混沌程度高,项目的情境更加模糊,多样化的方案也难以应对,使得项目面临更大的挑战。

（2）随着时间推移，环境条件会在相当长的时间不断发生变化，影响着应急项目的演变过程。因此，需要分析环境条件的动态演变特征，分析在项目生命周期中外部因素不确定的演变过程。在应急项目演进过程中，保持项目团队开放性，扩展外部信息获取和知识获取的网络非常重要，因此，在开展应急项目管理中，如何保持知识网络的不断拓展也是应急项目面临的主要挑战。同时，在复杂多变环境中，受到外部环境条件变化影响，会使得团队成员在沟通过程中存在多种利益冲突，以及协调等多方面的问题。团队的目标共识与共同的价值观是影响团队应对渐进复杂性的重要因素，这就需要及时通过团队价值观和有效的协商应对多变的问题。保持信息多样性和知识多样性，更好地应对渐进复杂性。在应急项目演进过程中，通过促进团队构成的多样性与动态性，形成丰富的知识网络，以一致的团队目标和价值观减少摩擦，同时吸收多方的知识与经验。

第二节　应急项目复杂性管理过程

应急项目的复杂性导致传统项目的线性管理过程不再适用。复杂性意味着我们不能使用还原论的视角看待应急项目，无法预先清晰地界定项目管理目标，也无法将其划分为一个个相对独立的管理单元开展管理。基于面向复杂系统的适应性管理理论[3]，本书构建了面向应急项目复杂性管理的过程模型（见图6-1）。其中的核心思想是通过不断的迭代学习逐步提升对应急项目本身及其管理的认知，在“干中学”的循环中提升应急项目的管理效果。具体地，这一管理过程模型又可分为两个层面：一是适应性学习过程；二是适应性行动过程。

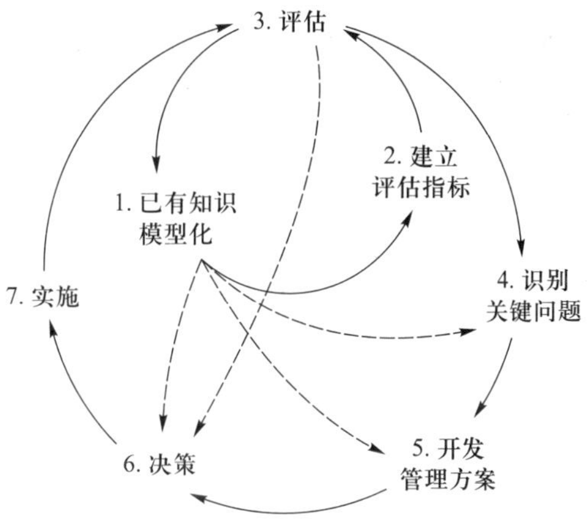

图6-1　应急项目复杂性管理过程模型

一、应急项目复杂性管理的适应性学习过程

应急项目的复杂性意味着管理者在项目起始阶段无法准确预见和把握项目的发展态势，也难以制定合理的管理计划。管理者的适应性学习是应对这一问题的根本途径。图6-1中，步骤1至步骤3描述了适应性学习的核心要点，主要表现为利用已有知识建构和不断修正模型的过程。

首先，已有知识模型化是应急项目复杂性管理的起点。与单纯依靠经验的探索和试错相比，构建模型是科学管理的重要特征之一。模型是对客观对象的高度抽象化和形式化描述。尽管开始阶段管理者对应急事件的认知十分有限，但在有限知识范围内将应急项目的特征和运行规律模型化仍然是十分重要的。

其次，由于管理者对应急项目的有限认知，从而使得模型总是近似的和不完备的。从模型构建过程本身出发，也会人为舍弃一些被认为是不重要的因素。这就需要管理者在模型的基础上建立相应的评估指标，不断跟踪监测应急项目的动态变化，对模型进行修正。由此，在步骤1至步骤 3 的循环往复过程中，管理者对应急项目的认识和理解得以不断深化。

二、应急项目复杂性管理的适应性行动过程

步骤 3 至步骤 7 构成了应急项目复杂性管理过程的另一个方面——适应性行动过程。管理者通过一系列的行动来实施管理，但这些行动是非线性的和渐进迭代的，要根据事态的变化和对应急项目认知的深化不断调整优化。

一是评估阶段。评估一方面是联结适应性学习和适应性行动的关键环节，另一方面是开展管理活动的首要步骤。评估工作的核心内容是突发事件的"态"和"势"。"态"指的是突发事件当前的情况，"势"则是发生发展的趋势。评估工作依赖于相应的评估指标体系，而指标体系又建立在既有知识模型化的基础上。

二是识别关键问题阶段。应急项目的复杂性意味着项目中充满了各种需要管理且相互关联的问题。资源的有限性又意味着无法面面俱到，需要抓住关键问题和关键矛盾。而关键问题又随着项目的发展而不断变化。因此，复杂性管理的第二个步骤就是要在动态评估基础上动态化地识别应急项目当前的关键问题。

三是开发管理方案阶段。管理方案包含了用以解决管理问题的措施及其实施计划。应急项目的复杂性管理过程中，管理方案具有明显的试验性质。由于有限理性的约束，管理者无法事先准确区分各种管理方案的优劣，只能先进行尝试，再根据效果来决定管理方案的取舍。具体地，"赛马""排除"和"试错"是试验管理方案的三种典型模式(见图 6-2)。这三种模式中，初始开发和同时实施的管理方案的数量有所不同，管理的复杂程度和可控程度也不相同。赛马模式下，管理主体有可能以更快的速度找到适宜的方案，但几个方案同时实施更具复杂性，如何控制、分离单个管理方案对系统的影响也存在很大的难度。相反，试错模式的过程可能更漫长，但管理的复杂程度较低，试验过程的可控度较高。

四是决策阶段。应急项目复杂性管理中的决策环节，包含了初始决策和跟踪决策两种情形。初始决策是在实施管理试验之前对备选方案的初步选择，跟踪决策则是根据管理方案试验的结果，进行进一步的评估与筛选。与管理方案的试验性质相关，复杂性管理的决策也具有一些重要的特点。首先，传统意义上的管理决策是从众多备选方案中选择一个，而复杂性管理中的决策，往往同时选择多个方案。其次，在决策时，管理者需要排除那些会给应急项目带来不可逆影响的方案。只有如此，在学习管理的过程中才能有改正错误的机会。否则，在管理者找到适宜的管理方案之前，应急项目可能已陷入难以解决的困境。

五是实施阶段。在管理方案的实施阶段，需重点关注应急项目的自组织突变性和变更管理。自组织突变性是复杂科学的概念，是指事物在自组织机制作用下突然发生的变化。在应急项目中，突发事件往往存在自组织突变性，表现为事件关键矛盾的非连续性变化。例如，2019 年的澳大利亚丛林大火，开始时只是普通的山火，但积累到一定程度后引发的大火迅速突破了人力所能控制的火灾范围，并引发雷暴等局部气候环境的变化，又进一步助长了火势。因此，如何有效地管控自组织突变性成为应急项目复杂性管理的重点。此外，由于管理者对应急项目认知不完备，以及内外部环境的变化，导致原有的管理方案往往需要根据实际情况进行调整，使得项目变更管理成为复杂性管理过程中的重要环节。

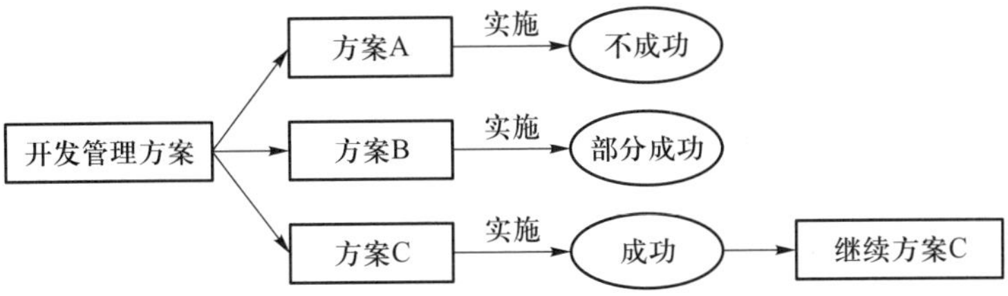

(a) 赛马

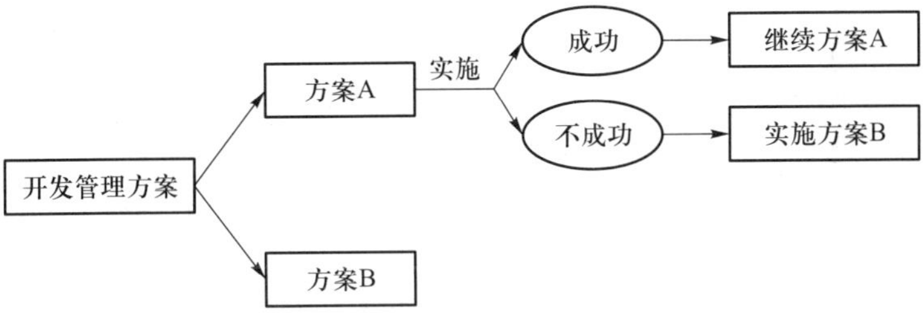

(b) 排除

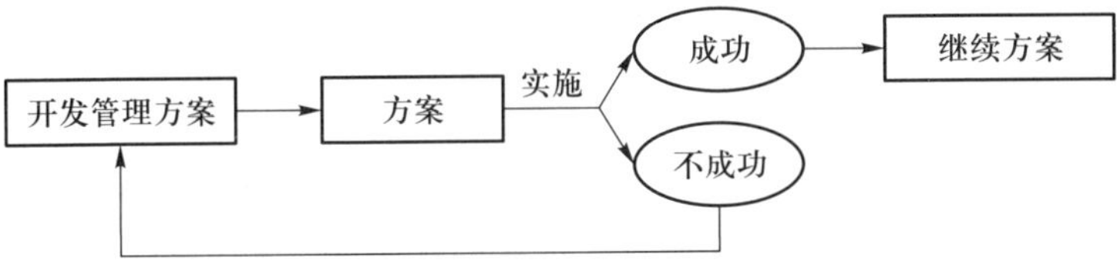

(c) 试错

图 6-2　管理方案试验的三种模式[4]

三、应急项目复杂性管理的“学习—行动”耦合

两个学习之环并不是独立运转的，而是存在紧密的耦合关系。某种意义上，对管理对象的学习是“知”的演化，对管理的学习则是“行”的演化，双环间的耦合是一种“知行合一”的关系。

首先，对管理对象的学习驱动着对管理的学习。如图 6-1 所示，“模型”是整个适应性管理的基础，影响着评估、识别管理问题、开发管理方案、决策等诸多环节。在修正模型的过程中，这些具体的管理步骤也会随之更新。

其次，对管理的学习反作用于对管理对象的学习。应急项目的演化，不仅是内外部环境变化的结果，同时也是管理干预的结果。对模型的修正，也不可避免地会受到管理干预的影响。这样，以评估环节为中介，对管理的学习也同时影响着对管理对象的学习。

第三节　应急项目复杂性管理的方法与工具

由于应急项目是一种介于混沌与结构间的复杂性项目，随着环境条件的变化，以及应急项目的开展，项目会在混沌和结构间转变，项目复杂性特征也会进行系统性的动态演化。从管理方法来看,面向传统项目的高度结构化的管理方法与工具不再适宜,需要采取既满足应急项目复杂性特征,又能有效应对应急项目复杂性的管理方法与工具。

一、应急项目复杂性管理方法

针对应急项目所具有的结构复杂性、技术复杂性、方向复杂性和渐进复杂性特征,基于情景分析的系统解剖方法、多方法串行和多方法并行是适宜的管理方法。

(一)基于情景分析的系统解剖方法

应急项目的管理过程中,灵活性与结构性的均衡是一个首先需要处理的问题。灵活性意味着管理者能够根据突发事件事态的变化,动态管理项目出现的新形势和新问题。结构性则要求管理者有一个相对清晰的行动框架,以便协调不同的相关利益主体和资源。基于情景分析的系统解剖方法能够有效地解决这一问题。

情景分析法的目的不在于对事件进行准确预测,而是创建可能出现的多种场景,据此采取应对措施。[5] 同时,随着事件的发生发展,情景不断演化,管理者必须动态调整应对方案。显然,在此范式下,首先需要准确把握事件情景演化的基本特征与模式,这是科学构建事件情景的前提,也是动态调整应对策略的基础。系统解剖方法是复杂项目管理的重要方法,主要通过对复杂项目进行自下而上的解剖,形成基本工作计划或举措,并进行迭代优化与集成。因此,情景分析与系统解剖方法在内在原理上具有相通之处,二者的融合将为应急项目的复杂性管理提供适宜的方法论指导。

具体而言,基于情景分析的系统解剖方法包括如下基本步骤。

一是情景分析。情景分析就是在当前的信息和认知状态下,对突发事件未来发生发展态势的预判。情景分析应当遵循如下原则:① 客观全面性,即能够客观全面地反映事件系统的各种可能状态;② 时变性,该情景分析方法应当能够敏锐地捕捉事件的动态变化;③ 可比性,即可以在不同情景之间进行比较,以判断情景变化的态势。

二是启发式"解剖"项目。启发式"解剖"项目是通过头脑风暴或专家小组的方式,自下而上地对应急项目进行分解。与传统项目的工作分解结构不同,启发式"解剖"项目是通过提出一系列问题,并在回答问题的同时产生新的问题,从而完成对应急项目的分解。

三是逐步完善项目实施计划。一方面,要根据启发式"解剖"的结果制定应急项目分领域管理的计划。由于启发式"解剖"是一个不断渐进的过程,分领域管理计划也需要由粗到细,不断完善。另一方面,要在分领域管理计划基础上制定动态集成计划。应急项目集成计划重点关注项目分解和分领域计划之间的相互依存关系。由于这种相互依存关系是不断深入和动态变化的,应急项目集成计划因而也具有了动态性。

(二)串行多方法论与并行多方法论

串行多方法论针对应急项目的方向复杂性,是多种应急项目管理工具交替使用的管理方法。从内在原理来看,串行多方法论以管理者对应急项目认知的渐进性为出发点,认为应急项目发生初期通常需要使用更具探索性的非结构化管理工具,随着对项目认知不断深入和信息不断完备,再转向使用更加结构化的管理工具。简言之,串行多方法论旨在帮助我们把具有方向复杂性的应急项目转变成能利用标准项目管理方法解决的简单项目。

并行多方法论针对应急项目的渐进复杂性,是旨在对多种项目管理工具进行平衡和整合的管理方法，重点是平衡灵活柔性的管理工具和高度结构化的管理工具。从应急项目的渐进复杂性角度来看，由于内外部诸多因素可能同时变化，应急项目总要面临众多必须选择的情况。因此，关注与应急项目稳定性有关的各方面发展变化，使用多种适宜的管理工具，并进行平衡和整合尤为重要。

二、应急项目复杂性管理工具

在具体开展应急项目的复杂性管理时，项目决策者需要认识到复杂性项目的类型、特征与演进阶段，利用复杂性管理工具开展应对。其中，复杂性地图是一种针对复杂性项目开展复杂性特征分析和管理的有效工具。通过对不同类型的应急项目进行分析，进一步分析应急项目在不同阶段的结构复杂性、技术复杂性、方向复杂性和渐进复杂性的演变，利用复杂性地图工具明确不同类型复杂性的高低程度的变化，采取具有针对性的应对措施。

（一）复杂性地图工具简介

复杂性地图是一种针对应急项目的复杂性特征，对其复杂性的演变过程进行分析的管理方法。当项目决策者在应急项目一开始就认识到其复杂性，应该使用复杂性地图这种项目管理工具。然后，随着项目的开展，在应急项目每个阶段的起始过程中，在每个控制路径中再次使用复杂性地图。

使用复杂性地图可对各种类型的项目复杂性分别进行讨论，从四个方面的复杂性特征出发，对复杂性程度的高低进行分析。项目决策者首先要对项目每个主要阶段的复杂性进行讨论，对项目的关键演进阶段进行识别和分析。由于随着时间推演，项目的各种条件在不断发生变化，各种类型应急项目的复杂性也会发生改变，需要围绕与结构复杂性、技术复杂性、方向复杂性与渐进复杂性四个方面相关的问题向相关领域专家提问，依据复杂性地图绘制的步骤绘制应急项目的复杂性地图。

应急项目复杂性地图分析工具如图 6-3 所示。

	低复杂性	中等复杂性	高复杂性
结构（相互联系要素数量）			
技术（未解决的技术问题）			
方向（模糊性/缺乏目标一致性）			
渐进（关键项目阶段时间推迟）			

图 6-3　应急项目复杂性地图分析工具示意

应急项目复杂性地图的绘制步骤主要包括以下八个：

(1) 快速召集项目决策者以及关键领域专家组建团队，对项目的复杂性做出预测和判断。

在应急项目的初始阶段快速响应,构建专业的多样化团队,形成多重知识网络,充分分析和预测项目复杂性的特征及其变化。

(2) 绘制基本的应急项目复杂性地图,对应急项目复杂性做出初步的判断。根据专家分析法、头脑风暴法、实地调研方法等初步绘制出项目复杂性地图。

(3) 解释不同类型的应急项目复杂性,根据应急项目特征与类型对项目复杂性地图的绘制与应用进行具体的说明。对复杂性的构成进行充分解释,罗列出复杂性的构成,分析复杂性的主要来源。

(4) 提出问题并针对每种类型的应急项目复杂性达成一致,更具体地从每种复杂性出发,列出相关问题进行具体的分析使得对复杂性分析达到一致。根据应急项目的类型、过去的经验和相关的资料等,罗列出针对性的相关问题,深入探讨复杂性的特征、类型与来源。

(5) 划分好层次并绘制出各层次的应急项目复杂性地图。对具体的复杂性程度进行评估,划分出多种因素影响下应急项目各阶段各种复杂性的程度并绘制项目复杂性地图。

(6) 在每种应急项目主要阶段重复上述过程,从而得到整个项目生命周期的复杂性地图,并随着项目发展以及环境条件变化不断进行迭代分析,更新后续项目阶段的复杂性地图。

(7) 在每一个应急项目主要阶段或在重大项目决策点开始时,需要根据应急项目的阶段及其新的演变路径不断优化决策。

(8) 使用项目复杂性地图做出决策后,根据复杂性地图进一步开展项目具体的管理,包括项目管理战略、项目治理结构、项目管理者的作用和职责,以及其他的项目管理内容,如各级项目应急预算和成本管理计划、项目资源配置、项目的进度管理、项目的沟通管理、项目的利益相关方和项目采购管理等。

(二) 几类应急项目复杂性地图

1. 自然灾害应急项目

自然灾害类应急项目管理指当人们所赖以生存的生态环境发生自然灾害时,为应对自然灾害造成或可能造成的严重社会危害而开展的应急项目管理,包括水灾、旱灾、气象灾害、海洋灾害、地震灾害、森林火灾、地质灾害和生物灾害等。自然灾害发生后,根据受到灾害影响的程度可以划分为特别重大应急项目、重大应急项目、较大应急项目、一般应急项目和不分级别的应急项目。级别越高,影响民众往往数量越多。我国自然灾害发生的频率高,影响广泛,具有区域性,同时具有一定的周期性和不重复性,因此,需要针对不同自然灾害事件开展内在复杂性特征的分析,做好自然灾害应急项目的管理。据统计,我国自然灾害以洪涝、风雹、地质灾害为主,森林火灾、地震、干旱、低温冷冻和雪灾等也有不同程度发生。2020 年上半年各种自然灾害共造成 4 960.9 万人次受灾,271 人死亡或失踪,91.3 万人次紧急转移安置;农作物受灾面积 6 170.2 千公顷;直接经济损失 812.4 亿元。因此,需要根据自然灾害的特征,分析自然灾害的内部联系性,解析复杂性变化过程。

不同类型的自然灾害,应急项目复杂性程度具有各自的特征,如强台风应急项目可预判性较好,但扩展速度较快,规模性较大,影响范围一般也较大,不过要素关联性中等,演化速度较低,性质单一,属于复杂性中高的大规模应急项目。地震救援应急项目,可预判性较差,演化速度和扩展速度一般也不高,基本性质较为静态,但由于规模性和要素关联性都比较大,且影响范围较大,这类项目属于比较复杂的应急项目。由于不同类型的自然灾害项目在发生后,外部环境在不断变化,内在要素也在外部环境影响中不断演变。在自然灾害的初期阶段、发展阶段,以及后续的灾后恢复的收尾阶段,项目各种类型的复杂性特征在不断地演变。需要在复杂性特征演变分析基础上,开展对自然灾害项目的治理。

首先,在自然灾害发生初期,由于信息的不完备性程度高,要素的构成难以全面分析,可能造成的社会影响往往比较复杂,项目结构复杂性程度高,在初期开展全面的预测和应对难度比较高。同时,项目初期往往涉及的利益相关主体多样且数量众多,需要开展大量的工作应对灾害减少损失。在应对自然灾害过程中,应急管理部会同自然资源部、水利部、农业农村部、气象局等部门对自然灾害的情况进行共同分析。在应对自然灾害过程中,各项工作之间往往存在复杂的相互联系,既包括可能在物资和人力资源等方面存在复杂相互关联,各利益相关主体的利益关注点、抗风险能力、对灾害应对及事后恢复与重建阶段的工作的影响力等各有不同,同时各项工作之间也存在复杂作用关系,项目存在中高程度的结构复杂性。

因此,在自然灾害发生的初期,以地震自然灾害项目为例,需要按照相应的步骤对该地震灾害项目的影响程度进行评估,在初始阶段项目的结构复杂性程度较高,技术复杂性程度较高,相对而言,方向复杂性和渐进复杂性程度较低。如图 6-4 所示。

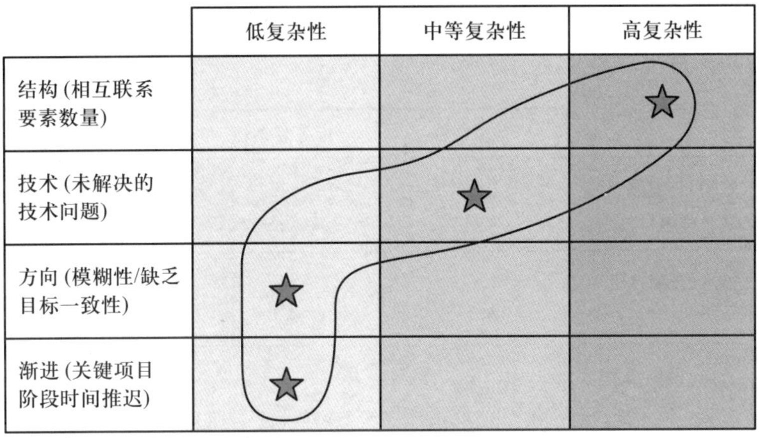

图 6-4 自然灾害应急项目的初始阶段复杂性地图举例

其次,随着自然灾害项目的发展,开展应急项目的治理过程中,由于应急项目方案存在各种技术方案的分析选择、技术的逻辑顺序的解决等,需要继续解决技术复杂性的问题。同时,由于应急项目发展阶段各项工作之间的复杂作用关系,还会导致项目计划和集成工作的复杂性,给项目计划工作造成困扰。此外,高度复杂的相互作用关系会导致项目的控制工作愈加困难,特别是在外部环境不确定性较高的情况下其对项目控制工作带来的挑战就更大。如项目各项工作可能因某项工作进度的调整而不得不停工等待,或者因某项工作对资源的占有导致其他工作无法获得必要的资源保障等。项目的技术复杂性程度会继续提高,方向复杂性也会提高。如图 6-5 所示。

最后,在自然灾害应急项目后续阶段,需要根据项目的进展对项目的复杂性进行重新评估,以事后恢复与重建为主。随着自然灾害应急项目的发展,各项工作间作用关系复杂性发生变化。灾后恢复阶段的各项工作并不是完全独立的,需要决策者充分考虑各项工作之间的相互作用关系,做好协同安排。这种工作之间的复杂关联关系,决定了应急项目事后恢复与重建阶段的集成

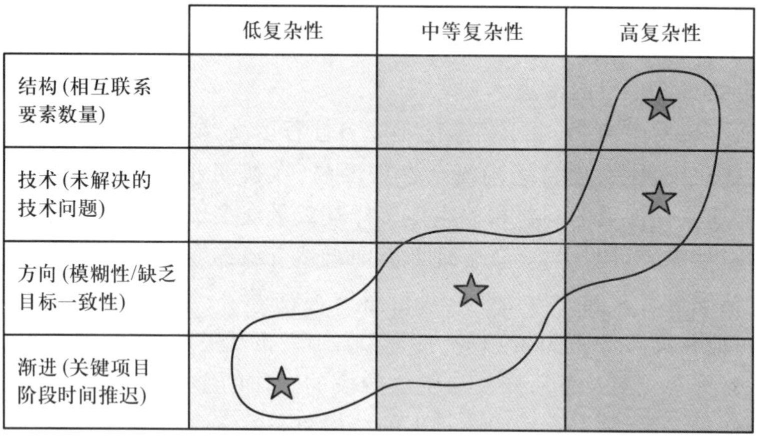

图 6-5　自然灾害应急项目的发展阶段复杂性地图举例

计划和管控工作面临巨大的挑战,使得自然灾害项目具有中等程度的技术复杂性。随着项目的开展,项目的复杂性会不断发生阶段性的变化。在自然灾害应急项目发展过程中,由于技术等条件限制,使得项目的关键阶段可能存在渐进性复杂性程度的提高,随着项目的控制会产生一定程度的方向复杂性与渐进复杂性。如图 6-6 所示。

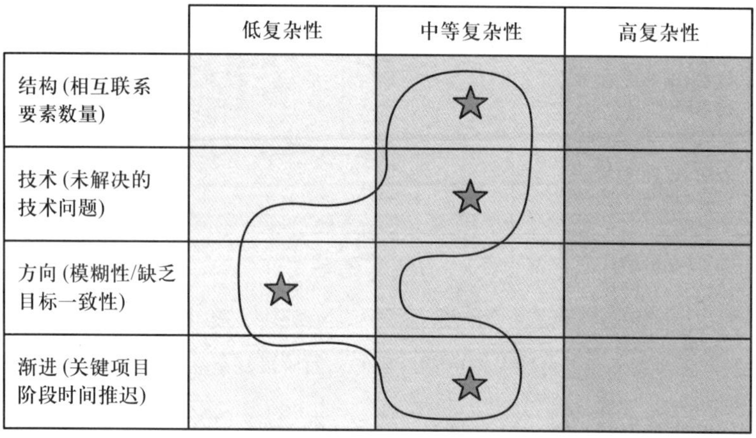

图 6-6　自然灾害应急项目的后续阶段复杂性地图变化举例

2. 事故灾难应急项目

这是指人们的生产和社会活动中由于人为因素(非自然因素)导致出现严重社会危害而开展的应急项目。事故灾难往往会迫使活动暂时或永久停止,并且造成大量的人员伤亡、经济损失或环境污染的意外事件。事故灾难应急项目包括环境生态灾难、交通事故、工业事故、公共场所事故、城市生命线事故、核辐射事故等。这种应急项目由事故所在地政府统一领导,相关企业或组织负有这类应急项目的实施和管理的分类责任。

不同类型的事故灾难应急项目的复杂程度不同,如一些交通事故、工程安全质量事故等应急项目,虽然可预判性差,但不管是演化速度还是扩展速度都比较慢,甚至会自行终止,规模性和要素的关联性一般也较低,影响范围也不大,属于复杂性较低的大规模应急项目。

首先，在事故灾难应急项目初期，项目的发生原因及要素构成程度属于中等复杂，此时，需要依据项目的类型和特征，快速组织应急活动，开展应急工作。对项目的构成要素进行分解以采取具体行动，快速组织应急资源，项目的结构复杂性程度会比技术复杂性等程度高。需要根据项目特征，以及应急预案选择适合的应急方案。如图 6-7 所示。

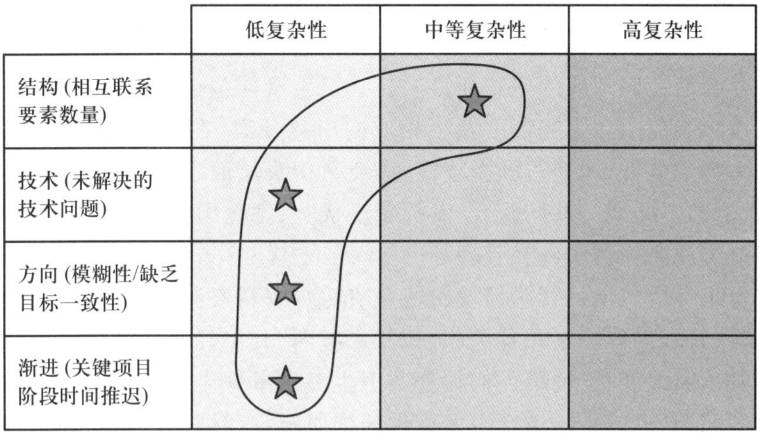

图 6-7　事故灾难应急项目的初始阶段复杂性地图变化举例

然而，某些事故灾难应急项目所处的环境不确定性高，当灾害发生后，无论是自然环境还是社会环境都在一定程度上受到了影响或破坏，导致灾害应对和后续恢复阶段的各项工作所面临的环境不可预测。如工业事故和核辐射事故等对自然环境或人类构筑物有破坏作用的灾害发生后，恢复阶段的各项工作不得不面临未知的基础设施；某些对人类生命或者企业生产造成影响的其他灾害，可能切断原有组织之间的联系或私人间的联系，造成大量的协调工作面临困境。此时，项目的结构复杂性、技术复杂性程度会更高，需要针对不同类型的项目对初始阶段复杂性特征进行评估和分析。如图 6-8 所示。

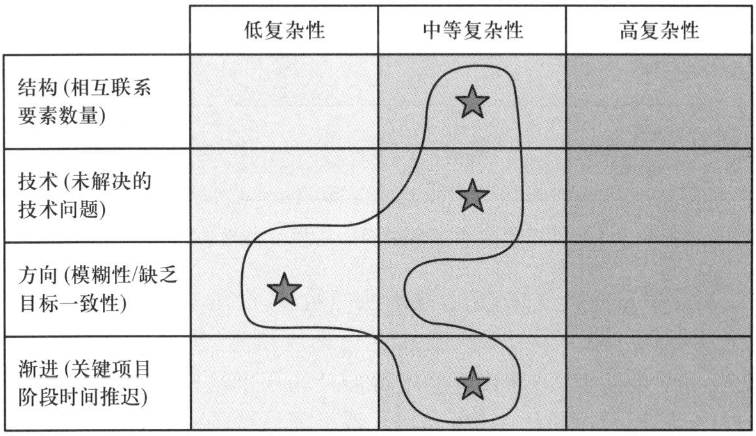

图 6-8　事故灾难应急项目的后续演进阶段复杂性地图变化举例

其次，随着项目的发展和过程演变，事故灾难演变会使得技术复杂性程度提高，如一些较严重的交通事故发生后，如何从技术上减少伤亡，采取最有效的技术方案；在项目的组织和协调过程中会存在一些管理技术等方面的挑战，如何快速有效地协调项目的人力资源、财务资源等多方面的资源，以及如何对项目的时间进行有效的安排等；在项目的开展过程中，会受到一些意外的无法预料的关键事件和关键阶段的影响，产生渐进复杂性。因此，在项目发生和后续演进过程中，项目的技术复杂性程度以及渐进复杂性程度提高。

3. 公共卫生应急项目

这是指在由于全国或某个地方的公共卫生出现危害人们生命和健康的突发事件而导致出现或可能出现严重社会危害而开展的应急项目。公共卫生事件包括传染性疫情、食物中毒等，这种应急项目根据事故影响范围和影响程度做出相应的应急预案，在不同级别设置不同层面的指挥部。对于应对重大突发事件，如新冠肺炎疫情，需要从中央层面出发，坚持党的集中统一领导、统一指挥，所在地政府和不同部门共同配合，发挥制度优势，举全国之力，具体由国家和地方公共卫生管理部门承担这类应急项目实施和管理。

公共卫生突发事件应急项目管理涉及对资金、信息、资料资源、社会舆论、社会治安等多方面的管理活动，而这些管理内容都是相互关联、相互影响的，其中具有难以预测的复杂的相互关系、巨大的信息量及其不断地变化，使得人们在公共卫生突发事件应急项目管理的开始阶段，会遇到项目结构复杂性的问题，也就是不清楚突发事件的应对范围和结构、需要开展哪些工作和需要得到什么样的结果。因此，在突发公共卫生事件初期，项目的结构复杂性程度比较高。同时，对于一些传染性疾病等，在初始阶段很难针对疾病的特征做出全面的了解和判断，治疗方案和措施需要在实验中不断完善，因此，技术复杂程度较高。如图 6-9 所示。

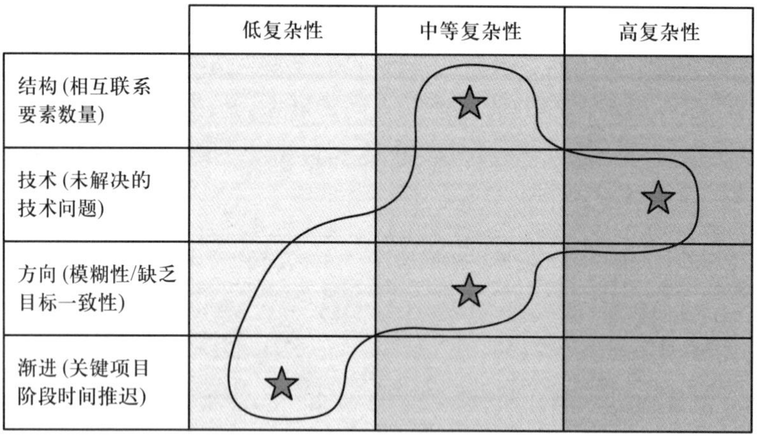

图 6-9　公共卫生应急项目的初始阶段复杂性地图变化举例

随着公共卫生应急项目演进变化，在后续的实施阶段，会进一步遭遇结构复杂性与技术复杂性的问题。如传染性疾病可能由于对后续发展变化难以预测，使得应急项目的发展变化方向难以预测，涉及的影响范围可能扩大，导致应急项目涉及的要素结构复杂性不断提高。在公共卫生应急项目演变过程中，要加强在初始阶段的控制，减少项目后续在演进过程中可能出现的结构复杂性。同时，在后续演进过程中知道该做什么但不清楚需要采取哪种技术和手段或者有没有这项技术。例如，针对传染性疾病，对于应对疫情扩展的治疗和控制扩散方案都存在模糊性和不明晰性，技术复杂性程度不断提高。因此，需要通过快速的迭代和实验，加强过程分析和过程研究，加快过程中信息迭代速度，降低技术复杂性。如图 6-10 所示。

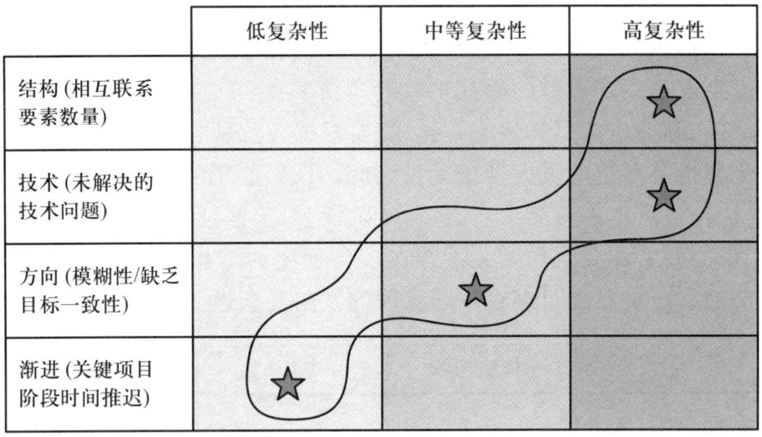

图 6-10　公共卫生应急项目的演进阶段复杂性地图变化举例

在应急项目后期，虽然由于信息缺口的缩小，应急项目管理本身的风险性有所降低，结构复杂性程度不断减低，但是，对于一些传染性疾病，病毒变异等外部环境中的不确定因素仍然存在，且有可能出现一些衍生性社会问题，因此存在方向复杂性和渐进复杂性，不到应急项目结束就无法摆脱这种复杂性。因此，公共卫生应急项目需要应用复杂项目管理的工具和办法来开展管理。如随着新冠肺炎疫情进一步扩散，结构复杂性程度降低，检测技术和治疗技术的复杂性程度降低，但是不同的利益主体可能存在不同的目标差异(经济目标、生命安全目标等)，如何平衡经济发展目标和生命健康安全目标，不同的利益主体会有不同的诉求等问题，使得项目的方向复杂性程度并不会明显降低。同时随着疫情进一步发展，疫情的拐点等难以预测，一些关键的时间点会出现推迟和反复变化，渐进复杂性程度提高。应急项目的控制甚至会出现与预期偏离，对于疫情的控制难度不断提高，渐进复杂性会相对提高，直到进入另外一个新的阶段。后续随着应急项目的演变，需要对应急项目的发展变化情况不断重新评估，对应急项目的复杂性程度的演变不断地开展评估。如图 6-11 所示。

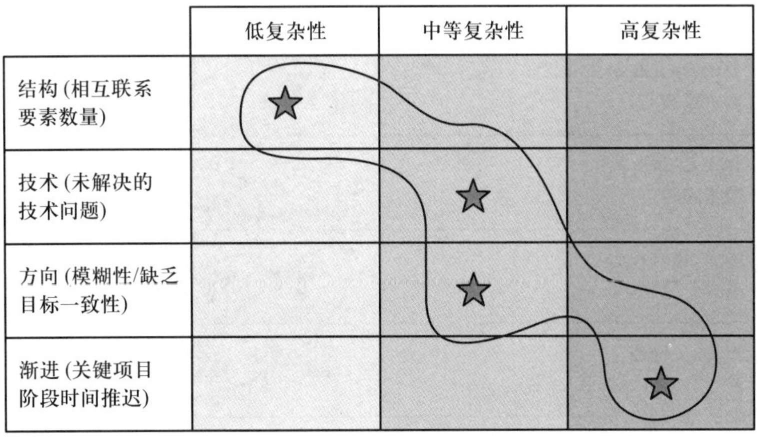

图 6-11　公共卫生应急项目的后期阶段复杂性地图变化举例

4. 社会安全应急项目

这是指在人们的社会活动中由于某种因素(包括国际因素)而导致出现严重社会危害所需开展的应急项目。包括重大刑事案件、恐怖袭击事件、经济安全事件、大规模群体事件等。这种应急项目由社会安全发生突发事件的所在地政府负责实施和管理。同样,不同类型的社会安全事件涉及的影响范围、利益主体多样性的差异,需要根据应急项目的特征分析复杂性程度高低与演变情况。一些犯罪情节严重的重大刑事案件,如致死或重伤的;爆炸、放火、决水、投毒致人重伤、死亡或造成财产损失严重的应急项目,在初始阶段,对于信息的掌握情况,涉及影响的范围等难以判断,事件内部的联系和要素作用关系存在较高程度的结构复杂性。解决方案目标也存在模糊性、冲突和不一致性,应急项目存在中等程度的方向复杂性。如图 6-12 所示。

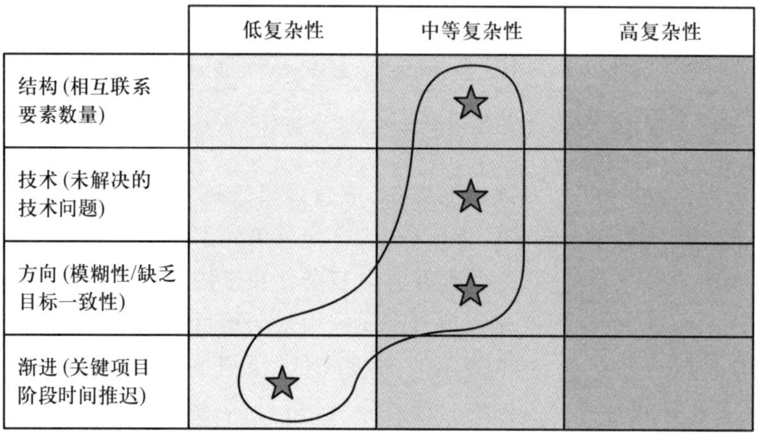

图 6-12　社会安全应急项目的前期阶段复杂性地图变化举例

随着社会安全应急项目的演进,在后续阶段中,如一些重大刑事案件,在开展刑事侦查过程中技术问题的复杂性程度高,涉及的相关要素的结构复杂性程度相对较高。同时,重大刑事案件关键阶段中存在一些难题和困难,在技术复杂性等共同作用下,使得项目的开展会受到关键阶段时间延迟等的影响,项目的渐进复杂性程度提高。如图 6-13 所示。

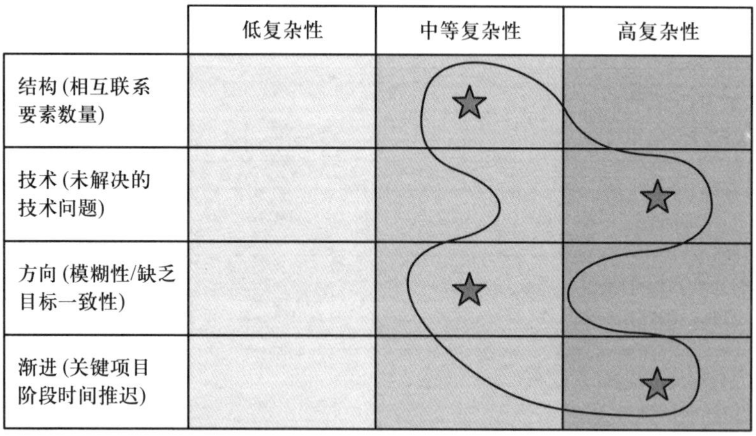

图 6-13　社会安全应急项目的演变阶段复杂性地图变化举例

本章小结

应急项目涉及大量要素和相关利益主体，是一个具有高度不确定性的复杂系统。如何应对复杂性是应急项目管理的难点。具体而言，应急项目具有结构复杂性、技术复杂性、方向复杂性和渐进复杂性四个方面重要特征。从复杂性思维的视角出发，应急项目的管理是一个适应性学习和适应性行动相耦合的过程，既要有一定的预案，又要根据项目发展变化动态调整管理活动，形成快速迭代的应对措施。基于这一思路，根据基于情景分析的系统解剖方法以及并行和串行多方法论，对复杂性项目进行系统化的分析，融合不同方法论开展复杂性项目管理。在上述分析基础上，复杂性地图成为应急项目复杂性管理的有力工具，根据复杂性项目特征、项目进展、情景等绘制四种类型应急项目复杂性地图，针对应急项目复杂性演变规律开展有效的管理。

复习思考题

1. 应急项目复杂性有哪些特征？举例说明不同类型应急项目复杂性体现出的独特特征。
2. 结合新冠肺炎疫情说明应急项目管理过程中如何有效开展适应性行动。
3. 什么是基于情景分析的系统解剖方法？举例说明如何利用该方法进行复杂性项目管理。
4. 说明复杂性地图应用的步骤。选择一个复杂性项目为例，绘制复杂性地图。

即测即评

参考文献

1. 戚安邦.项目管理学.北京：科学出版社，2007.

2. Kaye Remington，Julien Pollack.复杂性项目的管理工具.戚安邦，等，译.天津：南开大学出版社，2011.

3. 杨伟，李乐.协同创新组织的适应性管理：方法论建构的视角.自然辩证法研究，2014，30(12).

4. R A C，J F J，L P K，et al. Adaptive Management for a Turbulent Future. Journal of Environmental Management，2011，92(5).

5. Postma T J B M，Liebl F. How to Improve Scenario Analysis as a Strategic Management Tool?. Technological Forecasting & Social Change，2003，72(2).

第七章　应急项目的全面集成管理

在中国的学术或学派中有“集大成者”之说，所谓“集大成者”就是指使事情各方面的合理配置关系得以实现的工作。应急项目的全面集成管理就是应急项目管理中的“集大成者”，而如果不能有效实现这种“集大成者”就会使应急项目管理出现各种问题或面临管理失败。应急项目管理的失败大多数是由于应急项目各方面的合理配置关系的集成不当造成的，因此，人们在应急项目计划和应急项目变更（这等于应急项目再计划）中必须努力实现应急项目各要素之间的合理配置关系，并进行应急项目的全面集成管理。

应急项目全要素集成管理指的是应急项目的目标要素、风险要素和资源要素的全面集成管理，是指在应急项目全过程中所包含的项目阶段和项目工作的全过程集成管理（详细请见第二章），以及通过应急项目全团队集成分配给具体应急项目相关利益主体的具体目标要素、风险要素和资源要素的全面集成管理。

第一节　应急项目目标要素与风险要素的集成管理

应急项目目标四要素集成管理是指将应急项目的范围、时间、质量与成本四类目标要素按照集成管理的思想与方法加以管理的过程。按照我国《突发事件应对法》的相关规定，各级政府在面对突发事件时，必须首先确认社会危害程度与影响范围等因素；“有多种措施可供选择的，应当选择有利于最大程度地保护公民、法人和其他组织权益的措施”，也就是说，应急项目管理的范围目标在于最大程度地保护公民、法人和其他组织权益，这就为应急项目管理中的范围目标管理提供了直接的指导原则。同时，也为应急项目的全要素集成管理提供了要素配置关系与集成管理方法。

然而，仅仅进行应急项目目标要素集成管理对于成功进行应急项目管理还远远不够，因为应急项目的风险要素对应急项目的目标要素存在着直接的关联关系或因果逻辑关系，应急项目风险要素的后果会直接作用于应急项目的范围、质量、时间和成本中某个或多个目标要素，进而影响应急项目管理的成败。因此，如果应急项目的风险要素与目标要素二者不进行全面而有效的集成管理，应急项目管理成功最终会沦为一句空话。

一、应急项目风险要素与目标要素集成管理内容

应急项目风险要素与应急项目目标要素的集成管理主要包括三方面的内容。

（一）应急项目风险要素与目标要素的集成计划

在应急项目目标要素计划过程中，必须集成应急项目风险要素对目标四要素的影响，应急项

目管理人员必须在确定应急项目目标要素时，考虑到各种应急项目风险要素的发生后果的限制和约束条件。

在应急项目范围要素的计划和安排中必须包括应急项目风险要素的应对措施和监控措施等方面的应急项目管理工作，这就是为什么在应急项目范围目标要素的计划中必须考虑各种应急项目假设条件（项目风险要素的约束）的根本原因。在应急项目时间要素的计划和安排中也必须包括应急项目风险要素的应对措施和监控措施等方面工作所需的时间，这就是为什么在应急项目时间目标要素的计划中会有"松弛时间"或"浮动时间"安排的根本原因。在应急项目成本要素的计划和安排中也必须包括应急项目风险要素的应对措施和监控措施等方面工作所需资源而造成的应急项目成本，这就是为什么在应急项目成本目标要素的计划中必须包括应急项目风险费用和不可预见费或管理储备的根本原因。同理，在应急项目质量要素的计划安排中就必须考虑应急项目风险要素对于应急项目质量目标的影响，这就是应急项目质量目标要素中存在"质量公差带"或"质量变动容忍区间"的根本原因。严格意义上来讲，上述都是应急项目目标要素集成了应急项目风险要素所形成的应急项目结果，所以二者的集成管理内容首要的是应急项目目标要素和风险要素的集成计划。

（二）应急项目风险要素与目标要素的集成控制

在应急项目目标要素和风险要素的集成计划的基础上，人们还必须在这种二者集成的应急项目计划实施过程中开展好对于应急项目目标要素和风险要素的集成控制。显然，应急项目风险要素发展变化的监督与控制（监控）和各项应急项目风险要素发生和发展的应对措施的施行属于这方面的管理工作；在整个应急项目的实施和管理过程中，应急项目各方面的环境与条件发生、发展和变化后，人们在一个新的项目阶段必须再次进行应急项目风险要素的评估；要根据应急项目风险要素评估的新结果，去调整应急项目目标要素的计划和安排，这些也都是应急项目风险要素和应急项目目标要素集成控制的内容。其中，如果再次进行应急项目风险要素评估得到的结果会给应急项目目标要素计划或安排带来全面颠覆性的影响，就不能去调整应急项目目标要素的计划和安排，而必须开展应急项目目标要素和应急项目风险要素的集成变更管理工作了。

（三）应急项目风险要素与目标要素的集成变更

在应急项目目标要素受应急项目风险要素的影响而必须进行全面修订的时候，人们就必须开展应急项目风险要素与目标要素的集成变更管理了，而不能仅仅去调整应急项目目标要素中某些要素的计划和安排。

这种应急项目风险要素与目标要素的集成变更，实质上是二者的再次集成计划和安排，这也是一种应急项目"非零起点"的风险要素与目标要素的集成计划与安排。因为在这个变更时点之前已经发生过或已经消失的应急项目风险要素，都已经成为既成事实。并且，这些既成事实已经是人们开展这二者集成变更的依据和出发点。因此，应急项目风险要素与目标要素的集成变更管理，必须对这个变更时点以后的应急项目风险要素进行再次评估。然后，根据最新的评估结果去做好变更时点以后的应急项目目标要素和风险要素的集成计划和安排。也就是说，此前应急项目集成计划的各种假设条件已经发生了改变，某些假设条件已经不存在了，或者，某些条件已经发生了改变，此即应急项目目标要素计划与安排的约束和限制条件发生了变化，而人们就必须根据这种变化去做好应急项目风险要素与目标要素的集成变更管理。

二、应急项目风险要素与目标要素的合理配置模型

应急项目风险要素和目标要素的集成管理内容都是为了一个目的，即努力做好趋利避害从而去实现应急项目的管理价值最大化或者灾害损失最小化。因此，应急项目风险要素和目标要素集成管理存在一个根本原则，即，努力按照居安思危的备灾原则使得应急项目能够实现“凡事预则立”的项目目标。而实际上，人们独立地去管理应急项目的风险要素是没有实质意义的。因为人们管理应急项目风险要素的根本目的是获得应急项目的目标要素，所以人们必须按照应急项目的目标要素与风险要素的合理配置关系，使用应急项目集成管理方法对二者进行有效的集成管理。

（一）应急项目风险要素与目标要素的合理配置关系模型

同前述类似，应急项目目标要素与应急项目风险要素的合理配置关系也可以使用几何图形的描述方法给出。图 7-1 给出了应急项目目标四要素与应急项目风险要素之间合理配置关系的几何图形描述。其中，应急项目目标四要素合理配置关系已经在第三章进行了详尽讨论，在此不再赘述。本节重点讨论图 7-1 中的虚线部分所代表的应急项目风险要素对其目标要素的影响，以及应急项目风险要素与目标要素之间的合理配置关系。[①]

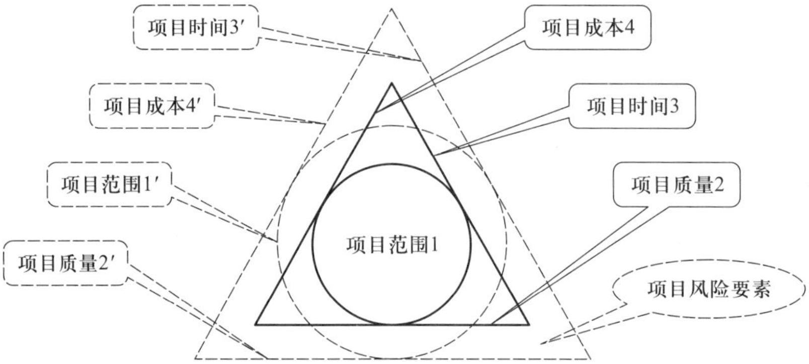

图 7-1　应急项目的风险要素与目标要素的合理配置关系模型

（二）应急项目目标要素须涵盖应急项目风险要素的影响

由图 7-1 可知，应急项目的目标四要素和应急项目风险要素的合理配置的根本在于目标要素必须涵盖风险要素的各种潜在影响。因此在图 7-1 中，应急项目目标四要素的实线部分表示没有涵盖应急项目风险要素影响下的目标四要素集成管理的配置关系，而图 7-1 中应急项目目标四要素的虚线部分则代表涵盖了应急项目风险要素影响下的目标四要素集成管理的合理配置关系结果。[②]

此时，应急项目的范围目标要素在实线和虚线之间的部分就是应急项目风险要素对于范围目标的影响结果。也就是说，由于现存的应急项目风险要素影响，使得人们在对应急项目范围要

① 应急项目管理的资源要素约束主要取决于应急管理相关法律法规规定的各级政府的应急储备。

② 在讨论应急项目管理风险要素与目标要素之间的配置关系时，可将资源要素约束融入应急项目风险要素之中，故而此处假设应急项目的资源要素没有硬约束或强约束。

素的计划和安排中考虑或涵盖了风险要素对于应急项目范围造成的波动情况。同理,应急项目风险要素也会导致应急项目其他三个目标要素发生相应的变化。而且,应急项目风险要素只要会影响应急项目四个目标要素中的任何一个发生变化,就势必影响其他三个目标要素的变化,正所谓“牵一发而动全身”,应急项目目标四要素都必须重新集成,以获得它们之间新的合理配置关系。

(三)应急项目风险要素与目标要素的优先序列

在图 7-1 中虚线所描述的应急项目目标四要素的合理配置关系中,应急项目目标四要素的优先序列发生了一个变化,即在没有涵盖应急项目风险要素影响之前的项目目标四要素的优先序列是:范围第一、质量第二、时间第三、成本第四。但是在涵盖了应急项目风险要素的影响之后,应急项目目标四要素的优先序列是:范围第一、质量第二、成本第三、时间第四。这表明:在没有涵盖应急项目风险要素影响之前,应急项目的时间目标要素比成本目标要素重要,但是,在涵盖了应急项目风险要素影响之后,应急项目成本目标要素比时间目标要素重要。究其原因,在于应急项目风险要素对应急项目成本目标要素的影响更大或更严格,从而导致了应急项目的成本和时间两目标要素之间优先序列出现了改变。

这种应急项目风险要素导致应急项目目标要素优先序列发生变化的情况,是人们开展应急项目目标要素和应急风险要素集成的关键所在。因为应急项目风险要素是应急项目目标四要素的约束条件之一[①],所以,是否涵盖应急项目风险要素的影响,对于确定应急项目目标要素的优先序列至关重要。换言之,防疫应急项目中,“用空间买时间”或者“用时间换生命”的应对策略,再或者“一方有难,八方支援”的协同方略,其实质是,任何应急项目目标四要素之间的合理配置关系及其优先序列,可以根据应急项目风险要素及其影响发生转化或者人为换位。然而,这种转化或者换位,必须是按照应急项目目标要素所受的应急项目风险要素和资源要素的约束条件与科学逻辑进行,而不能任意调整。

三、应急项目风险要素与目标要素的集成过程模型

应急项目目标要素与应急项目风险要素的合理配置关系,是应急项目环境与约束条件的客观存在和应急项目相关利益主体的主观意愿相结合的产物,是通过人们开展应急项目风险与目标要素之间的集成计划和安排之后得到的。

(一)应急项目风险要素与目标要素的集成过程模型

图 7-2 给出了涵盖应急项目风险要素影响和目标四要素之间科学集成的过程模型。

由图 7-2 可以看出,在涵盖了应急项目风险要素的影响之后,应急项目目标四要素也是按照两两分步集成管理的方法,去获得项目目标四要素之间的合理配置关系。而值得注意的是,图 7-2 中虚线框中的应急项目目标四要素是涵盖了应急项目风险要素影响之后的状态,而图中各个标号标注的箭头代表的就是要素两两集成管理的步骤,此即应急项目风险要素与日标要素的集成过程模型。

---

① 另一种约束条件是应急项目的三类资源要素。对于各类应急事件,应急项目资源要素约束取决于国家应急储备和地方应急储备。

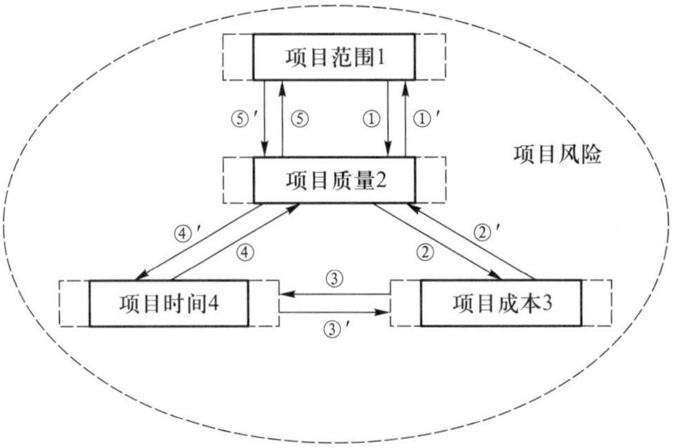

图 7-2　应急项目风险要素与应急项目目标四要素的集成过程模型

（二）应急项目风险要素与目标要素的集成过程

图 7-2 给出了涵盖应急项目风险要素影响的项目目标四要素的集成管理过程，此即应急项目风险要素与目标要素的集成过程。具体集成过程如下所述。

1. 确定出应急项目风险要素对应急项目目标四要素的影响

在图 7-2 中，每个应急项目的目标要素都有实线部分和左右两边的虚线部分，这些虚线部分描述的就是应急项目风险要素对目标要素造成的潜在影响或结果改变。其中，应急项目的范围目标要素的虚线部分是应急项目风险要素带来的范围波动的幅度影响。同理，应急项目质量目标要素的虚线部分是应急项目风险要素带来的质量变动的程度影响，应急项目时间目标要素的虚线部分是应急项目风险要素影响带来的浮动时间的大小变化，而应急项目成本目标要素的虚线部分是应急项目风险要素影响带来的成本裕量的规定。

2. 确定应急项目目标要素的优先序列

这是因为涵盖了应急项目风险要素影响以后应急项目目标要素应有的优先序列安排，与最初未涵盖应急项目风险要素影响的目标要素优先序列可能有所不同。在图 7-2 给出的项目目标要素优先序列中，应急项目范围目标要素仍占首位，随后依次是质量、成本和时间的目标要素；与没有涵盖应急项目风险要素影响时的目标要素优先序列相比，此处应急项目时间和成本目标要素的优先序列发生了变化，而这恰恰是应急项目风险要素影响所造成的目标要素优先序列变动。

3. 使用两两分步集成方法去集成应急项目目标四要素

如图 7-2 所示，涵盖了应急项目风险要素影响以后的各目标要素同样需要按照每两个要素分别集成，并从标号为①和①′的第一步集成工作，逐步地集成到标号为⑤和⑤′的第五步集成工作。有时，甚至还需要循环开展应急项目风险要素与目标要素的集成过程。需要特别说明的是，所谓应急项目风险要素和应急项目目标要素的集成管理，并非单独将应急项目风险要素与应急项目目标四要素直接集成，而是在每个应急项目目标要素受到了风险要素的影响之后，将涵盖了应急项目风险要素影响的应急项目目标要素进一步集成，以获得应急项目目标四要素之间的合理配置关系，最终实现应急项目风险要素和应急项目目标四要素的全面集成管理。

（三）应急项目风险要素对应急项目目标四要素影响的确认方法

由图 7-2 中可知，在涵盖应急项目风险要素影响下应急项目目标四要素的集成过程模型中，人们首先要找出应急项目目标四要素的确定性部分和不确定性部分,也就是图 7-2 中各应急项目目标要素的实线部分和虚线部分。即使用概率与数理统计的概率分布分析或社会统计学中三点估计等方法去确认应急项目风险要素的具体影响效果,具体如图 7-3 所示。

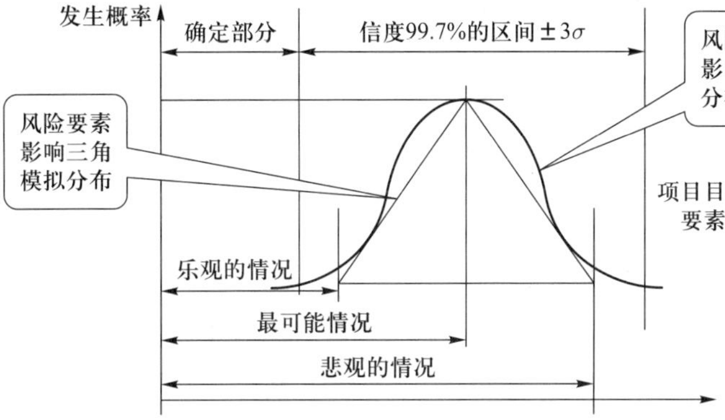

图 7-3　涵盖应急项目风险要素影响的项目目标要素概率分布

由图 7-3 可以看出,按照应急项目风险的概率分布分析,涵盖了应急项目风险要素影响的应急项目某个目标要素的概率分布(其分布可以是正态分布,也可以是 β 分布等)。这种应急项目目标要素的正态分布曲线左边的部分是应急项目目标要素的确定性部分,而受到应急项目风险要素影响的是按照变化取这种分布标准差的 $\pm k\sigma$ 给出的应急项目目标要素区间。因此涵盖了应急项目风险要素影响的目标要素的最终结果有 $P\{|X-\mu|<k\sigma\}$ 的可能性会落入此正态分布的区间,这就是在应急项目风险管理中所使用的 $2k\sigma$ 法。① 实际上,图 7-2 中给出的应急项目目标四要素的左右虚线部分表示的就是 $\pm k\sigma$ 的分布范围。

而在现实应急项目管理的实施中,概率与数理统计学的正态分布理论与计算往往过于复杂,所以在美国国防部创建的项目计划评审技术(Project Evaluation and Review Technique,PERT)中使用三角模拟分布,替代了正态分布计算,以便简化计算和方便使用。这就是图 7-3 中的三角形,以及代表三角形分布情况的"乐观的情况""最可能情况"和"悲观的情况"三组数据。从图 7-3 中可以看出,三角形和正态分布曲线之间的差异并不大,这就意味着,使用图中的三角形去代替或代表正态分布曲线,对于应急项目决策而言,其所损失的信息量很小。而按照信息科学的理论,同一事物的两种描述方法只要信息贡献度大于 80%,人们就可以使用简化描述的方法作为复杂描述方法的替代。综上,人们就可以使用式 7-1,去计算应急项目目标要素的期望值(或叫平均值)以及应急项目目标要素在乐观、最可能和悲观的情况下的三点分布描述了。

$$期望值=\frac{乐观值+4\times最可能值+悲观值}{6} \tag{7-1}$$

四、应急项目风险要素与目标要素的集成管理方法

应急项目风险要素与目标要素的集成管理关键体现在如何对应急项目风险要素进行应对、

① $P\{|X-\mu|<k\sigma\}$ 的取值可根据正态分布数值表直接获得。例如,当 $k=1$ 时,$P=68.27\%$;当 $k=2$ 时,$P=95.45\%$;$k=3$ 时,$P=99.73\%$。与之对应的简约管理方法,一般被称为 6 SIGMOD 法。

控制与监督三个方面，因此应急项目风险要素与目标要素的集成管理方法来源于此。

（一）应急项目风险要素与目标要素集成管理的基本方法

应急项目风险要素与目标要素的集成管理工作中最重要的目标，就是努力避免由于应急项目风险要素可能造成的应急项目各种损失或灾难，其实质是做好应对、控制与监督项目风险要素带来的诸多影响的管理工作，以使得应急项目的目标四要素得以实现。有关应急项目风险要素和应急项目目标要素集成管理的理论方法，可用式 7-2 加以描述。

$$RM=P\div L \tag{7-2}$$

式中：RM 是指应急项目风险要素与目标要素集成管理的效果；

P 是指应急项目风险要素发生概率的信息完备性；

L 是指应急项目风险要素的损失影响。

根据式 7-2，应急项目风险要素和目标要素集成管理的基本方法有两种：

1. 使 P 增大的方法

任何应急项目风险要素都是由于缺乏相关信息造成的，而且结果就是导致应急项目目标四要素无法按起始决策计划达成（无论好坏），因此应急项目风险要素与目标要素集成管理的第一种基本方法是通过收集、加工、处理和使用相关信息，以弥补关于应急项目风险要素发生概率分布情况的信息缺口，提高应急项目风险要素发生概率的信息完备性，从而确保应急项目目标要素能够按照或超越起始决策计划而得以实现，即通过增加信息资源、提高有效信息量去做好这方面管理的方法。

2. 使 L 减小的方法

任何应急项目风险要素的影响就是造成应急项目的风险损失，这种风险损失可以表现为应急项目范围扩大，应急项目时间紧张，应急项目成本增加，或者应急项目质量降低。因此，应急项目风险要素与目标要素集成管理的第二种基本方法是努力降低或消减应急项目风险要素带来的各方面损失，从而确保应急项目目标要素能够按照起始决策计划，甚至超越起始决策计划得以实现。

（二）应急项目风险要素与目标要素集成管理的监控方法

从应急项目风险要素和应急项目目标要素集成管理的监督与控制角度出发，人们还必须计划、安排和实施有关的各种应急项目风险要素影响的监控方法。这是上一节中第一种基本方法衍生出来的应急项目风险要素与目标要素的集成管理方法，即通过收集、加工和利用相关信息去集成管理应急项目风险要素和项目目标要素的方法。本节将围绕“应急项目风险要素对目标要素的影响”之监控的概念、目标、依据、流程与方法等方面展开论述。

1. 应急项目风险要素对目标要素影响的监控概念

这是指在整个应急项目过程中根据应急项目的风险管理计划去监督和控制应急项目风险要素及其对应急项目目标要素影响的管理流程或活动。这是建立在应急项目风险的阶段性、渐进性和相对可控性特征基础之上的一种应急项目风险管理流程或活动。实际上，应急项目风险要素及其影响是不断发展和变化的，人们必须监控这种发展与变化，并随机应变地发挥主观能动性去控制或改变它们，使应急项目风险要素及其影响更加有利于应急项目总体目标的实现。这种应急项目风险要素及其影响的监控管理过程是一个不断认识应急项目风险要素及其影响，不断修订和采取应对措施而改变应急项目风险要素影响的迭代式管理过程。因此应急项目风险要素及其影响监控管理的主要内容包括:监控应急项目风险要素发展之变化、监控应急项目风险发生征兆、采取各种风险应对措施、处理已发生应急项目风险事件的拥挤、管理和使用项目不可预见费用等。

2. 应急项目风险要素对目标要素影响的监控目标

监控目标主要有三个:一是及早发现应急项目风险要素发生的征兆,这是开展应急项目风险要素影响监控的首要目标;二是努力避免应急项目风险要素灾难性影响的发生,即积极采取各种应对措施从而避免应急项目风险要素造成的损失;三是充分吸取应急项目风险要素及其影响管理的经验与教训,从而为应急项目后续管理阶段服务。

3. 应急项目风险要素对目标要素影响的监控依据

这方面的依据主要有三个:一是应急项目风险要素识别与度量的结果,即在开展应急项目风险要素对目标要素影响的监控之前人们对于应急项目风险要素的相关认识;二是应急项目风险要素与目标要素集成管理的计划安排,因为所有应急项目风险要素及其影响的监控工作都是依据这种应急项目风险要素与目标要素集成管理计划开展的;三是此前应急项目风险要素及其影响的实际发展变化情况,因为任何应急项目风险要素都是不断发展变化的,所以人们此前对于应急项目风险要素及其影响的认识也是应急项目风险要素及其影响的监控工作的出发点和最重要依据之一。

4. 应急项目风险要素对目标要素影响的监控流程与方法

应急项目风险要素对目标要素影响的监控是按照一定管理流程和方法进行的。其管理流程包括:一是建立应急项目风险要素及其影响的监督控制体制,包括制定有关应急项目风险要素及其影响的监控方针、程序和管理体制等方面的工作。二是建立关于应急项目风险要素及其影响的监督的计划安排,包括制定应急项目风险要素及其影响的监督时点、周期和频度,控制应急项目风险要素影响发展变化的具体任务等。三是确定和安排应急项目风险要素及其影响的监控责任,即将所有需要监控的应急项目风险要素及其影响都落实到具体负责的组织和人员,并要规定他们所应负的具体责任。四是根据计划安排和责任分配去开展应急项目风险要素及其影响的监控管理工作,此时人们必须监督应急项目风险要素及其影响的实际发展变化情况,并不断地控制应急项目风险要素对目标要素的影响,从而实现应急项目风险要素及其影响均处于受控状态的既定目标。

(三) 应急项目风险要素与目标要素集成管理的应对方法

经过应急项目风险要素识别和度量并确定应急项目风险要素对其目标要素的影响情况以后,人们必须从应急项目风险要素和目标要素集成管理的角度去计划和安排并实施有关的各种应急项目风险要素影响的应对方法,即消减应急项目风险要素对应急项目目标要素的负面影响或后果的应对措施。

1. 应急项目风险要素负面影响的规避措施

当应急项目风险要素对应急项目目标要素的负面影响过大时,一旦应急项目风险要素的负面后果出现人们根本无法承受的情况,人们就应放弃使用有风险的应急项目资源、项目技术等,从而避开应急项目风险要素的负面影响。例如,在防洪应急项目中,现在已经被公认为好的应对措施是"在疏不在堵"。

2. 应急项目风险要素负面影响的容忍措施

这是人们针对那些应急项目风险要素的发生概率很小，且应急项目风险要素的影响后果的严重程度较低时，所采取的一种应急项目风险要素影响的应对措施，如顺其自然或静观其变。但是，值得注意的是，不同的人和组织因资源和能力等方面不同，对应急项目风险要素影响的容忍程度是不同的，人们必须合理地确定自己所能容忍的应急项目风险要素影响程度。

3. 应急项目风险要素负面影响的转移措施

当应急项目风险要素对应急项目目标要素的负面影响过大时，一旦应急项目风险要素的负面后果出现人们根本无法承受的情况，人们就应尝试采取战略性转移措施。如在防洪应急项目中，依据洪峰的评估结果，对泄洪区居民、物资等进行转移安置。

4. 应急项目风险要素负面影响的消减措施

这类应急项目风险要素负面影响的应对措施主要是应对无预警信息应急项目风险要素的负面影响的管理措施。因为人们对无预警信息项目风险要素的负面影响，只能采取救人救火之类的项目风险要素负面影响的消减措施。例如，地震就属于无预警信息的项目风险要素，在人们不清楚这种应急项目风险要素发展进程与何时发生的情况下，这种应急项目风险要素很快从潜在阶段到发生阶段并立即进入了应急项目风险要素负面影响的后果阶段，此时“救人救火”就成了消减应急项目风险要素负面影响的根本应对措施。

5. 应急项目目标要素的集成计划措施和方法

应急项目目标要素的集成计划措施和方法的关键在于将应急项目风险要素的灾害影响，在计划阶段就安排和集成到相应的应急项目目标要素之中，从而实现了应急项目这两大类要素的全面集成。这是针对应急项目风险要素负面影响所作用的目标要素（如项目成本目标要素），在该应急项目目标要素的集成计划和安排中增加相应的资源储备（如增减项目成本的风险储备），以确保应急项目总体目标实现的措施和方法。例如，应急项目范围目标要素中设计出范围弥散的幅度，应急项目成本目标要素中增加风险储备资金，应急项目时间目标要素会包含松弛时间，或者应急项目质量目标要素会出现允许波动范围等，都是为应对应急项目风险要素的灾害影响而采取的集成计划措施和方法。

第二节　应急项目资源要素与风险要素的集成管理

应急项目资源要素及其与目标要素之间的合理配置关系已经在第四章中做过讨论，但没有深入讨论应急项目资源要素与风险要素之间的相互关系及其合理配置关系，以及二者的集成管理，因此本节将专门讨论应急项目的信息、人力、劳力和物力等资源要素与应急项目风险要素之间的关系及其集成管理。

一、应急项目资源要素与风险要素的合理配置关系模型

如果针对每个应急项目资源要素与应急项目风险要素的配置关系分别进行讨论，那么应急项目风险要素与其资源要素之间的合理配置关系见图 7-4。由图 7-4 可知，应急项目资源要素可被归为三类：一是应急项目信息资源；二是应急项目人力资源；三是应急项目劳力和物力等资源。应急项目的三类资源要素与其风险要素的配置关系如图 7-4 所示。

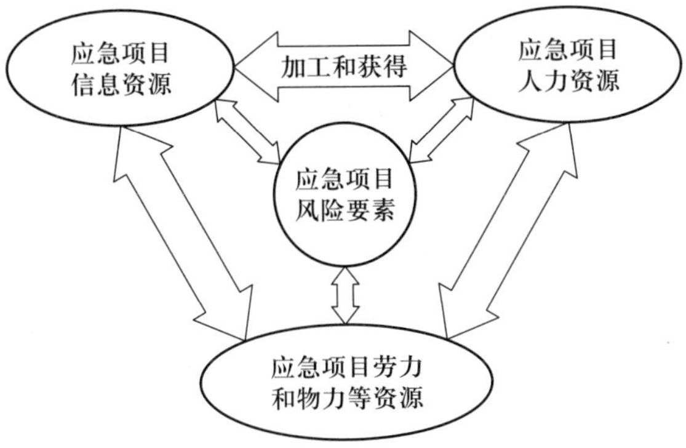

图 7-4 应急项目风险要素与资源各要素之间合理配置关系模型

二、应急项目信息资源要素与风险要素的合理配置关系

由图 7-4 可知，应急项目信息资源要素与应急项目风险要素是紧密相关和互为因果的关系，即应急项目风险要素是由于缺乏应急项目信息而导致的（如前所述），因此只要增加应急项目信息资源就能够改变应急项目风险要素的完备性程度，并准确预测应急项目风险后果的影响。因为随着应急项目信息资源逐步增加和应急项目信息缺口不断弥补，人们对于应急项目风险要素发生与否更加清楚，进而对于应急项目风险损失的结果更加清楚，人们就会更加科学地去应对应急项目风险，即人们就可以更加精准地去消减应急项目的风险损失。因此对于应急项目风险要素而言，应急项目信息资源越充足越好，这就是应急项目信息资源要素与风险要素的相互关系。

三、应急项目人力资源要素与风险要素的合理配置关系

由图 7-4 可知，应急项目人力资源要素与其风险要素也存在紧密的直接关联关系，又有间接关联的相互关系（见图中应急项目人力资源要素引出的两个箭头）。其中，应急项目人力资源要素与其风险要素之间的紧密的直接关联关系，主要是指所有应急项目风险要素的应对措施制定和实施都是由应急项目人力资源要素主导和开展的，应急项目人力资源借此去增加应急项目的确定性。同时，应急项目人力资源要素与其风险要素之间的相互关联又是通过应急项目信息资源要素去实现的，因为所有的应急项目信息资源都是由应急项目人力资源获得、加工并用于应急项目风险的应对。值得说明的是，即使在缺乏应急项目信息资源的情况下，应急项目人力资源要素也可以使用项目相关的专家经验（历史类似应急项目的风险管理经验）、直觉判断或远见卓识（应急项目人力资源的本质特征）去做好应急项目风险要素的应对工作。

四、应急项目劳力和物力等资源与风险要素的合理配置关系

由图 7-4 还可知，应急项目劳力、物力和财力等资源要素都是人们开展应急项目风险应对措施所需消耗或占用的资源要素，所以二者之间存在相对紧密的关联关系（见图 7-4 中应急项目资源要素与其风险要素之间的双向箭头）。很显然，只要人们开展应急项目风险应对活动，就要消耗项目劳力和物力等资源，俗话常说的“破财免灾”就是指花钱（破财）去消耗和占用资源以应

对出现的应急项目风险，从而规避灾难性的应急项目风险后果。

应急项目劳力和物力资源要素与其人力资源要素之间也存在十分紧密的关系，这主要是指所有应急项目人力资源要素计划、安排和支配应急项目劳力和物力等资源去开展项目风险的应对措施。

应急项目劳力和物力等资源要素与其信息资源要素之间的关系也比较紧密，因为人们需要依据应急项目信息资源要素去计划和制定对于应急项目劳力和物力等资源要素的需求。

第三节　应急项目全要素的集成管理

如前所述，应急项目的集成管理的内涵极为丰富。在应急项目目标四要素的集成管理（第三章）、应急项目资源三要素的集成管理（第四章）的基础上，在讨论了应急项目目标要素与其风险要素的集成管理、应急项目资源要素与其风险要素的集成管理之后，本章将继续阐述应急项目全要素的集成管理工作。本节首先讨论应急项目全要素之间的合理配置关系，然后谈谈应急项目全要素集成管理的过程与方法，最后阐述应急项目全要素集成管理的实施与控制。

应急项目全要素集成管理的目标函数和约束条件可以由式 7-3 给出。

$$Y=f(S,T,C,Q)$$
$$\text{Sub}:R,R_1,R_2,R_3 \tag{7-3}$$

式中：$Y=f(S,T,C,Q)$ 为应急项目全要素集成的目标函数；

$\text{Sub}:R,R_1,R_2,R_3$ 为应急项目全要素集成的约束条件。

一、项目全要素之间的合理配置关系

应急项目全要素的集成管理建立在全要素合理配置关系的基础之上。应急项目全要素（或八要素）的合理配置关系由图 7-5 给出。具体讨论如下。

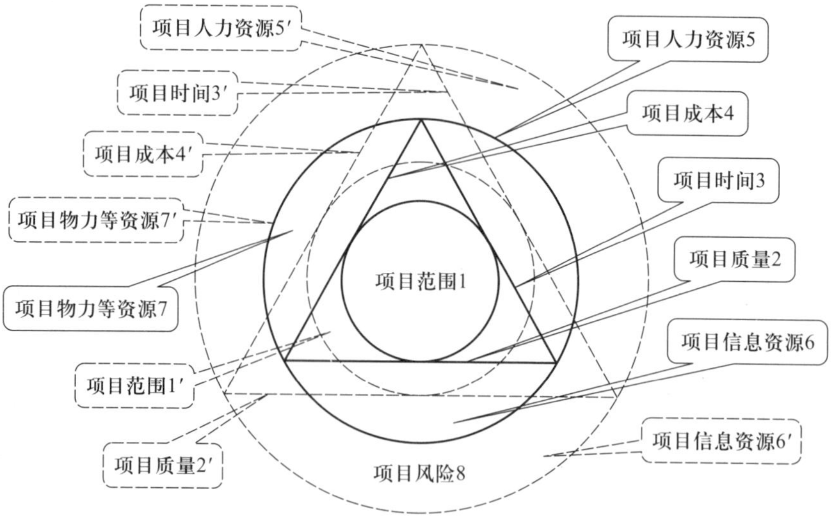

图 7-5　应急项目全要素的合理配置关系示意

（一）应急项目全要素的合理配置关系涵盖了其风险要素的影响

图 7-5 所给出的应急项目全要素合理配置关系示意图中，实线表示应急项目全要素的配置关系，虚线表示应急项目的其他七要素由于受到应急项目风险要素影响而产生的变化。应急项目风险要素与其他七要素的合理配置关系中最重要的是“牵一发而动全身”。换言之，应急项目风险要素对于应急项目任一要素的影响，最终会导致整个应急项目全部要素之间合理配置关系的改变。因此，应急项目全要素的合理配置关系始终处于一种动态变化的过程之中，人们需要据此制定应对方案并做好应对措施。也就是说，人们需要认识到应急项目全要素在各种情况下应有的合理配置关系，并据此去开展好应急项目全要素的集成管理工作。

（二）应急项目全要素之间的合理配置关系可以有机地协调和匹配

虽然图 7-5 中给出了应急项目全要素的优先序列的安排（各要素用 1-8 标号），实际上任何应急项目全要素的合理配置关系都是可以进行协调和匹配的。例如，面对新冠肺炎疫情，人们需要在短期内控制疫情范围的进一步扩散，该应急项目范围目标要素可以设法变更，但是这就需要多消耗或占用一些应急项目资源要素，例如紧急修建火神山医院和雷神山医院，所以就需要去协调该应急项目资源要素的配置；一旦增加了应急项目资源要素的消耗或占用，就会产生新的应急项目成本，所以就需要调整应急项目成本的目标要素，然而赶工就可能造成应急项目质量目标要素的变化，如果所有这些变化和影响都是人们能够接受的，那么人们就可以按照应急项目新的全要素合理配置关系去开展全要素集成管理。这就是项目全要素之间的合理配置关系可以有机地协调和匹配的道理和过程。

（三）应急项目目标要素永远受到项目资源要素和项目风险要素的制约或约束

在应急项目全要素中，目标要素是以人们的主观期望为主，但是资源要素和风险要素则多数不以人们的意志为转移。应急项目风险要素是一种客观存在，所谓“树欲静而风不止”说的就是这个道理。同样，应急项目资源要素也是一种客观存在，人们能够获得多少（不管是从组织内部还是市场上）取决于资源供给的情况。因此，大多数应急项目，其项目风险要素和资源要素是很难做出改变以适应应急项目目标要素的要求，结果是人们多数情况下只能靠调整应急项目目标要素（放弃一些自己的主观意愿），去适应客观存在的应急项目风险要素和应急项目资源要素的约束和限制。[①] 中国人说的“子欲养而亲不待”中的“子欲养”是主观意愿，但是“亲不待”是客观存在。因此应急项目全要素集成管理就是一种人们的主观意愿与应急项目的客观存在和约束条件之间的合理配置和全面集成的管理。

二、应急项目全要素集成计划的过程和方法

应急项目全要素集成管理的首要任务是开展应急项目全要素集成计划工作，而应急项目全要素集成计划的过程和方法主要是指两两分步集成的过程和方法。应急项目全要素集成管理方法就是包括应急项目目标四要素、应急项目资源三要素和应急项目风险要素这八要素的集成计划过程和方法。

---

① 应急项目的资源约束是相对客观的，主要取决于各级政府的应急储备，而相较于灾害的危害性，应急储备大多数情况下相对不足。

（一）应急项目全要素集成计划的过程

应急项目全要素集成计划的过程也是一种两两分步集成的过程。这种计划过程的示意如图 7-6 所示。由图 7-6 可知，应急项目这八个要素都是通过两两分步集成的方法去找出两者之间的合理配置关系，然后按照它们之间的合理配置关系去编制应急项目的各个专项计划和应急项目的全要素集成计划。

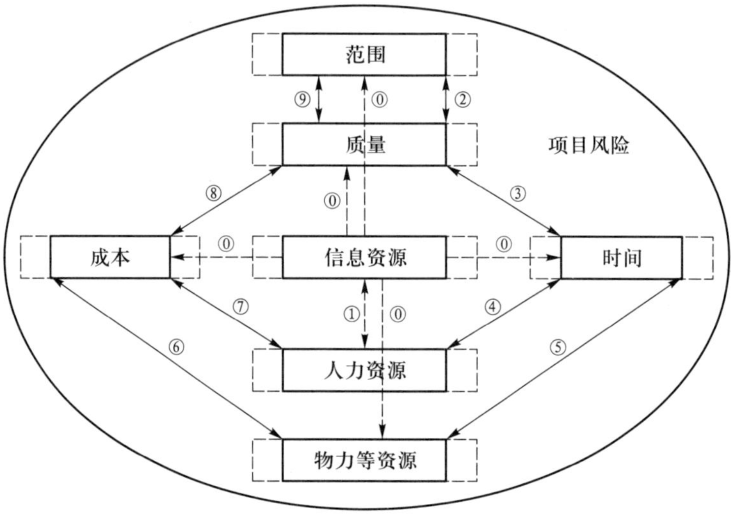

图 7-6　应急项目全要素的集成计划过程模型

由图 7-6 可知，在这种应急项目全要素集成的过程中人们首先确定的是项目人力资源，然后由应急项目人力资源去加工和使用应急项目信息资源，再根据应急项目信息资源去识别和度量应急项目风险要素的影响，进一步给出应急项目目标要素和应急项目资源要素的确定性的部分（图中的实线部分）和不确定性或风险性的部分（图中的虚线部分）。其次，按照两两分步集成的方法去找出和确定应急项目全要素之间的合理配置关系。最终，根据这些合理配置关系去计划和安排出应急项目目标四要素和应急项目资源三要素以及应急项目风险要素的专项计划和应急项目全要素集成计划。由于这种集成过程中每个步骤都是按照双向调整和匹配方法进行的，所以图 7-6 中使用双向箭头代表这种两两要素分步集成的过程。

1. 应急项目人力资源与应急信息资源的合理配置

由图 7-6 可知，在应急项目全要素的集成计划过程中，人们首先需要根据应急项目的风险情况确定实际项目所需的人力资源，因为应急项目越复杂和风险性越大，就越需要高水平的项目组织者和管理者，需要他们运用自己的远见卓识和真知灼见去识别、度量和应对应急项目风险。所以应急项目人力资源和应急项目信息资源的合理配置在图 7-6 中由标注为①的粗双向虚线箭头给出，这表明应急项目人力资源和信息资源之间的合理配置是应急项目合理配置的首要配置。

2. 应急项目要素的确定性和不确定性两部分的集成

首先，由配置好的应急项目人力资源去加工并获得和使用应急项目信息资源，图 7-6 中标注有⓪的虚线箭头指的是应急项目信息资源的使用或配置。然后，人们就可根据应急项目信息资源去确定出应急项目目标要素和资源要素的确定性部分与受应急项目风险要素影响而存在的不确定性部分,人们就可将二者进行集成,给出项目要素确定性和不确定性部分的集成(图 7-6 中用实线和虚线方框部分二者合一所示)。

3. 应急项目目标要素和资源要素的两两分步集成的步骤

应急项目全要素集成计划中的后续两两分步集成的过程中,人们需要先确定出应急项目目标要素的优先序列(此处是项目范围第一),然后根据应急项目范围目标要素计划去确定应急项目质量(步骤②)以实现应急项目范围与质量目标要素的集成,第三步是根据既定的应急项目质量目标要素计划去确定应急项目时间(步骤③)以实现应急项目的范围、质量和时间三要素的集成,第四步和第五步是根据应急项目时间目标要素计划,分别去确定应急项目人力资源、物力与劳力等资源的计划(步骤④⑤),以实现应急项目质量、范围、时间同应急项目人力、劳力和物力等资源的集成。第六步和第七步是根据应急项目资源要素计划去确定应急项目成本计划(步骤⑥⑦)以实现应急项目质量、范围、时间、成本与应急项目人力、物力与劳力资源要素的集成,此后的步骤(步骤⑧⑨,然后再从①到⑥⑦)就是根据应急项目成本预算的缺口,去调整前面制定的项目计划和安排,也就是说,人们需要重新调整应急项目各个要素的计划和安排。最终,给出应急项目全要素之间的合理配置关系,并根据此合理配置关系给出应急项目各个专项计划和应急项目全要素集成计划的阶段性管理成果。

(二)应急项目全要素集成计划步骤的技术方法

由图 7-6 可知,应急项目全要素集成计划中要素之间两两分步集成所用的技术方法包括工作分解结构方法(WBS)、关键路径法(CPM)或项目计划评审技术(PERT)以及基于活动的成本核算方法(ABC)等。同时,也包括应急项目人力资源、应急项目信息资源和应急项目劳力与物力等资源要素之间,及其与应急项目目标要素之间集成计划步骤中所用的方法。同样,应急项目全要素集成计划的最终步骤,即将所有应急项目要素进行全面集成时也要使用系统工程(SE)的方法,以便在安排和给出相互合理配置的应急项目各要素专项计划(用于应急项目评估与应急项目考核)的基础上,最终编制给出应急项目全要素集成计划,以指导应急项目全要素集成计划的实施和控制,及其后续的应急项目全要素集成的变更管理。

三、应急项目全要素集成计划的实施与控制

应急项目集成计划是发现和确定应急项目全要素的优先序列和合理配置关系,并据此做出计划安排;应急项目全要素集成计划的实施与控制是实现或变更应急项目全要素的优先序列和合理配置关系,并最终实现应急项目集成计划安排。实际上,应急项目全要素集成计划在实施过程中要不断进行纠偏,以便确保应急项目各要素之间配置关系的合理性,甚至要进行全面集成变更以适应应急项目的环境与条件的变化与发展。

(一)应急项目全要素集成计划实施中的纠偏控制

应急项目都很少会完全按照应急项目全要素集成计划一成不变地从始至终去实现,因为应急项目所处的客观环境与条件会发展变化,而且应急项目相关利益主体的主观意愿会发生改变。因为应急项目全要素集成计划的纠偏是经常性的,所以这方面的管理与控制是应急项目全要素集成管理中的重要内容。

1. 应急项目全要素集成计划实施的效果评估

在应急项目全要素集成计划的实施过程中，人们都必须多次对应急项目全要素集成计划的实施效果进行评估。这种应急项目实施效果评估的依据包括两个部分：其一是应急项目各个要素的专项计划；其二是应急项目全要素的集成计划。应急项目各个要素的专项计划就是应急项目效果评估的规定指标，而应急项目全要素的集成计划是人们要实现的根本目标。因此，应急项目全要素集成计划实施的效果评估方法，首先是将应急项目各要素的实施结果指标值与其各要素专项计划的要求进行比较，从而找出应急项目实施的实际效果与其目标要素的计划要求之间是否存在偏差以及偏差大小和方向等。有关这种应急项目全要素集成计划效果评估的方法中的核心内容已经在第四章中（针对应急项目目标四要素）作了详细讨论，此处不再赘述。

2. 应急项目全要素集成计划控制中的纠偏措施

通常，一旦在应急项目全要素集成计划实施效果评估中发现某个应急项目要素的专项计划实际的实施效果出现偏差，人们就必须立即去做好纠正这种应急项目具体要素专项计划偏差的工作。需要特别注意的是，此处针对应急项目某要素实施效果的偏差而采取的纠偏措施并不需要开展应急项目全要素的再集成计划和安排，而只是针对该要素的具体问题采取有针对性的独立纠偏措施。显然，当应急项目某个要素的实施绩效偏差较小的时候，人们采取这种纠偏措施可以使整个应急项目重新达到应急项目全要素集成计划规定的要求，并且不破坏应急项目各要素之间的合理配置关系。然而，一旦实施效果的偏差超出某阈值范围，就没有办法纠正了，此时人们就只有开展应急项目要素变更管理，而对应急项目进行再次集成管理了。

（二）应急项目全要素集成计划实施中的变更管理

应急项目全要素集成计划实施与控制的实质是要在维护和保持应急项目全要素合理配置关系的前提下去成功实施应急项目管理，所以应急项目全要素集成计划实施中的变更管理就是在应急项目某个或某些要素不得不进行变更时，努力去做好这种变更后的应急项目全要素之间全新的合理配置关系的发现和确定，以及应急项目各要素专项计划和应急项目全要素集成计划的修订和再编制的工作。这种应急项目全要素集成计划实施中的变更管理包括两部分内容。

1. 应急项目要素变更的集成控制系统

实际上，多数应急项目的全要素集成计划和应急项目各个要素的专项计划都会出现变更。但是任何应急项目要素的变更都需要开展应急项目变更的集成管理与控制，因此人们必须建立应急项目要素变更的集成控制系统。这是指对于应急项目某个或某些要素需要变更时，针对变更的内容、方案与文件的正式申报和审批程序与办法所构成的一种集成管理的控制系统。一般应急项目变更集成管理系统首先需要建立一个专门负责批准或拒绝应急项目变更请求的应急项目变更控制委员会，该项目变更控制委员会的权利和义务必须由正式文件做出明确的规定和说明。

2. 应急项目要素变更的配置管理方法

在应急项目要素变更的集成管理中，人们需要按照应急项目要素变更后的新情况去使用配置管理方法开展应急项目要素变更的集成管理，主要包括应急项目各要素间的合理配置关系的再次集成和安排、应急项目各要素新的合理配置关系确认、应急项目各要素转型计划的修订、应急项目全要素集成计划的修订等管理工作。

第四节　应急项目全团队的组织集成管理

应急项目是各级政府统一领导的项目，其目的在于为整个社会和人民消减危害，因此，应急项目全团队集成管理的首要任务在于明确各级政府对应急项目管理的主导性管理地位，正如《国家突发公共事件总体应急预案》总则 1.4 规定的“本预案适用于涉及跨省级行政区划的，或超出事发地省级人民政府处置能力的特别重大突发公共事件应对工作”，总则 2.1 规定的“国务院是突发公共事件应急管理工作的最高行政领导机构。在国务院总理领导下，由国务院常务会议和国家相关突发公共事件应急指挥机构（以下简称相关应急指挥机构）负责突发公共事件的应急管理工作；必要时，派出国务院工作组指导有关工作”。也就是说，根据应急事件的影响范围，应急项目管理的主体是各级人民政府，而这恰恰与我国党和政府领导人民“集中力量办大事”的国家治理方略是一脉相承的。

在明确政府的主导性管理地位的前提下，人民政府根据各类灾害事件的分类分级，依托政府机构，构建应急项目全团队，展开应急项目全团队集成管理的层级管理，此即本节阐述的应急项目全团队集成管理的层次模型和方法。与此同时，应急项目全团队集成管理的开展必须与应急项目的全过程进行有效的集成管理，因为政府与全社会民众作为应急项目管理的实施者，其根本目的在于消除对整个社会和人民的危害，其管理实施载体在于应急项目的全过程集成管理。

一、应急项目全团队与项目全过程的集成模型

应急项目全团队与应急项目全过程集成的重要模型和方法，如图 7-7 所示。

从图 7-7 可知，图中上半部分就是前文所述的应急项目全过程的分解与集成管理，而图中下半部分则是应急项目全团队集成的方法和结果，二者之间的全面集成就是应急项目全过程与应急项目全团队全面集成的结果。

（一）应急项目全面集成管理首先是应急项目全过程的集成

由图 7-7 可以看出，应急项目全团队的集成管理是根据应急项目全过程中所要完成的应急项目任务和工作要求去开展的。所有应急项目全面集成管理，首先开展的是应急项目全过程的分解和集成，然后是应急项目全团队的分解和集成，最终才是应急项目全要素的分解和集成。因为应急项目全团队的集成是为了完成和实现应急项目全过程的工作和任务服务的，而只有当应急项目全团队所有成员各自都明确了自己的工作、任务和目标以后，他们才可以针对自己在整个应急项目中所承担的任务的要求去开展各自的目标要素、风险要素和资源要素的全要素集成管理。在应急项目全团队集成中最根本的方法是将人民群众受到的危害降至最低程度的方法，按照“一方有难八方支援”和“集中力量办大事”模式，依据“以人为本，减少危害；居安思危，预防为主；统一领导，分级负责；以法规范，加强管理；快速反应，协同应对；依靠科技，提高素质”将项目的工作和任务配置给拥有科学技术能力和应急管理能力的应急项目实施组织和管理方。所以，在应急项目中，人们按照“一案三制”的指导，最终去实现项目全过程与项目全团队的全面集成。

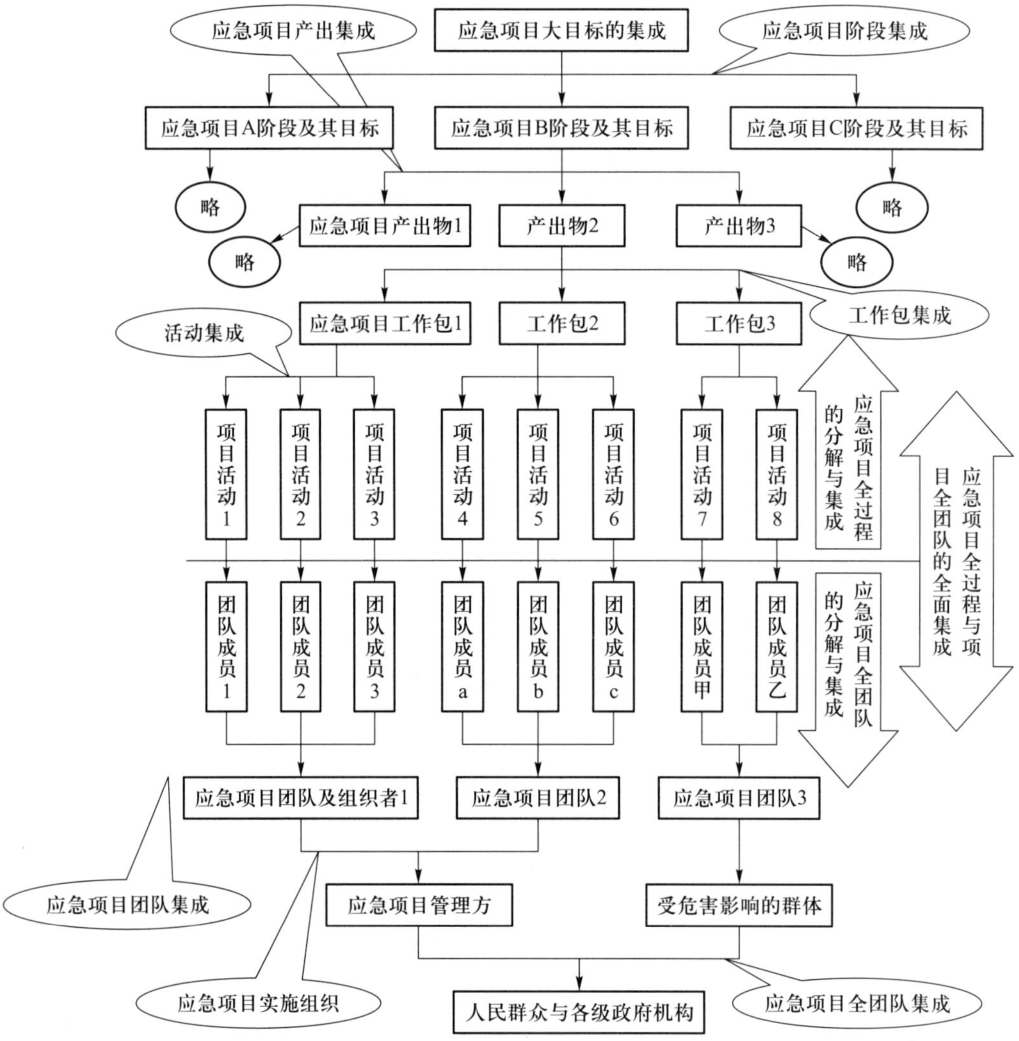

图 7-7　项目全团队与项目全过程的集成模型示意

（二）应急项目全团队集成的关键是应急项目工作实务与实施组织的合理匹配和集成

由图 7-7 可知，图中上半部分的应急项目全过程层次分解与集成的结果是由图中下半部分的应急项目全团队的组织分解结构逐步实现了应急项目全团队的集成，从而使得应急项目全过程的各项工作与活动全面落实到具体的组织或团队身上。从图中可以看出项目大目标首先分解成应急项目的阶段性目标 A、B、C 以后（因篇幅所限图中省略了应急项目阶段性目标 A、C 的下层部分分解），进一步从应急项目阶段性目标 B 中分解得到了应急项目的阶段性产出物 1、2 和 3（图中省略了项目阶段性产出物 1 和 3 的下层部分分解），更进一步从应急项目阶段性产出物 2 中分解出了应急项目工作包 1、2 和 3，再进一步从这些工作包中分解得到面向实务的应急项目的具体活动。这些都是应急项目全过程分解和集成的过程与结果，随后是借此而开展的应急项目全团队集成的过程和结果。首先，应急项目全过程中最底层的应急项目活动需要由一系列不同的应急管理专业人员或团队、组织去完成，这些不同的应急管理专业人员和组织构成了基层应急项目团队(其他简化掉了),而这三个基层应急项目团队可以又分属于应急项目实施组织和受影响群体,最终这些应急项目实施组织和受影响群体等集成为项目全团队,从而实现应急项目全团队与全过程的全面集成。

二、应急项目全团队集成管理的层次模型和方法

应急项目全团队集成管理属于应急项目全面集成管理中的组织集成和管理。在管理学原理中,人们将组织管理作为管理学的四大基本职能之一。由于应急项目全团队这种组织本身具有的开放性、临时性和团队性等一系列的特性,应急项目对其全团队的组织集成和管理要更为复杂和具有更高的要求。综合相关研究,本节提出了图 7-8 所示的应急项目全团队集成管理的层次模型,这种应急项目全团队集成管理的层次模型中涉及四个不同层次的应急项目团队集成管理。

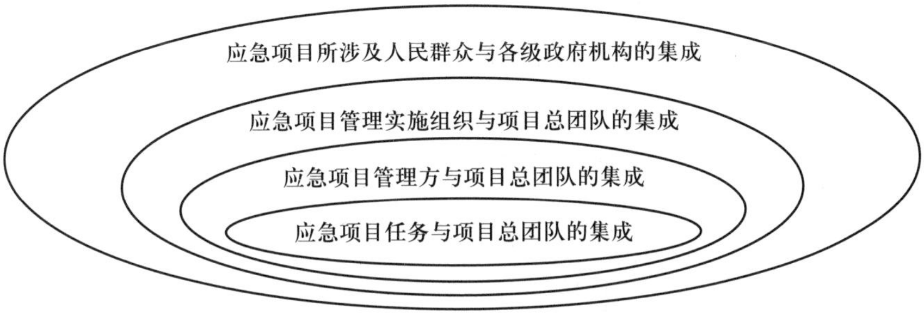

图 7-8　应急项目全团队集成管理的层次模型示意图

由图 7-8 可知,在此应急项目全团队集成管理的层次模型中,从内到外的每个层次都有不同的应急项目组织集成管理的内容,因此就需要使用各具针对性的应急项目组织集成管理的方法。

(一) 应急项目任务与项目总团队的集成

任何项目团队都是由一组为完成既定项目任务和实现具体目标的成员们所构成,应急项目团队亦是如此。应急项目团队是一种临时性和开放性的协同工作团队,应急项目团队人员的配备必须实现与应急项目任务的全面集成。这方面的集成在图 7-7 中已经给出了示意和讨论,其核心是将应急项目全过程的工作任务与最适合完成这些任务的应急项目实施组织和工作者进行科学合理的匹配或分配。应急项目管理方首先需要找到能够完成好应急项目任务的人,“人存事兴,人亡事废”讲的就是这个道理,以便实现应急项目任务与应急项目总团队的集成,这是应急项目全团队集成管理中最基本的集成管理工作。

(二) 应急项目管理方与项目总团队的集成

由于应急项目管理方是应急项目团队的组织者和领导者,所以应急项目管理方必须与应急项目总团队进行科学的集成,从而获得应急项目管理方与项目总团队成员之间的合理配置关系。有关应急项目管理方与项目总团队合理配置关系模型如图 7-9 所示。

由图 7-9 可知,应急项目总团队必须由那些具备应急项目工作或活动所需专业技能的人员或组织组成。应急项目管理方与项目总团队成员的合理配置关系是:应急项目管理方在具体的技术专业水平方面不如应急项目总团队成员,所以应急项目管理方需要依赖应急项目总团队成员的技术专长。但是应急项目管理方在应急管理水平上高于所有的应急项目总团队成员,所以

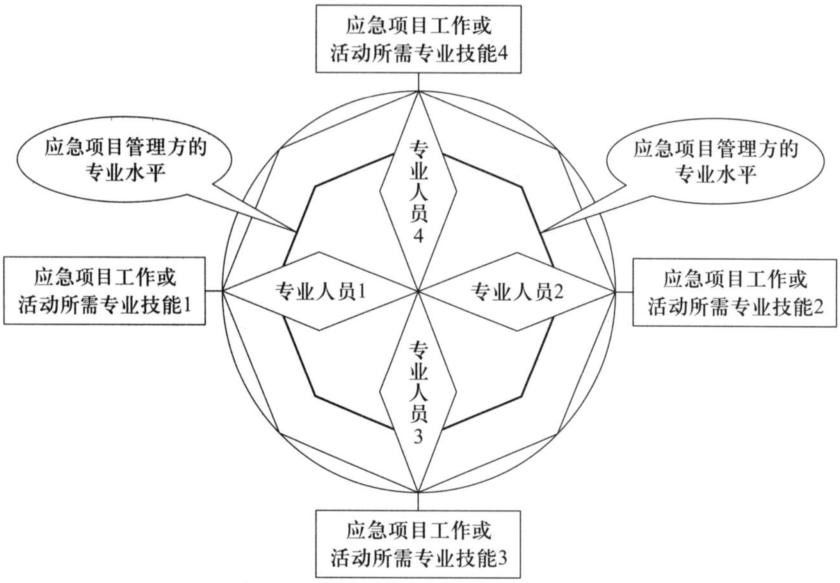

图 7-9 应急项目总团队与应急项目管理方的合理配置关系模型

应急项目总团队成员需要依赖应急项目管理方的管理专长。如此,应急项目总团队方能形成稳固的合作关系,从而实现他们之间的合理配置关系。这恰恰也是应急项目团队精神的实质和根本所在,所以为做好应急项目总团队与应急项目管理方的合理配置需遵循以下原则。

1. 应急项目总团队和应急项目管理方的配备必须能满足应急项目工作的需要

即应急项目总团队成员和应急项目管理方的配备都必须能够实现完成应急项目的任务和达到工作要求。因为组建应急项目团队的根本目标就是成功地完成项目任务,从而实现项目的既定目标——最大限度地降低危害影响。

2. 应急项目总团队成员的配置必须坚持没有冗余

即在应急项目总团队成员的配备上不允许有多余、闲置和职责不清的成员(当然也不允许应急项目总团队成员配备不足),这就要求在应急项目总团队成员配备中努力坚持精简、高效和合理配备的原则。

3. 应急项目总团队成员的配备应科学合理地搭配

即要合理安排应急项目总团队中各类成员的科学配置关系,包括技术工作成员、辅助工作成员、管理工作成员等的合理配置,要求应急项目总团队成员的配置中坚持“取长补短”“相互依赖”和“互补合作”的原则。

另外,由于应急项目管理方在应急项目的实施和管理活动中处于核心地位,所以项目管理方的选择不仅是应急项目团队与应急项目经理集成管理的关键,而且是确保应急项目或子项目成功实施的关键所在。图 7-10 给出了应急项目管理方在应急项目或子项目实施中的核心位置。由图 7-10 可知,应急项目管理方不但要领导指挥应急项目总团队,而且要带领应急项目实施团队去完成减灾等应急任务,并且完成的任务要满足受危害影响的群体的广泛需要,最重要的是应急项目经理要代表应急项目总团队去同参与到应急管理中的其他政府机构进行各种沟通。

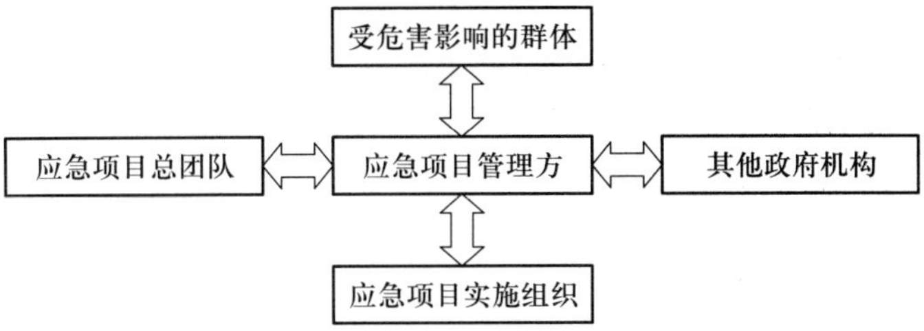

图 7-10　应急项目管理方在应急项目实施与管理中的核心地位

（三）应急项目管理实施组织与项目总团队的集成

应急项目实施组织是担负应急项目或子项目实施任务的组织或机构，它是应急项目总团队赖以生存的组织环境，所以它与应急项目总团队集成好坏直接关系到应急项目总团队的应急效果和生死存亡。实际上，任何应急项目实施组织的体制、结构、管理机制和组织政策等都会对应急项目总团队以及应急项目管理方的各方面活动造成直接或间接的影响，所以在应急项目实施组织与项目总团队之间必须很好地集成。图 7-11 给出了这种集成管理的内容示意。

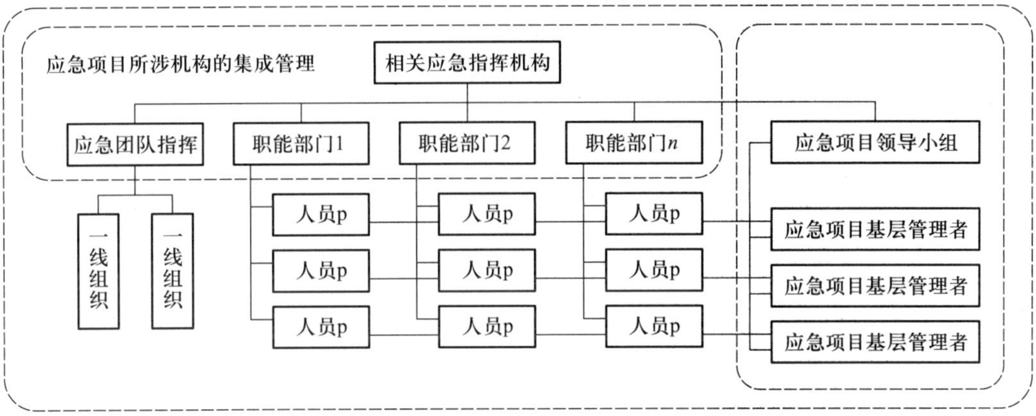

图 7-11　应急项目实施组织与项目总团队的集成管理模型

由图 7-11 可知，应急项目实施组织与应急项目总团队的集成管理涉及三个方面。这三个方面的具体内容和做法如下。

1. 应急项目所涉的机构或组织各部门的集成管理

图 7-11 左上角虚线框给出了这种应急项目实施组织与项目总团队集成管理的示意，其目的是使应急项目所涉的各部门能够为应急项目工作提供合适的人员去组成应急项目总团队。由于这些部门各自都有其所承担的职能或工作，在选派人员参与应急项目工作时，可能发生冲突，所以必须开展相应的集成管理才会得到合适的应急项目总团队成员。

2. 应急项目实施组织内多个项目的集成管理

在图 7-11 右面的虚线框给出了应急项目实施组织内多个子项目的集成管理，其目的是要由应急项目领导小组办公室之类的机构全面协调应急项目内部各个子项目之间对于应急项目管理方和应急项目总团队成员的需求。这只适合应急项目实施组织中有多个项目同时实施的情况。例如，长江抗洪抢险中沿江城市多地水情检测与预测问题，需要长江上下游城市协同合作，及时通报汛情。此时,多个应急项目团队建设需求的冲突需要开展相应的集成管理。

3. 应急项目实施组织与项目总团队的全面集成

图 7-11 最外面的虚线框给出了这种应急项目实施组织与项目总团队集成管理的示意。这种集成管理不但包括上述两方面的集成管理以及这两个方面之间的合理配置和集成,同时还包括其他方面的一些集成管理的工作,如通过应急管理总指挥开展的领导协调等方面的全面集成管理工作。

(四) 应急项目所涉及人民群众与各级政府机构的集成

这是应急项目全团队集成管理中最高层面的集成管理工作。在此主要讨论这种集成中的两个方面的问题。

1. 应急项目所涉及人民群众基层管理机构的合理集成

应急项目所涉及人民群众集成的实现首先是要实现应急项目所涉及人民群众基层管理机构的合理集成。因为在很多情况下,同一个应急项目中,会有代表不同类型的人民区中的基层管理机构,这些应急项目所涉及的人民群众的集成基本上是由这些基层管理机构的集成管理工作去实现的。图 7-12 是集成管理模型的示意图。

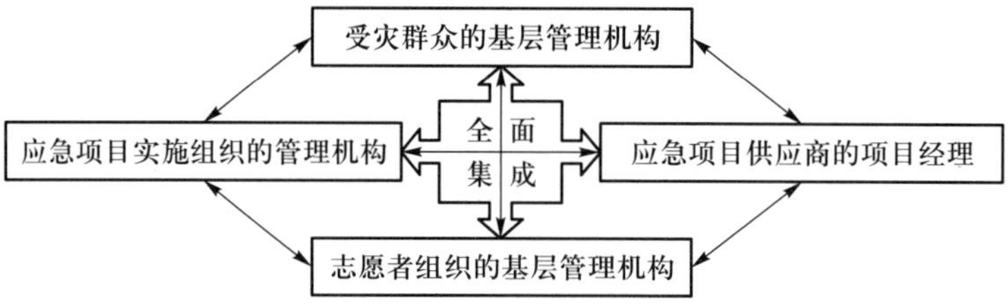

图 7-12　应急项目中基层管理机构的集成管理模型

由于这些应急项目的基层管理机构各自代表不同的人民群众的诉求和责任,但又都是为实现整个应急项目的整体目标——最大限度地降低危害对人民群众的影响——而服务的。因此,他们的应急项目工作之间存在着天然的相互关系;只有他们之间形成了分工与合作的合理配置关系,才能最终实现应急项目的总体目标。

2. 吹哨人[①]的全面集成管理作用

对于应急项目而言,吹哨人对于灾情的披露,能够引起各级政府和广大人民群众的及时关注。吹哨人行为对于应急管理及其全面集成管理至关重要。吹哨人在应急项目管理中处于一种超然独立的地位,虽然现在我国还未完善关于吹哨人的相关制度,但是,吹哨人行为更多的不是行为本身,而是行为背后的社会环境、法律环境和道德环境。我们需要完善的举报体系和社会舆论的支持以及法律的最终保障。例如,深圳市的《深圳经济特区突发公共卫生事件应急条例(征求意见稿)》中"面对突发公共卫生事件,深圳市民可以通过公共卫生热线等多种方式进行反映"。吹哨人传播扩散灾情信息的行为正是应急项目管理中的"黄金原则"的充分体现,各级政府在接到吹哨人的灾情报告后,需要及时进行事件调查并及时做出回应和公开调查报告。例如,

① "吹哨人"(Whistleblower)这个词起源自英国警察发现有罪案发生时会做吹哨子的动作,以引起同僚以及民众的注意。目前我们所指的吹哨人是为使公众注意到政府或企业的弊端,以采取某种纠正行动的人。此处主要是指最早报告灾情信息的人或组织。

《深圳经济特区突发公共卫生事件应急条例(征求意见稿)》中规定:“深圳市政府接到突发公共卫生事件报告后,应当在 24 小时内作出是否启动相应应急响应的决定,启动应急响应后应当书面报告广东省政府,并向社会公布应急响应等级以及相应的应急处置措施。”

值得说明的是,吹哨人往往来自一线应急项目管理人员或参与人员,同时,也可能是多种技术专业人才,因此也需要对其提供的灾害信息利用数据挖掘与分析、三角验证等工具进行全面集成管理。而且,吹哨人的行为动机往往更多地体现为对公众利益的负责任行为。因此,吹哨人是应急项目全团队集成管理中的关键角色之一,甚至可以说是应急项目全团队集成管理中的引导者,因为他们是与各级政府和人民群众之间都没有利益冲突和关联的一方,其吹哨人行为恰恰是其社会责任感和专业素养的充分体现。

本章小结

本章重点探讨了应急项目管理中的全面集成管理原理与方法。在前述章节的基础上,本章论述了应急项目风险要素、应急项目目标四要素与应急项目资源三要素之间的分项集成管理和全要素集成管理,并据此阐述了应急项目全团队在应急管理全过程中如何对应急项目全要素进行全面集成管理。

第一,在项目目标四要素集成(详细参见本书第三章)的基础上,本章主要论述了应急项目风险要素与应急项目目标四要素之间的集成管理原理、合理配置模型、集成过程模型与集成管理方法。应急项目风险要素对应急项目诸目标要素存在广泛影响,需要人们根据风险要素的概率分布情况提供变化区间预测,并围绕应急项目的主目标要素制定风险要素与目标要素的两两集成过程管理计划,通过提升应急项目风险要素发生概率的信息完备性或者降低应急项目风险要素的损失影响的集成方法,做好应急项目风险要素与目标四要素的集成管理工作。

第二,在项目资源三要素集成(详细参见本书第四章)的基础上,本章主要探讨了应急项目风险要素与应急项目资源三要素之间的集成管理的合理配置模型,并论述了三类应急项目资源要素与风险要素之间的合理配置关系。应急项目风险要素的不同概率分布,对应急项目资源要素存在广泛影响。为实现应急项目目标,人们必须围绕应急项目人力资源要素,不断获得信息资源要素以提升应急项目风险要素的信息完备性,制定应急项目资源要素计划,并对应急项目风险要素与资源三要素进行两两集成管理。

第三,在前述章节分析的基础上,本章提供应急项目全要素(或八要素)集成管理的合理配置关系模型:在应急项目资源要素和项目风险要素的制约或约束下,应急项目要素之间的合理配置关系可以根据应急项目目标而进行合理的协调和配置。应急项目全要素集成管理的首要任务是开展应急项目全要素集成计划工作,而应急项目全要素集成计划的过程和方法主要是指两两分步集成的过程和方法。而在实施过程中要不断进行纠偏,以便确保应急项目各要素之间配置关系的合理性,甚至要进行全面集成变更以适应应急项目的环境与条件的变化与发展,从而对应急项目全要素集成计划的实施加以监控。

第四,在应急项目全要素全面集成管理的基础上,本章还给出了应急项目全团队与组织集成管理的集成模型,并据此给出了应急项目全团队集成管理的层次模型和方法。应急项目全要素集成管理建立在对应急项目全团队管理和全过程管理的基础之上,通过全团队的层次集成管理和全过程的迭代集成管理，将应急项目的目标、任务、管理方、实施组织与全团队加以集成管理，从而完成应急项目的全要素集成管理。

复习思考题

1. 应急项目集成管理是什么？
2. 应急项目集成管理与应急项目专项管理是什么关系？
3. 什么是应急项目全要素集成管理？
4. 应急项目全团队的组织集成管理包括什么内容？
5. 请简述应急项目集成管理中两两集成管理过程。

即测即评

推荐阅读

1. 孔丘. 论语、大学、中庸. 陈晓芬，徐儒宗，译. 北京：中华书局，2015.
2. 孙武. 孙子兵法. 陈曦，译. 北京：中华书局，2019.
3. 美国项目管理协会. 项目管理知识体系指南(PMBOK 指南). 6 版. 北京：电子工业出版社，2018.
4. 戚安邦. 项目全面集成管理原理与方法. 天津：南开大学出版社，2017.
5. 薛澜，张强，钟开斌. 危机管理：转型期中国面临的挑战. 北京：清华大学出版社，2003.

参考文献

1. 美国项目管理协会. 项目管理知识体系指南(PMBOK 指南). 6 版. 北京：电子工业出版社，2018.
2. 戚安邦. 项目全面集成管理原理与方法. 天津：南开大学出版社，2017.
3. 薛澜，张强，钟开斌. 危机管理：转型期中国面临的挑战. 北京：清华大学出版社，2003.
4. Fran Ackermann, James Alexander. Researching Complex Projects: Using Causal Mapping to Take a Systems Perspective. International Journal of Project Management, 2016(34).
5. Anbang Qi, Hui Zhang. "Chinese Traditional Management Philosophy and Their Modern Project Management Style" in IPMA editing "Theory Meets Practice in Project Management", 2015.
6. Tao Yu, etc. Managing Social Risks at The Housing Demolition Stage of Urban Redevelopment Projects: A Stakeholder-Oriented Study Using Social Network Analysis. International Journal of Project Management, 2017(35).

第八章 应急项目的组织管理

应急项目是一种政府主导和组织开展的应对各种突发事件不利后果的独特项目。《应急法》规定的“统一领导、综合协调、分类管理、分级负责、属地管理”,这五个方面的管理体制和机制就是开展应急项目管理最重要的管理准则。应急项目管理需要由政府统一领导,政府为实现应急项目实施和管理的目标可以综合协调各种社会组织去实现应急项目消减社会危害的这一根本目标。本章依据这一管理原则,对应急项目组织管理进行阐述,主要包括应急项目组织管理的原理、应急项目相关者的管理、应急项目所需的组织结构、应急项目团队及其建设、应急项目经理的管理。

第一节 应急项目组织管理的原理

应急项目的突发应对性、风险管理性、管理复杂性、管理集成性、跟踪决策性、强制命令性、专家主导性等特性,决定了应急项目组织管理更为复杂,要求更高。因此,应急项目组织管理需要有自己的理论和方法,尤其需要对项目相关者的管理和项目组织的全面集成管理。

一、应急项目组织的全面集成管理

应急项目的组织管理需要使用项目全过程和全团队的组织集成管理方法。

(一) 全过程的组织管理集成方法

这是指按照基于突发事件的预防与应急准备、监测与预警、应急处置与救援、事后恢复与重建的发展阶段,对应急项目各层次组织管理工作和活动进行集成的方法。即需要从应急项目全过程的角度出发,使用协调、沟通、合作等具体方法开展应急项目组织管理工作的横向集成方法。

(二) 全团队的组织管理集成方法

这是指遵循全体项目相关者价值最大化或社会整体利益最大化的原则,以合作伙伴式、战时的组织关系去开展应急项目组织管理的模式和方法,需要从全体项目相关者的角度出发开展应急项目组织管理工作的纵向集成方法。

(三) 应急项目组织管理全面集成的方法

全过程的组织管理集成方法和全团队的组织管理集成方法的综合使用,构成应急项目组织管理全面集成的方法。

二、应急项目组织管理的特性

应急项目组织的工作与管理需要在政府的统一领导下,充分尊重并采纳专家意见。应急项目的组织管理具有政府领导性、团队临时性、团队开放性、专家主导性、工作授权性等特性。具体分析如下。

（一）政府领导性

应急项目实施和管理的主体是政府，应该由国家建立统一领导、综合协调。应急项目管理需要由政府统一领导，政府为实现应急项目实施和管理的目标可以综合协调各种社会组织去实现应急项目消减社会危害这一根本目标。中华人民共和国应急管理部的成立，是对我国应急管理部门及其职能的重新整合，通过调整应急管理的职责和范围，可以更好地应对重大风险事故。政府的应急管理动作对企业的应急管理也会产生积极影响。

（二）团队临时性

应急项目的管理采用临时性组织方式来完成任务，通过一个临时性的专门组织，对应急项目进行高效的管理和控制。

（三）团队开放性

应急项目管理需要进行社会动员，需要充分调动社会各界的人、财、物资源，需要社会各界的积极配合，需要所有项目相关者的协作配合。各地方、各部门的广泛参与，统一领导，统一指挥，统筹协调，共同防治，是应急项目管理的关键。因此，应急项目团队具有开放性，团队成员来自社会各行各业。

（四）专家主导性

领导应急项目团队去应对突发事件需要或严重依赖专业技术知识和经验，很多时候应急项目的管理权是授予具有专长权的专家的，应急项目管理决策的制定必须听取专家权威的意见。因此，应急项目的组织管理具有很强的专家主导性，应急项目团队的建设高度依赖专家意见。

（五）工作授权性

应急项目的组织管理是以工作授权（事权）安排为主，是为项目团队各种专业人员协同合作服务的，使团队成员能够有足够的授权去应对各种突发状况和紧急状况，以将突发事件的社会危害降到最低。

三、应急项目组织的结构

应急项目管理往往具有涉及人员广、部门复杂、跨地域等特性，单一的应急组织和地方部门很难把控整个事件的应急管理和协调。因此，需要构建多层级联动的应急项目管理组织结构。

应急项目组织的结构是指综合性应急管理机构、各专项应急管理机构以及各地区各部门应急管理机构各自的法律地位、相互间的权力分配关系和组织形式等。应急项目组织管理体制是一个由横向机构和纵向机构、政府机构与社会组织相结合的复杂系统，包括应急管理的领导指挥机构、专项应急指挥机构以及日常办事机构等不同层次。在应急项目管理的全过程中，各部门和单位应科学地组织和协调各方面的资源，以更好地应对突发事件。典型的应急管理组织结构由指挥、控制和通信三个方面组成。一般依照这三方面的需要，组建五个板块：指挥机构、实际操作机构、信息传递机构、物资保障机构和财务管理机构。其中，应急管理指挥机构居于核心位置，负责统一指挥、统一协调各个应急管理操作机构的行动；应急管理实际操作机构是主体，负责应急响应的各项作业，按照职责划分履行各自的职责，并相互配合、相互支持。

我国应急管理制度按照统一领导、综合协调、分类管理、分级负责、属地管理为主的原则建立。需要由各级政府来承担领导责任，领导各个政府部门，各自履行职责，进行预防和应急工作。社会有关组织、机构团体是否被发动起来，并参与到预防控制工作中，各部门是否协调行动并提供支持，关系到预防控制突发事件（尤其是公共卫生事件）的成效。突发事件的领导机构应包括与该计划实施直接相关的主管领导和主持实施工作的业务负责人。领导机构成员应了解和熟悉突发事件的业务内容和性质，并具有一定的决策能力。一个具有影响力和决策能力、办事高效的领导机构是预防和控制突发事件的核心。

根据应急的实际情况设置应急职责和岗位，通过设定统一的应急组织架构标准，提高各企业之间、各省市政府之间、政企之间沟通效率，通过设置相同或相似的组织架构保证各级应急管理人员能够流畅有效地沟通，提高应急效率，尤其是在企业面临特大事故时，非单一的企业和资源能够应对的，需要一个更大的应急组织结构以满足应急的需求。

四、应急项目组织的沟通

所有类型和规模的组织都面临内部和外部因素的影响，使得它不能确定是否及何时实现其目标，对于突发、不确定性高的应急项目管理组织更是如此。这种对组织目标影响的不确定性即风险。应急项目组织的所有活动都涉及风险，因此，在应急项目管理过程中，项目领导机构需要与所有项目相关者进行及时沟通协商，以监测和审查风险控制，并不断地修正风险，以达到应急项目管理的目的。应急项目组织的沟通和协商计划应该提前制定，其内容应该包括风险本身、风险成因、风险后果和应对风险的措施。开展有效的组织沟通，可以确保风险管理流程实施的责任明确、项目相关者理解决策制定的基础和需要采取特殊行动的原因。应急项目组织的沟通包括内部沟通和外部沟通。

（一）内部沟通

应急项目组织应该建立内部沟通和报告机制，以支持和激励风险的责任和所有权。这些机制应该保证：风险管理框架的组成部分的确定及随后的修正应适当地沟通；各级各类决策应及时在组织内部报告；组织适当的层级及时了解风险管理实施中的相关信息，使组织保持对各方面信息的敏感性；有组织内部沟通协商的规范流程。

（二）外部沟通

应急项目组织应该设计和实施如何与外部相关者沟通的计划，包括：鼓励适当的外部相关者参与，并确保有效的信息交流；外部报告应该合法、合规，符合应急项目管理的需要；提供沟通和协商的反馈机制；通过外部沟通获得与应急项目相关的各方面信息，并保持组织对信息获取的敏感性。

与外部相关者的沟通和协商对于应急项目管理是非常重要的，因为他们可以根据自己对风险的理解对风险作出判断，而他们据此所做出的行为举措可能对应急项目管理效果的影响是至关重要的，甚至决定着应急项目管理的成败。同时，因外部相关者的价值观、需求、假设和关注点各不相同，他们的观点可能对决策产生重大影响，所以在决策制定过程中，应该注意识别、记录和考虑外部相关者的观点。

第二节　应急项目相关者的管理

应急项目相关者是指参与应急项目管理或者其利益会受到应急项目影响的个人或组织。准确识别、确认和管理好应急项目相关者，充分调动主要相关者开展有益于应急项目管理工作的积极性，才能促使应急项目管理的成功。这具体需要从应急项目相关者的识别、职责与法律责任界定、参与管理等方面展开。

一、应急项目相关者的识别

准确识别应急项目相关者是影响应急项目管理成功的重要因素，也是应急项目相关者管理的第一步。应急项目一般为社会危害性较大、影响范围较广的自然灾害、事故灾难、公共卫生事件和社会安全事件等，因此涉及的相关者范围也较广。具体来讲，应急项目相关者的识别需遵循如下三个原则。

（一）充分必要原则

应急项目管理的复杂性较高，直接和间接受到影响的主体数量和类型多样，需要遵循充分必要原则识别项目相关者。一方面，应急项目相关者的识别要遵循充分原则，要尽可能全面地识别出能够影响项目决策、实施和结果评价的个人、群体或组织，以及会受到项目决策、实施和结果影响的个人、群体或组织，以保证应急项目管理目标的实现。另一方面，因为应急项目管理一般需要耗费巨大的人、财、物资源，应急项目相关者的识别要遵循必要原则，识别其中影响力或受影响程度较大的主体，以提高应急项目管理的效率，同时尽可能降低应急项目管理的成本。

（二）尽早原则

应急项目具有突发性、紧急性、社会影响性等特性，应急项目相关者识别工作要做在平时，遵循尽早原则。一方面，在突发事件发生之前，根据各类自然灾害、事故灾难、公共卫生事件和社会安全事件发生的可能性与可能后果，识别出可能有影响或受影响的项目相关者，开展各种模拟、演习、培训等，以便在突发事件真正发生时迅速作出恰当反应。另一方面，突发事件真正发生后，尽早识别有影响和受影响的项目相关者，按照战时状态应对突发事件，以达到保护人民生命财产安全，维护国家安全、公共安全、环境安全和社会秩序，控制、减轻和消除严重社会危害的目的。

（三）动态原则

随着突发事件发生发展，应急项目管理会经历预防与应急准备、监测与预警、应急处置与救援、事后恢复与重建等不同阶段，在不同阶段，产生影响和受影响的项目相关者是不同的。因此，应急项目相关者的识别要遵循动态原则，根据工作内容、目标、资源需求、实施环境等方面展开。同时，要尽可能使用好相关地区个人、企业、环境等基础信息。基于这些信息和模板，可以有效提高项目相关者识别的效率和效果。

二、应急项目相关者的职责与法律责任界定

应急项目相关者涉及国务院和县级以上地方各级人民政府和有关部门，企业、事业单位和行政单位，军队、武警和民兵，公民、法人和其他组织等。其具体的职责与法律责任界定如下。

(一) 应急项目相关者的职责

1. 政府和有关部门的职责

在自然灾害、事故灾难、公共卫生事件、社会安全事件等各类应急项目管理中，县级以上人民政府是突发事件应对工作的行政领导机关，其办事机构及具体职责由国务院规定。国务院在总理领导下研究、决定和部署特别重大突发事件的应对工作；根据实际需要，设立国家突发事件应急指挥机构，负责突发事件应对工作；必要时，国务院可以派出工作组指导有关工作。县级以上地方各级人民政府设立由本级人民政府主要负责人、相关部门负责人、驻当地中国人民解放军和中国人民武装警察部队有关负责人组成的突发事件应急指挥机构，统一领导、协调本级人民政府各有关部门和下级人民政府开展突发事件应对工作；根据实际需要，设立相关类别突发事件应急指挥机构，组织、协调、指挥突发事件应对工作。上级人民政府主管部门应当在各自职责范围内，指导、协助下级人民政府及其相应部门做好有关突发事件的应对工作。县级人民政府对本行政区域内突发事件的应对工作负责；涉及两个以上行政区域的，由有关行政区域共同的上一级人民政府负责，或者由各有关行政区域的上一级人民政府共同负责。突发事件发生后，发生地县级人民政府应当立即采取措施控制事态发展，组织开展应急救援和处置工作，并立即向上一级人民政府报告，必要时可以越级上报。突发事件发生地县级人民政府不能消除或者不能有效控制突发事件引起的严重社会危害的，应当及时向上级人民政府报告。上级人民政府应当及时采取措施，统一领导应急处置工作。法律、行政法规规定由国务院有关部门对突发事件的应对工作负责的，从其规定；地方人民政府应当积极配合并提供必要的支持。设区的市级以上人民政府和突发事件易发、多发地区的县级人民政府应当建立应急救援物资、生活必需品和应急处置装备的储备制度。县级以上地方各级人民政府应当根据本地区的实际情况，与有关企业签订协议，保障应急救援物资、生活必需品和应急处置装备的生产、供给。根据突发事件或应急项目发展的各阶段，不同项目相关者的职责如下。

(1) 预防与应急准备阶段的职责。在应急项目的预防与应急准备阶段，国务院制定国家突发事件总体应急预案，组织制定国家突发事件专项应急预案；国务院有关部门根据各自的职责和国务院相关应急预案，制定国家突发事件部门应急预案。应急预案制定机关应当根据实际需要和情势变化，适时修订应急预案。应急预案的制定、修订程序由国务院规定。

县级以上各级人民政府根据有关法律、法规、规章、上级人民政府及其有关部门的应急预案以及本地区的实际情况，制定相应的突发事件应急预案。有关人民政府及其部门采取的应对突发事件的措施，应当与突发事件可能造成的社会危害的性质、程度和范围相适应；有多种措施可供选择的，应当选择有利于最大限度地保护公民、法人和其他组织权益的措施。县级人民政府应当对本行政区域内容易引发自然灾害、事故灾难和公共卫生事件的危险源、危险区域进行调查、登记、风险评估，定期进行检查、监控，并责令有关单位采取安全防范措施。省级和设区的市级人民政府应当对本行政区域内容易引发特别重大、重大突发事件的危险源、危险区域进行调查、登记、风险评估，组织进行检查、监控，并责令有关单位采取安全防范措施。县级以上地方各级人民政府按照《应急法》规定登记的危险源、危险区域，应当按照国家规定及时向社会公布。县级人民政府及其有关部门、乡级人民政府、街道办事处、居民委员会、村民委员会应当及时调解处理可能引发社会安全事件的矛盾纠纷。县级以上人民政府应当建立健全突发事件应急管理培训制度，对人民政府及其有关部门负有处置突发事件职责的工作人员定期进行培训；应当整合应急资源,建立或者确定综合性应急救援队伍。人民政府有关部门可以根据实际需要设立专业应急救援队伍。县级以上人民政府及其有关部门可以建立由成年志愿者组成的应急救援队伍。县级以上人民政府应当加强专业应急救援队伍与非专业应急救援队伍的合作,联合培训、联合演练,提高合成应急、协同应急的能力。县级人民政府及其有关部门、乡级人民政府、街道办事处应当组织开展应急知识的宣传普及活动和必要的应急演练。

(2)监测与预警阶段的职责。在应急项目的监测与预警阶段,国务院应建立全国统一的突发事件信息系统,建立健全突发事件监测制度和预警制度。

县级以上地方各级人民政府应当建立或者确定本地区统一的突发事件信息系统,汇集、储存、分析、传输有关突发事件的信息,并与上级人民政府及其有关部门、下级人民政府及其有关部门、专业机构和监测网点的突发事件信息系统实现互联互通,加强跨部门、跨地区的信息交流与情报合作。县级以上人民政府及其有关部门、专业机构应当通过多种途径收集突发事件信息。县级人民政府应当在居民委员会、村民委员会和有关单位建立专职或者兼职信息报告员制度。地方各级人民政府应当按照国家有关规定向上级人民政府报送突发事件信息。县级以上人民政府有关主管部门应当向本级人民政府相关部门通报突发事件信息。县级以上地方各级人民政府应当及时汇总分析突发事件隐患和预警信息,必要时组织相关部门、专业技术人员、专家学者进行会商,对发生突发事件的可能性及其可能造成的影响进行评估;认为可能发生重大或者特别重大突发事件的,应当立即向上级人民政府报告,并向上级人民政府有关部门、当地驻军和可能受到危害的毗邻或者相关地区的人民政府通报。县级以上人民政府及其有关部门应当根据自然灾害、事故灾难和公共卫生事件的种类和特点,建立健全基础信息数据库,完善监测网络,划分监测区域,确定监测点,明确监测项目,提供必要的设备、设施,配备专职或者兼职人员,对可能发生的突发事件进行监测。可以预警的自然灾害、事故灾难或者公共卫生事件即将发生或者发生的可能性增大时,县级以上地方各级人民政府应当根据有关法律、行政法规和国务院规定的权限和程序,发布相应级别的警报,决定并宣布有关地区进入预警期,同时向上一级人民政府报告,必要时可以越级上报,并向当地驻军和可能受到危害的毗邻或者相关地区的人民政府通报。发布三级、四级警报,宣布进入预警期后,县级以上地方各级人民政府应当根据即将发生的突发事件的特点和可能造成的危害,采取下列措施:启动应急预案;责令有关部门、专业机构、监测网点和负有特定职责的人员及时收集、报告有关信息,向社会公布反映突发事件信息的渠道,加强对突发事件发生、发展情况的监测、预报和预警工作;组织有关部门和机构、专业技术人员、有关专家学者,随时对突发事件信息进行分析评估,预测发生突发事件可能性的大小、影响范围和强度以及可能发生的突发事件的级别;定时向社会发布与公众有关的突发事件预测信息和分析评估结果,并对相关信息的报道工作进行管理;及时按照有关规定向社会发布可能受到突发事件危害的警告,宣传避免、减轻危害的常识,公布咨询电话。发布一级、二级警报,宣布进入预警期后,县级以上地方各级人民政府除采取前述措施外,还应当针对即将发生的突发事件的特点和可能造成的危害,采取下列一项或者多项措施:责令应急救援队伍、负有特定职责的人员进入待命状态,并动员后备人员做好参加应急救援和处置工作的准备;调集应急救援所需物资、设备、工具,准备应急设施和避难场所,并确保其处于良好状态,随时可以投入正常使用;加强对重点单位、重要部位和重要基础设施的安全保卫,维护社会治安秩序;采取必要措施,确保交通、通信、供水、排水、供电、供气、供热等公共设施的安全和正常运行;及时向社会发布有关采取特定措施避免或者减轻危害的建议、劝告；转移、疏散或者撤离易受突发事件危害的人员并予以妥善安置，转移重要财产；关闭或者限制使用易受突发事件危害的场所，控制或者限制容易导致危害扩大的公共场所的活动；法律、法规、规章规定的其他必要的防范性、保护性措施。对即将发生或者已经发生的社会安全事件，县级以上地方各级人民政府及其有关主管部门应当按照规定向上一级人民政府及其有关主管部门报告，必要时可以越级上报。发布突发事件警报的人民政府应当根据事态的发展，按照有关规定适时调整预警级别并重新发布。有事实证明不可能发生突发事件或者危险已经解除的，发布警报的人民政府应当立即宣布解除警报，终止预警期，并解除已经采取的有关措施。

(3) 应急处置与救援阶段的职责。在应急项目的应急处置与救援阶段，发生突发事件，严重影响国民经济正常运行时，国务院或者国务院授权的有关主管部门可以采取保障、控制等必要的应急措施，保障人民群众的基本生活需要，最大限度地减轻突发事件的影响。

履行统一领导职责或者组织处置突发事件的人民政府应当针对其性质、特点和危害程度，立即组织有关部门，调动应急救援队伍和社会力量，依照有关法律、法规、规章的规定采取应急处置措施；应当组织协调运输经营单位，优先运送处置突发事件所需物资、设备、工具、应急救援人员和受到突发事件危害的人员；应当按照有关规定统一、准确、及时发布有关突发事件事态发展和应急处置工作的信息；必要时可以向单位和个人征用应急救援所需设备、设施、场地、交通工具和其他物资，请求其他地方人民政府提供人力、物力、财力或者技术支援，要求生产、供应生活必需品和应急救援物资的企业组织生产、保证供给，要求提供医疗、交通等公共服务的组织提供相应的服务。

(4) 事后恢复与重建阶段的职责。在应急项目的事后恢复与重建阶段，国务院根据受突发事件影响地区遭受损失的情况，制定扶持该地区有关行业发展的优惠政策。

履行统一领导职责或者组织处置突发事件的人民政府应当停止执行应急处置措施，同时采取或者继续实施必要措施，防止发生自然灾害、事故灾难、公共卫生事件的次生、衍生事件或者重新引发社会安全事件；应当立即组织对突发事件造成的损失进行评估，组织受影响地区尽快恢复生产、生活、工作和社会秩序，制定恢复重建计划，并向上一级人民政府报告；应当根据本地区遭受损失的情况，制定救助、补偿、抚慰、抚恤、安置等善后工作计划并组织实施，妥善解决因处置突发事件引发的矛盾和纠纷；应当及时查明突发事件的发生经过和原因，总结突发事件应急处置工作的经验教训，制定改进措施，并向上一级人民政府提出报告。受突发事件影响地区的人民政府应当及时组织和协调公安、交通、铁路、民航、邮电、建设等有关部门恢复社会治安秩序，尽快修复被损坏的交通、通信、供水、排水、供电、供气、供热等公共设施；恢复重建工作需要上一级人民政府支持的，可以向上一级人民政府提出请求。上一级人民政府应当根据受影响地区遭受的损失和实际情况，提供资金、物资支持和技术指导，组织其他地区提供资金、物资和人力支援。

2. 企业、事业单位和行政单位的职责

在突发事件应急项目管理中，所有单位应当建立健全安全管理制度，定期检查本单位各项安全防范措施的落实情况，及时消除事故隐患。

(1) 预防与应急准备阶段的职责。在应急项目的预防与应急准备阶段，所有单位应当掌握并及时处理本单位存在的可能引发社会安全事件的问题，防止矛盾激化和事态扩大；对本单位可能发生的突发事件和采取安全防范措施的情况，应当按照规定及时向所在地人民政府或者人民政府有关部门报告。矿山、建筑施工单位和易燃易爆物品、危险化学品、放射性物品等危险物品的生产、经营、储运、使用单位，应当制定具体应急预案，并对生产经营场所、有危险物品的建筑物、构筑物及周边环境开展隐患排查，及时采取措施消除隐患，防止发生突发事件。公共交通工具、公共场所和其他人员密集场所的经营单位或者管理单位应当制定具体应急预案，为交通工具和有关场所配备报警装置和必要的应急救援设备、设施，注明其使用方法，并显著标明安全撤离的通道、路线，保证安全通道、出口的畅通。有关单位应当定期检测、维护其报警装置和应急救援设备、设施，使其处于良好状态，确保正常使用。有关单位应当建立由本单位职工组成的专职或者兼职应急救援队伍。居民委员会、村民委员会、企业、事业单位应当根据所在地人民政府的要求，结合各自的实际情况，开展有关突发事件应急知识的宣传普及活动和必要的应急演练。各级各类学校应当把应急知识教育纳入教学内容，对学生进行应急知识教育，培养学生的安全意识和自救与互救能力。教育主管部门应当对学校开展应急知识教育进行指导和监督。新闻媒体应当无偿开展突发事件预防与应急、自救与互救知识的公益宣传。

（2）监测与预警阶段的职责。在应急项目的监测与预警阶段，有关单位和人员报送、报告突发事件信息，应当做到及时、客观、真实，不得迟报、谎报、瞒报、漏报。受到自然灾害危害或者发生事故灾难、公共卫生事件的单位，应当立即组织本单位应急救援队伍和工作人员营救受害人员，疏散、撤离、安置受到威胁的人员，控制危险源，标明危险区域，封锁危险场所，并采取其他防止危害扩大的必要措施，同时向所在地县级人民政府报告；对因本单位的问题引发的或者主体是本单位人员的社会安全事件，有关单位应当按照规定上报情况，并迅速派出负责人赶赴现场开展劝解、疏导工作。突发事件发生地的其他单位应当服从人民政府发布的决定、命令，配合人民政府采取的应急处置措施，做好本单位的应急救援工作，并积极组织人员参加所在地的应急救援和处置工作。

（3）应急处置与救援阶段的职责。在应急项目的应急处置与救援阶段，任何单位不得编造、传播有关突发事件事态发展或者应急处置工作的虚假信息。

（4）事后恢复与重建阶段的职责。在应急项目的事后恢复与重建阶段，各企业、事业单位和行政单位等应在人民政府的领导下，尽快恢复生产、生活、工作和社会秩序。

3. 军队、武警和民兵的职责

在自然灾害、事故灾难、公共卫生事件、社会安全事件等各类应急项目管理中，军队、武警和民兵都应当根据法律法规规定或国务院、中央军事委员会的命令，参与突发事件的应对。

（1）预防与应急准备阶段的职责。在应急项目的预防与应急准备阶段，中国人民解放军、中国人民武装警察部队和民兵组织都应当有计划地组织开展应急救援的专门训练。

（2）监测与预警阶段的职责。在应急项目的监测与预警阶段，中国人民解放军、中国人民武装警察部队和民兵组织应当协助做好信息的收集与预警工作。

（3）应急处置与救援阶段的职责。在应急项目的应急处置与救援阶段，中国人民解放军、中国人民武装警察部队和民兵组织都应当依照《应急法》和其他有关法律、行政法规、军事法规的规定以及国务院、中央军事委员会的命令，参加突发事件的应急救援和处置工作，维护社会秩序。

（4）事后恢复与重建阶段的职责。在应急项目的事后恢复与重建阶段，中国人民解放军、中国人民武装警察部队和民兵组织应当帮助各企业、事业单位、行政单位、公民个人等尽快恢复生产、生活、工作和社会秩序。

4. 公民、法人和其他组织的职责

在自然灾害、事故灾难、公共卫生事件、社会安全事件等各类应急项目管理中，公民、法人和其他组织有义务参与突发事件应对工作。

(1) 预防与应急准备阶段的职责。在应急项目的预防与应急准备阶段，公民、法人和其他组织有义务为人民政府应对突发事件工作提供物资、资金、技术支持和捐赠。

(2) 监测与预警阶段的职责。在应急项目的监测与预警阶段，获悉突发事件信息的公民、法人或其他组织，应当立即向所在地人民政府、有关主管部门或者指定的专业机构报告。

(3) 应急处置与救援阶段的职责。在应急项目的应急处置与救援阶段，任何个人不得编造、传播有关突发事件事态发展或者应急处置工作的虚假信息。突发事件发生地的居民委员会、村民委员会和其他组织应当按照当地人民政府的决定、命令，进行宣传动员，组织群众开展自救和互救，协助维护社会秩序。突发事件发生地的公民应当服从人民政府、居民委员会、村民委员会或者所属单位的指挥和安排，配合人民政府采取的应急处置措施，积极参加应急救援工作，协助维护社会秩序。

(4) 事后恢复与重建阶段的职责。在应急项目的事后恢复与重建阶段，公民、法人和其他组织均应在人民政府的领导下，尽快恢复生产、生活、工作和社会秩序。

(二) 应急项目相关者的法律责任

在《应急法》中，对各类突发事件所涉及的相关者的法律责任作出了明确规定，这对明确应急项目相关者的法律责任具有重要的指导意义。应急项目涉及政府和有关部门、企业事业单位和行政单位、公民个人三个层次的相关者。其各自的法律责任分述如下。

1. 政府和有关部门的法律责任

根据《应急法》的规定，地方各级人民政府和县级以上各级人民政府有关部门违反本法规定，不履行法定职责的，由其上级行政机关或者监察机关责令改正；有下列情形之一的，根据情节对直接负责的主管人员和其他直接责任人员依法给予处分：未按规定采取预防措施，导致发生突发事件，或者未采取必要的防范措施，导致发生次生、衍生事件的；迟报、谎报、瞒报、漏报有关突发事件的信息，或者通报、报送、公布虚假信息，造成后果的；未按规定及时发布突发事件警报、采取预警期的措施，导致损害发生的；未按规定及时采取措施处置突发事件或者处置不当，造成后果的；不服从上级人民政府对突发事件应急处置工作的统一领导、指挥和协调的；未及时组织开展生产自救、恢复重建等善后工作的；截留、挪用、私分或者变相私分应急救援资金、物资的；不及时归还征用的单位和个人的财产，或者对被征用财产的单位和个人不按规定给予补偿的。

2. 企业、事业单位和行政单位的法律责任

根据《应急法》的规定，有关单位有下列情形之一的，由所在地履行统一领导职责的人民政府责令停产停业，暂扣或者吊销许可证或者营业执照，并处5万元以上20万元以下的罚款；构成违反治安管理行为的，由公安机关依法给予处罚：未按规定采取预防措施，导致发生严重突发事件的；未及时消除已发现的可能引发突发事件的隐患，导致发生严重突发事件的；未做好应急设备、设施日常维护、检测工作，导致发生严重突发事件或者突发事件危害扩大的；突发事件发生后，不及时组织开展应急救援工作，造成严重后果的。编造并传播有关突发事件事态发展或者应

急处置工作的虚假信息，或者明知是有关突发事件事态发展或者应急处置工作的虚假信息而进行传播的，责令改正，给予警告；造成严重后果的，依法暂停其业务活动或者吊销其执业许可证；构成违反治安管理行为的，由公安机关依法给予处罚。

3. 公民个人的法律责任

根据《应急法》的规定，编造并传播有关突发事件事态发展或者应急处置工作的虚假信息，或者明知是有关突发事件事态发展或者应急处置工作的虚假信息而进行传播的，责令改正，给予警告；造成严重后果的，依法暂停其业务活动或者吊销其执业许可证；负有直接责任的人员是国家工作人员的，还应当对其依法给予处分；构成违反治安管理行为的，由公安机关依法给予处罚。不服从所在地人民政府及其有关部门发布的决定、命令或者不配合其依法采取的措施，构成违反治安管理行为的，由公安机关依法给予处罚。违反《应急法》的规定，导致突发事件发生或者危害扩大，给他人人身、财产造成损害的，应当依法承担民事责任；构成犯罪的，依法追究刑事责任。

三、应急项目相关者的参与管理

由于应急项目涉及的相关者范围广、利益关系较复杂，不同项目相关者对项目的期望与诉求不同，在应急项目管理中所担任的角色与承担的责任都不同，为实现应急项目管理的目标，必须对所有相关者的需求与期望、责任、关系等方面开展管理。

（一）应急项目相关者需求与期望的管理

要激发应急项目相关者参与项目管理的积极性，必须首先对其需求与期望进行准确识别与管理。首先，识别不同层次的需求：第一种是基本需求，满足他们基本需要的东西；第二种是希望需求，是使他们的需求得到丰富的东西；第三种是锦上添花的需求。其次，需要化解不同相关者需求的矛盾。这就要求在应急项目管理的整个过程中，保持与项目相关者的沟通和协作，快速有效解决项目相关者参与项目过程中出现的各种问题，改善利益相关者参与的环境、促进其合理参与项目活动。其核心目的在于通过对项目相关者需求与期望的管理，提高项目相关者对项目工作的支持，把项目相关者的抵制降到最低，从而为项目的成功营造良好的合作氛围。

（二）应急项目相关者责任的管理

所有项目相关者在应急项目管理过程中，都应承担相应的责任。在应急项目管理生命周期的不同阶段的不同任务中，一个项目相关者扮演的角色是不同的；同一应急任务的完成也需要不同项目相关者扮演不同的角色。角色是以任务而定的，是动态的责任关系。

（三）应急项目相关者关系的管理

应急项目管理需要所有项目相关者的通力合作，项目相关者之间要构建互相信任的关系，信任关系的建立有助于提高其参与突发事件应对的意愿与强度。在应急项目相关者关系的管理过程中，需要注意加强信息沟通，高质量的沟通是避免冲突的基础保障。首先，需要监测项目相关者间信任关系和合作关系的变化，及时发现其中的问题，通过管理策略的调整、必要的人际手段等措施，提升其信任水平，改善其合作状态。其次，需要监测项目相关者参与程度与参与方向，识别其参与方向是否朝着有利于达成应急项目管理目标的方向发展，判断是否需要采取措施提高其参与程度，以促进应急项目管理目标的早日实现。

第三节　应急项目所需的组织结构

所有的项目都是由某个或几个项目实施组织去完成的，应急项目也不例外。对项目组织集成管理而言，项目实施组织是负有项目实施责任的组织，而项目团队是在项目实施组织中负责项目实施作业的团队。因此项目实施组织是项目团队的组织环境，它会直接影响项目团队的管理和绩效。

一、组织结构的分类

根据结构不同，组织可分为直线职能型组织、项目导向型组织和矩阵型组织。

（一）直线职能型组织

直线职能型组织是一种典型的面向运营的组织结构。在这种组织中，每个雇员是按照专业化分工而归属于职能或直线部门的，每个雇员或部门都有自己的直接上级，而职能部门是按照专业分工负责企业或组织各方面实施和管理工作。

在这种组织中直线部门和职能部门都拥有自己专门的职权去开展直线和职能管理，所以在这种组织中很难组织独立的项目团队，这种组织中的项目实施多是将项目任务按照专业划分成不同的部分并分别交由各职能或直线部门去完成的。因此在这种组织环境下，项目团队的工作和协调是在直线部门和职能部门的层面上进行的，项目团队是按照一种松散的协调关系建立的，项目团队的多数成员仍然分属于不同的部门，而项目经理和项目管理人员多数是兼职且权限较小，他们甚至不使用“项目经理”的头衔而用“项目协调人”的头衔。

（二）项目导向型组织

项目导向型组织是一种面向任务或活动的组织。它更适合于开展各种业务性项目的实施工作，因为它是一种专为开展一次性和独特性项目任务而设计的组织结构。这种组织的核心是由各种职能或专业人员组合而成项目团队（或项目部）。项目导向型组织中也有专门的职能部门负责整个组织的职能业务管理，但是它们是为项目经理和项目团队提供各种支持或服务的。

在项目导向型组织结构中的项目团队是一支独立地从事具体项目工作的队伍，项目活动的组织与协调多是在项目团队内部进行的。在这种组织中项目团队和项目经理都是专职的，而且具有较大的权力和较高的权威性。这种组织的项目团队有专职的项目管理人员与项目工作人员以及专职的项目经理，所以在这种组织中的项目经理及其团队可独立决策和开展工作。

（三）矩阵型组织

矩阵型组织是为兼顾日常运营和项目开发这两种不同的组织活动而创立的一种组织结构形式，是直线职能型组织和项目导向型组织的一种混合，所以它具有这两种组织结构的成分和作用。这种组织的结构可以按照其直线职能制和项目制的混合程度不同，进一步分为强矩阵型组织、弱矩阵型组织和均衡矩阵型组织。其中，弱矩阵型组织中的项目经理的权力较小，而强矩阵型组织中的项目经理权力较大。这种组织的专业职能部门构成了矩阵型组织的“列”，而其项目团队构成了矩阵型组织的“行”。

矩阵型组织可从不同职能部门抽调各种专业人员，组成项目团队去开展项目工作。当这些项目团队的任务结束后项目人员又回到自己原来的专业职能部门中去，所以这种组织具有很大的灵活性。例如,综合性医院会有各种专门的医疗科室,但是当需要开展救灾或外援医疗工作时,就需从不同的科室中抽调人员组成专门的医疗队,而一旦任务完成则医疗队人员就会解散并回到各自原来的科室。所以,这种组织兼顾了日常运营和项目两方面的工作。

二、应急项目管理所需的组织结构类型

突发事件的应对需要政府、企业、军队、个人等多层次主体的共同参与,由各界人士组成临时的项目团队,并服从政府的统一领导,因此,应急项目管理需要强矩阵型组织结构。在强矩阵型组织结构中,直线部门都是一些相对不重要的生产部门,所获得的资源和拥有的权力都相对较弱,而项目团队的权力则较强。在应急项目管理中,所有的资源都要优先配置以应对突发事件,应急项目团队具有所需资源的优先获得与使用权。应急项目管理所需的强矩阵型组织结构,需要完善的决策层和执行层。

完善的决策层通常由三部分组成:最高领导、辅助决策机构和常设的应急管理机构。为了保证应急决策的效率和重要资源的有效配置,日常应急管理决策授权给常设的应急管理机构,而对于重大的突发公共事件应急管理决策,仍由最高领导咨询辅助决策机构的建议,做出最终的裁决。辅助决策层主要为最高领导提供跨部门突发公共事件紧急管理决策咨询和辅助。《应急法》第 9 条规定:“国务院和县级以上地方各级人民政府是突发事件应对工作的行政领导机关,其办事机构及具体职责由国务院规定。”由此可见,国务院是应急项目管理决策的最高领导。根据应急项目管理实际需要,设立的突发事件应急指挥机构和专家工作组,是应急项目管理决策的辅助决策机构。县级以上地方各级人民政府的办事机构是应急项目管理的常设应急管理机构。①

完善的执行层通常分为两部分:第一部分是中央级别的部门;第二部分是地方级别的部门和相关的企事业单位。地方政府是应急项目管理的执行主体,具体实施应急项目管理工作。例如,在社会安全事件应急项目管理中,县级人民政府及其有关部门、乡级人民政府、街道办事处、居民委员会、村民委员会应当及时调解处理可能引发社会安全事件的矛盾纠纷。在实际应急工作中,强调多方合作。当突发公共事件超出地方政府的能力范围时,就要请求上一级的政府部门,当上一级的政府部门也无法完成时,也要向上请示,直至请示中央政府部门。②

每当发生突发公共事件时,首先由常设性应急管理机构判断事件的类型与级别。如果是一

---

① 《应急法》第 8 条规定:国务院在总理领导下研究、决定和部署特别重大突发事件的应对工作;根据实际需要,设立国家突发事件应急指挥机构,负责突发事件应对工作;必要时,国务院可以派出工作组指导有关工作。县级以上地方各级人民政府设立由本级人民政府主要负责人、相关部门负责人、驻当地中国人民解放军和中国人民武装警察部队有关负责人组成的突发事件应急指挥机构,统一领导、协调本级人民政府各有关部门和下级人民政府开展突发事件应对工作;根据实际需要,设立相关类别突发事件应急指挥机构,组织、协调、指挥突发事件应对工作。上级人民政府主管部门应当在各自职责范围内,指导、协助下级人民政府及其相应部门做好有关突发事件的应对工作。

② 《应急法》第 7 条规定:县级人民政府对本行政区域内突发事件的应对工作负责;涉及两个以上行政区域的,由有关行政区域共同的上一级人民政府负责,或者由各有关行政区域的上一级人民政府共同负责。突发事件发生后,发生地县级人民政府应当立即采取措施控制事态发展,组织开展应急救援和处置工作,并立即向上一级人民政府报告,必要时可以越级上报。突发事件发生地县级人民政府不能消除或者不能有效控制突发事件引起的严重社会危害的,应当及时向上级人民政府报告。上级人民政府应当及时采取措施,统一领导应急处置工作。法律、行政法规规定由国务院有关部门对突发事件的应对工作负责的,从其规定;地方人民政府应当积极配合并提供必要的支持。

般的或较大的突发公共事件，常设性应急管理机构就直接与相关执行部门进行协调配合，共同处置突发公共事件；如果是重大或特别重大的突发公共事件，常设性应急管理机构就直接报告给最高领导，由最高领导通过咨询辅助决策机构的意见，做出相关决策，再由相关执行部门处置。在对突发公共事件的应急处置过程中，体现了对事件先进行分类分级，将每个事件看成一个项目，最后由不同级别的部门进行相应的处理。这样，既节约应急资源，又提高应急管理水平。

三、应急项目管理的指挥与协调系统

我国《应急法》第4条规定："国家建立统一领导、综合协调、分类管理、分级负责、属地管理为主的应急管理体制。"这清楚地表明任何突发事件的应急工作都是在国家统一领导下的综合协调。因此，应急项目管理中政府是核心与指挥系统，同时需要构建一个高效的协调系统。

(一) 应急项目管理的指挥系统

应急项目管理首先考验的是政府的紧急动员能力和指挥协调能力。指挥系统的集中领导、高效运转、统一调度是应急项目管理中全社会共同支持、紧急协作的保障。从战略选择到各种具体措施的制定和出台，都需要指挥系统做出正确的决策。指挥系统还要能够广泛组织和动员社会力量，调动各方面的积极性，使全社会踊跃参与其中，做到既能各司其职，各尽其责，又能步调统一，相互配合，相互支持，形成合力。建立规范的协调机制，统一调度指挥，确保指挥系统政令畅通，高效快速地整合人、财、物等资源，为应急项目管理提供有力的人力、物力、财力保障。

指挥系统可分为行政指挥系统和战术指挥系统。行政指挥系统负责行政协调，其任务是在行政层面快速完成综合研判，在高度时间压力下平衡各项事务。战术指挥系统负责抢险救援任务，由人事内部事务、灾情、救援、后勤四个部门组成，也可根据需要增设其他功能部门，如新闻和媒体、信息和通信保障，也可根据突发事件性质邀请相关专家和机构代表参与，必要时军队也参与其中。[①]

(二) 应急项目管理的协调系统

应急项目的管理工作错综复杂，涉及大量子项目，资源协调难度大。应急项目管理的协调方式有三种：一是制度协调；二是会议协调；三是领导协调。应急项目管理办公室是协调系统的中心。

1. 应急项目管理办公室的职责

应急项目管理办公室担负制定应急项目管理的统一标准和流程、开展应急项目管理相关人员的培训、信息的监控与收集、协调多部门合作及调配人、财、物资源等职责。在应急项目管理流程规范方面，应急项目管理办公室肩负制定标准应急决策程序的责任，标准程序能够保证在应急过程中的每一项应急决策都相对科学，以目标为导向推动应急决策。在应急项目管理相关人员培训方面，应急项目管理办公室肩负定期开展相关培训、提供培训指导、监督各相关单位开展应

---

① 《应急法》第8条规定：国务院在总理领导下研究、决定和部署特别重大突发事件的应对工作；根据实际需要，设立国家突发事件应急指挥机构，负责突发事件应对工作；必要时，国务院可以派出工作组指导有关工作。县级以上地方各级人民政府设立由本级人民政府主要负责人、相关部门负责人、驻当地中国人民解放军和中国人民武装警察部队有关负责人组成的突发事件应急指挥机构，统一领导、协调本级人民政府各有关部门和下级人民政府开展突发事件应对工作；根据实际需要，设立相关类别突发事件应急指挥机构，组织、协调、指挥突发事件应对工作。上级人民政府主管部门应当在各自职责范围内，指导、协助下级人民政府及其相应部门做好有关突发事件的应对工作。

急演练等职责。在信息监控与收集方面,应急项目管理办公室应能够做到对各种可能发生的突发事件预警信息、已发生突发事件的实时信息的及时、准确掌握,根据实际需要对内和对外发布。同时,应急项目管理办公室应将所收集到的信息进行加工处理,使之成为辅助决策者制定应急项目管理方案的有力支撑。在协调多部门合作方面,应急项目管理办公室负有协调各相关部门参与应急项目管理等责任。在调配人、财、物资源方面,应急项目管理办公室应能够根据应急项目的实际需要,对人、财、物等社会资源进行及时调配,将合适的资源及时调配到最需要的地方,确保社会整体利益最大化。

2. 应急项目管理办公室的权力

职责与权力是相对应的,如果没有相当的权力做支撑,职责就很难实现。尤其是对于管理复杂、涉及范围广的应急项目管理,应急项目管理办公室作为一个协调而非决策部门,更需要相应的权力以完成其职责。具体来讲,主要包括获取法律强制性的权力、获取权威地位的权力、获取足够资源的权力等。

(1) 获取法律强制性的权力。应急项目管理办公室在协调社会各界部门和资源时,其决策应从法律层面得到支持,对被调度的部门和资源具有强制性要求,以此保证资源调配的顺利进行。

(2) 获取权威地位的权力。应急项目管理办公室应根据需要配备各行各业的专家,善于解决各类突发事件所带来的困难,只有这样,其解决方案才能被信服,才能得到相关部门和社会各界的支持。

(3) 获取足够资源的权力。应急项目管理办公室作为应急项目常态化管理的重要保障部门,其正常运行需要必要的资源保障,需要得到满足,以保证其功能的正常发挥。

第四节　应急项目团队及其建设

应急项目团队是为开展应急项目管理而临时组织的协同工作的群体,应急项目团队既具有一般项目团队的特性,又具有其独特性。

一、应急项目团队的特点

应急项目团队具有政府性、强制性、临时性、开放性等特点。具体说明如下。

(一) 政府性

应急项目管理体制应该由国家统一领导、综合协调,应急项目实施和管理的主体是政府,政府可以综合协调各种社会组织以实现消减社会危害这一根本目标。因此,应急项目团队是在政府的统一领导下建设的,具有很强的政府性。县级以上人民政府应当整合应急资源,建立或者确定综合性应急救援队伍。人民政府有关部门可以根据实际需要设立专业应急救援队伍。县级以上人民政府及其有关部门可以建立由成年志愿者组成的应急救援队伍。单位应当建立由本单位职工组成的专职或者兼职应急救援队伍。县级以上人民政府应当加强专业应急救援队伍与非专业应急救援队伍的合作,联合培训、联合演练,提高合成应急、协同应急的能力。

(二) 强制性

由于突发事件的社会危害性,决定了应急项目的管理必须使用行政命令和强制手段去开展,因此应急项目团队的建设具有强制性，很多团队成员是接受行政命令参与其中，例如军队。中国人民解放军、中国人民武装警察部队和民兵组织应当有计划地组织开展应急救援的专门训练。

（三）临时性

应急项目团队的临时性体现在，一旦应急项目结束则应急项目人员就需要遣散。应急项目团队是因突发事件应对而临时成立的，团队成员可能来自各行各业，随着应急项目结束，团队成员陆续回到原来的工作岗位。

（四）开放性

应急项目团队的开放性体现在两个方面。一是应急项目团队成员来源于社会各界。首先，国务院在总理领导下研究、决定和部署特别重大突发事件的应对工作；根据实际需要，设立国家突发事件应急指挥机构，负责突发事件应对工作；必要时，国务院可以派出工作组指导有关工作。其次，县级以上地方各级人民政府设立由本级人民政府主要负责人、相关部门负责人、驻当地中国人民解放军和中国人民武装警察部队有关负责人组成的突发事件应急指挥机构，统一领导、协调本级人民政府各有关部门和下级人民政府开展突发事件应对工作；根据实际需要，设立相关类别突发事件应急指挥机构，组织、协调、指挥突发事件应对工作。最后，上级人民政府主管部门应当在各自职责范围内，指导、协助下级人民政府及其相应部门做好有关突发事件的应对工作。二是应急项目组织中的人有先来有后到，且有人先走而有人后离开。

二、应急项目团队的建设

在一个项目团队中，既有直接参与项目决策的主体，也有具体负责将计划转化为目标产出的实施组织，同时还有影响项目决策、实施和验收环境的多个主体。应急项目团队因应急项目管理过程不同，团队成员呈现动态变化。根据突发事件发生的阶段不同，应急项目团队建设遵循不同的原则。

（一）预防与应急准备阶段的应急项目团队建设

在预防与应急准备阶段，应急项目团队的主要任务是制定预案和使用各种风险措施开展预防工作，团队成员由国务院和各级人民政府、政府有关部门、各企事业单位、军队等重要成员组成。国务院在应急项目管理中，处于领导地位。国务院负责制定国家突发事件总体应急预案，组织制定国家突发事件专项应急预案；国务院有关部门根据各自的职责和国务院相关应急预案，制定国家突发事件部门应急预案。地方各级人民政府和县级以上地方各级人民政府有关部门根据有关法律、法规、规章、上级人民政府及其有关部门的应急预案以及本地区的实际情况，制定相应的突发事件应急预案。县级以上人民政府应当整合应急资源，建立或者确定综合性应急救援队伍。人民政府有关部门可以根据实际需要设立专业应急救援队伍。县级以上人民政府及其有关部门可以建立由成年志愿者组成的应急救援队伍。单位应当建立由本单位职工组成的专职或者兼职应急救援队伍。县级以上人民政府应当加强专业应急救援队伍与非专业应急救援队伍的合作，联合培训、联合演练，提高合成应急、协同应急的能力。各级各类学校应当把应急知识教育纳入教学内容，对学生进行应急知识教育，培养学生的安全意识和自救与互救能力。中国人民解放军、中国人民武装警察部队和民兵组织应当有计划地组织开展应急救援的专门训练。

预防与应急准备阶段的应急项目团队建设侧重各成员突发事件预防与应对能力的培养，需要通过各种培训和教育帮助团队成员提高突发事件的预防与应对能力。不仅如此，还要加强团队成员之间的日常沟通，加深各部门对彼此的了解和信任，在团队内部构建信息共享机制，从而增强团队的凝聚力。

（二）监测与预警阶段的应急项目团队建设

在监测与预警阶段，除政府、政府有关部门、各企事业单位外，专家学者、专业技术人员也是重要团队成员。在这一阶段，国务院建立全国统一的突发事件信息系统。县级以上地方各级人民政府应当建立或者确定本地区统一的突发事件信息系统，汇集、储存、分析、传输有关突发事件的信息，并与上级人民政府及其有关部门、下级人民政府及其有关部门、专业机构和监测网点的突发事件信息系统实现互联互通，加强跨部门、跨地区的信息交流与情报合作。县级以上人民政府及其有关部门应当根据自然灾害、事故灾难和公共卫生事件的种类和特点，建立健全基础信息数据库，完善监测网络，划分监测区域，确定监测点，明确监测项目，提供必要的设备、设施，配备专职或者兼职人员，对可能发生的突发事件进行监测。必要时要组织相关部门、专业技术人员、专家学者进行会商，对发生突发事件的可能性及其可能造成的影响进行评估；认为可能发生重大或者特别重大突发事件的，应当立即向上级人民政府报告，并向上级人民政府有关部门、当地驻军和可能受到危害的毗邻或者相关地区的人民政府通报。

监测与预警阶段的应急项目团队建设侧重团队沟通渠道与沟通机制的构建。在监测与预警阶段，团队成员的沟通要比预防与应急准备阶段更加频繁，信息沟通要更加充分、全面、及时。因此，监测与预警阶段的团队建设要注意对团队成员沟通与信息共享积极性的调动。

（三）应急处置与救援阶段的应急项目团队建设

应急处置与救援阶段的应急项目团队成员结构是最复杂的，成员人数也是最多的，需要社会各界的广泛参与。县级人民政府对本行政区域内突发事件的应对工作负责；涉及两个以上行政区域的，由有关行政区域共同的上一级人民政府负责，或者由各有关行政区域的上一级人民政府共同负责。突发事件发生后，发生地县级人民政府应当立即采取措施控制事态发展，组织开展应急救援和处置工作，并立即向上一级人民政府报告，必要时可以越级上报。突发事件发生地县级人民政府不能消除或者不能有效控制突发事件引起的严重社会危害的，应当及时向上一级人民政府报告。上级人民政府应当及时采取措施，统一领导应急处置工作。履行统一领导职责或者组织处置突发事件的人民政府应当针对其性质、特点和危害程度，立即组织有关部门，调动应急救援队伍和社会力量，依照《应急法》的规定和有关法律、法规、规章的规定采取应急处置措施。突发事件发生地的居民委员会、村民委员会，受到自然灾害危害或者发生事故灾难、公共卫生事件的单位，突发事件发生地的其他单位和突发事件发生地的公民应依法参与突发事件应对工作。新闻媒体应当无偿开展突发事件预防与应急、自救与互救知识的公益宣传。

应急处置与救援阶段的应急项目团队建设侧重团队协作精神的培养与协作能力的提升，要明确划分不同团队成员的责任与义务，并督促各团队成员尽职尽责。在这一阶段，对团队成员参与突发事件应对的积极性与主动性的调动是至关重要的。同时，要注意对团队成员的工作与表现情况进行及时记录，以便为项目后期团队成员的奖惩提供重要依据。

（四）事后恢复与重建阶段的应急项目团队建设

在事后恢复与重建阶段，应急项目团队慢慢解散，回到原来的工作岗位，社会秩序慢慢恢复正常状态。突发事件应急处置工作结束后，国务院根据受突发事件影响地区遭受损失的情况，制定扶持该地区有关行业发展的优惠政策；履行统一领导职责的人民政府应当立即组织对突发事件造成的损失进行评估，组织受影响地区尽快恢复生产、生活、工作和社会秩序，制定恢复重建计划，并向上一级人民政府报告；受突发事件影响地区的人民政府应当及时组织和协调公安、交通、铁路、民航、邮电、建设等有关部门恢复社会治安秩序，尽快修复被损坏的交通、通信、供水、排水、供电、供气、供热等公共设施。

事后恢复与重建阶段的应急项目团队建设侧重对团队成员的安置、抚恤与奖励。因应急项目团队具有临时性与开放性，随着应急项目进入事后恢复与重建阶段，团队成员会陆续回到原来的工作岗位继续完成项目任务。对团队成员进行妥善安置有助于其迅速投入新的工作状态，并避免或减少各种问题或矛盾的发生。同时要注意对做出突出贡献的团队成员给予奖励或抚恤，而对渎职懈怠的成员则要给予惩罚。

三、应急项目团队精神的构建

团队精神是支撑应急项目团队攻坚克难的武器。具体包括如下六个方面的内容。

（一）高度的相互信任

这是指应急项目团队成员之间有高度的信任，每个团队成员都相信团队的其他人所做的和所想的事情是为了整个集体的利益，是为实现应急项目管理的目标和完成团队的使命而做的努力。

（二）强烈的相互依赖

这是指应急项目团队成员之间强烈地在专长或资源等方面相互依赖。每一位团队成员都充分理解自己是应急项目管理成功不可或缺的重要因素之一，这种相互依赖会形成团队的凝聚力。

（三）一致的共同目标

这是指应急项目团队全体成员所具有的一致目标，以及项目团队每位成员强烈地希望为实现项目目标而付出自己的努力。因为在这种情况下，项目团队的目标与团队成员个人的目标相对一致，所以大家都会为共同的目标而努力。这种团队成员积极地为项目成功而付出时间和努力的意愿也是团队精神的一个构成部分。

（四）全面的互助合作

这是指应急项目团队全体成员的互助合作，以及在全面互助合作时所进行的开放、坦诚而及时的沟通。这样，项目团队成员就能够成为彼此的力量源泉，大家都希望看到其他团队成员的成功，都愿意在其他成员陷入困境时提供自己的帮助并能相互做出和接受批评、反馈和建议，这些也是团队建设的重要组成部分。

（五）平等与积极的参与

这是指应急项目团队成员之间的关系是平等的，每个人都有权利和义务积极参与项目的工作和管理。项目团队多数是一种民主的和分权的团队，因为项目团队的民主和分权为的是使项目团队成员能够以主人翁或当事人的身份去积极参与项目的各项工作，从而形成一种团队精神，并使用这种团队精神去促使项目团队成员为实现项目目标而努力。

（六）自我激励和自我管理

这是指应急项目团队成员都应该按自我激励和自我管理的模式去开展项目工作，这种自我激励和自我管理的模式能使项目团队协调一致和更好地表现出团队精神和意志。这种自我激励和自我管理的模式是项目团队不断辉煌的保障,只有这样项目团队成员才能够积极承担责任和约束自己,努力完成任务和实现整个项目团队的目标。

第五节　应急项目经理的管理

应急项目经理是应急项目团队的领导者、组织者、管理者和决策者,其能力、素质、工作态度等直接关乎应急项目管理的成败。由于应急项目的突发应对性、管理复杂性、强制命令性、专家主导性等特性,应急项目经理需要具备相应的素质与能力,并被充分授权,以便应急项目经理根据项目实际进展状况迅速做出决策和应对。

一、应急项目经理的职责

应急项目经理的职责是带领应急项目团队迅速应对突发事件带来的困难与挑战,化解各项危机,使社会生产生活恢复正常状态,保证人民生命财产安全,维护国家安全、公共安全、环境安全和社会秩序,在应急项目管理过程中担任多种角色。

(一) 应急项目团队的领导者和决策人

应急项目经理承担领导应急项目团队解决突发事件带来的各项困难与问题的重要任务,所以他既要置身突发事件发生的第一线,身先士卒地带领项目团队去开展应急工作,又要坐镇指挥应急项目团队按照正确的方向和方法去应对问题。应急项目经理的主要职责是充分运用自己的权力和能力集结和调度整个团队的人力、财力、物力资源,以实现应急项目管理的目标。因此,应急项目经理是整个团队的领导者和决策人,不仅需要带领团队披荆斩棘,还要及时对各危机应对事项做出决策。

(二) 应急项目管理的分析师和规划者

应急项目经理肩负预测分析突发事件的发展方向、可能造成的影响等重要职责,并需要根据自身的经验和能力,在最短的时间内对下一步的危机解决方案做出规划。应急项目经理要通过分析判断是否存在或可能存在重大紧急事故,要求应急项目服务机构提供帮助并实施场外应急计划,在不受事故影响的地方进行直接控制。

(三) 应急项目管理的组织者和合作者

首先,应急项目经理是整个应急项目管理过程的组织者,需要组织和建设应急项目团队,肩负设计应急项目团队成员的构成、分配团队成员的角色、安排团队成员的职责、协调团队成员的工作等职责。其次,应急项目经理在应急项目管理过程中担任合作者的角色。由于突发公共事件往往范围较大、牵涉人员较多,突发事件的应对需要多方共同合作。在应急项目管理过程中,应急项目经理要协调各方资源,集中多方力量解决困难,因此应急项目经理担任合作者的角色。

二、应急项目经理的技能

突发事件发生后,能否在尽可能短的时间内控制、减轻和消除突发事件引起的严重社会危害,很大程度上取决于应急项目经理的领导和管理工作能力,因此应急项目经理必须具备相应的各种技能。主要包括如下几个方面。

(一) 应急项目经理的概念性技能

概念性技能是指在应急项目管理过程中,遇到各种情况和困难时,能够根据实际需要做出正确的判断、提出正确的解决方案、做出正确的决策,以合理解决问题。具体来讲,需要具备如下的能力。

1. 发现问题的能力

应急项目经理必须具备从复杂多变的情况中发现问题、分析和找出问题的实质与问题原因的能力。这方面的能力涉及发现问题的敏锐性、准确性和全面性。发现问题的敏锐性是指一个应急项目经理应该能够预见应急项目工作存在的问题,或者在较短的时间内发现应急项目工作存在的各种问题;发现问题的准确性则是指一个应急项目经理在敏锐发现问题的基础上还能够十分准确地发现问题原因之所在;发现问题的全面性是指一个应急项目经理在敏锐和准确地发现问题的基础上,还要能够完全、彻底地发现问题所涉及的各个方面。

2. 分析问题的能力

应急项目经理必须具备分析问题的能力,即具有分析问题的逻辑性、可靠性和透彻性。其中,分析问题的逻辑性是指一个应急项目经理必须具有严密的逻辑思维能力,能够透彻地分析应急项目工作中各类问题的前因后果及各种逻辑关系。分析问题的可靠性是指一个应急项目经理在分析各类项目工作中的问题时,能够依据事实、理论和实际经验,而不是凭空想象和任意蛮干。分析问题的透彻性是指一个应急项目经理在分析问题时要能够从正、反两个方面和多个不同的角度出发,深入透彻地分析问题的实质和原因。另外,应急项目经理还要有系统思维的能力,以便能集成地考虑问题和综合分析问题原因。因为应急项目经理所面临的是一个开放的、不确定的工作环境,他所领导的人是临时性的团队成员,他所拥有的资源和时间是有限的,所以他必须具备上述发现和分析问题的能力。

3. 解决问题的能力

应急项目经理还必须具备解决问题的能力,因为应急项目经理一职就是为解决应急项目各种问题而设立的。应急项目经理处理和解决问题的能力涉及三个方面:其一是处理和解决问题的针对性;其二是处理和解决问题的正确性;其三是处理和解决问题的完善性。处理和解决问题的针对性是指应急项目经理在解决问题的过程中所采取的各种对策和方法应该具有很强的针对性,能够首先解决突发事件所导致的最关键、涉及范围最广、影响最大的问题。处理和解决问题的正确性和完善性是一种科学与集成的统一,其中处理和解决问题的正确性是指应急项目经理要具有采用正确方法去解决具体应急项目问题的能力,而处理和解决问题的完善性是指应急项目经理在解决问题过程中能够考虑周全和集成解决问题,在应急项目管理过程中,综合考虑经济发展、社会安全、生态保护等多方面因素,避免顾此失彼。

4. 制定决策的能力

应急项目经理必须具备在复杂情况下制定决策的能力,即在各种情况下能够找出解决问题的可行性方案并挑选出最佳行动方案的能力。这方面的能力包括:收集信息的能力;加工、处理信息的能力;根据各种信息制定备选应对方案的能力和抉择最佳方案的能力。收集信息的能力是指具备迅速获取与突发事件相关的各方面信息和数据的能力;加工、处理信息的能力是指对所获取的信息和数据进行汇总、分类整理、统计分析、辅助决策的能力;制定备选应对方案的能力是指根据所获得的数据和分析、个人经验等制定各种可行的突发事件应对方案,并能够比较各方案的优劣势等;抉择最佳方案的能力是指从各个应对方案中选择最佳方案并带领团队付诸实施解决问题的能力。

5. 灵活机动的能力

首先,应急项目的不确定因素较一般项目更多,项目团队成员的变化也更大,项目经理在面对诸多可变因素时,要具备灵活机动的能力。其次,应急项目管理具有跟踪决策性,应急项目管理往往使人们处于束手无策或不知所措的状态,需要不断探索以应对各种变化,因此,应急项目经理需要具备灵活机动的能力。具体来讲,灵活机动的能力主要体现为两个方面的能力:一是快速反应能力;二是灵活处理突发状况的能力。快速反应能力是指快速识别已经发生或可能发生的各种变化,并迅速做出相应决策,以防止严重社会危害的发生;灵活处理突发状况的能力是指能够灵活地运用各方面资源和力量,为突发事件的应对配置所需的人、财、物资源。

6. 情景意识

情景意识是指一个人在信息处理过程中,通过理解和判断,精确地感知环境变化和对未来发展的预知能力。由于突发事件的发生发展都是快速变化的,这要求应急项目经理能够积极询问项目进展情况,连续不断地对情景进行分析和监控,尽可能多地获取信息,并据此对应急项目的管理现状作出评价,以便在必要时采取果断行动。

(二)应急项目经理的人际关系技能

应急项目经理的人际关系技能是指与应急项目团队成员及项目相关者进行沟通与合作的能力。应急项目管理具有复杂性和集成性,应急项目管理的成功依赖于团队成员的密切配合以及项目相关者的大力支持。但这种密切配合与支持的关系不是天然存在的,需要应急项目经理的协调与沟通,要求必要的人际关系技能。具体表现为沟通能力、激励能力和协调能力。

1. 沟通能力

沟通能力是指与团队成员、项目相关者进行快速、准确、恰当的信息传递并获取反馈的能力。应急项目经理在开展应急项目管理的过程中,对内需要与团队成员沟通,以将应急项目的实际情况与要达成的目标及时、准确地传达到每一位团队成员,以更好地开展相关工作;对外需要与项目相关者沟通,以使所有项目相关者知晓应急项目管理的最新进展与存在的困难,以获取所有项目相关者的支持,达到最大程度保护社会公共利益的目的。这种沟通既包括管理方面的沟通、技术方面的沟通和思想感情方面的沟通,也包括书面语言沟通、口头语言沟通和非语言沟通。所以,应急项目经理在沟通技能方面必须具备听、说、读、写等方面的技能,既要能够倾听各个方面的意见与建议,又要能够在沟通过程中做到知无不言和言无不尽,能真正全面地书写和传递信息与表达出自己的意思和感情,更要能够读出对方所要表达的意思和信息。

2. 激励能力

应急项目管理一般是对各类突发的自然灾害、事故灾难、公共卫生事件和社会安全事件的管理,这些突发事件的发生往往环境恶劣、危险系数高、风险较大,因此应急项目团队成员面临很高的压力和挑战,很多时候甚至是面对生命的威胁。如何帮助团队成员克服各种困难,全身心投入到突发事件的应对过程中,需要应急项目经理给予恰当的激励,不断地激励团队成员保持旺盛的士气和斗志,勇敢地面对和解决应急项目管理中出现的各种问题,这是对他人激励能力的体现。不仅如此,应急项目经理需要具备很强的自我激励能力,能够不断自我激励,勇于面对各种挑战。

3. 协调能力

应急项目经理是应急项目管理的协调中心,肩负指挥调度的重要职责。应急项目管理具有制约性,经常受到所需人力资源、信息资源、物质资源等各种资源的制约,导致应急项目管理经常会出现"巧妇难为无米之炊"的困境,这要求应急项目经理具有很强的协调能力,以更好地应对突发事件,避免严重社会危害的发生。一方面,需要对突发事件现场进行协调管理,包括现场处置、人员物资的紧急调集、必要时的人员疏散或隔离、疫区封锁、食物和水源的控制、群体防护措施的实施、公共场所的管理等;另一方面,需要与场外应急机构协调,以获得及时的帮助与支援。

(三) 应急项目经理的专业技能

应急项目经理的授权是一种工作授权,要求具备突发事件应对所需的相关专业知识和经验。很多时候应急项目管理的权力需要给予具有专长权的专家们,或者应急项目管理团队中设有专家委员会或专家组。不管是自然灾害、事故安全、公共卫生还是社会安全的突发事件都需要把突发事件的某些管理权限授予相关领域的专家,这也是由应急项目管理所需要的专家主导的特性决定的。

三、应急项目经理的素质

应急项目经理除具备前述技能外还必须具备开展应急项目管理所需的基本素质,具体包括如下三个方面。

(一) 勇于决策和承担责任

由于应急项目管理本身所处环境的不确定性和各方面因素不断变化等原因,在应急项目管理中,项目经理需要经常在短时间内做出各种各样的决策,这就要求应急项目经理必须具备勇于决策和勇于承担责任的素质。应急项目与一般项目相比,具有更强的紧急性、危险性与复杂性,应急项目管理呈现项目结构复杂性、项目技术复杂性、项目方向复杂性、项目渐进复杂性以及综合复杂性等各种特性,而且在特别重大和重大突发事件的应急项目管理中,这四种项目复杂性先后都会出现。这就要求应急项目经理不墨守成规,能够积极大胆地进行突破性决策,并敢于承担由此带来的后果和责任。这是应急项目经理必须具备的重要且宝贵的素质。

(二) 自信心和使命感

项目经理是项目团队的首领和核心,尤其是在困难和挑战都较大的应急项目管理中,应急项目经理的状态直接决定了整个团队的状态。应急项目管理往往处于紧急、高压的环境,这就要求项目经理有很强的自信心和使命感,相信凭借自己的经验和判断,能够克服困难,解决突发事件的发生带来的各种问题。这种自信心和使命感会感染每一位团队成员,鼓舞团队披荆斩棘。

(三) 坚毅果敢和作风强硬

突发事件具有社会危害性,使应对突发事件的应急项目不能像企业投资项目那样按部就班地进行,而必须使用行政命令和强制手段去开展管理,只有这样才能在尽可能短的时间内应对突发事件的社会危害,这是一种按照战时体制所开展的独特管理方法。因此,要求应急项目管理必须具备坚毅果敢和作风强硬的素质。

四、应急项目经理的授权与管理

应急项目经理必须获得足够的授权以便其可以去领导项目团队开展应急项目管理工作，同时应急项目经理也需要接受相应的管理。

（一）应急项目经理的授权

应急项目经理的授权是一种工作授权，而不是常规的职务授权。这种授权是专门为完成应急项目管理而做出的。因为领导应急项目团队去应对突发事件需要或严重依赖专业技术知识和经验，很多时候应急项目管理的权力是授予具有专长权的专家的，应急项目的管理决策的制定必须听取专家权威的意见。

（二）应急项目经理的管理

应急项目的一次性、政府性等特点，决定了对应急项目经理在充分授权的同时，也需要进行必要的管理。一方面，应急项目的一次性决定了其管理成功的机会也是一次性的，对应急项目的管理要比日常运营管理严格和困难得多，这就要求项目经理在做出决策时必须谨慎；另一方面，应急项目的一次性决定了对项目经理的授权具有时效性和限制性，突发事件结束后对应急项目经理的所有授权就必须终止，否则就会造成越权管理。按照《应急法》第 4 条的规定“国家建立统一领导、综合协调、分类管理、分级负责、属地管理为主的应急管理体制”，这表明应急项目实施和管理的主体是政府，应急项目具有很强的政府性。因此，应急项目经理的决策与管理必须在政府的统一领导下进行。

本章小结

应急项目管理需要政府统一领导下的强矩阵型组织结构和项目团队。应急项目的组织管理具有政府领导性和专家主导性，需要具备指挥系统与协调系统。指挥系统的集中领导、高效运转和统一调度是应急项目管理中全社会共同支持、紧急协作的保障。应急项目管理办公室是协调系统的中心，担负制定应急项目管理的统一标准和流程、开展应急项目管理相关人员的培训、信息的监控与收集、协调多部门合作及调配人、财、物资源等职责。应急项目团队是为开展应急项目管理而临时组织的协同工作的群体，具有政府性、强制性、临时性、开放性等特点。除应急项目团队成员的努力外，应急项目管理还需要全体项目相关者的参与和支持。应急项目相关者涉及国务院和县级以上地方各级人民政府、企业、事业单位和行政单位、军队、专家、其他公民和组织等。全体项目相关者履行各自职责，并通力合作、互相信任，既能够节约应急资源，又能够提高应急管理水平。应急项目经理是应急项目团队的领导者、组织者、管理者和决策者，其能力、素质、工作态度等直接关乎应急项目管理的成败。由于应急项目的突发应对性、管理复杂性、强制命令性、专家主导性等特性，应急项目经理需要具备相应的素质与能力，并被充分授权，以便其根据项目实际状况迅速做出决策和应对，以达到保护人民生命财产安全，维护国家安全、公共安全、环境安全和社会秩序，控制、减轻和消除严重社会危害的目的。

复习思考题

1. 应急项目团队的特点有哪些？
2. 应急项目组织管理的特性有哪些？
3. 应急项目管理需要何种组织结构？为什么？
4. 应急项目经理的职责有哪些？

即测即评

参考文献

戚安邦. 项目管理学. 3 版. 北京:科学出版社,2019.

第四篇

应急项目全过程各个阶段的管理

第九章　应急项目预防与应急准备阶段的管理

我国《应急法》第2条规定："突发事件的预防与应急准备、监测与预警、应急处置与救援、事后恢复与重建等应对活动，适用本法。"这条法律规定清楚地表明"突发事件的预防与应急准备"是进行"突发事件"应急管理的首要步骤，是应急项目这一现代项目的具体阶段。《应急法》明确规定"突发事件应对工作实行预防为主、预防与应急相结合的原则"，即强调"上医治未病"。应急项目预防与应急准备阶段的管理核心主要体现在如下方面：应急项目预防与应急准备阶段的管理原理是什么，如何合理确定应急项目预防与应急准备阶段的主要工作，遵循何种工作原则才能使应急项目预防与应急准备阶段的管理更具有效性，如何管理应急项目预防与应急准备阶段的工作过程以充分整合资源提高效率。本章将主要围绕应急项目预防与应急准备阶段的管理原理、主要工作、工作原则、管理过程以及组织管理展开阐述。

第一节　应急项目预防与应急准备阶段的管理原理

我国《应急法》第5条规定："突发事件应对工作实行预防为主、预防与应急相结合的原则……"可见，在突发事件应对工作中，应急项目预防阶段的管理尤其重要，是将应急项目"禁于未发之前"的一个关键工作阶段。针对应急项目预防与应急准备阶段管理的概念、作用及相关理论分述如下，以说明应急项目预防与应急准备阶段的管理原理。

一、应急项目预防与应急准备阶段管理的概念

"预"指的是"预先，事先"，"防"指的是"防备，戒备"。"预防"的释义是"事先防备"，如"预防自然灾害""采取预防的措施"等。"准备"的释义则是"事先计划，筹备"[1]。应急预防与准备则是为预防并应对突发事件的发生而事先做的计划与筹备工作。应急项目预防管理与应急准备管理都属于事前管理，两者密切相关。

应急项目预防与应急准备阶段管理是针对应急项目预防与应急准备阶段开展的一系列管理工作，是运用各种相关的知识、技能、方法与工具，为预防突发事件的发生或消减突发事件造成的严重人员伤亡、社会危害、经济损失等所开展的对于应急项目预防与准备阶段的具体管理活动。应急项目预防与应急准备管理涉及对包括自然灾害、事故灾难、公共卫生事件和社会安全事件在内的各类应急项目预防与应急准备管理。不同类型的应急项目特点不同，因此，其预防与应急准备阶段管理工作的侧重点也是大相径庭。此外，应急项目预防与应急准备阶段的管理工作还需要因地制宜，因时制宜。

二、应急项目预防与应急准备阶段的管理目标

从应急项目预防与应急准备阶段管理的定义出发，应急项目预防与应急准备阶段管理有两层含义，即“预防突发事件的发生”和“消减突发事件造成的严重社会危害、经济损失、人员伤亡”两部分。其中，“预防突发事件的发生”也就是“禁于未发之前”，相当于是应急项目预防与应急准备管理的最高目标。但很多突发事件是难以预防甚至根本无法预防的，这时候消减突发事件造成的严重人员伤亡、社会危害、经济损失成为应急项目预防与应急准备管理的目标，即人们在突发事件发生之前做的应急项目预防管理与应急准备工作也会在突发事件发生之后发挥作用。由此可见，应急项目预防与应急准备阶段的工作虽然属于事前的工作，但其影响与作用却可以延伸至事中甚至事后。此时，预防与应急准备阶段工作的主要目标可以总结为“救人于水火”。事前开展的应急准备工作为可能发生的突发事件做好了一系列的预案、物资、人力资源、资金等准备。可见，无论是面对没有风险征兆或触发信号的无预警信息突发事件，还是面对有预警信息的突发事件，应急准备工作都是十分重要的，便于人们在突发事件发生之后以最快的速度启动应急预案、调配所需资源，以期最大程度地消减突发事件造成的人员伤亡、财产损失与社会危害。例如，2020 年 4 月 1 日 20 时 23 分，四川甘孜州石渠县发生 5.6 级地震，震源深度 10 千米。[2] 针对震区高寒天气，当地连夜调配 76 顶帐篷、105 床棉被和 1 000 套棉衣、棉裤等救援物资，加强防寒取暖，全力保障灾区人民生活所需。[3] 如果没有提前做好物资准备，当突发事件真的发生时，往往会猝不及防，乱了阵脚，影响处置与救援的效率与效果。

三、应急项目预防与应急准备阶段的管理特性

应急项目预防与应急准备阶段的管理既具有一般应急项目的特性，也因其独特的应急项目阶段而具有独特性。下面对应急项目预防与应急准备阶段的管理特性进行阐述。

（一）常态性

虽然应急项目具备一次性的特点，但是作为应急项目管理的第一阶段，应急项目预防与应急准备阶段的管理工作却具备常态性的特征。突发事件发生之前，为了维持社会运行与人民生活的稳定，应急项目的预防工作是时刻都在进行的一个管理过程，这也源于应急项目预防阶段独特的“禁于未发之前”的目标；突发事件发生之后，应急项目的预防工作也在持续进行常态化的推进，这源于突发事件本身的不确定性与动态演变性，需要相关人员立足当前的时点预测其未来可能的演变路径，并在当前时点部署预防与应急准备工作。所以，应急项目预防与应急准备阶段虽然属于事前管理阶段，但一定要界定好“事”，因为“事”其实是在发展变化、不断演进的。突发事件发生之后的应急项目的动态演变性与跟踪决策性为应急项目预防与应急准备工作提供了新的内容。

（二）情景依赖性

应急项目预防与应急准备阶段的管理一定是基于情景的，这样才能做到有针对性地开展工作，以避免浪费大量的资源。例如，沿海地区在开展应急项目预防与应急准备工作时，要更多地考虑暴雨、台风等极端天气事件引发的自然灾害，而新疆地区则需要更多地考虑地震、暴雪等自然灾害，由此而导致其应急项目预防与应急准备工作具有较大的差异性。对于前者，需要储备大量的冲锋舟与救生筏，而对于后者，棉被、棉衣、活动板房是应急储备的重点。再如，对于无预警

信息的应急项目,应急项目预防与应急准备阶段的管理工作更多地在于应急准备,以便当突发事件发生时,可以从容应对;对于有预警信息的应急项目,则需预防与应急准备并重,甚至预防重于应急准备,毕竟“禁于未发之前”才是应急项目管理的最高境界。如自然灾害突发事件较难通过预防与应急准备“禁于未发之前”。相比之下,事故灾难突发事件、公共卫生突发事件和社会安全突发事件都有“禁于未发之前”的可能性。所以,自然灾害应急项目在预防与应急准备时的侧重目标是“消减突发事件造成的严重人员伤亡、社会危害、经济损失”。

(三)主体多样性

虽然应急项目管理具备政府主导性的特点,但应急项目预防与应急准备阶段的管理工作涉及的主体多样且数量众多。例如,一家化工厂需要为可能的火灾、爆炸、化工产品泄漏等突发事件采取预防与应急准备措施,如制定突发事件应急预案、建立应急指挥体系、对员工进行安全意识与技能培训、在工艺上设计并安装并行预警系统或多重冗余通道。而某县县政府则需要对所辖区域各类可能的突发事件进行梳理,排查相关隐患,制定应急预案,开展应急演练。此外,群众也是应急项目预防与应急准备工作的主体之一,其预防与应急准备工作含有一定的自愿成分,尚未有相关法律法规对公民的应急准备责任制定强制的要求,公民在自愿开展预防与应急准备工作时也无须依据政府的严格要求。例如,自然灾害事件高发地区的公民自愿在家中储备饮用水、粮食、无线电通信设备的行为就属于一种自愿的应急准备行动,而储备粮食的数量、种类和其他资源约束都是由公民自身的情况决定的。鉴于应急项目预防与应急准备阶段的主体多样性,各类主体在应急项目预防与应急准备阶段的协同、高效工作是本阶段工作取得成效的关键因素。

(四)时效性

应急预防与准备是为预防并应对突发事件的发生而事先做的计划与筹备工作,因此,不论是否有预警信息,一定要在突发事件发生之前就部署并安置好相关的工作。由于很多应急项目我们无法明确预知其发生的起点,而应急项目的预防与准备工作必须具备时效性,赶在事件发生之前完成,这就给应急项目预防与准备的时间管理工作带来了困难。应急项目时间管理需要开展“时期”和“时点”两方面的管理,应急项目预防与应急准备工作的时效性便是对应急项目时间管理的“时期”和“时点”两方面的管理。

在实践中,预防与应急准备工作往往借鉴以往的突发事件带来的经验,以开展具备时效性和实效性的预防与应急准备工作,旨在通过经验学习提高、强化应急准备能力。例如,在雨季到来之前,山东能源淄矿集团唐口煤业公司就对雨季三防物资进行登记造册、检查和补充,实现了应急物资准备的“早计划”和“早储备”工作要求[4],为雨季到来时的安全防汛提供了可靠的物资保障;又如,在汛期即将来临之际,攀枝花市西区人民政府应急管理局组织开展汛期自然灾害综合应急演练活动,检验了在汛期处理突发自然灾害事件时应急救援人员的组织疏散和处置能力,增强了群众的自我保护能力。[5]雨季到来之前做好雨季三防物资的计划与储备,汛期来临之前开展汛期自然灾害综合演练活动,这些都充分体现出应急项目预防与应急准备阶段工作的时效性。

(五)鲁棒性

无论应急项目的预防与应急准备工作做得多么充分,也几乎不可能满足突发事件发生后的所有需求。而突发事件又很少是单点发生,受灾点往往是在一定的空间内分布,并会随着时间演变。这就对应急项目的预防与应急准备工作提出了挑战:如何在事件突然发生后,在短时间内尽可能部分满足所有受灾点的需求？这要求应急准备具有鲁棒性。鲁棒性即一个系统或组织有抵御或克服不利条件的能力。[6] 应急预防与准备工作中的鲁棒性解决的则是"如何能在突发事件发生前科学、合理地做好预防与应急准备工作,力争不浪费、不遗漏各类资源,又能在突发事件发生时及时、高效地为各受灾点配置所需的各类资源,以保证在应急资源储备适宜或充足的情况下顺利地实现应急项目的目标"。

第二节　应急项目预防与应急准备阶段的管理原则与工作内容

本节将围绕应急项目预防与应急准备阶段的管理原则与工作内容展开讨论。具体内容分述如下。

一、应急项目预防与应急准备阶段的管理原则

应急项目预防与应急准备阶段的管理具备常态性、情景依赖性、主体多样性、鲁棒性和时效性等特性。与应急项目预防与应急准备阶段的管理特性相适应,为了提高应急项目管理工作的执行效率、达到应急项目管理工作的阶段性目标,需要遵循如下管理原则:

(一) 持续重视原则

"持续重视应急项目预防与应急准备阶段的管理工作"(持续重视)这一指导原则与应急项目预防与应急准备阶段"禁于未发之前"的目标和常态性的特性相适应。在多种价值选择存在资源(包括注意力资源)竞争关系的约束条件下,政府和公众对于"安全"的价值选择呈现边际收益递减效应:当安全匮乏时,政府和公众对安全的需求凸显;一旦安全需求得到满足,其重要性开始下降。[7] 这就意味着:在突发事件发生之后,安全作为最优先的价值选择虽然在短期内容易获得政府和公众的共识,但随着时间推移,无论是政府对安全工作的重视程度,还是公众对安全需要的关注程度,都不可避免地下降,最终导致事后的危机学习和事前的风险防范都因缺乏共识而面临难以持续的挑战。[8] 所以,应急项目预防与应急准备阶段的工作作为常态化工作的一部分,应当被政府及其他相关部门、企业持续重视、持续采取相应的管理措施。同时,也应当被公众持续重视,作为其日常生活的固有部分来对待。

(二) 因时、因地制宜原则

与应急项目预防与应急准备阶段情景依赖性的特性相适应,强调因时、因地制宜地开展应急项目的预防与应急准备工作。根据突发事件的类型和地方特点等不同情况,各地应当因时、因地制宜制定应急预案,开展应急演练活动,完善应对各类突发事件的应急指挥体系。例如,针对上海市即将进入汛期暴雨、大潮、洪水"三碰头"的自然灾害风险,上海市在自然灾害突发事件到来之前预先举行应急救灾物资保障演练,在演练中设置了紧急人员转移安置物资保障和堤防应急抢险物资保障科目,做好了对突发事件因时、因地制宜的应急准备工作。2020 年新型冠状肺炎疫情防控期间,各地各有关部门因时制宜,采取线上形式,通过网络公开课、新媒体直播、在线访谈等多种形式,面向社会公众积极普及各类灾害事故知识和防范应对基本技能。例如,北京市首次开展全市"云上学安全"活动,采取"互联网+安全+教育"模式,宣传防灾、减灾、救灾及安全应急知识,提升市民特别是中小学生安全意识和应急能力。[9]

（三）发动群众力量、社会力量参与原则

与应急项目预防与应急准备阶段管理的主体多样性的特性相适应，结合我国独特的应急管理实践经验，主张积极发动群众力量、社会力量参与到应急项目的预防与应急准备工作中来。我国第 12 个全国防灾减灾日的主题就是“提升基层应急能力，筑牢防灾、减灾、救灾的人民防线”。主张广泛发动群众、依靠群众，整合资源、统筹力量，切实加强基层应急能力建设，从源头上防范化解群众身边的安全风险，真正把问题解决在萌芽之时、成灾之前，筑牢防灾、减灾、救灾的人民防线。[10]

此外，群防群控也是我国传染病防控的法定方式。我国《宪法》第 21 条规定：“……开展群众性的卫生活动，保护人民健康……”。《传染病防治法》第 2 条规定：“……防治结合、分类管理、依靠科学、依靠群众。”《突发公共卫生事件应急条例》第 40 条也对群防群控作了具体的说明：“传染病暴发、流行时，街道、乡镇以及居民委员会、村民委员会应当组织力量，团结协作，群防群治，协助卫生行政主管部门和其他有关部门、医疗卫生机构做好疫情信息的收集和报告、人员的分散隔离、公共卫生措施的落实工作，向居民、村民宣传传染病防治的相关知识。”通过这些法律法规，也可以看出群防群控是我国针对突发公共卫生事件的主要应对方式之一。[11]

（四）发展“智能应急”，适当地与智能科技融合的原则

随着分布式计算、网格计算、云计算等技术的发展，遥感、大数据与云计算、物联网、虚拟现实、视频监控等技术在应急管理工作中实现了广泛的应用。除去以往在监测与预警、救援与处置阶段中的实际应用，如地质灾害数据的集成与共享、疫情防控中的健康码追溯等，智能技术在预防与应急准备阶段也得到了逐步的应用与推广。例如，山东济南开展社区燃气泄漏事故应急演练，利用社区应急救援站智慧城市应急云平台，有效提高事故情况上报、设备抢修和人员疏散抢救工作效率。[10] 四川组织“5·12”汶川特大地震纪念馆等省内 10 余家各级各类科教场馆、体验基地线上参观，打造四川省立体式、区域化、情境化应急科普教育基地群；江西开展地震 VR 体验项目进社区和赣江两岸灯光秀活动，普及防震减灾知识，提升市民防灾减灾意识。[9]

智能技术与应急项目预防与准备阶段工作的结合有助于实现跨部门、跨区域的应急项目预防与应急准备联动工作，打破时空限制与传统工作形式的固有限制，为预防与应急准备管理工作提供智能、科学、高效的信息服务。

（五）系统集成与科学指导相结合的原则

在应急项目预防与应急准备阶段，也要坚持系统集成与科学指导的管理工作原则。系统化管理体现在两个方面：一是应急预防管理与应急准备管理的系统集成。应急项目管理的全过程中，应急项目预防管理和应急准备管理不可分割。用中国人的话来讲，应急项目预防管理的目的在于“防患于未然”（禁于未发之前），应急准备管理的目的在于“以备不时之需”（救人于水火之中）。所以，应当对应急项目的预防管理和应急准备管理采取系统化管理的措施，要求决策者和管理者掌握项目以及项目集成管理的基本理论和原则，便于实现对应急项目开展组织管理、资源的协调与整合等工作。二是涉及应急项目预防与应急准备的多学科、多领域的系统集成。应急项目预防与应急准备管理工作是一项系统工程，涉及安全科学与工程、管理科学与工程、社会学、心理学等多学科、多领域的专业知识，因此，要做好多学科、多领域的系统集成。对应急项目预防与应急准备阶段采取系统集成的措施，不仅需要政府及其相关部门的高效引导和推进，还需要应急专业人员、应急智库人员等专家的科学、合理的决策指导。尊重专家的知识与经验，强调专家在应急项目的预防与应急准备工作中的参与性和互动程度，以此提高本阶段工作的科学性和合理性。

二、应急项目预防与应急准备阶段的工作内容

应急项目预防与应急准备阶段的主要工作可以归纳为完善应急预案体系、应急物资与通信保障、应急项目工作主体的能力提升与应急组织保障、危险源与危险区域的识别和处置、积极开展应急管理培训与演练、社区与城乡的应急韧性建设、建立巨灾风险保险体系和完善国家应急财政准备这七个方面。

（一）完善应急预案体系

应急预案是一种在事前制定的突发事件应对方案，目的就是当某一突发事件发生时，相关机构、部门或个体不至于惊慌失措、手足无措。《突发事件应急预案管理办法》将应急预案定义为各级人民政府及其部门、基层组织、企事业单位、社会团体等为依法、迅速、科学、有序应对突发事件，最大程度减少突发事件及其造成的损害而预先制定的工作方案。应急预案类似于诸葛亮的"锦囊妙计"，遇到不能解决的事情时，打开锦囊看一看，就可以根据提示的方案开展行动。

应急预案的编制工作是一项非常耗费人力、物力、财力的工作，又处于应急项目的事前管理阶段，在这个阶段多投入，产生的损失成本就会减少，因此，要格外重视应急预案的编制，尤其是要重视应急预案的编制质量。有关应急预案的编制，《应急法》规定：国务院制定国家突发事件总体应急预案，组织制定国家突发事件专项应急预案；国务院有关部门根据各自的职责和国务院相关应急预案，制定国家突发事件部门应急预案。地方各级人民政府和县级以上地方各级人民政府有关部门根据有关法律、法规、规章、上级人民政府及其有关部门的应急预案以及本地区的实际情况，制定相应的突发事件应急预案。应急预案制定机关应当根据实际需要和情势变化，适时修订应急预案。应急预案的制定、修订程序由国务院规定。

我国的应急预案体系先后经历过两轮大规模的编制或修订。其中，第一轮是在 2003 年"非典"疫情之后，按照"立法滞后、预案先行"和"横向到边、纵向到底"的原则，全国迅速制定了几百万件预案[12]，虽然大部分预案存在针对性不强、操作性不足等问题，但地震、台风、危化品事故应急预案在多次实践中逐步得到改进。第二轮开始于 2018 年应急管理部成立之后，北京、广东、江苏、浙江等地的应急预案编制单位已经细化、具体到区一级政府层次。[8] 应急预案在应急项目的具体管理中发挥了重要的作用。2020 年 1 月 25 日，在专家确定新型冠状病毒人传人后，中央立即根据 2006 年颁布的《国家突发公共卫生事件应急预案》，成立了应对新型冠状病毒感染肺炎疫情工作领导小组[13]；截至 2020 年 1 月 29 日，我国内地 31 个省、区、市均启动了突发公共卫生事件一级响应。[14] 正是因为有了应急预案，才能够有如此迅捷快速以及较为准确的应急响应。

应急预案的编制具有情景依赖性和专家主导性。情景依赖性即需要考虑到应急项目预防与应急准备阶段管理工作的情景特点，要重点针对当地易发、多发的突发事件类型编制应急预案，这类应急预案的编制享有资源优先权。《应急法》规定：地方各级人民政府和县级以上地方各级人民政府有关部门根据有关法律、法规、规章、上级人民政府及其有关部门的应急预案以及本地区的实际情况，制定相应的突发事件应急预案。这里"本地区的实际情况"就体现出了应急预案编制的情景依赖性。例如，广东省河源市龙川县饱受气象灾害带来的损失之苦，因此，在 2018 年

4 月 19 日,该县政府办公室修订印发了《龙川县气象灾害应急预案》,进一步完善“政府主导、部门联动、社会参与”的气象防灾减灾应急协作机制。修订后的预案进一步明确了各成员单位防御气象灾害的工作职责和联动措施,预案的实施将切实提高气象灾害防范、处置能力。[15] 而公共交通工具、公共场所和其他人员密集场所人数众多,容易造成严重的突发事件危害后果。这就要求相应的经营单位或者管理单位针对可能发生的恐怖袭击、失火、踩踏等可能发生的突发事件制定详尽的应急预案,配备可用的报警装置,提前准备好应急救援设备、设施,设计好安全撤离的通道与路线。此外,应急预案的编制工作并不是一劳永逸的,需要根据具体情景的演变不断修订完善。例如,2020 年 6 月,厦门市第六次修订了《厦门市防洪防台风应急预案》并正式发布,新修订版预案对台风灾害应急响应等内容进一步细化、明确,使得预案内容得以逐步完善。

专家主导性即应急预案的编制需要由具备相关专业技术知识和经验的人员来完成。《突发事件应急预案管理办法》规定:应急预案编制部门和单位应组成预案编制工作小组,吸收预案涉及主要部门和单位业务相关人员、有关专家及有现场处置经验的人员参加。在不同单位的应急项目管理团队中,会设有应急预案编制专家委员会或专家组。不管是何种类型的应急预案,其编制过程中都要有相关领域专家的参与,且专家的意见起到了主导作用。

《应急法》对应急预案的基本内容体系做了规定:应急预案应当根据本法和其他有关法律、法规的规定,针对突发事件的性质、特点和可能造成的社会危害,具体规定突发事件应急管理工作的组织指挥体系与职责和突发事件的预防与预警机制、处置程序、应急保障措施以及事后恢复与重建措施等内容。应急预案的内容应该涵盖但不限于《应急法》所规定的上述内容。《应急法》规定的应急预案的内容也同样体现了情景依赖性,强调针对“突发事件的性质、特点和可能造成的社会危害”开展应急预案的编制工作。

应急预案的编制一般可以分为 5 个步骤,即组建应急预案编制小组、开展危险源与应急能力分析、应急预案的编制、应急预案的评审与发布和应急预案的实施,如图 9-1 所示。

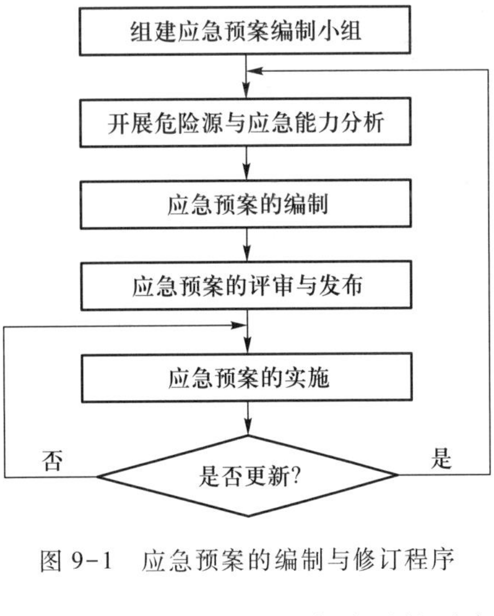

图 9-1　应急预案的编制与修订程序

应急预案从编制、维护到实施都应该有国家各级政府和有关部门广泛参与,在预案实际编制工作中往往会由编制组执笔,但是在编制过程中或编制完成之后,要征求有关人民政府及其部门、应急预案制定机关的意见;危险源与应急能力分析包括法律法规分析、风险分析与应急能力分析。应急预案的编制是一个动态更新、优化的过程。在预案的实施过程中,会发现预案存在的各种问题,因此,需要对预案进行动态更新与优化,及时修订预案。预案的修订可分为定期修订与不定期修订。定期修订是一种常态化管理,适用于预案所针对的突发事件并没有发生,但影响事件发生与应对的因素却随时间而发生了变化,这需要以固定周期对预案进行常态化的修订。不定期修订适合预案针对的突发事件发生后,在预案实施的过程中发现预案存在较大的问题,因此要在事件结束后立即修订预案,以使预案能够在下一次类似突发事件发生时,更好地发挥作用。例如,厦门市在实际应对洪水、台风等极端天气事件时,发现原先预案规定在应急响应结束后才解除交通管制、景点关闭和关闭海上作业等管制措施的做法在现实中不是很合理，会影响群众的出行，因此在新修订的第六版《厦门市防洪防台风应急预案》中调整了相应的内容，明确指出："应急响应未解除前，在满足安全条件下，逐步调整或解除跨海大桥封闭、杏林跨海段通行地铁停运和海上航线及 BRT 停运、景点关闭、工地停工、港口码头停止作业等管制措施，不必等到应急响应结束才解除管制措施。"[16]

（二）应急物资与通信保障

1. 应急物资与生产能力储备

不论是何种类型的应急项目，其管理工作都需要应急物资的支持。如自然灾害应急项目需要救生衣、打火器材等救灾物资，公共卫生应急项目需要口罩、呼吸机等医疗物资。应急物资的分类形式多样，如根据应急物资使用的紧急情况分类、根据应急物资的使用范围分类、根据应急物资的用途分类和根据突发事件类型分类等。本书仅举其中一种分类方式，即根据应急物资使用的紧急情况进行应急物资分类，可将应急物资的类别分为一般级、较大级、重大与特别重大级三类，如表 9-1 所示。

表 9-1　基于应急物资使用的紧急情况进行应急物资分类[17]

应急物资类别	一般级	较大级	重大与特别重大级
内涵	一些对救援、降低灾害损失有利的必需物资	降低灾害损失，缩小灾情范围所必需的且对应急救灾工作具有重要意义的物资	应急救灾工作顺利进行所必需的，对于挽救生命、财产损失，控制灾情起关键性作用且极为重要的物资
典型物资	环保处理类、工程建设类	救援运输类、防护用品类	生命救援类、临时食宿类

此外，我国应急物资的保障通常包括装备物资和民生物资两类。装备物资散落在各个职能部门和消防部门。民生物资保障过去由民政救灾负责，目前职能转递不明确，各地比较普遍的是由发改委粮食储备局系统负责储备，应急部门负责调用。[18]

我国的应急物资储备方式主要包括以下三种[19]：

政府储备。政府储备是指为有效应对突发事件，政府将一些灾害急需且关键性的应急物资储存在政府物资储备库中。政府储备又分为中央储备和地方储备。政府储备的物资一般用于满足突发事件发生后早期的应急物资需求，具有资源供给的缓冲作用，旨在为后期应急物资的供给争取一定的时间。目前，政府储备方式是我国物资储备最常见、最主要的方式。同时，政府储备方式也是应急物资最直接、最可靠的来源。设区的市级以上人民政府和突发事件易发、多发地区的县级人民政府应当建立应急救援物资、生活必需品和应急处置装备的储备制度。政府储备具有响应速度快、应急保障能力强等优点。但是，由于应急物资需求的不确定性和应急物资的使用有效期等因素，政府储备的成本较高，需要通过科学的决策方式，使应急物资的政府储备方式具备鲁棒性。

协议企业储备。为了有效地应对重大突发事件，我国规定："县级以上地方各级人民政府应当根据当地的实际情况，与相关企业签订协议，保障应急救援物资、生活必需品和应急处置设备的生产、供给。"协议企业储备是指为了保障应急物资的有效供给，政府选择一些合适的应急物资生产企业，通过与其签订协议的方式，把一部分应急物资储备工作交由协议企业来完成。当突发事件发生后，按照协议直接调运协议企业储备的应急物资。协议企业储备一般用于储备一些生活类、食品类及药品类等易变质的应急物资。由于企业以利润最大化为目的，政府必须重视对协议企业的监督和质量管理，以保证协议企业储备的应急物资的数量和质量。

生产能力储备。生产能力储备是指政府按照一定的原则选择一些应急物资生产企业作为代储企业，通过与其签订协议的方式，让其保留一定的富余生产能力。突发事件发生时，会在短时间内产生巨大的应急物资需求，当政府储备无法满足应急物资需求时，政府可以指令代储企业按照协议将储备的富余生产能力迅速投产或转产，转换为灾区所需要的应急物资，从而填补应急物资需求的缺口。生产能力储备可以持续地满足一些持续时间较长的重大突发事件的应急物资需求。

应急物资的生产能力与国家工业生产体系的结构布局和产能水平有关。加强生产能力储备建设，既能保障突发事件对应急物资的大量需求，又能避免实物储备过多或过少（不具备鲁棒性的情况）所造成的损失，还可以在一定程度上降低应急处置的成本。但是，把储备的生产能力转换成所需要的应急物资需要一定的时间。因此，生产能力储备多适用一些不宜进行长期保存且生产周期较短的应急物资，例如医药类、食品类等。在应急项目预防和应急准备阶段，应完善应急物资的储备保障制度，与相关企业建立良好的合作关系，完善重要应急物资的监管、生产、储备、调拨和紧急配送体系。在突发事件发生后，及时调配、分发应急救援物资，以期为后续应急项目工作阶段的开展提供便利。

2. 建立健全应急通信保障体系，完善应急通信保障机制

在应对突发事件时，应急一线与指挥部门的联络沟通不能中断，如前往事故灾害第一现场的应急救援人员需要与后方指挥人员及时沟通情况、变更决策等。所以，在应急准备阶段，建立健全国家应急通信保障体系，完善公用通信网，建立有线与无线相结合、基础电信网络与机动通信系统相配套的应急通信系统，便于在突发事件发生后保障通信的畅通。

（三）应急项目工作主体的能力提升与应急组织保障

1. 应急救援力量的组织保障

当前，我国应急救援力量主要包括国家综合性消防救援队伍、各类专业应急救援队伍和社会应急力量。

国家综合性消防救援队伍主要由消防救援队伍和森林消防队伍组成，是我国应急救援的主力军和国家队，承担着防范、化解重大安全风险，应对处置各类灾害事故的重要职责。按照国家综合性消防救援队伍的衔级职级序列划分，国家综合性消防救援队伍人员分为三类，即管理指挥干部、专业技术干部和消防员。

各类专业应急救援队伍主要由地方政府和企业专职消防、地方森林（草原）防灭火、地震和地质灾害救援、生产安全事故救援等专业救援队伍构成，是国家综合性消防救援队伍的重要协同力量，担负着区域性灭火救援和安全生产事故、自然灾害等专业救援职责。另外，交通、铁路、能源、工信、卫生健康等行业部门都建立了水上、航空、电力、通信、医疗防疫等应急救援队伍，主要担负行业领域的事故灾害应急抢险救援任务。

社会应急力量则依据人员构成及专业特长开展水域、山岳、城市、空中等应急救援工作。另外，一些单位和社区建有志愿消防队，属群防群治力量。同时，人民解放军和武警部队是我国应

急处置与救援的突击力量，担负着重特大灾害事故的抢险救援任务。[20]

我国《应急法》规定：县级以上人民政府应当整合应急资源，建立或者确定综合性应急救援队伍。人民政府有关部门可以根据实际需要设立专业应急救援队伍。县级以上人民政府及其有关部门可以建立由成年志愿者组成的应急救援队伍。单位应当建立由本单位职工组成的专职或者兼职应急救援队伍。县级以上人民政府应当加强专业应急救援队伍与非专业应急救援队伍的合作，联合培训、联合演练，提高合成应急、协同应急的能力。

专业应急救援队伍是政府组织开展应急救援工作的骨干力量，接受政府的统一领导，服从政府应急管理机构的管理和调度。2018 年应急管理部成立后，原公安消防部队（武警消防部队）、武警森林部队退出现役，组成综合性消防救援队伍，归应急管理部管辖。综合性消防救援队伍是一支专业队伍，无论是地质灾害如地震、泥石流、山体滑坡，还是暴雨水灾，或是生产安全事故，消防救援队伍都是应急处置与救援的最重要力量。中国人民解放军、中国人民武装警察部队和民兵组织是应对突发事件的坚实后备力量，对这些队伍宜采取“平战结合”的管理策略。在平时，有针对性地开展各种训练，以给突发事件的战时状态储备战斗力量；在突发事件发生时，则开始从事应急处置与救援工作。

专业应急救援人员要经常参与应急项目的一线处置与救援工作，面对复杂多变的情景、巨大的危险与时间压力、繁重的处置与救援任务，其身体、心理的健康与安全都会受到严重的威胁或伤害，应急救援队伍为应急项目的成功做出了巨大的贡献，甚至付出了生命的代价。因此，《应急法》规定：国务院有关部门、县级以上地方各级人民政府及其有关部门、有关单位应当为专业应急救援人员购买人身意外伤害保险，配备必要的防护装备和器材，减少应急救援人员的人身风险。

应急救援专家则是一类特殊的应急救援人员，他们不直接参与前线的应急救援，而是作为应急项目实践的智库存在。例如，原国土资源部为了充分发挥地质灾害应急专家在突发地质灾害事件处置和应急管理咨询工作中的作用，规范地质灾害应急专家的遴选和管理，提高地质灾害应急响应能力，进一步增补地质灾害防治应急专家，加强地质灾害应急力量，制定了《国土资源部地质灾害应急专家管理暂行办法》，在全国范围内遴选并报请国土资源部确定了 36 名地质灾害应急防治专家。此外，依照群测群防体系应建立部级和省级地质灾害防治应急专家队伍，鼓励市、县组建地质灾害防治应急专家队伍，建成专家咨询一条线。

广大人民群众是应急救援队伍的主体，以地质灾害事件为例，群测群防是针对地质灾害事件最有效的方法。即广大基层干部群众通过接受培训，有组织地参与地质灾害隐患点的监测和预防，及时捕捉地质灾害前兆、灾体变形、活动信息，迅速发现险情，及时预警，迅速组织疏散、转移，减少人员伤亡和经济损失的一种防灾减灾手段。目前，我国已逐步建立了适合中国国情的地质灾害群测群防体系。[21]

2. 面向群众的应急知识宣讲与教育普及

群众是应急项目的重要相关方，某种程度上，既可能是受灾体，又可能是抗灾体。开展面向公众的应急知识宣讲与教育普及工作，提高群众自救互救的意识与能力非常重要。在应急项目预防与应急准备阶段，县级人民政府及其有关部门、乡级人民政府、街道办事处等基层单位应当做好应急知识的宣传普及，通过开展应急知识宣讲活动、开通电视台应急频道、开办各类安全应急管理培训班等应急知识宣传的形式，向广大群众普及应急管理政策法规和应急知识，以此进一步提高群众自救互救能力，增强社会群众防灾减灾意识和预防、避险等能力。对于广大学生群体的应急知识教育也十分重要，各级各类学校应当把应急知识教育纳入教育体系中，对学生进行应急知识教育，便于从小培养公民的安全意识和自救与互救能力。

此外，新闻媒体也是人民群众认识、了解应急知识的重要途径。新闻媒体有义务无偿开展突发事件预防与应急、自救与互救知识的公益宣传。群众积极了解突发事件预防与应急、自救与互救的知识，便于在突发事件发生时，配合、理解政府的决策与行动，保护自身的生命财产安全。当前，自媒体的作用与影响力越来越大，如何利用好自媒体为应急项目管理服务也是需要思考的问题。

3. 应急科研人才、技术准备与国际合作

应急管理不能靠“人海战术”，先进装备和科研水平能够在最大程度上减少损失，我国鼓励、扶持教学科研机构和有关企业研究开发用于突发事件预防、监测、预警、应急处置与救援的新技术、新设备和新工具。例如，在汶川地震中，航空救援和应急通信是关键，我国自主开发的北斗通信系统在震后初期灾区信息获取中发挥了不可替代的作用；在2020年新型冠状病毒肺炎疫情的应对中，病毒结构识别分析能力和重症医疗水平成了战胜疫情的重要科技基础，是国家应急能力的重要表征之一。

我国还鼓励、扶持具备相应条件的教学科研机构培养应急管理专门人才。例如，2019年9月29日，教育部学校规划建设发展中心联合应急管理部，为国家安全体系构建和安全产业升级提供人力资源保障，开展2020年首批应急管理学院的建设。最终，遴选出19所高校，其中包括5所世界一流高校。[22]

除去我国必要的应急人才与应急技术的准备，事前开展的应急准备国际合作工作也占据着关键的地位。以应急项目中的公共卫生应急项目为例，公共卫生应急项目虽然突发于某个地方，危害一方人民的生命和健康，但其传染性可能导致国家乃至世界其他区域也经受严重的社会危害。对于人类命运共同体来说，不管在应对突发事件的哪一个阶段，与外国政府和有关国际组织的积极合作与交流都是十分必要的。例如，从2010年起，以色列卫生部、军方和警方等共同举办的应急反应及灾害防御国际会议每两年举行一次。在2020年的第六次会议上，来自联合国、世界卫生组织和多国的专家与会，呼吁加强应急响应及应急预防阶段的国际合作，旨在加强国际协调与交流，分享防灾减灾经验。又如，2017年11月24日，由世界卫生组织新发传染病监测研究培训合作中心（以下简称“WHO合作中心”）主办的“公共卫生应急队伍能力建设研讨会”在广东省疾控中心召开。来自英、德、日等国外的专家，以及国内新发传染病防控、卫生应急管理、应急救援等多学科领域100多名专家学者齐聚一堂，共同商讨公共卫生应急队伍的能力建设问题。[23]

（四）危险源与危险区域的识别和处置

应急项目预防与应急准备阶段工作的一个主要目的就是减少重大突发事件的发生，而对未发的重大突发事件来说，国家建立重大突发事件风险评估体系，对可能发生的突发事件进行综合性评估，有助于减少重大突发事件发生的可能性，以期最大限度地减轻重大突发事件的影响。

风险调查与评估工作涉及各级地方人民政府、企事业单位和矿山、建筑施工单位和危险物品的生产、经营、储运和使用单位。突发事件始发于地方，地方各级人民政府应担负起应急项目预防与应急准备管理的工作与责任。所以，《应急法》中的“分级负责，属地管理”指的就是突发事件所在地的县及其以上政府负有直接开展应急项目管理的法律责任。地方人民政府应当及时对行政区域内的危险因素进行风险识别，做好“防患于未然”的应急项目预防与应急准备管理工作，及时调查、登记并上报危险源与危险区域等信息，同时采取适当的预防措施。

除了县级人民政府负有应急项目预防与应急准备管理的责任，省级和设区的市级人民政府也肩负着相应的预防与应急准备管理责任。鉴于省级和设区的市级人民政府行政管辖范围的扩大，省级和设区的市级人民政府关注的主体是容易引发特别重大、重大突发事件的危险源、危险区域，并负有向社会公开信息的责任。

（五）积极开展应急管理培训与演练

在应对突发事件时，应急管理与处置人员的工作处置效率关乎应急项目的成败。所以，县级以上人民政府应当建立健全突发事件应急管理培训制度，要在应急准备阶段对人民政府及其有关部门负有处置突发事件职责的工作人员开展科学、适宜的应急管理定期培训，增强应急从业人员的整体素质，便于在突发事件发生后，应急管理专业人员对应急项目采取高效、正确的处置方式。

在应急管理培训的相关工作中，国家行政学院建立了应急管理培训中心，为高级别官员提供专门的培训；中组部授权的 13 家高校培训基地也承接了大量的培训任务；部分拥有 MPA 项目的高校将应急管理纳入课程教学体系。[24]

同时，县级人民政府及其有关部门、乡级人民政府、街道办事处应当组织开展应急知识的宣传普及活动和必要的应急演练，使广大居民自觉做好群防群控的应急准备工作。例如，广东省龙川县政府对基层应急演练工作十分重视，在学校[25,26]、液化石油气库[27]、燃气站[28] 等事故灾难突发事件多发地点与防汛抢险重点村镇[29] 多次举行应急演练。此外，居民委员会、村民委员会、企业、事业单位也应当根据所在地人民政府的要求，结合各自的实际情况，开展有关突发事件应急知识的宣传普及活动和必要的应急演练。

（六）社区与城乡的应急韧性建设

“韧性”（Resilience）一词来源于拉丁语“Resilio”，是物理工程领域的专有名词，指的是物体受到外力作用恢复到原来的状态。[30] 进入 21 世纪，在全球灾害事件频发的背景下，韧性研究延伸至社会系统尤其是灾害管理等领域[31]，由此衍生出社区韧性与城乡韧性。社区韧性主张“韧性不应仅仅是对社区受扰动后原初状态的恢复，而是社区为回应压力和限制条件而激发出来的一种变化、适应和改变的能力”[32]。社区在受到扰动后会逐渐发展成为一个可以适应各类变化的系统，即具有学习能力、自组织能力、灵活性的社区主体，变被动为主动，在准备、应对、恢复和重建中提升能力。[33] 而城乡韧性则要求在城乡建设的规划工作中，首先考虑具备减轻灾害或突发事件影响的能力，其次有对灾害或突发事件的适应能力，更重要的是需要有从灾害或突发事件中高效恢复的能力。[34]

社区与城乡的应急韧性建设也是应急项目预防与应急准备阶段的重要工作，城乡规划相关部门应当提前为应急项目开展规划工作。例如，在设施建设与城乡规划过程中，应当满足预防、处置突发事件的需要，统筹安排应对突发事件所必需的设备和基础设施建设，合理确定应急避难场所，设置符合相关标准的安全通道、安全出口，配备灭火器材、救援器材的公共储备区等。

（七）建立巨灾风险保险体系，完善国家应急财政准备

巨灾保险是指当事人约定，一方交付保险费给另一方，收取保费的一方对无法预料、无法避免的突发性的后果特别严重的灾害事件所导致的损害负赔偿保险金义务的保险行为。[35] 在应对突发事件时,公民的生命财产安全受到严重的威胁,如公共卫生应急项目中,受灾群众无法支付高额的医疗费用等情况时有发生。在应急项目的准备管理阶段,建立巨灾风险保险体系,通过国家财政的支持与公民的参与,有助于保障突发事件发生后的公民的生命财产安全。

青海玉树地震、甘肃舟曲泥石流、四川芦山地震、东北洪灾、云南鲁甸地震等自然灾害事件频发,社会各界对巨灾的严重危害程度和巨灾风险的重要性有了深刻的感受。与此同时,政府也开始逐步探索适合我国国情的巨灾保险方案。国务院在2006年颁发的《关于保险业改革发展的若干意见》中明确表示保险在增强社会抵御风险能力方面具有不可替代的作用,我国要着手建立起一个政策支持和财政补助相结合的巨灾风险保险体系;2013年,党的十八届三中全会通过的《中共中央关于全面深化改革若干重大问题的决定》(以下简称《决定》)进一步提出了建立巨灾保险制度;2014年8月,国务院提出了关于推进我国保险业健康发展的新目标,对《决定》作了细化,从而提出了"如何构建我国巨灾保险制度"这一问题。[36] 可见,国家重视保险事业的发展,力图建立国家财政支持的巨灾风险保险体系,并鼓励单位和公民参加保险。例如,深圳市自2014年在全国率先实施巨灾保险制度,由市财政全额出资购买,保障深圳行政区域内所有自然人在遭遇"天灾"后得到一份灾害救助保险服务,深圳市市民免费享有16个灾种的救助保障。[37]

国家应急财政准备的作用是突发事件发生后,在政府财政的调控下,维护公众的财产和利益,保障突发事件应对工作所需经费。由此可见,应急财政准备在应急准备工作中具有极其重要的地位和作用。例如,2020年新型冠状病毒肺炎疫情发生后,财政部门加大疫情防控经费保障力度,陆续出台一系列财税金融支持政策,在物资采购收储、贷款贴息以及保障医务和防疫人员待遇方面提供"绿色通道",有力彰显了财政对突发公共卫生事件的应急保障作用。

第三节 应急项目预防与应急准备阶段的管理过程

根据本书第二章第二节"应急项目的全过程管理原理"中对应急项目的管理过程与内容的定义,对应急项目预防与应急准备阶段的管理来说,其管理过程包括五种不同的项目管理子过程,即起始过程、计划过程、组织过程、控制过程与结束过程。其中,每个管理子过程又是由一系列项目管理的具体活动构成的,以此满足应急项目预防与应急准备阶段的各项工作要求。对应急项目预防与应急准备阶段管理的项目管理子过程及其具体活动分述如下:

一、起始过程

在应急项目预防与应急准备阶段,人们首先要对应急项目的信息进行调查研究并展开相关的数据收集工作。由于该阶段突发事件尚未发生,项目管理人员需要的信息主要包括与应急项目相关的历史信息和对于应急项目未来的预测信息,如根据某地近10年在雨季的降水量数据,判断该地可能的灾害事件。其次是分析、提炼出应急项目预防与应急准备阶段管理工作的具体目标,如针对某区域应该制定哪类应急项目的应急预案,同时部署哪些应急准备工作等。继而分析、确定应急项目预防与应急准备阶段的产出物范围和工作范围,如制定更新版本的突发事件应急预案、确定应急演练具体的流程等。

所以，应急项目预防与应急准备阶段的首要工作包括：识别应急项目预防与应急准备阶段的信息需求、界定应急项目预防与应急准备阶段的初始项目范围等，最终输出有关项目的目标、要求、技术规范及项目实施和管理的条件和环境等文件和信息。具体内容分述如下：

（一）识别应急项目预防与应急准备阶段的信息需求

在应急项目预防与应急准备阶段，使用上情下达和下情上达（项目相关各级之间的沟通）分析、左情右达和右情左达（项目各专业之间的沟通）分析和内情外达和外情内达（项目内外信息沟通）分析等方法，确定应急项目的信息需求。例如，面对即将到来的汛期，某县政府召开汛期灾害预防与应急准备会议，向气象局、水利局、自然资源局、农业农村局等各相关部门传达政府指导意见，部署防灾减灾工作就属于上情下达；临灾镇乡将当地气象灾害下的安全隐患信息报告给县政府，就属于下情上达；气象局将气象预测信息报告给水利局、农业农村局、自然资源局就属于左情右达或右情左达。不论是哪一种确定应急项目信息需求的方式，应急项目预防与应急准备阶段的信息需求最终都会以信息需求清单和一份详细的补充说明的形式来呈现，具体包括了应急项目所需信息资源的数量、质量、来源和沟通方式等。

（二）界定应急项目预防与应急准备阶段的初始项目范围

应急项目预防与应急准备阶段的初始项目范围规定了在应急项目预防与应急准备阶段，“何时、何地、如何去做以及做些什么工作”。所以，这一初始项目范围包括该阶段的目标与特性、该阶段产出物的要求与特性、该阶段工作范围的规定、该阶段约束条件和假设前提条件等，以作为应急项目预防与应急准备阶段的项目范围的“第一版本”。例如，应急准备阶段对物资的采购招标计划中，就会呈现关于物资采购的初始项目范围。

二、计划过程

在应急项目预防与应急准备阶段起始过程中，输出了有关应急项目的目标、要求、技术规范、项目实施和管理的条件和环境等文件和信息。根据起始过程输出的这些文件和信息，进一步拟订、编制和修订各类计划，如应急项目预防与应急准备阶段的范围计划、进度计划、成本计划、质量计划、沟通计划等。

（一）应急项目预防与应急准备阶段的范围计划

应急项目预防与应急准备阶段的范围计划是在初始项目范围的基础上，对预防与应急准备阶段的产出物范围和工作范围的全面计划和安排，常用的方法包括工作分解结构方法等。例如，某学校在安排火灾应急演练时，在充分考虑演练的顺利实施、演练本身的风险及应对措施，以及演练过程中的信息收集和组织间配合等需求后，需要对演练的时间、地点、参与主体及演练方式、信息收集、演练效果评价等进行详细的范围计划，从而使演练能够较顺利地实施并达到预期的演练效果。

（二）应急项目预防与应急准备阶段的进度计划

应急项目预防与应急准备阶段的进度计划是时间要素管理的核心内容之一。在应急项目预防与应急准备阶段，鉴于突发事件的不确定性，在其到来之前，规范应急项目预防与应急准备阶段的时间要素管理，按时完成预防与应急准备阶段的各项工作，是突发事件发生之后及时做到合理处置的重要保障。如某化工园区，在有限的时间内排查事故隐患，制定隐患处理措施并实施这些措施。这里必须有时间限制，否则，这些预防工作可能还没有完成，隐患就已经在某种条件的触发下成了为灾难。再如，南部某县城，天气预报几天内会有连续强降雨，并可能引发洪水、泥石流等，那么，该县政府就必须在强降雨到来之前做好群众的转移安置、财产保护工作。那么，留给该县政府及其他相关组织与个人的预防与应急准备的时间就只有从天气预报获得信息到强降雨来临这短短的几天时间。

在编制预防与应急准备阶段的进度计划时，基于各项活动排序和估算的结果，使用关键路径法、情景分析法、资源水平法和关键链法等应急项目进度计划编制方法，制定出这一阶段具体的活动实施方案与措施，获批后得到一系列应急项目预防与应急准备阶段的进度计划文件。其中，关键路径法是应急项目预防与应急准备阶段进度计划编制的一个经典方法，鉴于预防与应急准备阶段管理的“情景依赖性”，人们往往使用关键路径法与情景分析法相结合的方法来编制这一阶段的时间计划。例如，对易发、频发自然灾害的地区，首先运用情景分析法分析可能发生哪种突发事件，并对该突发事件可能引发的次生、衍生灾害进行情景想定，在此基础上确定可能的预防与应急准备工作，并采用 WBS 对工作进行分解，估算具体活动的时间、确定活动之间的紧前、紧后关系。在此基础上绘制网络图，确定关键链，并据此制定时间计划。

（三）应急项目预防与应急准备阶段的成本计划

在应急项目预防与应急准备阶段，需要制定一份成本计划书。首先要制定的就是预防与应急准备阶段的资源计划书。人们主要使用基于活动的资源需求确定方法，来编制详细的资源计划书。然后，基于应急项目预防与应急准备阶段的资源计划，结合资源的市场价格信息，使用自下而上或者自上而下的成本估算方法，开展预防与应急准备阶段的成本估算工作，以得到成本估算书。例如，在应急演练活动开始前，就要确定应急演练活动所需的人、器材、场地等所构成的应急演练活动成本的估算数额。此外，还可以比较不同应急演练活动方案的成本，在应急演练效果与应急演练活动成本之间求得一个平衡，以此作为应急演练活动方案选择的一个重要条件。最后，人们根据预防与应急准备阶段的成本估算书，使用基于活动的成本预算方法或政府财政预算方法，科学、合理地安排应急项目预防与应急准备阶段“在何时需要花费多少成本”，并制定出预防与应急准备阶段的成本（预算）计划书及其成本管理计划。

（四）应急项目预防与应急准备阶段的质量计划

在应急项目预防与应急准备阶段，相关责任单位可使用质量标杆法、质量实验设计法等应急项目产出质量计划的编制方法，质量核检清单法、流程图法和质量实验设计法等应急项目工作质量计划的编制方法，质量管理图表法、质量体系计划法和质量变更管理计划方法等应急项目质量管理计划的编制方法，分别生成应急项目预防与应急准备阶段的产出物质量计划、工作质量计划和质量管理计划。这三个方面的计划会随着应急项目逐步开展而不断明确、变更和完善。例如，应急预案编写人员可使用应急项目产出物的质量标杆法，以优秀的应急预案为“质量标杆”，做到“取其所长，为己所用”。

（五）应急项目预防与应急准备阶段的沟通计划

在应急项目预防与应急准备阶段起始过程中确定的信息需求，需要通过应急项目沟通的形式，制定具备科学性和艺术性的沟通计划来获得。所以，这里所说的预防与应急准备阶段的沟通计划也就是该阶段信息需求获取的计划。在应急项目预防与应急准备阶段，人们可以根据应急项目的输入信息、输出信息或沟通成本预算等不同的应急项目信息需求层次，制定预防与应急准备阶段的沟通计划与相关的变更方法。预防与应急准备阶段的沟通计划涉及了该阶段沟通工作的任务、责任、时间、办法（方案）及应急项目沟通的预算等计划内容，具体包括了应急项目信息收集和加工、储存和使用、汇总和归档、发布的计划安排，沟通活动的时间安排、行动方案安排和成本预算安排等内容。例如，应急演练涉及的组织与个体较多，需要在应急演练主管部门、应急演练主办单位、合作单位、应急演练参与者以及其他与应急演练相关的社会大众之间开展，鉴于应急演练实施计划的主体多样性，往往需要协调多个相关方之间的沟通与交流。

应急项目预防与准备阶段沟通计划的实施内容涉及两个方面——对于应急项目预防与应急准备各种沟通工作的组织开展和管理控制（如对沟通过程的监督和沟通效果的保障工作）。应急项目预防与准备阶段沟通计划的实施是一个连续的管理过程，涵盖了该阶段的信息收集、信息加工、信息传递和文档管理等过程。以政府开展的应急预防与应急准备工作会议为例，应急预防与应急准备工作会议结束后，会产生各种会议记录、管理文件和公告，这是对政府应急沟通工作相关信息收集和信息加工的结果，政府相关工作人员再对这些文档进行总结存档，并在官方渠道发布，以进一步实现信息传递和文档管理过程。

三、组织过程

在应急项目预防与应急准备阶段的计划过程中，输出了预防与应急准备阶段的范围计划、进度计划、成本计划、质量计划、资源计划、沟通计划等项目计划。根据计划过程中输出的这些计划和文件，人们就可以开展预防与应急准备阶段的组织工作了。应急项目预防与应急准备阶段组织过程包含的管理活动有：组织和协调人力资源及其他资源，组织和协调各项项目任务与工作，激励项目团队去完成既定的项目工作计划并最终生成合格的项目产出物等管理活动。[①]

（一）应急项目预防与应急准备阶段的起始决策

作为应急项目预防与应急准备组织过程工作的首要阶段，应急项目预防与应急准备阶段的起始决策也是应急项目的整体性起始决策。该阶段的具体工作内容包括确定应急项目预防与应急准备工作是否需要开展。一般，人们会通过历史上发生过的突发事件以及对灾害风险或事故风险等进行识别与评估，据此做出应急项目预防与应急准备阶段的起始决策，并制定应急项目预防与应急准备阶段的起始决策相关管理文件，例如跟踪决策管理文件等。人们根据预防与应急准备阶段的起始决策，继续进行预防与应急准备阶段的人力资源的获得与配备、开发与激励，以及任务与工作的组织和协调。

（二）应急项目预防与应急准备阶段人力资源的获得与配备

不论是何种类型的管理工作，都需要人力资源的管理和相应组织的执行，人们也需要对这些执行组织进行约束和激励。应急项目预防与应急准备阶段的人力资源具备团队性、临时性、开放性和目的性等特点，本阶段的人力资源管理具备主体多样性、高效性等特点。相较于其他类型的项目，应急项目对人力资源管理的要求类似于平战结合，对应急项目人力资源的素质要求更高。应急项目预防与应急准备阶段的人力资源规划完成之后，便要进行人力资源的获得与配备工作，人力资源的获得与配备必须以“精简、高效、节约”为宗旨。

人们主要使用政府调配、社会动员和单位组织等途径和方法，获得人力资源规划中需求的各类资源。获得预防与应急准备阶段的人力资源后，就要以实现预防与应急准备阶段的目标为中

① 这里的定义来自本书第二章应急项目过程和应急项目管理过程。

心,对其进行合理、科学的配备。例如,对于应急知识宣讲活动来说,在人力资源的获得阶段获得了宣讲人员、组织人员等相关的工作主体负责人员,应当基于“知识宣讲参与群众尽可能多地获得应急知识与自救知识”这一目标,再去合理配备现有的人力资源。

(三)应急项目预防与应急准备阶段人力资源的开发与激励

应急项目预防与应急准备阶段的人力资源获得与配备完成之后,便要进行人力资源的开发与激励工作。

人力资源的开发工作,旨在使各类预防与应急准备工作的主要负责人员可以清晰地理解各类应急项目的目标和自身的角色与职责,使其在突发事件发生之前,便拥有应对突发事件所需要的技能与知识。此外,对于各类预防与应急准备工作的主要负责人员的事前培训与演练是应急项目人力资源管理中最主要的工作之一,也是应急项目人力资源管理的法律职责。例如,应急预案管理办法从应急预案的规划、编制、审批、发布、备案、演练、修订、培训和宣传教育等工作出发,给定了应急预案编制单位和应急演练组织单位的具体责任。

人力资源的激励工作指的是人们遵从目标激励、公平激励和按需激励的原则,采用物质激励、参与激励、制度激励和目标激励等方法,对各类预防与应急准备工作的主要负责人员进行不同程度的激励。例如,山东省人民政府安全生产委员会对全省 2019 年“安全生产月”活动开展情况和优秀组织单位进行了通报嘉奖,其中,青岛市获评“市优秀组织单位”,平安财险青岛公司等青岛企业获得“企业优秀组织单位”荣誉。[38] 采用适当的人力资源激励方法,有助于提高各类预防与应急准备工作的主要负责人员的积极性和工作效率,对人力资源的管理发挥了积极的作用。

(四)应急项目预防与应急准备阶段任务与工作的组织和协调

应急项目预防与应急准备阶段的任务与工作涉及的组织类型、主体类型众多,其任务与工作也需要相关人员的组织和协调。所以,完成预防与应急准备阶段的一系列计划过程工作、起始决策、人力资源的获得与配备、开发与激励工作后,应当重视预防与应急准备阶段的任务与工作的组织和协调。

例如,学校开展的火灾应急演练活动为达到其预期的效果,并减少演练过程中可能发生的风险,应当提前向师生及参与火灾应急演练活动的各个部门宣传普及相关知识,邀请消防、医疗等部门参与到应急演练中来,这一组织过程中主要用到了范围计划、进度计划与沟通计划。又如,在进行应急物资的准备时,需要考虑“准备何种类型的应急物资”“每种所需应急物资需要准备多少”“从何种渠道购入或储备(确定类型和数量的)应急物资”等问题,这些问题的解决则主要使用了范围计划、成本计划与质量计划。

四、控制过程

应急项目预防与应急准备阶段的控制过程和组织过程是并行实施的,预防与应急准备阶段的控制过程为组织过程提供各种管理反馈信息。在预防与应急准备阶段组织实施具体活动的同时需要开展控制工作,以使预防与应急准备阶段的组织和实施工作处于受控状态,确保组织过程中产出物的质量、项目工作的质量与绩效等。

应急项目预防与应急准备阶段的控制过程以狭义的控制过程为主。例如,人们根据突发事件应急演练具体实施结果的评价,通过衡量具体实施结果与计划要求的差距来识别突发事件应急演练具体实施中的问题,然后对组织过程中暴露出的不合理之处或者突发事件应急演练各项计划中的缺陷做出调整,以期更好地达成突发事件应急演练的预期目标。预防与应急准备阶段的控制过程包括范围控制、进度控制、成本控制、质量控制等控制工作。

(一)应急项目预防与应急准备阶段的范围控制

应急项目预防与应急准备阶段的范围管理计划是一种计划、确认、管理和控制应急项目范围的文件,它给出了应急项目范围修订、审批和控制等方面的计划安排。它是针对在预防与应急准备阶段组织过程中遇到的问题,使用偏差分析、变更系统控制和变更配置管理等控制和管理方法,对应急项目范围进行纠偏或变更方面的管理工作。以突发事件应急预案的编制为例,国务院2013年发布的《突发事件应急预案管理办法》中规定:面临风险发生重大变化和在突发事件实际应对和应急演练中发现问题需要做出重大调整的七种情形都应当及时修订应急预案。[39] 也就是说,在突发事件应急预案的编制过程中,遇到需要及时修订应急预案的情形时,人们应当及时控制、变更预防与应急准备阶段的范围管理计划,以实现预防与应急准备阶段相关工作的目标。所以,预防与应急准备阶段的范围管理计划中不仅需要规定该阶段的工作内容、方法和要求等,还需要规定阶段范围发生变动时如何开展工作的计划和安排。

(二)应急项目预防与应急准备阶段的进度控制

在应急项目预防与应急准备阶段,人们通过对实际的组织过程和计划过程之间的比对,采取纠偏措施或请求变更,这就是应急项目预防与应急准备阶段的进度控制。在组织过程的实施中,人们使用实施情况度量、偏差分析、纠偏和变更等进度计划控制的方法,以求改进或更新预防与应急准备阶段的进度计划,实现对预防与应急准备阶段进度计划的控制。例如,在暴雨来袭前开展的加固堤坝应急工作中,人们通常使用类比法和专家法来实现活动工期的估算,即借助以往的加固堤坝应急工作实际工期数据,辅以专家们的经验对工期进行分析。使用类比法和专家法相结合的方法,虽然属于定性的活动工期的估算,仍然具备一定的准确性。再者,由于所得活动工期的估算结果较为粗略,人们通常会在实践中加入“浮动时间”要素,即留出一定的浮动时间作为应对加固堤坝应急工作风险的手段和时间缓冲器。

(三)应急项目预防与应急准备阶段的成本控制

在应急项目预防与应急准备阶段,计划过程中对成本的估算、预算和计划是实现成本控制的前提。人们根据应急项目预防与应急准备阶段的成本(预算)计划书,开展成本控制工作,从而使应急项目预防与应急准备阶段的实际成本处于受控状态,或者说实际成本被控制在预算范围之内。例如,制定应急准备资源计划时的成本预算书也许会和实际招标、采购的结果有所出入,这是由活动耗资和占用资源价格的不确定性导致的,此时可以采取成本预测和追加计划法,对成本预算进行适当的更新,并载入成本管理的经验教训记录册中。

(四)应急项目预防与应急准备阶段的质量控制

在应急项目预防与应急准备阶段,质量保障工作尤为重要,主要体现在对物质资源的质量保障和预防活动的质量保障上,涵盖了一系列项目质量评估、质量核查与质量改进等方面的工作。建立健全应急项目质量保障体系是预防与应急准备阶段质量管理的核心工作和根本任务。为了实现质量保障,人们应当在应急项目预防与应急准备阶段开展适当的质量控制工作。人们使用合适的质量控制方法,对预防与应急准备阶段的产出物质量和工作质量实现全面的控制。例如,在储备应急物资时使用专检的审计法,保证每次对应急储备物资的核查或审计都有核检清单作为记录，都由授权人员进行评定和验收。

五、结束过程

应急项目预防与应急准备阶段的最后一个管理过程是结束过程。在结束过程中，人们将预防与应急准备阶段的起始、计划、组织与控制过程中的各种文件和信息收集起来，实施"管理的结束工作"，给出预防与应急准备阶段的终结、移交与接收条件；再开展"项目合同的终结"工作，如应急物资采购合同、应急预防工程劳务承包合同等预防与应急准备阶段项目合同的终结与产出物的移交，从而使应急项目预防与应急准备阶段得以顺利结束。

在理论上，应急项目预防与应急准备阶段工作止于各项预防与应急准备工作的完成。但是，这个过程同样具备跟踪决策性，即应急项目预防与应急准备阶段的范围会随着项目开展而变化。从范围管理的角度来说，应急项目范围管理与一般项目范围管理最大的不同，就是应急项目范围是需要不断变更的。例如，各类突发事件应急预案制定完成后，会通过应急演练来评估预案的可行性，在应急演练中，人们会发现原应急预案中存在的不合理、不科学的部分，便需要及时启动相关工作对原应急预案进行修订与整理。如此一来，就重启了应急项目预防与应急准备阶段的范围管理工作，也为应急项目后续阶段的起始过程提供了信息支持。

第四节　应急项目预防与应急准备阶段的物资管理

应急项目所需物资是包括应急救援物资、设备、设施、场所、报警装置、交通工具以及应急所需生活必需品等资源的总称。物资管理是应急项目预防与应急准备阶段最重要的工作之一，应急项目预防与应急准备阶段的物资管理工作是应急项目其他阶段工作实施、应急项目总体目标实现的前提和必要保障。

所以，应急项目预防与应急准备阶段的物资管理工作侧重于以下两方面的内容，即应急项目所需物资的调查和规划与应急项目所需物资的获得和储备。此外，应急项目所需物资的配置和使用则是应急项目处置与救援阶段的主要工作之一，本节不作详述。

一、应急项目预防与应急准备阶段所需物资的调查和规划

在应急项目预防与应急准备阶段，应急项目所需物资的调查和规划包括突发事件风险评估、应急项目预防与应急准备阶段所需物资的调查和应急项目预防与应急准备阶段所需物资的规划。

（一）突发事件风险评估

在应急项目预防与应急准备阶段，需要通过专业的突发事件风险评估来确定开展应急项目所需物资的规划。通过实行假设条件分析法、系统分解法等突发事件风险识别方法，模拟仿真法、专家经验法等突发事件风险度量方法，识别出可能的风险源，并度量出每种可能后果的具体情况、出现征兆、发生概率、危害程度、时间进程、影响范围和关联影响等，以上工作成果最终以突发事件风险清单以及突发事件风险度量结果报告来呈现。突发事件风险清单和突发事件风险度量结果报告包含的具体内容如表 9-2 所示。

表 9-2　突发事件风险识别与评估结果文件

结果文件	含有的突发事件各种风险后果的内容
突发事件风险清单	具体描述
	出现征兆
	影响范围与危害对象
突发事件风险度量结果报告	发生概率
	危害程度
	关联影响大小(它们的次生或衍生后果严重程度)
	发生时间与时间发展进程

在应急项目预防与应急准备阶段,地方各级人民政府应当使用具体的突发事件风险识别与评估方法,坚持"分级负责,属地管理"的要求,按照严格的突发事件风险评估流程,开展细致的突发事件风险评估工作,以便在突发事件发生之前及时识别并评估风险。

(二) 应急项目预防与应急准备阶段所需物资的调查

对预防与应急准备阶段所需物资的调查从供给角度出发,调查应急项目所需物资的分布情况和供给能力,目的是在应急项目的预防与应急准备工作中做到查漏补缺。这一举措同时也健全了应急资源信息库,保障了突发事件应急预案的质量。

预防与应急准备阶段所需物资的调查遵循严格的组织流程,包括制定调查方案、安排部署调查、信息采集审核、编写调查报告、建立信息档案和调查数据更新。通过实行问卷调查法、访谈调查法、实地调查法和远程调查法等调查方法,人们对不同主体进行应急队伍、装备、物资、场所等应急资源状况的调查,被调查主体包括本地区或本单位、合作区域内可请求援助的其他单位和本地居民等,以此了解突发事件发生后可以及时征用或调配的应急资源状况。

例如,应急人员通过实地调查法和访谈调查法,走访调查自然灾害重点地区居民的应急物资情况等,并根据获得的一手物资调查资料出具详细的"应急资源调查报告",为完善应急物资的储备制度提供了科学的依据。

(三) 应急项目预防与应急准备阶段所需物资的规划

对预防与应急准备阶段所需物资进行规划时,应当充分使用突发事件风险清单、突发事件风险度量结果报告、应急资源调查报告和应急资源数据库中的信息,这也充分体现了应急项目预防与应急准备阶段管理的情景依赖性。应急项目预防与应急准备阶段的管理还具备鲁棒性,这一特性也指导着应急人员从"供求平衡"或"多目标优化"的角度开展应急项目的物资规划。

二、应急项目预防与应急准备阶段所需物资的获得和储备

(一) 应急项目预防与应急准备阶段所需物资的获得

应急项目预防与应急准备阶段所需物资的获得方式包括自给自足、协议生产、政府调拨、临时征用和捐赠等。对于物资的不同获得方式,均需要确定其获得范围、获得时间、获得质量与获得成本等要素。可以采取公开招标、邀请招标和直接发包等方法,获得应急项目所需的物资。

（二）应急项目预防与应急准备阶段所需物资的储备

预防与应急准备阶段所需物资的储备需要按照国家和政府的应急物资储备保障制度去开展，涉及应急物资生产、储备、监管、调拨和配送全过程的管理。从广义的应急储备角度出发，预防与应急准备管理具备主体多样性。所以，预防与应急准备阶段所需物资的储备方法不仅包括政府储备的模式，还包括社会储备的模式；预防与应急准备管理具备时效性，所以应急项目所需物资的储备也需要按照事先储备的模式进行管理。

人们应当根据应急项目所需物资的具体特点，采用实物储备和能力储备等储备方法，确定应急项目所需物资的种类范围、储备方式、调用方式和资金管理方式。通过制定和完善应急物资储备管理制度、建立和健全应急物资调用程序和方法，进一步建设和形成应急物资储备体系。例如，国家粮食储备局在2020年的疫情防控工作中表现突出，与应急管理部紧密衔接，确保关键时刻中央救灾物资拿得出、调得快、用得上，为坚决打赢疫情防控阻击战提供坚实物资保障。[40] 这也得益于应急项目预防与应急准备阶段的良好物资储备工作。

本章小结

应急预防与准备是为预防并应对突发事件的发生而事先做的计划与筹备工作，属应急项目管理的事前阶段。本章对应急项目应急预防与准备阶段的管理原理、管理原则以及工作内容进行了阐述，并从项目过程管理的角度，按照起始过程、计划过程、组织过程、控制过程与结束过程对应急项目预防与应急准备阶段的管理过程进行了具体的分析。应急项目预防与应急准备阶段的物资管理工作是应急项目其他阶段工作实施、应急项目总体目标实现的前提和必要保障。本章着重阐述了应急项目预防与应急准备阶段的物资管理工作的重点。综合而言，在应急项目管理中，预防与应急准备阶段的管理极其重要，是将应急项目“禁于未发之前”的一个关键工作阶段，必须加以重视。

复习思考题

1. 什么是应急项目预防与应急准备阶段管理？
2. 应急项目预防与应急准备阶段的管理特性有哪些？
3. 应急项目预防与应急准备阶段的管理原则有哪些？
4. 应急项目预防与应急准备阶段的主要工作有哪些？
5. 应急项目预防与应急准备阶段的管理过程有哪些？每个子过程由哪些具体的项目管理活动构成？
6. 应急项目预防与应急准备阶段的物资管理工作内容有哪些？

即测即评

推荐阅读

1. 戚安邦.项目管理学.3版.北京:科学出版社,2019.
2. 戚安邦.项目论证与评估.3版.北京:机械工业出版社,2018.
3. 戚安邦.项目风险管理.天津:南开大学出版社,2010.

参考文献

1. 中国社会科学院语言研究所.现代汉语词典.7版.北京:商务印书馆,2016.
2. 中国地震局.4月1日20时23分四川甘孜州石渠县发生5.6级地震.中国地震局网站.
3. 石渠县人民政府.石渠5.6级地震:790户房屋受损暂无人员伤亡(续报).石渠县人民政府网站.
4. 中国煤矿安全生产网.唐口煤业:"雨季三防"物资早储备.煤矿安全网.
5. 攀枝花市西区人民政府.西区应急管理局提前做好综合应急演练准备工作.攀枝花市西区人民政府网站.
6. Oxford Living Dictonaries.牛津字典网站.
7. David Baldwin. The Concept of Security. Review of International Studies,1997(23).
8. 张海波.应急管理的全过程均衡:一个新议题.中国行政管理,2020(3).
9. 各地因地制宜,积极推进应急能力建设.民主与法制时报.
10. 郑国光.深入学习贯彻习近平总书记防灾减灾救灾重要论述 全面提高我国自然灾害防治能力.旗帜,2020(5).
11. 孔凡义,施美毅.联防联控和群防群控:我国应急管理中的控制和动员机制——基于新冠肺炎公共卫生危机事件的分析.湖北行政学院学报,2020(2).
12. 国务院应急管理办公室.2006年我国突发公共事件应对情况.中国应急管理,2007(7).
13. 中共中央政治局常务委员会召开会议 研究新型冠状病毒感染的肺炎疫情防控工作 中共中央总书记习近平主持会议.新华网.
14. 30个省(区、市)启动突发公共卫生事件一级响应.新华网.
15. 龙川:县政府修订印发气象灾害应急预案.中国气象局网站.
16. 新修订应急预案正式发布!当台风风力达到9级 厦门地铁高架和地面区段将关闭.潇湘晨报.
17. 史开菊.我国重大突发事件灾前应急物资储备研究.燕山大学,2013.
18. 韩自强.应急管理能力:多层次结构与发展路径.中国行政管理,2020(3).
19. 张永领.中国政府应急物资的储备模式研究.经济与管理,2011,25(2).
20. 应急管理部:国家综合性消防救援队伍编制19万人.人民网.
21. 灾害应急救援.滁州气象网.
22. 四川职教.全国19所应急管理学院全面开建,包括5所世界一流高校.百度网.
23. 广东疾控.加强国际合作,提升应急能力.南方Plus网.
24. Hu,Q.,Zhang,H. Incorporating Emergency Management into Public Administration Educa-

tion: The Case of China. Journal of Public Affairs Education, 2020(6).

25. 龙川县教育系统举行应急避险疏散演练. 龙川县人民政府门户网站.

26. 应急演练！龙川“硬核”应对新冠肺炎疫情. 龙川县人民政府门户网站.

27. 龙川开展气库泄漏应急救援演练. 龙川县人民政府门户网站.

28. 龙川八部门联合开展应急演练. 龙川县人民政府门户网站.

29. 龙川开展防汛抢险应急演练. 龙川县人民政府门户网站.

30. KLEIN R J T, NICHOLLS R J, & THOMALLA F. Resilience to Natural Hazards: How Useful is This Concept?. Environmental Hazards, 2003, 5(1).

31. 颜德如. 构建韧性的社区应急治理体制. 行政论坛, 2020, 27(3).

32. WALKER B, HOLLING C S, et al. Resilience, Adaptability and Transformability in Social Ecological Systems. Ecology and Society, 2004, 9(2).

33. NELSON D R, ADGER W N, & BROWN K. Adaptation to Environmental Change: Contributions of a Resilience: Framework. Annual Review of Environment and Resources, 2007(1).

34. 钱少华, 徐国强, 沈阳, 等. 关于上海建设韧性城市的路径探索. 城市规划学刊, 2017(S1).

35. See J. David Cummins. Should the Government Provide Insurance for Catastrophes?. Federal Reserve Bank of St. Louis Review, 2006, 88(4).

36. 郭超群. 论我国巨灾保险制度的构建——域外立法经验及其借鉴. 法商研究, 2015, 32(2).

37. 16 个灾种在深可获巨灾险赔偿　宝安遭雷击女子最高可获 25 万元巨灾保险救助. 潇湘晨报.

38. 助推安全生产月　青岛市获评市优秀组织单位. 大众网.

39. 国务院. 突发事件应急预案管理办法(2013 年 10 月 25 日印发并即日起实行).

40. 国家粮食和物资储备局: 全力做好疫情防控期间中央救灾物资应急保障. 新华网.

第十章 应急项目监测与预警阶段的管理

应急项目监测是一项常态性的工作，存在于应急项目管理全过程中。监测的对象其实是“事”。这里的“事”可理解为风险事件，实际上监测的是风险事件的某类或某几类可衡量的指标。预警则是监测指标超出阈值时发出的报警信息，两者之间有较为明确的划分界限。针对不同的“事”，监测与预警工作可能处在应急项目的不同阶段，工作内容也不同，因此，对这一阶段的管理，需要明确“事”是什么。应急项目的监测与预警之间有着密切的关系，监测是预警的基础与前提，而预警是监测的重要目标之一。由于监测工作与预警工作具有较大的差异性，本章将对应急项目的监测与预警工作分开阐述。

第一节 应急项目监测管理的原理

2019 年孙华山在国务院新闻办公室举办的应急管理部运行情况发布会上表示：“坚决打好防范化解重大风险攻坚战。盯紧抓牢事故易发多发的行业领域，强化风险管控措施，加强灾害监测预警，加强会商研判，密切监测，及时发布预警信息，强化各项防范措施落实。”[1] 可见应急项目监测是防范、化解风险，防止突发事件的发生，及时采取应对措施降低突发事件带来的伤亡或损失的前提。做好应急项目监测管理工作是提高应急项目监测信息正确性与及时性的基础。

一、应急项目监测的概念及作用

在中国的汉语词典中，“监”是监视、监听的意思。“测”意为测试、测量。监测则同时包含“监”和“测”两种工作，即对某对象进行监视、监听、测试或测量。其中“监”强调观察，“测”强调用尺度衡量，所以“监测”一词的含义既有主观的观察，又有客观的度量。

应急项目监测是指通过多方面的收集数据、分析数据、解释数据，从而识别和评估突发事件是否会发生，以及发生等级的过程。应急项目监测的对象是风险因素，监测的目的是让相关者及时了解风险因素的状态，当某些监测指标超过风险阈值时进行及时的预警，进而采取应对措施。及时掌握和了解突发事件的真实信息，是准确、及时地开展预测和预警工作，进行有效的处置和救援、灾后恢复和重建的基本前提。[2]

按照不同的划分标准，应急项目监测可以分为不同的类别：

（一）按照监测工作发生的时间划分

按照监测工作发生的时间，应急项目监测可以分为平时监测、临灾监测和灾中监测。平时监测是指对突发事件的风险因素定期地监测，此时的监测频率一般较低。例如，建筑施工项目的安全员每天对施工现场进行安全检查，气象部门对气象数据进行日常监测就属于平时监测。临灾监测是指突发事件发生前一段时间对风险因素进行的定期、高频率监测,比如夏季南方许多地区容易发生洪灾,在夏季时就需要对相应地区的河水(江水)水位进行频繁监测。灾中监测是指突发事件发生时对信息进行的定期或不定期监测,比如2020年新冠肺炎疫情期间各地每天都会对当地的新增确诊病例、新增疑似病例等进行统计与分析。

(二)按照监测的方式划分

监测部门可以通过多种方式获取监测信息。按照监测的方式划分监测可以分为设备监测、人工巡查和举报三种。设备监测是指运用一些专业的监测设备来获取突发事件信息,比如气象部门在全国不同地区设置自动气象站收集气象数据。人工巡查是指在技术性和专业性较强的领域聘用一些信息报告员对突发事件信息进行监测。例如,按照安全生产法的要求,矿山、建筑施工单位和危险物品的生产、经营、储存单位,应当配备专职安全生产管理人员对安全生产情况进行检查。举报是指非信息报告员在发现了突发事件信息时及时报告相关部门的行为,比如,公众发现同车乘客携带了易燃易爆物品,就可以随时拨打公安部门电话进行举报。

二、应急项目监测管理的目标及实现条件

明确应急项目监测管理的目标,有助于有针对地开展相应的管理工作。

(一)应急项目监测管理的目标

应急项目监测的目的是对突发事件的发生进行及时、准确的预警,因此,应急项目监测管理的目标是通过信息来源多样性、过程完善性和系统全面性来实现监测的准确性与及时性。

准确性在统计学上也叫准确度,指在试验或调查中试验指标或性状的观测值与真实值的接近程度。应急项目监测的准确性要求承担应急项目监测工作的机构根据监测计划和监测方案开展监测工作,保证监测数据真实、准确。[3] 准确的监测信息为后续阶段的应急项目管理工作提供了起始数据,也为应急管理部门及时准确地掌握突发事件情况并采取应对措施提供决策依据。监测信息的准确性能够相应地监督应急管理部门的工作质量,提高应急管理相关部门的公信力。应急项目管理除了必须保证监测信息的准确性外,还应当保证信息的时效性。

及时性是由监测信息的时效性决定的。任何信息的价值都有其时效性,且在某种程度上信息越及时其价值越高。过时的监测信息将使其价值降低,甚至只能作为历史资料,对决策的作用较小。及时性原则要求应急项目监测信息必须在收集之后及时进行分析和传递,不得拖延和积压,以便于监测信息及时被利用。及时性包括两个方面:一是应急项目监测信息分析应当在获得信息时及时进行;二是应急项目监测主管机构所属的监测点,以及其他从事应急项目监测的组织、个人,应当在信息分析后在规定时间向国务院应急管理主管机构或者省、自治区、直辖市的应急管理部门汇报所获取的应急项目监测信息,不得拖延。

(二)实现应急项目监测管理目标的条件

为了实现应急项目监测的管理目标,需要满足以下条件。

1. 多途径获取监测信息

应急项目从大类上可分为自然灾害应急项目、事故灾难应急项目、公共卫生事件应急项目和社会安全事件应急项目四类,每一大类中又分为多个子类。各类应急项目中突发事件产生的原因和表现的形式各不相同,为了有效监测各类突发事件,必须建立多种收集信息的途径,在突发事件发展初期进行监测。我国应急项目监测实行“双轨运行制”,即专业调查、监测、研究工作与

各级政府部门组织的群众参与工作相结合。[4] 应急管理部门除了通过专业机构的监测网点、仪器等获取信息，还聘用信息员来收集信息，同时还接受群众的举报。

2. 使过程监测和信息处理更准确

应急项目监测工作分布于应急管理的多个阶段。监测过程包括过程监测和信息处理两个方面。过程监测是指对社会系统运行中的各个因素进行全面的监测，如建筑施工过程监测、煤矿生产过程监测等，准确的过程监测为系统实现预警功能奠定了良好的基础。过程监测之后就需要信息处理，需要对监测得到的信息进行整理和存储，并将整理后的信息存入信息档案。对于应急项目监测管理任何一个环节都不可忽视。

3. 构建全面的应急项目监测系统

应急项目监测是一个集多种技术和学科于一体的系统工程。监测系统要能全面覆盖自然灾害、事故灾难、公共卫生、社会安全四类突发事件。要针对各类应急项目的内在规律与特点，建立以地理信息系统（GIS）、遥感技术（RS）、数据收集体系（DCS）、风险评估等为核心的信息采集、信息分析系统。

第二节　应急项目监测的管理原则与工作内容

一、应急项目监测的管理原则

为实现应急项目监测管理的目标，应急项目监测管理应在一定的指导原则下进行，这样才能事半功倍，有效提高应急项目监测管理的效率与效果。

（一）群众参与原则

建立社会动员和参与机制是及时获得突发事件信息的重要举措。广泛的群众参与可以丰富和充实应急项目监测的信息源，强化应急管理部门的监测责任，提升监测工作的质量，推进和保证社会安全的实现。[5] 仅靠专业调查、设备监测和研究工作获取的应急突发事件信息是有限的，还需要广泛发动群众，拓宽信息收集的渠道。此外，专业监测、调查、研究工作对硬件设备的依赖性大，战争或重大自然灾害（如台风、地震）会造成监测设备损坏，影响监测系统的正常运行。[6] 因此，应急管理相关部门应该构建群测体系，充分发挥人民群众的力量，提高应急项目信息监测能力。

（二）持续性原则

所有的突发事件都不会瞬间产生和消失。风险是客观存在的，并随着时间推移和各种因素影响而逐渐变化，从风险演变为突发事件需要一个过程。同时，当突发事件发生之后，它将在一段时间内持续产生影响。突发事件一般要经过萌芽、发生、高潮、消退等几个发展阶段。并且，各类突发事件与人类的发展一同存在，持续发生。因此，应急项目监测管理也应该是一个持续的过程。比如事故灾难，每年都会发生多起事故灾难，应急管理部门应该明确和强化安全生产监督部门的日常监督检查职责，企业的安全生产管理人员应当根据本单位的生产经营特点，对安全生产状况进行经常性检查。对于气象灾害事件，《气象法》规定，各级气象主管机构所属的气象台站必须持续进行气象探测，未经上级气象主管机构批准，不得中止气象探测。相应地，对于应急项目监测的管理工作也应当具有持续性，不得擅自中止。

（三）共享性原则

信息共享是指不同层次、不同部门间信息的交流与共用。[7] 共享性要求进行应急项目监测管理时，应急项目监测机构适时发布基本的监测资料，并按照监测资料共享、共用的原则与自然资源、水利、气象、林草、地震、公安、工信、住建、交通运输、教育、卫生健康、文旅、军队等共同分享，以便达到更加合理地配置资源、节约社会成本的目的。应急项目监测信息的共享是提高信息资源利用率，避免在信息采集、存贮和管理上重复浪费的一个重要手段。信息共享的效率依赖于共享机制的完善程度、信息系统的技术发展以及传输技术的提高。但是，信息共享必须严格在信息安全和保密的条件下实现，获取突发事件监测资料的机构应该将信息仅用于应急项目的管理，其转让与共享应该在一定的让渡机制下进行，在没有得到允许的情况下不得公开信息，特别是涉及企业与公民隐私的信息，在使用、转让与共享的过程中一定要慎重。

二、应急项目监测管理的工作内容

应急项目监测管理的工作内容可以归纳为界定应急项目监测的工作范围、识别并分析应急项目的风险因素、制定应急项目监测方案、建立应急项目监测信息系统这 4 个方面。

（一）界定应急项目监测的工作范围

有些应急项目可以通过科学的观测手段进行监测，有些可能有预兆但人们无法判断其发生的准确时间，还有一些则由于目前技术水平或科学手段的限制而无法监测。目前我国除了自然灾害可以实现科学监测之外，事故灾难、公共卫生事件和社会安全事件缺乏科学的监测方法，导致这三类突发事件的监测能力还有待提高。

为了实现应急项目监测管理的目标，需要应急项目管理人员做的首要事情就是界定应急项目监测的工作范围，即明确可以监测的突发事件和需要监测的风险因素，以及监测必须完成的工作。确保监测做且只做所需的全部工作，以成功完成应急项目监测的工作。明确应急项目监测的工作范围主要在于定义和控制哪些工作应该包括在应急项目监测的工作内。

明确应急项目监测的工作范围需要按照以下程序进行：

（1）收集应急项目监测的需求。针对不同类型的应急项目，其监测的需求是不同的，并且各类应急项目的监测工作具有很强的专业性。因此为实现应急项目监测管理的目标，需要确定、记录并管理应急管理部门、专业机构等相关者的需求。

（2）定义需求范围。收集了相关者的需求之后还应该要对需求进行详细的描述，即定义需求范围，得到应急项目监测工作的范围说明书。经过批准的应急项目监测工作的范围说明书不能随意更改，只有通过正式的变更控制程序才能进行变更。

（二）识别并分析应急项目的风险因素

应急项目的风险因素是指可能引发自然灾害、事故灾难、公共卫生事件、社会安全事件的致灾因子或扩大损失幅度的原因和条件。识别风险因素是指要对各类应急项日进行综合分析，找出潜在的各种风险因素。由于不同类型应急项目风险因素之间的差异性，通常由各类型应急项目的相关者尽可能详尽地列出一定范围内可能导致突发事件发生的风险因素，并构建出突发事件在何种条件下可能发生的衡量指标，这些指标也被称为风险阈值。分析风险因素是指通过对已识别出的应急项目风险因素进行综合分析，识别出风险因素发生的时间和空间特性，同时还要对这些因素的风险程度进行评估。各个因素风险程度通常可以采用描述法，即以“高、中、低”或

"好、较好、中等、较差、差"等标准来描述。也可以采用打分法来描述,即将各因素的具体情况与标准水平做一比较,然后根据其差异情况用绝对分值来表述因素的风险程度。之后,根据各因素的风险程度确定关键的风险因素,以及风险因素的阈值,整理得到风险因素排序表。风险因素识别与分析是应急项目监测一项非常关键的工作。科学、全面地识别、分析应急项目的风险因素,是应急管理部门科学制定监测方案和突发事件预案的基础,有助于应急管理部门采取有效措施预防突发事件发生、控制突发事件发展、降低突发事件损失。

(三)制定应急项目监测方案

得到风险因素排序表之后,就需要针对风险因素制定应急项目的监测方案。监测方案编制的目的一般是明确机构、明确人员、明确分工、明确责任和义务。形成上下结合、分工协作、效能统一的监测系统。监测方案的内容一般包含编制目的、编制依据、工作原则、适用范围、监测的组织机构、监测组织的成员及其职责、监测因子(风险因素)、监测时间、监测频次、测点布设、监测分析 11 项内容。

不同类型的应急项目,需要监测的风险因素存在很大差异,需要有针对性地制定监测方案。此外,各地区的风险因素的特点不同,监测方案还应该与地区相关,各地区的应急管理部门要按照自己的责任区域的风险因素的特点,制定监测方案,在各地区内针对风险程度较高的因素设置固定的监测点进行重点监控。要注意使监测的范围与风险因素的范围一致,对不同种类应急项目的监测做到从时间和空间上全覆盖。同时,当代新兴技术的应用也是编制监测方案不可或缺的。各级应急管理部门应该充分利用当代新兴技术,整合现有的信息收集和传输渠道,建立高效统一、安全可靠、反应迅速的信息系统。[2]

有些突发事件的监测由单个部门就可以完成,比如地震监测,而有些突发事件则需要多个部门协作完成,比如洪灾的监测,需要水文监测和气象监测等多个部门相互协作。如果监测职责划分不清晰,很难实现对信息的综合分析,并且在突发事件发生时容易出现各部门间多方面信息沟通问题,造成在应急项目管理的过程中缺乏默契。因此,为保证监测工作的顺利进行,需要在应急项目的监测方案中对各部门监测工作的职责进行明确的划分。

(四)建立应急项目监测信息系统

我国的应急项目监测信息通常以部门为单位逐级汇报。该制度的缺陷是,缺乏快捷、有效的沟通渠道,信息分散,信息被少数部门垄断,无法在紧急时刻及时调用、迅速汇总。信息技术的发展为大量应急项目监测信息的快速传递和汇总提供了可能性,也为建立统一的信息系统,实现信息的快速共享和处理提供了支撑。《应急法》第 37 条规定"国务院建立全国统一的突发事件信息系统。县级以上地方各级人民政府应当建立或者确定本地区统一的突发事件信息系统,汇集、储存、分析、传输有关突发事件的信息……"信息系统是应急项目监测与预警的综合信息平台,在应急项目处置和救援阶段也发挥重要作用。统一、完善的监测信息系统可以帮助应急管理人员及时掌握突发事件的发生地点、危害程度、扩散情况等,做好预防工作,降低突发事件的破坏程度。因此,建立应急项目监测信息系统是国务院和各地方应急管理部门的重要职责之一。

应急项目信息系统可以按照地区或应急项目的类型来建立,各地区可以建立综合的应急项目监测信息系统,各类应急项目的责任单位又会建立针对特定类型应急项目的监测信息系统。分述如下:

1. 自然灾害应急项目监测系统

我国的自然灾害种类很多，主要有气象灾害、地震灾害、地质灾害、海洋灾害、生物灾害和森林草原火灾。自然灾害监测系统主要依靠遥感技术（RS）、地理信息系统（GIS）和全球定位系统（GPS）等技术手段来对灾害数据进行采集、测量和分析。不同的自然灾害种类由不同的部门负责监测，比如气象灾害由气象部门负责监测，地震灾害由地震部门负责监测，海洋灾害由海洋部门对其进行监测，各部门针对特定的自然灾害建立了相应的应急项目监测信息系统。应急管理部建立了综合的自然灾害信息监测系统，比如国家自然灾害灾情系统。

2. 事故灾难应急项目监测系统

我国的事故灾难频发，对人民的生命和财产安全造成了巨大的影响。事故灾难主要发生于煤矿、非煤矿山、烟花爆竹、工贸、建筑施工、交通运输等领域。基层的事故灾难应急项目危险源监测由生产经营单位的主要负责人全面负责。政府部门层面上，各行业建立了行业内的安全信息监控系统，比如针对房屋建筑和市政工程行业，由住建部牵头，建立了相应的危险源监控和事故信息上报系统，交通运输部门也有自己的事故信息监测系统。此外，应急管理部门也建立了综合的安全生产监督管理系统，比如安全生产综合统计信息直报系统、危险化学品登记信息管理系统、突发事件信息报送和语音调度系统等。

3. 公共卫生应急项目监测系统

2003 年“非典”之后，我国的公共卫生部门初步建立了公共卫生突发事件监测预警系统。目前，我国已建立公共卫生信息监测体系，构建了覆盖国家、省、市（地）、县（区）的疾病预防控制机构、医疗卫生机构和卫生行政部门的信息网络系统。为了满足突发公共卫生事件的信息采集、汇总、分析、报告等工作的需要，突发公共卫生事件监管部门建立了公共卫生信息管理平台和基础卫生资源数据库。地方上，按照属地化管理原则，各地区的疾病预防控制机构负责对行政辖区内的突发公共卫生事件和传染病疫情进行监测、信息报告与管理，还设置了专门的举报、咨询热线电话，接收突发公共卫生事件和疫情的报告、咨询和监督，安排专门工作人员收集各种来源的突发公共卫生事件和疫情信息。

4. 社会安全应急项目监测系统

近年来对社会安全事件的监测技术逐渐提高，国家对社会安全应急项目监测系统的建立也越来越重视。《国家安全法》第 42 条第 1 款规定，国家安全机关、公安机关依法搜集涉及国家安全的情报信息，在国家安全工作中依法行使侦查、拘留、预审和执行逮捕以及法律规定的其他职权。另外，《反恐怖主义法》第 43 条第 1 款规定，国家反恐怖主义工作领导机构建立国家反恐怖主义情报中心，实行跨部门、跨地区情报信息工作机制，统筹反恐怖主义情报信息工作。各地方也成立了反恐怖主义情报机构。说明公安机关、国家安全机关、国家情报机关负责社会安全事件的信息监测管理，并分别建立了社会安全应急项目监测系统。

三、应急项目监测的管理重点

应急项目监测的管理中，质量管理、沟通管理、人力资源管理、成本管理格外重要。

（一）质量管理

根据 ISO9000 的规定，质量是指“一系列内在特性满足要求的程度”。监测质量是指全面、准确、及时地监测各项风险指标，从而使监测过程满足应急项目预警、处置和救援、事后恢复与重建的要求。

应急项目监测的质量管理过程包括：

规划质量管理——识别应急项目监测的质量要求和/或标准，并书面描述项目将如何证明符合质量要求的过程。

实施质量保证——审计质量要求和质量控制的测量结果，确保采用合理的质量标准和操作性定义的过程。

控制质量——监督并记录质量活动执行结果，以便评估绩效，并根据应急项目管理的需求推荐必要的变更过程。

各地的应急管理部门可以根据不同类型的应急项目的要求，确定监测质量的评价方法或评价标准，合理地确定将要达到的测量准确水平和精确水平。

在应急项目监测的质量管理过程中应该重视以下两个方面：

（1）满足应急项目监测的质量要求。了解、评估、定义和管理质量要求，以使监测质量满足应急项目管理的要求，使监测既符合要求又适合使用。

（2）持续改进监测质量。随着监测技术发展，监测质量应该是一个不断提高的过程。监测质量的持续改进，是指监测指标的选取不断完善，以及指标检测值准确性不断提高。持续改进要求监测过程中根据出现的问题、需求变化和技术发展不断提高监测质量。PDCA（计划—实施—检查—行动）循环是质量持续改进的基本过程，适用于应急项目监测的质量管理工作。此外，全面质量管理（TQM）、控制图等质量管理理论与工具也可以应用于应急项目监测的质量管理中。

（二）沟通管理

应急项目监测的沟通管理也是一项重要工作。监测信息沟通的目的是确保满足应急项目相关者对监测信息的需求。需要注意的是，此处不仅是指监测信息的沟通，还包括监测过程中组织内部的一些管理信息、财务信息等的沟通。

1. 按照不同的标准划分，应急项目监测的沟通可以分为不同的类型

（1）按照沟通的对象划分，可分为监测机构内部沟通和监测机构外部（包括公众、预警机构、响应和处置机构等）沟通；

（2）按照沟通的层级划分，可分为上下级之间的垂直沟通和同一级别的水平沟通；

（3）按照沟通的方式划分可分为正式沟通（包括报告、会议记录、简报等形式）和非正式沟通（电子邮件、备忘录、即兴讨论）；

（4）按照沟通的形式划分，可分为书面沟通和口头沟通。

2. 应急项目监测沟通管理的主要工作

（1）明确沟通对象，即确定谁需要什么信息和谁有权接触这些信息。

（2）确定沟通时间，即什么时候需要这些信息。

（3）选择信息存储的方式和形式。

（4）选择信息沟通方式。信息沟通方式要根据信息的重要性来确定，同时还要考虑信息沟通条件、语言障碍和文化差异等。

（5）建立信息反馈机制，要求应急管理人员对汇报的应急项目信息进行复查，同时要将复查

结果向信息机构反馈。

(三) 人力资源管理

获取准确的监测信息,实现应急项目监测工作的信息化,还需要配备专业技术人员。由专业技术人员负责信息的收集和报送工作。明确专业技术人员的职责和权力,加强培训,提高专业技术水平也是应急项目监测管理的重要组成部分。

应急项目监测的人力资源管理包括组织、管理与领导监测团队的各个过程。监测团队由承担不同角色与职责的人员组成,比如自然灾害事件中,参与监测的有气象站、水文站等部门的工作人员,他们通过在适当的地点布设自动监测站,来收集监测数据。这些监测站需要有人参与建设和维护,也需要有人对监测数据进行汇总处理。要保证监测达到应急项目管理的需求,需要对参与监测的人力资源进行有效的管理,包括监测组织机构的建立、职责的划分、建立人力资源激励机制等。

应急项目监测的人力资源管理过程包括:

(1) 识别和记录参与监测的人员的角色、职责、所需技能、报告关系,并编制人员配备管理计划。

(2) 确认人力资源的配备情况,并为开展监测工作而组建团队。要确保每项工作都有明确的责任人,并且每个监测工作人员都清楚地理解其角色和职责。

(3) 确保所有监测人员了解、支持并遵守职业与道德规范。应急项目的监测质量直接影响了后续的预警、响应和处置工作,并最终影响人民的生命和财产安全,因此监测人员的责任心与敬业态度格外重要。

(4) 监测人员绩效评价。跟踪监测人员的工作表现,提供反馈,优化团队绩效。

(四) 成本管理

应急项目监测的工作具有很强的专业性,要有专业的监测机构和监测人员,因此需要配置专项经费。应急项目监测的成本主要用于购买或维护监测设备、监测人员的工资支出。应急项目监测的成本管理是指为了使监测工作在批准的预算内完成而对成本进行规划、估算、预算、管理和控制的过程。

应急项目监测的成本管理过程包括:

规划成本——制定政策和程序来规划、管理、花费和控制监测的成本。

估算成本——对完成监测工作所需的资金进行估算。

制定预算——汇总监测工作所包含的所有单个活动或工作包的估算成本,建立一个经批准的成本基准。

控制成本——监督监测工作的效果,根据需要调整监测的成本、管理成本基准变更。

成本估算是对完成应急项目监测工作所需费用的估计和计划,是监测成本控制的依据。应急项目监测的工作因应急项目的类型不同而变化,并且,监测设备的价格和工资水平在不断变化,因此,很难用过去的成本直接估算现实的应急项目监测的成本。在应急项目管理过程中,为了使费用和工作范围内的资源得到最佳利用,人们开发出了多个成本估算方法,比如经验估算法、因素估算法、WBS 法等,以尽量得到较好的估算。这些方法可以选择性地应用于应急项目监测的成本管理中。

第三节　应急项目预警管理的原理

应急项目监测的目的之一是对突发事件的发生进行及时、准确的预警。预警管理部门对应急项目监测信息进行综合研判(预测)之后,将突发事件的可能发生情况通知有关部门和单位。各部门可根据预测情况,发布本地区、本行业的预警信息。因此,在应急项目监测管理之后就是应急项目预警管理。应急项目预警管理是预警理论在应急项目管理中的具体应用,是在已经发现可能引发风险事件的某些征兆但该风险事件仍未爆发的期间内所采取的应急管理措施。

一、应急项目预警的概念及作用

"预"即预先、事先的意思,"警"则为需要戒备的消息或事件。"预警"在《辞海》中解释为"事先警告、提醒被告知人注意和警惕"[8]。"应急项目预警"是指对出现的不正常状况或事件的分析评价,对可能发生和可以预警的潜在风险事件,向应急项目相关者报告这些状况或事件及其由此引发的后续事件的影响,在事前做出警示,帮助应急项目相关者做出及时有效的决策。预警包含预测和报警两个方面,预测是指根据收集到的风险信息和系统的安全状态,评判系统当前的运行状态,并对未来的态势做出预测性的判断。报警是预警活动的核心任务,是对系统安全状态研判结果的反应。

在突发事件发生前做好预警工作,一方面能够增强人们对于突发事件的防范意识,另一方面相应的管理部门可以根据预警信息加强对突发事件的预防工作,第一时间启动应急预案。此外,应急项目预警还可以减弱或避免政治风险。突发事件的发生,有时会导致政府的公信力下降,比如新冠肺炎疫情,由于美国政府的防控不力而引发民众不满,而应急项目预警可以通过消息的实时发布和积极的处理态度来稳定民心,从而减弱或避免政治风险。

我国政府在应急项目预警管理方面的能力不断提高,但是仍然存在很多问题与不足。主要表现在,缺乏系统科学的预警预控管理体系,难以对重大突发事件进行事前预防、早期识别。除了自然灾害可以实现一定程度上科学预警之外,事故灾难、公共卫生事件和社会安全事件均缺乏科学的预测方法,导致这三类突发事件的预警能力还需要提高。[9]

二、应急项目预警管理的目标

提高应急项目预警管理的效率与效果,首先要确定其预警管理的目标。应急项目预警管理的目标如下:

(一) 精准预测

应急项目预警的基础是精准预测。应急项目预警管理的主要目标是基于收集到的监测信息,利用现有的预警理论和预测模型,结合现代航天技术、通信技术、遥感技术、信息处理技术等先进科学手段,对突发事件的发展趋势、影响范围、危害程度、持续时间等进行综合研判,得到准确的预警信息,为应急决策与处置提供支持。

(二) 有效发布

突发事件的预警信息可以通过电视、电台、手机短信、电子显示屏、网站、微博、报纸以及小区广播等多种渠道向社会发送。在广大农村，大喇叭广播、敲锣打鼓仍然是最有效的预警信息发布方式之一。同时，预警信息发布的形式也是多样的，可以是文字、语音、图片、视频等。应急项目相关者能否快速、简便地接收预警信息，是预警工作发挥作用的重要保障。因此，应急项目预警管理的另一个目标是针对突发事件类型和接收群体特性，选择合适的预警信息发布渠道和形式，减少接收盲区，缩短发布时间，提高预警信息发布的覆盖面和时效性。

（三）适时调整

应急项目具有不确定性和复杂性，其规模、影响范围、危害程度以及造成的人员伤亡和财产损失往往难以准确估计。同时，应急项目又是动态变化的，其发展态势随着外界因素影响不断变化。因此，预警信息发布之后，应急管理部门应该持续对应急项目进行监测，密切跟踪应急项目的发展态势，及时调整预警信息，从而使应急管理决策更加科学有效。

第四节　应急项目预警的管理原则与工作内容

一、应急项目预警的管理原则

应急项目预警的管理工作需要遵循以下指导原则，才能有效开展。

（一）科学性原则

信息监测过程中获取的应急项目信息，需要经过科学的分析和评估，才能对应急项目的发展态势进行合理的判断。应急项目监测信息的分析和评估要以科学的理论与方法为依据。目前，公共卫生应急项目的预警分析和评估体制相对比较完善，国际上根据传染病的传染性制定了单病例预警、时间聚集性探测预警等多种预警模型，预警发布机构需要经过科学的研判才能做出公共卫生应急项目的预警。

（二）系统性原则

突发事件的发生是多个因素共同作用的结果，不同类型的突发事件之间可能相互关联，比如地震可能导致火灾、泥石流，也可能引发安全生产事故。因此在进行突发事件预警管理的过程中，应将突发事件看作一个系统，系统地考虑各种因素可能的发展演变，对突发事件可能导致的各种次生、衍生灾害，在评估其风险的基础上，监测相关的度量指标，在适当的时候发出预警信息。

（三）可操作性原则

应急项目预警的目的是预防突发事件的发生或消减突发事件造成的损失，因此在进行应急项目预警时，除了要发布准确的预警信息外，还要提出可行的应对措施，指导相关部门、机构、公众应对突发事件。有些措施可以帮助应急项目相关者抑制突发事件的发生，比如公共卫生应急项目预警，可以发布指导措施，指导相关者采取控制措施，抑制公共卫生事件的大范围爆发。有些突发事件则无法避免，比如自然灾害突发事件。对于无法避免的突发事件，发布的应对措施应以消减突发事件带来的损失为目的。

（四）时效性原则

预警信息一定要在灾害发生前发布，这样才能给应急项目相关者应对时间。发布预警的时间越提前，给相关者预留的应对时间越长，则预警效果越好。比如 2019 年 7 月 4 日 10 时 17 分，四川珙县发生5.6级地震,地震预警系统成功预警此次地震,给宜宾市提前5秒预警。地震发生时,大陆地震预警网同步向政府和应急部门、学校、电视、手机等不特定公众同步发出地震预警信息。2020年5月18日21时47分,云南省昭通市巧家县发生5.0级地震,由成都高新减灾研究所与市县应急部门联合建设的大陆地震预警网,成功预警此次地震,给昆明市提前69秒预警,给昭通市提前10秒预警。让很多民众成功地避险。然而一旦错过了相应的预警时效,突发事件所产生的不利影响就很难挽回,预警也就失去了意义。

(五)高效性原则

在发布预警信息时还应该考虑预警信息发布的高效性。预警信息发布的高效性通过两个方面体现:一是预警信息发布的渠道和预警信息发布的形式。预警信息发布的渠道包括:手机、传真、邮件、网站、大喇叭、显示屏、广播、电视、微博、微信等。针对不同的受众可以选择不同的发布渠道。比如地震预警需要使影响范围内的所有公众都收到预警信息,此时通常不会选择传真、邮件和微博,因为通过这些渠道发布的信息其受众非常有限。与此同时,发布预警信息的形式也非常重要,预警信息发布的形式可以是视频、声音、图片、文字等。预警信息发布的形式需要根据发布渠道来确定,一般情况下发布的形式越多样,则信息的有效性越高。

二、应急项目预警管理的工作内容

应急项目预警管理涉及相关者众多,工作庞杂,而这一工作既可能使风险事件"禁于未发之前",又可能提高"救人于水火"的概率,降低风险损失,因此,这一工作极为重要。

(一)建立健全应急项目预警管理的组织机构

影响应急项目预警管理的一个重要因素是组织保障。应急管理部成立以来,我国初步形成了以自然灾害、事故灾难、公共卫生事件和社会安全事件这四类突发事件为中心的横向预警机制,以应急管理部、县级以上地方各级人民政府的应急管理部门、专业机构和预警网点为主导的应急项目预警管理部门体系。

根据中共中央办公厅、国务院办公厅(厅字〔2018〕60号)发布的《应急管理部职能配置、内设机构和人员编制规定》的通知,应急管理部负责指导各地区各部门应对安全生产类、自然灾害类等突发事件和综合防灾、减灾、救灾工作;负责安全生产综合监督管理和工矿商贸行业安全生产监督管理工作;负责牵头建立统一的应急管理信息系统;负责信息传输渠道的规划和布局;负责建立预警和灾情报告制度;负责健全自然灾害信息资源获取和共享机制,依法统一发布灾情。根据该通知的规定,自然灾害应急项目和事故灾难应急项目的预警与管理由应急管理部下属的各部门负责。应急管理部的组织机构如表10-1所示。

表10-1 应急管理部的组织机构

应急管理部的组织机构	议事机构	国家防汛抗旱总指挥部
		国务院抗震救灾指挥部
		国务院安全生产委员会
		国家森林草原防灭火指挥部
		国家减灾委员会

续表

应急管理部的组织机构	机关司局	办公厅
		应急指挥中心
		人事司
		教育训练司
		风险预警和综合减灾司
		救援协调和预案管理局
		火灾防治管理司
		防汛抗旱司
		地震和地质灾害救援司
		危险化学品安全监督管理司
		安全生产基础司
		安全生产执法局
		安全生产综合协调司
		救灾和物资保障司
		政策法规司
		国际合作和救援司
		规划财务司
		调查评估和统计司
		新闻宣传司
		科技和信息化司
		机关党委
		离退休干部局
	派驻机构	中央纪委国家监委驻应急管理部纪检监察组
	部属单位	中国地震局
		国家煤矿安全监察局
		消防救援局
		森林消防局
		国家安全生产应急救援中心

资料来源:根据应急管理部网站内容整理。

地方的应急管理部门也下设不同的部门来负责自然灾害应急项目和事故灾难应急项目的预警与管理工作。以北京市为例,图 10-1 是北京市应急管理局的组织结构图。

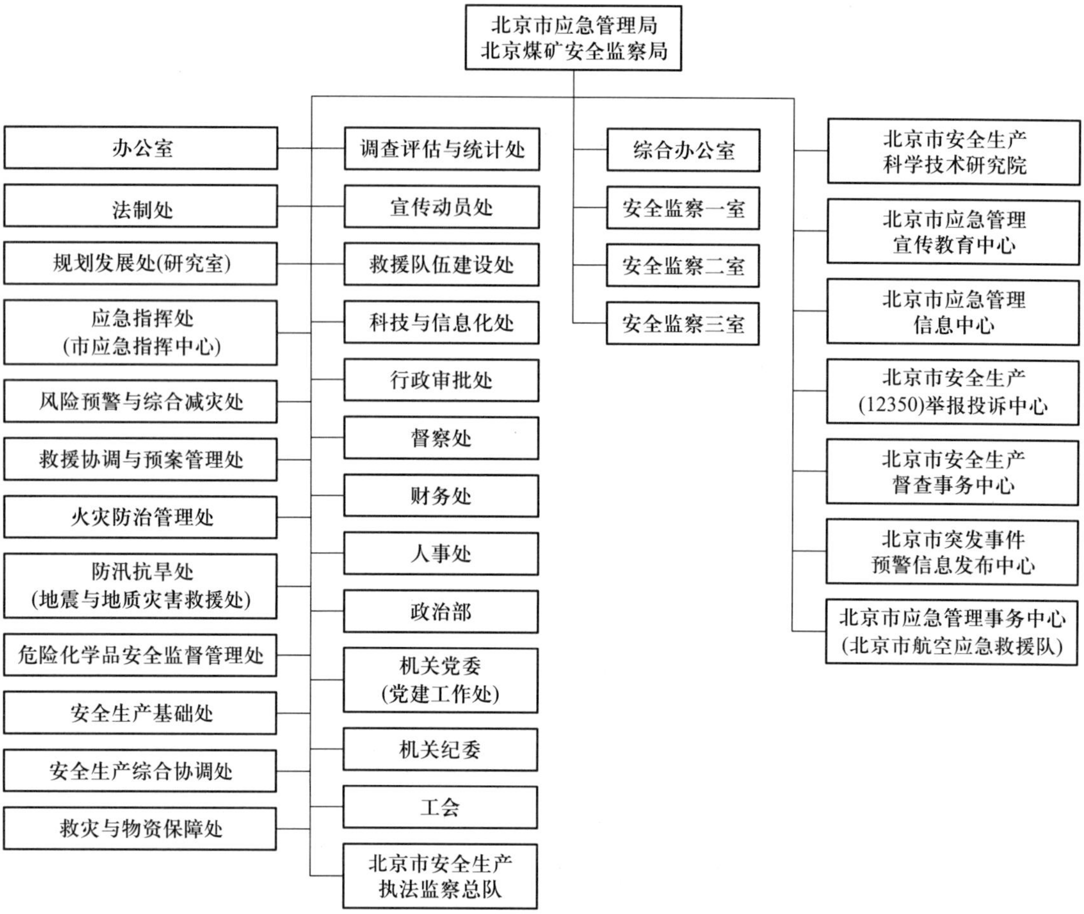

图 10-1　北京市应急管理局组织结构图[①]

在北京市应急管理局的多个部门中,负责应急项目预警管理的部门及其职责如下:

(1) 风险预警与综合减灾处。负责建立北京市重大安全生产风险预警和评估论证机制,承担自然灾害综合预警工作,组织开展自然灾害综合风险与减灾能力调查评估。

(2) 危险化学品安全监督管理处。负责北京市化工(含石油化工)、医药、危险化学品和烟花爆竹经营单位安全监督管理工作,依法监督检查相关行业生产经营单位贯彻落实安全生产法律法规和标准情况,承担危险化学品安全监督管理综合工作,负责危险化学品登记和非药品类易制毒化学品生产经营监督管理工作。

(3) 科技与信息化处。承担北京市应急管理、安全生产的科技和信息化建设工作;规划信息传输渠道;健全自然灾害信息资源获取和共享机制。

(4) 北京市突发事件预警信息发布中心。根据有关规定接收相关部门、单位拟发预警信息和国家预警信息发布中心的相关信息,并负责全市性预警信息和其他重要提示性信息的发布、反馈和统计分析;承担本市突发事件预警信息发布平台的建设、运行和维护工作。

① 北京市应急管理局网站.

公共卫生应急项目的预警管理主要由国家卫生健康委员会负责。国家卫生健康委员会的组织结构如表 10-2 所示。

表 10-2　国家卫生健康委员会的组织结构

<table>
<tr><td rowspan="34">国家卫生健康委员会</td><td rowspan="16">委机关</td><td>办公厅(卫生应急办公厅)</td></tr>
<tr><td>人事司</td></tr>
<tr><td>规划发展与信息化司</td></tr>
<tr><td>疾病预防控制局</td></tr>
<tr><td>医政医管局</td></tr>
<tr><td>基层卫生健康司</td></tr>
<tr><td>卫生应急办公室</td></tr>
<tr><td>综合监督局</td></tr>
<tr><td>药物政策与基本药物制度司</td></tr>
<tr><td>食品安全标准与预警评估司</td></tr>
<tr><td>老龄健康司</td></tr>
<tr><td>妇幼健康司</td></tr>
<tr><td>职业健康司</td></tr>
<tr><td>人口预警与家庭发展司</td></tr>
<tr><td>保健局</td></tr>
<tr><td>……</td></tr>
<tr><td rowspan="11">直属和联系单位</td><td>医科院</td></tr>
<tr><td>疾控中心</td></tr>
<tr><td>监督中心</td></tr>
<tr><td>药具管理中心</td></tr>
<tr><td>机关服务局(中心)</td></tr>
<tr><td>食品评估中心</td></tr>
<tr><td>科研所</td></tr>
<tr><td>健康教育中心</td></tr>
<tr><td>统计信息中心</td></tr>
<tr><td>医管中心</td></tr>
<tr><td>……</td></tr>
<tr><td rowspan="7">地方部门</td><td>北京市卫生健康委员会</td></tr>
<tr><td>天津市卫生健康委员会</td></tr>
<tr><td>河北省卫生健康委员会</td></tr>
<tr><td>山西省卫生健康委员会</td></tr>
<tr><td>内蒙古自治区卫生健康委员会</td></tr>
<tr><td>辽宁省卫生健康委员会</td></tr>
<tr><td>……</td></tr>
</table>

注:作者根据国家卫生健康委员会网站内容整理。

在国家卫生健康委员会中,负责公共卫生突发事件信息预警的部门主要有:卫生应急办公厅、食品安全标准与预警评估司等。此外,疾控中心也会开展传染病、慢性病、职业病、地方病、突发公共卫生事件和疑似预防接种异常反应预警及国民健康状况预警与评价,开展重大公共卫生问题的调查与危害风险评估,承担疾控信息系统建设、管理及大数据应用服务技术支持。

社会安全应急项目的预警管理主要由公安部和国家情报机构等负责。公安部下设有办公厅、情报指挥、研究室、督察审计、人事训练、新闻宣传、经济犯罪侦查(原二局)、治安管理(原三局)、刑事侦查(原五局)、反恐怖(原二十七局)、食品药品犯罪侦查等机构,其中情报指挥中心被比喻为中枢部门,在维护国家政治安全和社会稳定中责任重大。建立情报指挥中心的目的是全力打造智能化的情报指挥平台,抓情报引领,加强情报信息收集、综合会商研判、战略情报研究。公安部还建立起公安部大数据中心和备份中心,为基层一线提供更多高质量的数据信息服务和支撑。而这些信息的获取是社会安全应急项目预警的前提和基础。

(二)规范应急项目预警管理过程

应急项目预警管理一般包括明确警义、寻找警源、分析警兆和预报警度四个阶段。

(1)明确警义。明确警义是预警的基础。警义主要从警素和警度两方面考察。警素是指构成警情的指标。有些突发事件的预警可以用单项指标测度,例如水灾的警素是降雨量等。多数情况下,预警是一个较复杂的系统,难以用单项指标刻画,因此需要用多个反映不同类型的指标来衡量突发事件的状况。比如,在突发公共卫生事件应急项目的预警中,当某种遗传病病例短时间内聚集时发布预警信息,此时的警素包括传染病的传染性、时间期限、患病人数、治愈率等多个指标。警度是警情的程度。例如,红色暴雨预警信号为最高级,表示 3 小时内降雨量将达 100 毫米以上,或者已达 100 毫米以上且降雨可能持续。

(2)寻找警源。寻找警源是指在应急项目中,对各种导致突发事件的因素进行分析,列出一定范围内一切可能导致突发事件发生的风险因素,确立突发事件在何种条件下可能发生的指标体系,对可能导致的突发事件的各类风险因素进行重点监控。

(3)分析警兆。警兆即苗头、前兆,是指突发事件发生前的各种外在表现。警源产生警情,警情又会历经孕育、发展、扩大、爆发等多个阶段。这一演变过程的不断发展,必然出现各种各样的警情先兆。如大地震发生前,一些动物的异常反应,如大牲畜不进圈,狗狂吠,鸟或昆虫惊飞、非正常群迁等,可视为地震这一自然灾害突发事件发生前的警兆。确定警兆之后,需要进一步分析警兆与警素的数量关系,以确定对应的警区。

(4)预报警度。预报警度是预警的目的,根据警兆的变化状况,联系警情的警界区间,参照警度评价标准,并结合实际或未来情况做适当修理,即可预报实际警情的严重程度,得到警度。警度预报一般有两种方法:建立关于警素的普通模型,先做出预测,然后根据警限转化为警度;建立关于警素的警度模型直接由警兆的警级预测警素的警度。[10]2020 年 7 月 2 日 7 时,长江水利委员会水文局发布乌江、长江上游三峡库区、城陵矶河段洪水蓝色预警[11],这就是警度预报。

(三)规范应急项目预警信息内容

鉴于应急项目预警的时效性,预警信息所包含的内容应当简明、清晰,以便相关者快速、正确地理解信息内容,做出迅速、准确的应对决策。使接收信息者正确、快速地理解预警内容,是规范应急项目预警信息内容的目的。

《国家突发公共事件总体应急预案》规定,预警信息的主要内容应该具体、明确,要向公众讲清楚突发公共事件的类别、预警级别、起始时间、可能影响范围、警示事项、应采取的措施和发布机关等。但是受众不同,预警信息包含的内容与表现形式也应当相应调整,以保证受众能够在最大程度上准确理解预警信息。预警信息的受众包括政府的各级应急管理部门、专业机构、企事业单位和公众等。不同的受众对预警信息的需求不同,理解能力也不同,比如地震预警,监测到的震源位置、预判的烈度和震级、影响范围、地震波估计到达时间是地震预警信息的主要组成部分。对专业机构发布时,可发布上述全部内容;对公众发布时,可不包含预判的烈度和震级、地震波估计到达时间,因为预判的烈度和震级和实际发生的情况有可能存在差异,地震波估计到达时间也因所处地区位置不同而有较大差异,这些信息对公众来说是冗余的,还容易引起公众的质疑。因此,应急管理部门应该针对各类受众对预警信息内容进行规范。

(四) 规范应急项目预警信息发布程序

各级应急管理部门要制定预警信息发布的具体程序,确保预警信息的制作发布工作规范、有序。制定预警信息发布程序包括:确定预警信息发布机构;制定预警信息发布流程;制定预警信息审核办法;制定预警信息编码与传输标准;制定转载预警信息规范;制定不同预警信息发布手段的技术、标准规范等。其中,法律和地方政府已经对预警发布机构和发布流程进行了规定,而预警信息审核办法,以及其他的标准和规范的制定还有待完善。

1. 应急项目预警信息发布机构

国务院应急管理部门或指挥机构、县级以上地方人民政府及应急管理部门或应急指挥机构是预警信息发布责任单位,预警信息发布责任单位按照有关规定负责相应预警信息的制作和发布。国家预警信息发布系统为预警信息发布责任单位发布预警信息提供突发事件预警信息发布平台,而各级预警信息发布工作机构负责为预警信息发布责任单位无偿提供预警信息发布服务。预警信息发布工作机构受国家预警信息发布中心的管理。

2. 应急项目预警信息发布流程

各地方政府的预警信息发布流程有一些区别。以北京市为例,预警级别首先由主要承担突发事件处置的各专项指挥部、街道或相关部委办局,依照各自制定的专项预案中所确定的预警等级提出预警建议,并报区应急办批准。一般或较大级别的预警,由区应急委发布或取消,并报市应急办备案。重大或特别重大级别预警,由区应急办报市应急办,经市领导批准后,由市应急办发布或取消。

(五) 应急项目标准化预警级别划分

应急项目预警级别依据突发事件发生的紧急程度、发展态势和可能造成的危害来划分,分为Ⅰ级(特别严重)、Ⅱ级(严重)、Ⅲ级(较重)和Ⅳ级(一般),分别用红色、橙色、黄色和蓝色标示。如表 10-3 所示。

表 10-3　突发事件四级预警

预警等级	威胁程度	预警颜色
Ⅰ级	特别严重	红
Ⅱ级	严重	橙
Ⅲ级	较重	黄
Ⅳ级	一般	蓝

预警级别的划分标准由国务院或者国务院具体的部门制定。应急项目预警级别的划分具有较强的专业性,因应急项目种类不同而具有不同的预警级别划分标准。以气象灾害应急项目预警为例,表 10-4 是部分气象灾害应急项目的预警级别及划分标准。

表 10-4　台风、暴雨和沙尘暴的应急项目预警级别及划分标准

应急项目类别	预警级别	预警信号	划分标准
台风应急项目预警	Ⅰ级	红色	6 小时内可能或者已经受热带气旋影响,沿海或者陆地平均风力达 12 级以上,或者阵风达 14 级以上并可能持续。
	Ⅱ级	橙色	12 小时内可能或者已经受热带气旋影响,沿海或者陆地平均风力达 10 级以上,或者阵风 12 级以上并可能持续。
	Ⅲ级	黄色	24 小时内可能或者已经受热带气旋影响,沿海或者陆地平均风力达 8 级以上,或者阵风 10 级以上并可能持续。
	Ⅳ级	蓝色	24 小时内可能或者已经受热带气旋影响,沿海或者陆地平均风力达 6 级以上,或者阵风 8 级以上并可能持续。
暴雨应急项目预警	Ⅰ级	红色	3 小时内降雨量将达 100 毫米以上,或者已达 100 毫米以上且降雨可能持续。
	Ⅱ级	橙色	3 小时内降雨量将达 50 毫米以上,或者已达 50 毫米以上且降雨可能持续。
	Ⅲ级	黄色	6 小时内降雨量将达 50 毫米以上,或者已达 50 毫米以上且降雨可能持续。
	Ⅳ级	蓝色	12 小时内降雨量将达 50 毫米以上,或者已达 50 毫米以上且降雨可能持续。
沙尘暴应急项目预警	Ⅰ级	红色	6 小时内可能出现特强沙尘暴天气(能见度小于 50 米),或者已经出现特强沙尘暴天气并可能持续。
	Ⅱ级	橙色	6 小时内可能出现强沙尘暴天气(能见度小于 500 米),或者已经出现强沙尘暴天气并可能持续。
	Ⅲ级	黄色	12 小时内可能出现沙尘暴天气(能见度小于 1000 米),或者已经出现沙尘暴天气并可能持续。

安全生产事故应急项目预警级别的确定标准则与自然灾害应急项目有很大的差别。表 10-5 是建筑施工生产安全事故的应急项目预警级别及划分标准。需要注意的是,建筑施工生产安全事故应急项目的预警工作主要是根据气象预警信息而给出的,并不是通过对建筑施工安全生产过程中的隐患等信息的监测而给出的。这种现象是安全生产事故应急项目预警中普遍存在的问题。

表 10-5　建筑施工生产安全事故的应急项目预警级别及划分标准

预警级别	预警颜色	适用情形
Ⅰ级	红色	• 有关部门发布大风、大雪、大雨、高温等恶劣天气红色预警时； • 上级主管部门下发红色预警后。
Ⅱ级	橙色	• 有关部门发布大风、大雪、大雨、高温等恶劣天气橙色预警时； • 上级主管部门下发橙色预警后。
Ⅲ级	黄色	• 有关部门发布大风、大雪、大雨、高温等恶劣天气黄色预警时； • 上级主管部门下发黄色预警后。
Ⅳ级	蓝色	• 有关部门发布大风、大雪、大雨、高温等恶劣天气蓝色预警时； • 特殊季节：夏季高温、雨季、汛期、冬季严寒； • 施工高峰期之前； • 日常安全隐患排查治理过程中发现典型或带有普遍性的安全生产问题后； • 上级主管部门下发蓝色预警后。

（六）采取恰当的应对措施

根据《应急法》的规定，发布预警信息后，应急管理部门应该针对预警级别，启动相应的应急预案并采取适当的措施。发布Ⅲ级、Ⅳ级警报，宣布进入预警期后，县级以上地方各级人民政府应当根据即将发生的突发事件的特点和可能造成的危害，采取下列措施：

（1）启动应急预案；

（2）责令有关部门、专业机构、监测网点和负有特定职责的人员及时收集、报告有关信息，向社会公布反映突发事件信息的渠道，加强对突发事件发生、发展情况的监测、预报和预警工作；

（3）组织有关部门和机构、专业技术人员、有关专家学者，随时对突发事件信息进行分析评估，预测发生突发事件可能性的大小、影响范围和强度以及可能发生的突发事件的级别；

（4）定时向社会发布与公众有关的突发事件预测信息和分析评估结果，并对相关信息的报道工作进行管理；

（5）及时按照有关规定向社会发布可能受到突发事件危害的警告，宣传避免、减轻危害的常识，公布咨询电话。

发布Ⅰ级、Ⅱ级警报，宣布进入预警期后，县级以上地方各级人民政府除采取上述措施外，还应当针对即将发生的突发事件的特点和可能造成的危害，采取下列一项或者多项措施：

（1）责令应急救援队伍、负有特定职责的人员进入待命状态，并动员后备人员做好参加应急救援和处置工作的准备；

（2）调集应急救援所需物资、设备、工具，准备应急设施和避难场所，并确保其处于良好状态、随时可以投入正常使用；

（3）加强对重点单位、重要部位和重要基础设施的安全保卫，维护社会治安秩序；

（4）采取必要措施，确保交通、通信、供水、排水、供电、供气、供热等公共设施的安全和正常运行；

（5）及时向社会发布有关采取特定措施避免或者减轻危害的建议、劝告；

（6）转移、疏散或者撤离易受突发事件危害的人员，并予以妥善安置，转移重要财产；

(7) 关闭或者限制使用易受突发事件危害的场所,控制或者限制容易导致危害扩大的公共场所的活动;

(8) 法律、法规、规章规定的其他必要的防范性、保护性措施。

(七) 应急项目的动态预警

事物总是不断发展的,尤其是突发事件,其发展变化方向、影响因素、后果等各方面都存在不确定性。应急项目的管理过程中,各种要素的变化是绝对的,不变是相对的,所以应急项目的预警管理与控制的过程应该是动态的。应急项目的预警必须随着事态变化而不断更新才能适应和解决不断出现的新情况。因此,发布了预警信息并不意味着预警管理部门的工作已经结束,应急项目的预警管理应该是动态变化的。从 2020 年 6 月 10 日北京新增一例新冠肺炎确诊病例起,至 2020 年 7 月 9 日,北京市不断通过对疫情的科学研判,调整各个地区的风险等级,充分体现出应急项目预警动态调整的特性。

应急项目预警信息发布后预警管理部门的工作包括:

(1) 密切跟踪,实时分析预警信息接收情况,根据突发事件的发展形式和相关者的信息接收情况,调整发布渠道和形式,提高预警信息发布时效。同时,新闻出版、广电、通信等主管部门应该建立预警信息快速发布的"绿色通道",及时、准确、无偿播发或刊载突发事件预警信息,紧急情况下采用滚动字幕、加开视频窗口甚至中断正常播出等方式迅速播报预警信息及有关防范知识。

(2) 组织有关部门和机构、专业技术人员、有关专家学者,随时对突发事件信息进行分析评估,预测发生突发事件可能性的大小、影响范围和强度以及可能发生的突发事件的级别。进入预警期后,县级以上地方人民政府在分析、评估、预测突发事件信息时,更应注重发挥有关部门、专业机构、专业技术人员和有关专家学者的作用,随时组织他们进行会商。随时会商可以保证决策的及时性、科学性和准确性。

(3) 定时向社会发布与公众有关的突发事件预测信息和分析评估结果,并对相关信息的报道工作进行管理。警报发出后,要迅速启动信息发布工作。信息发布工作应及时、准确。履行统一领导职责的人民政府应当在预警期内,定时发布与公众有关的突发事件发展情况的信息和政府的分析评估结果,并对相关信息的报道工作进行管理,对舆论进行引导,防止虚假信息的传播。

(4) 及时按照有关规定向社会发布可能受到突发事件危害的警告,宣传避免、减轻危害的常识,公布咨询电话。发布警告、宣传常识,是为了让人民群众了解应对要点,掌握必要的应对方法和技巧,提高各类人员的自救与互救能力,尽量避免、减少突发事件发生时带来的危险,减少损失。人民政府还应设立并公布专门的咨询电话,负责解答群众提出的与突发事件有关的问题。

(5) 及时进行预警调整与解除。遇到下述情况,突发事件预警应调整或解除预警:根据现场对危险源的控制,通过数据监测以及其他情况证明危险源已经处于可控状态,相关部门按规定报请上级单位解除预警。根据对现场危险源的综合判断,预警信息与现场实际不符合,按规定报请上级单位调整预警级别。

应急管理部门在预警调整与解除管理过程中需要遵守三个基本原则:

(1) 谁发布,谁调整,谁解除。根据事态的发展情况,应急管理部门应适时调整或解除预警。各级政府发布预警信息要求划清危险区域并进行公告,预警调整和解除也要再次公告。任何单位和个人不得擅自向社会发布突发事件预警信息,必须由专门的部门负责。预警信息的调整与解除也应该由发布单位来负责。

(2) 预警过程严谨。通常情况下,接收预警信息的项目相关者人数较多,每个预警信息都将产生巨大的影响,预警信息的调整和解除的不严谨将使应急管理部门丧失公信力。因此,预警的调整和解除过程必须严谨。首先,应急管理有关部门根据预警监测追踪信息,确认预警涉及的突发事件事态减轻或危险已经消除,需要调整预警级别或解除,应向上级应急管理部门提出预警状态终止建议。然后,经应急管理部门的专家组同意后,由突发事件预警发布部门宣布解除预警、终止预警,并中断已经采取的有关措施。最后,经分析、确认,如预警等级降低,应急管理相关部门及时通知上级应急管理部门,由突发事件预警发布部门宣布降低预警等级。有关部门应根据应急预案,启动相应应急程序,进入预警状态。

(3) 责任划分明确。调整或解除预警应该征得一定级别管理人员的同意。不同地区、不同类型的突发事件预警调整与解除责任的划分不同。比如《南宁市人民政府办公室关于印发南宁市污染天气应急预案的通知(2020)》中规定,当达到预警解除条件时,应急指挥部办公室提出预警解除建议,蓝色预警由应急指挥部办公室副主任批准解除,黄色预警由兼任应急指挥部办公室主任的副指挥长批准解除,橙色和红色预警由应急指挥部第一副指挥长批准解除。吉林省气象台制作的气象灾害红色预警及其解除由主管副省长签发,橙色预警及其解除由分管省政府副秘书长或省气象局局长签发,黄色预警及其解除由省气象局分管局长签发,蓝色预警及其解除由省气象台台长签发。

第五节　应急项目监测与预警信息的报告管理

应急项目监测与预警信息报告工作是一项非常重要的工作,决定了应急项目监测与预警工作的及时性与准确性,因此,必须对这项工作加以严格管理。

一、应急项目监测与预警信息报告制度

报告是指向上级单位汇报工作、反映情况、提出意见或者建议,答复上级单位的询问,应急项目监测与预警信息报告是应急项目沟通管理的一部分。我国建立了突发事件应急报告制度,要求应急项目监测机构在规定时间内将突发事件的监测和预警信息上报有关部门。

(一) 应急项目监测与预警信息报告过程

《应急法》第 39 条第 1 款规定:“地方各级人民政府应当按照国家有关规定向上级人民政府报送突发事件信息。县级以上人民政府有关主管部门应当向本级人民政府相关部门通报突发事件信息。专业机构、监测网点和信息报告员应当及时向所在地人民政府及其有关主管部门报告突发事件信息。”在突发事件的监测中,监测网点对原始信息做出初步分析、储存后,将其报告相关专业机构和政府的有关部门,这些部门经过研判之后,认为可能发生重大或者特别重大突发事件的,县级以上地方各级人民政府应当立即向上级人民政府报告,并向上级人民政府有关部门、当地驻军和可能受到危害的毗邻或者相关地区的人民政府通报。[2]

(二) 应急项目监测与预警信息报告主体

专业机构、监测网点和信息报告员均为信息报告的主体。政府部门在进行突发事件信息监测与预警时会聘请一些专业机构,比如研究机构和专业监测企业,这些专业机构也负有信息报告

责任。监测网点则多是针对自然灾害,我国在多个地区都设置了自然灾害信息监测网络,这些网点负责信息的日常收集工作,应该向相应的管理机构定期上报监测信息。信息报告员分为专职和兼职两类。专职信息报告员制度主要在技术性和专业性较强的领域建立,比如矿山、建筑施工单位和危险物品的生产、经营、储存单位。在其他领域,可设立兼职信息报告员。

(三)应急项目监测与预警信息报告的基本要求

应急项目监测与预警信息报告应当及时、准确、真实、完整,承担应急项目监测职责的单位和个人对监测信息不得迟报、漏报、谎报或者瞒报。迟报是指不按照规定的时限报告有关突发事件的信息。突发事件往往事发紧急,信息报送容不得半点延迟。而谎报、瞒报、漏报突发事件信息,都会使专业机构和政府部门的研判失真,导致应急管理决策的失误。因此,负有报送、报告责任的相关单位和人员应该及时、准确、真实、完整地报告监测和预警信息,为应急管理部门做出正确的应急项目管理决策提供客观依据。

(四)应急项目监测与预警信息报告的内容

应急项目监测与预警信息报告的内容根据突发事件的种类来确定,总体原则是言简意赅,陈述报告的重点,避免大篇幅的冗长叙述。比如,社会安全事件报告的主要内容包括:

(1)事件的性质、起因规模、危害程度和发展态势。

(2)拟采取的处置方案,请求上级人民政府及其公安部门决断。

(3)已经采取的先期处置措施的情况。

(4)现有拟使用的处置社会安全事件的各种警种警力、装备和调用的人员、器械、救护器材、交通工具、通信工具以及其他物资的准备情况。

(5)请求上级批准的重大事项。事故灾难的报告中,要求安全生产监督检查人员应当将检查的时间、地点、内容、发现的问题及其处理情况做出书面记录,并由检查人员和被检查单位的负责人签字。[2]

(五)应急项目监测与预警信息报告的时间

各类型应急项目监测与预警信息报告所要求的时间不同,比如,在公共卫生事件应急项目中,突发事件监测机构、医疗卫生机构和有关单位的突发公共卫生事件的预警信息,应当在2小时内向所在地县级人民政府卫生行政主管部门报告;接到报告的卫生行政主管部门应当在2小时内向本级人民政府报告,并同时向上级人民政府卫生行政主管部门和国务院卫生行政主管部门报告。县级人民政府应当在接到报告后2小时内向设区的市级人民政府或者上一级人民政府报告;设区的市级人民政府应当在接到报告后2小时内向省、自治区、直辖市人民政府报告。同时法律也规定,必要时可以越级上报。事故灾难应急项目则要求从业人员发现事故隐患或者其他不安全因素,应当立即向现场安全生产管理人员或者本单位负责人报告。

二、应急项目监测与预警信息的传递

应急项目监测与预警信息传递是连接信息系统内各主体的通道,包括下级人民政府向上级人民政府报送信息,上级人民政府向下级人民政府通报信息,专业机构、监测网点和信息报告员向所在地人民政府及其有关主管部门报告信息。准确地传递应急项目的监测和预警信息不仅对监测和预警有决定性的意义,并且直接影响应急处置和救援、灾后恢复和重建的效率。监测与预警信息传递的过程包括三个基本要素:传达人、传递途径和接收人。

专业机构、监测网点和信息报告员是应急项目监测与预警信息传递的第一个环节，负责汇集各类原始的相关信息。该阶段监测信息的质量和范围决定了后续应急决策的质量。因此，专业机构、监测网点的设置应该具备合理性和全面性，尽量覆盖所有可监测的突发事件。并且信息报告员的数量和资质应该具有一定的限制，以保证安全隐患排查的效率。比如在危险化学品企业，专职安全生产管理人员应不少于企业员工总数的 2%（不足 50 人的企业至少配备 1 人），要具备化工或安全管理相关专业中专以上学历，有从事化工生产相关工作 2 年以上经历，取得安全管理人员资格证书。

选择正确的应急项目信息传递途径，及时准确地传输相关信息是保证应急项目监测和预警信息成功传递的重要方面。应急管理部门应充分利用现有的通信网络，实现国家、省、地市、县四级信息发布平台的畅通，以及各级相关突发事件应急指挥平台的网络畅通。需要特别关注的是健全基层社区的信息传递，形成"县—乡—村—户"直通的信息传播渠道。居民委员会、村民委员会等基层组织要第一时间传递应急项目信息，迅速组织群众防灾避险。充分发挥气象信息员、灾害信息员、群测群防员传播预警信息的作用，为其配备必要的装备，给予必要经费补助。同时，通过对网络、主机、应用、数据传输等方面的安全设计，实现监测信息传递全过程的安全可靠。

加强基层应急项目预警信息接收。县、乡级人民政府有关部门，学校、医院、社区、工矿企业、建筑工地等要指定专人负责气象灾害预警信息接收传递工作，重点健全向基层社区传递机制。整合利用各类传播渠道，因地制宜地利用有线广播、高音喇叭、鸣锣吹哨等多种方式，及时将预警信息传递给受威胁群众。要加快推进国家应急广播体系建设，实现与气象灾害预警信息发布体系有效衔接，进一步提升预警信息在偏远农村、牧区、山区、渔区的传播能力。

三、应急项目监测和预警信息的分析

对收集到的应急项目信息进行分析是应急项目管理监测与预警信息的关键工作。监测专业机构和政府的相关部门运用专业知识对独立的、碎片式的信息进行信息处理，统计分析后，对突发事件的发生情况进行科学判断和预测。因此，信息分析是连接监测和预警的桥梁。

应急项目监测与预警信息分析的目的是对突发事件的发生的可能性及其可能造成的影响的评估。分析的手段是组织相关部门、专业技术人员、专家学者等对突发事件的发生、发展规律进行研判。相关政府部门以及相关专业人员、技术人员可以通过自身专业方面的知识和经验，对突发事件的可能性及突发事件如果发生可能造成的影响提供专业性意见。

应急项目的监测与预警信息分析包括三个方面：信息审核、信息分类汇总和信息预测。

信息审核主要是从以下四个方面进行：

（1）准确性审核。主要是从信息的真实性与精确性角度检查监测信息资料，其审核的重点是检查信息收集过程中所发生的误差。

（2）适用性审核。主要是根据信息的用途，检查信息解释说明问题的程度。具体包括信息与调查主题、与目标总体的界定、与监测项目的解释等是否匹配。

（3）及时性审核。主要是检查监测信息是否按照规定时间报送，如未按规定时间报送，就需要检查未及时报送的原因。

（4）一致性审核。主要是检查信息在不同地区或国家、在不同的时间段是否具有可比性。

信息审核之后需要对信息进行初步的处理，即信息分类汇总。应急项目监测收集的信息是

独立的、杂乱无章的，对数据进行审核后，筛选得到的数据先按照某一标准进行分类，然后在此基础上对各类别相关数据分别进行求和、求平均数、求个数、求最大值、求最小值等方法的汇总。[12]

信息预测是指运用科学的预测方法预测应急项目的发展规律。信息预测方法分为定性预测法和定量预测法。定性预测法又称经验判断预测法或主观、直观判断预测法，是主要靠预测者的经验、知识及综合判断能力，以定性分析技术为主的预测方法。该方法受主观因素影响大，适用于对影响因素极为复杂多变、综合抽象程度高、难以量化的突发事件的预测，其预测结果的精度非常有限。定量预测法是建立在以往的数据以及相关信息的基础上，通过构建模型来完成对结果的预测。在具体工作中，预测者会将自身所拥有的资料、数据以及信息通过科学的方法进行计算和分析，从而将其中所蕴含的变量以及各变量之间的关系推演出来，以预测突发事件在以后的发展趋势或者结果。定量预测的精度较高，但是需要完善准确的资料数据和科学有效的数据处理及计算方法。[13] 由于信息收集技术和预测技术的发展水平不一致，不同类型的突发事件所采用的预测方法不同。我国目前在自然灾害领域的定量预测研究相对比较成熟，事故灾难的定量预测研究也在不断发展。而公共卫生和社会安全突发事件的预测还处于以定性预测为主的阶段，由专家根据自身经验对突发事件进行预测。

本章小结

应急项目监测与预警是应急项目管理的重要工作。及时、准确地监测与预警有助于在突发事件来临前/时采取及时有效的措施来预防或减轻突发事件所带来的破坏或损失。应急项目监测与预警的工作包含了应急项目监测和应急项目预警两方面的工作。本章对应急项目监测的概念与作用、应急项目监测管理的目标与实现条件、应急项目监测的主要工作内容进行了阐述，并从监测质量管理、沟通管理、人力资源管理与成本管理四个方面分析了应急项目监测的管理重点。针对应急项目的预警工作，本章从应急项目预警管理的原理、应急项目预警的管理原则与工作内容两方面做了阐述。最后，重点阐述了应急项目监测与预警信息的报告管理。

复习思考题

1. 应急项目监测的对象和目的是什么？
2. 应急项目监测管理的工作内容是什么？
3. 什么是应急项目预警？
4. 应急项目预警管理的工作内容是什么？
5. 应急项目监测与预警信息报告的基本要求是什么？

即测即评

推荐阅读

李飞.中华人民共和国突发事件应对法释义.北京:法律出版社,2007.

参考文献

1. 新闻办就应急管理部组建以来改革和运行情况举行发布会.[2020-07-15].中国政府网.

2. 李飞.中华人民共和国突发事件应对法释义.北京:法律出版社,2007.

3. 吴崇其,李冀宁.食品安全法律知识问答.北京:中国协和医科大学出版社,2011.

4. 杨宇.中小城市突发事件应急管理机制研究.南京:南京航空航天大学,2010.

5. 宋瑞霖.突发公共卫生事件应急条例传染性非典型肺炎防治管理办法问答.北京:中国法制出版社,2003.

6. 朱华桂.基于监测预警体系建设的江苏突发事件应急管理对策研究.长三角地区社会现代化高层论坛,2009.

7. 马龙.正确理解和实现信息共享.软件和集成电路,2017(Z1):14-15.

8. 刘年平.煤矿安全生产风险预警研究.重庆:重庆大学,2012.

9. 张维平.突发公共事件预警机制.长安大学学报(社会科学版),2006,8(3):17-21.

10. 李屹.基于预警理论的代建风险管理研究.长沙:中南大学,2008.

11. 长江2020年第一号洪水形成 长江水利委员会发布洪水蓝色预警.[2020-07-02].环球网.

12. 李敏.浅谈环境监测数据审核.工程技术(引文版),2016:00233.

13. 贾俊妮.建筑工程安全管理及事故预测分析研究.合肥:合肥工业大学,2007.

第十一章　应急项目处置与救援阶段的管理

应急项目处置与救援阶段是应急项目的事中处置阶段。这一阶段的主要目标是阻止或减少次生、衍生灾害的发生，最大限度地减轻突发事件的影响。突发事件一旦发生，随即进入应急处置与救援阶段。该阶段风险事件已经发生，是时间最紧迫、公众关注度最高的阶段，因此有效管理该阶段的工作格外重要。应急项目处置与救援阶段的管理核心主要体现在如下几方面：应急项目处置与救援阶段的管理原理是什么？如何合理确定应急项目处置与救援阶段的主要工作？遵循何种管理原则才能使应急项目处置与救援阶段的管理更具有效性？如何抓住应急项目处置与救援阶段的管理重点以起到事半功倍的成效？本章重点阐述该阶段的管理原理、主要工作内容、管理工作应遵循的管理原则以及管理重点。

第一节　应急项目处置与救援阶段的管理原理

我国《应急法》第7条第2款规定："突发事件发生后，发生地县级人民政府应当立即采取措施控制事态发展，组织开展应急救援和处置工作，并立即向上一级人民政府报告，必要时可以越级上报。"由此可见，在突发事件发生后，必须迅速展开救援与处置工作，以控制事态发展。同时，由于应急项目处置与救援阶段的工作面临巨大的时间压力，所以遇到特别紧急情况时，可越级上报，以免贻误时机。本节将针对应急项目处置与救援阶段管理的概念、作用以及相关理论进行阐述，以阐释应急项目处置与救援阶段的管理原理。

一、应急项目处置与救援阶段管理的概念及作用

（一）应急项目处置与救援阶段管理的概念

在《现代汉语辞海》中，"处"具有"处理、处罚和置身于某种情况"的含义，"置"则具有"搁、放、设立"的含义。[1] 两字结合，可得"处置"一词，"处置"有两层含义：第一层是安排解决，妥善处理各种情况。第二层是处罚、惩治。在"应急项目处置"中，"处置"主要取第一层含义，即在面临突发险情、事故、事件时采取紧急措施或行动，对各种情况进行妥善的处理。但有时，应急项目处置也有第二层含义，如新冠肺炎疫情期间，对一些处置不力的工作人员的查办。"救，助也"，"援"，有"援助"之意，两字结合，可得"救援"一词，"救援"是指帮助别人，使其脱离痛苦或危险。[1] 从本书第一章可知，按照应对突发事件性质分类，应急项目可以分为自然灾害、事故灾难、公共卫生和社会安全四类应急项目。应急项目处置与救援阶段的管理过程，就是在面对这四类应急项目时，采取紧急措施或行动，对各种突发情况进行妥善的处理、安排，帮助受灾群众脱离危险的过程。

应急项目处置与救援阶段的管理，是针对应急项目处置与救援阶段开展的一系列管理工作，是根据不同类型应急项目的特点，对造成突发事件的原因、发展过程以及后果进行科学分析后，运用项目管理的相关知识、技能、方法与工具，有效调集社会各方救援力量与资源，对突发事件导致的人员伤亡、社会危害、经济损失进行妥善处理与救助的具体管理活动。

（二）应急项目处置与救援阶段管理的作用

应急项目处置与救援阶段属于事中阶段，在这一阶段，突发事件已经发生，所以，这一阶段管理工作的主要目标是“救人于水火”。当然，由于突发事件演变的复杂性，在具体的处置与救援活动中，也有一些活动的目标是“禁于未发之前”。在突发事件发生后，应当动用适当的救援力量与资源，迅速控制项目的恶性发展，保护受到影响的人民群众的安全，力图将突发事件对人员、财产和环境造成的损失降至最低。因此，应急项目处置与救援阶段管理的主要作用是通过运用项目管理知识、技能、方法与工具，对这一阶段的处置与救援活动进行管理，以达到抢救灾害中的受困人员，帮助群众脱险；抢修由于灾害受到破坏或威胁的重要工程设施，最大限度减少突发事件的次生、衍生灾害；抢救国家财产和人民财产，最大限度减少经济损失；突击抢运救灾物资；协助恢复灾区社会组织功能；做好舆论引导和宣传教育行动；维护社会治安等目的。[2] 另外，突发事件本身不易控制，而且有时会产生次生、衍生灾害，导致灾害后果有可能在国际范围内扩散并产生负面影响，所以，火速开展应急项目处置与救援阶段的管理工作能够尽可能地消除负面国际影响，并且有可能将消极影响转为积极影响，在国际社会中树立负责任大国的形象。

二、应急项目处置与救援阶段的管理特性

突发事件发生后，政府必须在第一时间组织各方面力量，迅速开展处置与救援工作，以控制事态发展。应急项目处置与救援阶段的管理工作属于事中阶段的管理工作，具有这一阶段的特性。

（一）时间紧迫性

突发事件往往造成巨大的人员伤亡、财产损失和社会影响。在突发事件发生后，必须迅速开展应急项目处置与救援阶段的管理工作，第一时间调动资源对事发地进行人员救助、财产转移、灾害后果清除等工作，稍有延误，则会贻误战机，甚至可能造成次生、衍生灾害，对应急项目处置与救援阶段的管理工作造成更大阻碍。应急项目处置与救援阶段的管理效率是成功抢救受伤群众、挽回生命损失的关键。管理效率高，井然有序，伤者生还概率大；管理效率低，杂乱无章，伤者可能因错过最佳救治时间而遇难。例如，在 2020 年中国抗击新冠肺炎疫情期间，面对疫情的严峻形势，为了集中收治新型冠状病毒肺炎患者，中央反应迅速，积极应对，统筹部署，火速调动资源，在不到 1 天的时间里，就组织各相关部门制定了火神山医院、雷神山医院建设的基本设想和规划。从工程开工到验收，仅用了 10 天的时间。两院共收治患者数千名，为防控疫情赢取了宝贵的时间。[3] 另外，由于应急项目不确定性极高，所以在应急项目处置与救援阶段的管理中，很可能由于突发事件发生次生、衍生灾害而导致整个管理工作需要重新进行规划部署，所以必须争分夺秒，尽快根据突发事件现场情况进行快速决策部署。

（二）资源稀缺性

资源稀缺性是应急项目处置与救援阶段管理的另一重要特性。应急项目往往难以预测，具

有很强的突发性，所以在突发事件发生时，在短时间内对物资的需求量会急剧增加，导致应急物资在特定时间周期内的极度稀缺，而应急物资是否充足严重影响着应急项目处置与救援阶段的管理工作。在管理过程中，有些资源在特定时期属于绝对稀缺资源。例如，在2020年中国抗击新冠肺炎疫情中，由于疫情暴发突然，举国上下同时抗疫，导致口罩、呼吸机等医疗物资一时成为绝对稀缺资源，难以满足需求，严重影响了疫情的防控工作。而有些属于相对稀缺资源，即资源的总供给能够满足总需求，但分布不均衡造成局部稀缺，这种现象出现的原因一般是资源调度、配置上出现问题，也会严重影响应急项目处置与救援的管理效率与效果。例如，我国2020年6月1日以来，南方地区发生入汛以来最强降雨过程，广西壮族自治区多地遭受严重洪涝灾害。6月7日，国家防总启动防汛Ⅳ级应急响应。6月11日，按照应急管理部调用指令，国家粮食和物资储备局组织中央救灾物资南宁储备库向广西紧急调运3 000顶帐篷、3 000张折叠床，支持地方做好救灾救助工作。[4] 此时这些救援物资对于广西壮族自治区来说，便是相对稀缺资源。而国家粮食和物资储备局紧急调运救灾物资，也在一定程度上提高了应急项目处置与救援阶段的管理效率与效果。

（三）情景依赖性

应急项目处置与救援阶段，决策者的决策与行动都是基于现实情景的。情景随着时间而不断演变，演变的过程以及演变的结果都是决策者需要重点考虑的依据，所以，情景依赖性是应急项目处置与救援阶段管理的重要特性。[5] 自然灾害应急项目处置与救援阶段的管理工作就充分体现出了情景依赖性。我国地域辽阔，西南、西北地区地震灾害频发，长江中下游平原、华北平原洪涝灾害频发，东南沿海时刻面临台风风险，这些突发事件虽然都属于自然灾害类别，但是其处置与救援阶段的管理工作却是基于事发地具体情景而展开的，处置与救援措施具有较大的差异性。另外，由于自然灾害突发事件具有高度不可抗性，灾害事件的影响因素与演变规律不可预见，需要适时调整管理策略，预防次生、衍生灾害的发生。例如，在对地震灾害应急项目处置与救援管理过程中，需要时刻防备余震引发的建筑物倒塌，同时还需要防范灾后传染病危害，所以应急项目处置与救援阶段的管理工作侧重于抢救被压埋人员、紧急医疗救护与传染病的防控。而在对特大暴雨灾害应急项目处置与救援阶段的管理中，由于暴雨会引发水灾、洪涝或泥石流等次生灾害，管理工作要侧重于抗洪排涝、引流积水的治理以及受灾群众的转移安置。

（四）管理复杂性

应急项目管理具有针对项目复杂性开展管理的特性，应急项目处置与救援阶段的管理尤其复杂。在管理过程中，往往救援主体、受灾体众多，灾害体也在不断演变，加之突发事件本身的未知性与强破坏性，在基础保障措施暂时被破坏并缺乏有效的信息传递机制的情况下，可能导致信息缺失，沟通渠道不畅，使得管理工作频繁遭遇决策失误、预案失效、冲突激烈的现象，令整个管理工作处于无序混乱状态。例如，在2020年中国抗击新冠肺炎疫情中，处置与救援管理的复杂性与难度异常之大。一方面，卫生部门需要持续排查疑似病例，包括有症状病例、无症状病例、复阳病例等，并积极组织医护人员对确诊病例及时救治。另一方面，疫情导致娱乐业、旅游业、交通业、服务业等多个行业停工停产，经济下滑，所以需要疫情防控与复工复产同时进行，力求迅速恢复正常生活、生产秩序，这一过程需要多个行业的多个部门统筹协调才能开展，大大增加了管理的复杂程度。此外，在社会影响方面，有关部门还需要对有关疫情的谣言进行及时澄清与击破，防止虚假信息引起社会恐慌，对人们心理造成严重创伤。所以，这一应急项目处置与救援阶段的管理过程,受灾体众多,受灾行业覆盖面极广,需要多个主体共同参与救援,管理工作的复杂性极强。

(五)跟踪决策性

跟踪决策性也是应急项目处置与救援阶段管理的重要特性之一。由于应急项目事件具有复杂性、不确定性等特征,任何针对应急项目处置与救援阶段的决策方案都不是一成不变的,需要根据当前的情景以及对未来的预测迅速做出调整。另外,由于突发事件具有未知性强,需要较深的专业知识与技能等特点,救援人员有时只能根据实时获取的信息,不断尝试、探索和跟踪决策,以此来开展应急项目处置与救援阶段的工作。所以,在突发事件发生后,所开展的一切应急项目处置与救援阶段的管理工作都需要与时俱进,不断修订、完善决策方案和管理方法,才能最大限度地提高处置与救援效率。例如,在2020年举国抗击新冠肺炎疫情期间,北京市在连续56天无本地报告新增确诊病例的大好形势下,疫情防控局面在6月11日发生突变,当日北京市新发地批发市场发生聚集性疫情,辽宁、河北、四川、浙江等省份先后出现关联病例,疫情防控形势十分严峻。北京市政府因时因势调整北京交通运输疫情防控措施,加强环京"护城河"地区交通运输疫情联防联控,加强物资运输保障和防疫管理,严格出京旅客信息的核查。另外,市政府还根据患者的流行病接触史,动态调整市区街道的风险级别,更精准、更细化地实施防控。

(六)强制命令性

应急项目处置与救援阶段的管理工作有时具有明显的强制命令性。各级政府可以根据突发情况的事态,使用行政命令手段,依法采取强制性措施,以最快速度应对突发事件的各种危害。虽然强制性的管理方式限制了公民或组织的部分权利,但这种令行禁止的根本目的是保护人民生命与财产安全,维护国家安全、公共安全、环境安全和社会秩序,在时间紧迫的情况下最大限度地削减突发事件带来的严重影响。例如,中国在2020年抗击新冠肺炎疫情中,为了防止疫情扩散,对疫情高风险地区的社区进行封闭性管理,严格控制出入人数和出入时间,以切断病毒传播途径。还对疑似病例和境外回国人员进行强制性隔离,对疑似传染源进行控制。虽然这一管理手段暂时限制了这些人员的出行自由,但根本上是为了维护全体社会公民的生命安全,防止疫情造成更大面积的扩散。根据我国《应急法》第49条第4项的规定,人民政府有权禁止或者限制使用有关设备、设施,关闭或者限制使用有关场所,中止人员密集的活动或者可能导致危害扩大的生产经营活动以及采取其他保护措施。根据《传染病防治法》第39条第1款的规定,医疗机构发现甲类传染病时,有权对病人、病原携带者,予以隔离治疗,对疑似病人,确诊前在指定场所单独隔离治疗。这些法律都说明了应急项目处置与救援阶段的管理具有强制命令性的特点。

(七)风险管理性

应急项目处置与救援阶段的管理具有过程性与变化性,新的风险随时可能出现,时刻需要对风险进行管理,因此,该阶段的管理工作具有强烈的风险管理性。突发事件发生后,救援人员往往不能掌握完备的信息,甚至在有些情况下,仅仅掌握极少量的信息,使得救援过程风险性极高,需要对应急项目风险进行识别、度量、监测和应对方面的管理,才可以采取行动,否则可能处置不慎,导致事态进一步扩大。例如,在事故灾难应急项目处置与救援阶段的管理中,救援人员面临多种险情隐患,事故现场可能存在易燃易爆危险品,随时有爆炸危险,所以要对采取救援措施的后果和可能性进行评估,再进行处置与救援工作。在公共卫生应急项目处置与救援阶段的管理中，某个处置决策可能在多个行业都引发新的风险，2020 年中国新冠肺炎疫情下阻断病毒传播的一些决策对交通业、旅游业、娱乐业的影响就很好地证明了这一点。另外，需要注意的是，应急项目处置与救援阶段的风险并不都是消极风险，也有可能存在一些积极风险，对积极风险要加以充分利用。因此，应急项目处置与救援阶段的管理工作时刻处于风险之中，并且因应急项目的不确定性而时刻需要对应急项目所涉及的风险进行管理，力求达到处置与救援效果在全局上的最优。

（八）协同困难性

在应急项目处置与救援阶段的管理中，往往因参与处置与救援的力量众多，造成协同困难的局面，给本阶段的管理工作带来很大阻碍。应急项目处置与救援的部门涉及公安、解放军、武警、卫生、环保等多个部门，各部门间隶属关系不同，行动方式不同，作业分工不同，所以协同难度较大，容易产生管理重复或管理空白。例如，2019 年 3 月 21 日江苏省盐城市响水县化工厂发生爆炸事故，造成 78 人死亡，76 人重伤，640 人住院治疗。江苏省消防救援总队指挥中心闻讯后立即调派南京、泰州、盐城、连云港、淮安、宿迁、南通、常州、扬州、镇江 10 个城市消防救援支队、培训基地共 35 个中队、86 辆消防车、389 名指战员赶赴现场。[6] 此次应急项目的处置与救援工作涉及部门多，多股救援力量隶属不同地区部门，跨部门、跨地区的管理工作极为复杂，需要多次多方协调。另外，周边多家企业受爆炸冲击波波及，电力、通信等配套设施受损严重，空气、河流污染严重，同时还需要防止二次爆炸，除对现场进行应急处置与救援外，还需对后勤保障部门、抢险抢修部门、交通运输部门等进行沟通协调，增大了管理工作的协同困难程度。另外，还需注意的是，如果是国际性的应急项目，其处置与救援阶段的管理工作会至少涉及两个国家的利益与国际形象，这会加重应急项目处置与救援阶段管理工作的难度。因同时需要考虑各国国情、文化差异、经济水平等因素后再制定出处置与救援方案，程序更加烦琐，沟通上又存在一定程度上的语言障碍，这会进一步增加协同的困难程度。

第二节　应急项目处置与救援阶段的工作内容

应急项目处置与救援阶段的工作必须做到预先有准备，当灾难发生时，能够立刻展开处置与救援。应急项目事件具有突发性、复杂性、不确定性等特点，需要众多部门协同参与，并具有很强的专业性。通过对各个类别应急项目的处置与救援阶段的实践工作进行总结，可将其主要工作概括为以下五个方面：

一、启动应急响应

应急项目处置与救援阶段的首要工作是对突发事件的信息进行接警与初步研判，并根据分析结果确定响应级别，迅速启动应急响应。这一阶段主要涉及信息收集和响应级别的制定。当应急管理部门的接警人员在接到事发地监测预警部门或社会公众的报警后，应该详细询问、记录有关突发事件的具体情况，根据突发事件的严重程度，及时向相关领导报告。有关领导接到报告后，应尽快组织相关工作人员，对相关信息进行深入系统的分析，对应急项目事件的级别、管辖范围、环境等状况进行确定，并迅速启动应急响应，必要时进入战时状态。应急响应级别一经确定，相应的应急救援指挥中心按所确定的响应级别启动相应的应急程序，需要通知应急救援指挥中心有关人员立即到位、开通信息与通信网络、配置救援所需应急队伍和物资、装备等资源，派出现场指挥协调人员与专家组，通知其他有关应急救援单位作为支援准备等。应急响应级别应根据应急项目的发展态势进行动态调节。例如，安徽省气象台预报，2020 年 7 月 5 日至 8 日大别山区和沿江江南将有持续性暴雨和大暴雨，局部有特大暴雨，省气象台发布暴雨橙色预警。经综合研判，安徽省气象局气象服务领导小组成员单位，安庆、池州、黄山、宣城、铜陵、芜湖、合肥、六安、马鞍山市气象局，黄山和九华山气象管理处立即将重大气象灾害(暴雨)Ⅲ级应急响应变更为Ⅱ级。[7]

二、抢救受灾人员和物资

抢救受灾人员是应急项目处置与救援阶段的首要任务。在这一阶段中，快速、有序、有效地实施现场急救与安全转送伤员是降低伤亡率、减少生命损失的关键。在处置与救援过程中，工作小组应当及时指导和组织群众采取各种措施进行自身防护，迅速撤离出危险区或可能受到危害的区域。撤离过程中，还应积极组织受灾人员开展自救和互救并做好群众防护工作，防止撤离过程中受到次生、衍生灾难的影响。在应急项目的处置与救援阶段中，由中华人民共和国综合性消防救援队伍、中国人民解放军现役部队和预备役部队、中国人民武装警察部队和民兵组成的力量往往是救援主力军，起到灾害救助的主要作用。[8]《应急法》第 14 条规定，中国人民解放军、中国人民武装警察部队和民兵组织依照本法和其他有关法律、行政法规、军事法规的规定以及国务院、中央军事委员会的命令，参加突发事件的应急救援和处置工作。例如，2019 年 6 月 10 日，广东省河源市遭受特大暴雨袭击，其中龙川县乡镇受灾严重。灾情发生后，龙川县坚决落实以人民为中心的思想，始终把人民群众生命安全放在首位。县公安部门派出 15 人小分队率先出发，展开救援行动。县政府部门紧急配置应急运输车辆 20 辆、救援越野车 30 辆、若干辆客车等交通工具，为派送防汛应急抢险救援队伍、应急物资、应急装备等提供运输保障。县武警部门立刻调遣 2 架直升机参与重灾区救援工作，保障灾区政令、预警信息、情况报送通畅，确保前方灾区抗洪抢险救灾工作有力有序开展。县消防部队携带消防救生衣、救援绳索、腰带等救援器材徒步进入细坳镇板昌村挨家挨户开展救援，后又跑步到富洲水库，乘船只进入麻布岗上溪村，联合镇村干部挨家挨户开展搜救工作。同时，中国人民解放军也派出 200 名战士，前往灾区救援。最终龙川县成功转移出高危区域群众 42 346 人，转移出来的群众得到妥善安置。[9]

三、控制灾害升级

控制灾害升级，防止灾害范围进一步扩大，避免次生、衍生灾害发生，是应急项目处置与救援阶段的另一项重要工作内容。突发事件发生时，需要及时对受灾区域造成的危害进行检验，判定受灾区域的性质和受灾程度，防止灾情进一步扩大，为快速有效救援提供保障。对于在人口密度较大的地方发生的灾害，应当迅速按照应急救援预案成立救援指挥部，统一协调各个部门的专业救援抢险工作，及时控制灾害事态发展。《应急法》第 49 条第 2 项也对此进行了规定，即人民政府可以采取迅速控制危险源，标明危险区域，封锁危险场所，划定警戒区，实行交通管制以及其他控制措施。例如，在 2019 年 6 月 10 日的广东省河源市龙川县特大暴雨灾害中，县气象部门在 6 月 11 日及时研判灾害发展趋势，加强灾害监测预报预警，扎实做好江河水库的排险工作，密切监测水库运行状况，科学调度水位，严禁水库超汛限水位运行。另外，县政府应急救援指挥部还责令有关部门对山塘水库、江河堤围做重点排查，提前腾出库容，加固堤围，及时清理河道淤塞物；对地质灾害易发点和削坡建房的隐患进行排查；对水、电、通信排险加固；对堆填土、弃土场排险；对在建工地，县交通公路、工业园、房地产、环保等领域在建工地做好重点排查等工作。这一切应急项目的处置措施，都是为了控制灾害升级，防止暴雨引发次生灾害而导致更多人受灾。

四、社会舆情管理

任何性质的突发事件，其应急项目的处置与救援行动都会受到国际上的广泛关注，从而影响国家形象与国家影响力。因此，社会舆论引导工作也是应急项目处置与救援阶段的重要工作之一。此时，要充分利用新闻媒体对外进行有效宣传，保证信息的透明性和公开性，争取国内外对政府工作的支持与理解，为应急项目的处置与救援工作争取良好的内外部环境。突发事件发生后，政府应当在第一时间发布准确、权威的信息，稳定公众情绪，破除谣言传播，力求最大限度地解除公众对该突发事件的疑惑，掌握新闻媒体舆论引导的主动权。欲达到这些目标，就需要在突发事件发生后，及时主动地发布相关信息，使事件和信息的发布有利于党和国家大局，有利于人民群众的切身利益，这样才能保持社会稳定以及应急项目处置与救援工作的顺利进行。而对于那些编造、散播谣言，诱发舆论风波，引起社会恐慌或秩序混乱的个体或群体，国家应当施行严厉打击，并进行辟谣。我国在《应急法》中第 54 条也有所规定，即任何单位和个人不得编造、传播有关突发事件事态发展或者应急处置工作的虚假信息。在 2020 年新冠肺炎疫情期间，广东省河源市龙川县委网信办和县公安局等部门，进行了严厉查处微信群、朋友圈等互联网平台发布疫情谣言等违法行为的工作。县政府于 2 月 4 日发布《关于依法打击新型冠状病毒感染的肺炎疫情防控期间违法犯罪行为的通告》，打击编造疫情虚假信息、谣言，拒绝、阻碍医疗救护人员等行为。并于 2 月 5 日、2 月 12 日破获两起利用微信群传播疫情谣言的案件，办案人员依法对其进行了严厉的批评教育，依法做出行政处罚，责令其立即删除不实谣言信息，有效维护了社会稳定，帮助龙川县政府在应急项目处置与救援阶段的管理工作顺利开展。[10]

五、消除灾害后果

当灾情得到一定控制后，便进入消减灾害后果阶段，此阶段是灾后恢复与重建阶段工作的基础，同时也是应急项目处置与救援阶段的收尾环节。此时，需要根据灾害的类型，有针对性地开展工作，主要工作内容是全力消减灾害影响，稳定社会局面，清理灾害现场，为灾害重建提供保障等。对于突发事件对人体、动植物、土壤、空气、海洋等造成的现实危害和可能的危害，应当迅速采取封闭、隔离、监测等措施，防止对人和环境继续造成危害。我国《应急法》第 58 条规定，突发事件的威胁和危害得到控制或者消除后，履行统一领导职责或者组织处置突发事件的人民政府应当停止执行依照本法规定采取的应急处置措施，同时采取或者继续实施必要措施，防止发生自然灾害、事故灾难、公共卫生事件的次生、衍生事件或者重新引发社会安全事件。例如，在 2019 年江苏省响水县化工厂发生特大爆炸事故的应急处置与救援过程中，生态环境部紧急调集环境监测及水、固废、土壤处理等方面 30 名专家，全力支持当地科学妥善处置事故，针对事故爆炸大坑废水及园区内受污染河渠的高浓度污水，按照“工艺可靠、技术可行、工程易实施”的原则，分别研究制定了预处理工艺方案，并指导地方对污水处理设施进行改造。另外，对核心区残余化学品、固体废物等情况进行摸排，提出了污染治理工作初步方案。工作组要求当地全面调度周边区域应急池、储罐、运输罐车等资源，做好污水处置设施、园区污水厂技术对接工作，确保设施尽快投入运行，争取最短时间内清除爆炸事故带来的后果，早日恢复社会秩序。[11]

第三节　应急项目处置与救援阶段的管理原则

应急项目处置与救援阶段的管理原则是指导其工作的一般准则，同时也是本阶段工作的总纲领。为了避免应急项目处置与救援过程中出现盲目性和随意性，进而影响应急项目处置与救援阶段管理工作的效率与效果，需要遵循以下管理原则：

一、以人为本原则

在应急项目处置与救援阶段的管理中，必须时刻树立以人为本的理念，尽最大可能减少人员伤亡。因为人的生命权益是最根本的权益，保障群众生命是一切救援活动的根本目标，要不惜一切代价救助处于危难之中的群众。同时，由于应急项目现场安全形势不确定性强，也必须高度关注救援人员的人身安全，切实加强救援人员自身的安全防护。例如，在2020年6月以来，我国南方多地进入汛期，6月28日，习近平总书记对防汛救灾工作做出重要指示，要求各地区和有关部门要坚持人民至上、生命至上，统筹做好疫情防控和防汛救灾工作，坚决落实责任制，坚持预防预备和应急处置相结合，加强汛情监测，及时排查风险隐患，有力组织抢险救灾，妥善安置受灾群众，维护好生产生活秩序，切实把确保人民生命安全放在第一位落到实处。[12]

二、预有准备、反应迅速原则

应急项目处置与救援阶段的管理工作还需遵循预有准备、反应迅速原则。在各类突发事件来临前，只有做到居安思危，积极准备，做好各种救援准备和防范工作，灾害来临时才能够临危不惧，救援有序。突发事件来临时，第一时间进行处置、救援能够最大限度地保障人民群众的生命和财产安全。应急响应的速度与突发事件后果的严重程度密切相关，及时救助可以最大限度降低生命财产损失，拖延时间将大大降低受灾人员的救助成功率。例如，在2020年举国抗击新冠肺炎疫情期间，北京市在连续56天无本地报告新增确诊病例的大好形势下，6月11日、12日连续两天突然新增新冠肺炎疫情病例。当了解到病例的活动轨迹之后，北京市丰台区市场监管局、卫健委反应极其迅速，6月13日3时起，对新发地批发市场下达暂时休市指令，并进行全面的卫生整治和环境消杀，暂停举办各类体育赛事活动。[13]针对疫情反弹事件，北京市反应迅速，第一时间采取有力措施，阻止疫情扩散，患者也及时接受了治疗。

三、统一领导、合力救援原则

应急项目处置与救援阶段的管理工作需要按照统一领导、合力救援原则展开。所谓统一领导，就是以党中央、国务院为最高领导机关，在其领导下，按照地方各级党委政府属地负责方式实施救援。应急指挥在组织结构上可分为多种形式，但是无论采用哪一类指挥系统，都必须坚持统一领导原则，无论涉及的救援单位的行政级别和隶属关系有何不同，都必须服从应急指挥部的统一指挥、协调和号令，步调一致，令行禁止。另外，应急项目的处置与救援是一项系统工程，单方面力量很难完成救援任务，需要统筹全局，多方联合，合力救援。只有政府、群众、社区、志愿者、专业救援团队、社会组织等救援力量共同参与救援,应急项目处置与救援阶段的管理工作才能顺利进行。

四、科学施救原则

应急项目处置与救援阶段的另一关键管理原则是科学施救原则,即贯彻科学的理念,运用科学的管理方法、救援方法来提高救援效率。在应急项目处置与救援阶段的管理中,要充分利用和借鉴高科技力量,发挥专家智库的作用,避免在缺乏科学指导下盲目地处置与救援。同时,由于各类应急项目事件的处置与救援工作对救援力量的专业性和技术性要求很高,必须注重科学决策和科技投入,才能提高救援效能。例如,在 2020 年我国抗击新冠肺炎疫情中,全国科技战线积极响应党中央号召,有关部门组成科研攻关组,组织跨学科、跨领域的科研团队进行攻关。从快速分离出新型冠状病毒毒株,到部分疫苗品种进入动物试验阶段、中西医结合取得成效,再到大数据、无人机、人工智能等新技术大显身手……科研、临床、防控一线相互协同,产学研各方紧密配合,短短一个多月时间就取得了积极进展,为疫情防控提供了有力的科技支撑,凸显科学的“硬核”力量。[14]

五、属地管理为主原则

无论发生哪一级别的突发事件,发生地政府都需要及时开展先期处置与救援工作,以遏制突发事件的进一步扩大、升级。由于属地是突发事件的始发地,当地政府对事发地情况比较熟悉,所以是开展应急项目处置与救援阶段管理工作的第一责任单位,拥有率先实施应急项目处置与救援工作的权力,能够第一时间赶赴突发事件的事发现场,有利于将其消灭在萌芽状态。[15] 需要注意的是,当出现重大突发事件导致地方政府无法应对时,地方政府应当立刻请求上级政府进行直接管理。属地管理为主也并非意味着排除了上级政府及有关部门对其工作的指导,也不排除突发事件发生地其他部门的协同义务。

第四节　应急项目处置与救援阶段的管理重点

应急项目处置与救援阶段的管理必须考虑这一阶段的特性。任何项目的管理都需先界定工作范围,才能保证项目目标的实现,应急项目处置与救援阶段的管理也不例外。应急项目时间紧迫,因此处置与救援阶段的时间管理格外重要。应急项目处置与救援阶段是一个过程,这个过程中,还会出现新的风险,可能引发次生、衍生灾害,因此,要重视应急项目处置与救援阶段的风险管理。我国现阶段的应急处置与救援强调不计成本与代价“救人于水火”,因此,成本管理目前并不是重点。由上,本章将重点阐述应急项目处置与救援阶段的项目范围管理、时间管理和风险管理。

一、应急项目处置与救援阶段的范围管理

界定应急项目处置与救援阶段的范围是较困难的事,因为在这一阶段,有可能同一时刻,不同空间下并行实施着多个项目。尽管如此,这种界定仍然是有意义的。

(一) 确定应急项目处置与救援阶段工作的目标

在应急项目处置与救援阶段,应急处置与救援部门需要分析相关方的期望与要求,在此基础上确定应急项目在本阶段的目标。其中,在重大应急项目中,公众的期望与要求是最需要被优先

满足的，因此，分析公众的期望与要求格外重要。应急项目处置与救援阶段的总体目标脱离不开“救人于水火”，而挽救群众的财产，尽量保证生产、生活秩序也是这一阶段工作的重要目标。根据应急项目类别不同，应该具体项目具体分析，制定出合理、可实现的目标，而不是夸大其辞，误导公众。而在具体的处置与救援活动中，应该对本阶段的目标进行详细分解，这通常是按照救援力量的专长来进行分解，如在水灾应急项目的处置与救援中，武警部队、消防官兵执行任务的目标往往是尽可能挽救群众的生命，而气象部门要肩负起监测气象信息并进行预警的职责，他们的工作目标则是保证监测与预警信息传播的及时性、有效性、准确性，以避免次生、衍生灾害的发生或消减次生、衍生灾害带来的损失。

（二）界定应急项目处置与救援阶段的工作范围

应急项目处置与救援阶段工作范围的界定既可以通过突发事件应急预案中的具体方案来实现，也可以通过实时获取的信息，利用工作分解结构方法来确定应急项目处置与救援阶段的工作范围，并给出具体的阶段划分、工作包以及活动清单。但由于应急项目的突发性以及应急项目处置与救援阶段管理的时间紧迫性，因此，本阶段工作范围的界定更多地需要依赖以往的历史数据与处置与救援人员的经验，即便采用工作分解结构方法界定项目范围，也是一种不确定信息条件下的基于历史数据与经验的快速工作范围界定，产出物是初始工作范围。而由于应急项目处置与救援阶段的工作不确定性极强、信息缺口极大，处置与救援会面临前所未有的难题，这就导致应急项目处置与救援阶段的工作范围界定是一个逐步明晰的过程。初始工作范围对应急项目处置与救援阶段的工作目标、项目产出物及项目工作的特征、边界、验收标准与控制方法等最初内容进行了初始描述。但是，突发事件及其环境和条件会不断发生变化，所以后续还需要对该初始工作范围进行不断的跟踪决策和修订。

此外，应急项目，尤其是那些涉及广泛、影响范围巨大的应急项目，很难从全局对其工作范围给出明确的界定，而是应该根据属地管理原则，一层一层地将工作分解下去。例如，在 2019 年广东省特大暴雨地质灾害的处置与救援中，多县市因遭遇暴雨袭击，引发各种次生、衍生灾害。根据属地管理原则，作为严重受灾区的龙川县，开展了一系列的处置与救援工作。通过使用工作分解结构方法对龙川县政府处置与救援阶段的工作范围进行分解，可以得到一系列项目产出物、工作包以及具体的工作活动，如图 11-1 所示。

二、应急项目处置与救援阶段的时间管理

“与时间赛跑”是应急项目处置与救援阶段的核心理念，赢得时间是整个应急项目处置与救援成功的前提，地震应急项目“黄金救援 72 小时”就是对此的最好写照。因此，时间管理在应急项目处置与救援阶段格外重要。

（一）应急项目处置与救援阶段时间管理的特点与管理要点

本书第三章提出应急项目时间管理需要开展“时期”和“时点”两方面的管理，其中应急项目工期管理是对时期指标的管理，而其进度管理是对时点指标的管理。如果把重大应急项目处置与救援阶段的管理视作项目集管理的范畴，那么在 2020 年抗击新冠肺炎疫情的过程中，雷神山、火神山医院的建设过程中的时间管理就是时期管理，应对其开展工期管理的工作；广大医护人员救治新冠肺炎患者的管理，就属于时点管理，应对其开展进度管理的工作。在应急项目处置与救援阶段，往往各类项目、子项目集和项目集的时期与时点管理并存。

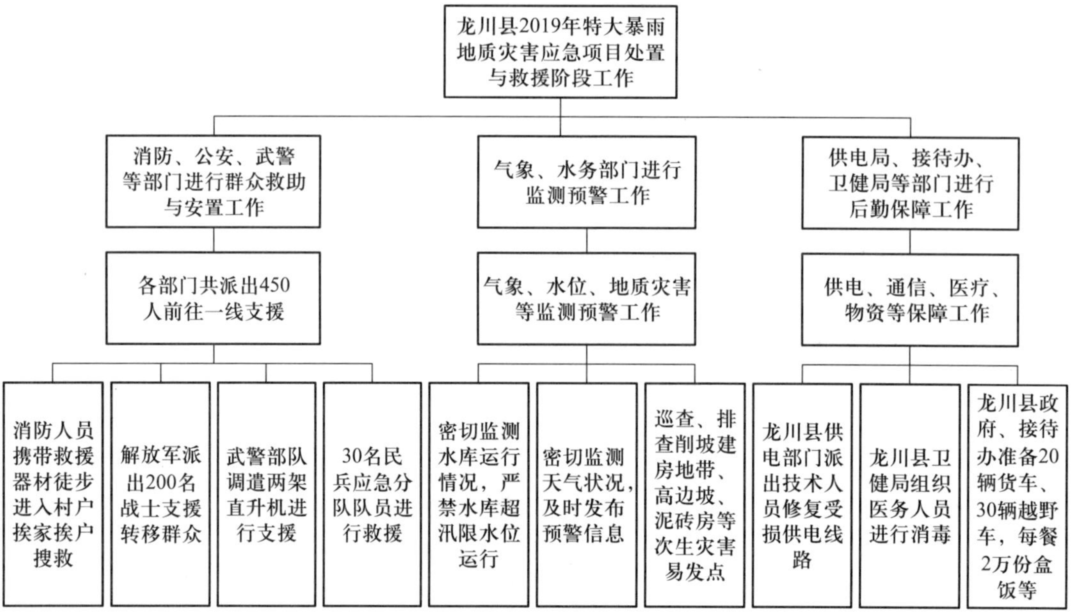

图 11-1　龙川县 2019 年特大暴雨地质灾害应急项目处置与救援阶段的工作分解结构

资料来源：根据引用的资料自行编制。[16,17,18,19]

欲对应急项目进行时间管理，必须对应急项目进行进一步的分类。某一突发事件发生后，其影响可能是跨省市甚至是跨国的。而应急项目的管理遵循属地管理原则，因此，必须把一个庞大的应急项目按属地进行分解，形成一系列可管理、控制的项目、子项目、项目集。在此基础上，才有可能开始应急项目的时间管理。应急项目处置与救援阶段的时间管理包含两项重要内容：一是制定应急项目处置与救援阶段的工期/进度计划；二是对应急项目处置与救援阶段的工期/进度的控制。例如，火神山医院的建设计划 10 天完工，通过对管理过程的有效纠偏、控制，项目按计划的时间顺利完成。该项目施工队合理交叉作业，流水作业，根据现场出现的情况，采取加班、增员、增设备的方式进行进度纠偏，才得以按时完成进度计划。我国现阶段的应急项目处置与救援阶段的工作，强调时间、效率、效果，强调不计成本与代价。所以，现阶段的时间管理中，通过调用全社会的资源或追加资源来获得高效的处置与救援效果是常用且有效的举措。

（二）应急项目处置与救援阶段时间管理的方法

本书第一章中强调“应急项目的过程性决定了应急项目及其管理必须按照基于活动的管理方法去开展”，这对应急项目的时间管理奠定了可实现的基础。应急项目是一类非常特殊的项目，其处置与救援阶段一般会有一个比较明确的开始时间，但却很难在这一阶段的一开始就能确定这一阶段的结束时间。这是因为应急项目的处置与救援的不确定性太高，事件演变动态复杂，很多应急项目中的处置与救援活动又没有经验可循，很多时候是摸着石头过河。所以，对不确定性非常高、发展演变极其复杂的应急项目，时间管理的难度非常大。但任何应急项目都可以通过合理的工作分解，将其分解为较具体的子项目或活动。而具体子项目或活动的时间管理是可以通过传统的项目时间管理方法进行管理、控制的。即使如此，对于一些无经验可借鉴、信息极度不完备、资源极度匮乏的子项目与活动，尽管时间要求非常紧迫，但时间控制难度极高甚至不可控。这一点需要注意。

应急项目处置与救援阶段的进度计划的编制方法主要有关键路径法、情景分析法、资源水平法和关键链的方法。其中，关键路径法较为常见，该方法通过计算在应急项目处置与救援阶段中所有项目活动的最早开始时间、最早结束时间、最晚开始时间和最晚结束时间以及浮动时间等参数，确定活动之间的依存关系与先后顺序，在对项目活动资源进行估算的前提下，估算工期，确定关键路径，据此制定项目时间计划。在应急项目处置与救援阶段的管理中，有时会将资源水平法与关键路径法配套使用。资源水平法的基本指导思想是将稀缺资源优先分配到关键路径的项目活动上，以使计划结果更加经济实用。例如，在 2020 年中国抗击新冠肺炎疫情中，1 月下旬，口罩、呼吸机、防护服等医疗物资成为稀缺资源，全国出现供应不足的现象。而此时，武汉疫情较于其他地区更为严重。综合评估整个应急项目，武汉疫情的防控处在整个应急项目的关键路径上，所以此时可以将资源水平法与关键路径法结合，将稀缺的医疗物资优先分配到武汉，以求尽快完成整个应急项目的目标。

还有一类应急项目，其活动工期的估算是可行的，但是发展态势不明朗。针对这类应急项目，可以采用情景推演与网络图技术相结合的时间管理方法。[20] 这种方法通过情景推演，充分分析事件的即时影响与后果及长期影响与后果，从全局性的高度，应用项目管理中的网络图技术，开展应急项目处置与救援阶段的时间管理工作。具体实施步骤如图 11-2 所示。

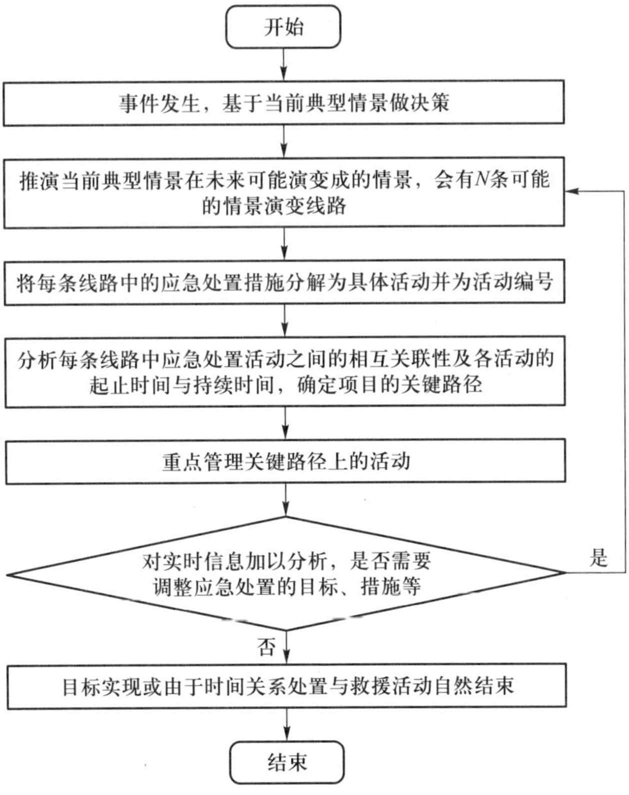

图 11-2　情景推演与网络图技术相结合的时间管理方法具体实施步骤

三、应急项目处置与救援阶段的风险管理

应急项目具有极强的不确定性,尤其是在处置与救援阶段,现场情况复杂,不确定事件频发,如果不能对应急处置与救援阶段的风险进行很好的管理,会衍生各种次生、衍生灾害,对处置与救援工作带来很大的阻碍,甚至导致处置与救援工作失败。所以,在应急项目处置与救援阶段,必须采取风险管理措施,对有可能阻碍处置与救援工作的风险以及可能形成新的突发事件的风险进行识别与管理,才能使得处置与救援工作顺利进行,同时避免新风险事件发生或消减其可能的不利后果。应急项目处置与救援阶段的风险管理主要包含风险管理计划、风险识别、风险度量、风险应对措施制定和风险监控这五项工作。

(一)制定应急项目处置与救援阶段的风险管理计划

制定应急项目处置与救援阶段的风险管理计划是该阶段风险管理的首要工作。该阶段的风险管理计划主要内容包括:确定应急项目处置与救援阶段的风险管理方法、角色和责任、预算、时间安排、度量和应对方法、风险阈值、风险报告的内容及格式、风险的跟踪评估等。应急项目处置与救援阶段风险管理计划的制定主要采用计划会议法,即应急项目中的各个相关者进行开会和协商,对该阶段的风险管理基本过程、基本原则、决策过程、汇报关系等达成广泛共识。目前政府层面广泛应用的会商制度对于应急项目处置与救援阶段的风险管理颇为有效。

(二)应急项目处置与救援阶段的风险识别

应急项目处置与救援阶段的风险识别工作贯穿于整个阶段,其目标是识别和确定出该阶段的各项工作存在的各种风险,以及这些风险会带来何种后果。例如,在自然灾害、公共卫生应急项目处置与救援阶段,往往需要临时搭建抗震棚、安全避难所、方舱医院等处置设施。但由于时间紧迫,并且在搭建过程中存在很多不确定因素,进而产生工期延误等风险,这些风险可能来源于资源不足或资源冲突、技术条件不成熟、管理无序等。所以,项目管理人员在此过程中需要对存在的风险加以识别,并评估每种风险一旦发生所可能引发的后果。例如,在修建抗震棚、火神山医院的过程中,必须争分夺秒,迅速完成救援设施的建设,才能最大限度地挽回生命损失。但是,苛刻的工期要求会导致工人体力不支、工作效率下降,次生、衍生灾害也可能导致所需物料采购不到或运输受阻,无法按时到达灾区等情况,这些都构成了导致项目失败的风险因素。识别风险的方法包括专家判断法、头脑风暴法、核对单法、情景分析法、访谈法、根原因分析法、假设条件和制约因素分析法等。这些方法均可以用来识别应急项目处置与救援阶段的风险,但由于应急项目处置与救援阶段管理的时间紧迫性,因此采用花费时间少的风险识别方法会更有效率。

需要注意的是,风险并不总是消极的。在应急项目处置与救援阶段的风险识别过程中,人们在识别这一阶段的风险可能带来的损失的同时,还需要识别出这一阶段所带来的机遇,此时这类风险就属于积极风险。例如,在 2020 年中国抗击新冠肺炎疫情中,为了切断病毒的传播途径,各地高校、中小学采取线上教学的方式进行授课。这样做的同时,一方面能够降低人为患病风险,保护生命;另一方面为互联网教育、培训产业带来了机遇,众多互联网公司加大研发力度,将这种积极风险转化成了实际收益。

(三)应急项目处置与救援阶段的风险度量

应急项目处置与救援阶段的风险度量也是应急项目处置与救援阶段风险管理的重要工作之

一，其主要作用是度量风险的大小，一般以发生的概率与损失的严重程度来衡量风险的大小。但风险的邻近性、潜伏期、可管理性、可控性、可监测性、连通性、密切度也是度量风险的重要指标，尤其是在应急项目的风险度量中，根据项目的具体情况适当增添一些度量指标，会更有利于在动态复杂的应急项目环境下开展处置与救援工作。应急项目处置与救援阶段的风险度量可采取的主要方法有损失期望值法、模拟仿真法、专家法、敏感性分析法以及风险矩阵法。其中，首要任务是分析和估计风险发生的概率。通常情况下，风险发生的概率越高，管控措施也更加严格。例如，在中国 2020 年抗击新冠肺炎疫情中，多省根据当前疫情实际情况和发展态势，综合考虑新增和累计确诊病例数等因素，以县市区为单位，将各地方划分为低风险区、中风险区、高风险区，这就是在度量风险发生概率的基础上做出的决策。[21] 第二项任务是风险后果的度量，通过分析和估计风险后果的严重程度，判断可能带来的损失的大小。在应急项目处置与救援阶段中，虽然有的风险发生概率并不大，但是一旦发生，可能导致十分严重的后果，这类风险一定要密切监控，尽量避免其发生。例如，在新冠肺炎疫情防控过程中，多地在连续数十天未出现新增病例的情况下，仍保持较高风险等级，原因就在于，降低风险等级会导致人员流动性增强，一旦出现病例，会短时间内造成十分严重的损失。基于此，必须对风险后果进行度量，做到心中有数。

（四）应急项目处置与救援阶段的风险应对措施制定

在完成应急项目处置与救援阶段的风险识别与风险度量之后，一般会出现两种情况：第一种情况是应急项目处置与救援阶段的风险超出了人们的可接受水平；第二种是未超出可接受水平。不同的情况有不同的应对措施，人们可以根据获得的信息、应急项目的特性、组织的抗风险能力去制定相应的应急项目处置与救援阶段的风险应对措施。这些措施主要包括应急项目处置与救援阶段的风险规避措施、风险遏制措施、风险转移措施、风险化解措施、风险消减措施、风险储备措施、风险容忍措施、风险分担措施以及针对积极风险的风险开拓措施和风险提高措施等。例如，在地震应急项目处置与救援的过程中，救援人员将受灾群众迅速转移至空旷、周围建筑物较少的地带，以防止余震来临时建筑物倒塌对群众造成二次伤害，这就属于风险规避的措施。

（五）应急项目处置与救援阶段的风险监控

应急项目处置与救援阶段的风险监控有四大核心内容，包括应急项目处置与救援阶段的风险监控计划工作、监视和监督工作、应对措施的实施工作以及控制与变更工作。在该阶段，人们需要不断地进行风险的跟踪评估、制定决策和实施决策。

应急项目处置与救援阶段风险监控的计划工作是首要工作。人们必须计划和安排该阶段风险监控的具体工作和任务、所需资源和预算、所需的组织保障和方法手段以及各种变更管理办法。第二项工作是应急项目处置与救援阶段的风险监视与监督工作，该工作涉及实时地监视应急项目处置与救援阶段风险的发展进程和征兆，不断进行再识别与度量，并对风险应对措施的实施情况进行监督。例如，在 2020 年抗击新冠肺炎疫情的处置与救援工作中，面对多地疫情的严峻形势，需要每日对各区域的新增病例、死亡病例、康复病例进行监控，以全方面掌握疫情的受灾区域，判断疫情的未来走势。第三项工作是应急项目处置与救援阶段的应对措施实施工作，包括选取适当的风险应对措施，并给出这些应对措施实施情况的信息。第四项工作是应急项目处置与救援阶段的风险应对措施的控制与变更工作，这一工作需要努力将风险保持在受控状态，如果出现失控状态，需要立刻进行协调和纠偏，如果偏差无法纠正，人们必须设法更新和修订风险应对措施或监控计划等文件。例如，在抗击新冠肺炎疫情中，应急项目工作人员需要对医疗物资的数量进行监控。由于疫情形势不断改变，所以需要依据每日的疫情形势以及未来的发展趋势对医疗物资的数量进行盘点，判断是否满足需要，如果不能满足，则存在患者无法被救治的风险，需要立刻调集医疗物资进行援助。

第五节　应急项目处置与救援阶段的资源管理

在应急项目处置与救援阶段，资源的配置与使用是实现应急项目这一阶段目标的保障。这里的资源包括人力资源、信息资源与物资。

一、应急项目处置与救援阶段的人力资源管理

人是应急项目处置与救援阶段工作的主体，在人力资源、信息资源和物资资源这一资源三要素中，人力资源不仅是收集、加工、处理和使用信息资源的主体，也是调度、配置物资资源的主体，因此，应急项目处置与救援阶段的人力资源管理格外重要。

（一）应急项目处置与救援阶段的人力资源规划

应急项目处置与救援阶段的人力资源规划是人力资源管理的重要组成部分。这一过程涉及分析、确定以及安排应急项目处置与救援阶段的组织角色和责任体系，确定和安排应急项目处置与救援管理阶段的组织成员之间的报告关系及制定人员配备计划等一系列工作。其主要工作内容包含：

1. 确定应急项目处置与救援阶段人力资源规划的依据

需要确定应急项目处置与救援阶段的任务、所处环境、发展变化的信息、应急处置与救援活动的限制因素与假设前提条件，这些是制定本阶段人力资源规划的依据。例如，在2020年中国南方防汛工作中，浙江、江西、广西、广东等地受到暴雨袭击，导致不同程度受灾。各省、市、县各级政府必须实时掌握相关灾情信息与预测信息，并基于灾情现状及未来的发展态势，做出情景假设，识别限制条件，以作为人力资源规划的依据。

2. 确定应急项目处置与救援阶段人力资源的需求

根据上述依据，分析和确定出应急项目处置与救援阶段所需人力资源的种类、数量、质量和投入时间等方面的工作。例如，在2020年中国抗击新冠肺炎疫情中，由于武汉地区病例集中爆发，全国各地对武汉进行驰援，各省市依照武汉医务人员缺口，精心挑选出数万名经验丰富的医护人员，派往武汉，投入到战“疫”工作当中。

3. 设计应急项目组织架构中的岗位和工作

通过分析和研究来确定应急项目处置与救援阶段组织架构中各种角色、任务、职责的工作，其结果将形成有关应急项目不同岗位的工作描述和职责要求说明文件。例如，在2011年“7·23”甬温线特别重大铁路交通事故中，国务院迅速组建事故调查组，并明确了调查组成员的主要工作职责。调查组成员由国家和浙江省有关部门负责同志组成，国家安全监管总局局长骆琳任组长，国家安全监管总局副局长王德学等人任副组长。调查组成员的主要工作职责包含切实查明事故发生的经过、原因、人员伤亡情况及直接经济损失，严肃认真、科学负责地认定事故的性质和事故责任，依法依规对事故责任者提出处理建议等，不同成员担负不同职责。值得注意的是，由于本阶段管理的时间紧迫性，并不是所有的应急项目都会产出此类文件。

4. 设计应急项目处置与救援阶段组织及其成员的报告关系与沟通要求

这一项工作包括设计和安排应急项目组织中的“上下”“左右”和“内外”的信息传递与沟通工作。例如，在某县重大气象灾害应急项目的处置与救援阶段，气象局需要将天气预测信息以邮件、电话、传真等方式向县委、县政府、其余抢险救灾部门如自然资源局、水利局、农业农村局等进行报告，同时需要注意完成首次报告、书面材料的时间不得超出规定时间。

5. 确定人力资源的培训和演练需求以及制定激励和奖惩计划

这一部分工作包含确定应急项目处置与救援阶段各类处置与救援人员的培训计划、演练要求、激励措施和奖惩制度等方面的工作。例如，2020 年抗击新冠肺炎疫情中，多地社区卫生服务中心组织制定了开展新冠肺炎疫情防控核酸检测采样规范化培训计划，以有效提高新冠肺炎核酸检测样本采集质量，全力保障采集工作的有序、准确、高效进行。在激励方面，全国各地出台政策奖励驰援武汉的医护人员，包含职称晋升倾斜、中考加分、景区免费、子女就学照顾等政策，以鼓励和感谢这些医务人员的付出。[22]

(二) 应急项目处置与救援阶段的人力资源的获得与配备

应急项目处置与救援阶段中，需要通过多种途径获得所需人力资源并进行合理配备。获得该阶段的人力资源途径有三种，即政府配置、社会动员和单位组织。

政府配置是获得与配备应急项目处置与救援阶段的人力资源的首要途径和方法。依据国家《应急法》的相关规定，政府有权使用行政命令来直接组织和配置应急救援和处置工作的人力资源。在特别重大或重大应急项目的处置与救援阶段，处置与救援的主要力量往往由政府直接配置。例如，在 2017 年 8 月 8 日九寨沟地震应急项目的处置与救援阶段，就是由四川省政府配置多支力量挺进九寨沟灾区开展处置与救援工作。

社会动员是第二种获得与配备本阶段人力资源的重要途径和方法。突发事件发生后，我国公民有义务服从政府的社会动员，参与到应急项目处置与救援阶段的应急工作中。这种方法具有说服性与强制性，但是更多的是依靠公民的自愿程度。例如，在 2020 年 6 月，我国长江中下游地区遭遇入汛以来最强降雨过程，安徽、河南、湖北、重庆、贵州等地区普降大到暴雨，河道水位上涨，局部地区发生洪涝、地质灾害，溺水事故高发。应急管理部门结合当地灾情，引导社会应急力量有序参与抢险救援工作。河南省开封市汽摩协会救援队、开封红豹救援队出动队员 70 人、车辆 13 辆，携带绳索等装备，救援被淹车辆 30 余辆，帮助转移被困群众 1 500 余人。贵州、重庆等地的社会力量也迅速响应政府号召，积极参与备灾救灾工作。

应急项目处置与救援阶段的人力资源的获得与配备也可以通过单位组织的方法开展。突发事件发生后，企事业单位法人可以动用经济或社团手段，建立由本单位职工组成的专职或者兼职应急救援队伍，这种方法虽然没有行政命令的强制性，但单位所属人员也有义务遵守雇佣合约去参加救援。例如，2019 年，广东省河源市龙川县遭遇特大暴雨，自 6 月 9 日晚以来，受持续强降雨影响，不少地方的通信基站遭到破坏，造成通信中断。为迅速恢复灾区通信，支持全县抗洪抢险工作，中国电信龙川分公司第一时间组织多支一线抢险救灾队伍赶赴灾区，派出了 4 个维修队伍、4 个施工单位，以及自由维护人员两队，总共出动了 60 多人，去往麻布岗、贝岭、细坳等镇进行抢险维修，全力以赴开展抢险救灾工作，确保受灾点以最快速度恢复通信。

(三) 应急项目处置与救援阶段人力资源的开发与激励

在应急项目处置与救援阶段的人力资源获得与配备完成之后，需要对人力资源进行开发与激励，以使得配备的人力资源拥有应对突发事件所需要的技能与知识，同时提升人力资源的工作积极性与效率。应急项目处置与救援阶段的人力资源开发涉及专业培训与演练，这属于事中培训的范畴，是在突发事件发生后才开展，以应急项目处置与救援阶段的实际环境、条件、任务需要为出发点所开展的针对性培训，可看作一种“边工作，边总结，边学习”的“三边”培训工作，侧重于应对应急项目实施过程中的新情况。

在对应急项目处置与救援阶段的人力资源进行开发之后，需要针对这些人力资源在该阶段的绩效进行考核和评价，并确定该阶段的激励措施。应急项目处置与救援阶段的人力资源激励能够激发人们的积极性和创造性，提升人们的工作效率。在开展该阶段的人力资源激励时，可以采用物质激励与荣誉奖励相结合、参与激励与制度激励相结合、目标激励与环境激励相结合、榜样激励与感情激励相结合这四种方法。例如，在抗击新冠肺炎疫情的过程中，江苏省将支援湖北医疗队一线医务人员临时性工作补助相应标准提高 1 倍，薪酬水平提高 2 倍。并于 2020 年 3 月 6 日，对 146 位援鄂医务人员进行记功奖励，这就属于物质激励与荣誉激励相结合的方法。河北省则对抗击疫情医务人员进行《燕赵楷模 · 时代新人》节目录制，树立医务人员楷模，供大家学习。同时，组织开展“五个一”活动，即与参加一线防控工作的干部进行一次谈心谈话，到一线防控干部家中进行一次走访，到防控一线开展一次慰问，与隔离干部进行一次沟通，帮助一线防控干部解决一个难题，落实关心关爱防控一线党员干部具体措施，这就属于榜样激励与感情激励。

二、应急项目处置与救援阶段的信息资源管理

信息资源是资源三要素管理中的首要管理要素。信息资源的完备性、准确性、及时性直接影响应急项目处置与救援阶段的决策有效性与风险性，信息资源完备性、准确性、及时性高，则有利于做出决策，应急项目处置与救援阶段所面对的风险也会低一些，反之亦然。应急项目处置与救援阶段的信息资源管理主要包含应急项目处置与救援阶段的信息需求确定、沟通计划制定、沟通计划实施以及信息的加工和使用。

（一）应急项目处置与救援阶段的信息需求确定

所有应急项目处置与救援阶段的决策都需要以信息资源作为支持，才能具体开展实施工作。应急项目处置与救援阶段的信息需求确定的方法主要有三种：“上情下达和下情上达”分析法，该方法用来确定“上下”信息需求的情况，例如县政府在防汛抗灾工作中对消防大队、公安民警等工作人员具体救援工作的部署安排，这就属于“上情下达”；“左情右达和右情左达”分析法，该法可以确定应急项目处置与救援阶段的专业决策的信息资源需求，例如在重大暴雨地质灾害应急项目的处置与救援阶段，电力保障人员需要与地质部门工作人员进行信息沟通，确定在山区的电线杆、变压器等设备的抢修过程中，不会遭遇山体滑坡、泥石流等险情才可开展抢修，这就属于“左情右达或右情左达”；“内情外达和外情内达”分析法，该法可以确定出应急项目组织内外沟通的信息资源，例如在抗击新冠肺炎疫情工作中，有群众感到有新冠肺炎疑似症状时，需要将此信息报告给社区、医院、卫健委等部门，等待后续的处置指导，这就属于“外情内达”。应急项目处置与救援阶段信息需求确定的结果会输出一份信息需求的清单以及一份相关的详细说明。

（二）应急项目处置与救援阶段的沟通计划制定

应急项目处置与救援阶段的沟通是指在应急项目处置与救援阶段中所开展的各种沟通工作，这是获得所需信息资源的根本途径。该过程需要一系列计划安排，以实现对应急项目处置与

救援阶段决策和行动的支持。应急项目处置与救援阶段的沟通计划主要涉及信息收集和加工的计划安排、信息存储和使用的计划安排、信息汇总和归档的计划安排、信息发布方面的计划安排、沟通活动的时间和行动方案安排、成本预算计划安排等。例如,在2020年中国抗击新冠肺炎疫情中,各相关医院会制定医护人员如何收集患者病情信息,以及收集哪些信息的计划安排;医学研究人员则会计划安排学术研讨会,通过研讨会获取抗疫相关的信息;政府工作人员会定期安排有关疫情的新闻发布会,对疫情形势进行报告,并公布政府决策与下一步行动方案,这一切计划安排都为此次新冠肺炎疫情在应急项目处置与救援阶段的沟通提供了便利,提升了救治效率与效果。

应急项目处置与救援阶段沟通计划制定的产出物是一份应急项目处置与救援阶段的沟通计划书以及一份对该计划书的说明文件。其中包含了应急项目处置与救援阶段获得各种信息和发布各种信息所需开展的沟通工作计划,以及具体细节说明。

(三) 应急项目处置与救援阶段的沟通计划实施以及信息的加工和使用

应急项目处置与救援阶段沟通计划的实施是应急项目工作人员根据应急项目处置与救援阶段的沟通计划,去组织、开展和管理应急项目处置与救援阶段的沟通工作,实现应急项目处置与救援阶段所需信息输入和输出的工作。这一环节涉及开展各种应急项目处置与救援阶段的沟通工作以及对该工作过程的管理和控制。在实施过程中,主要会用到信息收集、信息加工、信息传递以及文档化管理的方法。例如,在2020年中国防控新冠肺炎疫情工作中,对于有疑似症状的群众进行核酸检测来诊断是否患病,然后对诊断结果进行去伪存真,即保留阳性诊断结果,并进行统计分析;分析结果将会以新闻会议、书面报告、电子邮件、广播系统等媒介发布;最后,这些信息会进行分类,再归档存储。这一过程就涉及了信息收集、信息加工、信息传递以及文档化管理等方法的运用。应急项目处置与救援阶段的沟通计划实施之后会获得相关的处置记录以及报告,其中包含了有关应急项目处置与救援阶段的实际情况或特殊问题的说明。例如,在2020年中国南方多省抗击洪水灾害过程中,应急管理部官方网站设立"防汛抗旱进行时"专栏,对安徽、江西、四川、江苏、湖北等多个省份遭受的汛情进行实时报道,受灾省份的损失情况、处置与救援进度、下一步工作重点、近期气象预测等情况会在网站上公开通报,对灾情进行真实还原。

三、应急项目处置与救援阶段的物资管理

物资是应急项目处置与救援阶段工作的有力保障,没有充足的物资,即便处置与救援力量再强大,也会导致"巧妇难为无米之炊"的境况。应急项目处置与救援阶段所需物资的管理主要涉及物资的配置与使用。在应急项目处置与救援阶段,需要根据突发事件的信息资源来统筹安排物资的配置,尽量做到物尽其用,以"分级分类、统一配置、资源共享和高效快捷"等一系列原则去开展物资的配置工作。

分类配置是指在应急项目处置与救援阶段,按照物资的属性、类别进行配置。例如,在2020年抗击新冠肺炎疫情工作中,救援物资可以分为医疗器械和非医疗器械两大类别。医疗器械包含防护服、医用口罩、隔离装备、呼吸机等物资,而非医疗器械包含消毒液、洗手液、一次性手套等物资。分级配置,即按照突发事件的危害程度对配置数量、配置权限、配置方法进行管理。一般危害程度越高,所需物资越多。例如,通常情况下,六级以上的地震会对房屋、建筑、地下管道、铁

路等造成破坏,而六级以下的地震通常仅会使吊灯摆动,物体小幅度移动,所以六级以上的地震所需的处置与救援物资会更多。

统一配置和资源共享也是应急项目处置与救援阶段中需要遵循的物资配置原则,是指必须通过统一的指挥机构去开展应急项目处置与救援阶段的物资配置,所有资源受灾各地均可享用。例如,2020 年 6 月以来,云南怒江州持续暴雨和大暴雨造成的泥石流、坍塌灾害导致云南省 1 地 2 县 12 乡受灾。6 月 5 日,中国红十字会总会不断收到来自社会各界的爱心捐助。根据云南灾区需求,调拨帐篷 100 顶、棉被 1 000 床、毛巾被 1 000 条用于支持云南各地开展灾害救助工作。同时,持续暴雨造成江西省 10 地 52 县受灾,6 月 6 日,中国红十字会总会启动四级应急响应,紧急向灾区调拨赈济家庭包 2 500 个、毛巾被 2 500 条用于支持灾区灾害救助工作。这里的中国红十字会总会就是统一的指挥机构,负责对各个地区统一进行物资的配置,并尽量做到按需配置。

由于应急项目处置与救援阶段管理的时间紧迫性,这一阶段所需物资的配置需要满足高效快捷原则,这就要求按照所需物资的需求时间、数量、质量以及地点等要素进行合理配置。例如,在 2020 年新冠肺炎疫情防控期间,中国红十字基金会于 1 月 28 日向武汉市红十字会拨付资金 3 278.451 4 万元,定向支持武汉火神山医院建设,同时采购 100 万只医用外科口罩从山东潍坊运至湖北黄冈,以抗击新冠肺炎疫情。

应急项目处置与救援阶段对所需物资还应做到科学使用,这需要对应急处置与救援人员开展培训、演练,使得他们能够按照规程操作应急救援设备和按照科学方法使用应急物资。例如,2020 年新冠肺炎疫情期间,医生是否正确穿戴防护服与口罩不仅决定了对自己保护程度,也决定了救助的效果。再如地震应急项目,需要救援人员能够熟练操作破拆设备,否则就会降低救援效率。

本章小结

应急项目处置与救援阶段是应急项目的事中阶段,时间异常紧迫,公众关注度高,一旦处置不当可能引发新的危机,甚至是链式危机。因此,需格外重视这一阶段的管理工作。本章主要探讨了应急项目处置与救援阶段管理的概念与作用、特征以及主要工作内容。鉴于范围管理、时间管理以及风险管理在这一阶段的重要性,本章对此做了重点阐述。又由于资源管理对应急项目处置与救援阶段目标的实现有着极为重要的作用,因此,对这一阶段的人力资源管理、信息资源管理以及物资管理做了较详尽的阐述。

复习思考题

1. 应急项目处置与救援阶段的管理特性有哪些?
2. 应急项目处置与救援阶段的工作内容主要包括哪几部分?
3. 简述应急项目处置与救援阶段的管理需要遵循的原则。
4. 应急项目处置与救援阶段的风险管理包括哪些工作?
5. 应急项目处置与救援阶段的人力资源规划的内容包括哪些?

即测即评

推荐阅读

戚安邦. 项目管理学. 北京:科学出版社,2007.

参考文献

1.《现代汉语辞海》编委会. 现代汉语辞海. 2002 年修订版. 北京:印刷工业出版社,2002.

2. 迟耸立. 项目管理在突发公共卫生事件应急处置中的应用研究. 青岛:青岛科技大学,2012.

3. 10 天 10 夜! 火神山医院这样建成. (2020-02-05)[2020-05-20]. 中国青年报网站.

4. 应急管理部会同国家粮食和物资储备局紧急调运中央救灾物资支持广西洪涝灾害救助. (2020-06-01)[2020-06-15]. 国家粮食和物资储备局网站.

5. 姜卉,侯建盛. 基于情景推演与网络图技术的应急处置模式研究. 数学的实践与认识,2012,42(24).

6. 舆情:江苏响水"3·21"爆炸事故发生后的 24 小时. (2019-03-22)[2020-06-21]. 人民网.

7. Ⅱ级! 安徽变更重大气象灾害(暴雨)应急响应. (2020-07-06)[2020-07-12]. 安徽网.

8. 张超,马尚权. 应急救援理论与技术. 徐州:中国矿业大学出版社,2016.

9. 中共龙川县委十三届九次全会通报 2019 年龙川发展成绩单　多项工作实现提效破局　经济社会发展平稳健康. (2020-01-15)[2020-06-20]. 龙川县人民政府网站.

10. 龙川又有 3 人因散播疫情谣言被处罚. (2020-02-26)[2020-07-10]. 搜狐网.

11. 生态环境部调集 30 名专家处置响水爆炸事故污染. 新京报,2019-03-24.

12. 习近平对防汛救灾工作作出重要指示. (2020-06-28)[2020-07-13]. 中国气象局网站.

13. 6 月 13 日起北京新发地批发市场暂时休市. (2020-06-13)[2020-07-13]. 央视新闻网.

14. 新华社评论员:为抗击疫情提供强大科技支撑. 新华社,2020-03-03.

15. 张春艳. 我国事故灾难应急处置对策研析. 行政与法,2012(11).

16. 河源灾区一线访谈⑫龙川县委常委、常务副县长、县防汛防旱防风指挥部总指挥黄春彭:打了一场有充分准备之战使人员伤亡降至最低. (2019-07-08)[2020-07-16]. 南方 Plus.

17. 受暴雨袭击,龙川贝岭镇灾情告急,多方队伍驰援一线!. (2019-06-13)[2020-07-17]. 龙川发布.

18. 丁红都继续深入一线指挥防汛抢险救灾工作.(2019-06-12)[2020-07-18].搜狐网.

19. 央视聚焦:山体滑坡、交通中断,龙川村民徒步1个多小时抬伤员到医院.(2019-06-16)[2020-07-20].搜狐网.

20. 姜卉,侯建盛.基于情景推演与网络图技术的应急处置模式研究.数学的实践与认识,2012,42(24).

21. 来自新冠的警钟!北京抗疫:筑牢疫情防控的社区堡垒.新浪网.

22. 职称、薪酬、住房……各地“硬核”实招关爱一线医务人员.(2020-02-28)[2020-07-28].中国医疗.

第十二章　应急项目事后恢复与重建阶段的管理

事后恢复与重建，这是应急项目管理的重要内容，是恢复或改善灾害影响、保障民生、恢复经济，以及重建灾害破坏的各种设施和家园等的关键。随着社会经济的发展，突发事件的社会危害对社会民生的影响越来越复杂，影响的范围更加广泛，影响也更加深远。这决定了应急项目事后恢复与重建阶段的主要工作内容和工作目标愈加丰富和多元，对事后恢复与重建阶段的工作提出了越来越高的要求。既要充分回应社会各方的关切，处理好各项目相关者的利益平衡，又要最大限度地提高事后恢复与重建工作的效率，最大限度地降低成本、提高效益。

应急项目事后恢复与重建阶段的管理的核心主要体现在如下几方面：如何合理确定应急项目事后恢复与重建阶段的主要工作？如何进行科学的管理以有效降低成本和提高效率？如何处理好各项目相关者间的关系以充分整合资源提高效率？本章将围绕着应急项目事后恢复与重建阶段的主要工作、指导原则、管理过程和组织与管理等方面展开讨论。

第一节　应急项目事后恢复与重建阶段的主要工作

应急项目事后恢复与重建阶段的主要工作会随着突发事件或灾害类型以及影响程度不同而不同，相同的灾害类型也会因具体影响后果的差异而有所差异。通过对各类灾害的恢复实践的总结和回顾可以发现，各类应急项目事后恢复与重建阶段的工作可以概括为如下的重点工作：民生恢复与改善工作、受到灾害影响的自然环境恢复、受到灾害影响的各类社会关系的恢复与改善、受到灾害影响的文化遗产或文化载体的恢复与保护、受到灾害破坏的产业链和经济相关基础设施的恢复等。

一、民生恢复与改善

各类灾害会在不同程度上打乱人们的生产和生活秩序，打乱人们的正常生活所需物资的供给，直接影响着人们的日常生活。人们又会根据日常生活必需品的供给状态判断灾难影响以及灾难后果恢复水平，从而影响民众心理和社会安定。因此，切实保障和恢复民众的日常生活秩序至关重要，是应急项目事后恢复与重建阶段的关键工作。民生表面上看无非是米、油、盐、蔬菜、瓜果、肉、蛋、奶、水、电、气、医药、教育、出行、娱乐等，但每一样都考验着整个社会的运行效率，都涉及多个工作环节，需要大量的组织参与其中。灾害的发生会导致某些基本民生服务环节被破坏，从而切断整个生产、服务和供应系统，造成物价不合理上涨和民众基本生活困难。

要加快民生恢复和改善,就需要充分梳理受损民生产品或服务供应体系,及时补充和替代,提高供应系统的供给能力;充分拓宽供给渠道,打通低效或受阻渠道,将产品或服务更快地送到民众手中;要提高产品或服务供给的精准性,提高有限资源的利用效率;要充分降低民众获得产品或服务的成本,降低民众负担;精确区分不同受灾群体,切实保障弱势群体权益。要做好民生恢复与改善,需要从如下几方面着手:

(一)梳理民生产品或服务的供给系统

梳理民生产品或服务的供给系统,识别瓶颈,及时恢复完善。民生产品或服务的供给系统往往非常复杂,涉及大量相关从业主体和基础设施,其中任何一个环节的破坏都会导致整个系统无法正常运转。因此,在应急项目事后恢复与重建阶段,首要工作就是做好原有民生产品或服务的供给系统,逐步排查受损或需要调整的环节,及时寻求外部资源进行补充和修复,确保从供给端解决问题。更重要的是,要尽可能提高供给系统的效率,节约整个社会的成本。

(二)梳理民生产品或服务的真实需求

梳理民生产品或服务的真实需求,提高供给有效性和改善民众生活质量。有效供给是真正影响民众切身感受的因素,这就需要充分识别民众的真实需求,从需求端引导供给端,进而提高资源的利用效率。一方面要切实厘清民众基本生活需求中需要优先满足的需求,另一方面要对民众进行适度区分,保障弱势群体的利益。也就是说,要切实根据民众需求的紧迫程度和对民众生活质量影响的大小做好优先序列安排,将有限的资源用在民众最急需的领域,最大限度地提高民众的心理安全感、改善民众的生活质量。

(三)尊重科学规律与强化政府指导

灾后重建既需要快速反应,又需要科学推进。在开展灾后民生产品或服务的恢复与改善工作过程中,必须尊重科学规律,避免造成更大的次生影响。如必须严格遵循工程建设的基本规律推进灾后重建项目的建设工作,必须遵循产业发展和产业恢复的基本规律推动产业经济的恢复等。同时,灾后重建需要在整个社会系统高效协同的基础上展开,这就需要强化政府的指导作用,在政府统一规划和指引下,实现各类社会主体的有序参与。需要充分发挥政府对社会资源的引导作用,借助民众对政府工作的信任,最大限度地为灾后重建塑造良好的社会环境和经济环境。

(四)注重解决历史遗留问题以促进长期健康发展

任何灾害的发生都有可能对原有社会系统造成冲击,在给社会生活造成负面影响的同时,也可能给某些问题的解决创造条件。灾害打破了原有的民生产品和服务的供给系统,导致民生需求在一定程度上无法得到满足,但同时也暴露出了原有系统中存在的问题,因此也为民生改善提供了机会。所以,在灾后重建的过程中,不仅要关注当下的社会民生等的恢复,也要关注历史问题的解决和未来长远规划。

二、生态环境恢复

生态环境是人类生产生活的基础,为我们提供了生活的基本条件。同时,人们的生产和生活活动也必然对生态环境产生一定的影响。灾害的发生,既可能直接改变人类赖以生存的生态环境,也会改变人类的生产生活活动,从而间接地甚至更深远地影响生态环境。因此,在应急项目恢复与重建阶段,必须对生态环境进行深刻评估,对民众生产生活的恢复或调整对生态环境可能造成的影响进行评估,并做出针对性的恢复或预防。

生态环境的恢复是一项复杂的系统工程，需要严格依据现代环境科学的原理和方法进行。同时，也要求在开展灾后重建项目的方案论证与评估的各个环节，都必须坚持环境承载力的观念，从环境承载力的角度评价相关方案的合理性。另外，生态环境的恢复需要民众的广泛参与，这就需要不断提高民众的环境保护意识。

（一）运用现代环境科学的原理和方法

在利用自然资源恢复灾害造成的负面影响的同时，深入论证和掌握灾后重建可能对环境造成的污染和破坏，做到预防为主，有计划地保护生态环境，预防生态环境质量的恶化。目前，我国已经建立了相对系统和全面的生态环境开发保护等法规，在应急项目事后恢复与重建阶段，需要更加严格地按照相关法规开展工作。

（二）树立环境承载力观念

从环境承载力的角度评价各项灾后恢复与重建项目的可行性。环境承载力又被称为环境承受力或环境忍耐力，被用来刻画一定时期内，某一区域的环境可以容纳的人类社会、经济等活动的总体水平。在应急项目事后恢复与重建阶段，必须从环境承载力的角度出发，深入分析受灾害影响地区的环境承载力情况，评估各项恢复与重建项目是否在环境承载能力的许可范围内。同时，更要系统集成地分析一揽子恢复与重建项目对当地环境造成的影响，综合集成分析其是否超出了当地环境承载能力。

（三）加大环境保护宣传力度

引导民众广泛参与到生态环境保护和恢复工作中。灾害不但会对生态环境产生直接的影响，而且会进一步提高其脆弱性。同时，应急项目的事后恢复与重建阶段往往容易出现部分民众为了追求民生恢复而牺牲生态环境的情况。因此，需要在应急项目的事后恢复与重建阶段，加大对民众的环境保护宣传力度，共同促进生态环境的恢复。

三、社会关系恢复与改善

灾后往往原有的社会关系被打破，包括个人之间、个人与组织之间以及各类组织之间原有的联系都可能在一定程度上发生变化。这些变化既可能是消极的，也可能有积极的一面。社会关系是人发展的基础，人的发展一定是建立在社会关系之上的。人类生活的物质环境和社会关系的总和构成了人的存在环境。灾后重建不仅仅是解决人的生存问题，更要推动人的发展，为受灾害影响的民众的发展搭建或恢复必要的社会环境。

（一）个人间社会关系恢复

社会关系对个体的影响是深远的，对个体行为会产生引导和约束等作用，并且会为个体发展提供所需要的资源。总体而言，一个人的社会关系越丰富，他就越能够有更多的机会获取更丰富和有价值的资源，使自己获得更大的发展。相应地，他也会有更大可能成为其他人发展的信息或资源提供者。因此，社会关系的恢复对一个受灾地区民众的发展以及集成社会资源、促进当地社会经济更快恢复有着至关重要的作用。

（二）个人与组织间关系恢复

组织是由个体构成的，个体与组织间关系的恢复是组织得以恢复的前提。灾害发生后，往往会迫使组织既有成员无法继续在组织内部开展工作，使组织无法正常开展相关业务，这也进一步削弱了整个社会的产品或服务的供给。同时，个人因无法继续工作获取收入，也会导致消费能力降低。

因此，要尽快恢复受灾地区的生产和生活，就需要当地各类组织充分厘清造成个人和组织间关系被破坏的直接原因，帮助双方克服困难，尽快修复双方的关系，促进社会经济生活恢复正常。

（三）组织间关系修复

现代经济的组织方法越来越复杂，往往需要大量的组织之间协同合作才能高效率地提供消费者所需要的产品，不同组织间的协作已经成为组织生存和发展的基础保障。灾害的发生往往会在一定程度上破坏其中某些组织的资源输入、生产或销售系统，而其中任何一个环节的缺失都将导致整个协作网络无法正常运转。因此，在灾害的恢复与重建阶段，需要充分识别所有相关组织之间的联系状态，深入各类组织的生产实践中，帮助他们识别各类问题，促使组织间的联系得以恢复。

四、文化恢复与保护

文化是人类社会活动的产物，往往被认为是一种社会现象，也是一种历史现象，是人类社会与历史的积淀物，可以分为物质文化和非物质文化。在具体表现形式上也丰富多彩，如历史、风土人情、传统习俗、生活方式、宗教信仰、文学、戏剧、绘画、影视作品、园林、饮食习俗、服饰、节日、伦理道德、法律制度、价值观念、审美情趣、精神图腾等都是文化的具体表现。文化既表现为脱离具体行为主体的实体存在，也表现为依赖于行为主体的精神或技艺传承等。文化是一个国家、民族、地区甚至社群区别于其他主体的重要特征，对当地社会经济发展都有着至关重要的作用。从直接经济价值而言，文化对个体或群体所适应的生态和自然等环境有重要价值，是对生活在同一个地区的人们世代积累起来的如何更好适应当地自然的经验传承，这对促进当地社会经济健康可持续发展有着至关重要的作用。一旦文化被破坏，人们的生产生活活动将会出现与环境的不适应、不匹配，资源利用效率低下等后果。

灾害的发生往往会破坏所在地区民众的生产和生活方式，会破坏文化的物质载体，甚至会对文化传承人造成不同程度的伤害。从文化传承的角度而言，这种破坏或伤害必须得到及时的恢复，否则其所承载或传承的文化会受到严重破坏。在应急项目恢复与重建阶段，有必要充分注重文化的恢复与重塑，重点从重塑身份认同、恢复社会习俗、复原文化载体三个方面入手。

（一）重塑身份认同

在应急项目事后恢复与重建阶段，大量受到灾害影响的民众不得不面临新的身份挑战。例如，地震、水灾等灾害项目，会对民众原有居住地造成严重破坏，受灾民众不得不迁居到其他地区居住。在新的生活环境中，他们不得不面对如何适应新的身份的问题。对原有生活空间的眷恋，以及受灾者的身份，都可能导致这些受灾民众难以融入新的生活环境。这就需要积极协助相关民众融入新的生活环境、适应当地文化，帮助他们塑造新的身份认同。

（二）恢复社会习俗

社会习俗是文化的重要呈现形式，代表了人类与自然环境之间的协调与共生关系。社会习俗是长期历史积淀的结果，对人们的行为方式有着深刻的影响。如何保存受灾区域民众的生活习俗对于深入了解当地历史有重要价值，同时，也对促进人与自然的和谐共生有重要价值。在应急项目事后恢复与重建阶段，需要有意识地收集社会习俗，进行整理和提炼，挖掘其中的文化精髓，促进特色文化产业或相关产业的发展，从而更好地促进当地社会经济的健康和可持续发展。

（三）复原文化载体

文化载体是文化的表现形式，文化是文化载体的内容实质。文化载体是文化得以传承的容器，为不同代际的文化传承提供了纽带。文化一旦离开了文化载体，往往会对文化传承造成严重的影响。灾害的发生往往会对各类文化纽带造成破坏，包括物质性载体的破坏，如建筑、雕塑、绘画、装饰、史料等，也可能对语言、技艺等传承的人造成伤害。这些破坏或伤害如果不能得到及时、科学有效的复原，其承载的文化实质就将难以被人了解和传承。因此，在应急项目事后恢复与重建阶段，需要及时全面地了解文化载体的破坏程度，及时进行复原工作。

第二节　应急项目事后恢复与重建阶段的主要工作原则

应急项目事后恢复与重建阶段的工作因其对社会经济发展和民众生活恢复以及社会的稳定都有着重要影响，决定了其需要遵循必要的指导原则。应急项目事后恢复与重建阶段的工作有着鲜明的特点，如涉及的项目相关者高度多样和复杂、各项工作之间的相互作用关系复杂、社会资源供给能力相对有限等。这些特点决定了应急项目事后恢复与重建阶段需要政府和社会力量共同努力。既要发挥政府的扶持、引导和监督等作用，又要充分尊重市场机制，充分吸收社会力量参与，提高各项工作的效率和效果，既维护社会资本的利益，又能最大限度地保障社会整体利益。

一、应急项目事后恢复与重建阶段的特点

应急项目事后恢复与重建阶段的各项工作既具有一般项目的特征，也因其独特的环境和目的而有鲜明的独特特征。

（一）涉及的项目相关者多元化

应急项目事后恢复与重建阶段的工作往往涉及的相关者多样且数量众多。一方面，灾害发生后，受到灾害影响的民众往往数量众多，这就决定了事后恢复与重建阶段的工作对这些受灾民众都会有不同程度的影响，他们也会更关注恢复与重建阶段相关工作的状态。另一方面，各项目相关者的利益关注点、抗风险能力、对事后恢复与重建阶段的工作的影响力等各有不同，造成事后恢复与重建项目管理过程中面临复杂的利益平衡和外部影响。

多元化的项目相关者对应急项目事后恢复与重建阶段的工作是一把双刃剑，既有利于积聚各方思路，形成创新性的解决思路和方案，为项目工作带来丰富和独特的资源，又可能因为相关各方利益的差异，导致项目工作因为需要照顾到各方的利益而难以形成科学合理的决策。

（二）各项工作间作用关系复杂

在应急项目事后恢复与重建阶段，因为灾害造成的社会影响往往比较复杂，需要开展大量的工作以恢复社会生产和生活。但是各项工作之间往往存在复杂的相互联系，既可能在物资和人力资源等方面存在相互关联，各项工作之间也可能本身就存在某种技术上的先后联系。这就意味着灾后恢复阶段的各项工作并不是完全独立的，需要决策者充分考虑各项工作之间的相互作用关系，做好协同安排。

应急项目事后恢复与重建阶段各项工作之间的复杂作用关系，还会导致项目计划和集成工作的复杂性，给项目计划工作造成困扰。同时，高度复杂的相互作用关系会导致项目的控制工作

愈加困难,特别是在外部环境不确定性较高的情况下其对项目控制工作带来的挑战就更大。如项目各项工作可能因某项工作进度的调整而不得不停工等待,或者因某项工作对资源的占有导致其他工作无法获得必要的资源保障等。这种工作之间的复杂关联关系,决定了应急项目事后恢复与重建阶段的集成计划和管控工作面临巨大的挑战,对项目管理能力提出了更高的要求。

(三)环境不确定性高

灾害发生后,无论是自然环境还是社会环境都在一定程度上受到了影响或破坏,导致恢复与重建阶段的各项工作所面临的环境更加不可预测。如地震、水灾等对自然环境或人类构筑物有破坏作用的灾害发生后,恢复与重建阶段的各项工作不得不面临未知的基础设施。同时,某些对人类生命或者企业生产造成影响的其他灾害,可能切断原有组织之间的联系或私人间的联系,造成大量的协调工作面临困境。在这样高度不确定的环境下,应急项目事后恢复与重建阶段的工作需要得到各方面更强有力和更积极的支持和配合,也需要来自政府部门的更有力支持。

环境不确定性越高,对项目实施相关主体的创造力和主动性的要求越高,对资源保障能力的要求也会越高。因此,在环境不确定性较高的情况下,应急项目恢复与重建阶段的各项工作需要更细致地规划;尊重科学规律,为专业人士创造良好的工作氛围,发挥专业技术人员的积极性和创造力。

(四)资源约束性高

资源约束性是项目的典型特征之一,一个项目必须在规定的时间内、在明确的资源范围内,高质量地完成各项工作,满足和超越项目相关者的要求。因此,资源约束性决定了项目管理工作必须强调系统集成,必须强调计划、实施、控制等各项工作的规范性和严谨性。灾害的发生使受灾地区的民众生产和生活受到很大影响,各种资源供给渠道受到严重破坏,但是,各项民生工程、经济恢复等项目都必须尽快完成,因此,资源约束性给应急项目事后恢复与重建阶段的工作提出了更高的要求。

对于资源约束性强的项目,一方面需要强化计划工作,做好资源分析和资源配置安排;另一方面要积极开源节流,充分调动各方力量,积极为项目筹措资源。此外,要充分调动专业人士和项目相关人员的主动性、积极性和创造性,提高资源利用效率、降低损耗、改善资源配置方法,最大限度地发挥有限资源的价值。

(五)公益性与营利性并重

在应急项目事后恢复与重建阶段,最根本的目的是恢复受灾地区民众的生产和生活,恢复当地社会经济发展的基础。因此,从根本上说,该阶段的各项工作是公益性的。而且从我国灾后重建项目的经验来看,我国充分发挥了"一方有难,八方支援"的优势,集全国之力共同帮助受灾地区的恢复与重建,也充分说明了该阶段的公益性特征。

公益性并不代表不需要关注参与恢复和重建的各类组织的利益,否则将难以调动更丰富的社会资本参与其中,更难以调动参与主体的积极性。因此,应急项目事后恢复与重建阶段的各项工作既具有公益性特征又具有营利性特征,既需要充分发挥政府和民间公益组织的作用,又要充分利用市场机制,调动社会资本的广泛深入参与。

二、应急项目事后恢复与重建阶段的指导原则

与应急项目事后恢复与重建阶段的工作特点相适应,为了提高相关工作的效率、达到预期效

果，需要坚持如下指导原则：

（一）依法推进原则

依法推进是指导救灾、灾后恢复与重建等工作的最根本原则。离开了法律依据，各项工作的开展就丧失了其合法性基础，难以建立起最基本的社会信任，受灾害影响的民众的利益和社会参与主体的利益也就难以得到有效保障。目前，我国中央和地方政府都已经出台了灾害救援和重建的相关法律法规，为有效推进灾后重建工作提供了法律保障。

依法推进需要贯穿在整个应急项目事后恢复与重建阶段的全过程中，从各项工作的评估立项、招投标、组织实施、验收到事后审计等，都需要遵循法律规定开展。需要注意的是，由于应急项目事后恢复与重建阶段的工作内容相对丰富，涉及的领域和问题也较多，因此，依法推进原则并不局限于救灾或灾后重建领域的法律法规，还要遵守诸如环境保护法、招投标法等相关法律的规定。

（二）政府与社会资本合作原则

应急项目事后恢复与重建阶段的管理工作内容复杂、涉及的主体多元，实施的难度大，仅仅依靠政府或社会力量是很难顺利推进和完成的。政府引导、审批和监督下的社会资本实施，是推进应急项目事后恢复与重建阶段各项工作顺利展开和取得预期效果的基本方式。

政府与社会资本合作需要互信作为基础，而互信需要法律法规作为基础。目前，我国已经针对政府和社会资本的合作出台了一系列具体的规定，如 PPP 管理规定等；中央政府也越来越多地将具体功能下放到地方，由地方政府根据具体实践出台和优化相关规定，这些都有利于政府与社会参与方的良好合作。政府与社会资本的合作需要建构在法律和法规基础上的分工协作体系的支撑，政府将更多地作为民众和社会利益的代表者身份出现，并着重发挥审批、提供基础条件、监督和审计等方面的职责。社会资本则要发挥专业优势，提高资源的利用效率，在契约规定范围内依法推进具体的灾后恢复与重建工作。

（三）公益性与经济性的平衡原则

应急项目恢复阶段既要保障其社会公益性，又要保障参与建设工作的组织和个人的利益。公益性与经济性的平衡问题在我国社会经济发展过程中长期且广泛存在，如铁路运输、医疗健康领域等，都遇到了如何提高社会服务水平和保护社会投资主体利益的平衡问题。我国在救灾和灾后恢复与重建领域，虽然很好地保障了民生，快速恢复了社会生产生活秩序，但是在资源利用效率和救灾与重建成本方面还有待于改进。这就凸显了推进灾后重建的公益性和经济性平衡的重要性。

公益性与经济性的平衡，一方面要加大政府财政支持的力度，另一方面要充分发挥社会公益组织的力量，还要充分发挥市场机制的作用。政府的财政支持为恢复与重建工作指引了方向，提供了基础资源保障，从而可以更好地吸引优质社会资源进入。同时，社会公益组织的积极参与和融入，在进一步提高资源供给能力的同时，也能够更好地起到监督和约束作用。充分发挥市场机制的竞争和合作机制，则有利于提高整体资源利用效率，提高社会公益性水平。

（四）广泛参与原则

灾害对灾害发生地的各类主体都有着不同程度的影响，灾后重建同样涉及他们的切身利益。以恢复和改善受灾害影响群众切身利益为目的的应急项目事后恢复与重建阶段的管理工作，就必须关注到不同主体的利益，回应他们的关切，否则就丧失了恢复与重建的意义。

广泛参与并不意味着同等程度地保护每一个个体的利益,而是要在尽可能保护个体切身利益的基础上,追求全社会利益的最大化。同样,也不是关注于恢复到受灾害影响之前的状态,而是要从长远发展的角度,关注于社会长远未来的可持续的、健康的、高质量的发展。因此,广泛参与需要在个体利益与社会整体利益、当前利益和未来长远利益之间做出平衡的参与。

(五)人本原则

受到灾害影响的群众和组织无论在心理上还是在物质资源保障上都是相对脆弱的,他们既需要尽快恢复正常的生产生活秩序,同时也需要更加人性化的关怀。应急项目事后恢复与重建阶段的工作纷繁复杂,涉及各方面的利益,同时也会受到来自各方的影响和制约。如果不能够做到人性化的规划、实施和管控,那么就会对这些脆弱的群体造成伤害,从而造成他们对相关工作的抵触,严重影响正常工作的开展。

人本原则要求在应急项目事后恢复与重建阶段的各项工作中,从论证与评估、规划与设计、实施与控制到收尾与验收等各个环节,都应该充分尊重各方的利益和关切,充分吸收他们的想法,最大限度地激发他们的参与热情,积极将他们融入具体工作中。这样会为应急项目恢复与重建阶段的各项工作带来便利,并产生积极的社会效果。

(六)坚持科学指导原则

灾后恢复与重建是一项系统工程,涉及多学科领域的知识,关系到民众的切身利益和长远发展,必须坚持科学指导原则。在灾后重建过程中,无论是在项目评估过程中的环境承载力标准,还是各项具体工艺、方案等的设计,都必须尊重所在科学领域的规律。由于各项任务紧迫,更需要方案的制定者和决策者保持清醒的头脑。

坚持科学指导原则也需要恰当的制度作为保障。目前我国已经出台了一些关于项目设计与实施的负责制等规定,都是保障科学规划与实施的基础。在灾后重建过程中,同样需要建立起或者采用已经比较成熟的制度规定,强化科学家在规划过程中的参与性和话语权,强化方案的审批制度,提高规划的科学性和合理性。

(七)系统化管理原则

灾后恢复与重建阶段涉及的工作内容复杂,同时开展的项目工作较多,如何更好地实现各项工作之间的协调整合,是实现灾后恢复与重建整体效果最优化的保障。从项目管理的角度而言,灾后恢复与重建是多个项目构成的项目集,需要从系统优化和集成整合的角度去评估各项工作在整体目标中的价值贡献,去计划安排各项工作之间的工作顺序,去调配有限的资源。

系统化管理原则要求相关决策者和管理者能够掌握必要的项目以及项目集管理的基本理论和原则,运用恰当的方法进行分析、评价和计划。同时,需要设置相应的项目集办公室,以便统一协调和整合相关资源,推动相关管理制度、规范和具体方案的落地实施。

第三节　应急项目事后恢复与重建阶段的管理过程

应急项目事后恢复与重建阶段的工作,从本质上说是由一个个项目构成的,如灾后重建项目。这是因为应急项目事后恢复与重建阶段的工作都有明确的目标和工作范围,也有必须满足明确的时间、成本以及质量要求,这些工作并不是周而复始地长期进行的。另外,在组织层面也是以临时性的组织方式展开的,不会为了这些工作设置新的组织部门或者允许这些部门长久存在。即使会在传统职能部门中增设一定的职责或任务要求，但一旦目标达成，这些职责或任务要求也会相应地被撤销。对于参与其中的企业而言，应急项目事后恢复与重建阶段的各项任务或工作同样是临时的，是为灾后重建创造具体解决方案的工作，是有着明确时限、成本约束、范围规定和目标要求等的具体项目。

一、应急项目事后恢复与重建阶段各项工作的一般过程

现代项目管理理论强调项目的过程性，通过将项目的各项工作根据工作性质相似性、产出物的完整性和独立性等，将项目划分成一系列具体的阶段或过程。然后通过为特定阶段或过程配置必要资源来提高管控的效果，从而达到高效率、低成本、成果满足利益相关者期望的目的。一般项目的工作阶段划分采用四阶段法，即将一个项目划分为定义与决策阶段、计划与设计阶段、实施与控制阶段、完工与交付阶段。这几个阶段的划分也可以看作项目从开始到结束所必经的几个过程，这几个阶段整合在一起，构成了项目的生命周期。

应急项目事后恢复与重建阶段由大量的彼此关联且相对独立的子项目构成。这些子项目分别服务于应急项目事后恢复与重建阶段所要完成的主要工作，如民生恢复、文化恢复、产业经济恢复等。这些子项目也同样要经历一般项目所必经的几个关键过程。

（一）定义与决策过程

应急项目事后恢复与重建阶段的决策主体，根据灾害影响情况以及灾后恢复的总体目标，提出一系列具体的子项目或者工作任务的提案，并对提案进行必要的机遇、需求、风险、资源状况等的分析，然后提出具体的建议书。在建议书或提案获得批准以后，就需要进一步开展不同详细程度的可行性分析，并做出最终决策。

（二）计划与设计过程

应急项目事后恢复与重建阶段的主要决策者，或者受委托的专业计划与设计机构，为已经做出决策要实施的项目编制详细的计划，包括项目详细技术方案的设计、范围计划、进度计划、预算安排、质量要求、资源配置、风险应对计划等。同时，计划与设计过程要做好项目的集成计划和控制系统，保障具体实施过程的高效。

（三）实施与控制过程

应急项目事后恢复与重建阶段，当计划和设计已经完成，就需要投入必要资源开展具体的实施工作。实施工作主要是将资源按照计划要求进行创造性整合，从而创造出计划产出的过程。由于应急项目事后恢复与重建阶段的环境不确定性高，这就需要强化对实施过程的控制工作。由于应急项目事后恢复与重建阶段的控制是广义上的控制工作，因此，需要具体实施主体和监控主体能够始终坚持从社会整体价值最大化的角度评价和分析项目计划和实施过程结果的差异，及时采取纠偏措施。

（四）完工与交付过程

完工与交付阶段是项目相关者根据项目的定义与决策阶段所提出的目标，评价项目具体交付物是否达到预期目标，做好项目产出物和文件的移交，以及相关合同文本终结等工作。完工与交付阶段对于应急项目事后恢复与重建阶段而言至关重要，它是检验恢复与重建是否达到预期、是否令民众满意、是否切实恢复社会生产和生活的重要过程，对于各方的声誉也有着重要影响。完工与交付过程要本着目标收益主体参与的原则，让恢复与重建项目或任务的直接扶助对象参

与评价。

对于具体项目，其过程如何划分更合理？这在一定程度上取决于项目本身的复杂性、相关组织的项目管理能力、资源配置状况、内外部环境的复杂程度等。在应急项目事后恢复与重建阶段的具体工作过程中，要根据具体情况做出安排。

二、应急项目事后恢复与重建阶段的管理过程

因应急项目事后恢复与重建阶段的各项工作本质上依然符合一般项目的特征，因此一般项目的起始、计划、实施、控制、结束五个过程构成的项目管理过程组框架，依然可以很好地满足应急项目事后恢复与重建阶段的工作要求。当然，由于应急项目事后恢复与重建阶段的工作往往具有深远的影响，同时会有大量政府和社会资源进入项目实施过程中，因此必要的审计过程也是不可或缺的。因此，应急项目事后恢复与重建阶段的管理过程主要应包括如下五个过程：

（一）起始过程

起始过程是任何项目工作或项目阶段的首要过程，是决定一项项目工作或一个项目阶段是否应该开始的关键决策过程。该过程的重点在于对内外部环境进行深入系统的分析，对各方面的信息进行综合判断，对原有设想进行适当修订，或者根据内外部环境的现实需要评估是否要开展新的工作。在一系列信息收集和分析与评估的基础上，起始过程明确给出有关一个项目工作或项目阶段是否起始的决策文件和信息。这一项目管理具体过程最主要的活动是运用外部环境与内部条件的分析和预测方法、确定性和风险性决策的方法等项目管理分析、预测和决策方面的工具与方法，做出一个项目工作或项目阶段是否开始实施的决策，并生成相应的文件与信息。

应急项目事后恢复与重建阶段的首要工作同样要根据内外部环境的需要，做出是否需要推进恢复与重建工作的决策。在本阶段，决策者需要基于依法推进原则、科学决策原则以及人本化原则等基本指导原则，深入广泛收集相关信息，多方面听取专业人士和主要利益相关者的建议和诉求，运用科学的项目评估与论证方法进行分析论证。

（二）计划过程

项目管理的计划过程处于项目管理过程中的承上启下环节，是起始过程后的为具体工作制定计划的过程，也是为具体实施和控制制定准则和标准的过程。其具体工作主要包括：拟订、编制和修订一个项目或项目阶段的工作目标、工作计划方案、资源供应计划、成本预算、计划应急措施等。项目管理的计划过程的输入信息既包括前面起始过程输出的文件或信息，也包括有关项目的目标、要求、技术规范、项目实施和管理的条件和环境、项目成本、费用、资源等方面的信息。该过程的主要输出包括项目或项目阶段的进度计划、成本计划、质量计划、资源计划、沟通计划、风险应对计划、人力资源计划、采购计划等，同时还有一些与这些计划相关的支持细节信息和文件。

项目或项目阶段的计划过程的主要活动包括：① 范围的计划与界定，是计划、说明和描述一个项目或项目阶段的具体工作范围的管理活动。② 工作的界定和工作顺序安排，是一项找出完成各个项目阶段所需开展的具体工作任务和活动的计划工作，找出各项工作之间的顺序关系，并做出相应的依次排序文件的项目管理工作。③ 工作持续时间的估算与计划排定，是一项估算各

项目实施工作所需工期长度,并在分析各项具体工作的顺序关系、持续时间和所需的资源的基础上,计划安排好各项实施工作的计划管理活动。④ 资源的安排与成本估算,是一项确定各项实施工作所需资源种类和数量,并安排项目采购的计划工作,以及估算完成各项实施工作所需资源的成本和花费等方面的计划管理工作。⑤ 预算和项目计划的确定,是依据上述计划工作给出的信息,确定项目或项目阶段的总预算、项目各项具体工作的预算,和制定出一个项目集成计划文件的项目计划管理工作。⑥ 项目质量计划的制定,研究确定与项目或项目阶段工作有关的各项质量标准,并且确定采用什么方法和开展哪些工作去满足这些质量标准。⑦ 项目组织计划的制定,这项工作的内容包括计划、安排和确定一个项目组织或一个项目阶段的团队中的角色、责权关系、汇报关系和组织结构的项目组织计划管理工作。⑧ 项目人员配备计划的制定,计划和安排项目或项目阶段所需人力资源的招聘和获得工作,以及计划和安排各种人员和各个工种人员的具体配备等方面的计划工作。⑨ 项目沟通计划的制定,确定项目各个利益相关者在信息和沟通方面的需求和权力以及沟通方式等方面的工作。例如,他们需要什么信息和什么时候需要,何时提供和怎样给他们提供信息等。⑩ 项目风险识别与风险量化,分析和确定项目或项目阶段所面临的各种风险,评价项目或项目阶段各种风险的变化和发展、各种项目风险之间的相互影响等。⑪ 风险应对计划的制定,研究并确定利用各种机遇、方法和手段去降低项目风险的措施,和如何采用这些应对损失与失败威胁的措施等方面的计划工作。⑫ 项目采购计划与采购工作计划的制定,确定一个项目或项目阶段需要采购什么样的商品和劳务,什么时候采购这些商品和劳务,以及为获得各种商品和劳务所需开展的具体采购工作的计划安排工作。

应急项目事后恢复与重建阶段,由于其涉及的工作内容较多,涉及的相关者众多,环境复杂度和技术复杂性也相对较高,资源约束性较强,所以更需要严格按照计划阶段的规范要求执行。要在分享完成各项专项计划的基础上,不断进行优化和集成,避免各分项计划之间的矛盾和冲突,并在集成的过程中调整相互之间的资源占用关系、技术干涉关系等,避免造成因计划失误影响项目整体进度和质量的情况发生。

(三) 实施过程

项目管理的实施过程就是基于计划过程的输出,将知识和资源创造性地整合为预期产出的过程。因其涉及多种类、大数量资源的集成整合,所以实施过程的管理工作更加复杂,面临的不确定性更高,对实施团队的要求也更高。实施过程的主要输入包括计划过程制定的各种计划和相关细节信息与文件(包括项目或项目阶段的集成计划、工期计划、成本计划、质量计划和资源计划、沟通计划、风险应对计划等),以及项目的各种技术文件。实施过程的具体管理活动包括:项目计划任务的实施、项目任务范围的进一步确认、项目质量的保证、项目团队的建设、项目相关信息的传递、采购工作的开展、各种供应来源的选择、项目的合同管理等。

应急项目事后恢复与重建阶段中的实施过程管理工作,需要特别重视对突发事件的管理工作。这主要是因为灾害的发生往往会对项目实施的基础条件造成潜在破坏,使计划阶段难以有效预测潜在的风险和不确定性,而这种无法预料到的突发情况的出现,往往会对项目的具体实施造成困扰。而为了有效处置潜在的突发情况造成的影响,除了需要在科学的指导下编制预案外,还需要充分调动实施团队的积极性和创造性,需要充分利用各方面的力量共同寻求有效解决方案。

（四）控制过程

项目管理过程组的控制过程是确保一个项目或项目阶段的产出物的质量、项目工作的质量与绩效的一种项目管理过程，主要包括制定标准、监督和测量项目工作的实际情况、分析差异和问题、采取纠偏措施等管理工作和活动。项目管理的控制过程可以分为广义的控制过程和狭义的控制过程。广义的控制过程是指不断地根据项目的实际情况对项目的目标、计划和实施结果做出调整，以期实现最佳价值。狭义的控制过程则主要是指根据项目具体实施结果的度量，通过衡量其与计划要求的差距来识别实施中的问题，然后对实施过程中的不合理之处或者计划中的缺陷做出调整，以期更高效地达成预期目标。具体的控制工作包括：实施过程的控制、项目范围的控制、项目进度的控制、项目成本的控制、项目质量的控制、项目的绩效报告、项目风险的控制等。

应急项目事后恢复与重建阶段的控制过程以狭义的控制过程为主，但是更强调广义控制过程的重要作用，其主要原因在于这类项目工作的内外部环境的不可确定性高、可预测性较差，以及目标需求的相对模糊和多元性等。这些特点决定了初始项目目标或者计划工作的结果往往无法完全满足实际的需要，具体实施组织或者决策主体必须根据不断获得的新信息对目标和计划方案做出调整，以追求更大的社会和经济价值。因此，应急项目事后恢复与重建阶段的控制过程要保持开放性，要从广义追求整体社会经济价值最大化而非简单遵循初始计划和目标的角度来开展控制工作。

（五）结束过程

结束过程是终结一个项目或项目阶段的项目管理具体过程，主要包括制定项目或项目阶段的移交与接受条件，并完成项目或项目阶段成果的移交。结束过程在项目各阶段中起着衔接作用，其输出结果是下一个项目阶段或下一项存在关联关系的工作起始的输入条件。结束过程的主要工作包括：① 管理的结束工作，即收集、生成并分发一个项目阶段或整个项目实施工作完成与结束的各种文件和信息的项目管理工作。② 项目合同的终结，即完成和终结一个项目或项目阶段各种合同的工作，包括项目的各种商品采购和劳务承包合同。这两项具体工作相互之间也是互相关联和互相影响的，通常是“管理的结束工作”先行开始，而“项目合同的终结”工作先行结束。

应急项目事后恢复与重建阶段的管理工作中，由于涉及的相关者众多，该阶段或者该阶段工作的结束过程就更加复杂。甚至部分相关者会在该阶段或者工作结束时提出新的要求，造成该阶段的结束过程难以按照初始约定顺利完成。这就要求各级决策者和项目实施组织在项目前期计划阶段就做好关于结束阶段的具体标准和处理办法，并充分尊重契约。

一个项目的结束过程还必须进行相应的审计工作。审计过程并非一般项目或项目阶段的标准工作过程，但在应急项目事后恢复与重建阶段的管理过程中，因其公益性和经济性并重，社会资本、公益组织资金以及政府财政支出共同参与等带来的特殊性，意味着必要的审计是对社会和民众负责的基本要求。审计过程不是项目或项目阶段实施的具体过程，但是却对确保各管理过程的质量有着至关重要的影响，通过审计过程，有效确保项目或项目阶段的起始、计划、实施、控制和收尾过程能够按照既定方案执行，从而最大限度地保障社会利益的最大化。

应急项目事后恢复与重建阶段的审计工作，主要应围绕从项目或项目阶段目标的确定、计划安排、融资、资金使用、管理方法与程序等各个环节展开，同时必须严格遵照《审计法》执行。

第四节　应急项目事后恢复与重建阶段的组织与管理

应急项目事后恢复与重建阶段的管理工作需要遵照一定的组织与管理原则，按照项目管理过程展开。同时，任何的管理工作都需要由相应的组织执行，需要对这些执行组织进行约束和激励。在这些组织中，既有直接参与项目决策的主体，也有具体负责将计划转化为目标产出的实施组织，同时还有那些构成了项目决策、实施和验收环境组成部分的主体，这些不同类型的主体共同构成了应急项目事后恢复与重建阶段的参与组织。

由于应急项目事后恢复与重建阶段涉及的组织众多，需要借助一般项目管理中项目相关者管理、项目办公室以及项目治理的理论和方法，充分调动各方力量，共同促进应急项目事后恢复与重建阶段取得预期效果。

一、应急项目事后恢复与重建阶段的相关者管理

项目的相关者是指那些参与项目或者是其利益会受项目成败影响的个人或组织。一个项目的管理者必须全面地识别出项目的相关者，分析、确认和管理好项目相关者的需求和期望，充分调动主要相关者关注对项目有益的工作，只有这样才能使项目获得成功。要做好相关者的管理工作，要从相关者识别、相关者分析与规划、管理相关者参与等方面展开。

（一）项目相关者识别

应急项目事后恢复与重建阶段的工作复杂性高，直接和间接受到影响的主体数量和类型多样，就需要遵循科学的方法识别相关者。要尽可能充分地识别出能够影响项目决策、实施和结果评价的个人、群体或组织，以及会受到项目决策、实施和结果影响的个人、群体或组织。

应急项目事后恢复与重建阶段的相关者识别要遵循充分和重要的原则，既要充分识别出所有会受到相关项目工作影响或会影响相关工作决策、实施和评价的各类主体，也要选取其中影响力或受影响程度较大的主体。这样有助于应急项目事后恢复与重建阶段的主要决策和执行组织建立对各个相关者的适度关注，并制定相应的管理预案。

应急项目事后恢复与重建阶段的相关者识别工作应该尽早进行。相关者的利益和诉求应该在项目的各项决策、计划或方案中得以体现，否则就会导致相关者因自身利益无法得到保障而阻碍项目的顺利展开或者结束。尽早识别出相关者就可以有效地将各类相关者的利益诉求融入项目中，从而为项目的各项工作营造良好的局面。

应急项目事后恢复与重建阶段的相关者识别工作，应该围绕着工作内容、目标、资源需求、实施环境等方面展开。要充分调动所在地区的政府部门、社区工作者、社会公益组织的力量，发挥他们对受灾地区社会经济环境、民众生活状态等比较熟悉的优势，尽可能广泛地收集相关主体的利益诉求，从而提高相关主体识别的有效性。

要充分借鉴其他应急项目的经验和数据，不断丰富和完善应急项目事后恢复与重建阶段利益相关者识别模板，尽可能使用好受灾地区个人、企业、环境等基础信息。基于这些信息和模板，可以有效提高相关者识别的效率和效果。

做好相关者的基本信息梳理与分析，包括个人或组织的基本信息、所在区域、灾害造成的主要损失、主要诉求、联系方式、对项目的期望、对项目的影响力、对项目的影响方式、风险承受能力

等。通过这样的基本信息收集和整理,可以为利益相关者的管理和控制提供必要支持。

(二)项目相关者分析与规划

在识别的基础上,还需要对相关者进行分类和分析,并制定相应的管理规划,以便促进相关者积极正面参与。同时还需要注意的是,应急项目事后恢复与重建阶段的工作效果会逐步显现。这就意味着,部分初期没有被纳入相关者范围内的人,或者原有的分类标准、具体的规划方案等,都有可能随着项目工作开展而发生变化。这就需要持续地对相关者进行识别和分析,并不断调整相应规划。

应急项目事后恢复与重建阶段的相关者的利益、影响力等会存在差异,为了降低管理成本、提高管理效率,有必要对相关者进行分类。对于项目相关者的分类,可以从影响力、参与意愿等维度进行分类。

应急项目事后恢复与重建阶段的相关者规划主要以项目工作目标、内容为引导,基于相关者登记册等基本信息,依据历史经验或管理规范展开具体规划工作。通过召开会议、专家判断等手段,评判相关者的参与强度,并生成关于项目相关者管理的计划。该计划主要包括:期望的关键相关者的参与程度以及实际的参与程度,相关者变更的可能性与程度,与相关主体之间的沟通情况以及将要采取的沟通方式,管理计划更新的方式及原因。

应急项目事后恢复与重建阶段的相关者管理规划,要充分发挥社会工作者的力量,尽可能深入了解各相关者的真实意愿和心理,避免因为沟通方面的原因导致误判。

(三)管理相关者参与

管理相关者参与就是要在整个项目的全过程中,与项目相关者进行沟通和协作,以满足或超越其期望,快速有效解决相关者参与项目过程中出现的各种问题,改善相关者参与的环境,促进其积极参与项目活动。其核心目的在于提高相关者对项目工作的支持,把相关者的抵制降到最低,从而为项目的成功营造良好的合作氛围。

相关者参与的管理工作要强调信息沟通的质量,高质量的信息沟通是避免各方理解偏差和冲突的基础保障。根据信息沟通的基本规范,明确各方可以获得的信息类型、获得渠道、获得频次等,确定与各利益相关者沟通的具体方案。

积极建立信任。信任的建立对于提高相关者的参与意愿和参与强度有重要影响,同时也对其是积极支持还是消极抵制项目有重要意义。在应急项目事后恢复与重建阶段,需要积极运用法律法规建立项目决策和实施主体与其他相关者之间基于法规的信任,还要注重人际关系技巧的使用,促进彼此间的人际信任。

要强调文档的记录和整理。管理相关者的参与,也要注重对基本文档材料的记录和整理,以便相关决策者可以根据各相关者的参与情况,及时做出决策调整。同时,要及时、准确、完整地记录各相关者的意见,总结经验教训,为后续的项目决策和实施提供支持。

(四)控制相关者参与

控制相关者参与就是要监督各相关者之间的关系,及时调整相关者管理策略,促进相关者积极参与,提升其参与的强度和效果。

监测相关者参与程度与参与方向,识别其参与程度是否因相关者参与的管理策略的实施而朝着预期方向发展,判断其参与的方向是更积极地推动项目的进展还是更消极地抵制项目实施。通过对比识别出管理策略中存在的不足,以及具体实施过程中的缺陷,并进行及时调整。

监测相关者间信任关系和合作关系的变化，并及时发现其中的问题，通过管理策略的调整、必要的人际手段的实施，提升其信任水平，改善其合作状态。

从项目整体绩效的评价识别问题。对相关者参与的控制，不仅要关注相关者是否达到了预期的参与程度和方向，更要从项目整体绩效的实现程度或者对项目整体绩效的贡献程度角度进行评价，并基于此评价来调整相关者管理的策略。

二、充分发挥项目集管理办公室的作用

一般项目的项目管理办公室是在组织内部制定项目管理流程、标准，开展项目管理培训和知识与经验积累，协助项目经理和组织高层领导协调项目资源和分析项目状态，以及确保项目管理规程能够得到有效贯彻的机构。项目管理办公室对于提升组织项目管理能力、提高资源协调与管控效率、提升公司整体盈利能力都有着重要作用。

应急项目事后恢复与重建阶段的管理工作错综复杂，涉及大量子项目，资源协调难度大，社会关注度高，因此，更需要建立一个高效的项目集管理办公室，用来协调不同项目之间的关系，促进整个应急项目事后恢复与重建阶段各项工作顺利展开。

（一）项目集管理办公室的职责定位

项目集管理办公室的职责定位，本质上取决于应急项目事后恢复与重建阶段各项工作的复杂性，需要根据实际需要进行安排。如果各项工作的复杂性高、协调难度大，那么项目集管理办公室将承担更多的决策咨询和资源协调等工作；如果各项工作的复杂性低，资源占用关系不强，那么项目集管理办公室将更多地承担控制和支持性工作。但无论是哪一种职责定位，都只是职责权重的差异，其基本职责体系是相似的。

开发和维护应急项目事后恢复与重建阶段的管理标准、程序和方法。项目集管理办公室应该开发和维持一套需要各个项目遵循的项目管理标准和程序体系，为应急项目事后恢复与重建提供标准的工作流程、方法、模式、标准、方针政策等。

多项目间的资源协调。应急项目事后恢复与重建阶段的项目工作多样，但是因为受到灾害影响，部分资源难以同时满足所有项目的需要，这就需要项目集管理办公室建立一套标准的资源分配与协调机制，或者根据项目的实际需要等对资源进行及时的调配，确保社会整体利益最大化。

提供专业化的咨询和指导。应急项目事后恢复与重建阶段的工作涉及的相关者、资源、技术等相对多样和复杂，项目的具体实施组织往往缺乏对当地实际情况的了解，这就需要项目集管理办公室能够为这些组织提供专业化的咨询和指导，辅助项目顺利开展。

做好项目信息的集散和分析工作。应急项目事后恢复与重建阶段的工作往往具有较大的社会影响，受到普遍关注。因此，项目集管理办公室需要能够做到对各个项目信息的及时、准确掌握，根据实际需要做好对内和对外的发布。同时，大量的信息只有经过分析和处理后才能为决策者提供建议，这部分工作也应该由项目集管理办公室承担。

（二）项目集管理办公室的人员配置

项目集管理办公室的人员配置主要取决于两个方面：其一是项目集管理办公室在整个应急项目事后恢复与重建阶段的定位；其二是项目集管理办公室所服务的职能范围。当项目集管理办公室需要承担更多的项目前期论证和决策支持时，办公室人员就应该由决策相关部门的主要

领导构成。如果项目集管理办公室主要承担的是项目控制职责，那么项目集管理办公室的人员应主要由专业的技术人员和文案管理人员构成。如果项目集办公室更多的是服务于专业技术领域，那么同样需要主要由专家构成。

项目集管理办公室人员应该具有高度的责任感。应急项目事后恢复与重建阶段的工作至关重要，而且涉及的相关者众多，工作难度大，只有具备高度责任感、能够从社会整体价值出发来做出工作效果评价的人才能够胜任。

项目集管理办公室人员应该掌握丰富的专业技能。对项目具体工作的实施人员提供专业的指导是项目集管理办公室人员的基本职责之一，这就要求他们必须具备一定的专业技能。同时，他们必须是对项目管理规范、制度、流程和方法等非常熟悉的人员，这样才能够指导具体实施者按照既定规程完成工作，减少不必要的返工和资源浪费。

项目集管理办公室人员应该具备良好的内外部沟通能力。项目集管理办公室是应急项目事后恢复与重建阶段各种信息的集散地，为了能够及时、准确地获取各项工作的信息，项目集管理办公室的人员需要具备丰富的沟通技巧，为项目信息的收集和发布建构一个良好的合作氛围。

项目集管理办公室人员应该具备高水平的数据分析能力。咨询和建议是项目集管理办公室的基本职责之一，特别是对于应急项目事后恢复阶段而言，由于决策者面临非常复杂的内外部环境，需要大量有价值的信息支持其决策，而这些信息主要来自项目集管理办公室，只有经过其整理和分析过的数据资料才能够提供这些信息。因此，项目集管理办公室人员应该具备高水平的数据收集、整理、辨识、分析等能力。

（三）领导者应给予项目集管理办公室充分的支持

无论何种功能定位的项目集管理办公室，都需要得到上级领导部门的支持才能够有效开展工作。需要领导者、项目集管理办公室以及具体的项目参与组织达成一致，建立共同遵守的准则。

领导者需要为项目集管理办公室的性质做出清晰定位。定位不清晰是项目集管理办公室所面临的各项工作困难的主要原因，而这种定位本质上是领导设计的结果。这就要求在应急项目事后恢复与重建阶段，整个恢复阶段的总体负责人需要为项目集管理办公室的定位做出清晰的安排，并且由上至下地做出说明，做到所有参与主体了解并认同。

领导者需要为项目集管理办公室的运作提供必要的资源保障。作为项目信息集散地、制度规范监控者，以及信息分析主要承担者的项目集管理办公室，其正常运转对应急项目事后恢复与重建阶段的最终效果有着重要影响，而其资源充足度则直接决定了其是否能够高效运转。应急项目事后恢复与重建阶段的资源约束较高，而由于项目集管理办公室并不负责任何一项具体项目目标的完成，因此，往往会被忽视，造成自身运作资源不足。这就要求应急项目事后恢复与重建阶段的领导者能够充分认识到项目集管理办公室资源的重要性，从制度设计上保障其运转所需要的基本资源。

领导者需要帮助项目集管理办公室与项目实施组织建立和谐的合作关系。项目集管理办公室的信息收集、对管理规范的监控等职责，都可能对项目具体实施组织造成压力，导致他们抵制项目集管理办公室正常开展工作。这就需要应急项目事后恢复与重建阶段的主要领导者，积极介入他们之间的矛盾和冲突之中，为项目集管理办公室的工作营造良好环境。

三、应急项目事后恢复与重建阶段的项目治理模式

与项目管理框架不同，项目治理框架更强调通过对项目各参与方的激励与约束机制，充分调动各方的积极性，约束其机会主义行为，从而提高项目的成功率。与传统商业类项目不同，应急项目事后恢复与重建阶段的各项工作具有显著的独特性，各合作主体之间也缺乏长期的合作经历，双方的信任、对彼此组织内部流程和制度等的熟悉程度不高，因此，各方的合作对契约的依赖度更高。这也决定了应急项目事后恢复与重建阶段的项目治理应是基于契约的治理模式。

（一）高效的缔约机制

应急项目事后恢复与重建阶段因其紧迫的时间要求，决定了项目的各项工作都必须高效。项目从设想的提出、可行性评估、实施主体的确定以及相关资源供给关系的确定等，都需要高效完成。这就意味着相关政府管理机构和参与组织需要基于一种针对性设计的缔约机制开展合作。政府相关机构应该在法律允许范围内，为应急项目事后恢复与重建阶段的缔约过程提供有利条件和服务，加快项目进程。

（二）参与主体的激励机制

如何在保证项目的公益性和经济性平衡的基础上，尽最大可能追求社会整体价值最大化？这是所有应急项目事后恢复与重建阶段的决策者必须关注的问题。这就意味着需要建立强有力的激励机制，激发每一个参与主体的积极性、主动性和创造性。一方面，可以通过契约安排实现激励效果，如包括工期奖励和质量奖励等条款的合同安排；另一方面，可以通过声誉激励机制，或为在应急项目事后恢复与重建阶段表现出色的组织给予表彰，为其在将来的商业投标中增加声誉砝码。

（三）有效的监督机制

在项目整个生命周期中对各参与主体进行有效监督是一项非常困难的工作，一方面受制于资源约束，另一方面则是由信息不对称造成的。有效的监督并不能完全依靠审计过程，还要提高过程监督的有效性。在应急项目事后恢复与重建阶段的各项工作中，一方面要充分发挥专业技术组织的力量，对整个项目进行全过程监督；另一方面要发挥相关者、社会组织以及媒体的力量，做到多主体、多角度、全方位的监督。

（四）合理的风险分担机制

由于应急项目事后恢复与重建阶段各项工作的内外部环境高度复杂，各个参与组织不可避免地会面临更大的风险。过高的风险将会严重束缚各方的投入意愿和水平，因此，必要的和合理的风险分担是维护各方利益的基本保障。政府相关部门需要积极协调各方，共同促进可为各方接受的风险分担机制，尽可能降低各方的风险，同时鼓励各方创新，提高社会整体价值。

本章小结

应急项目事后恢复与重建阶段的工作涉及面广、管理工作复杂、利益影响深刻。不仅涉及民生恢复与改善、自然环境恢复、经济相关基础设施的重建，还有可能涉及各类社会关系的恢复与改善、文化遗产或文化载体的恢复与保护等。涉及的相关者高度多样和复杂，各项工作之间的相互作用关系复杂，社会资源供给能力相对有限。因此，应急项目事后恢复与重建阶段需要政府和

社会力量共同努力,既要发挥政府的扶持、引导和监督等作用,又要充分尊重市场机制,提高各项工作的效率和效果;既维护社会资本的利益,又能最大限度地保障社会整体利益。应急项目事后恢复与重建阶段的工作,从本质上说是由一个个项目构成的,需要遵循现代项目管理的基本理论和管理方法,按照项目管理过程组的管理过程展开。

复习思考题

1. 应急项目事后恢复与重建阶段的主要工作有哪些?
2. 应急项目事后恢复与重建阶段的主要相关者管理的主要工作包括哪些?
3. 应急项目事后恢复与重建阶段的主要特点是什么?
4. 应急项目事后恢复与重建阶段的计划过程的主要活动有哪些?

即测即评

参考文献

1. 戚安邦.项目管理.北京:高等教育出版社,2015.
2. 戚安邦.项目全面集成管理原理与方法.天津:南开大学出版社,2017.

第五篇

不同类别突发事件的应急项目管理

第十三章　自然灾害事件应急项目管理

从上古时代大禹治水的传说，到2020年我国南方大范围洪涝灾害；从1976年的唐山大地震，到2008年的汶川地震，自然灾害一直与人类文明的发展相伴相随。我国是一个自然灾害种类繁多且发生频繁的国家，历史上饱受自然灾害的困扰，干旱、洪涝、台风、暴雨、冰雹、地震等诸多自然灾害，对人民的生命和财产安全造成严重威胁。受到孕灾环境的影响，自然灾害呈现区域性的特点，运用项目管理的方法对区域灾害系统进行灾害风险常态化管理，以县为基本应对单元建立起以人为本的自然灾害应急项目管理体系非常必要。本章将基于《自然灾害救助条例》《国家自然灾害救助应急预案（征求意见稿）》等相关法规性文件，对自然灾害事件应急项目的概念与特性、管理的独特性、基本原理和内容进行阐述。

第一节　自然灾害事件应急项目的概念、特性与分类

自然灾害事件作为突发事件的一类，其中“灾”指致灾因子及灾情。自然灾害事件中的致灾因子是自然发生的，“害”是指“灾”直接或间接对人类社会造成的损失，包含人的因素。致灾因子（地震、火山爆发、洪水等）由孕灾环境产生。例如，在荒野中爆发的火山就是自然致灾因子。但是如果爆发的火山在大城市附近，则可能变成灾害，威胁成千上万人的生命。自然灾害事件应急项目是人类应对自然灾害事件的根本组织方式，这类项目实施的目的在于防止或降低自然灾害事件的不利影响，最大限度地保护公众生命财产安全。本节对自然灾害事件应急项目的概念、主要特性以及分类进行阐述。

一、自然灾害事件应急项目的概念

想要界定清楚自然灾害事件应急项目的概念，先要厘清什么是自然灾害事件以及自然灾害事件的特点。

（一）自然灾害事件

1. 自然灾害事件的概念

灾害是对能够给人类和（或）人类赖以生存的环境造成破坏性影响的事件总称。顾名思义，自然灾害事件是指由于自然异常变化而造成人员伤亡、财产损失、社会失稳、资源破坏等不良后果的一系列现象或事件。自然灾害事件的发生必须具备两个条件：一要有自然异常变化作为诱因，二要有受到损害的人、财产、资源作为承受灾害的客体。导致自然发生异常变化的因素可归纳为两类：一类是在没有人类活动的影响下，自然本身发生的异常变化；另一类则是由于人类的生产、生活对自然产生了影响，从而与自然因素叠加导致的自然异常变化。随着人口的增加、人

类对大自然的不断索取与改造，人类对自然资源与生态的破坏越来越严重，人的因素在引发自然异常变化的原因中所占比重也在不断攀升。

2. 自然灾害事件的特点

（1）危害性。自然灾害事件往往对人类社会的危害极大，造成的损失极其严重。仅 2019 年，全国各种自然灾害共造成 1.3 亿人次受灾，909 人死亡失踪，528.6 万人次紧急转移安置；12.6 万间房屋倒塌，28.4 万间房屋严重损坏，98.4 万间房屋一般损坏；农作物受灾面积 19 256.9 千公顷，其中绝收 2 802 千公顷；直接经济损失 3 270.9 亿元。[1]

（2）突发性。一些自然灾害事件难以监测与预警，往往让人猝不及防，导致灾损极为严重。2017 年 6 月 24 日 5 点 45 分，四川茂县突发特大山体滑坡，整个新磨村在瞬间被泥沙吞没，居住在新磨村的绝大多数村民遇难身亡。

（3）频次高。我国区域性洪涝、干旱每年都会发生，东南沿海地区平均每年有 7 个左右的台风登陆。同时我国大陆地震占全球陆地破坏性地震的 1/3，是世界上大陆地震最多的国家。[1]

（4）叠加与耦合性。许多自然灾害事件会有叠加与耦合效应。如间隔时间较短的两次洪峰经过同一条江河，就会产生叠加效应，可能产生极大的危害。当某一自然灾害事件的强度较高时，往往还会导致各种次生、衍生灾害，这些次生、衍生灾害彼此耦合，使得自然灾害事件处置难度极高。

（5）时空集中性。自然灾害事件的发生往往不是孤立的，常常在某一时间段或某一地区相对集中出现，呈现多灾丛生的情况。如 2020 年南方的洪涝灾害，就涉及多个省市。

（二）自然灾害事件应急项目的定义

为了有效预防、及时控制和消除自然灾害事件及其危害，指导和规范各类突发自然灾害事件的应急处理工作，最大限度地减少自然灾害事件对公民生命财产造成的威胁，我国陆续颁布了《中华人民共和国突发事件应对法》（2007 年）、《中华人民共和国防震减灾法》（2009 年）、《自然灾害救助条例》（2010 年）、《国家自然灾害救助应急预案（征求意见稿）》（2019 年）等法规性文件，这些文件已成为我国应对自然灾害事件的根本依据。自然灾害事件应急项目是以国家相关法律、法规、预案为依据，由政府主导并组织的能够让人民群众在面对自然灾害事件时有更强的防御和抵抗能力，降低他们的风险和脆弱性，在一定时间、人员和其他资源的约束条件下，所开展的一种针对具体突发自然灾害事件的独特性、一次性、过程性、不确定性、风险性和突发性的管理和业务工作。

二、自然灾害事件应急项目的主要特性

本书第一章提到的一般应急项目的特性，如目的性、独特性、一次性、制约性和风险性等，这些特性同样适用于自然灾害事件应急项目。但自然灾害事件应急项目必然与自然灾害事件的特性有非常强的关联，有区别于一般应急项目，具有自己的独特之处。

（一）自然灾害事件应急项目类别的区域稳定性

自然灾害事件应急项目类别的区域稳定性源自自然灾害类别的区域稳定性。自然灾害类别的区域稳定性是指每个自然灾害事件都受制于当地的孕灾环境，一般来说孕灾环境相对稳定，孕育出的致灾因子也相对稳定，自然灾害事件的类别也就相对稳定。自然灾害事件类别的区域稳定性特征有利于地方政府对自然灾害事件应急项目的常规化管理，但这一特征也导致了源头治理的困难性，因为以当前的技术手段改变孕灾环境具有相当大的难度。地方政府一般会选择避

让或者一些减轻后果的措施，比如将居民从自然灾害高发区迁出、居民住所加固等。虽然孕灾环境在一定程度上具有稳定性，但是区域内人类活动同样可以影响孕灾环境，比如，开采石油导致地震更加频繁、地下水的开采导致地表水文的变迁等。虽说从孕灾环境入手有可能从根本上改变孕灾环境，根除致灾因子，但是对人工干预孕灾环境应该持有谨慎的态度，多角度衡量利弊关系，并考虑到科技、生产力等因素，才能避免因小失大的情况出现。自然灾害事件类别的区域稳定性，使得项目管理的工具与方法在自然灾害事件的管理中有了用武之地，也使得自然灾害事件应急项目在类别上具有区域稳定性的特征。

（二）自然灾害事件应急项目的高度复杂性

区域孕灾环境下，多种致灾因子共同作用于该区域形成耦合致灾因子。比如，某种程度上单独的暴雨并不可怕，尽量减少外出就能避免绝大部分的伤害，但是暴雨导致的山洪、山体滑坡、泥石流等会导致居民被困，就要出动救援人员解救被困人员。类似的情况还有，高纬度地区出现暴风雪会在一定程度上影响交通，困住部分群众，但是大量群众受到固定居所保护，处境安全。但如果与地震发生耦合，情况就不容乐观，大量居民的居所受到破坏，居民受到暴风雪影响，受困于风雪中，会加重灾害损失。面对自然灾害，群众被从危险区域转移到安全地带并被集中安置，如果管理不善还会导致传染病的发生。所以说耦合不仅仅包括原生灾害的耦合，还包括原生灾害与其次生和（或）衍生灾害的耦合。自然灾害事件的耦合性会导致灾害的叠加、放大进而导致自然灾害事件应急项目的复杂度大大增加。如 2020 年 8 月 18 日，文县水灾，暴雨导致泥石流，108 个村子成为孤岛，道路、通信完全中断，使得应急项目变得极为复杂[2]。

（三）自然灾害事件应急项目的随机性

虽然自然灾害事件应急项目具有类别上的区域稳定性，但从本质上来讲，致灾因子的出现是一种已知的随机事件，其中既有大概率事件也有小概率事件，比如华南地区每年 6 月份端午节前后都会遭受暴雨，这种暴雨年年来袭被称为“龙舟水”，是大概率事件，而 2008 年我国南方的雨雪冰冻灾害就是小概率事件。在管理过程中，无论是大概率事件还是小概率事件都不可以轻视，大概率事件中的“灰犀牛”事件和小概率事件中的“黑天鹅”事件都可能造成巨大损失。这些概率事件都以一定范围内的频率出现，出现频率受到孕灾环境影响。针对这些随机的自然灾害事件，应急项目也具有一定的随机性，具体表现为发生频率与级别大小的随机性。自然灾害事件应急项目的随机性增大了自然灾害发生与后果的不确定性，进而增大了这类项目的管理难度。

三、自然灾害事件应急项目的分类

基于上述对自然灾害事件应急项目定义及其特性的分析，为了进一步明确自然灾害事件应急项目的内涵，可以对自然灾害事件应急项目进行分类。

（一）按照致灾因子的类别对自然灾害事件应急项目进行分类

按照致灾因子的类别可以将自然灾害事件应急项目分为以下 4 类：

1. 大气圈与水圈灾害事件应急项目

这类应急项目主要包括干旱、洪涝灾害，台风、风雹、低温冷冻、雪灾等气象灾害事件应急项目和风暴潮、海啸等海洋灾害事件应急项目。

2. 地质灾害事件应急项目

这类应急项目主要包括火山、地震灾害，山体崩塌、滑坡、泥石流等地质灾害事件应急项目。

3. 森林草原火灾事件应急项目

这类灾害的发生既有人为因素也有自然因素,后者包括雷击、火山爆发、地震、飓风等自然因素引发的火灾事件。

4. 生物灾害事件应急项目

这类灾害主要包括农作物和森林的病、虫害以及草原的病、虫、鼠害等。

依致灾因子进行分类是自然灾害事件应急项目最基本的分类方式。我国大部分省市自然灾害事件的应急预案也是根据致灾因子进行分类,比如《国家防汛抗旱应急预案》《国家地震应急预案》《国家森林火灾应急预案》《低温雨雪冰冻灾害应急预案》和《突发地质灾害应急预案》等。

(二)按照自然灾害发生过程对自然灾害事件应急项目进行分类

按照自然灾害事件的发生过程可以将自然灾害事件应急项目分为突发性自然灾害事件应急项目和渐发性自然灾害事件应急项目。突发性自然灾害事件指突然发生的并在较短时间内完成灾害活动过程的灾害事件,主要有暴雨、火山、地震、崩塌、滑坡、泥石流、地面塌陷等。因为突发性自然灾害事件发生突然,前兆一般不明显,而且大多数突发性自然灾害致灾性较强,因此预测、预警与应急准备工作难度都相对较大,常常造成重大损失。突发性自然灾害事件应急项目是针对突发性自然灾害事件,在一定时间、人员和其他资源的约束条件下,所开展的一种具有独特性、一次性、过程性、不确定性和突发性的管理和业务工作。而渐发性自然灾害事件是由多种因素叠加导致,持续时间长、波及范围广,其最主要的灾种就是旱灾。渐发性自然灾害事件应急项目则是针对渐发性自然灾害事件,在一定时间、人员和其他资源的约束条件下,所开展的一种具有独特性、一次性、过程性、不确定性和突发性的管理和业务工作。突发性自然灾害事件应急项目和渐发性自然灾害事件应急项目在救助物资需求方面和救助对象多样性方面都有所不同。

(1) 在救助物资需求方面,突发性自然灾害救助会存在瞬时物资需求达到峰值的现象,其恢复重建工作的物资需求则具有长期性。而渐发性自然灾害救助的物资需求以中长期物资需求为主。

(2) 在救助对象多样性方面,突发性自然灾害承灾体类型的多样性会导致救助对象的多元化,而渐发性自然灾害的救助对象往往集中于某一特定领域及其衍生的部分领域,多元化程度相对较低。

第二节 自然灾害事件应急项目管理的独特性

如第一节所述,自然灾害事件应急项目是一种具有区域稳定性、高度复杂性、随机性等特性的应急项目,因此对其进行的管理活动也具有独特性。以下将对自然灾害事件应急项目管理的定义、目标、特性和相关的法律法规进行阐述。

一、自然灾害事件应急项目管理的基本概念

从本书前述章节的内容可知,应急项目的根本目标就是通过采取应急处置措施来消减突发事件所造成或者可能造成的严重社会危害。所以,自然灾害事件应急项目管理的核心在于通过对自然灾害事件应急项目的有效管理,来预防或削减自然灾害事件对人民群众生命财产安全、社会和谐稳定造成的损害和潜在威胁。

（一）自然灾害事件应急项目管理的定义

依据本书第一章对应急项目管理的定义，结合自然灾害事件应急项目的特点，本书将自然灾害事件应急项目管理定义为运用各种相关的知识、技能、方法和工具，为消减自然灾害事件所造成的或者可能造成的严重社会危害，所开展的对于自然灾害事件应急项目的起始、计划、组织、控制与结束的管理活动，这涉及各种自然灾害事件应急项目的全过程管理和各专项的全面管理。

（二）自然灾害事件应急项目管理的目标

自然灾害事件在某种程度上是由大自然的不可抗力所引发的，因此事件本身很难预防。“禁于未发之前”这一应急项目管理的目标某种程度上并不适用于自然灾害事件应急项目。但自然灾害事件自人类有历史记载以来，就与人类社会相伴相生，且具有发生频次高的特点。因此，人类对自然灾害事件拥有较深刻的认识与应对经验。随着科技发展与人类认知水平提高，人类社会已经可以对一些气象灾害、地质灾害等自然灾害事件进行预测与预警。这就为自然灾害的预防与应急准备提供了缓冲的时间。对于自然灾害事件，无论如何预防与应急准备，仍然会对人类社会产生实质性的伤害，抗灾救灾必不可少。因此，自然灾害事件应急项目管理的整体目的就是尽全力减少自然灾害事件带来的损失，以使得自然灾害事件对人类社会的危害程度最低。具体的管理目标如下：

1. “科学监测与准确预测”的目标

从自然灾害事件应急项目预防成本与损失成本的角度进行分析，防灾、减灾的重要性高于抗灾、救灾，为达到自然灾害事件对人类社会危害程度最低的目的，“科学监测与准确预测”这一目标的达成必不可少。由于各种灾害的成因不同，人类对不同自然灾害的预测能力大相径庭。对于暴雨，目前预测的准确率约为50%，而对于地震，预测的准确率则低得多。在有较好监测系统的条件下，火山、泥石流、海啸等灾害的预测准确率比气象灾害要高。[3] 将科技与人类经验相结合，提高自然灾害事件预测的准确度，从而给人类社会留出较充分的应急准备与逃离时间，能够大幅度降低灾损，减轻自然灾害事件对人类社会的危害。

2. “及时有效预警”的目标

科学监测与准确预测是预警工作的前提。自然灾害事件的预警面临着社会性的困难。一个预警信息的发布，会牵涉社会的方方面面，如果预警信息准确，一切皆好；若预警信息出现误报、漏报、错报，不仅会造成较大的经济损失，还会引起社会的不安和动乱。如暴雨地质灾害预警一旦发布，政府就可能要面临受灾群众的安全转移问题，少则几十人，多则上万人，甚至几十万人。而一旦预警的灾害没有发生，或者没有预期的严重，百姓就会抱怨政府，这也给政府做决策带来极大的压力。预警讲究及时性，越及时，留给应急准备的时间就越充分，灾损才会越小。此外，预警强调有效性。如何预警，才能让所有受到自然灾害事件影响的相关者在第一时间知晓预警信息及如何避难是非常关键的。随着现在通信工具发展，绝大多数预警可以做到有效发布，预警的“最后一公里”难题也在逐步得到解决。

3. “应急准备充分”的目标

应急准备工作既包括地方政府及相关部门针对区域性常见自然灾害，进行隐患排查与风险评估后，按计划有步骤推行的应急准备工作，也包括在某一具体自然灾害事件出现征兆或通过监测发现事件可能发生后，立刻启动的应急准备工作。对于后者，除去部分几乎没有前兆，瞬间发生的自然灾害事件，大部分的自然灾害事件在预警信息发出至事件发生这个时间段，都有一定的时间开展应急准备工作。由于自然灾害事件的发生、发展具有时空的集中性,可能多点并发,因此这一准备工作不仅可持续到自然事件发生时,即使在自然灾害事件发生后,根据多点事件发生的时间先后,后发生的事件,在其他点事件已经发生之后,仍然可以开展应急准备工作。应急准备工作充分与否,对于灾损的影响非常大,做好充分的应急准备工作,有助于达到自然灾害事件应急项目灾损最小化的目的。

4. "处置灵活高效"的目标

自然灾害事件的实际情况十分复杂,常常与预期的情况有很大差异。虽然应急预案对于应急处置与救援有一定的指导作用,但应急预案本身就是一种预设,即使再周到,也不可能完全符合突发事件发展、演变的路径,因此自然灾害事件应急项目的管理难以严格按照应急预案展开,甚至被迫脱离应急预案随机应变。从 2018 年起,应急管理部门在制定新的应急预案时,更加强调预案的灵活性,以及多主体动态适应预案的能力,但在现实中的自然灾害事件应急项目管理中,更应针对具体的灾害情景,因时因地制宜,灵活处理和应对,以最大限度减少灾损为目的开展工作。

二、自然灾害事件应急项目管理的主要特性

充分认识自然灾害事件应急项目管理的特性是开展工作的前提条件,自然灾害事件应急项目管理的主要特性如下:

(一) 区域针对性

自然灾害事件应急项目具有类别上的区域稳定性,因此需要对自然灾害事件应急项目进行区域化的针对性管理。《应急法》对自然灾害事件区域化管理的责任主体进行了划分,指出县级人民政府对本行政区域内突发事件的应对工作负责;涉及两个以上行政区域的,由有关行政区域共同的上一级人民政府负责。自然灾害事件的影响范围与级别决定了应急项目责任主体的行政等级(县、市、省和全国)。针对各自管辖范围内的区域,各级政府应当对区域内自然灾害进行普查。2017 年 5 月,我国启动了全国县域自然灾害综合风险与减灾能力调查试点工作,陆续在浙江省苍南县、贵州省桐梓县以及四川、云南等地开展。2020 年则开展了第一次全国自然灾害综合风险普查。普查既涉及多个自然灾害类型的致灾要素调查,也涉及房屋建筑、交通设施等重要承灾体要素的调查,还涉及历史灾害、综合减灾资源(能力)的调查。自然灾害综合风险普查是自然灾害事件应急项目管理区域针对性特征的最好体现,这一工作本身也可以视为一个项目,按照项目管理的思路与方法进行管理。

(二) 政府主导性

同其他类型的突发事件应急项目一样,自然灾害事件应急项目的管理也是由政府主导,一般由政府及相关部门关键人员组成领导工作小组,政府各相关部门各司其职,统一服从领导工作小组的命令与指示。以暴雨引发的洪涝与地质灾害事件为例。气象部门会时刻关注气象信息,当发现有暴雨征兆时,即向领导工作小组汇报并同时将预警信息以正式的渠道上传下达、左传右达。领导工作小组则会组织自然资源部门、水利部门、农业部门、林业部门、电力、交通等相关部门进行会商,做出相应的预警、预防与应急准备的部署。暴雨发生后,水利部门、水务部门开始介入,评估居民用水风险与水利设施的风险,并尽早采取相应措施。解放军、武警、综合性消防救援队伍在领导工作小组的统一部署下,开展救灾救援工作。百姓们也开始开展自救、互救工作。整

个过程中,政府是绝对的主导,是指挥机构与资源协调机构,决定了应急项目管理的大方向与总体部署。

(三)主体多样性

自然灾害事件应急项目的管理主体具有多样性。对于大灾或者巨灾,管理主体可涵盖国家、省、自治区、直辖市、市、县等各级政府。在各级政府中,又有多个相关部门与自然灾害事件应急项目的管理相关,如应急管理部门、水利部门、地震部门、自然资源部门等。此外,公益组织、社会救援队伍、爱心企业、志愿者、公众等都会积极参与其中。主体多样性一方面给自然灾害事件应急项目管理带来了较充足的资源,另一方面对自然灾害事件应急项目管理造成了困扰,增加了沟通、协调的难度。对于政府而言,突发的、大量的社会力量的加入,增加了政府的管理成本,甚至造成了低效。对于社会力量而言,由于"师出无名",又会出现"有力无处使"的尴尬。如何整合各界力量,使得各界力量朝一个方向使力,充分发挥应急管理主体多样性的优势,避免其带来的弊端,也是目前研究领域与实践领域共同关注的问题。

(四)管理复杂性

自然灾害事件应急项目本就复杂,一方面灾害具有叠加、耦合效应,使得灾害的发展、演化极为复杂;另一方面受灾体涉及方方面面,可能包括重大水利设施、桥梁工程、居民住房、百姓安危等;再一方面,抗灾救灾主体的多元性也增加了管理、协调的难度。在整个项目管理过程中,灾害体、受灾体与抗灾体任何一方的不确定性都极高,而项目管理所需的信息又往往面临着极大的缺口与不确定性。整个项目管理的过程,涉及大量的人、财、物、信息资源在短时间内的储备、管理与调度,同时可能面临信息沟通渠道不畅、道路交通阻断、资源极度短缺且短期内无法大量筹集等制约因素,这一切都造成自然灾害事件应急项目管理的高度复杂性。

(五)管理动态性

自然灾害事件具有叠加、耦合的特性,这种特性一方面造成了自然灾害事件应急项目管理的高度复杂性,另一方面使得项目管理具有动态性。自然灾害事件应急项目管理的各方主体需要在各自的职责范围内关注事件发展、演化的趋势,识别并评估潜在的风险。以此为基础,各方主体应该将实时数据与分析结果上传至项目数据平台,以方便项目最高管理者在当前的时点,根据各相关方提供的信息,研判未来的发展态势,据此调整管理的重心与策略。自然灾害事件应急项目管理的动态性特征使得应急项目管理的难度大大增加,也对管理者的经验、智慧、责任心提出了更高的要求。

三、自然灾害事件应急项目管理相关的法律法规

我国是一个自然灾害频发的国家,随着综合国力不断增强,在防灾、减灾与抗灾过程中也在不断积累经验,逐步意识到法律法规在应对自然灾害事件方面的重要意义与作用,在相关法制建设上取得了很大进展。

自然灾害事件种类繁多、范围极广,因此,相关的法律法规文件也颇为繁多与复杂。我国现行的与自然灾害事件相关的法律法规文件,主要包括法律、法规、预案和标准等。1998 年 1 月 1 日起施行的《防洪法》是我国第一部规范防治自然灾害工作的法律。在这之后,我国政府相继施行了与自然灾害直接相关的法律,包括《防震减灾法》《气象法》等;法规有《地质灾害防治条例》《抗旱条例》《防汛条例》等;国家应急预案体系中与自然灾害直接相关的有《国家突发公共事件

总体应急预案》《国家自然灾害救助应急预案》《国家防汛抗旱应急预案》《国家地震应急预案》《国家突发地质灾害应急预案》《国家处置重、特大森林火灾应急预案》等;国家标准委以及各部门、行业均颁布了一系列与自然灾害相关的标准,如《气象干旱等级》《沙尘暴天气监测规范》《地面气象观测规范》等。以上这些法律、法规、预案和标准等的颁布实施,极大增强了我国应对自然灾害事件的能力,保障了自然灾害事件应急项目的顺利实施。

尽管如此,我国与自然灾害事件应急项目相关的上位法与下位法之间、同级法律之间、地方法律和军队法律体系之间,仍然存在着一定的矛盾与冲突。这些矛盾与冲突会严重破坏自然灾害事件应急项目的管理效率,使得管理与决策主体在关键时刻,碍于法律之间的冲突及可能引发的责任承担问题而不敢做出决策。此外,在自然灾害事件救助方面的法律法规尚不健全,如在自然灾害救援的物资调用方面,我国并无综合性法律文件对救援物资进行专门的规定。[4] 我国已建成全国减灾救灾标准化技术委员会,但对于应急物资调用、储备、管理等方面并没有出台统一的技术标准。因此,我国自然灾害事件相关的法律法规体系仍需补充与完善。

第三节　自然灾害事件应急项目管理的原理

自然灾害事件应急项目的区域稳定性、高度复杂性和随机性的特点导致自然灾害事件应急项目的管理应遵从其自身的特征与发生、发展规律。本节将针对自然灾害事件应急项目管理的核心、原则和基本管理过程进行讨论。

一、自然灾害事件应急项目管理的核心

自然灾害事件具有随机性的特点,导致对自然灾害事件很难预测或者完全避免。自然灾害事件应急项目管理的目的就是尽全力减少自然灾害事件带来的损失,以使得自然灾害事件对人类社会的危害程度最低。为了达成这一目的,自然灾害事件应急项目管理的核心如下:

(一) 以灾害风险管理与综合减灾为导向

我国是世界上自然灾害最严重的国家之一。21 世纪以来,我国平均每年因自然灾害造成的直接经济损失超过 3 000 亿元,大约有 3 亿人次受灾。[5]“防灾、减灾、抗灾、救灾”是自然灾害事件应急项目管理的最主要工作。虽然面对大自然的不可抗力,人类目前还没有有效手段阻止自然灾害的发生,但人类可以通过有效的风险管理手段,预防或减轻自然灾害事件造成的损失。2020 年启动的全国自然灾害风险普查工作,为自然灾害事件风险治理工作奠定了坚实的基础。此外,由于自然灾害事件应急项目具有类别上的区域稳定性,一个区域会有几类主要的自然灾害发生频次较高,如广东省主要灾种是暴雨地质灾害、台风,而四川省主要灾种则是地震、泥石流、山体滑坡等地质灾害。针对自然灾害事件,应将关注点从应对单一灾种转向综合减灾,以更有效地整合、利用各类社会资源,提高减灾绩效,降低减灾成本。这就要求各级政府、领导干部在自然灾害事件应急项目的管理中,时刻以灾害风险管理与综合减灾为决策导向。

(二) 以预防与应急准备为管理核心

自然灾害事件应急项目具有类别上的区域稳定性,各级政府需要根据本地区自然灾害的种类与发生、演化的特点,做到早谋划、早安排、早部署,常态化地开展预防与应急准备工作。自然灾害事件应急项目管理中,预防和应急准备工作并不是阶段性工作,它贯穿于项目的全过程。监

测和预警阶段需要根据实时监测数据调整预防和应急准备工作的内容。处置和救援阶段除了抢救受灾外，还要开展预防与应急准备工作以防灾害影响范围与程度的进一步扩大。自然灾害事件还存在叠加效应，例如一场暴雨造成的应急处置和救援工作还在进行，另一场暴雨可能接踵而来，因此，应急项目处置和救援阶段也需要为下一次灾害的发生做预防和准备工作。在灾后恢复和重建阶段，许多重建工作某种意义上也是为下一次同类灾害开展预防和应急准备工作。在自然灾害事件应急项目的管理过程中，预防与应急准备工作在应急项目的各个阶段间穿插着进行，做好预防与应急准备工作是自然灾害事件应急项目管理的核心。

（三）以应急预案为项目执行的指南

统计数据显示，我国各省、自治区、直辖市均不同程度受到自然灾害的影响，70%以上的城市、50%以上的人口分布在气象、地震、地质、海洋等灾害的高风险区。面对我国自然灾害种类多、分布地域广、发生频率高和造成损失重等问题，预先制定合理的应急预案是自然灾害事件应急项目管理的核心工作之一。我国应急预案的管理遵循统一规划、分类指导、分级负责、动态管理的原则。由于自然灾害事件种类较多，各类自然灾害事件应急项目管理工作之间存在很大的差异。为了更好地指导相关部门制定自然灾害事件应急预案，指导应急项目管理工作，要求国务院有关部门根据各自的职责和国务院相关应急预案，制定部门应急预案。例如 2012 年 8 月 28 日国务院为了依法科学统一、有力、有序、有效地开展地震应急工作，最大程度减少人员伤亡和经济损失，制定并颁布了《国家地震应急预案》。同年 12 月，国务院办公厅制定并颁布了《国家森林火灾应急预案》，目的是建立健全森林火灾应对工作机制，依法有力、有序、有效实施森林火灾应急，最大程度减少森林火灾及其造成的人员伤亡和财产损失，保护森林资源，维护生态安全。同时，自然灾害事件类别上的区域稳定性特征导致自然灾害的种类和应对措施随着地区不同而变化，因此县级及以上地方各级人民政府有关部门根据有关法律、法规、规章、上级人民政府及其有关部门的应急预案以及本地区的实际情况，制定相应的应急预案，并以此作为自然灾害事件应急项目管理的指南。

二、自然灾害事件应急项目管理的原则

自然灾害事件种类繁多，不同类型自然灾害事件的应急项目管理工作具有较大的差异性，需分类制定规范并组织实施。我国先后出台了《中华人民共和国防洪法》《中华人民共和国防震减灾法》《中华人民共和国气象法》等，各法律法规都对特定类型自然灾害事件应急项目管理工作的原则进行了规定。《中华人民共和国防洪法》指出，防洪工作实行全面规划、统筹兼顾、预防为主、综合治理、局部利益服从全局利益的原则。《中华人民共和国防震减灾法》规定，防震减灾工作实行预防为主、防御与救助相结合的方针。《自然灾害救助条例》规定，自然灾害救助工作遵循以人为本、政府主导、分级管理、社会互助、灾民自救的原则。根据相应的法律法规，自然灾害事件应急项目管理有如下的原则：

（一）以人为本，生命至上

自然灾害事件直接威胁到人民群众的生命与财产安全，保障人民群众的生命与财产安全是政府工作的基本职责。习近平总书记多次对自然灾害事件应急项目管理的工作作出指示，强调牢固树立以人民为中心的思想，全力组织开展抢险救灾工作，最大限度减少人员伤亡，妥善安排受灾群众生活，最大程度降低灾害损失。[6] 各级政府、领导干部在自然灾害事件应急项目管理中，

需严格按照习近平总书记的指示，坚持“以人为本，生命至上”的原则，始终把人民群众的生命安全放在第一位，充分保障人民群众的正当权益，满足人民群众的正当需求。这就要求在自然灾害事件应急项目管理的全过程中，管理者在制定防灾、减灾、抗灾、救灾的各项决策时，严格遵循这一原则。

（二）准备充分，快速反应

自然灾害事件的突发性、叠加与耦合性等特征，导致在自然灾害事件的处置和救援过程中，可能遇到以往很少经历甚至没有经历的情景，面临一些始料未及的突发状况，超出了应急预案的范围，也没有可供借鉴的直接经验，给应急项目管理者带来决策困难。例如暴雨导致通信中断，信息获取困难，无法做出准确的决策，或者某一自然灾害事件引发了罕见的次生灾害，例如洪水导致桥梁的坍塌、化工厂有毒物料的泄漏等。在有限的时间和资源条件下，应对一系列复杂而又高不确定性的情景，对应急项目管理者是一项巨大的挑战。为了提高自然灾害事件应急项目管理的效率与效果，在自然灾害发生前应该对区域自然灾害事件的风险进行充分的识别与评估，并据此做出准备。此外，自然灾害事件应急项目往往具有时间紧、损失大的特性，因此项目管理者必须根据有限的信息快速做出反应。只有在准备充分的情况下，才能在自然灾害事件发生的第一时间做出有效应对，降低自然灾害事件可能造成的损失。

（三）依法处置，上下联动

自然灾害事件的影响范围、破坏程度、直接经济损失通常较大。自然灾害事件应急项目的管理工作需要调动大量的资源，同时需要协调民政、自然资源、水利、农业、商务、卫生、安全监管、林业、地震、气象、海洋、测绘地信等多个部门参与。组织协调如此大规模的资源和多个参与方，需要项目管理者坚持“依法处置，上下联动”的原则。目前，相对于其他类型的突发公共事件来说，我国在自然灾害事件应急项目管理方面的法律法规体系是比较健全的。灾害预防和准备、监测和预警、处置和救援以及灾后的恢复与重建工作均有相应的法律法规支撑，这为依法有序开展自然灾害事件应急项目管理工作提供了法制基础。同时，以属地管理为主，分级负责、上下联动的自然灾害事件应急项目管理体系也保证了各级政府各部门间的统一协调。

（四）社会参与，群防群控

我国自然灾害事件的应对实行“政府主导、分级管理、社会互助、灾民自救”的原则。在我国，社会组织或个体志愿者参与自然灾害事件应急项目管理的意愿与热情愈来愈高，他们在能力与资源上与政府力量可以起到互补的作用。如 2019 年广东省龙川县特大暴雨导致道路交通中断，当地汽摩运动协会组织 13 辆越野车、20 多名队员，挺进受灾最严重的米贝村参与救援，转移村民至安全地点，并多次往返，接送医护人员、救援人员以及消毒防疫人员。[7] 自然灾害事件中，受灾群众需要直接面对自然灾害事件带来的风险，是自然灾害事件应急项目管理最关键的利益相关者，他们既是受灾体，亦是抗灾体。自然灾害的突发性特征导致自然灾害事件发生后，政府部门需要一定的反应与准备时间来启动处置和救援工作。例如地震发生后，救援队伍难以马上赶赴现场，此时就需要受灾群众积极开展自救和互救。同时自然灾害事件造成的受灾范围通常较大，为了保障受灾群众基本生活需求，需要充分发挥基层群众自治组织和公益性社会组织的作用。广泛的群众参与是自然灾害事件应急项目管理工作顺利进行、实现应急项目管理目标的基本保障。因此，自然灾害事件的应急项目管理需要坚持“社会参与，群防群控”的原则。

三、自然灾害事件应急项目管理的基本任务及过程

自然灾害事件应急项目具有项目的基本特性，将自然灾害事件应急工作作为一个项目来进行管理，就是将项目管理的相关知识、方法、工具与技术应用于自然灾害事件的管理中，以提高管理绩效，有效预防或降低自然灾害事件造成的损失。该管理过程通过合理确定自然灾害事件应急项目管理的基本任务，整合各项管理过程来实现。以下将对自然灾害事件应急项目管理的基本任务和基本过程进行阐述。

（一）自然灾害事件应急项目管理的基本任务

自然灾害事件应急项目既具有一般项目的特性，又具有自然灾害事件应急项目的独特性。因此，结合项目管理的基本理论，自然灾害事件应急项目管理的基本任务包括如下两个方面：

1. 对所有项目相关者需求和期望的管理

自然灾害事件应急项目管理的参与方众多，各级政府是主导方，专业救援队伍、公益组织、相关企事业单位、社区、志愿者、受灾群众、关注灾情的公众等都会不同程度地参与其中。在自然灾害事件应急项目管理的过程中，不同项目相关者有着各自的需求和期望，而这些需求与期望之间可能存在着矛盾与冲突，因此有必要识别应急项目相关者并按特定规则对其需求与期望进行分类管理，确定不同类别需求与期望的优先次序。按照“以人为本，生命至上”的自然灾害事件应急项目管理原则，在所有的项目相关者中，受灾群众是最关键的利益相关者，其需求与期望需要得到优先满足。例如，自然灾害事件发生后，受灾群众需要在第一时间内得到救助，此时，他们对生命安全与健康的需求是所有需求中最紧急、最重要的。应急项目管理者不仅需要协调各界救援力量尽全力救出受灾群众，还需要妥善安置受灾群众，确保更多的群众有饭吃、有衣穿、有干净的饮用水喝、有临时住所、有病能得到及时医治，以实现灾区人心安定、社会秩序稳定。

2. 对为满足需求和期望所开展的各项活动或工作的管理

为了满足项目利益相关者的需求和期望，各级政府、领导干部需要通过开展计划、组织和控制工作来对自然灾害事件应急项目进行管理。自然灾害事件应急项目极为复杂，不同阶段工作重心不同，但在任一阶段，都需要在政府统一领导与指挥下，各部门各司其职开展工作。因此，自然灾害事件应急项目管理工作主要包括建立健全组织指挥体系、建立有效的沟通协调机制和合理调配各项资源。组织的文化、风格和结构等直接影响应急项目管理的结果。组建应急项目组织指挥体系，也就是组建应急项目的组织，它是保证各项管理工作顺利进行的基础。我国目前自然灾害事件应急项目管理实行指挥部的形式。指挥部作为应急项目管理的核心组织机构，在整个项目生命周期中，负责做出应急项目管理决策，协调各路资源，指挥各参与方有序开展应急项目管理工作。由于项目参与方众多，各自对项目的需求与期望又存在矛盾与冲突，因此，建立有效的沟通协调机制格外重要。自然灾害事件应急项目管理过程中，资源约束会极大影响应急项目管理的效率与效果，因此，在各阶段合理调配资源也是应急项目管理的重点之一。

（二）自然灾害事件应急项目管理的基本过程

自然灾害事件应急项目的管理主体必须在项目的各个阶段都开展起始、计划、组织、控制和结束五部分的管理工作，以此来确保项目目标的实现。以下将结合自然灾害事件应急项目的特点以及应急项目阶段划分（详见本书第二章），对自然灾害事件应急项目管理的基本过程进行阐述。具体内容详见表 13-1。

表 13-1　自然灾害事件应急项目管理的基本过程

项目阶段 / 管理过程	第一阶段 预防与应急准备	第二阶段 监测与预警	第三阶段 处置与救援	第四阶段 事后恢复与重建
起始子过程	• 区域自然灾害风险评估决策 • 应急预案制定或修订决策 • 区域性防灾抗灾建设决策 • 自然灾害事件应急演练决策	• 开展监测工作的决策 • 开展预警工作的决策	• 应急响应启动决策 • 应急预案启动决策	• 受灾情况调查统计工作启动决策 • 民生恢复与改善工作启动决策 • 生态环境恢复工作启动决策 • 文化恢复与保护工作启动决策
计划子过程	• 区域自然灾害风险评估计划 • 应急预案制定或修订计划 • 区域性防灾抗灾建设计划 • 自然灾害事件应急演练计划	• 监测工作计划 • 预警工作计划	• 应急资源调度计划 • 应急处置与救援计划 • 社会秩序维护计划	• 受灾情况调查统计工作计划 • 民生恢复与改善工作计划 • 生态环境恢复工作计划 • 文化恢复与保护工作计划
组织子过程	• 区域自然灾害风险评估的组织实施 • 应急预案制定或修订的组织实施 • 区域性防灾抗灾建设的组织实施 • 自然灾害事件应急演练的组织实施	• 监测工作的组织实施 • 预警工作的组织实施	• 应急资源调度的组织实施 • 应急处置与救援的组织实施 • 社会秩序维护的组织实施	• 受灾情况调查统计工作的组织实施 • 民生恢复与改善工作的组织实施 • 生态环境恢复工作的组织实施 • 文化恢复与保护工作的组织实施
控制子过程	• 区域自然灾害风险评估的过程控制 • 应急预案制定或修订的过程控制 • 区域性防灾抗灾建设的过程控制 • 自然灾害事件应急演练的过程控制	• 监测工作的过程控制 • 预警工作的过程控制	• 应急资源调度的过程控制 • 应急处置与救援的过程控制 • 社会秩序维护的过程控制	• 受灾情况调查统计工作的过程控制 • 民生恢复与改善工作的过程控制 • 生态环境恢复工作的过程控制 • 文化恢复与保护工作的过程控制
结束子过程	• 区域自然灾害风险评估工作完成 • 应急预案制定或修订完成 • 区域性防灾抗灾建设按计划完成 • 自然灾害事件应急演练按计划完成	• 监测结果产生 • 预警发出	• 应急资源调度结束 • 应急处置与救援结束 • 应急社会秩序维护结束 • 应急响应中止	• 受灾情况调查统计工作完成 • 民生恢复与改善工作完成 • 生态环境恢复工作完成 • 文化恢复与保护工作完成

如表 13-1 所示，自然灾害事件应急项目分为预防与应急准备、监测与预警、处置与救援以及事后恢复与重建四个阶段，而每一个阶段的项目管理过程都包括起始、计划、组织、控制和结束五个管理子过程。自然灾害事件应急项目的管理颇为复杂，如前所述，四个阶段之间并没有特别明晰的界限，如处置与救援阶段也包括监测与预警工作以及预防与应急准备工作，甚至有恢复与重建工作。例如，某地区暴雨导致了洪涝灾害以及山体滑坡，在处置与救援过程中，气象部门与水利部门、自然资源部门一起，还要开展动态监测，联合发布气象灾害预警与地质灾害预警，相关部门与群体根据预警信息和实际观察与监测的情况，开展预防与应急准备工作，而局部经历过灾害的地区，已经开始小规模的恢复与重建工作了。尽管如此，只要我们把应急管理的对象厘清，把具体的“事”定义清楚，四阶段的划分还是具有非常高的实践价值的。由于自然灾害事件应急项目的突发性，导致管理的决策时间非常紧张，因此，虽然在每个阶段，都经历了起始、计划、组织、控制与结束五个子过程，但每个过程并不一定能如一般项目那样有充分的时间开展相关工作，形成很多正式的文档。虽然如此，有意识地规范自然灾害事件应急项目管理的过程，不仅对于当前事件应急处置大有裨益，而且非常有利于形成可记录的经验资料，作为下一起同类自然灾害事件应对的指导或参考，使得自然灾害事件应急项目管理的工作能够不断得到优化。

第四节　自然灾害事件应急项目管理的内容

表 13-1 将自然灾害事件应急项目在每一阶段的管理工作分为起始、计划、组织、控制和结束五个部分，完整表述了自然灾害事件应急项目管理的基本过程。本节将主要围绕自然灾害事件应急项目的范围、质量、进度和成本，从计划、组织和控制这三方面对自然灾害事件应急项目管理的内容进行阐述。

一、自然灾害事件应急项目管理的计划

自然灾害事件应急项目管理计划内容涉及诸多方面，需要根据实际情况制定。某些弱致灾因子导致的应急项目，可能仅涉及数百人，而一些强致灾因子导致的应急项目可能涉及数万人、百万人，乃至更多。因此，有必要对重大自然灾害事件应急项目管理计划进行修剪，以适应应急项目的具体需求。

（一）项目范围管理计划

应急项目范围管理的目标是确定和控制为实现应急项目目标所需的应急项目产出物的范围和应急项目的工作范围。和其他类别的突发事件应急项目一样，自然灾害事件应急项目管理同样遵循属地化管理的原则，因此，项目范围计划的编制以属地政府为主导者，各相关部门、企事业单位则负责组织本单位与应急项目相关的工作范围计划的编制。属地政府可根据项目目标，确定项目的初始范围，按照项目的四个阶段进行工作活动的分解，生成自然灾害事件应急项目的工作分解结构。并将分解后的活动与具体负责的部门相匹配，形成责任压实，部门联动协调，人人有事做，事事有人管的工作与组织联合分解结构。在此基础上，尽可能地确定项目的里程碑事件以及可交付物，并制定项目需求变更的管理计划。自然灾害事件应急项目范围计划的编制格外重要，一个好的项目范围计划，既能将项目所涉及的所有关键活动阐述清楚，又能避免出现多余

的活动以消耗稀缺资源,对项目关键目标的实现起着重要的作用。因此,需要属地政府领导、联合下级政府以及各部门针对区域性的自然灾害事件特点,分析自然灾害事件应急项目各个阶段可能的工作及活动,将项目范围计划做细、做实。针对某类自然灾害事件制定的项目范围计划,可编制进相应的应急预案中,以便相关部门的人员了解其在自然灾害事件应急项目管理中的职责。

(二)项目质量管理计划

如果把自然灾害事件应急项目视作一个大项目,这一项目由许多子项目组成。本书第三章阐述:承载质量属性的是实体,实体包括产品(提供特定功能的商品或服务)、过程(创造实体的阶段和步骤)和活动(在生成产品或服务中开展的具体工作)。由此,自然灾害事件应急项目质量管理计划,应包括产品质量管理计划、过程质量管理计划以及活动质量管理计划,其中过程质量与活动质量是保障产品质量的前提。对于常规性的子项目,如灾后房屋的修缮或重建,可以使用常规性的质量计划制定方法来制定质量计划。对于非常规性的子项目,包括从未发生过的子项目,或者有部分工作具有创新性的子项目,又或者项目资源需求与能力需求超出了可供给资源与能力范围之外的项目,这些项目实体质量标准具有难以确定性与难以衡量性,过程与活动充满未知与不确定性,很难使用常规性的质量计划制定方法来制定质量管理计划。这类非常规性的子项目在制定质量管理计划时只能采用滚动计划法,通过缩短计划周期,尽可能保证计划周期内的质量工作、过程更加可控,再一步一步推进计划工作,从而保障产品质量满足用户需求的能力与特性。

(三)项目进度管理计划

自然灾害事件应急项目从预防与应急准备阶段开始,到恢复与重建阶段结束。恢复与重建阶段和预防与应急准备阶段之间的界限并不清晰,因为恢复与重建工作中有相当一部分也属于预防与应急准备工作。如地震之后,为受灾群众重建房屋,就会涉及新建住房的抗震等级的确定。以唐山为例,在 1976 年唐山大地震之后,在关于灾后住宅重建的决策中,专家讨论的结论为唐山市震后的住宅以 5 层为主,所有建筑抗震烈度要达到 8 级。这样不仅解决了灾后重建的问题,还解决了针对地震灾害的预防问题。如果在自然灾害发生时,应急准备工作还没部署到位,会使灾损变得更严重。而预警不及时,也会导致缺少充足的时间开展应急准备工作。处置与救援工作对时间的要求更是争分夺秒。恢复与重建工作对群众的心理、生理感受都有重大影响,因此也要迅速、有序开展。由于自然灾害事件具有类别上的区域稳定性特点,历史事件中的相关数据对于项目进度计划的制定非常关键。可据此排列活动顺序,估算活动持续时间。因此,每一次自然灾害事件发生后,收集、整理、分析项目管理中的数据与信息对于重新制定、完善同类自然灾害事件的进度计划格外重要。自然灾害事件应急项目进度计划应包括:自然灾害事件应急项目综合进度计划;自然灾害事件应急项目预防与应急准备工作进度计划;自然灾害事件应急项目监测与预警工作进度计划;自然灾害事件应急项目处置与救援工作进度计划;自然灾害事件应急项目恢复与重建工作进度计划。

(四)项目成本管理计划

自然灾害事件应急项目作为一类特殊的项目,制定合理的成本管理计划格外重要。自然灾害事件应急项目往往具有非常高的成本,其计算需要从整个项目的全生命周期的角度进行。针对某一具体自然灾害事件应急项目,如果预防与应急准备成本、监测与预警成本投入较高,那么处置与救援成本及恢复与重建成本就会减少，前两者可归为预防成本，后两者可归为损失成本。在项目范围计划确定的前提下，可根据历史事件中类似活动的成本，结合当前的物价水平及对事件可能再次发生时物价水平的预测，对活动成本进行估计。可结合类比估算法、三点估算法以及自下而上法等多种成本估计方法开展活动成本估算工作。成本估算活动结束后，根据属地政府的财政预算安排及外部寻源策略，确定自然灾害事件应急项目的预算。将预算分解至具体的应急活动当中，形成自然灾害事件应急项目的成本计划。自然灾害事件应急项目成本计划应包括：自然灾害事件应急项目综合成本计划；自然灾害事件应急项目预防与应急准备工作成本计划；自然灾害事件应急项目监测与预警工作成本计划；自然灾害事件应急项目处置与救援工作成本计划；自然灾害事件应急项目恢复与重建工作成本计划。

二、自然灾害事件应急项目管理的组织

自然灾害事件应急项目管理中的组织这一管理过程主要包括政府对项目的统一领导与指挥，以及具体分管部门的专业决策与工作部署。以下将结合我国相关立法，从以上两个方面对自然灾害事件应急项目管理的组织内容进行阐述。

（一）统一领导与指挥

《应急法》规定，国务院和县级以上地方各级人民政府是突发事件应对工作的行政领导机关，这同样适用于自然灾害事件应急项目。2010 年 9 月 1 日施行的《自然灾害救助条例》规定：国家减灾委员会负责组织、领导全国的自然灾害救助工作，协调开展重大自然灾害救助活动。国务院民政部门负责全国的自然灾害救助工作，承担国家减灾委员会的具体工作。国务院有关部门按照各自职责做好全国的自然灾害救助相关工作。2018 年 3 月，中华人民共和国应急管理部成立，国家减灾委员会成为该部的议事机构，原属民政部的救灾职责也归口应急管理部负责。自然灾害事件的应对遵循属地化管理的原则，在县域范围内发生自然灾害事件时，由县人民政府做出应急响应，对灾害及其次生、衍生灾害的应对工作进行统一领导和指挥。对跨县区行政区域的自然灾害，造成较大损失的，由市人民政府做出应急响应，对灾害及其次生、衍生灾害的应急处置进行统一领导和指挥。省级人民政府应当决定建立相应的省级应急指挥机制，对省、自治区、直辖市行政区域内的灾害及其次生、衍生灾害的应急处置进行统一领导和指挥。综上，自然灾害事件按照分级负责的原则，一般性灾害由地方各级政府负责，应急管理部代表中央统一响应支援；发生特别重大灾害时，应急管理部作为指挥部，协助中央指定的负责同志组织应急处置工作，保证政令畅通、指挥有效。

现行的自然灾害事件应急项目领导与指挥体系下，通常会由自然灾害事件发生地的政府牵头组建应急指挥部，指挥部成员包括下属各专业部门，如水利部门、自然资源部门、电力通信部门、交通部门等。指挥部形成定期或不定期会商机制，针对具体灾害情况开展综合研判工作。达成一致意见后，由政府下达指令，各专业部门各司其职、通力合作。

（二）专业决策与工作部署

面对自然灾害事件，在政府的统一领导与指挥下，各相关单位各司其职，在各自领域做出专业决策与工作部署。各级人民政府自然灾害应急指挥机构的主要成员单位，有气象、自然资源、水利、农业、林业、交通、民政、通信、电力及教育、医疗卫生、金融等。这些部门要建立部门间应急联动机制，并积极协调、推动与相关重点企事业单位之间建立应急联动机制。

事件发生地的各级人民政府或应急指挥机构可以根据灾害的性质、危害程度和影响范围，广泛动员社会力量参与应急处置工作，紧急情况下，可以依法征用、调用车辆、物资、人员等。灾害发生后，灾区各级人民政府或相应的应急指挥机构组织各方力量抢救伤员，组织基层单位和人员开展自救互救；邻近的地级以上市、县（区）政府根据灾情，组织和动员社会力量，按照《中华人民共和国公益事业捐赠法》等相关法律规定，向灾区提供救助，对捐赠资金和物资使用情况进行监督与审计。

自然灾害事件应急项目负责专业决策与工作部署的相关单位众多，在项目不同阶段其职责均有变化。下面对此加以重点阐述。

1. 预防与应急准备阶段的主要职责

预防与应急准备阶段各专业决策部门的职责包括：① 与部门相关的区域自然灾害风险的调查与综合评估工作。这部分工作包括区域内致灾因子调查与分析；房屋建筑、交通设施、电力通信等重要承灾体要素的调查；历史灾害、综合减灾资源（能力）的调查等。② 针对区域性自然灾害的种类、特征等，制定各级应急预案，构建区域自然灾害及其次生、衍生灾害应急预案体系，推进、加强各级各单位开展针对性应急演练工作。③ 以减小承灾体脆弱性为目的的区域性建设工作。区域性建设工作主要分为两个部分：一是区域监测系统的构建，包括地震监测系统、气象监测系统、海洋监测系统、地质灾害监测系统和水文监测系统等；二是降低承灾体脆弱性建设，包括居民防灾住房建设、山体植被覆盖与山体加固、灾情信息传播路径建设和居民对官方信息信任度的培养、应急资源的购买与储备、专业救援力量的预置、社区力量的养成等。

2. 监测与预警阶段的主要职责

监测与预警阶段需要利用好区域监测系统，完善灾害预测预报体系，加强对灾害性事件的会商分析，做好灾害性、关键性、转折性重大事件的预报和趋势预测。

自然灾害事件监测的实施部门与自然灾害事件的类别有关，如气象部门负责气象灾害的监测，地质灾害的监测则由自然资源部门负责。各监测部门及时发布灾害监测预报信息，并与教育、公安、民政、人力资源社会保障、国土资源、环境保护、住房城乡建设、交通运输、水利、农业、林业、卫生、安全监管、电力监管、海洋、铁路等相关单位建立相应的自然灾害及其次生、衍生灾害监测预报预警联动机制，建立并完善防灾减灾综合信息平台，实现相关灾情、险情等信息的实时共享。

自然灾害事件预警信息发布遵循“归口管理、统一发布、快速传播”的原则。灾害预警信息，由专业预警部门（如气象部门负责气象灾害的预警）负责制作，并按规定程序报批后，按预警级别分级发布，其他任何组织、个人不得制作和向社会发布灾害预警信息。灾害引发的次生、衍生灾害预警信息，由有关单位（如由气象灾害引发的地质灾害，则由自然资源部门负责预警或与气象部门联合预警）制作，并按规定程序报批后，按预警级别分级发布，其他组织和个人不得自行向社会发布。

对于自然灾害事件预警最后一公里问题，则由镇、村、社区等各级干部及群众代表因地制宜地采用有线广播、高音喇叭、鸣锣吹哨等方式，向受灾群众及时发布灾害预警信息。

3. 处置与救援阶段的主要职责

按照自然灾害事件的种类、程度、影响范围及其引发的次生、衍生灾害类别及程度，有关部门按照其工作职责及相关应急预案启动应急响应，做好自然灾害事件的响应与救助工作。由于自然灾害种类颇多,这里仅以气象灾害可能引发的次生、衍生灾害为例,阐述处置与救援阶段,各专业部门的归口责任问题,具体如表 13-2 所示。

表 13-2 自然灾害事件影响与其归口责任部门对应表

灾害影响	归口责任部门
气象灾害造成煤、电、油、气、运保障工作出现重大突发问题	经济和信息化部门
	电力监管部门
气象灾害造成重要工业品保障出现重大突发问题	经济和信息化部门
气象灾害造成严重损失,需要紧急生活救助	民政部门
气象灾害造成地质灾害	国土资源部门
气象灾害造成突发环境事件	环境保护部门
气象灾害引发城市洪涝	住房和城乡建设部门、水利部门
气象灾害引发水、旱、风、冻灾害	防汛、防旱、防风、防冻部门
气象灾害造成涉及农业生产突发事件	农业部门
气象灾害引发森林火灾	林业部门
气象灾害造成群体性人员伤亡	卫生部门
气象灾害引发安全生产事故	安全监管部门
气象灾害造成通信事故	通信管理部门
气象灾害造成海上船舶险情	海事部门
气象灾害引发海洋灾害	海洋部门

资料来源:根据《广东省气象灾害应急预案》整理。

自然灾害事件应急项目在处置与救援阶段的工作包括应急资源调度、应急处置与救援、社会秩序维护。因此,除表 13-2 的责任单位之外,新闻宣传、科技、广播电视、旅游、法律法规、保险监管等部门也要密切配合、协调联动。当地政府要争取解放军、武警部队、综合性消防救援队伍和预备役民兵的支持,共同做好抢险救灾工作。

4. 恢复与重建阶段的主要职责

自然灾害事件对基础设施的破坏往往是巨大的,对受灾民众的生理与心理影响也是巨大的。很多自然灾害事件引发的衍生灾害还会带来对生态环境的巨大伤害,如海啸引发的核泄漏。自然灾害事件还会对受灾地文化造成冲击。因此,自然灾害事件应急项目恢复与重建阶段主要工作包括:受灾情况调查统计工作;民生恢复与改善工作;生态环境恢复工作;文化恢复与保护工作。灾后恢复与重建工作工作量大,时间周期相对较长,涉及的相关者众多。但本质上,自然灾害事件的灾后重建工作也是各分管部门各司其职,如水利部门负责水利设施的修缮与恢复,电力部门负责灾区电力系统的恢复与巩固等。但灾后恢复与重建工作涉及大量财政资金的投入使用,因此仍需政府主导并从方向上把控。受灾地区县级以上人民政府或应急指挥机构组织有关部门调查、评估和总结灾害发生的原因、性质和影响,并依据灾害应对工作中的经验教训,提出改进措施。各级民政部门要会同有关部门进行灾情核定。灾害发生后,灾害发生地县级以上人民政府或者应急指挥机构应当向本级人民代表大会常务委员会和上一级人民政府报告调查评估结果和应急工作情况。对重大突发事件的调查评估结果和应急处理情况,应当逐级报告省人民政府。

受灾地区县级以上人民政府根据灾区的经济实力和受灾情况,给予政策、财政等方面的支持,建立城市与灾区之间的对口支援机制,为灾区提供人力、物力、财力和智力支持,并积极鼓励和引导社会力量参与灾后恢复与重建工作。在灾情超过当地政府恢复重建能力时,当地政府可向上级政府请求支援,上级政府应及时制定相关政策,给予支持。

三、自然灾害事件应急项目管理的控制

作为一类特殊的项目,自然灾害事件应急项目管理中控制的作用虽然也在于寻找项目实际进展与计划的差异并采取措施来纠正偏差,但其在具体的管理活动实施中却有其独特性。以下结合上文中对计划的讨论,对自然灾害事件应急项目的范围控制、质量控制、进度控制和成本控制进行阐述。

(一) 项目范围控制

自然灾害事件应急项目具有高度不确定性与复杂性,因此其范围控制的难度非常之高。尽管如此,由于自然灾害事件应急项目具有类别上的区域稳定性,对于常发性自然灾害的灾种、特征、影响,相关处置部门是非常熟悉并了解的,这就为自然灾害事件应急项目的范围控制提供了可行性。自然灾害事件应急项目预防与应急准备、监测与预警以及灾后恢复与重建三个阶段的工作相对具有常规性,可按照一般项目的纠偏措施来开展应急项目范围的控制工作,主要包括:

(1) 衡量实际工作;

(2) 与计划进行比对;

(3) 采取纠偏措施;

(4) 提出改进计划。

在处置与救援阶段,由于灾害情景演变过于复杂,实际工作与计划工作偏差太大,而决策者的时间压力又过大,因此项目范围的控制无法采用传统的纠偏措施,而应以项目范围变更作为控制的主要手段。在此阶段,项目的决策者只能是动态适应项目范围的变化,不断做出项目范围的变更,所做的决策与采取的行动只要不偏离灾损最小化这一目标即可。

(二) 项目质量控制

前已述及,自然灾害事件应急项目质量管理计划包括产品质量管理计划、过程质量管理计划以及活动质量管理计划,其中过程质量与活动质量是保障产品质量的前提。同样,项目质量控制也包括产品质量控制、过程质量控制以及活动质量控制。对于应急项目下的常规性子项目,可以按照一般项目质量控制的方法,对产品质量、过程质量以及工作质量加以衡量、比对、纠偏、改进。但对于那些非常规性的子项目,因为时间的紧迫性与资源的稀缺性,没有决策者能确定下一秒发生什么。这种条件下的应急项目质量控制,只能是采用“走一步,看一步”或者是“摸着石头过河”的方式,探索着进行工作质量与过程质量的控制,进而保障应急项目的产品质量。这里的质量既包括有形的产品,也包括无形的服务,如为受灾群众提供食品,要在温饱的基础上满足营养

美味的进一步需求，同时还要提供贴心温暖的服务。

（三）项目进度控制

自然灾害应急项目与其他类应急项目一样，时间都非常紧迫，因此进度控制非常重要。在进度控制中，也需要区分常规性子项目和非常规性子项目。对于前者，如灾后新建百姓住房，或损毁的桥梁工程修复，完全可以按照一般项目的进度控制方法进行控制。但对于非常规性子项目，如救援队伍在信息不畅和道路损毁的情况下去受灾地区救援，虽然有黄金 72 小时的时间限制，但由于项目活动的不确定性太高，很难对项目进度进行控制。这类项目活动的不确定性表现在四个方面：一是事前无法确定有些项目活动是否发生；二是无法对有些活动进行时间估算；三是无法确定活动所需的资源以及资源是否可充分供应；四是意外事件随时可能发生，原有活动间的制约关系会变得面目全非。因此，针对这类子项目，应以项目进度变更为主要控制手段，强调活动的灵活性与鲁棒性，所有的活动均围绕满足受灾群众的需求与期望、灾损最小化来组织。

（四）项目成本控制

自然灾害事件应急项目的成本可谓巨大且不可控，这尤其适用于处置与救援阶段。在应急项目的监测与预警、预防与应急准备以及灾后恢复与重建三个阶段，虽然成本投入也是相当高，但这三个阶段的项目以常规性的子项目为主，如建立和运行精确有效的全覆盖多灾种综合监测预报预警系统，建设防灾减灾重大基础设施和基本公共服务设施等，这些子项目成本可控性相对较强，使用传统的项目成本控制手段进行控制即可。而对于通常发生在处置与救援阶段的非常规性的子项目，如对灾区人民的救助，则本着“以人为本，生命至上”的原则，不遗余力、不计成本。尽管不计成本，但仍需提高资金与资源的利用效率，可考虑通过优化资源配置，提高救助活动的效率来控制成本。例如，汶川地震刚一发生，短时间内难以筹集到各种救援资源，出现了资源严重短缺的局面，不利于应急项目目标的实现。而随着时间推移，各路物资先后抵达。但由于信息缺失以及物资接收渠道的局限性问题，导致有的地区物资过剩，有的地区却极度缺乏物资。从成本控制的角度看，虽然总体成本可能并没有增加，但同样成本的投入却没有实现项目的目标，也是成本控制出现了问题。此外，自然灾害事件应急项目在处置与救援阶段的成本构成较为复杂，如全社会发动的捐助行为、社会公益组织、志愿者的成本付出等，需要综合考虑全社会的成本，来开展项目的成本控制工作。

本章小结

自然灾害事件应急项目是以国家相关法律、法规、预案为依据，由政府主导并组织的能够让人民群众在面对自然灾害事件时有更强的防御和抵抗能力，降低他们的风险和脆弱性，在一定时间、人员和其他资源的约束条件下，所开展的一种针对具体突发自然灾害事件的独特性、一次性、过程性、不确定性、风险性和突发性的管理和业务工作。此类项目的管理，必须以灾害风险管理与综合减灾为导向、以预防与应急准备为管理核心来开展预防与应急准备、监测与预警、应急处置与救援和事后恢复与重建四阶段的项目管理工作，并且利用各类应急项目管理方法和工具重点做好项目范围、质量、进度与成本的计划、组织与控制工作。

复习思考题

1. 自然灾害事件应急项目的主要特性都有哪些?
2. 自然灾害事件应急项目管理的核心是什么?
3. 为什么说自然灾害事件应急项目管理具有区域针对性?
4. 自然灾害事件应急项目最关键的项目相关者是谁?为什么?
5. 自然灾害事件应急项目的四个阶段之间具有明确的界限吗?为什么?

即测即评

参考文献

1. 张广泉. 风险交织叠加防范刻不容缓——近年我国自然灾害特点及其影响分析. 中国应急管理,2020(7):14-15.

2. 甘肃文县因强降雨导致交通中断多个乡村成“孤岛”当地正全力以赴打通“生命线”. (2020-08-19)[2020-11-06]. 央广网.

3. 陈颙. 自然灾害的预测预警. 防灾博览,2009(6):14-17.

4. 王浩正. 浅议自然灾害救援的法律问题研究. 法制博览,2020(6):112,116.

5. 我国每年因自然灾害造成的直接经济损失超过3000亿元. (2019-09-18)[2020-11-06]. 新浪财经.

6. 新华社. 习近平对防汛抢险救灾工作作出重要指示. (2018-07-19)[2020-11-06]. 中央人民政府门户网站.

7. 龙川县汽摩运动协会挺进米贝村的“越野部队”. (2019-06-18)[2020-11-03]. 搜狐网.

第十四章 突发公共卫生事件应急项目管理

从古希腊时代的鼠疫大流行，到2019年底起开始肆虐全球的新冠病毒肺炎（COVID-19）疫情，从切尔诺贝利核电站爆炸所引起的核污染，到时有耳闻的水源污染导致的中毒突发事件，突发公共卫生事件从未远离过我们，不仅给人类健康带来巨大的威胁，也严重影响了社会经济的发展。然而，随着科学技术发展，全球应对突发公共卫生事件的能力不断增强，形成了针对传染病防控、食品安全、职业卫生安全等方面的突发公共卫生事件的应急法规、管理体系、方法与工具。本章将基于我国颁布的《突发公共卫生事件应急条例》等相关法规性文件，对突发公共卫生事件应急项目的概念与特性、突发公共卫生事件应急项目管理的独特性、突发公共卫生事件应急项目管理的基本原理和基本方法进行阐述。

第一节 突发公共卫生事件应急项目的概念与特性

突发公共卫生事件作为突发事件的一类，它造成或可能造成社会公众健康严重损害，并且对经济和社会发展带来极为不利的影响，而突发公共卫生事件应急项目是应对突发公共卫生事件的根本方式，这类项目实施的目的在于有效预防、及时控制和消除突发公共卫生事件及其危害，最大限度地减少突发公共卫生事件对公众健康造成的危害，以保障公众的身心健康与生命安全。本节将对突发公共卫生事件应急项目的概念、突发公共卫生事件应急项目的主要特性以及突发公共卫生事件应急项目的分类进行阐述。

一、突发公共卫生事件应急项目的概念

由本书第一章中对于应急项目的定义可知，应急项目是政府为实现预防和减少突发事件的发生，控制、减轻和消除突发事件引起的严重社会危害的目标，在一定时间、人员和其他资源的约束条件下，所开展的一种具有独特性、一次性、过程性、不确定性和突发性的工作。突发公共卫生事件应急项目作为其中的一类，实际上是一种政府主导和组织开展的应对突发公共卫生事件所导致的不利后果的独特项目。

（一）突发公共卫生事件的概念

突发公共事件是指突然发生，造成或者可能造成重大人员伤亡、财产损失、生态环境破坏和严重社会危害，危及公共安全的紧急事件。突发公共事件主要分为自然灾害事件、事故灾难事件、公共卫生事件和社会安全事件。其中的公共卫生事件主要包括传染病疫情、群体性不明原因疾病、食品安全和职业危害、动物疫情，以及其他严重影响公众健康和生命安全的事件。根据我国目前已颁布的相关法规、条例和应急预案来看，突发公共卫生事件主要包括重大传染病疫情、

群体性不明原因疾病、突发公共事件医疗卫生救援、突发重大动物疫情、重大食品安全事故几类。其基本定义如下。

1. 重大传染病疫情

重大传染病疫情是指某种传染病在短时间内发生、波及范围广泛，出现大量的病人或死亡病例，其发病率远远超过常年的发病率水平的情况。

2. 群体性不明原因疾病

群体性不明原因疾病是指一定时间内（通常是指 2 周内），在某个相对集中的区域（如同一个医疗机构、自然村、社区、建筑工地、学校等集体单位）内同时或者相继出现 3 例及以上相同临床表现，经县级及以上医院组织专家会诊，不能诊断或解释病因，有重症病例或死亡病例发生的疾病。群体性不明原因疾病具有临床表现相似性、发病人群聚集性、流行病学关联性、健康损害严重性的特点。这类疾病可能是传染病（包括新发传染病）、中毒或其他未知因素引起的疾病。

3. 突发公共事件医疗卫生救援

突发公共事件医疗卫生救援是指自然灾害事件、事故灾难事件、公共卫生事件、社会安全事件等突发公共事件发生后开展的各项医疗卫生救援工作，以最大限度地减少人员伤亡和健康危害，保障人民群众身体健康和生命安全，维护社会稳定。

4. 突发重大动物疫情

突发重大动物疫情是指陆生、水生动物突然发生重大疫病，且迅速传播，导致动物发病率或者死亡率高，给养殖业生产安全造成严重危害，或者可能对人民身体健康与生命安全造成危害，具有重要经济社会影响和公共卫生意义。

5. 重大食品安全事故

重大食品安全事故是指由于食品中包含损害或威胁人体健康的有毒、有害物质或不安全因素，导致消费者急性、慢性中毒或感染疾病，产生危及消费者及其后代健康隐患的突发公共卫生事件。

（二）突发公共卫生事件应急项目的定义

从上述对突发公共卫生事件的基本定义可以看出，突发公共卫生事件是指突然发生，造成或者可能造成社会公众健康严重损害的重大传染病疫情、群体性不明原因疾病、重大食物和职业中毒以及其他严重影响公众健康的事件。为了有效预防、及时控制和消除突发公共卫生事件及其危害，指导和规范各类突发公共卫生事件的应急处理工作，最大限度地减少突发公共卫生事件对公众健康造成的危害，保障公众身心健康与生命安全，我国陆续颁布了《突发公共卫生事件应急条例》（2003 年）、《中华人民共和国传染病防治法（修订）》（2013 年）、《国家突发公共卫生事件应急预案》（2006 年）、《中华人民共和国突发事件应对法》（2007 年）等法规性文件，这些文件已成为我国应对突发公共卫生事件的最根本依据。

《国家突发公共卫生事件应急预案》第 1.1 条规定："有效预防、及时控制和消除突发公共卫生事件及其危害，指导和规范各类突发公共卫生事件的应急处理工作，最大限度地减少突发公共卫生事件对公众健康造成的危害，保障公众身心健康与生命安全。"其中的"突发公共卫生事件的应急处理工作"即为本书所定义的突发公共卫生事件应急项目。作为应急项目的一类，"为了有效预防、及时控制和消除突发公共卫生事件的危害，保障公众身体健康与生命安全，维护正常的社会秩序"是突发公共卫生事件应急项目的根本目的。由此来看，突发公共卫生事件应急项目是以上述法规性文件为根本依据，由政府主导和组织的为实现预防和减少突发公共卫生事件的发生，控制、减轻和消除突发公共卫生事件引起的严重社会危害，在一定时间、人员和其他资源的约束条件下，所开展的一种具有突发性、独特性、一次性、过程性和不确定性等特性的工作。它是实现突发公共卫生事件应急目标的关键，其项目目标的确定、项目组织的形成、项目活动的实施、项目资源的获取将针对突发公共卫生事件应对来开展，并将以相关法规性文件作为项目管理的最根本依据。

二、突发公共卫生事件应急项目的主要特性

如上所述，突发公共卫生事件应急项目的突发性，是由突发公共卫生事件的突然发生而触发的紧急应对而产生的，它往往会使人们在对其开展管理之初陷入茫然不知所措的局面。因为人们只有掌握充分的信息才能开展客观和科学的决策活动并开展相应的管理活动，而突发公共卫生事件应急项目的突发性却让人们往往无法在突发事件发生之初就掌握充分的相关信息，因此这种项目的计划、组织、实施、控制和决策最初都会陷入因缺乏信息而难以决策的困境，所以这类项目的实施更多的是一种基于项目管理基本原理并结合应急项目特性来开展的探索。除了突发性外，作者研究结果表明这种项目的特性还主要包括以下五方面。

（一）独特性

突发公共卫生事件应急项目的独特性指每个突发公共卫生事件应急项目都具有自己的独特之处，不仅其所应对的突发公共卫生事件是不同的，具体应急项目的目标、产出物及应急项目管理工作都不尽相同。换句话说，每个突发公共卫生事件应急项目都会存在环境、致病诱因、影响人群等方面的独特性，即便致病病毒或细菌是同一种，世界上也没有完全相同的两个突发公共卫生事件应急项目。例如，分别发生于 2014 年和 2017 年的西非和刚果（金）埃博拉疫情，虽然都由埃博拉病毒所引发，但这两个应急项目在项目对象、范围、风险等方面都存在很大差异。

因此，虽然突发公共卫生事件应急项目在基本目的等方面具有一定的共性，但每个具体项目的独特性才是开展此类项目管理所应关注的根本特性。若要想科学和正确地应对一起突发公共卫生事件，其重要前提就是充分认识该事件的独特性，只有针对这种独特性开展管理才有可能取得最后的成功。例如，即使我们有了 2003 年应对 SARS 疫情的应急管理经验，但是对于 2020 年的新冠肺炎疫情仍不可能照搬应对 SARS 的方案和办法，因为二者在很多地方具有不同的独特之处。

（二）一次性

突发公共卫生事件应急项目的一次性是指每个突发公共卫生事件应急项目都有明确的起点和终点，它与项目持续时间长短无关，不管持续多久都最终会迎来终点。例如，2003 年的 SARS 应急项目在国家 2003 年 5 月份出台《突发公共卫生事件应急条例》之后不久就到达了整个应急项目的终点（大约 2003 年 6 月底）。然而，这种一次性也使得突发公共卫生事件应急项目的成功机会也是唯一的，如果管理失败，则不会有第二次机会，并且会付出沉重的生命代价。因此，在实际管理中必须充分重视这种一次性与日常行政和运营管理的不同，不可完全按照固定的模式和做法来进行管理，以免贻误时机。

（三）政府主导性

《突发公共卫生事件应急条例》第 3 条第 1 款规定："突发事件发生后，国务院设立全国突发

事件应急处理指挥部，由国务院有关部门和军队有关部门组成，国务院主管领导人担任总指挥，负责对全国突发事件应急处理的统一领导、统一指挥。”这表明突发公共卫生事件应急项目实施和管理主导者是政府，而这种政府主导性意味着在此类应急项目管理中需要由中央政府统一领导，各级政府为实现“保障公众身体健康与生命安全，维护正常的社会秩序”的目标可以综合协调企业、医院、学校、科研院所等各种社会组织。作为区别于其他项目的最主要特性之一，这种政府主导性要求突发公共卫生事件应急项目管理采用一种更高效的、能够动员各种资源去应对各种突发公共卫生事件的管理体制。

（四）风险性

突发公共卫生事件应急项目的风险性是由这种突发事件自身的不确定性所导致的，而这种不确定性又是由这种突发事件所处条件和环境及其发展变化以及人们认识能力的局限性所造成的。突发公共卫生事件的不确定性所导致出现的各种损失就是此类项目风险性之所在，而这种特性将使得其中的项目管理和决策不可避免地出现失误，因此令整个项目直至终止之前都处在“摸着石头过河”的状态。例如，2019 年底新冠肺炎病毒开始出现，面对这种新发传染病，一切都是未知数，所采取的一切防控措施都面对着一定的风险性，而对于公众身体健康与生命安全来说这又是必须做的，即便是对于封城这样能够有效阻断疾病跨地区传播的措施，也面对着经济、社会等多方面的风险。

（五）过程性

突发公共卫生事件应急项目的过程性是指突发公共卫生事件应急项目是由一系列活动构成的应急管理工作，涉及预防和应急准备、监测与预警、应急处置与救援、事后恢复与重建四个阶段。这四个阶段互相关联、相互影响，覆盖了突发公共卫生事件应急项目的全过程，强调了突发公共卫生事件应急项目的过程性。应急项目的过程性使得人们在对突发公共卫生事件的处置和管理过程中必须把突发公共卫生事件应急项目划分成一系列的阶段，然后将每个阶段进一步划分成应急项目管理工作包，最终将整个项目的工作包进一步划分成一系列的应急项目具体活动，最终基于活动来开展各项应急工作和分配具体应急职责。此外，突发公共卫生事件应急项目的过程性还体现在每个阶段的产出物都将是后一阶段的重要输入物，缺少了任何一个阶段都无法达成应对目标。

突发公共卫生事件应急项目除了具有上述特性外，还具有目的性、制约性、复杂性。其中，目的性是指所有的突发公共卫生事件应急项目都是以“有效预防、及时控制和消除突发公共卫生事件的危害，保障公众身体健康与生命安全，维护正常的社会秩序”为基本目的的，虽然不同项目的具体目标会有所差异，但这种初衷始终不变。制约性之所以存在是因为突发公共卫生应急项目是在一定社会经济环境中实施的，必然受到各种客观条件的影响和制约，包括人、财、物、时间、技术、信息等因素。复杂性是由于突发公共卫生事件应急项目在结构、技术、方向等方面存在复杂性造成的，其具体内容详见本书第六章。

三、突发公共卫生事件应急项目的分类

基于上述对突发公共卫生事件项目定义和特性的分析，为了进一步明确突发公共卫生事件应急项目的内涵，以下将根据影响地理范围、引发原因和有无预警信息对突发公共卫生事件应急项目的分类进行讨论。

（一）按照影响地理范围的分类

按照突发公共卫生事件影响地理范围可以将突发公共卫生事件应急项目分为：国际性、区域性、国家性和地区性四类突发公共卫生事件应急项目。

1. 国际性突发公共卫生事件应急项目

国际性突发公共卫生事件应急项目是为了应对那些对全球民众健康造成危害的突发公共卫生事件所开展的应急项目。自 2005 年新版《国际卫生条例》生效以来，世界卫生组织共宣布了六起“国际关注的突发公共卫生事件”，而对于这类事件的处置和行动即为国际性突发公共卫生事件应急项目。

2. 区域性突发公共卫生事件应急项目

区域性突发公共卫生事件应急项目是指影响范围波及某一区域内的几个国家但又尚未构成国际性突发公共卫生事件的应急项目，这种项目需要区域内的国家间开展合作来完成。例如，1986 年 4 月乌克兰发生“切尔诺贝利核事故”，由原子炉熔毁而泄漏的辐射尘飘过俄罗斯、白俄罗斯和乌克兰，也飘到欧洲的部分地区，方圆 30 公里地区的 11.5 万余民众被迫疏散。[1] 对该事故进行的医疗救援就属于区域性突发公共卫生事件应急项目。

3. 国家性突发公共卫生事件应急项目

这种应急项目中的国家性突发公共卫生事件是指爆发于一个国家，虽然影响范围为全国的多个地区或所有地区，但未超越该国国境，未对其他国家造成影响的突发公共卫生事件。例如，我国长江中下游一带及长江流域以南地区曾发生日本血吸虫病疫情[2]，应对这一疫情开展的应急项目就属于国家性突发公共卫生事件应急项目。

4. 地方性突发公共卫生事件应急项目

地方性突发公共卫生事件应急项目是指为了应对爆发于某一个国家内某一地方的突发公共卫生事件而开展的应急项目。例如，某地发生食物中毒或职业中毒引发的突发公共卫生事件，对于这一事件的应对就属于地方性突发公共卫生事件应急项目。

（二）按照引发原因的分类

《突发公共卫生事件应急条例》第 2 条规定：“……突发公共卫生事件……是指突然发生，造成或者可能造成社会公众健康严重损害的重大传染病疫情、群体性不明原因疾病、重大食物和职业中毒以及其他严重影响公众健康的事件。”这表明突发公共卫生事件由多种原因引发，因此本书将突发公共卫生事件应急项目按引发原因分为五类。

1. 重大传染病疫情应急项目

即人们为应对重大传染病造成或可能造成社会公众健康受损而开展的突发公共卫生事件应急项目。重大传染病疫情是指某种传染病在短时间内发生、波及范围广泛，且出现大量的病人或死亡病例。

2. 群体性不明原因疾病应急项目

即人们为应对群体性不明原因疾病造成或可能造成社会公众健康受损而开展的突发公共卫生事件应急项目。群体性不明原因疾病是指在短时间内，某个相对集中的区域内同时或者相继出现具有共同临床表现病人，且病例不断增加，范围不断扩大，又暂时不能明确诊断的疾病。

3. 重大食物中毒应急项目

即人们为应对重大食物中毒造成或可能造成社会公众健康受损而开展的突发公共卫生事件

应急项目。重大食物中毒指由于食品污染的原因造成的人数众多或者伤亡较重的中毒事件。

4. 重大职业中毒应急项目

即人们为应对重大职业中毒造成或可能造成社会公众健康受损而开展的突发公共卫生事件应急项目。重大职业中毒是指由于职业危害的原因造成的人数众多或者伤亡较重的中毒事件。

5. 其他原因引发的突发公共卫生事件应急项目

即人们为应对其他严重影响公众健康突发事件而开展的突发公共卫生事件应急项目。其他严重影响公众健康的突发公共卫生事件有生物、化学、物理等因素引起的恐怖袭击事件、重大环境污染事件、核辐射事件等。

(三) 按照有无预警信息的分类

虽然很多突发公共卫生事件应急项目都有明显的预警信息,特别是随着监测技术进步,捕捉预警信息的及时程度和准确程度日渐提高,但仍然存在无预警信息的情况。因此,可以按照有无预警信息将突发公共卫生事件应急项目分为两类。

1. 有预警信息的突发公共卫生事件应急项目

这种突发公共卫生事件应急项目的风险性是相对可预知和可预测的,大多数的突发公共卫生事件应急项目属于这一类。正因如此,在《突发公共卫生事件应急条例》和各突发公共卫生事件应急预案中都强调积极开展信息监测工作并进行及时预警。例如,很多已知传染病疫情在发生前都会通过日常监测发现有类似症状的疑似病例,如果及时确诊,那么这就将成为预警信息,可以为及时控制疫情赢得机会。

2. 无预警信息的突发公共卫生事件应急项目

虽然随着诊疗和监测技术进步,很多传染病都可以被及时发现并发出预警,但对于新发传染病或未知原因造成的中毒等,人们依然可能在事件发生之前和发生之初对其一无所知,因此无法捕捉到预警信息,形成相对的无预警状况。例如,在幼儿园发生食物中毒事件前,可能并没有人能够发现食物存在问题,直到幼儿发生群体性中毒症状,通过化验和检测才知道发生了食物中毒。

第二节　突发公共卫生事件应急项目管理的独特性

如第一节所述,突发公共卫生事件应急项目是一种具有政府主导性、一次性、过程性等特性的应急项目,因此对其开展的管理也具有独特性。以下将对其定义、管理的目标、特性和相关法律责任进行阐述。

一、突发公共卫生事件应急项目管理的基本概念

从本书前述章节的内容可知,应急项目的根本目标就是通过采取应急处置措施来消减《应急法》第 3 条中“突发事件”所造成或者可能造成的严重社会危害。所以,突发公共卫生事件应急项目管理的核心便在于应对和处理突发公共卫生事件带来的或者可能带来的社会大众身心健康损害和其他严重社会危害。

(一) 突发公共卫生事件应急项目管理的定义

按照《突发公共卫生事件应急条例》(2011 年修订)第 2 条的规定,突发公共卫生事件是指突

然发生，造成或者可能造成社会公众健康严重损害的重大传染病疫情、群体性不明原因疾病、重大食物和职业中毒以及其他严重影响公众健康的事件。由此可知，突发公共卫生事件应急项目就是为应对这些突发公共卫生事件所开展的一种项目，而这种项目管理的根本目的是应对这些突发公共卫生事件并消减这些事件造成或者可能造成的社会公众健康严重损害等严重社会危害。突发公共卫生事件应急项目是应急项目的一类，本书对突发公共卫生事件应急项目管理的定义是：突发公共卫生事件应急项目管理是运用各种相关的知识、技能、方法和工具，为消减突发公共卫生事件所造成的或者可能造成的严重社会危害，所开展的项目起始、计划、组织、控制与结束的具体管理活动，这涉及各种突发公共卫生事件应急项目的全过程管理和所涉及的各方面或各个专项的全面管理，包括在突发公共卫生事件发生前、发生中和发生后，采取相应的物资储备和人员准备、监测与预警以及现场处置等措施，对事件加以预防和控制，使其造成的或者可能造成的社会损失降至最低的全过程。

（二）突发公共卫生事件应急项目管理的目标

突发公共卫生事件应急项目管理的根本目标是“有效预防、及时控制和消除突发公共卫生事件的危害，保障公众身体健康与生命安全，维护正常的社会秩序”。所以，突发公共卫生事件应急项目管理有两方面的目标。

1. “有效预防”的目标

第一种目标是阻止突发公共卫生事件可能造成的“社会公众健康严重损害”等严重社会危害，这是一种在突发公共卫生事件造成严重社会危害之前所开展的突发公共卫生事件应急项目的管理目标。对于事前有征兆的突发公共卫生事件，可以通过公共卫生状况预警、传染病流行因素预警、次生突发公共卫生事件预警等进行防范。需要注意的是，这并不是说人们能够通过突发公共卫生事件的预警信息完全防止和禁止事件已经造成和可能造成的所有后果。实际上，由于信息滞后、个人主观判断能力有限等原因，即使在得到预警信息后，相关部门或者组织机构及影响人群也很难在第一时间作出正确无误的判断并提出相应的应对措施来完全预防、控制、消减事件可能带来的危害。也就是说，由于突发公共卫生事件的突发性，其可能造成的后果是不可能完全避免的，人们能做的更多是把它们可能造成的“社会公众健康严重损害”等严重社会危害尽可能降至最低，预防大规模的人员感染和死亡。

2. “及时控制”的目标

这是一种消减突发公共卫生事件已经造成的“社会公众健康严重损害”等严重社会危害的目标。由于突发公共卫生事件本身的突发性，大多数突发公共卫生事件并没有明显的风险征兆或触发信号，或由于监测体系、个人判断能力等局限性，人们很难通过事发前的监测与预警做好全面的应对工作，特别是对于新发传染病或群体性不明原因疾病来说，由于缺少对致病病毒、传播途径、致病机理等方面的了解，预防工作的开展难度十分大。因此对于这种无预警信息的突发公共卫生事件应急项目的管理，最高目标是通过迅速反应、积极应对从而消减和控制突发公共卫生事件所引起的严重社会危害的后果。因此，多数时候，这种突发事件一旦发生，伴随着的就是“社会公众健康严重损害”等严重社会危害的不利后果，此时的突发公共卫生事件应急项目管理最重要的目标就是努力消减和控制已经造成的或者后续可能造成的不良后果，而为了实现这个目标，就必须开展事中防控和事后预防评估。

二、突发公共卫生事件应急项目管理的特性

突发公共卫生事件应急项目不同于其他应急项目，这不仅因为其突发事件本身具有独特性，每一个突发公共卫生事件应急项目也不尽相同。所以，任何突发公共卫生事件应急项目管理都需要针对项目自身的独特性去开展管理。因此，充分认识突发公共卫生事件应急项目管理的特性是开展这种应急项目管理的前提条件。突发公共卫生事件应急项目管理的主要特性包括如下四个方面。

（一）突发应对性

突发公共卫生事件往往具有突发性、影响范围不确定性、后果严重性等特点，而其突发性给管理工作带来了极大的挑战。从本书第一章和第五章可知，突发公共卫生事件可分为有预警信息和无预警信息两种。对于无预警信息的事件，其发生时间和发生地点不可预见，其事件规模、发展态势、影响程度往往也难于预测，具有明显的不确定性。事件一旦发生，不仅可能危害少数人的健康，也可能涉及广泛的社会群体，对人民生命安全和社会环境造成巨大危害和威胁。因此，要求人们按照《国家突发公共卫生事件应急预案》中的“突发公共卫生事件的分级”做出突发公共卫生事件的应急级别判断，并制定相应的应急预案，立即采取应对措施，否则将会造成更大的危害和损失。有预警信息的突发公共卫生事件在发生前通常会出现一些征兆，可以通过监测、分析、判断，在突发事件发生之前或发生之初得到相应的预警信息，对于这一类事件要求人们抓住这一瞬的先机，根据突发公共卫生事件应急项目的风险管理理论，识别出项目风险的多种结果，制定出各种结果的应急项目方案，但这些应急项目方案往往因为事件初期的信息缺乏而无法得以充分的论证和评估。所以，突发公共卫生事件应急项目管理具有突发应对性的根本特性，这也是突发公共卫生事件应急项目管理最需要应对的根本特性。

（二）管理复杂性

如本书第六章所述，应急项目通常具有结构复杂性、技术复杂性、方向复杂性和渐进复杂性等特点，而突发公共卫生事件应急项目由于病毒变异，以及社会群体活动和疫病传播方式等方面的不确定性，更加剧了其管理的复杂性。突发公共卫生事件应急项目管理涉及对资金、信息、资料资源、社会舆论、社会治安等多方面的管理活动，而这些管理内容都是相互关联、相互影响的，其中具有难以预测的复杂的相互关系、巨大的信息量及其不断的变化，使得人们在突发公共卫生事件应急项目管理的开始阶段，会遇到项目结构复杂性的问题，也就是不清楚突发事件的应对范围和结构、需要开展哪些工作和需要得到什么样的结果；在实施阶段，会遭遇技术复杂性问题，即知道该做什么但不清楚需要采取哪种技术和手段或者有没有这项技术；在项目后期，虽然由于信息缺口缩小，项目管理本身的风险性有所降低，但病毒变异等外部环境中的不确定因素仍然存在，且有可能出现一些衍生社会问题，因此存在方向复杂性和渐进复杂性，不到项目结束就无法摆脱这种复杂性，因此突发公共卫生事件应急项目需要应用复杂项目管理的工具和办法来开展管理。

（三）管理动态性

由于突发公共卫生事件的突发性，造成这种应急项目管理者在突发事件发生时往往处在信息不完备的状态，从而造成管理者无法及时而迅速地选择防控方式并正确地确定项目活动，也无法明确所需的资源需求。因此，突发公共卫生事件应急项目管理是通过实践转化为经验的方式

来开展管理的，这使得其具有很强的动态性。突发公共卫生事件的突发应对性和管理复杂性，要求人们在事件预警初期或者爆发初期，迅速做出应急反应，这种一瞬间做出的应对行动可能没有先前的经验可遵循与借鉴，因此可能不具有一针见血的准确性与正确性。随着环境因素不断改变、事件发展态势不断演变，以及之前决策数据的反馈，需要在初始决策的基础上对已实施应对活动的方向、目标、方针及方案进行重新调整与修正，按照这种与时俱进的跟踪决策方式去管理突发公共卫生事件应急项目。例如，由于新冠肺炎是由一种未知病毒引发的传染病，因此在疫情防控期间，我国政府根据事态的发展，逐步实施了疫情调查、武汉封城、全国范围内的停工停学等措施。

（四）强制命令性

突发公共卫生事件所具有的特性，使得事件一旦发生，就必须在尽短时间内做出应急反应来应对事件带来的“社会公众健康损害”等严重社会危害，而这也赋予了突发公共卫生事件应急项目管理的强制命令性，即必须采用行政命令、强制手段以及统一指挥等管理手段来开展管理。所以，《突发公共卫生事件应急条例》第 5 条给出了“统一领导、分级负责”的工作原则，并且第 3 条第 1 款规定：“突发事件发生后，国务院设立全国突发事件应急处理指挥部，由国务院有关部门和军队有关部门组成，国务院主管领导人担任总指挥，负责对全国突发事件应急处理的统一领导、统一指挥。”这些都说明突发公共卫生事件应急项目管理具有强制命令的特性，因为只有迅速调用各类物资，调集人员做出应急响应，才能尽可能地消减或者控制突发公共卫生事件已经造成的或者可能造成的“社会公众健康严重损害”等严重社会危害，在这之前没有多余的说服和解释时间只能采取强制命令，之后再予以补偿和说明。

三、突发公共卫生事件应急项目管理的法律责任和规定

如上所述，突发公共卫生事件应急项目管理具有强制命令性，这表明在管理活动开展过程中必须“按章办事，有法可依”，不能够按照国家法律法规和突发公共卫生事件应急指挥部的规定去开展突发公共卫生事件应急项目管理就必须承担必要的法律责任。以下就对我国突发公共卫生事件应急项目管理的相关立法情况以及其中的法律责任和规定进行讨论。

（一）突发公共卫生事件应急项目管理的相关立法情况

从历史的角度上来看，我国自新中国成立以来便不断推动和完善突发公共卫生事件的相关立法工作。1957 年 12 月 23 日公布的《中华人民共和国国境卫生检疫条例》可以说是我国最早一批颁布的公共卫生领域的相关法律文件，其中便对各级政府部门的防疫责任进行了规定。在这之后，我国陆续推出了《中华人民共和国传染病防治法》《中华人民共和国突发事件应对法》《突发公共卫生事件应急条例》《国家突发公共事件总体应急预案》等法规性文件，逐渐形成了较完整的突发公共卫生事件应急管理的法律体系。

《中华人民共和国传染病防治法》是全国人民代表大会常务委员会批准的中国国家法律文件。1989 年 2 月 21 日第七届全国人民代表大会常务委员会第六次会议通过，并分别于 2004 年 8 月 28 日第十届全国人民代表大会常务委员会第十一次会议和 2013 年 6 月 29 日第十二届全国人民代表大会常务委员会第三次会议开展第一次和第二次修订。该法也是我国目前传染病防治的最主要法律文件。

于 2003 年颁布的《突发公共卫生事件应急条例》（2011 年第一次修订）是我国第一部有关突

发公共卫生事件应急管理的法规性文件，而于2006年2月26日发布实施的《国家突发公共卫生事件应急预案》和《国家突发公共事件医疗卫生救援应急预案》、2006年2月27日颁布实施的《国家重大食品安全事故应急预案》和《国家突发重大动物疫情应急预案》等为我国开展不同类型的突发公共卫生事件应急项目提供了法律依据。

于2007年8月30日第十届全国人民代表大会常务委员会第二十九次会议通过的《中华人民共和国突发事件应对法》是我国目前开展突发事件预防与应急准备、监测与预警、应急处置与救援、事后恢复与重建等应对活动的最重要法律依据，其中亦包括突发公共卫生事件。

另外，由原卫生部于2006年8月22日发布实施的《突发公共卫生事件与传染病疫情监测信息报告管理办法》(2006年修订)、2006年9月19日发布实施的《非职业性一氧化碳中毒事件应急预案》、2007年1月16日发布实施的《群体性不明原因疾病应急处置方案》(试行)等都为开展不同类型的突发公共卫生事件应急项目提供了重要法律依据。

(二)突发公共卫生事件应急项目管理的法律责任规定

从上述关于突发公共卫生事件应急项目的相关立法情况来看，面对突发公共卫生事件，各级政府、相关单位和个人都必须依法办事，若未能履行相应的法律责任，那么就会得到相应的处罚或承担必要的法律后果。以下将根据上述法规性文件，对突发公共卫生事件应急项目管理中的法律责任进行讨论。

1. 政府及其部门的责任规定

从当前相关法规性文件中对政府及其部门的法律责任规定来看，其责任主要涉及信息通报与上报、应急物资生产与供应和配合上级人民政府有关部门调查等方面，拒不履行应急处理职责的都将受到相应的处分甚至追究刑事责任。例如，《突发公共卫生事件应急条例》中第45条规定："县级以上地方人民政府及其卫生行政主管部门未依照本条例的规定履行报告职责，对突发事件隐瞒、缓报、谎报或者授意他人隐瞒、缓报、谎报的，对政府主要领导人及其卫生行政主管部门主要负责人，依法给予降级或者撤职的行政处分；造成传染病传播、流行或者对社会公众健康造成其他严重危害后果的，依法给予开除的行政处分；构成犯罪的，依法追究刑事责任。"由此可见，政府及其部门在突发公共卫生事件应急项目中必须按照规定履行报告职责。

2. 卫生行政主管部门和医疗卫生机构的责任规定

卫生行政主管部门是突发公共卫生事件应急项目中与医疗救治、防疫等活动关系最密切的政府部门，因此其职责履行情况对整个项目的目标达成有关键性影响。为此，《突发公共卫生事件应急条例》第48条对县级以上各级人民政府卫生行政主管部门和其他有关部门在突发事件调查、控制和医疗救治工作中玩忽职守、失职、渎职的，规定"由本级人民政府或者上级人民政府有关部门责令改正、通报批评、给予警告；对主要负责人、负有责任的主管人员和其他责任人员依法给予降级、撤职的行政处分；造成传染病传播、流行或者对社会公众健康造成其他严重危害后果的，依法给予开除的行政处分；构成犯罪的，依法追究刑事责任"。

医疗卫生机构是突发公共卫生事件应急项目中具体医疗救治活动的实施者，同时也是相关活动的管理者，因此不仅对接诊病人负有重要责任，同时也对相关信息上报、疾病监测与控制承担相应的责任，违者将承担相应的法律责任，其处罚办法为："由卫生行政主管部门责令改正、通报批评、给予警告；情节严重的，吊销《医疗机构执业许可证》；对主要负责人、负有责任的主管人员和其他直接责任人员依法给予降级或者撤职的纪律处分；造成传染病传播、流行或者对社会公众健康造成其他严重危害后果，构成犯罪的，依法追究刑事责任。”

3. 有关单位和个人的法律责任规定

《突发公共卫生事件应急条例》第 51 条规定：“在突发事件应急处理工作中，有关单位和个人未依照本条例的规定履行报告职责……对有关责任人员依法给予行政处分或者纪律处分；触犯《中华人民共和国治安管理处罚法》，构成违反治安管理行为的，由公安机关依法予以处罚；构成犯罪的，依法追究刑事责任。”由此可见，不管是企业、事业单位、政府有关单位还是个人，都必须严格履行自己在突发公共卫生事件应急项目及其管理中的法律责任，否则就必须承担必要的法律处罚后果。这也是突发公共卫生事件应急项目管理具有强制命令特性的表现，凡不听从应急统一指挥和不履行应急项目管理责任的也必须承担法律责任。

此外，《突发公共卫生事件应急条例》第 52 条规定：“……散布谣言、哄抬物价、欺骗消费者，扰乱社会秩序、市场秩序的，由公安机关或者工商行政管理部门依法给予行政处罚；构成犯罪的，依法追究刑事责任。”由此可知，在突发公共卫生事件应急项目及其管理中，不仅医疗救治、疫情防控等工作必须依法办事，切实履行职责，维护社会稳定也必不可少，一旦违法就必须承担相应的法律责任。

第三节　突发公共卫生事件应急项目管理的原理

通过上一节中对独特性的分析可以看出，突发公共卫生事件应急项目管理并不是突发公共卫生事件应急管理与项目管理的简单结合，而是针对突发公共卫生事件所提出的应急管理方法。本节就将对突发公共卫生事件应急项目管理的核心、原则和基本管理过程进行讨论。

一、突发公共卫生事件应急项目管理的核心

本着最大限度地减少突发公共卫生事件对公众健康造成的危害、保障公众身心健康与生命安全的管理目标，结合本书前文中的应急项目管理思想，突发公共卫生事件应急项目管理的核心如下。

（一）以公共健康目标为导向

突发公共卫生事件应急项目管理也就是采用项目管理的思想去进行突发公共卫生事件应急管理工作，其管理的核心之一在于以目标为导向。突发公共卫生事件应急项目管理要求人民政府及其部门、卫生医疗机构、防疫部门、研究机构、企业、社区等组织和机构间开展合作，通过利用防疫物资、政府专项资金和相关技术来开展预防与应急准备、监测与预警、应急处置与救援和事后恢复与重建四个阶段的应对工作以实现突发公共卫生事件对社会公众健康、社会稳定和经济发展造成的不利影响最小化的目的。虽然由于每一个突发公共卫生事件应急项目在具体的时间、范围、成本、进度等方面将由于项目的独特性而存在明显的差异，但每一个项目的目标都是以最大程度保障公共健康为基本出发点，而各管理主体也都是以该目标为导向来开展合作与协调、科学配置项目要素和开展管理活动的。

（二）以应急预案为管理核心

从当前我国的突发公共卫生事件应急管理相关立法情况来看，已经基本形成了国务院统一指挥、属地管理、分级负责、部门协调的应急管理组织体系，并且已经建立包括预防与应急准备、

监测与预警、应急处置与救援和事后恢复与重建四阶段的管理活动体系，而这一体系的核心便是应急预案。首先，《突发公共卫生事件应急条例》第 10 条规定："国务院卫生行政主管部门按照分类指导、快速反应的要求，制定全国突发事件应急预案，报请国务院批准。省、自治区、直辖市人民政府根据全国突发事件应急预案，结合本地实际情况，制定本行政区域的突发事件应急预案。"从这不难看出，应急预案相当于是由各级政府制定并批准的项目实施计划，是应急处置中一切行动的根本依据，并且是物资储备与人员准备、监测与预警、责任安排等方面的重要基础，整个应急管理组织体系都将围绕应急预案的制定、修改、启动、实施来开展突发公共卫生事件应急项目管理。

（三）以预警为项目实施与控制起点

在突发公共卫生事件发生后，迅速对事件信息进行分析并启动应急预案、成立应急指挥机构是政府行动的核心，而通过对监测信息进行处理后开展的预警是决定是否要启动应急预案，以及对开展什么样应急处置进行决策的关键，因为虽然在预防与应急准备阶段制定了应急预案并为应急活动准备了需要或可能需要的物资、人员、技术等，但真正将应急预案付诸行动则需要以预警级别作为根本依据。换句话说，预防与应急准备以及监测可以被视作突发公共卫生事件应急项目"定义与决策"和"计划与设计"阶段的结合，因为这一过程中所提出的各类应急预案，开展的物资储备和监测信息收集与分析相当于是对项目的目标和产出物、所应对的对象与时机及开展应急的工作、成本、质量等进行计划，而这一可能相对漫长的阶段将在预警发出后结束，并进入项目的实施与控制阶段。因此，突发公共卫生事件应急项目的实施与控制是以预警发出为起点的。

二、突发公共卫生事件应急项目管理的原则

《突发公共卫生事件应急条例》第 5 条规定："突发事件应急工作，应当遵循预防为主、常备不懈的方针，贯彻统一领导、分级负责、反应及时、措施果断、依靠科学、加强合作的原则。"据此，作者认为突发公共卫生事件应急项目管理的原则包括以下三条。

（一）准备充分，快速反应

突发公共卫生事件发生后，如果已有完整而可行的应急预案以及充足的物资和人员准备，并且建立了健全的组织体系，那么应急处置工作便会在预警发出后快速启动，各项医疗和防疫工作有条不紊地开展。因此，在预防与应急准备阶段进行应急预案的制定和修订、开展相关医疗和防疫物资的生产与储备、开展相关医护和防疫人员的培训以及开展实战演练实际是从应急处置体系、资源和能力方面给予了突发公共卫生事件应急项目以实施的保障。另一方面，由于在突发公共卫生事件发生后往往只有很短的时间可供人们做出决策并开始实施应急预案，因此要求不论是指挥部的建立、物资的筹集还是医疗和防疫人员的组织都必须做到迅速和及时，包括应急预案制定和审批等程序要求进行快速处理，否则其中任何一部分工作的延误或不到位，都有可能引起严重的后果。

（二）依法处置，上下联动

目前，我国已经形成了包括法律、条例和应急预案在内的突发公共卫生事件应急法律体系，这是开展任何一项应急工作的根本性依据，不论是医疗救治还是物资调拨，都必须依法执行，对于不符合相关法律规定的行为，都将受到处罚，这不仅让整个应急处置工作都能够按照预先设定好的科学方法去实施，同时也有力地规避了不合法行为可能带来的严重后果。虽然突发公共卫

生事件应急项目管理具备强制命令性，形成了一种从上至下的管理组织制度，但在具体的项目推进过程中，上下级之间依然需要保持联动状态，这不仅保障了上级对基层情况的掌握，也令下级能够及时获得具有针对性和及时性的命令，而这一方面最直接的体现之一就是各项法规性文件中关于信息报告、发布和反馈的规定。

（三）社会参与，群防群控

突发公共卫生事件的公共性，使得其可能在很短的时间内就造成巨大的社会负面影响，而这仅凭政府部门来单方面开展应急工作显然力不从心，因为任何一项突发公共卫生事件应急项目的开展不仅需要政府的部署与决策，同样也需要医疗和防疫专业人员的科学指导，更需要全民的配合，各有关部门和企业要通力合作，信息和资源共享，并且积极动员公众参与，这样不仅可以保障应急效果的实现，也可以极大地弥补信息缺口。例如，在应对2020年的新冠肺炎疫情过程中，政府不但组织了传染病和呼吸系统疾病的专家，全国人民也积极配合共同抗疫，不仅有效地阻止了病毒的传播，也有力地维持了社会秩序的稳定。

三、突发公共卫生事件应急项目管理的基本任务及过程

从上述关于核心和原则的阐述可知，突发公共卫生事件应急项目管理是将突发公共卫生事件应急视为一个项目，通过运用各种项目管理知识、技能、方法和工具来达到消减突发事件所造成的或者可能造成的严重社会危害的目的。为了进一步阐明这种管理的原理，以下将对突发公共卫生事件应急项目管理的基本任务和基本过程进行讨论。

（一）突发公共卫生事件应急项目管理的基本任务

由本书第一章中关于现代项目管理基本任务的论述可知，作为一类具有较高独特性的项目，突发公共卫生事件应急项目管理的根本任务在于对所有项目相关者的要求和期望的管理，以及对于为实现项目相关者这些期望和要求所开展的各项活动或工作的管理。

1. 对所有项目相关者的要求和期望的管理

对于突发公共卫生事件应急项目来说，其项目相关者不仅包括各级政府和相关部门，同时也包括各类企业、医疗与防疫部门及组织、科研机构、广大群众等。所有的项目相关者都会对这一项目形成自己的利益要求和期望，而这些要求和期望往往会因为各自立场不同而产生相互矛盾的情况，例如公众希望在不影响生活的情况下开展防疫工作，但防疫部门则希望公众减少外出和交往来控制疫情。所以，在管理过程中必须对这些要求和期望进行必要的管理，其主要方式除了下达强制命令外，还有通过商业合同、合作协议等形式开展的各种管理工作。但不论采用何种方式，尽可能多和快地挽救病人、减少健康威胁和维护社会安定都是开展管理的基本出发点。

2. 为实现期望和要求所开展的各项活动或工作的管理

为了满足项目相关者的期望，项目管理主体（主要是各级政府及相关部门）需要开展一系列的管理活动，这些活动主要包括计划、组织和控制三大部分。其中，计划是对如何开展突发公共卫生事件应急项目各阶段应急活动而给出的安排，而组织则是对谁来完成各项应急活动进行规定，控制则是针对实施情况与计划之间存在的偏差进行纠偏。例如，在武汉2020年新冠肺炎疫情的应急处置与救援阶段，虽然各类组织和部门按照应急预案开展了相关行动，但发现病例数远超现有医院的救治能力，导致出现计划与现实的偏差，于是重新开展计划，组织相关建设力量，通过建设雷神山和火神山医院来满足病患“能够被应收尽收”的期望。

（二）突发公共卫生事件应急项目管理的基本过程

为了完成上述两方面的管理基本任务，根据本书第二章中对应急项目阶段划分与全生命周期管理相关内容的阐述，应急项目管理的管理主体必须在每一项目阶段都开展起始、计划、组织、控制和结束五部分的管理工作，以此来确保项目目标的实现，即满足所有项目相关者形成的共同利益要求和期望。基于此，以下将结合突发公共卫生事件应急项目的特点以及应急项目阶段划分（详见本书第二章），对突发公共卫生事件应急项目管理的基本过程进行阐述。具体内容详见表 14-1。

表 14-1 突发公共卫生事件应急项目管理的基本过程

项目阶段 管理过程	第一阶段： 预防与应急准备	第二阶段： 监测与预警	第三阶段： 应急处置与救援	第四阶段： 事后恢复与重建
起始子过程	• 应急预案制定或修订决策 • 诊疗、防疫及其他人员与物资准备决策 • 防疫与医疗急救应急演练决策	• 监测实施决策 • 风险评估实施决策 • 预警实施决策	• 应急预案启动决策 • 应急预案实施跟踪决策 • 应急处置与救援中止决策	• 事后恢复与重建工作启动决策 • 事后恢复与重建工作跟踪决策 • 事后恢复与重建工作中止决策
计划子过程	• 应急预案制定或修订计划 • 诊疗、防疫及其他人员与物资准备计划 • 防疫与医疗急救应急演练计划	• 监测实施计划 • 风险评估实施计划 • 预警发出计划	• 应急诊疗实施计划 • 应急公众防疫计划 • 应急社会秩序维护计划	• 生产生活恢复计划 • 生态环境恢复计划 • 抚恤与奖励计划
组织子过程	• 应急预案制定或修订专家团队组建 • 应急物资与人员准备的责任分工 • 应急演练实施的责任分工	• 监测机构与人员责任安排 • 风险评估组织的责任安排 • 监测与预警专家团队建立	• 应急诊疗实施的责任分工 • 应急公众防疫的责任分工 • 应急社会秩序维护责任分工	• 生产生活恢复的责任分工 • 病人跟踪调查的责任分工 • 抚恤与奖励的责任分工
控制子过程	• 应急预案制定或修订的内容与过程控制 • 应急物资与人员准备的质量与过程控制 • 应急演练实施的过程控制	• 监测实施过程控制 • 风险评估过程控制 • 预警发出过程控制	• 应急诊疗实施过程控制 • 应急公众防疫过程控制 • 应急社会秩序维护过程控制	• 生产生活恢复过程控制 • 病人跟踪调查过程控制 • 抚恤与奖励过程控制

续表

项目阶段 / 管理过程	第一阶段：预防与应急准备	第二阶段：监测与预警	第三阶段：应急处置与救援	第四阶段：事后恢复与重建
结束子过程	• 应急预案制定或修订完成 • 应急物资与人员准备到位 • 应急演练按计划完成	• 监测结果产生 • 风险评估结果产生 • 预警发出	• 应急诊疗工作结束 • 应急公众防疫结束 • 应急社会秩序维护结束	• 生产生活恢复正常 • 病人跟踪调查结束 • 抚恤与奖励完成

资料来源：作者绘制。

如表 14-1 所示，突发公共卫生事件应急项目分为预防与应急准备、监测与预警、应急处置与救援和事后恢复与重建四个阶段，而每一个阶段的项目管理过程都包括起始、计划、组织、控制和结束五个管理子过程，而这些管理子过程中的管理活动是实现整个项目目标的基础。其中，起始子过程是由一系列决策活动所构成的项目管理子过程，其最重要的管理活动就是针对所处项目阶段来开展决策，这种决策既包括是否要做也包括是否要继续做。在完成决策的制定后，便需要进入计划这一项目管理子过程，这一子过程的主要管理活动包括拟订和编制所处阶段的管理目标、工作方案、资源供应等各项计划活动。在制定了相应的计划后，相当于是具备了行动的指南或路线图，之后便需要进入组织这一管理子过程，组织相应的人力并对其职责进行分配，以便大家能够各司其职开展各项管理工作。为了能够按计划开展各项工作，控制这一管理子过程需要制定项目控制标准，进而在发现偏差并及时纠正的同时反馈信息，以便开展应对计划的调整。当上述工作结束后，便进入结束这一子过程，开展经验总结以及一系列收尾工作。总体来看，突发公共卫生事件应急项目的管理思路是“应急能力形成—应急信号发出—应急处置—应急结束与恢复”，而不同管理子过程中所包含的不同管理活动都是以这一思路来安排和实施的。

第四节 突发公共卫生事件应急项目管理的内容

2020 年初新冠肺炎疫情暴发后，习近平总书记一再强调“始终把人民群众生命安全和身体健康放在第一位”[3]，这充分说明相较于一般工程建设项目来说，突发公共卫生事件应急项目管理通常是不计成本的，管理者更应该将项目的质量，即应急处置的效果放在第一位，并且应该充分考虑项目进度，即应急处置的及时性。根据本书第三章和第七章的相关内容，突发公共卫生事件应急项目将以质量为第一优先目标开展集成管理，由于在成本方面拥有较大弹性，因此项目质量、范围和进度是管理的核心要素。因此，本节将主要围绕突发公共卫生事件应急项目的质量、范围和进度，从计划、组织和控制三方面对管理内容进行阐述。

一、突发公共卫生事件应急项目管理的计划

从前文中对管理原理的分析可知，突发公共卫生事件应急项目不仅项目阶段划分与普通工

程建设项目有很大区别且每个阶段的时长有较大弹性,因此制定具有针对性、科学性和可行性的计划就成了整个应急项目实施的关键。以下就从质量、进度和范围三方面对突发公共卫生事件应急项目的计划内容进行讨论。

(一)应急质量计划

对于突发公共卫生事件应急项目来说,其质量的核心在于满足各方相关者生命安全和健康保障需求的程度,而质量管理的目的便在于通过一系列管理行动和方法将这种满足程度最大化。从具体内容来看,其主要包括预防质量计划、诊疗质量计划和社会秩序维护质量计划三方面。

1. 预防质量计划

在突发公共卫生事件应急项目中,预防质量主要包括事件发生前的预防措施与物资准备质量、突发事件发生时的信息质量和突发事件发生后的预防措施实施质量。其中,预防措施与物资准备质量主要是指各类预防物资、人员、资金、技术、管理体系等方面的准备充分性水平,其体现在预防物资的充足性和可用性、预防人员的能力与数量、预防技术的先进性与适用性等诸多方面。信息质量决定了人们是否有充足和及时的信息来做出预警和相关决策,而这主要与公共卫生监测系统的建设情况以及各级相关部门的信息传递有关。突发公共卫生事件发生后,人们往往需要根据应急预案来开展相应的预防工作,而其效果决定了疫情或后果是否能够得到及时控制,因此该项工作事关重大。为了保障防疫取得相应的效果,应急管理主体必须依据上述三方面的内容来开展质量计划,结合本书其他章节所述的方法来开展具体的质量管理计划的制定工作。例如,在应对2020年新冠肺炎疫情的过程中,我国政府制定了"群防群控、联防联控、不留死角"的防疫质量目标,于是全国上下各级联动开展防疫工作。

2. 诊疗质量计划

在突发公共卫生事件发生后,医院及其相关机构需要第一时间响应,并且投入到病患或伤员的救治工作当中,这是这类项目目标实现的另一大决定因素。因此,不论是医院及其相关机构的医疗条件、人员素质和响应能力,还是医院的数量和分布都将影响最后的救治效果。因此,为了确保应急诊疗效果的实现,应急管理主体必须在项目的预防与应急准备、监测与预警以及应急阶段都制定出相应的诊疗质量计划,以确保用于医疗救治的医院、医护人员、医疗物资的数量与质量能够满足应急的需求。例如,2020年新冠肺炎疫情期间决定兴建的方舱医院旨在实现对病患"应收尽收,应治尽治"的目标便是诊疗质量计划的体现。

3. 社会秩序维护质量计划

突发公共卫生事件发生后,可能由于不良舆论的影响和人们的恐慌情绪而造成社会秩序混乱,这不仅会阻碍应急项目开展,也有可能引起一些次生灾害和社会问题,因此在开展预防和诊疗的同时,还必须开展社会秩序维护,而社会秩序维护的质量则主要体现在舆论导向的正确、生产生活秩序的井然有序、城市及乡村未出现疫情导致的重大治安突发事件等。为此,政府及其有关部门必须和公安、城市管理、基础设施服务供应部门、社区等部门密切合作,制定媒体监督与管理、市场秩序维护、社会治安、交通管控、舆情监测等方面的社会秩序维护质量计划,以便为实际的维稳工作提供行动方案。

(二)应急范围计划

如本书第七章所述,项目范围是质量实现的保障,范围也是项目进度和时间的决定性因素。因此,突发公共卫生事件应急项目质量的实现需要以项目范围中各类应急管理活动的开展作为基础,而应急管理活动的开展是以范围计划为行动方案的。为此,以下将对预防、诊疗和社会秩序维护三方面的范围计划进行阐述。

1. 预防范围计划

由上述对防疫质量的阐述可知,预防质量与预防准备、公共卫生信息和预防措施实施的质量相关,而这三方面均涉及诸多应急项目活动,项目活动的质量和成果决定了最终的质量。因此,预防范围计划的制定应该紧紧围绕上述三方面的内容来开展。例如,对于预防准备质量目标的实现,可以根据预防物资生产与筹备、预防物资质量检验与入库、预防人员日常与特别培训、防疫管理体系建立等方面来制定防疫准备的工作分解结构。

2. 诊疗范围计划

从实际情况来看,除专业传染病医院外,我国参与突发公共卫生事件应急项目的医院及其他医疗机构大多并非专门用于应急医疗救援和病患救治,因此为了保障项目中的诊疗质量,诊疗范围计划不仅需要对具体的诊疗活动进行规划,还需要对应急情况下医疗机构的职能和具体责任进行规定。例如,在2020年新冠肺炎疫情中,为了实现对感染者的“应检尽检”,全国几乎所有的公立医院都开设了核酸检验点,确保人民群众能够就近接受检验并得到及时的救治。

3. 社会秩序维护范围计划

如上所述,由于突发公共卫生事件发生后社会秩序会受到诸多不确定因素的影响,因此要想实现社会秩序维护的质量目标,在开展范围计划的过程中不仅需要对各个相关单位及部门的具体工作和职责进行考虑,也需要对各部门之间如何进行对接和沟通进行设计,以便在实际应急过程中各部门能够有序开展工作、顺畅沟通。例如,在发生校园食物中毒突发事件后,学校、公安部门、新闻发布单位就需要按照职责完成相应的应急工作范围计划,积极开展合作,不仅让中毒学生得到及时救治,也应该积极稳定学生们的情绪,避免发布不实的言论而导致发生校园混乱。

(三)应急进度计划

在完成了应急范围计划的基础上,便可以对其中的应急活动开展时间上的安排,这种安排包括活动的前后接续和活动时长两部分,这便是应急进度计划的核心内容。预防、诊疗、社会秩序维护的进度计划内容详述如下。

1. 预防进度计划

对于突发公共卫生事件应急项目来说,预防的进度情况决定了疫情扩散或伤害的速度和规模,因此预防进度计划的制定不仅应该以防疫范围计划为基础,而且应该充分考虑突发事件的独特性,对每一项预防工作的时长和前后接续关系进行明确。值得注意的是,由于突发事件的紧急性,除了前期的预防准备外,其他阶段的预防工作进度几乎没有弹性,任何一项工作的迟滞都可能导致严重的后果。例如,根据《科学》上发表的论文,武汉封城延缓了国内病毒传播3~5天并且减少了截至2月中旬前80%的国际传播[4],如果该项工作延迟,后果将十分严重。

2. 诊疗进度计划

病患的救治事关人民群众的身体健康,突发公共卫生事件应急项目诊疗范围计划内的各项工作在时间起始点上几乎没有弹性,但由于病毒和病患身体之间存在巨大的差异,因此在某些诊疗工作时间长度上会存在很大的差异,而治疗时间的不确定性也就要求进度计划制定的过程中考虑项目时间延长带来的风险和成本支出。例如,根据网络报道,一名新冠肺炎患者仅使用ECMO(体外肺膜氧合)的时间就长达49天[5],而最短的平均住院时间为5天[6],这充分说明诊疗活动的时间存在极大的不确定性,医疗进度计划的制定需要充分的弹性以及维持这种弹性的管理能力。

3. 社会秩序维护进度计划

由于互联网和各种自媒体的普及,个人发布信息的渠道不断多样化,信息传播速度也不断提高,而这在为突发公共卫生事件应急带来便利的同时也为社会秩序维护带来了挑战。在事件发生后,不可避免地会发生谣言传播的情况,而这会带来一系列的社会负面影响,甚至带来巨大的社会骚乱。因此,公安部门、社区管理部门及其他社会治安相关部门必须积极配合,以稳定民心和维持正常社会生产生活为目标,制定以舆论监测、谣言制止、公众生产生活保障等为核心内容的社会秩序维护进度计划。例如,2020 年初发生新冠肺炎疫情后,公安与各大新闻媒体以及自媒体平台积极合作,开展了一系列打击和消除疫情谣言的行动,而这些行动的开展离不开各部门之间及时制定的联合行动进度计划。

二、突发公共卫生事件应急项目管理的组织

突发公共卫生事件应急项目管理中的组织这一管理过程不仅包括对项目领导与指挥部门、人员的安排与责任要求,同时也包括对应对工作实施者的部署与安排,因为他们的行为将直接影响项目实施的后果。因此,以下将结合我国相关立法,从项目领导与指挥、项目实施者两方面对突发公共卫生事件应急项目管理的组织内容进行阐述。

(一)领导与指挥

从当前的相关立法和应急预案来看,我国已形成了统一领导、统一指挥、分级负责、属地管理的突发公共事件应急管理原则,而这也是突发公共卫生事件应急项目领导与指挥组织建立和运行的基本原则。目前,我国根据突发公共卫生事件影响严重性进行了分级并且建立了分级响应制度,而在不同等级的响应中将通过开展不同的突发公共卫生事件应急项目来实现应急目标。不同级别响应中领导与指挥情况具体如图 14-1 所示。

如图 14-1 所示,在Ⅰ至Ⅳ级突发公共卫生事件中,中央、省、市、县四级人民政府将分别作为领导和指挥者对项目各项管理工作进行部署,而其他级别的政府将分别作为报告接收者、具体实施者和协作者在项目中承担具体工作。其中,Ⅰ级突发公共卫生事件应急项目由国务院依法领导和指挥,Ⅱ级项目由省、自治区、直辖市人民政府依法领导和指挥,Ⅲ级项目由地(市)级人民政府依法领导和指挥,Ⅳ级项目由县级人民政府依法领导和指挥。[7]《突发公共卫生事件应急条例》第 3 条第 1 款规定:"突发事件发生后,国务院设立全国突发事件应急处理指挥部,由国务院有关部门和军队有关部门组成,国务院主管领导人担任总指挥,负责对全国突发事件应急处理的统一领导、统一指挥。"从这一规定可以看出,全国突发事件应急处理指挥部将对所有突发公共卫生事件应急项目管理工作进行指导、督查,地方各级人民政府及其有关部门应当予以配合;省、自治区、直辖市突发公共卫生事件应急处理指挥部对本行政区域内突发公共卫生事件应急处理工作进行督查和指导。

(二)实施者

如图 14-1 所示,在不同级别的突发公共卫生事件应急项目管理中,不同级别的人民政府扮演的角色亦不相同。例如,发生特别重大突发公共卫生事件时,省、自治区、直辖市人民政府需要根据国务院的决策部署和统一指挥,组织协调本行政区域内应急处置工作,相较于Ⅲ级和Ⅳ级项

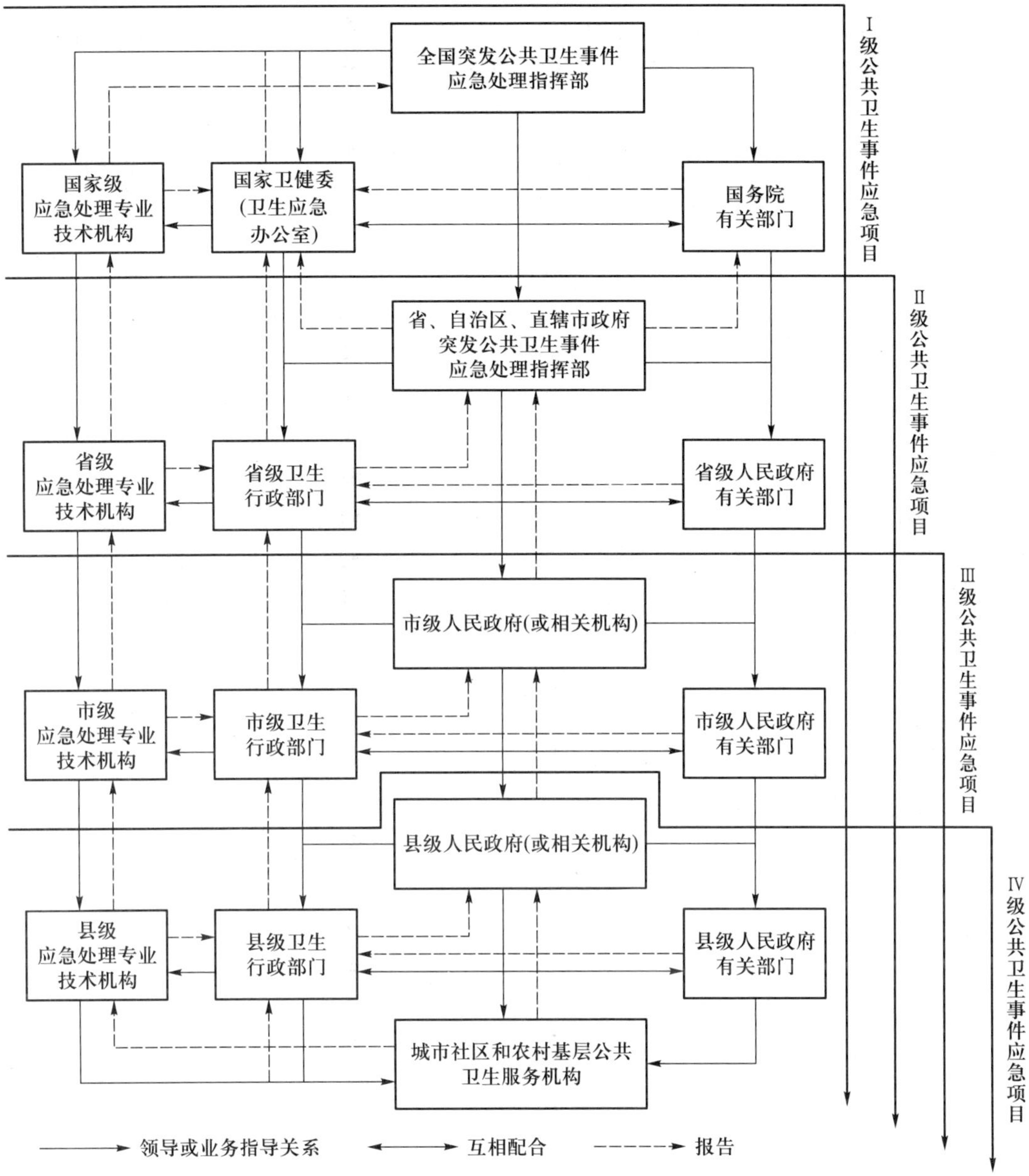

图 14-1　突发公共卫生事件应急项目管理中的组织关系示意

目来说，此时省级人民政府及其相关政府部门则更多的是扮演项目实施者的角色。除各级政府外，医疗机构、社区管理部门和各类社会组织也是此类项目实施者的重要组成部分。以下就重点对医疗机构、社区管理部门和其他社会组织与机构进行阐述。

1. 医疗机构

作为突发公共卫生事件应急项目活动的主要实施者，医疗机构的主要任务是开展病患和伤员的现场救治、收容救治和隔离救治。为了能充分和及时地对突发事件做出应急反应，不仅医疗机构的负责人和领导需要具备相应的决策能力、组织能力、协调能力，同时也要求医疗机构的全体医护人员具备应对紧急事件的科学操作与处理以及团队合作能力。为了培养这种能力，医疗机构应该基于当前的法规性文件，认真准备应对不同情况的应急预案，并且通过应急演练在心理和技术上锤炼应对突发公共卫生事件的能力。具体来看，医疗机构必须在突发公共卫生事件应急项目中针对救治任务安排、物资和人员准备、病患分类及转运标准、病患隔离与重症治疗、与其他部门协调等方面开展行动，并细化具体责任分工。

2. 社区管理部门

如图 14-1 所示，社区管理部门是突发公共卫生事件应急项目中最基层的管理者，各类社区组织和机构都对项目目标的达成有重要影响。这是因为，突发公共卫生事件发生之后，往往会对民众产生一系列的影响，而在短时间内上级政府部门很难对具体情况进行全面而详细的了解，这显然对应急项目的管理十分不利。社区管理部门作为与人民群众联系最密切的部门，最容易第一时间发现和了解病人、疑似病患及其密切接触者，如果能够及时上报，那么将为政府采取相应的应急行动争取时间，并且如果社区管理部门能够及时采取预防措施，也能够有效预防不良后果的扩大。与此同时，在上级政府部门下达了应急管理命令后，社区管理部门将确保消毒、隔离、外来人员检查等措施准确到位。因此，不论是在城市还是农村，社区管理部门都是突发公共卫生事件应急项目管理不可或缺的实施者。为此，社区管理部门应该按照属地管理原则，建立并完善日常公共卫生信息收集与反馈制度，帮助每一个居民树立“守望相助，疾病相扶”的社区理念[8]，与医疗机构建立联动机制，强化社区卫生服务中心的预防保健功能。

3. 其他社会组织与机构

社会公众的积极参与不仅是对突发公共卫生事件应急项目中政府行为的补充，同时也是对政府行为的监督。首先，各类社会组织与机构以及公众的积极自救与互救，将会形成社会群体齐心协力应对灾难的合力，而这种力量不仅有利于各项应急工作的开展与落实，也对社会秩序的维持有重要作用。其次，各类社会组织与机构的充分参与可以在必要的时候为政府的应急行动提供物资和人员上的保证。例如，在 2020 年抗击新冠肺炎疫情过程中，全国各地的企业、慈善机构积极进行捐款和捐物，并且积极组织抗疫物资生产，保障了应急项目的物资需求。此外，社会公众作为突发公共卫生事件应急项目的监督者，可以对政府行政行为、社会行为采取多种形式进行监督，对卫生行政机关及其工作人员提出批评和建议，检举和揭发卫生行政机关工作人员的违法、违纪及失职行为，也可以举报各种卫生违法行为，这无疑对应急项目各类活动的开展是十分有利的。

三、突发公共卫生事件应急项目管理的控制

作为一类特殊的项目，突发公共卫生事件应急项目管理中控制的作用虽然也在于寻找项目实际进展与计划的差异并采取措施来纠正偏差，但其在具体的管理活动实施中却有着一些独特性。以下就将结合上文中对计划的讨论，从质量控制、进度控制和范围控制三方面对突发公共卫生事件应急项目管理中控制的内容进行阐述。

（一）应急质量控制

如上所述，突发公共卫生事件应急项目的质量主要包括预防质量、诊疗质量和社会秩序维护质量三个方面，为了实现这三方面的质量目标，依法而科学地制定质量计划必不可少。但由于受

到计划执行人员能力与技术以及外部环境的影响,出现质量偏差在所难免,因此必须开展质量控制工作。

1. 预防质量控制

从上述对预防质量计划的分析看出,突发公共卫生事件应急项目中预防工作贯穿于整个项目始终,因此对于预防质量的控制也应贯穿于整个项目过程。其中,对于预防准备质量的控制主要是参照国家出台的相关法规性文件,对各级政府和相关单位的预防物资准备和人员培训状况进行跟踪了解,通过与计划相比对,找出其中在物资质量和数量、人员能力与数量等方面存在的偏差,进而采取措施及时补足。而在疫情信息质量控制中,则主要是对公共卫生监测系统的建设质量和运转情况进行跟踪调查,从而找出可能妨碍开展日常监测和预警的因素进行改进。当事件发生后,则需要根据响应级别,依据上文所述的组织结构和职责分配情况对是否已经按照应急预案和计划实施响应的应急活动进行跟踪调查,对于其中未落实或落实不足的工作采取纠偏措施,以防止任何细小的漏洞而造成不良后果的扩大。

2. 诊疗质量控制

相比于上述的预防质量控制,诊疗质量控制主要发生于医院及其相关机构启动救治工作之后。虽然根据当前我国应急相关领域立法的情况来看,医院及其相关机构均会制定不同的应急预案,并且在实际应对中推出应急工作实施计划,但由于每一次突发公共卫生事件都具有独特性,特别是对于新发传染病而言,由于不了解病毒的致病机理,因此原定的诊疗质量目标可能难于实现,因此诊疗质量的控制工作不仅是对于计划执行情况的监视与纠偏,更是对计划与现实情况不匹配情况的发现。

3. 社会秩序维护质量控制

突发公共卫生事件发生后,各方对于突发事件的报道将会直接影响人们的行为,进而影响社会秩序,因此社会秩序维护质量控制的主要任务便是控制信息发布的质量以及人们的行为。然而,由于个人行为往往千差万别,社会秩序维护要想完全按计划实施几乎是不可能的,所幸的是,互联网和智能手机的普及为突发公共卫生事件应急项目中群防群控的实施提供了极大的便利,不仅突发事件相关信息发布和信息传播的效率得以提高,同时也给了管理者及时了解和掌握大众行为和态度的机会,从而能够分析各项社会秩序维护质量计划的执行情况,以便较准确地找出偏差以及偏差原因。例如,在 2020 年新冠肺炎疫情防控中,为了确保人们有序复工复产,公安、社区、交通等部门基于“健康二维码”对出行人员行动轨迹进行跟踪统计,以了解和掌握社会秩序维护的质量。

(二)应急范围控制

如本书第三章所述,应急项目的质量取决于项目范围中各项工作的执行情况,因此对于应急范围的控制目的实际是保障应急项目质量的实现。因此,以下将从预防、诊疗和社会秩序维护三方面对突发公共卫生事件应急项目中范围控制的基本内容进行说明。

1. 预防范围控制

如前所述,突发公共卫生事件应急项目的预防范围计划的主要体现是根据应急预案和相关法规所制定的预防工作计划,而预防范围控制主要是依据该工作计划进行实际执行情况的监视与纠偏。然而,对于工作计划实际执行中出现的偏差并非都要纠正,因为每一次突发公共卫生事件的发展都有其独特性,而工作计划往往会由于病毒传播方式与客观环境等原因显示出不匹配性，当发现工作计划出现偏差时，必须仔细分析偏差出现的原因，在必要的时候必须及时调整工作计划。例如，在 2020 年防控新冠肺炎疫情的过程中，防疫工作的范围进行了多次扩大，从武汉本地的防疫扩大到了全国，进而对边境口岸等跨境地区开展了防疫工作。

2. 诊疗范围控制

由于每一个突发公共卫生事件应急项目所面对的疾病和客观条件都不尽相同，而这决定了医院及其相关机构所采取的诊疗方式和开展的诊疗规模都有较大差异，而随着对受影响人群规模和疾病本身了解的加深，必然会出现诊疗范围的偏差，而这种偏差往往是需要调整诊疗方案的信号。因此，在诊疗范围控制中，除了要动态地跟踪诊疗工作的执行情况，还需要对偏差的性质以及是否需要纠正进行判断，对于有利的偏差，应当在论证了其必要性的情况下来调整范围计划。例如，在开展新冠肺炎病患诊疗的过程中，国家卫健委先后印发了 7 次《新型冠状病毒感染的肺炎诊疗方案》，而这便是通过对诊疗范围加以控制后作出的医疗工作范围调整的表现。

3. 社会秩序维护范围控制

由于涉及多个部门的协调与配合，因此相比于预防和诊疗来说，社会秩序维护范围控制也通常需要各部门间合作完成，而其控制的内容除了将实际工作开展情况与计划进行对比外，还需要考察是否存在责任不清以及合作不力的情况。例如，校园食物中毒事件发生后，学校、公安部门、新闻发布单位在合作开展应急管理的过程中，可能发生新闻媒体未征得学校与公安部门同意直接报道事件侦办过程的情况，而这种情况如果不及时得以控制可能造成严重的负面社会影响。

（三）应急进度控制

在开展突发公共卫生事件应急项目范围控制的同时，进度控制亦不可忽视，因为这决定了应急活动是否能够按照既定的时间来完成，即决定了项目的及时性，而这种及时性不仅体现在预防和诊疗两方面，同时也体现在社会秩序稳定方面。

1. 预防进度控制

在突发公共卫生事件应急项目管理中，预防进度控制主要是对预防计划中各项工作开展的进度以及工作与不良后果扩散速度匹配性的监视、分析和纠偏，这意味着在判断预防进度是否理想的过程中不仅是考察各项工作是否已经按照既定时间完成，还应该将工作进度与不良后果控制效果进行比对，如果发现既定工作进度计划存在问题，那么就应该及时调整计划。例如，在 2020 年新冠肺炎疫情防控中，我国政府不仅根据防控需要对各项防疫工作的完成时间进行了严格规定，对不按期完成者予以处罚，而且多次根据疫情变化情况调整了防疫工作的执行时间。

2. 诊疗进度控制

相比于预防进度，诊疗进度往往由于病毒和病患身体之间存在的差异而存在较大的弹性，特别是对于新发传染病，医疗救治过程往往需要不断摸索，无法按照既定完成时间来结束工作并且获得相应的工作成果是十分正常的。因此，诊疗进度控制的重点在于及时发现既定进度计划与实际执行情况之间存在的偏差，并且充分分析这种偏差出现的原因，以便及时调整诊疗范围和进度计划，并对医疗资源进行及时补充。

3. 社会秩序维护进度控制

突发公共卫生事件应急项目管理中的社会秩序维护进度控制主要是指根据制定的维护进度计划所开展的舆论监测、谣言制止、公众生产生活保障、公共场所秩序与安全保障等方面的工作进度监视与纠偏。由于此项工作涉及多个部门的配合与协作，因此在关注管理活动是否按时完成的同时更应该注意各方在工作中的协调性。例如，一旦发现谣言出现，不仅新闻媒体应该及时进行处理和上报，公安部门也应及时跟进以消除谣言源头，两个部门工作进度的协调性直接决定了最终是否能够有效和及时地消减谣言带来的危害。

本章小结

突发公共卫生事件应急项目是以《中华人民共和国突发事件应对法》《突发公共卫生事件应急条例》等法规性文件为根本依据，由政府主导和组织的，为实现预防和减少突发公共卫生事件的发生，控制、减轻和消除突发公共卫生事件引起的严重社会危害，在一定时间、人员和其他资源的约束条件下，所开展的一种具有突发性、独特性、一次性、过程性和不确定性的工作。它是实现突发公共卫生事件应急目标的关键。为了开展此类项目的管理，人们必须以公共健康目标为导向、以应急预案为管理核心来开展突发公共卫生事件预防与应急准备、监测与预警、应急处置与救援和事后恢复与重建四阶段的项目管理工作，并且利用各类应急项目管理方法和工具重点做好预防、诊疗和社会秩序维护三方面的质量、范围和进度计划与控制工作。

复习思考题

1. 突发公共卫生事件应急项目的主要特性都有哪些？
2. 为什么说大多数的突发公共卫生事件应急项目都是有预警信息的？
3. 为什么说突发公共卫生事件应急项目管理具有管理复杂性？
4. 我国与突发公共卫生事件应急项目管理有关的立法都有哪些？
5. 突发公共卫生事件应急项目管理起始子过程的核心是什么？

即测即评

参考文献

1. 切尔诺贝利事故.(2020-11-10)[2020-11-23].百度百科.
2. 血吸虫病在中国的历史和现状.(2004-05-22)[2020-11-23].新浪新闻.
3. 习近平主持中央政治局常委会会议研究疫情防控工作　党中央成立应对疫情工作领导

小组.(2020-01-26)[2020-11-23].新华网.

4. 武汉封城减少近80%的国际传播.(2020-03-09)[2020-11-23].新浪网.

5. 全国使用ECMO时间最长新冠患者出院.(2020-05-10)[2020-11-23].腾讯新闻.

6. 新冠肺炎患者平均住院时间最短省份5天,湖北20天.(2020-02-04)[2020-11-23].网易新闻.

7. 突发公共卫生事件Ⅰ级响应.(2020-01-26)[2020-11-23].百度百科.

8. 万明国,王成昌.突发公共卫生事件应急管理.北京:中国经济出版社,2009.

第十五章　事故灾难应急项目管理

煤矿行业是一个高危行业，煤矿安全事故具有突发性和损失严重性等特征，给人民生命和财产造成了巨大损失。假如你是某煤矿公司的总经理，该煤矿矿井地质条件复杂、生产条件恶劣，导致事故灾难频发。请运用项目管理知识分析如何预防事故灾难的发生、如何监测事故灾难的动态变化、如何处置事故灾难以降低损失、如何对事故灾难发生地进行恢复与重建。本章在分析事故灾难应急项目及其管理的概念与特性的基础上，科学认识事故灾难应急项目管理的原理，明确事故灾难应急项目管理的对象、主体和任务。

第一节　事故灾难应急项目的概念和特性

本节将在系统梳理事故灾难和事故灾难应急项目的概念基础上，给出相应的定义，介绍事故灾难应急项目的特性，为了解事故灾难应急项目的概念与独特性奠定基础。

一、事故灾难的概念

事故灾难由“事故”和“灾难”两个名词组成。目前，国内外研究者对于事故的内涵有着不同的理解。主流观点认为，事故是由事件引起的，会带来消极的结果。也有少数学者持事故可能带来积极结果的观点。

在事故的消极观方面，根据《辞海》的解释，“事故”是指变故或意外灾祸。该定义强调事故发生的突然性、非预期性，而且事故会带来损失。《牛津英语词典》则认为事故是不愉快(Unpleasant)的事件，意外发生并造成伤害或损坏。该定义强调事故给人带来的感受和结果。美国国防部发布的系统安全军用标准 MIL-STD-882E 将事故定义为造成伤亡、职业病、设备或财产的损坏、损失或环境危害的一个或一系列事件。[10] 该定义一方面同样认为事故会造成损失的结果，另一方面则指出事故是由一个或一系列事件引起的。因此，开展事故管理要从整个事件链的视角认清不同事件之间的作用机制，从多个阶段制定和实施有效的事故应对方案来避免或减少事故带来的损失。吴穹(2006)则认为事故是在人们生产、生活活动过程中突然发生的、违反人们意志的、迫使活动暂时或永久停止的，可能造成人员伤害、财产损失或环境污染的意外事件。该定义指出事故是一种未预期的事件，与人类活动相关，可能给人类或环境带来损失。

《韦伯斯特词典》(第三版)将事故与意外事件(Unintended Event)相关联，指出事故是偶然(Occurring by Chance)或由未知(Unknown)或间接原因(Remote Cause)引起的事件(Event)或状况(Condition)。该定义从属性视角强调事故是一种事件或状况，但未明确说明事故会带来哪些结果。但一些实践证明事故能够为企业新产品发明、商业模式创新等方面带来积极结果。例如，露丝·威克菲(Ruth Wakefield)将切碎的巧克力放入饼干面糊中并在烤箱里烘烤,虽然没有制作成巧克力面包,却发明了巧克力饼干。豆腐是一位中国古代厨师错将石膏放入豆浆中发明出来的。硝化甘油起初是一种治疗心脏的药物,但因意外事故引发爆炸后被诺贝尔改良为工业炸药。2003年SARS疫情导致传统线下商业模式遭受巨大的冲击,却催生了线上这一崭新的商业模式。基于上述分析,本书作者认为,如果仅仅聚焦在事故本身,从狭义视角来看,事故是在人类实践活动中偏离人们预期的事件,通常会给人身、财产、生命或环境带来一定的损失。但如果从事故影响外延的广义视角来看,事故也可能给人们带来一定的收益。有关事故的核心含义和结果总结详见表15-1。

表15-1 有关事故的核心含义和结果

作者/机构/出处	核心含义	结果
《辞海》	变故或意外灾祸	损失
《牛津英语词典》	不愉快的事件	损失
美国国防部	一个或一系列事件	损失
吴穹	人类生产、生活活动中的事件	损失
《韦伯斯特词典》、其他实践	事件或状况	损失或收益

国内外学者对灾难的认知差异不大,普遍认为它是自然的或人为的且突如其来的灾难性事件,会带来巨大的破坏、损失或毁灭。因此,将事故和灾难整合在一起,可知事故灾难的结果肯定是损失。我国中央政府早期出台的系列行政法规甚至将自然灾害与事故灾难混为一谈。例如,国务院办公厅印发的《关于进一步加强安全生产工作坚决遏制重特大事故的通知》(国办发明电〔2007〕38号)、《关于进一步开展安全生产隐患排查治理工作的通知》(国办发明电〔2008〕15号)、《关于进一步加强安全生产工作的通知》(国办发明电〔2008〕23号)等文件中明确提及"严密防范自然灾害引发事故灾难""务必做好河道、水库、堤坝、桥梁、涵洞等除险加固,严防暴雨、台风、泥石流等自然灾害导致事故灾难""对企业周边或作业过程中存在的易由自然灾害引发事故灾难的危险点排查、防范和治理情况等"。近年来,《中华人民共和国行政强制法》《中华人民共和国突发事件应对法》等法律才将自然灾害和事故灾难视为并行的两种完全不同的突发事件,但并未对这两种突发事件的内涵进行阐述。目前,对事故灾难明确界定并与自然灾害进行区分的官方文件只有《河南省事故灾难和自然灾害分级响应办法(试行)》(豫政〔2019〕11号),指出事故灾难是指工矿商贸等领域发生的各类生产安全事故、火灾事故。自然灾害是指森林火灾、洪涝灾害、旱灾、地质灾害、地震灾害。在此,本书作者借鉴相关研究和官方政策文件的基础上给出事故灾难的定义:事故灾难是在人的生产和生活过程中,因人类故意或过失引起且会给人身、财产或环境带来巨大损失或破坏的意外事件。

二、事故灾难应急项目的概念

《牛津英语词典》将应急(Emergency)定义为突发的严重危险事件或情况,需要立即采取措施进行处理。《柯林斯词典》指出，应急是意料之外的困难或危险情况，尤其是事故，它是突然发生的，需要迅速采取措施来处理。[11] 根据百度百科的解释，应急是应对突然发生的需要紧急处理的事件。[12] 经上述分析可知，应急应有两层含义：其一是突然发生的事件；其二是需要立即采取行动。

本书第一章已经对项目的定义进行了梳理和归纳。不同学者和机构从不同视角来解释项目，其中之一就是项目可以是一种活动（在此不再对其他观点过多赘述）。例如，《牛津英语词典》将项目描述为一组人们感兴趣或希望引起人们注意的目标、想法或活动。结合美国项目管理协会（Project Management Institution，PMI）关于项目的定义，应急项目就是为了解决突然发生的事件所做的临时性努力，这里的临时性努力可以理解为主动而有目的的活动。基于活动视角的项目定义正好与《应急法》的主旨思想符合，即《应急法》中所提及的“突发事件应对活动”就是“应急项目”，其中“突发事件应对”对应“应急”，“活动”对应“项目”。可以看出，《应急法》实际上已经表明突发事件应当采用项目管理的理论和方法进行管理。

事故灾难应急项目就是为了应对事故灾难这一突发事件而开展的一系列应急工作。综合上述以及第一章关于“事故灾难”“应急项目”的定义，在此给出事故灾难应急项目的定义：事故灾难应急项目是为了预防和减少事故灾难突发事件的发生，实现控制、减轻和消除事故灾难突发事件引起的严重社会危害的目标，在一定时间、人员和其他资源的约束条件下，所开展的一种有独特性、一次性、过程性、不确定性和突发性的工作。显然，事故灾难应急项目是专门针对事故灾难这一突发事件所做的临时性努力，目的就是减轻甚至避免事故灾难引起的社会危害，保护人民生命财产安全和维护环境安全。

三、事故灾难应急项目的特性

为了认识事故灾难应急项目的本质，需要了解事故灾难应急项目的各种特性。只有把握了事故灾难应急项目基本特性，方能开展有效的应急项目管理工作，实现事故灾难应急项目的目标。

（一）目的性

任何项目都是为了实现特定目标而开展的系列工作。事故灾难突发事件的发生往往带来各种不利的后果，不仅使人民生命财产和环境遭受巨大的损失和破坏，还可能影响国家安全、公共安全和社会秩序。例如，2011 年 3 月 11 日，日本福岛第一核电站发生特大核事故，事故的根本原因“并非自然灾害，明显是人祸”，原因在于福岛第一核电站“处于无法保证可抵御地震或海啸的脆弱状态”[13]。福岛核事故这一事故灾难突发事件不仅对日本经济、人民生活、生态环境、公共安全、国家安全造成重大的影响，还引发了韩国、中国等近邻国家的担忧。正如我国《应急法》立法目的所阐述的，事故灾难应急项目的根本目的就是“保护人民生命财产安全，维护国家安全、公共安全、环境安全和社会秩序”。

（二）一次性

与运营活动周而复始的特性不同，事故灾难应急项目有明确的起点和终点，也即是有始有终和一次性的。其中，狭义上事故灾难应急项目的起点是在事故灾难突发事件发生之时开始的，终点则是事故灾难突发事件的危害全部消除。广义上事故灾难应急项目应当以预防为主，始于预防与应急准备，终于事后恢复与重建完成，或突发事件发生经过和原因公布以及突发事件应急处置工作经验教训总结和改进措施制定。“事后恢复与重建完成”与“突发事件发生经过和原因公布以及突发事件应急处置工作经验教训总结和改进措施制定”两者的时间往往不一致,终点取决于结束时间较晚的活动。例如,2011 年的“7·23 甬温线特别重大铁路交通事故”这一事故灾难应急项目的起点始于事故发生日,即 2011 年 7 月 23 日,终点止于 2011 年 12 月 28 日国家安监总局正式公布“7·23 甬温线特别重大铁路交通事故”调查报告。事故灾难应急项目的持续时间可长可短,取决于事故灾难突发事件的严重性和复杂性。但事故灾难应急项目的一次性特性与持续时间长短并无关系。

(三)独特性

事故灾难应急项目因受不同需求、不同环境、不同目标、不同发生时间、不同负责机构和人员等因素制约,导致没有完全一样的两个事故灾难应急项目。在实际中,虽然一些事故灾难应急项目有相同的目标,并可能由同一组织和人员开展管理工作,但不同事故灾难突发事件发生的时间、地点往往各异,因而每个事故灾难应急项目肯定存在一定的独特性。例如,2011 年的“10·7 天津滨保高速重特大交通事故”和 2015 年的“6·22 无锡特大交通事故”同属交通事故类别,但因事故调查组人员组成、事故道路情况等方面存在差异,导致这两个应急项目的工作任务、处理时间、处理结果等明显不同,充分展示了事故灾难应急项目的独特性特征。

(四)紧迫性

事故灾难突发事件一般情况下都是在没有征兆的情形下发生的,人们很难在事故发生前作出准确预测。例如,2015 年“8·12 天津滨海新区爆炸事故”仅在 30 秒内就造成重大人员伤亡和对周边建筑造成巨大损坏。2015 年“6·1 东方之星旅游客船倾覆事件”,东方之星客船在 2 分钟之内便翻沉。因此,一旦事故灾难突发事件发生,由于人们通常没有做出任何的物质和心理准备,就需要企业、组织或政府及时做出响应,迅速制定出行之有效的应急方案并快速实施。事故灾难应急项目的紧迫性就体现在需要尽快组织人员和调动资源来应对突发事件,以减少、消灭事故灾难给社会造成的危害。

(五)不确定性

事故灾难应急项目不确定性是指项目的各种条件所存在的或然性,这是由于在事故灾难应急项目实施过程中人们对项目各种相关条件的认识不足以及项目的各种相关条件不断发展变化造成的。有调查表明,由于应急项目领导未深入了解事故灾难突发事件的发生原因、性质、状态以及未具备应对事故灾难突发事件的能力,导致在应急响应流程中快速评估、协调联动、先期处置、决策指挥和危机沟通等多个环节出现失灵。此外,事故灾难突发事件的各种条件往往处于变化之中。例如,因瓦斯爆炸造成的煤矿安全事故经常会引发突水、坍塌等次生事故。因此,人们对事故灾难认识不足和突发事件的不断变化决定了事故灾难应急项目具有较大的不确定性。

(六)协同性

事故灾难应急项目的协同性是指为了实现预期的项目目标,需要企业、政府、周边居民等多个利益相关者的协同配合来开展项目工作。事故灾难突发事件虽然种类多样,但以生产安全、交通运输和环境污染事故为主。这些突发事件通常是由政府监管不到位、企业或组织管理不善等原因共同造成的。此外,事故灾难突发事件还会损害其他企业、周边居民等第三方的利益。例如,2015 年“8·12 天津滨海新区爆炸事故”对事故发生地“瑞海公司”造成严重损害之外,还造成参与救援的消防车、警车和附近的顺安仓储有限公司、安邦国际贸易有限公司储存的7 641辆商品汽车以及邻近中心区的贵龙实业、新东物流、港湾物流等公司的4 787辆汽车受损。[15] 因此，开展事故灾难应急项目工作需要多个相关者的协同配合来完成。

第二节　事故灾难应急项目管理的概念和独特性

对事故灾难应急项目开展管理需要了解其内涵和目的，把握该项目管理的独特性，方能有效减少事故灾难突发事件对人们的生产和生活带来的损失。本节将介绍事故灾难应急项目管理的概念及其独特性。

一、事故灾难应急项目管理的概念

事故灾难应急项目管理的对象是“事故灾难应急项目”。结合第一章关于项目管理和应急项目的定义，可知事故灾难应急项目管理的根本目的就是“满足或超过项目有关各方对项目的需求与期望”。事故灾难发生之前，应急项目管理的目的是避免事故灾难的发生，这是一种预防性的项目管理工作。事故灾难发生之后，应急项目管理的目的则是将事故灾难突发事件造成的社会危害尽量降到最低，这是一种止损性的项目管理工作。当然，为了实现这些事故灾难应急项目管理的既定目标，必须在考虑事故灾难应急项目的特性基础之上，运用现代项目管理知识开展一系列管理活动。因此，本书对于事故灾难应急项目管理的定义是：运用各种相关的知识、技能、方法与工具，为满足或超越相关者对事故灾难应急项目的要求与期望，所开展的事故灾难应急项目计划、决策、组织、协调、沟通、激励和控制等管理活动，这涉及各种事故灾难应急项目的全过程管理和各种应急项目所涉及各方面或各个专项的全面管理。

二、事故灾难应急项目管理的独特性

开展事故灾难应急项目管理工作，需要在了解事故灾难应急项目特性的基础上，充分把握事故灾难应急项目管理的特性，方能实现预期的目标和达到预期的效果。事故灾难应急项目管理的独特性涉及以下八个方面：

（一）突发应对性

《应急法》第42条指出，国家应当建立健全突发事件预警制度，并按照突发事件的紧急程度、发展态势和可能造成的危害程度将其分为一级、二级、三级和四级。当达到预警阈值时，应急项目管理部门需要马上采取措施来避免事故灾难的发生。当事故灾难突发事件发生后，其发展态势会随着时间发生变化，需要政府及时调动各种资源动态加以应对，这种突发应对性是事故灾难应急项目管理不同于一般项目管理的根本特性。《应急法》第49条给出了事故灾难突发事件发生后政府采取的应急处置措施，其中包括组织营救和救治受害人员、疏散、撤离并妥善安置受到威胁的人员，迅速控制危险源，立即抢修被损坏的交通、通信、供水、排水、供电、供气、供热等公共设施，保障食品、饮用水、燃料等基本生活必需品的供应，采取防止发生次生、衍生事件的必要措施等，这些都是事故灾难事件发生后应立即着手应对的问题。

（二）政府主导性

政府通过行政管理职能掌管大量的社会资源和行政资源，具有庞大的社会动员能力。在调

动各种资源方面，任何非政府组织和个人均无法与政府相比拟。事故灾难突发事件具有紧迫性、不确定性等特性，其发生时需要及时做出响应来减少造成的社会危害，这就需要快速整合人力（专家、消防人员等）、物力（专业设备、灭火设施、救护车等）来加以应对。因此，政府在应对事故灾难突发事件时的优势就凸显出来了。这也是为什么政府通过法律制度来规定政府在应对突发事件中占据主导地位，明确指出政府在预防与应急准备、监测与预警、应急处置与救援、事后恢复与重建等应急项目全过程的主体责任。例如，《应急法》第 4 条规定："国家建立统一领导、综合协调、分类管理、分级负责、属地管理为主的应急管理体制。"第 6 条规定："国家建立有效的社会动员机制，增强全民的公共安全和防范风险的意识，提高全社会的避险救助能力。"第 9 条规定："国务院和县级以上地方各级人民政府是突发事件应对工作的行政领导机关，其办事机构及具体职责由国务院规定。"第 17 条第 2 款规定："国务院制定国家突发事件总体应急预案，组织制定国家突发事件专项应急预案……"第 37 条第 1 款规定："国务院建立全国统一的突发事件信息系统。"第 48 条规定："突发事件发生后，履行统一领导职责或者组织处置突发事件的人民政府应当针对其性质、特点和危害程度，立即组织有关部门，调动应急救援队伍和社会力量……"第 61 条第 1 款规定："国务院根据受突发事件影响地区遭受损失的情况，制定扶持该地区有关行业发展的优惠政策。"

（三）行政强制性

事故灾难突发事件发生时，政府应急管理的原则、程序、方式等均不用于正常的项目管理，政府权力更加集中，决策程序更加简化，响应更加迅速，这主要取决于政府行政行为具有较大的强制性。这种行政强制性主要体现在以下几个方面：一是强制要求多部门参与应急项目管理工作。例如，根据《应急法》第 8 条第 2 款的规定，突发事件应急指挥机构由本级人民政府主要负责人、相关部门负责人、驻当地中国人民解放军和中国人民武装警察部队有关负责人组成。二是突发事件发生时的财产强制征用。《应急法》第 12 条规定："有关人民政府及其部门为应对突发事件，可以征用单位和个人的财产……"三是强制要求所有单位预防突发事件。《应急法》第 22 条规定："所有单位应当建立健全安全管理制度，定期检查本单位各项安全防范措施的落实情况，及时消除事故隐患……"而且，第 23 条规定："矿山、建筑施工单位和易燃易爆物品、危险化学品、放射性物品等危险物品的生产、经营、储运、使用单位，应当制定具体应急预案，并对生产经营场所、有危险物品的建筑物、构筑物及周边环境开展隐患排查，及时采取措施消除隐患，防止发生突发事件。"

（四）社会参与性

事故灾难突发事件严重危害人民群众的生命财产，尽管政府是事故灾难突发事件应急管理的责任主体，但需要社会公众的积极参与方能取得应急管理的良好效果。《应急法》第 6 条规定："国家建立有效的社会动员机制，增强全民的公共安全和防范风险的意识，提高全社会的避险救助能力。"事故灾难突发事件的社会参与性主要体现在以下几个方面：一是在事故灾难突发事件监测与预警阶段，当社会公众发现潜在风险或突发事件发生时，应当及时向企业、政府、媒体、自媒体等组织汇报情况，以预防事故灾难突发事件的发生或为协助政府开展事件调查提供重要线索。例如，2009 年 6 月，成都市发生公交车突发燃烧事件，目击群众立即利用手机、数码相机等设备捕捉了珍贵的图像、音频、视频资料，并及时通过网络向外发送，引发信息扩散和舆论关注。二是在事故灾难突发事件应急处置与救援阶段，社会公众应当积极有序参与突发事件的处置与救援工作,做到“帮忙不添乱”。例如,2020 年 3 月 19 日,邢台市襄都路与东关街交叉口发生汽车自燃突发事件,最终在民警、消防员、热心群众的共同努力下将烈火扑灭。三是在事故灾难突发事件事后恢复与重建阶段,社会公众可以通过捐助资金、物资、技术等手段来帮助恢复受影响地区尽快恢复生产、生活、工作和社会秩序。例如,“9・11 事件”发生后,美国红十字会共筹集捐款 5.47 亿美元来援助在该事件中伤亡的人员及其家属。克莱斯勒通过公司基金会捐助 1 000 万美元以帮助在此次恐怖袭击中死难者的孩子。

(五)目标多样性

事故灾难应急项目管理的根本目标就是预防和减少突发事件的发生,控制、减轻和消除事故灾难突发事件引起的严重社会危害。这一根本目标可以分为三个子目标:一是保护人民生命财产安全。由于事故灾难是在人民的生产和生活过程中发生的突发事件,势必对人民群众的生命财产造成一定的损失,因此保护人民生命财产安全是事故灾难应急项目管理的目标之一。二是维护公共安全。公共安全是指社会和公民个人从事和进行正常的生活、工作、学习、娱乐和交往所需要的稳定的外部环境和秩序。[14] 事故灾难突发事件的发生会破坏人们正常的生活、生产等秩序,因此事故灾难应急项目管理的一项目标就是维护公共安全。三是维护环境安全。事故灾难突发事件会对危险源周边环境产生一定的影响,例如,化工厂发生危化品爆炸,则会对周边住宅、交通、空气、水质等产生影响,因此对事故灾难突发事件开展应急项目管理工作需要维护周边环境安全。上述这些目标符合《应急法》立法的本意,即预防和减少突发事件的发生,控制、减轻和消除突发事件引起的严重社会危害,规范突发事件应对活动,保护人民生命财产安全,维护国家安全、公共安全、环境安全和社会秩序。

(六)管理复杂性

事故灾难突发事件的不确定性和动态变化性决定了应急项目管理具有复杂性的特性。这种复杂性涉及四个方面:一是结构复杂性。由于事故灾难应急项目的范围、时间、成本和资源需求等方面的不确定性以及各项目要素之间的复杂交互关系,导致在项目组织管理、计划管理等方面带来管理挑战。二是技术复杂性。在事故灾难突发事件发生之前或发生时,采取有效的技术手段来预警、降低或避免社会危害至关重要,但由于事故灾难突发性和不确定性的特性决定了其技术具有复杂性的特性。例如,由于缺乏科学有效的预警系统和应急措施等技术手段,2014 年上海外滩踩踏事件造成 36 人死亡、49 人受伤的惨重后果。三是方向复杂性。这种复杂性往往因不同利益相关者的分歧或矛盾所致。例如,发生事故灾难的单位和应急管理人员的目标存在一定的差别。此外,在事故灾难突发事件发生后,由于后果的变化往往致使应急项目管理人员的工作方向相应改变。例如,煤矿安全事故中,突水事故的发生后可能引发坍塌事故等次生灾害,这就需要应急项目管理人员调整工作方向来加以应对。四是渐进复杂性。这是指事故灾难突发事件发生后,应急项目的范围、时间、所需资源、质量要求等要素均会随时间变动,其后果会变得越来越复杂。

(七)管理集成性

事故灾难应急项目的管理对象涉及范围、成本、进度、质量等多个要素,管理主体包括政府部门、相关专家、事故发生单位等个人和组织,管理过程涵盖启动、计划、执行、控制和收尾五个阶段。一方面,利益相关者、项目阶段和项目要素三者内部的要素之间存在相互影响的关系,需要采用项目集成管理思维和方法进行综合管理。例如,事故灾难应急项目的进度变动会导致成本、质量和范围相应发生变化，事故灾难应急项目质量的调整会导致成本、范围和进度相应改变。事故灾难应急项目管理在保障人民生命财产的前提下需要全面考虑不同利益相关者的目标和需求。在开展事故灾难应急项目管理时，需要按照事故灾难应急项目全过程各个活动之间的配置关系进行集成计划和控制。另一方面，利益相关者、项目阶段和项目要素之间相互关联，开展事故灾难应急管理时，需要识别利益相关者、项目阶段和项目要素之间的合理配置关系，采用集成管理方法对利益相关者、项目阶段和项目要素展开全面集成管理，确保事故灾难应急项目目标的实现。

（八）跟踪决策性

事故灾难应急项目具有上述诸多特性，使得这类应急项目的知识缺口较大，因此必须采取不断跟踪的方式来动态调整决策方案。具体来讲，在事故灾难突发事件发生之前，需要对易发生事故灾难突发事件的企业、区域、交通工具、个人等进行实时监督，根据预警结果采取相应的决策手段来避免事故灾难的发生。在事故灾难突发事件发生之后，事件状态总是处于动态变化之中，这就需要根据事件的动态性不断调整决策方案，以尽量减少事故灾难突发事件造成的社会危害。由表 15-2 可知，“8·12 天津滨海新区爆炸事故”应急指挥工作组针对这一事故灾难突发事件后果的动态变化，先后至少 9 次调整决策内容。在事故刚刚发生时，仅仅出动了消防人员前往灭火，但当危险品燃烧爆炸后，应急指挥部开始从北京、辽宁、江苏等地调集核生化应急救援人员，前往现场处置危化品。“8·12 天津滨海新区爆炸事故”充分验证了事故灾难应急项目管理的跟踪决策性特征。

表 15-2 “8·12 天津滨海新区爆炸事故”应对方案跟踪决策情况[15]

决策	决策的时间点和频度	决策的内容
1	2015 年 8 月 12 日 22 时 51 分 46 秒	天津消防总队共调集 23 支消防中队的 93 辆消防车、600 余名官兵在现场全力灭火处置。
2	2015 年 8 月 12 日 23 时 40 分	天津消防总队全勤指挥部遂行出动，再次调集 9 支消防中队 35 辆消防车赶赴增援。
3	2015 年 8 月 13 日 3 时 40 分	以北京卫戍区某防化团三营为主体的国家级陆上核生化应急救援队 200 余名官兵，抵达天津滨海新区。
4	2015 年 8 月 13 日 3 时 53 分	北京消防总队调派 2 架无人机，8 名官兵赶赴现场，并利用无人机绘制出 360°全景图，为现场指挥部决策提供有力依据。
5	2015 年 8 月 13 日 8 时 38 分	对现场航拍勘测，实时传输爆炸现场情况并详细勘测各隐患起火点。
6	2015 年 8 月 13 日 10 时	“8·12 天津滨海新区爆炸事故”现场救援指挥部召开会议决定，现场救援暂停，待现场勘察完毕后决定下一步采取何种措施。
7	2015 年 8 月 15 日 11 时	北京卫戍区防化团首次进入瑞海公司危险品仓库爆炸核心区建筑搜救生命。 天津武警要求距离爆炸核心区范围三公里内人员全部撤离。

续表

决策	决策的时间点和频度	决策的内容
8	2015 年 8 月 15 日 19 时	公安部消防局从河北消防总队调集了 3 个支队的 3 个化工编队，共计 43 部车 232 名官兵到场增援，从北京总队调集 2 部核生化多功能侦检车到场处置。从辽宁、江苏消防总队调集核生化侦检编队共 6 辆消防车 30 名消防官兵到达天津滨海新区爆炸事故现场，配合处置。
9	2015 年 8 月 16 日上午	对已炸开外露的将及时清理，用化学品中和；对大面积分散的将采取分围方法，砌墙围起来；对成桶未损坏的将其及时清运，撤离现场。针对氰化物，事故现场指挥部成立专门处置小组，按照“前面堵、后面封、中间来处理”的原则，紧急采取设置围堰、危险废物集中处置等五项措施，确保事故区域污染不外泄。北京军区共抽调国家级核生化应急救援力量、工程抢险力量和医疗专业救治力量共计 1 909 人，动用专业装备和指挥保障装备 201 台，投入搜救。同时，只有生化部队的士兵被允许进入爆炸现场进行搜救及危化品清理工作。

第三节　事故灾难应急项目管理的原理

为了有效管理事故灾难应急项目，需要把握开展事故灾难应急项目管理的基本原理。本节将从以下七个方面阐述事故灾难应急项目管理的基本原理。

一、人本原理

无论是事前预防还是事后处置，事故灾难突发事件的管理行为都是由人来实施的。此外，事故灾难突发事件是人的生活、生产过程中发生的，绝大多数事故灾难突发事件的发生是由人们的作为或不作为行为造成的，事故因果连锁理论、事故频发倾向论、管理失误论等事故致因理论都将人作为事故发生的主要诱因，因此在开展事故灾难应急项目管理过程中必须将人的因素放到首位。人本原理有两层含义：一是人是事故灾难应急项目管理的主体。这是指事故灾难应急项目是由人运用一定的技术、方法、手段等开展管理的，而且无论是管理人员还是基层人员都有应急管理的责任和义务。二是人是事故灾难应急项目管理的客体。这是指人是事故灾难应急项目管理活动的主要对象，要突出对人的保护，并根据人的思想、行为规律，制定激励和约束措施来提升人的安全意识，避免事故灾难突发事件的发生和减少事故灾难突发事件带来的不利后果。

二、预防性原理

事故灾难突发事件一旦发生，应急项目管理团队采取的应对方案与措施是一种止损的办法，只是将事故灾难突发事件造成的不利后果尽量最小化，但无法从根本上消除这些损失。因此，事故灾难应急项目管理工作必须前置，将重点放到预防工作上面，以避免事故灾难突发事件的发生。这就要求事故灾难应急项目管理者的管理活动不仅仅限于制定应对计划和协调对灾难的初步应对，其角色应由技术人员向负责监督事故灾难突发事件的管理者和高级政策顾问转变，以应对事故灾难应急项目中的所有潜在危害。《应急法》从应急预案、危险源排查及其风险评估、安全管理制度、应急管理培训制度、应急救援队伍、应急救援物资、应急处置装配储备等方面规定了各级政府和部门的职责。这些预防性工作对于遏制事故灾难突发事件的发生提供了重要的制度保障。

三、全面性原理

全面性原理是指事故灾难应急项目管理人员必须综合考虑所有危害、所有阶段、所有利益相关者以及与事故灾难相关的所有影响。[16] 其中，所有危害是指管理人员需要识别出所有的潜在以及现有危害，并根据这些危害的影响程度及其发生的可能性来确定它们的优先级。所有阶段是指事故灾难应急项目要按照阶段性程序来进行管理。《应急法》将突发事件的应急管理划分为四个阶段：预防与应急准备、监测与预警、应急处置与救援、事后恢复与重建。因此，开展事故灾难应急项目管理要事前做好预防准备、监测与预警工作，事后要开展处理与救援、恢复与重建工作。所有利益相关者是指有效的事故灾难应急项目管理要求政府部门、事故发生单位、非营利组织、公众等主体之间建立密切的工作关系。所有影响是指事故灾难应急项目管理者必须分析和处理危害造成的所有后果。

四、政府主导性原理

事故灾难突发事件涉及事故发生单位及其职工、公安、安监、政府等多个部门的利益。该事件的应急项目管理工作需要由政府部门牵头，同时组织其他单位或个人积极参与，共同降低事故灾难突发事件发生的概率，减少其可能造成的社会危害。例如，针对安全生产类的事故灾难突发事件，《安全生产事故报告和调查处理条例》第 22 条第 2 款规定："……事故调查组由有关人民政府、安全生产监督管理部门、负有安全生产监督管理职责的有关部门、监察机关、公安机关以及工会派人组成，并应当邀请人民检察院派人参加。"同样，《应急法》也规定国家是建立健全突发事件应急预案体系的主体，国务院是建立全国统一的突发事件信息系统的部门，人民政府是采取应急处置措施和制定恢复重建计划的主体。这些法律法规均强调了政府部门在应对事故灾难突发事件中的主体地位，这是因为政府部门可以利用自身的权力快速调动和整合各种人力、物力、财力等资源，有充足的能力动态监测事故灾难突发事件的进程，对事故灾难突发事件做出快速响应，并保障受突发事件影响地区的恢复与重新工作。这是任何其他组织或个人无法解决和应对的问题，因此事故灾难突发事件的应急管理工作必须由政府部门牵头来进行管理。

五、集成性原理

从事故灾难突发事件本身来看，事故灾难应急项目管理是一个复杂系统，在不同阶段由不同利益相关者参与来管理应急项目各要素。因此，事故灾难应急项目管理者需要从集成管理视角对全团队、全过程和全要素进行统筹谋划和开展应急管理工作。这就需要应急项目管理者采用系统思维分析预防与应急准备、监测与预警、应急处置与救援、事后恢复与重建等阶段的目标，针对各项目阶段的目标需求和特征配备合适的利益相关者来对应急项目的范围、成本、质量、进度等要素进行集成管理，以实现减少社会危害的总体目标。从纵向集成管理视角来看，不同级别政府间的应急预案、应急处置方案等要保持同步，下级政府部门和企业层面的应急管理制度要与上级政府部门的应急管理思想与原则一致，避免不同政府部门参与时采取的应急行动方案存在较大的差别，尤其是应急资源缺乏同步和集成计划，将影响事故灾难应急项目管理的效果。

六、风险管理原理

事故灾难应急项目管理的最终目的是避免事故灾难的发生，一旦发生则尽量降低其对社会造成的危害程度。项目风险管理是通过采取有效措施，确保项目风险处于受控状态，从而努力实现趋利避害并保证项目目标最终能够实现的管理工作，其目的就是将风险减少或避免风险带来的不利后果。因此，针对事故灾难突发事件，需要采用项目风险管理的思想对其展开管理工作。这与《应急法》第 5 条的主旨思想相符，即国家建立重大突发事件风险评估体系，对可能发生的突发事件进行综合性评估，减少重大突发事件的发生，最大限度地减轻重大突发事件的影响。这就要求事故灾难应急项目管理人员识别潜在的风险因素，度量风险发生的可能性、造成的后果、时间进程及其关联影响，动态监控各种风险因素的发展变化，并根据风险征兆开展应对工作。因为，事故灾难应急项目经理的主要职责就是评估脆弱性和风险，并制定相应的策略以降低或消除风险。[16]《应急法》第 5 条还规定："突发事件应对工作实行预防为主、预防与应急相结合的原则……"基于风险管理原理来管理事故灾难应急项目就是遵循了预防为主、预防与应急相结合的原则，尽量将这类突发事件扼杀在萌芽之中，一旦发现则可针对识别出的风险因素采取预先制定的方案加以应对。

七、灵活性原理

事故灾难应急项目具有独特性和不确定性等特征，这就意味着每个事故灾难突发事件都有其自身的特点，应急项目管理人员必须针对具体的事故灾难突发事件调整管理策略与方法，也即事故灾难突发事件的应急管理必须遵循灵活性的原理，使用创新性的方法来解决灾难挑战。这就要求应急经理必须具有灵活性，不仅可以选择最有效的行动方案，而且可以选择最有可能实施的行动方案。《应急法》将突发事件的管理过程划分为预防与应急准备、监测与预警、应急处置与救援、事后恢复与重建四个阶段。在预防与应急准备阶段，该法第 17 条第 4 款规定："应急预案制定机关应当根据实际需要和情势变化，适时修订应急预案……"在监测与预警阶段，该法第 38 条第 1 款规定："县级以上人民政府及其有关部门、专业机构应当通过多种途径收集突发事件信息。"在应急处置与救援阶段，根据该法第 49 条的规定，事故灾难事件发生后，履行统一领导职责的人民政府可以采取一项或者多项应急处置措施。在事后恢复与重建阶段，根据该法第 58 条的规定，突发事件的威胁和危害得到控制或者消除后，履行统一领导职责或者组织处置突发事件的人民政府采取或者继续实施必要措施，防止发生事故灾难的次生、衍生事件或者重新引发社会安全事件。可知，上述"根据实际需要和情势变化，适时修订""通过多种途径""采取一项或者多项应急处置措施""采取或者继续实施必要措施"均表明了事故灾难应急项目经理需要灵活地制定与实施应对方案，这是事故灾难应急管理成功的关键所在。

第四节　事故灾难应急项目管理的内容

事故灾难应急项目管理工作需要按照《应急法》对项目阶段的划分来开展。首先,需要确定各阶段事故灾难应急项目管理的对象,明确管理的目的。在此基础之上,确定利益相关主体及其管理任务。本节将依照《应急法》来介绍预防与应急准备阶段、监测与预警阶段、应急处置与救援阶段以及事后恢复与重建阶段的事故灾难应急项目管理的内容。

一、预防与应急准备阶段的事故灾难应急项目管理内容

根据《应急法》的规定,预防与应急准备阶段各利益相关者管理的基本内容详见表 15-3。由表可知,政府部门和企业是预防与应急准备阶段事故灾难应急项目管理的核心主体,管理内容较多,且该阶段以组织管理工作为主,计划、控制、协调工作为辅。

表 15-3　预防与应急准备阶段事故灾难应急项目管理的基本内容

<table>
<tr><th>管理对象</th><th>管理主体</th><th>管理任务</th><th>管理过程</th></tr>
<tr><td rowspan="3">应急预案</td><td rowspan="2">国务院</td><td>① 制定国家突发事件总体应急预案
② 制定国家突发事件专项应急预案</td><td>组织</td></tr>
<tr><td>③ 应急预案的制定、修订程序</td><td>控制</td></tr>
<tr><td>危险物品的生产、经营、储运、使用单位</td><td>制定具体应急预案</td><td>组织</td></tr>
<tr><td rowspan="7">应急培训、教育、宣传、演练</td><td rowspan="2">县级以上人民政府</td><td>① 建立健全突发事件应急管理培训制度</td><td>计划</td></tr>
<tr><td>② 对人民政府及其有关部门负有处置突发事件职责的工作人员定期进行培训
③ 加强专业应急救援队伍与非专业应急救援队伍的合作,联合培训、联合演练</td><td rowspan="5">组织
协调</td></tr>
<tr><td>县级以上人民政府
企业
居民委员会、村民委员会、企业事业单位</td><td>开展有关突发事件应急知识的宣传普及活动和必要的应急演练</td></tr>
<tr><td>新闻媒体</td><td>开展突发事件预防与应急、自救与互救知识的公益宣传</td></tr>
<tr><td>解放军/武警/民兵组织</td><td>组织开展应急救援的专门训练</td></tr>
<tr><td>学校</td><td>对学生进行应急知识教育</td></tr>
<tr><td>教育主管部门</td><td>对学校开展应急知识教育进行指导和监督</td><td>控制</td></tr>
</table>

续表

管理对象	管理主体	管理任务	管理过程
危险源、危险区域的安全隐患	设区的市级以上人民政府 县级人民政府	对本行政区域内容易引发特别重大、重大突发事件的危险源、危险区域进行调查、登记、风险评估,组织进行检查、监控,责令有关单位采取安全防范措施	组织 协调
	危险物品的生产、经营、储运、使用单位	对生产经营场所,有危险物品的建筑物、构筑物及周边环境开展隐患排查,及时采取措施消除隐患	
应急救援队伍	县级以上人民政府	① 建立或者确定综合性应急救援队伍 ② 建立由成年志愿者组成的应急救援队伍	组织
应急储备制度	设区的市级以上人民政府 突发事件易发、多发地区的县级人民政府	建立应急救援物资、生活必需品和应急处置装备的储备制度	组织
其他应急保障措施	国务院	保障突发事件应对工作所需经费	组织
	企业	① 建立健全安全管理制度 ② 定期检查本单位各项安全防范措施的落实情况 ③ 对本单位可能发生的突发事件和采取安全防范措施的情况,按照规定及时向所在地人民政府或者人民政府有关部门报告	
	公民/法人/其他组织	①(国家鼓励)为人民政府应对突发事件工作提供物资、资金、技术支持和捐赠 ②(国家鼓励)参加保险	
	教学科研机构和有关企业	① 培养应急管理专门人才 ② 研究开发用于突发事件预防、监测、预警、应急处置与救援的新技术、新设备和新工具	

(一)预防与应急准备阶段的事故灾难应急项目管理对象

明确管理对象是开展事故灾难应急项目管理工作的首要工作,直接关系着整个事故灾难应急项目的成功。该阶段事故灾难应急项目管理的对象涉及应急预案、应急培训、应急教育、应急宣传、应急演练、危险源和危险区域的安全隐患排查、应急救援队伍、应急储备制度以及其他应急保障措施。

(二)预防与应急准备阶段的事故灾难应急项目管理主体

管理主体是事故灾难应急项目管理工作的实施者。事故灾难应急项目管理的主体包括政府部门(国务院、县级人民政府、设区的市级以上人民政府)、教育主管部门、企事业单位、教研机构、学校、新闻媒体、村委会、居委会、解放军、武警、民兵组织和个人等众多利益相关者。

(三)预防与应急准备阶段的事故灾难应急项目管理任务

管理任务是管理主体针对管理对象而开展的具体工作,包括:应急预案的制定及其制定和修订的程序;应急管理培训制度的建立健全;应急工作人员的培训与演练;应急知识的宣传;应急知识的教育、指导和监督；对危险源、危险区域进行调查、登记和风险评估；对生产经营场所和有危险物品的建筑物、构筑物及周边环境开展隐患排查；应急救援队伍建设；应急救援物资、生活必需品和应急处置装备的储备制度建立；应急救援经费支持；企业安全管理制度的建立健全；应急社会支援和保险建立；应急人才培养和应急新技术、新设备和新工具的研发。

二、监测与预警阶段的事故灾难应急项目管理内容

根据《应急法》的规定，监测与预警阶段各利益相关者管理的基本内容详见表15-4。由表可知，政府部门是监测与预警阶段事故灾难应急项目管理的核心主体，且该阶段以组织与协调工作为主，计划和控制工作为辅。

表15-4 监测与预警阶段事故灾难应急项目管理的基本内容

管理对象	管理主体	管理任务	管理过程
突发事件信息	国务院	建立全国统一的突发事件信息系统	组织
	县级以上地方各级人民政府	① 建立或者确定本地区统一的突发事件信息系统 ② 及时汇总分析突发事件隐患和预警信息 ③ 对发生突发事件的可能性及其可能造成的影响进行评估 ④ 可能发生重大或者特别重大突发事件的，立即向上级人民政府报告，并向上级人民政府有关部门、当地驻军和可能受到危害的毗邻或者相关地区的人民政府通报	组织 协调
	县级以上地方各级人民政府之间、专业结构、监测网点	突发事件信息系统实现互联互通，加强跨部门、跨地区的信息交流与情报合作	协调
	县级以上人民政府及其有关部门、专业机构	收集突发事件信息	组织
	县级人民政府	建立专职或者兼职信息报告员制度	计划
	公民、法人或者其他组织	向所在地人民政府、有关主管部门或者指定的专业机构报告突发事件信息	协调
	地方各级人民政府	向上级人民政府报送突发事件信息	协调
	县级以上人民政府有关主管部门	向本级人民政府相关部门通报突发事件信息	协调
	专业机构、监测网点和信息报告员	向所在地人民政府及其有关主管部门报告突发事件信息	协调
突发事件监测工作	县级以上人民政府及其有关部门	① 建立健全基础信息数据库 ② 完善监测网络 ③ 划分监测区域，确定监测点，明确监测项目 ④ 提供必要的设备、设施，配备专职或者兼职人员 ⑤ 对可能发生的突发事件进行监测	组织

续表

<table>
<tr><th>管理对象</th><th>管理主体</th><th>管理任务</th><th>管理过程</th></tr>
<tr><td rowspan="5">突发事件预警工作</td><td>国务院或者国务院确定的部门</td><td>制定预警级别的划分标准</td><td>计划</td></tr>
<tr><td rowspan="3">县级以上地方各级人民政府</td><td>• 可以预警的自然灾害、事故灾难或者公共卫生事件即将发生或者发生的可能性增大时：
① 发布相应级别的警报
② 决定并宣布有关地区进入预警期
③ 向上一级人民政府报告，必要时可以越级上报，并向当地驻军和可能受到危害的毗邻或者相关地区的人民政府通报</td><td>组织
协调</td></tr>
<tr><td>• 发布三级、四级警报，宣布进入预警期后：
① 启动应急预案
② 及时收集、报告有关信息
③ 向社会公布反映突发事件信息的渠道
④ 加强对突发事件发生、发展情况的监测、预报和预警工作
⑤ 组织有关部门和机构、专业技术人员、有关专家学者，随时对突发事件信息进行分析评估，预测发生突发事件可能性的大小、影响范围和强度以及可能发生的突发事件的级别
⑥ 定时向社会发布与公众有关的突发事件预测信息和分析评估结果，并对相关信息的报道工作进行管理
⑦ 及时按照有关规定向社会发布可能受到突发事件危害的警告，宣传避免、减轻危害的常识，公布咨询电话</td><td>组织
协调</td></tr>
<tr><td>• 发布一级、二级警报，宣布进入预警期后：
① 责令应急救援队伍、负有特定职责的人员进入待命状态，并动员后备人员做好参加应急救援和处置工作的准备
② 调集应急救援所需物资、设备、工具，准备应急设施和避难场所
③ 加强对重点单位、重要部位和重要基础设施的安全保卫，维护社会治安秩序
④ 确保交通、通信、供水、排水、供电、供气、供热等公共设施的安全和正常运行
⑤ 及时向社会发布有关采取特定措施避免或者减轻危害的建议、劝告
⑥ 转移、疏散或者撤离易受突发事件危害的人员并予以妥善安置，转移重要财产
⑦ 关闭或者限制使用易受突发事件危害的场所
⑧ 控制或者限制容易导致危害扩大的公共场所的活动</td><td>组织
协调
控制</td></tr>
<tr><td>发布突发事件警报的人民政府</td><td>① 适时调整预警级别并重新发布
② 解除警报，终止预警期，并解除已经采取的有关措施</td><td>组织</td></tr>
</table>

（一）监测与预警阶段的事故灾难应急项目管理对象

该阶段管理对象包括突发事件信息、突发事件监测工作和突发事件预警工作。其中，突发事件信息、监测和预警三个管理对象相互关联。突发事件信息是监测和预警的前置基础性工作，为其提供数据支持；突发事件监测工作为预警提供诊断数据，指导突发事件预警信息的发布和应对措施实施等工作。

（二）监测与预警阶段的事故灾难应急项目管理主体

该阶段事故灾难应急项目管理的核心主体为国务院、县级以上人民政府及其有关部门等政府机构，主要负责突发事件信息系统的建立、突发事件监测制度的建立健全和突发事件预警制度的健全等工作。公民、法人和其他组织负责突发事件信息的收集和向政府部门汇报等工作。

（三）监测与预警阶段的事故灾难应急项目管理任务

该阶段事故灾难应急项目管理的任务围绕突发事件信息、突发事件监测工作和突发事件预警工作三个管理对象展开。其中，针对突发事件信息管理对象，管理任务包括建立突发事件信息系统、汇总分析突发事件隐患和预警信息、评估突发事件发生的可能性及其影响、收集突发事件信息、建立信息报告员制度、报告突发事件信息、跨部门和跨地区信息交流与情报合作等工作。针对突发事件监测工作管理对象，管理任务主要涉及建立健全基础信息数据库、完善监测网络、划分监测区域、确定监测点、明确监测项目、提供必要的设备与设施、配备专职或者兼职人员和突发事件监测等工作。针对突发事件预警工作管理对象，管理任务由预警级别标准制定、不同预警级别下的应对措施制定、预警级别的调整、重新发布和解除等工作构成。

三、应急处置与救援阶段的事故灾难应急项目管理内容

根据《应急法》的规定，应急处置与救援阶段各利益相关者管理的基本内容详见表 15-5。该阶段需要政府部门、发生事故灾难的单位及突发事件发生地的居民委员会、村民委员会、其他组织和公民等众多利益相关主体的共同参与，且侧重突发事件发生后应急处置与救援的组织与协调工作。

（一）应急处置与救援阶段的事故灾难应急项目管理对象

该阶段事故灾难应急项目的管理对象为应急处置与救援工作，即事故灾难突发事件发生后，各利益相关主体为了减少事故灾难应急突发事件给人们的生产、生活带来的损失所采取的处置与救援等一系列工作。

（二）应急处置与救援阶段的事故灾难应急项目管理主体

该阶段事故灾难应急项目的管理主体为履行统一领导职责或者组织处置突发事件的人民政府、国务院或者国务院授权的有关主管部门及突发事件发生地的居民委员会、村民委员会、其他组织和公民和发生事故灾难的单位，且应急处置与救援工作需要各利益相关主体之间的有机协调和相互配合。

（三）应急处置与救援阶段的事故灾难应急项目管理任务

履行统一领导职责或者组织处置突发事件的人民政府的管理任务主要涉及应急救援队伍和社会力量的调动、应急处置措施的实施、应急救援物资的征用、与其他地方人民政府和企业的组织协调工作、信息发布等工作。国务院或国务院授权的有关主管部门负责必要应急措施的实施工作。突发事件发生地的居民委员会、村民委员会和其他组织负责宣传动员和组织群众自救和

互救等工作。发生事故灾难的单位的管理任务包括组织本单位应急救援队伍和工作人员营救受害人员，疏散、撤离、安置受到威胁的人员，控制危险源，标明危险区域，封锁危险场所，并采取其他防止危害扩大的必要措施，同时向所在地县级人民政府报告等工作。突发事件发生地的其他单位必须服从人民政府发布的决定、命令，配合人民政府采取的应急处置措施，同时做好本单位的应急救援工作，并积极组织人员参加所在地的应急救援和处置工作。突发事件发生地的公民需要服从人民政府、居民委员会、村民委员会或者所属单位的指挥和安排，并配合人民政府采取的应急处置措施，积极参加应急救援工作，协助维护社会秩序。

表 15-5　应急处置与救援阶段事故灾难应急项目管理的基本内容

管理对象	管理主体	管理任务	管理过程
应急处置与救援工作	履行统一领导职责或者组织处置突发事件的人民政府	① 调动应急救援队伍和社会力量，采取应急处置措施 ② 必要时可以向单位和个人征用应急救援所需设备、设施、场地、交通工具和其他物资 ③ 请求其他地方人民政府提供人力、物力、财力或者技术支援，要求生产、供应生活必需品和应急救援物资的企业组织生产、保证供给，要求提供医疗、交通等公共服务的组织提供相应的服务 ④ 组织协调运输经营单位，优先运送处置突发事件所需物资、设备、工具、应急救援人员和受到突发事件危害的人员 ⑤ 准确、及时发布有关突发事件事态发展和应急处置工作的信息	组织 协调
	国务院或者国务院授权的有关主管部门	突发事件发生后严重影响国民经济正常运行时，采取保障、控制等必要的应急措施	组织 协调
	突发事件发生地的居民委员会、村民委员会和其他组织	① 按照当地人民政府的决定、命令，进行宣传动员 ② 组织群众开展自救和互救，协助维护社会秩序	组织 协调
	发生事故灾难的单位	① 组织本单位应急救援队伍和工作人员营救受害人员，疏散、撤离、安置受到威胁的人员 ② 控制危险源，标明危险区域，封锁危险场所，并采取其他防止危害扩大的必要措施，同时向所在地县级人民政府报告	组织 协调
	突发事件发生地的其他单位	① 服从人民政府发布的决定、命令，配合人民政府采取的应急处置措施 ② 做好本单位的应急救援工作，并积极组织人员参加所在地的应急救援和处置工作	组织 协调
	突发事件发生地的公民	① 服从人民政府、居民委员会、村民委员会或者所属单位的指挥和安排 ② 配合人民政府采取的应急处置措施，积极参加应急救援工作，协助维护社会秩序	组织 协调

四、事后恢复与重建阶段的事故灾难应急项目管理内容

根据《应急法》的规定，事后恢复与重建阶段各利益相关者管理的基本内容详见表 15-6。该阶段完全由政府部门主导来开展事故灾难应急项目事后恢复与重建工作，且以组织和协调工作为主，计划工作为辅。

表 15-6 事后恢复与重建阶段事故灾难应急项目管理的基本内容

管理对象	管理主体	管理任务	管理过程
事后恢复与重建工作	履行统一领导职责或者组织处置突发事件的人民政府	① 停止执行应急处置措施 ② 采取或者继续实施必要措施，防止发生事故灾难的次生、衍生事件 ③ 立即组织对突发事件造成的损失进行评估，组织受影响地区尽快恢复生产、生活、工作和社会秩序，制定恢复重建计划，并向上一级人民政府报告 ④ 及时查明突发事件的发生经过和原因，总结突发事件应急处置工作的经验教训，制定改进措施，并向上一级人民政府提出报告	组织 计划 协调
	受突发事件影响地区的人民政府	① 及时组织和协调公安、交通、铁路、民航、邮电、建设等有关部门恢复社会治安秩序，尽快修复被损坏的交通、通信、供水、排水、供电、供气、供热等公共设施 ② 开展恢复重建工作需要上一级人民政府支持的，可以向上一级人民政府提出请求 ③ 根据本地区遭受损失的情况，制定救助、补偿、抚慰、抚恤、安置等善后工作计划并组织实施，妥善解决因处置突发事件引发的矛盾和纠纷	组织 协调 计划
	受突发事件影响地区的上一级人民政府	提供资金、物资支持和技术指导，组织其他地区提供资金、物资和人力支援	组织
	国务院	制定扶持该地区有关行业发展的优惠政策	组织

（一）事后恢复与重建阶段的事故灾难应急项目管理对象

该阶段事故灾难应急项目的管理对象为事后恢复与重建工作，即事故灾难突发事件的威胁和危害得到控制或者消除后，政府部门为了恢复和重建因事故灾难突发事件对人们的生产、生活造成破坏所开展的一系列工作。

（二）事后恢复与重建阶段的事故灾难应急项目管理主体

该阶段事故灾难应急项目的管理主体为国务院、履行统一领导职责或者组织处置突发事件的人民政府、受突发事件影响地区的人民政府及其上级人民政府。各利益相关主体之间的工作需要相互配合和有机协调。例如，履行统一领导职责或者组织处置突发事件的人民政府制定的恢复重建计划、经验教训和改进措施需上报上一级人民政府。受突发事件影响地区的人民政府

可以请求上一级人民政府提供各种支持。

（三）事后恢复与重建阶段的事故灾难应急项目管理任务

履行统一领导职责或者组织处置突发事件的人民政府的管理任务包括停止执行应急处置措施，采取或者继续实施必要措施来防止发生事故灾难的次生与衍生事件，组织对突发事件造成的损失进行评估，组织受影响地区尽快恢复生产、生活、工作和社会秩序，制定恢复重建计划，及时查明突发事件的发生经过和原因，总结突发事件应急处置工作的经验教训，制定改进措施，将恢复重建计划、经验教训和改进措施向上一级人民政府提出报告。受突发事件影响地区的人民政府的管理任务涉及及时组织和协调公安、交通、铁路、民航、邮电、建设等有关部门恢复社会治安秩序，尽快修复被损坏的交通、通信、供水、排水、供电、供气、供热等公共设施，向上一级人民政府提出支持请求，制定救助、补偿、抚慰、抚恤、安置等善后工作计划并组织实施，妥善解决因处置突发事件引发的矛盾和纠纷。受突发事件影响地区的上一级人民政府的管理任务包括为受突发事件影响地区提供资金、物资支持和技术指导，组织其他地区提供资金、物资和人力支援。国务院的管理任务是制定扶持受突发事件影响地区有关行业发展的优惠政策。

本章小结

事故灾难突发事件是四大类突发事件之一，具有发生频率较高、伤亡多、危害大的特点，严重威胁着人民的生命财产安全和社会经济发展。从项目管理视角对事故灾难开展应急管理工作，不仅对于丰富事故灾难应急管理理论具有重要的理论意义，还对有效预防事故灾难事件的发生和降低事故灾难损失具有重要的现实意义。本书认为，事故灾难应急项目管理是运用项目管理知识、技能、工具与方法，从全过程视角对事故灾难应急项目所开展的系列管理工作。开展事故灾难应急项目管理工作需要遵循人本、预防性、全面性、政府主导性、集成性、风险管理、灵活性等基本原理，贯穿预防与应急准备、监测与预警、应急处置与救援、事后恢复与重建四个阶段。具体来讲，首先需要明确事故灾难应急项目管理的对象，这决定着管理者实施管理活动的方向和成效。其次，根据管理对象分解管理任务，决定着管理者实施管理活动的工作内容及其数量。最后，根据管理任务匹配管理主体，明确各利益相关主体的责任和义务。

复习思考题

1. 为什么可以从项目管理视角来应对事故灾难事件？
2. 如何从全过程集成视角来应对事故灾难事件？
3. 请举例说明事故灾难事件的利益相关者有哪些，他们的职责是什么，如何从利益相关者集成视角来应对事故灾难事件。

即测即评

参考文献

1. 陈至立.辞海.7版.上海:上海辞书出版社,2019.

2. Oxford. Oxford Dictionary of English. 3rd revised edition. USA:Oxford University Press,2010.

3. 吴穹.安全管理学.2版.北京:煤炭工业出版社,2006.

4. Gove. Webster's Third International Dictionary of the English Language Unabridged. Springfield,MA:G & C Merriman Co.,1968.

5. 张美莲.危机处置领导力不足的关键环节:基于六起特大事故灾难应急响应失灵的分析.社会治理,2017(2):43-52.

6. 左文婷.我国事故灾难类突发事件风险管理研究.大连:东北财经大学,2016.

7. 陈宝智,吴敏.事故致因理论与安全理念.中国安全生产科学技术,2008,4(1):42-46.

8. 邬长城,谭朝阳,王桂賨.安全管理中人本原理的探讨.第十九届全国高校安全工程学术年会,2007.

9. 戚安邦.项目管理.北京:高等教育出版社,2015.

10. Department of Defense. MIL-STD-882E,2012-5-11.

11. Collins online dictionary.

12. 应急.百度百科.

13. 核安全是国家安全重要组成部分.中国电力企业联合会网站.

14. 公共安全.百度百科.

15. 8·12天津滨海新区爆炸事故.百度百科.

16. Wayne Blanchard, et al. Principles of Emergency Management Supplement, 2007. FEMA网站.

第十六章　社会安全事件应急项目管理

在《应急法》的相关规定中，社会安全事件与其他三类事件是分列的，可以看出该类突发事件的独特性。有学者从突发事件应对的专业性角度进行分析，认为与自然灾害事件、事故灾难事件、公共卫生事件相比，社会安全事件属于专业性、技术性不强的突发事件，应以人民政府作为领导机关，人民政府的职能部门积极配合和协助。[1] 专业性不强实则意味着种类繁多，发生、发展形式多样，因此社会安全事件管理也是四种类型的突发事件管理中复杂程度最高、不确定性最强的一类。本章将就社会安全事件应急项目管理的概念、特征和管理工具、方法等进行阐释。

第一节　社会安全事件应急项目的概念和特性

社会安全是国家安全观的重要组成部分。为了维护社会安全，我国开展了扫黑除恶专项斗争，对严重危害群众生命财产安全犯罪、危害食品药品安全犯罪、电信网络犯罪等采取严惩措施。可见，对于社会安全事件的管理同样贯彻了《应急法》中所提出的“预防为主、预防与应急相结合”的原则。

一、突发社会安全事件的概念

对于突发社会安全事件的概念界定，目前学术界和实践领域均未能提出标准化的定义。对于社会安全的界定就有广义与狭义之分。从狭义角度来看，社会安全是指与“政治社会”对应的“民间社会”“非官方社会”，因此“社会安全”指的就是与国家政治相距较远的民间社会的稳定和有序。从广义角度来看，社会安全中的“社会”是与“自然”对应的，即自然安全以外的、涉及安全问题的均为“社会安全”问题。而“安全”是指“没有危险，不受威胁”。

（一）突发社会安全事件的定义

什么是突发社会安全事件呢？有学者提出突发社会安全事件是指对社会和国家的稳定与发展造成巨大影响的，涉及经济、政治和社会生活的各种突发性群体性事件。[2] 从定性的角度，社会安全事件可以定义为：由各种社会矛盾引发的，形成一定的规模，造成一定的社会影响，危害社会稳定，干扰正常的工作秩序、生产秩序、教学科研秩序和社会秩序的事件。[3]

（二）与其他突发事件类型之间的边界

对于突发事件的分类，目前世界上尚无统一的分类标准。例如，英国国内民防法采用三分法，将突发事件分为：人民福利类突发事件、环境类突发事件、安全类突发事件。加拿大紧急状态法采用四分法，认为突发事件包括公共福利类突发事件、公共秩序类突发事件、国际突发事件、战争类突发事件。法国紧急状态法采用两分法，即公共秩序类突发事件和社会灾难类突发事件。俄罗斯联邦紧急状态法也采用两分法，即暴乱类突发事件和自然原因或技术原因造成的突发事件。[3]

根据《应急法》中的类型划分，自然灾害事件、事故灾难事件与公共卫生事件均有较明确的判定标准，社会安全事件则应当包括除上述三种类型以外的干扰政治、经济、社会秩序的突发事件。

（三）突发社会安全事件的特征

突发社会安全事件的主要特征包括三个方面：一是危害社会稳定，干扰社会秩序。这是社会安全事件的本质特性，即对社会发展有负面作用，是一种消极的、否定性的社会事件。二是造成了一定的不良社会影响，这是社会安全事件在规模上的一种判断，即人数、社会影响力或者社会危害性等方面达到了一定规模。三是由一定的社会问题引起，在类别上具有社会性。[4]

二、社会安全事件应急项目的概念

结合本书所提出的应急项目的概念，社会安全事件应急项目的概念可以具体化为：政府为实现预防和减少突发社会安全事件的发生，控制、减轻和消除突发社会安全事件引起的严重社会危害的目标，在一定时间、人员和其他资源的约束条件下，所开展的具有独特性、一次性、过程性、不确定性和突发性的工作。

由于社会安全事件的类型众多，因此与其他三类突发事件应急项目相比，社会安全事件应急项目涉及的政府部门和各类主体的类型相对广泛。例如经济安全事件应急项目可能涉及发改委、财政部、中国银行保险监督管理委员会、人力资源与卫生保障部门等；民族宗教事件则需要民族和宗教事务委员会牵头或参与。

三、社会安全事件应急项目的主要特征

与其他类型的突发事件应急项目相比，社会安全事件应急项目的主要特征包括如下四个方面：

（一）社会影响领域广泛

主要表现在以下两个方面：其一，事件对社会治安秩序和公民生命财产安全构成严重威胁或者损害。其二，事件超越个案和局部地点，其影响范围足以达到所谓“社会性”或“公共性”的程度。这里的社会性或公共性表现在事件本身可能引起公众的高度关注，或者对公共利益产生较大负面影响，如危及公共安全、损害公共财产和广大民众的私有财产，甚至严重破坏正常的社会秩序。

（二）预测预警信息不足

随着技术不断发展，我们有可能对某些自然灾害事件、事故灾难事件和公共卫生突发事件进行预测、预警。以事故灾难事件为例，海因里希 1941 年统计了 55 万起机械事故，其中死亡、重伤事故 1 666 起，轻伤事故 48 334 起，其余事故为无伤害事故。从而得出一个重要结论，即在机械事故中，死亡、重伤、轻伤和无伤害事故的比例为 1 ∶ 29 ∶ 300，国际上把这一法则叫事故法则。但社会安全事件致灾因子众多，且很多都具有不可预测的特征，具体体现在：一、很多社会安全事件的爆发都是极其突然的，在爆发前往往都被人们认为是不可能的，但是它的确发生了。二、

几乎所有社会安全事件在爆发时，人们都无法获得全面的信息。因此，对于事件的性质、未来发展的可能，人们往往不能准确把握，这就造成了外界急切了解社会安全事件真实情况的后果。

（三）容易引发“涟漪反应”

社会安全事件的发展十分迅速，其事态在短时间内能够快速扩大并酿成严重后果，亟须政府部门在有限的时间范围内、在有限的信息条件下开展应急处置工作。并且事件在其发展过程中会引起一连串的相关反应。社会安全事件引发的一连串相关反应，一些学者把它称为“涟漪反应”或“连锁反应”。[5]

（四）需要采用特别措施

社会安全事件将导致某一方面、某一区域乃至更大范围内常态行政管理机制的失灵，政府部门采取常规的法律、行为方式是难以应对的。例如某一地区治安秩序的混乱已经达到政府用常态治安管理方式不足以维护当地治安秩序的程度，必须启动应急响应，进入应急管理状态，在政府的统一领导、指挥下，动用社会各界力量，在短时间内做出判断，在有限的信息条件下判明事件的性质与发展趋势，并迅速采取各种应急措施，以遏制紧急事态的扩张，快速恢复公共秩序。社会安全事件状态下的应急措施比一般的行政执法手段更加严厉、苛刻，有时甚至需要中断正常的法律秩序乃至影响公民的部分基本权利。但是，为了实现更重大、迫切的公共利益，并从最根本上保护公民的最大利益，采取这样的措施仍然是必要的。

四、社会安全事件应急项目的类型

社会安全事件应急项目的分类与突发社会安全事件的分类具有一致性。因此本部分将首先对突发社会安全事件的分类进行探讨。

（一）突发社会安全事件的分类

突发社会安全事件的范围究竟如何划分？学者和实践界总体采用了类型列举的方式。例如《国家突发公共事件总体应急预案》中采用了部分列举的方式对突发社会安全事件的外延进行了部分界定，提出社会安全事件主要包括恐怖袭击事件、经济安全事件和涉外突发事件等。《海南省人民政府突发公共事件总体应急预案》规定社会安全事件主要包括：涉及公共安全的重大刑事案件、涉外突发公共事件、恐怖袭击事件、经济安全事件以及规模较大的群体性事件等。《陕西省突发公共事件总体应急预案》规定社会安全事件主要包括恐怖袭击事件、民族宗教事件、经济安全事件、涉外突发事件等。《上海市突发公共事件总体应急预案》规定社会安全事件主要包括恐怖袭击事件、民族宗教事件、经济安全事件、涉外突发事件和群体性事件等。具体类型如表16-1所示。

表16-1 不同文献中列举的突发社会安全事件类型

文献名称	恐怖袭击	经济安全事件	涉外突发事件	重大刑事案件	群体性事件	民族宗教事件
《国家突发公共事件总体应急预案》	√	√	√			
《海南省人民政府突发公共事件总体应急预案》	√	√	√	√	√	

续表

文献名称	恐怖袭击	经济安全事件	涉外突发事件	重大刑事案件	群体性事件	民族宗教事件
《陕西省突发公共事件总体应急预案》	√	√	√			√
《上海市突发公共事件总体应急预案》	√	√	√		√	√
突发公共事件分类、分级与分期：应急体制的管理基础	√	√	√	√	√	
中华人民共和国突发事件应对法解读	√	√	√		√	√
关于社会安全事件认定的几点思考	√			√	√	
关于“突发社会安全事件”概念的争论与探讨	√		√		√	√

1. 恐怖袭击事件

从表16-1可以看出，突发社会安全事件中最典型、最不具争议性的是恐怖袭击事件，指极端分子人为制造的针对但不限于民众及民用设施的不符合国际道义的攻击事件。

2. 涉外突发事件

涉外突发事件总体上也是较公认的突发社会安全事件，未明确列举该类事件的文献中特别强调应对社会安全事件进行广义解读，包括“重大群体性事件”“严重暴力刑事案件”“恐怖袭击”等一切发生后严重威胁社会治安秩序和公民生命财产安全，需要采取应急特别措施进行处置的突发事件。

3. 经济安全事件

对于经济安全事件是否应纳入突发社会安全事件，有两种不同的观点。一种观点认为突发社会安全事件是指突然发生、由人为因素引发、社会影响严重、需要政府尤其是公安机关迅速处置的突发事件，一般包括恐怖袭击事件、群体性事件、涉外突发事件、民族宗教突发事件以及其他社会影响严重的突发公共事件，但不宜涵盖经济安全事件和(重大)刑事案件。另一种观点则认为经济安全事件的产生原因从表面上看是由金融信用危机、资源、能源、生活必需品短缺等因素引起的，但是诱发这些因素的深层次原因在于全球化进程和社会转型双重作用下累积的社会矛盾与社会问题，与重大群体性、恐怖事件的诱因是相同的，应纳入突发社会安全事件之中。在实践领域，国家和地方的突发事件总体应急预案中基本都将其列入突发社会安全事件。经济安全突发事件主要是指资源、能源和生活必需品严重短缺，金融信用危机和其他经济失常、经济动荡等涉及经济安全的突发事件。

4. 群体性事件

对于群体性事件，总体上应纳入突发社会安全事件的管理范畴，这一点目前总体上是有共识的，但在表述和认定上存在一定差异。《海南省人民政府突发公共事件总体应急预案》中提到的是“规模较大的群体性事件”，周定平使用的是“重大群体性事件”，而《上海市突发公共事件总体应急预案》等则并未就群体性事件的“规模”等问题进行界定。可见，在操作过程中，仍需对概念进行细化。

5. 重大刑事案件

对于重大刑事案件是否属于突发社会安全事件，或者说是否应归纳为单独的类型，目前尚存在较大争议。从其具体表现来看，重大刑事案件在某些情况下确实存在与群体性事件的交叉，但群体性事件并不能涵盖所有的重大刑事案件。那么，哪些重大刑事案件属于突发社会安全事件呢？有观点认为应从如下方面进行界定：一是从重大刑事案件侵害的目标来看，以国家利益、公共利益或多数人利益为侵害目标的重大刑事案件，如危害国家安全的刑事案件、集体越狱案件、武装越狱案件等，应当纳入社会安全事件的范畴；二是从重大刑事案件的主体来分析，案件主体为犯罪组织、集团实施的犯罪案件，如黑社会性质组织、恶势力团伙、邪教组织等实施的刑事案件，应当纳入社会安全事件的范畴；三是从重大刑事案件的作案手段来看，使用暴力、手段残忍，如爆炸、绑架、重大抢劫案件等重大刑事案件，可以纳入社会安全事件的范畴；四是从重大刑事案件的影响来分析，影响大、敏感的重大刑事案件，如灭门案、袭击党政军要员或大规模袭击民众的重大刑事案件等，也可以纳入社会安全事件的范畴。此外，一种新的犯罪类型也引起了学者的注意，即个人极端暴力犯罪。个人极端暴力犯罪又被称为“一个人的恐怖主义”，是指一个人针对特定或不特定的多数人使用残忍的武力手段实施的造成严重伤亡和重大社会影响的行为。其区别于其他严重犯罪的关键在于个人性和极端性，必须予以充分重视。

6. 民族宗教事件

部分应急预案和学术论文中未将民族宗教事件单列为一种类型，主要原因是民族宗教事件可以视为群体性事件的一种特殊类型。在多个地方政府的民族宗教突发事件应急预案中，对该类事件使用了同一个定义，即涉及民族宗教方面的群众性事件，包括少数民族和信教群众参加的群众性事件和因民族宗教问题引发的群体性事件。具体包括因新闻报道、出版物、广播影视作品、互联网出现违反民族、宗教政策，伤害少数民族和信教群众感情的内容而引发的矛盾和纠纷；由民族间文化传统、风俗习惯、宗教信仰和心理认同等方面的多样性、差异性而产生的矛盾纠纷，以及信教群众与不信教群众之间、信仰不同宗教的群众之间因宗教信仰问题引发的矛盾纠纷；一些别有用心的人利用民族、宗教感情，挑起不同民族公民之间、不同宗教信仰公民之间的纠纷，或煽动制造的事端；各民族交往过程中及少数民族人口流动过程中发生的摩擦和纠纷，以及同一宗教内部派别、权力继承、利益等矛盾引发的纠纷；在土地开发、城市拆迁、宗教房产、旅游景点管理等涉及宗教全体、信教群众和少数民族群众利益的群体性事件；大规模非法宗教集会，或在敏感时期、敏感地点进行跨市、区非法宗教活动；因涉及民族、宗教方面的问题处理不当引发的事件；因其他原因引发的少数民族和信教群众大规模聚集事件。

本书将民族宗教类突发事件列为单独的一类，主要原因是在对该类事件开展应急项目管理时，参与的主体和工作的方式方法等均与其他类型事件具有较大差别。

7. 网络安全事件

除了上述较传统和典型的突发社会安全事件以外，随着互联网普及，网络安全事件的发生频率和影响范围呈现出提高和扩大的趋势。从类型划分角度，该类事件中确实存在对政治、经济、社会产生重大影响的事件，符合社会安全事件的定义，且与其他类型的事件之间具有较大差异性，应当作为一种新的类型加以界定。

从发生的原因分析，网络安全事件又可以分为两类：一类是技术原因带来的网络安全事件。根据对浙江省网络安全影响因素的分析，主要的四类影响因素分别是飞客蠕虫病毒、木马或僵尸程序、被篡改网站、被植入了后门的网站，见表 16-2。

表 16-2　2016 年 1—6 月浙江省网络安全概况

月份	感染飞客蠕虫病毒的主机数（千个）	被木马或僵尸程序控制的 IP 数（千个）	被篡改的网站数（个）	被植入了后门的网站数（个）
1 月	66	158	293	277
2 月	45	69	253	138
3 月	55	171	254	251
4 月	47	209	311	604
5 月	46	283	265	2 430
6 月	41	188	277	464

另一类是网络舆情事件。通过分析 2016 年浙江省的舆情事件，涉政府机构事件居于第一位，居于第二、三位的分别是社会事件和企业舆情。该类事件中并未发生物理空间意义上的群体聚集，但其在“线上”的聚集同样会产生广泛的社会影响。

随着技术发展，突发社会安全事件还可能出现其他新的表现形式或类型，可见，必须以发展的眼光进行判断和分析。

（二）社会安全应急项目的分类

根据突发社会安全事件的分类，社会安全应急项目相应地分为：恐怖袭击事件应急项目、涉外突发事件应急项目、经济安全事件应急项目、群体性事件应急项目、重大刑事案件应急项目、民族宗教事件应急项目和网络安全事件应急项目。

第二节　社会安全事件应急项目管理的独特性

从《应急法》的相关规定可以看出，社会安全事件在预防与应急准备、监测与预警、应急处置与救援以及事后恢复与重建阶段的工作内容、工作要求均与其他三类不同。本节将详细讨论社会安全事件应急项目管理的独特性特征。

一、社会安全事件应急项目管理的概念

根据本书所提出的应急项目管理的概念，社会安全事件应急项目管理可以定义为：运用各种相关的知识、技能、方法与工具，为消减突发社会安全事件所造成或者可能造成的严重社会危害，开展的对于社会安全事件应急项目的起始、计划、组织、控制与结束的具体管理活动。

二、社会安全事件应急项目管理的特性

社会安全事件应急项目管理除了具备所有应急项目管理的突发应对性、风险管理性、管理复杂性等特点之外，还有一些与其他应急项目不同的特性。主要包括如下四个方面。

（一）决策和计划信息不完备

西蒙曾提出“管理就是决策”的观点，在应急项目管理过程中，决策的频率与强度均较高，而信息的完备程度对于决策的科学性具有突出的影响。社会安全事件往往具有突发性和不易预测性的特征，以 2007 年 6 月 1 日至 2 日期间，厦门市民以“散步”的形式，集体在厦门市政府门前表达对 PX 项目的反对意见为例，虽然前期对于 PX 项目确有争论，但何时、以何种方式、何种规模发生社会安全事件均具有强烈的不可预测特性。

由于决策过程存在信息不完备的特性，因此很多决策都是在有限理性的情况下作出的，并且需要决策者快速反应。有研究显示，时间压力会影响决策者的决策质量、决策信心、决策策略的选择等方面，其影响的大小与决策者对时间压力情境的评价、所引起的状态的性质、任务的结构和任务的总目标有关。因此在社会安全事件应急管理中，一方面要求决策者具有专业知识，另一方面要具有决断力。但是由于信息不完备，决策者无法做到完全理性，因此对于决策质量的考察也应当有不同的标准和方法，并且应当保留适当的容错机制。

上述特性同样也导致了社会安全事件应急项目在开展计划工作时缺乏完备的信息支持，需要通过滚动计划等方法，实现项目计划与实施工作同步进行。

（二）参与主体广泛

从组织管理的角度，社会安全事件应急项目实施过程中，参与的主体类型众多，且不同类型的社会安全事件，其参与主体也存在较大差异。在该类事件应急项目管理中，需要更有效地开展跨部门协同。以互联网时代新出现的网络谣言应对为例，人们常用“造谣一张嘴，辟谣跑断腿”来形容谣言传播之迅猛，辟谣之艰难。身处“信息如海，传播如风”的网络时代，网络谣言更是如同病毒一样令人防不胜防，网民纷纷中招，甚至误成传谣者。网络谣言不仅造成了高昂的社会运行成本，也影响着社会的稳定和谐。对于由谣言引起的社会安全事件应急项目的管理，除了各级网络安全和信息化委员会办公室、工业与信息化部门以外，还需要各专业领域以及各类主体的协同配合。据报道，截至 2018 年底，微信平台与网信、公安、食药监等政府机关以及学会、科普机构等社会力量，共拦截网络谣言 84 317 条，辟谣文章的阅读量达 10.9 亿次。

对于社会安全事件应急项目管理的主体，《应急法》中要求“所有单位应当……掌握并及时处理本单位存在的可能引发社会安全事件的问题，防止矛盾激化和事态扩大”，因此在开展应急项目管理时，应对组织的范围进行有效界定，并采用更加有效的信息沟通方法，采用更高效的协同工作机制。

（三）工具方法多样

由于社会安全事件应急项目在起始阶段存在较大信息缺口，从项目的类型划分上，属于开放型项目（Open Project），因此在应急项目管理中，总体方法应当遵循“属地先期处置”的原则，确保第一时间的人员到位。而处置过程本身也是信息收集的过程，因此该类应急项目具有典型的“摸着石头过河”的特点。这种方法与管埋科学化之间并不冲突，而是在特殊管理情境之下管理柔性的体现。

那么，如何才能在这种情况下提升应急项目管理的科学性呢？第一，应当加强应急项目团队的信息收集与处理能力。根据项目管理的原理，在越短的时间内补足项目的信息缺口，就越能有效地提升决策的科学性和计划的合理性。第二，掌握并运用压力情境下的渐进决策方法。在社会安全事件应对项目的进展过程中，将项目决策进行分解，并通过分权决策的方法由相关领域的专业人士共同开展项目决策。第三，采用滚动计划方法。随着事件发展和信息完善，及时对计划进行修正和细化，确保应急项目的各项工作与社会安全事件的特征相匹配，避免项目工作发生与实际需求脱节的现象。

（四）社会关注度高

顾名思义，社会安全事件危害的是社会安全，因此其发生、发展和应对过程也必然会引起社会的高度关注。以邻避设施类群体性事件为例，其影响的虽然主要是该设施周边的部分居民，但一旦发生群体性事件，就会受到社会的广泛关注，包括存在同类或类似问题地区的居民，以及同类市场和社会组织，均会对该事件的应对给予高度关注。例如民众为反对杭州市余杭区中泰乡九峰村生活垃圾焚烧发电厂项目建设，于 2014 年 5 月 11 日发生封堵高速公路省道、打砸车辆等行为，从该事件发生前后的百度搜索指数可以看出，当天仅在百度一个搜索引擎搜索该事件的人次就超过了 6 万（见图 16-1）。

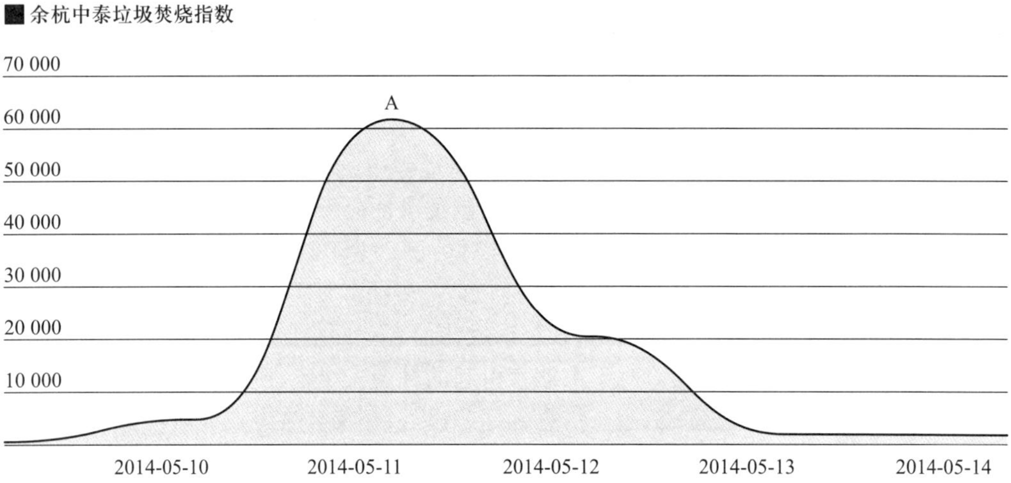

图 16-1　余杭中泰垃圾焚烧厂事件的百度搜索指数[①]

从应急项目管理的角度，一方面需要在项目实施过程中将更多因素纳入信息收集和处理范围，避免“头痛医头，脚痛医脚”，充分考虑到社会安全事件可能带来的次生灾害或者衍生灾害；另一方面要求项目管理者及时向社会发布应急项目的相关信息，从信息公开和满足社会知情权的角度，更有效地开展沟通工作，有效减少社会安全事件带来的影响。

三、社会安全事件应急项目管理的主体构成

社会安全事件对社会安全和公共秩序构成直接威胁，政府部门作为公共秩序的维护者和公共事务的治理者，拥有广泛社会资源，在整个社会安全事件的预防和处置过程中必然要发挥主导作用。但是，治理过程中，健全多元化预防与处置格局，最大限度地吸收各种社会资源，调动各种社会力量共同处置社会安全事件，并且加强各主体之间的协调联动，有利于形成社会整体的社会

① 百度搜索指数算法说明：以网民在百度的搜索量为数据基础，以关键词为统计对象，科学分析并计算出各个关键词在百度网页搜索中搜索频次的加权。根据数据来源不同，搜索指数分为 PC 搜索指数和移动搜索指数。

安全事件处置网络，最大限度地提升治理效果。社会安全事件应急项目管理的主体主要包括以下几种类型。

（一）各级政府

根据《应急法》的规定，县级人民政府及其有关部门、乡级人民政府、街道办事处、居民委员会、村民委员会应当及时调解处理可能引发社会安全事件的矛盾纠纷。《应急法》中还规定：对即将发生或者已经发生的社会安全事件，县级以上地方各级人民政府及其有关主管部门应当按照规定向上一级人民政府及其有关主管部门报告，必要时可以越级上报。此外，《应急法》还规定了社会安全事件发生后，组织处置工作的人民政府应当立即组织有关部门，并由公安机关针对事件的性质和特点，依照有关法律、行政法规和国家其他有关规定，采取应急处置措施。从上述规定可以看出县级以上各级人民政府及其有关主管部门在社会安全事件应急项目中的核心地位。

（二）武警部队

武警部队作为党绝对领导的武装力量，担负着维护国家安全和社会稳定、保障人民安居乐业的神圣使命。在各类突发事件发生时，武警部队均为应急项目组织提供了有力的保障。云南鲁甸地震、"东方之星"客轮侧翻、天津港爆炸、深圳光明新区滑坡事故、江苏盐城特大龙卷风冰雹灾害、南方洪涝灾害等事件的应对中，武警部队均发挥了重要的作用。在发生恐怖袭击等社会安全事件时，武警部队便成了该类社会安全事件应急项目组织的主体之一。

（三）市场主体

在各类突发事件应对项目实施过程中，市场主体除了为项目团队提供物资、资金的支持和援助以外，在某些社会安全事件发生时，还会成为应急项目团队的中坚力量。例如，在发生经济安全事件时，政府相关部门应积极制定政策措施，并充分调动市场组织的力量。以资源、能源和生活必需品严重短缺的情况为例，在2020年新冠肺炎疫情发生后，全国出现了口罩严重短缺的问题，各类市场主体积极采取措施，通过转产口罩、海外进口、增加产能、引进生产线等方式，在较短时间内有效解决了这一关乎广大人民健康和社会安全的问题。

（四）社会组织与公民

社会组织与公民在社会安全事件应急项目管理全过程的不同阶段均可以发挥其作用。在社会安全事件的预防与应急准备阶段，让人们对涉及切身利益的重大改革事项有充分的知情权和话语权，有助于从根本上化解社会矛盾，减少社会安全事件发生的概率。在社会安全事件的监测与预警阶段，充分发挥相关社会组织和群众的力量，有助于对突发事件进行早期识别和干预。在应急处置与救援阶段，鼓励人民群众积极协助有关机关处置社会安全事件，深入开展各种形式的群防群治活动，能够增强国家处置社会安全事件的整体能力。在事后恢复与重建阶段，通过社会组织和公民的共同努力，可以实现社会秩序和群众心理的恢复。

第三节　社会安全事件应急项目管理的原理

在社会安全事件应急项目管理的全过程中，不同阶段有不同的管理重点。结合《应急法》的相关规定，本节将按照应急项目管理全过程的阶段划分，分析各个阶段的管理主体和管理内容。

一、社会安全事件应急项目预防与应急准备阶段工作原理

突发事件预防与应急准备阶段工作的基本原理是“上医治未病”。能够防患于未然，使各类社会安全事件不发生或者降低发生的概率和减少发生后的损失，是突发事件预防与应急准备阶段工作的主要目标。

（一）社会安全事件应急项目预防与应急准备工作的主体构成

由于社会安全事件的发生具有形式多样、影响广泛的特点，因此在《应急法》中明确规定：“县级人民政府及其有关部门、乡级人民政府、街道办事处、居民委员会、村民委员会应当及时调解处理可能引发社会安全事件的矛盾纠纷。”并要求：“所有单位应当建立健全安全管理制度……掌握并及时处理本单位存在的可能引发社会安全事件的问题，防止矛盾激化和事态扩大；对本单位可能发生的突发事件和采取安全防范措施的情况，应当按照规定及时向所在地人民政府或者人民政府有关部门报告。”

从上述规定可以看出，社会安全事件的预防与应急准备工作的主体构成覆盖范围十分广泛，既包括各级政府部门、居委会、村委会等居民和村民自治组织，又包括所有企事业单位。这也充分反映出社会安全事件本身的多样性、复杂性等特点。

（二）社会安全事件应急项目预防与应急准备工作的主要内容

该阶段工作的开展，实质是在社会常态化运行的过程中，本着居安思危的思想开展的一系列工作。

1. 社会安全事件的识别

开展有效管理的前提是对社会安全事件进行完整有效的识别。具体包括两个方面的内容：一是识别并确定有哪些潜在的突发社会安全事件。这项工作需要全社会的广泛参与，包括地方政府、社会组织、企业和社区等，应当通过广泛调查，识别出在管辖范围内可能存在哪些潜在的突发社会安全事件，并汇总形成社会安全事件清单。这一阶段尚不需要对事件可能造成的影响等进行分析，只需要尽可能全面地将可能发生的社会安全事件识别清楚即可。二是识别引起社会安全事件的主要影响因素。突发事件以不同形式爆发，属于“症状”，而对症下药的前提是要了解“病因”。影响因素分析正是对社会安全事件发生和发展原因的识别和分析，便于实施具有更强的针对性的后续措施。

2. 社会安全事件的评估

在对社会安全事件进行评估时，可以充分借鉴风险评估的相关原理，主要对社会安全事件发生的概率和发生之后所导致的损失进行分析。目前这方面的工作总体较为规范，流程具有较强借鉴意义的是各类社会稳定风险评估。2012 年我国先后印发了《国家发展改革委重大固定资产投资项目社会稳定风险评估暂行办法》《中共中央办公厅、国务院办公厅关于建立健全重大决策社会稳定风险评估机制的指导意见（试行）》，对于直接关系人民群众切身利益且涉及面广、容易引发社会稳定问题的重大决策事项，包括涉及征地拆迁、农民负担、国有企业改制、环境影响、社会保障、公益事业等方面的重大工程项目建设、重大政策制定以及其他对社会稳定有较大影响的重大决策事项，在决策前开展社会稳定风险评估。根据对各类风险因素发生的概率和结果的判断，可以形成如图 16-2 所示的矩阵图，从而对不同类型的社会安全事件进行综合评估。

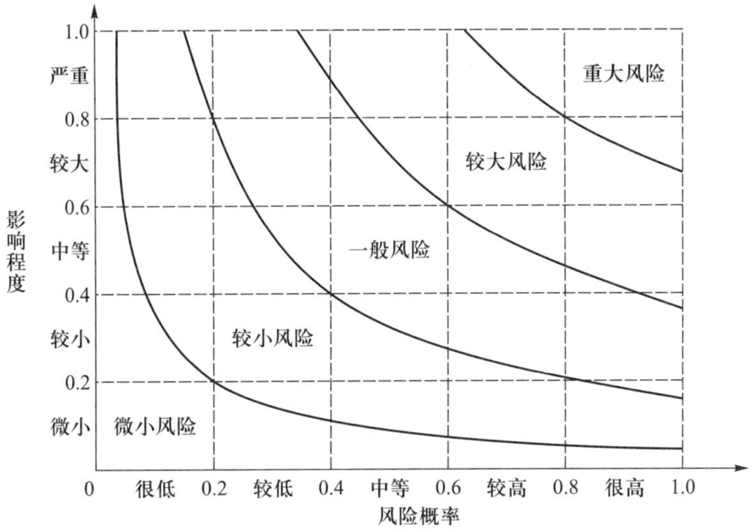

图 16-2　社会安全事件风险评估矩阵

各级政府突发事件管理部门，各类企事业单位和社区可参照该方法定期对社会安全事件进行评估，进而对社会安全事件进行分类管理，提升管理效率。

3. 社会安全事件的缩减

在评估的基础上，针对不同类型的社会安全事件，应当采取不同的措施以缩减风险。《中共中央办公厅、国务院办公厅关于建立健全重大决策社会稳定风险评估机制的指导意见（试行）》中规定：评估报告认为决策事项存在高风险，应当区别情况作出不实施的决策，或者调整决策方案、降低风险等级后再行决策；存在中风险的，在采取有效的防范、化解风险措施后，再做出实施的决策；存在低风险的，可以做出实施的决策，但要做好解释说服工作，妥善处理相关群众的合理诉求。实施过程中出现社会不稳定因素的，要及时组织决策实施部门有针对性地做好宣传解释和说服工作，采取措施预防和化解社会矛盾；对群众合理诉求要妥善处理，对确实存在困难的群众要给予帮扶，对不明真相的群众要耐心解释，对无理取闹制造事端的不法分子要坚决依法处理。

4. 社会安全事件应急预案建设

各级政府不同部门可以根据本部门的社会安全事件类型制定应急预案，例如杭州市旅委发布了《杭州市旅委突发社会安全事件应急预案》。也可针对不同类型的社会安全事件制定相应的应急预案，例如《青岛市群体性突发事件应急预案（2016）》。各类企事业单位和社区可参照政府的应急预案制定其所需要的应急预案。

5. 社会安全事件应急培训与演练

由于社会安全事件在应急过程中可能出现一些极端情况，处置不当可能对社会、周边群众以及应急项目管理人员自身造成伤害，因此政府部门和各类企事业单位应当在制定应急预案的基础上，定期组织培训和演练，从而使社会安全事件应急项目团队更好地掌握应急的相关知识和技能，以便更加有效地开展各项工作。

二、社会安全事件应急项目监测与预警阶段工作原理

监测与预警的目的是早期发现社会安全事件的相关信息，从而在萌芽阶段尚未形成突发社

会安全事件时，及时采取相关措施。

（一）社会安全事件应急项目监测与预警工作的主体

自然灾害等类型的突发事件具有明确的监测指标，例如降雨量、降雪量、地震源、水污染源等，但突发社会安全事件缺少明确的监测指标，且可能的影响因素众多，因此监测和预警的难度总体较大。根据《应急法》的规定，对即将发生或者已经发生的社会安全事件，县级以上地方各级人民政府及其有关主管部门应当按照规定向上一级人民政府及其有关主管部门报告，必要时可以越级上报。可见该阶段工作的构成主体主要是县级以上地方政府及其有关主管部门。

其他类型主体也应当根据相关应急预案，对社会安全事件进行监测和预警，并将信息及时上报当地政府的相关部门。

（二）社会安全事件应急项目监测与预警工作的主要内容

社会安全事件在灾害发生前可以分为七个阶段，即错误产生阶段、错误聚集阶段、警告阶段、纠正或改正阶段、不安全状态阶段、诱发事件产生阶段和保护防卫阶段，最后导致灾害爆发。从上述分析可以看出，社会安全事件虽然具有较强的突发性，但并非完全没有预测预警信息。监测预警的目的在于对社会安全事件的防范与消除。由于社会安全事件的突发性和演变过程中的复杂性等特点，如果不采取紧急措施进行有效的控制，造成事件的扩大与蔓延速度加快，社会安全事件的破坏性就会成倍增加，甚至处于失控的状态，造成巨大的财产损失，影响人民群众的生命安全。例如，乌坎事件初期，村民只是利益上的简单合法诉求，但沟通不顺畅导致演变成群体性事件，关键原因在于政府对事件的认识不足和对危机的产生没有思想准备。

1. 广泛收集信息进行综合研判

在收集与社会安全事件相关的信息时，应当着力从两个方面采取措施：一是积极建立信息平台，打破信息孤岛，包括政府相关部门间的信息孤岛问题，以及政府与社会组织、市场组织之间的信息孤岛问题；二是增强先进技术的应用，包括大数据分析技术、区块链技术、GIS 技术等，可以通过热力图等分析识别方法，对与社会安全事件相关的信息进行有效分析。

2. 作出社会安全事件的预警决策

国务院针对突发公共事件发布了《国家突发公共事件总体应急预案》，突发公共事件涵盖了社会安全事件中的大部分事件类型。根据该预案的规定，突发公共事件按其性质、可控性、严重程度和影响范围等因素，一般分为四级：一般、较大、重大、特别重大。对应的应急响应级别分为四个级别：Ⅳ级、Ⅲ级、Ⅱ级、Ⅰ级。其中，特别重大事件是指参与人数 3 000 人以上，冲击、围攻县级以上党政军机关和要害部门；或打、砸、抢、烧乡镇级以上党政军机关的事件；阻断铁路干线、国道、省道、高速公路和重要交通枢纽、城市交通 8 小时以上，或阻挠、妨碍国家重点建设工程施工、造成 24 小时以上停工；或阻挠、妨碍省重点建设工程施工、造成 72 小时以上停工的事件；或造成 10 人以上死亡或 30 人以上受伤；或高校内人群聚集失控，并未经批准走出校门进行大规模游行、集会、绝食、静坐、请愿等，引发跨地区连锁反应，严重影响社会稳定的事件；或参与人数 500 人以上，或造成重大人员伤亡的群体性械斗、冲突事件。重大群体性事件是指参与人数在 1 000 人以上、3 000 人以下，影响较大的非法集会、游行示威、上访请愿、聚众闹事、罢工（市、课）等，或人数不多但涉及面广和有可能进京的非法集会和集体上访事件；或阻断铁路干线、国道、省道、高速公路和重要交通枢纽、城市交通 4 小时以上的事件；或造成 3 人以上、10 人以下死亡；或造成 10 人以上、30 人以下受伤的群体性事件；或高校校园网上出现大范围串联、煽动和蛊惑信息，造成校内人群聚集规模迅速扩大并出现多校串联聚集趋势，学校正常教学秩序受到严重影响甚至瘫痪；或因高校统一招生试题泄密引发的群体性事件；或参与人数100人以上、1 000人以下，或造成较大人员伤亡的群体性械斗、冲突事件；或涉及境内外宗教组织背景的大型非法宗教活动，或因民族宗教问题引发的严重影响民族团结的群体性事件；或因土地、矿产、水资源、森林、水域、海域等权属争议和环境污染、生态破坏引发、造成严重后果的群体性事件；或已出现跨省、区、市或跨行业影响社会稳定的连锁反应，或造成了较严重的危害和损失，事态仍可能进一步扩大和升级的事件。较大群体性事件是指参与人数在100人以上、1 000人以下，影响社会稳定的事件；或在重要场所、重点地区聚集人数在10人以上、100人以下，参与人员有明显过激行为的事件；或已引发跨地区、跨行业影响社会稳定的连锁反应的事件；或造成人员伤亡，死亡人数3人以下、受伤人数在10人以下的群体性事件。一般群体性事件是指未达到较大群体性事件级别的群体性事件。

三、社会安全事件应急项目处置与救援阶段工作原理

处置与救援阶段的起始决策是在社会安全事件发生时作出的，在这种情况下，社会经济运行已经进入了非常态化的状态，处置与救援工作在短时期内呈现高强度、高关注度的特点，是应急项目管理的四个阶段中显性化程度最高的阶段。

（一）社会安全事件应急项目处置与救援工作的主体

根据《应急法》的规定，突发事件发生后，履行统一领导职责或者组织处置突发事件的人民政府应当针对其性质、特点和危害程度，立即组织有关部门，调动应急救援队伍和社会力量，依照本章的规定和有关法律、法规、规章的规定采取应急处置措施。针对社会安全事件而言，应急项目处置与救援工作的主体具有极强的广泛性，应当根据应急项目的需要开展广泛动员。

（二）社会安全事件应急项目处置与救援工作的主要内容

该阶段的主要任务是社会安全事件爆发之后的处置与救援，其目的在于保护人民生命财产安全，控制事态发展，最大限度地减少各种损失。

1. 信息的收集与发布

由于社会安全事件在四种类型的突发事件中属于决策信息缺口较大的一种，因此在事件爆发后，应当迅速采取信息收集与汇总分析措施，及时补足信息缺口，从而提高决策的质量。

另一方面，应急项目团队应当及时向社会发布信息，这既是保障社会公众知情权的要求，也是避免谣言和流言的有效手段。信息发布应考虑的关键因素包括四个方面，如图16-3所示。

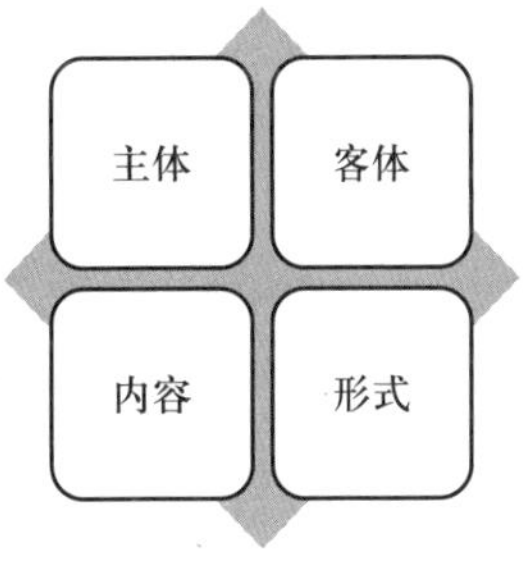

图16-3　社会安全事件应急信息发布的关键因素

主体是指信息发布的主体，即由谁来发布信息，常见的信息发布主体包括政府主管部门、应急指挥部或领导小组相关负责人、行业专家、相关社会组织负责人等。客体是指信息发布的对象，即向谁发布，应当根据社会安全事件自身的特点和影响范围等确定信息发布的对象。内容是指信息发布的具体内容，即发布什么。在确定发布内容时，应当充分尊重客观事实，确保信息的真实性和可靠性，并且要注意时效性，从而更好地掌握突发事件发生后的话语权。形式是指发布信息的方式，即通过什么渠道发布信息。常见的方式包括发布政府公报、举行新闻发布会、政府网站（政务微博、微信）发布、发送宣传单、手机短信发布等。

2. 坚持底线思维开展应急项目决策

在开展社会安全事件应急项目决策的过程中，一方面要积极解决问题，通过分析找出社会安全事件发生的根本原因，采取“治本”措施；另一方面要坚持底线思维，对于触及法律法规的行为进行依法处置。近些年来，在征地拆迁、环境保护、交通事故、医疗纠纷、学生非正常伤亡等基层治理领域，管理者都深受“闹缠”现象困扰，甚至在一些领域还滋生出了职业闹事者。这些人打着为当事人和弱势群体维权的名义，通过把事情“闹大”，把当事人“缠死”来获取非正当利益，出现了所谓“会哭的孩子有奶吃”，又谓“大闹大解决、小闹小解决、不闹不解决”的现象。这样的决策方式不应当成为社会安全事件应急项目决策的常态。

3. 以人为本开展处置工作

社会安全事件发生后，组织处置工作的人民政府应当立即组织有关部门，并由公安机关针对事件的性质和特点，依照有关法律、行政法规和国家其他有关规定，采取下列一项或者多项应急处置措施：

（1）强制隔离使用器械相互对抗或者以暴力行为参与冲突的当事人，妥善解决现场纠纷和争端，控制事态发展；

（2）对特定区域内的建筑物、交通工具、设备、设施以及燃料、燃气、电力、水的供应进行控制；

（3）封锁有关场所、道路，查验现场人员的身份证件，限制有关公共场所内的活动；

（4）加强对易受冲击的核心机关和单位的警卫，在国家机关、军事机关、国家通讯社、广播电台、电视台、外国驻华使领馆等单位附近设置临时警戒线；

（5）法律、行政法规和国务院规定的其他必要措施。

严重危害社会治安秩序的事件发生时，公安机关应当立即依法出动警力，根据现场情况依法采取相应的强制性措施，尽快使社会秩序恢复正常。

4. 应急处置与救援过程中的偏差控制

在项目管理工作开展的过程中，应及时对当前的进展状况进行评价，发现工作中存在的偏差，并及时采取纠偏行动。具体工作流程如图 16-4 所示。

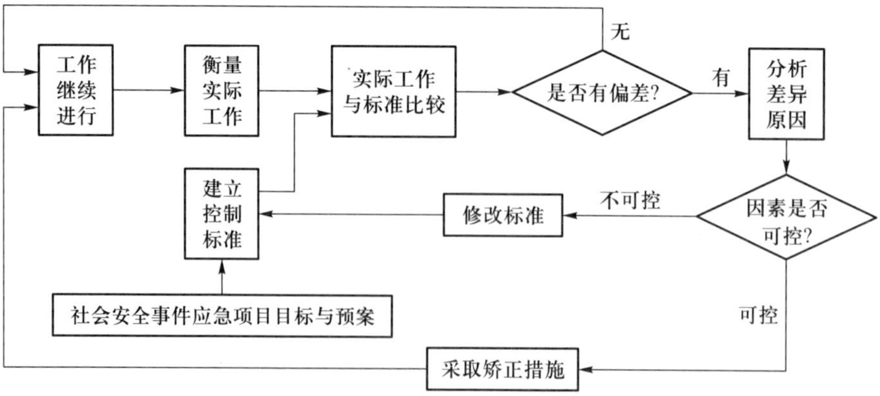

图 16-4　应急处置与救援过程的偏差控制流程

四、社会安全事件应急项目恢复与重建阶段工作原理

社会安全事件应急项目恢复与重建阶段工作的特殊性体现在两个方面：一是社会和心理秩

序恢复的难度较大，方法独特；二是从阶段划分来讲，部分社会安全事件的恢复与重建工作与处置救援工作之间存在交叉，两个阶段并非必须有明确的阶段转换点，这一特点在其他类型突发事件的应对过程中也存在。

（一）社会安全事件应急项目恢复与重建工作的主体

根据《应急法》的规定，突发事件的威胁和危害得到控制或者消除后，履行统一领导职责或者组织处置突发事件的人民政府应当停止执行依照本法规定采取的应急处置措施，同时采取或者继续实施必要措施，防止发生自然灾害、事故灾难、公共卫生事件的次生、衍生事件或者重新引发社会安全事件。因此，负责恢复与重建工作的主体可以有两种形式：一是由处置与救援主体，即指挥部、领导小组等项目组织继续开展恢复与重建工作；二是根据部门职责，由政府相关部门开展相应的恢复与重建工作。

（二）社会安全事件应急项目恢复与重建工作的主要内容

根据社会安全事件的影响范围和恢复的难易程度，主要工作内容包括三个方面，即经济秩序恢复、社会秩序恢复和心理恢复。

1. 经济秩序恢复

经济秩序从范围上可以分为国际经济秩序和国内经济秩序两类。其中，国际经济秩序是指在世界范围内建立起来的国际经济关系以及各种国际经济体系与制度的总和，是使世界经济作为有内在联系和相互依存的整体进行有规律的发展与变化的运行机制。国内经济秩序则主要是指市场经济秩序，包括市场管理主体的管理行为、市场经营主体的交易行为、市场消费主体的购买行为及市场交换客体的数量与质量作用于市场及其客观后果的总和。当社会安全事件，尤其是经济安全事件和涉外突发事件发生时，对经济秩序的影响较大，政府应当从相关政策的角度出发，通过税收、财政投资、市场监管等政策引导和规范国内外经济秩序的有序恢复。

2. 社会秩序恢复

广义的社会秩序包括经济秩序、政治秩序、劳动秩序、伦理道德、社会日常生活秩序等方面，这里分析的社会秩序主要指的是社会日常生活秩序和伦理道德秩序。从社会安全突发事件的名称上就可以判断其对社会稳定具有较大影响，在其发生后，应当以协同治理的方式对社会秩序进行恢复，包括建立健全法律法规体系，充分发挥多元主体的作用，营造良好的社会环境等。

3. 心理恢复

社会安全突发公共事件对公众心理的影响是巨大的，会导致人们在心理、认知、情感和行为上出现功能失调，引发社会混乱。突发事件心理危机干预具有复杂、分类与分阶段开展、持续跟进等特点，是一项长期、艰巨的工程，必须构建长效机制。构建该机制需坚持协同性、科学性、普遍性、“预防—控制—治疗”等原则，内容包括突发事件前的危机心理预防机制、突发事件中的心理应急干预机制和突发事件后的持续心理救助机制。

第四节　社会安全事件应急项目管理的方法

社会安全事件应急项目管理的方法有很多。鉴于本书篇幅原因，本节仅选取决策与计划方法、信息收集与分析方法和组织管理方法进行介绍。

一、决策与计划方法

基于社会安全事件应急项目的突发性、信息不完备等特点，其决策方法和计划方法与政府日常工作的方法有较大差异。

（一）渐进决策法

渐进决策理论是由美国政治学家和政策科学家查尔斯·林德布洛姆教授(Charles Lindblom)提出来的。这一理论直接针对理性决策理论的缺陷，根据实际制定政策的特点，从“决策实际上如何做”而不是“应如何做”的角度出发建立了一套有自身特色的政策制定模式。该方法在应对社会安全事件过程中的适用性主要体现在三个方面：一是决策基于有限理性前提；二是事件本身在不断发生发展之中；三是相关利益群体众多。当然，与政策制定过程中使用渐进决策法不同，在社会安全事件应急项目管理中使用渐进决策法，需要决策者根据当前的信息作出快速决策，在效率方面具有更高的要求。

（二）滚动计划法

社会安全突发事件应急工作是一种紧急状态的工作，在这种情况下，是否有必要制定计划？或者说，“计划赶不上变化”，那么是否需要制定计划？答案是肯定的。从项目管理的角度，没有计划就没有资源配置的依据，也就无法判断当前的管理效果。在制定社会安全事件应急管理计划时，可以采用滚动计划法，即按照“近细远粗”的原则，制定一定时期内的计划，然后按照计划的执行情况和环境变化，调整和修订未来的计划，并逐期向前移动，把短期计划和中期计划结合起来的一种计划方法。需要强调的是，社会安全事件应急过程中的短期、中期、长期的概念具有时间压缩的特点，短期决策主要指的是当前亟待决策的事项，中期是指即将面临决策的事项，而长期则主要指从经济社会秩序恢复的角度需要作出决策的事项。

二、信息收集与分析方法

信息收集与分析是使社会安全事件应急项目决策和计划更加科学的基础。除了常规的方式以外，结合当前的技术发展和社会安全事件自身的特点，可以综合采用如下的信息收集与分析方法。

（一）大数据技术

2019 年 4 月，国务院安全生产委员会办公室、国家减灾委办公室、应急管理部联合印发《关于加强应急基础信息管理的通知》。通知要求构建一体化全覆盖的全国应急管理大数据应用平台。大数据分析可以通过信息化手段开展基础信息采集工作，尤其是在公共安全、公共卫生、食品监管、交通运输、人口流动等重点领域进行实时动态跟踪、舆情监控，为社会安全事件应急决策提供信息支撑，并可以进一步采用科学的统计方法，建立模型，找到关键点和发展的逻辑路径，对于多部门、多环节协同应急决策具有重要意义。

（二）情景演化技术

社会安全类突发事件具有较强的不可预测性、动态性和信息不完全性，由传统“预测—应对”向“情景—应对”范式转化已成为这类应急管理研究的趋势，并开始关注突发事件的情景演化问题。如盛勇等提出突发事件情景演化系统由致灾因子、承灾载体和应急决策三个模块构成；张明红、佘廉用案例研究方法提出环境、突发事件和应急管理三大维度的情景构成要素。在此基础上,学者们利用不同研究方法,构建突发事件的情景演化模型。如高田等利用本体知识模型,根据突发事件的生命周期各阶段及内部各子事件之间的时序关系,表现突发事件演化规律;王循庆等利用模糊集和随机 Petri 网,构建群体性突发事件演化的随机 Petri 网模型和等价马尔科夫链模型等,提出城市社会安全类突发事件的驱动要素主要有事件驱动、心理驱动和信息驱动。事件驱动因素主要是指超大城市中的某一新政策、规定颁布后造成的某种突发事件;心理驱动是人们对新政策、规定的不了解或误解导致的利益诉求的表达意愿;信息驱动是突发事件发生后,应急疏导等正向信息引导作用以及谣言带来的负面煽动力量。情景演化技术的操作过程大致包括如下程序:

1. 突发事件的结构化表示

根据突发事件的属性在事件控制中的作用,将其情景从内外部两个角度描述为包含以下 5 个要素的多属性集合:

$$F(\text{突发事件}) = U\{\text{事件类型,关键属性,从属属性,环境属性,危害评估属性}\}$$

2. 情景演化的关键驱动要素识别

情景集合中各个要素均存在着被驱动的可能性,驱动要素推动着突发事件的发展并决定着事件的演化方向。普遍认知的突发事件情景演化驱动要素主要有干预行为、事件驱动、环境交互、信息扰动、信息交流、舆情驱动、资源驱动、应急决策驱动等。

3. 分析情景演化方式

事件的演变模式分为两类,即事件链和事件网。事件链主要指前因事件的发生引起结果事件的发生,强调的是事件之间的单一联系,分为直链式、发散式、集中式和循环式四种。事件网则考虑了情景间所有事件的驱动关系,展现了一个事件驱动多个事件、多个事件驱动一个事件以及多事件关联的情景,因此,事件网是直链驱动、发散驱动、集中驱动与循环驱动相结合的交互式网络化情景演化模式。

(三)网络舆情治理

新闻媒体和政府机构在进行重大社会安全事件微博舆论引导时,可以在事件各阶段网民情绪一般特征的基础上,结合实际情况,进行有针对、有重点的网民情绪疏导、引导,规范舆情应对流程,注意负面社会情绪观测的常态化,提升舆情反应速度和微博发布技巧,掌握信息公开主动权以占领舆论制高点;考虑事件性质和发生时间,对该事件进行时段划分,明确事件发展的各个阶段,并结合各阶段网民情绪特征,把握舆论引导适时、适度原则,及时调整舆情应对措施。例如昆明“3·1”暴力恐怖事件发生后,以党报、国家通讯社、国家电视台等为主的“官方舆论场”和以网站、微博、微信为主的“民间舆论场”,第一时间关注了事态进展。昆明暴恐事件中@人民日报相关微博转发超过 2 万次的有 21 条,其中 15 条是评论互动微博,评论数超过 4 000 次的 8 条中有 6 条是评论互动微博,最高值微博除发布时间和发布形式具有优势外,其文本内容带有明显的观点,评论数最多的微博甚至用长微博附加《人民日报》的评论《十足的虚伪与冷酷》来引导网民互动,而最低值微博则仅仅是描述性的消息。

三、组织管理方法

本部分主要介绍项目导向型组织的概念及其组织结构。地方政府在应对社会安全突发事件的过程中,往往需要政府不同机构共同协调开展工作,需要由地方政府进行总体协调,因此应采用应急项目团队的组织方式有效开展应急工作，如图 16-5 所示。

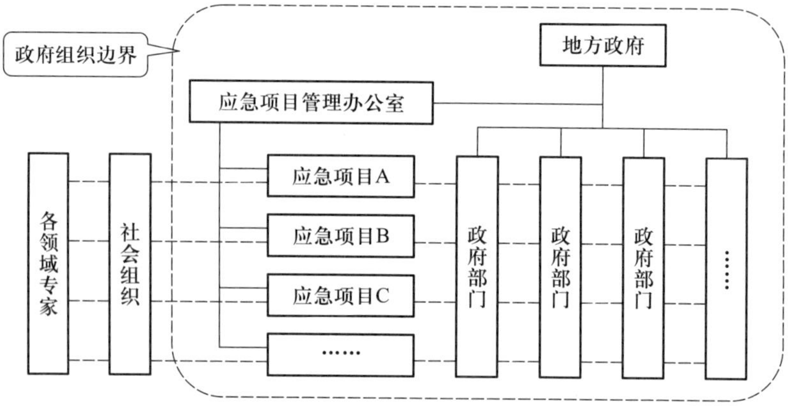

图 16-5　面向突发事件应急项目的地方政府项目导向型组织模式示意

从上图可以看出，我国地方政府应对突发事件所采用的项目团队模式与常规情况下基于职能的部门分工模式具有显著差异，这种兼具常设机构与项目团队的组织形态即为项目导向型组织，是一种二元化组织。而这种二元化组织中，突发事件应对项目由统一的项目管理办公室管理。

上述组织设计的根本目的是更好地应对各种突发事件，而目前我国地方政府在突发事件应对过程中所体现出的最大问题就是各机构或部门间的协调机制不完善，导致突发事件应对过程中各种资源的配置效果不理想。因此，上述组织模式设计的主要任务就是使地方政府各个机构间能够更好地协作，为突发事件应对服务。

本章小结

社会安全事件指的是由各种社会矛盾引发的，形成一定的规模，造成一定的社会影响，危害社会稳定，干扰正常的工作秩序、生产秩序、教学科研秩序和社会秩序的事件，是四种类型突发事件管理中复杂程度最高、不确定性最强的一类。

社会安全应急项目主要包括恐怖袭击事件应急项目、涉外突发事件应急项目、经济安全事件应急项目、群体性事件应急项目、重大刑事案件应急项目、民族宗教事件应急项目和网络安全事件应急项目等。其独特之处主要体现在决策和计划信息不完备、参与主体广泛、工具方法多样、社会关注度高等。因此在开展应急项目管理工作的过程中，更加需要跨部门的合作和多元主体的参与。

对于社会安全应急项目的管理，尚需要进一步开展更加具有针对性的研究，通过对不同类型项目的特征和发生、发展趋势的有效把握，开发和运用更有效的方法和工具，尤其是大数据、区块链等新兴技术，从而对该类突发事件应对项目给予更具操作性的指导。

复习思考题

1. 社会安全事件应急项目有哪些主要特点？

2. 社会安全事件应急项目包括哪些类型？其特点是什么？

3. 社会安全事件应急项目管理有哪些特征？

4. 社会安全事件应急项目管理的主体有哪些？其主要作用是什么？

5. 社会安全事件应急管理的阶段划分及其主要工作有哪些？

6. 社会安全事件应急项目管理的方法主要有哪些？

即测即评

参考文献

1. 戚建刚. 突发事件管理中的“分类”、“分级”与“分期”原则. 江海学刊,2006(6).

2. 宋英华. 突发事件应急管理导论. 北京:中国经济出版社,2009.

3. 汪永清. 中华人民共和国突发事件应对法解读. 北京:中国法制出版社,2007.

4. 程锦. 国家治理视域下的社会安全事件及其应对策略. 理论导刊,2014(9).

5. 罗伯特·希斯. 危机管理. 王成,等,译. 北京:中信出版社,2001.

6. 薛澜,钟开斌. 突发公共事件分类、分级与分期:应急体制的管理基础. 中国行政管理,2005(2).

7. 周定平. 关于社会安全事件认定的几点思考. 中国人民公安大学学报(社会科学版),2008(5).

8. 刘玉雁,刘冲. 关于“突发社会安全事件”概念的争论与探讨. 铁道警察学院学报,2016(5).

9. 靳高风. 当前中国个人极端暴力犯罪个案研究. 中国人民公安大学学报(社会科学版),2012(5).

10. 曹杰,周丹. 2016 年浙江省突发事件统计分析及其发展趋势预测. 安全,2017(2).

11. 朱红军. 厦门 PX 事件:民意考量政府. 浙江人大,2008.

12. 彭新波,高华. 时间压力与决策. 宁波大学学报(教育科学版),2011.

13. 庞晟. 网络谣言必须被严打. 人民日报海外版,2019-07-10.

14. 方春龙. 社会安全事件演进与应急管理研究综述. 太原大学学报,2014(6).

15. 盛勇,孙庆云,王永明. 突发事件情景演化及关键要素提取方法. 中国安全生产科学技术,2015(1).

16. 陈玉芳,屠兢,唐继平,等. 高校社会安全类突发事件情景演化的系统动力学研究. 重庆大学学报(社会科学版),2018(2).

17. 高田,杜军平,王肃. 基于领域知识本体的突发事件演化. 中南大学学报(自然科学版),2011,42.

18. 中国自动化学会智能自动化专业委员会.中国智能自动化学术会议论文集(第一分册).长沙:中南大学出版社,2011.

19. 王循庆,李勇建,孙华丽.基于随机 Petri 网的群体性突发事件情景演变模型.管理评论,2014(8).

20. 常丹,桂昊宇,樊睿.超大城市社会安全类突发事件情景演化及仿真研究——以北京市为例.北京交通大学学报(社会科学版),2020(1).

21. 李勇建,乔晓娇,孙晓晨,等.基于系统动力学的突发事件演化模型.系统工程学报,2015,30(3).

22. 马骁霏,仲秋雁,曲毅,等.基于情景的突发事件链构建方法.情报杂志,2013,32(8).

23. 更好维护政治安全社会安定人民安宁——论学习贯彻习近平总书记中央政法工作会议重要讲话.人民日报,2019-01-16.

24. 赵丽.社会安全缘何被赋予保障功能.中国共产党新闻网.

25. 中国社会科学院语言研究所词典编辑室.现代汉语词典(修订本).北京:商务印书馆,2001.

26. 李行健.现代汉语规范词典.北京:外语教研社,语文出版社,2004.

27. 国务院.国家突发公共事件总体应急预案.中央人民政府门户网站.

28. 余杭中泰垃圾焚烧厂事件.百度百科.

29. 武政轩.做维护社会稳定的“压舱石”.人民日报,2017-06-11.

30. 赵彬,罗鑫,谢析搏.武警部队:铸就维护社会稳定的坚强柱石.中国军网.

31. 杭州市旅委突发社会安全事件应急预案.浙江政务服务网.

32. 青岛市群体性突发事件应急预案(2016).青岛政务网.

33. 吕德文.小闹小解决,大闹大解决,基层闹缠现象如何破解?搜狐网.

34. 宋晓明.重大突发事件心理危机干预长效机制的构建.政法学刊,2017(5).

35. 雷达.领导科学.西安:西北大学出版社,2008.

36. 王国华,等.重大社会安全事件的微博传播特征研究——以昆明“3·1”暴恐事件中的@人民日报新浪微博为例.情报杂志,2014,33(8).

教学支持说明

建设立体化精品教材，向高校师生提供整体教学解决方案和教学资源，是高等教育出版社“服务教育”的重要方式。为支持相应课程教学，我们专门为本书研发了配套教学课件及相关教学资源，并向采用本书作为教材的教师免费提供。

为保证该课件及相关教学资源仅为教师获得，烦请授课教师清晰填写如下开课证明并拍照后，发送至邮箱：yangshj@hep.com.cn，也可加入 QQ 群：184315320 索取。

编辑电话：010-58556042。

证　明

兹证明__________________大学__________________学院/系第________学年开设的________________________课程，采用高等教育出版社出版的《　　　　　　　　　　》（　　　　　　　　主编）作为本课程教材，授课教师为____________，学生_________个班，共_________人。授课教师需要与本书配套的课件及相关资源用于教学使用。

授课教师联系电话：________________ E-mail：____________________________

学院/系主任：_______________（签字）

（学院/系办公室盖章）

20____年____月____日